Werner Rau

MOBIL REISEN

# SPANIEN SÜD

Werner Rau

MOBIL REISEN

# SPANIEN SÜD

## MOBILE TOURING HIGHLIGHTS

**Mit Wohnmobil, Auto, Caravan oder Van-Camper unterwegs auf den schönsten Reiserouten**

**Mit vor Ort ermittelten GPS-Koordinaten**

WERNER RAU VERLAG STUTTGART

Idee, Layout, Text, Karten, Stadtpläne und Fotos (falls nicht anders gekennzeichnet): Werner Rau
Alle Madrid-Fotos: Turespaña, München
Titelgestaltung: HitzArtworks, 72667 Schlaitdorf
Titelfoto: Generalife, Alhambra, Granada

4. bearbeitete Auflage 2017/2018



Herstellung: Druckerei & Verlag Steinmeier, 86738 Deiningen
Printed in Germany

ISBN 978-3-926145-69-7
Geo Nr. 663 10170

# INHALT

## Zum Kennen Lernen



## Anreise



## Mobil Reisen: SPANIEN SÜD

## Vom Mittelmeer ins Herz Kastiliens



## Extremadura, auf den Spuren der Conquistadores



## Weiße Dörfer, maurische Paläste



## Sonnige Küsten

## Praktische und nützliche Informationen von A – Z



## Extra Infos

## Karten und Stadtpläne

## EIN KURZPORTRÄT SPANIENS

**Reino de España**, das Königreich Spanien im Südwesten Europas gelegen, umfasst mit seinem Festlandteil annähernd vier Fünftel der Iberischen Halbinsel. Zusammen mit dem Nachbarstaat Portugal umfasst das Territorium der Iberischen Halbinsel rund 583.254 qkm.

Spanien grenzt im Norden an den atlantischen Golf von Biscaya, im Nordosten an Frankreich, im Osten an das Mittelmeer, im Süden an die Costa del Sol, an die Straße von Gibraltar, sowie an den atlantischen Golf von Cádiz, und im Westen schließlich an Portugal und an den Atlantischen Ozean.

Zum **Staatsterritorium** Spaniens gehören die Inselgruppen der Balearen (Mallorca, Menorca, Ibiza und Formentera) und der Kanaren (Gran Canaria, Teneriffa, Fuerteventura, Lanzarote, La Palma, La Gomera und Hierro), sowie die spanischen Enklaven in Marokko: Ceuta und Melilla.

**Größe des Landes:** Spanien umfasst (einschließlich der Balearen und der Kanaren) ein Gebiet von 504.645 qkm und ist somit das drittgrößte Land Europas (nach dem europäischen Teil Russlands und Frankreich). Das reine Festlandsterritorium Spaniens umfasst ein Gebiet von 493.484 qkm.

Spanien hat auf der Iberischen Halbinsel einen Küstenanteil von annährend 4.800 km.

**Einwohnerzahl:** Im Lande leben rund 47 Millionen Menschen, das entspricht einer Bevölkerungsdichte von etwas mehr als 94 Einwohnern pro Quadratkilometer. In der Bundesrepublik leben zum Vergleich durchschnittlich über 229 Einwohner pro Quadratkilometer.

Von den Bewohnern Spaniens leben 10,8 Mio. Einwohner in Kastilien. 2,5 Mio. der Einwohner zählen zur Volksgruppe der Gallegos im nordwestspanischen Galicien, rund 7,5 Mio. zur Volksgruppe der Katalanen und rund 2 Mio. zur Volksgruppe der Basken.

Erhebungen in Spanien haben ergeben, dass der Trend großer Teile der Bevölkerung nach wie vor anhält, aus den strukturschwachen Landesinneren an die Küsten abzuwandern. Ausnahmen bilden lediglich die großen Städte, in denen sich eine fortschreitende Industrialisierung und Urbanisierung entwickelte.

**Hauptstadt** ist **Madrid** mit ca. 3,2 Mio. Einwohnern. Madrid ist Residenz des Königs und Sitz der Staatsregierung. Und in Madrid befinden sich die obersten Instanzen der Gesetzgebung (Senat und Abgeordnetenhaus) und der Gerichtsbarkeit.

Zweitgrößte Stadt ist Barcelona mit ca. 1,6 Mio. Einwohnern. In der Größenordnung folgen València (ca. 814.000 Einw.), Sevilla (ca. 703.000 Einw.), Zaragoza (ca. 674.000 Einw.), Málaga (ca. 568.000 Einw.) und Bilbao (ca. 354.000 Einw.).

**Religion:** Annähernd 94% der Bevölkerung gehören der katholischen Glaubensrichtung an. Die spanische Verfassung gewährt Religionsfreiheit.

**Sprache:** Allgemeine Amts- und Umgangssprache ist Spanisch (eigentlich *Castellano*, Kastilisch). Als Umgangssprachen, um deren offizielle Anerkennung man bemüht ist, sind *Catalán* in Katalonien, *Euskara* im Baskenland und in wesentlich geringerem Masse *Gallego* (Galicisch) im nordwestlichsten Teil Spaniens im Gebrauch.

### Spaniens Landschaften

Spanien, das den größten Teil der Iberischen Halbinsel einnimmt und zwischen zwei Meeren liegt, bietet eine Vielfalt an Naturräumen und Landschaften. Spanien ist ein recht bergiges Land und es ist ein relativ hoch gelegenes Land (im Durchschnitt über 650 m). Weit über 15% des spanischen Territoriums, wie die in der Mitte des Landes gelegene Kastilische Hochebene, liegen über 1.000 m hoch. Der annähernd 430 km lange und bis über 3.400 m hohe Bergzug der **Pyrenäen** riegelt das Land gewissermaßen nach Nordosten zu seinen europäischen Nachbarn ab.

Spanien ist ein Land von enormer Vielfalt und großen Kontrasten, geographisch, klimatisch aber auch landschaftlich betrachtet. So verhindern die hohen Bergzüge in Küstennähe z. B. dass das in Meeresnähe gewöhnlich mildere ozeanische Klima nicht in die Hochflächen des Kernlandes vordringen kann und dort ein Klima mit stark kontinentalen Zügen, sprich eiskalten Wintern und glühend heißen Sommern, herrscht.

In Spanien trifft man auf leicht zugängliche Küsten mit feinsandigen Stränden ebenso, wie auf schneebedeckte Berggipfel, auf ausgedehnte Feuchtgebiete und Ödflächen wie auf weite Flusstäler und grüne Berglandschaften.

Die **Landesnatur** wird geprägt von Gebirgszügen, zwischen denen sich Hochebenen und weite Beckenlandschaften ausdehnen. Zu den größten Gebirgen zählen das **Kantabrische Gebirge** (Picos de Europa 2.648 m) im Norden, das **Iberische Randgebirge** (Moncayo 2.315 m) im Nordosten, das zentrale **Kastilische Scheidegebirge** (bis 2.592 m hoch), dann die **Montes de Toledo** im Westen, die **Sierra Morena** im Südwesten und schließlich die **Betischen Kordilleren** oder Andalusischen Kordilleren im Süden. Letztere umfassen auch die **Sierra Nevada**. Dort findet man Spaniens höchsten Berg, den 3.482 m hohen Mulhacén.

Zwischen diesen Gebirgen erstrecken sich **Hochflächen** wie die Zentrallandschaft der zwischen 600 und 1.000 m hohen **Meseta** in Kastilien, oder weite **Flussbecken** und Täler, wie die des Río Ebro im Nordosten, des Río Duero oder Río Tajo im Westen, des Río Júcar im Osten und des Río Guadalquivir im Süden.

Westlich der Pyrenäen werden die Provinzen des **Baskenlandes, Kantabriens** und **Asturiens**, die sich im Norden entlang der Atlantikküste erstrecken, geprägt von den imposanten Massiven des Kantabrischen Gebirges, das sich nahe der Küste erstreckt und mit den eindrucksvollen Gipfeln der Picos de Europa (Nationalpark) über 2.600 m erreicht.

Ganz anders als die Mittelmeerküste, klimatisch wie landschaftlich gesehen, präsentiert sich die Nordküste Spaniens am Kantabrischen Meer, hinter dem sich unmittelbar das Massiv des Kantabrischen Gebirges erhebt, mehr als grüner, feuchter Landstrich, der aber vor allem im Sommer für viele ein begehrtes Urlaubsziel ist. Gepflegte Strände findet man hier vor allem bei Gijon, bei Santander und bei Donostia-San Sebastián.

Weiter nach Westen hin verflacht sich das Land in der Hügellandschaft **Galiciens**. Auch wenn im Südosten Galiciens einzelne Höhen noch fast 2.000 m erreichen, wie der 1.778 m hohe Manzaneda oder der 2.124 m hohe Peña Trevinca an der Grenze zu Kastilien, steigt die Durchschnittshöhe des Landes kaum über 500 m.

Markant an der galicischen Küste sind die weit ins Land reichenden, fjordartigen Buchten der **Rías** um Pontevedra. Das grüne und etwas abseits zumindest des touristischen Geschehens gelegene Galicien ist bekannt für seinen Niederschlagsreichtum und seine auch in den Wintermonaten moderaten Temperaturen.

Komplett andere klimatische Gegebenheiten findet man auf der **Meseta,** der schier endlos erscheinenden Hochebene in den zentralspanischen Provinzen **Kastilien und León** und **Kastilien-La Mancha** und im Bereich der Hauptstadt **Madrid**. Die Winter auf der Meseta, Europas größter Hochebene, sind sprichwörtlich klirrend kalt und die Sommer sind oft glühend heiß. Dann verwischt sich der weite Horizont in der flirrenden Hitze. Aber trotz dieser klimatischen Extreme der Meseta, die übrigens fast die Hälfte der Iberischen Halbinsel einnimmt, wird eine ausgeprägte Land- und Viehwirtschaft betrieben. Der Anbau von winterharten Sorten von Weizen und Gerste und Olivenwirtschaft findet allenthalben statt. Bedeutsam sind aber auch die Viehzucht und die Zucht von Kampfstieren. Und in der La Mancha werden vorzügliche Weine produziert.

Weiter nach Südwesten der Meseta hin erstreckt sich die Region der **Extremadura**. Auf den weiten, sanften Hügeln weiden zwischen ausgedehnten Korkeichenwäldern große Schafherden. Lange Tradition hat in der Extremadura die Schweinezucht. Durch ein aufwendiges Wasserbauprogramm, das u. a. die Stauung des Oberlaufs des Río Guadiana und einiger seiner Zuflüsse einschließt, wird ein geregelter Wasserhaushalt sichergestellt, was eine Aufforstung des Landes und eine ertragreichere Landwirtschaft möglich macht.

Während die Regionen entlang der **Mittelmeerküste**, von der felsigen, zerklüfteten Costa Brava bis zu den Sandstränden der Costa Dorada und Costa Blanca bei Alicante, von einem typischen Mittelmeerklima profitieren, können die Winter im Hinterland erstaunlich kalt werden. Verantwortlich dafür ist das Katalanische Randgebirge. Es schirmt das Hinterland von den mäßigenden Einflüssen des Mittelmeers ab.

An der klimatisch moderaten Mittelmeerküste wechseln sich sandige Ebenen, sumpfiges Schwemmland und Lagunen (Mar Menor bei Murcia, Albufera bei València) ab mit steilen Felsküsten wie z. B. der Costa Brava oder bei La Nao. Dank moderner Bewässerungsnetze kann eine fruchtbare Landwirtschaft betrieben werden. Heute werden nicht nur Weizen, Wein und Oliven angebaut, sondern auch in großem Maße Gemüse und Zitrusfrüchte.

Die Gestade des „mare nostrum", des Mittelmeeres sind seit Generationen ein Anziehungspunkt für Touristen aus aller Welt. Aber ist das bei durchschnittlich 300 Sonnentagen im Jahr und einem milden Klima mit Temperaturen zwischen 18 Grad und 30 Grad ein Wunder?

**Andalusien** schließlich, die alte Kulturlandschaft im Süden Spaniens mit ihren weißen Dörfern und maurischen Kleinodien und Baudenkmälern, wird eigentlich nur von zwei wesentlichen Landschaftsformen geprägt, dem weiten, sich nach Westen öffnenden Becken des Río Guadalquivir und den nach Süden hin anschließenden Betischen Kordilleren, zu denen die Sierra Nevada südöstlich von Granada zählt.

Andalusien ist eine der Gegenden Spaniens, in denen noch heute riesige Latifundien einflussreicher Großgrundbesitzer liegen und wo alteingesessene Familien herrschaftliche Landsitze in Form von prächtigen Fincas ihr Eigen nennen. In Andalusien werden neben edlen Pferderassen auch Kampfstiere gezüchtet. Ausgedehnter Getreide-, Reis-, Oliven- und Weinanbau.

**Die Nationalparks Spaniens**

**Nationalpark Picos de Europa** – Mit einer Ausdehnung von über 64.000 ha ist er einer der größten Nationalparks nicht nur in Spanien, sondern in Europa. Das Gebiet erstreckt sich über Teile der Autonomen Verwaltungsregionen Asturien, Kantabrien und Kastilien-León.

**Nationalpark Ordesa und Monte Perdido** – Dieser Naturpark ist in den südlichen Ausläufern der Pyrenäen in der Region Aragonien zu finden. Das rund 15.600 ha umfassende Gebiet schließt interessante Landschaften wie den Talkessel von Pineta mit seinen Gletschern ebenso ein, wie die Karstschluchten von Añiscola oder die reizvollen Talengen von Escuain.

**Nationalpark Aigües Tortes und Lago de San Mauricio** – In den nach Katalonien hinein reichenden Ausläufern der Pyrenäen liegt dieser kaum 10.000 ha große Nationalpark. Besonders reizvoll sind die herrlichen Seen und die Flusstäler der Gegend.

**Nationalpark Las Tablas de Daimiel** – Dieser mit gerade mal 2000 ha relativ kleine Nationalpark wurde um eine der vielen Lagunen der La Mancha angelegt. Solche Lagunen, abflusslose kleine Seen, finden sich hier häufiger. Ihr Wasserstand reguliert sich jahreszeitlich, bedingt durch die Flüsse Guadiana, Cigüela, Záncara und Riansares, mit denen die Lagunen durch ein kompliziertes System offenbar verbunden sind. Die Sumpfseen und Feuchtbiotope rund um die Lagunen sind der Lebensraum einer besonderen Fauna und Flora sowie Rast- und Überwinterungsplatz für viele Zugvogelarten.

**Nationalpark Cabañeros** – Dieser Nationalpark in Kastilien-La Mancha soll auf einer Fläche von rund 40.000 ha weite Gebiete des iberischen Waldes, sowie altes Weide- und Strauchland der Sierras im Hinterland der Mittelmeerküste erhalten helfen.

**Nationalpark Doñana** – Die Schlagzeilen über eine Umweltkatastrophe, die den Naturpark vor Jahren nicht nur bedrohte sondern auch beeinträchtigte, brachten den Nationalpark im Mündungsdelta des Guadalquivir im Südwesten

Andalusiens wieder ins Bewusstsein der Öffentlichkeit.

Das rund 50.000 ha große Schutzgebiet, zu dem ein 30 km langer Küstenstreifen an der Costa de la Luz im Golf von Cádiz gehört, wurde aufgrund seiner überaus artenreichen Tier- und Pflanzewelt von der UNESCO in den Kreis des Weltnaturerbes aufgenommen. Die Gebüschlandschaften, Dünengürtel, Senken, Marschen und Sumpfgebiete sind Zufluchtgebiete für viele Tiere, die vom Aussterben bedroht sind. Zu diesen Tieren gehört z. B. der Luchs, der hier noch anzutreffen ist.

**Nationalpark Sierra Nevada** – Im Grenzland der Autonomen Provinzen Granada und Almería erstreckt sich dieser 86.208 ha große Nationalpark. Hier finden sich herrliche Hochgebirgslandschaften ebenso, wie wüstenähnliche subalpine Steppen und ausgedehnte Wälder. Das nahe Mittelmeer beeinflusst das Gebiet klimatisch und verhilft in vielen Bereichen des Naturparks einer geradezu mediterranen Vegetation zu ihrer Existenz.

### Wirtschaft

Spaniens Wirtschaft hat in den letzten Jahren eine rasante, durchweg positive Entwicklung erlebt und ist weiterhin auf Wachstumskurs. Im Jahr 2006 stieg das Bruttoinlandsprodukt um 2,0 Prozent. Gleichzeitig sank die ehemals sehr hohe Arbeitslosigkeit in erheblichem Maße. Zeitweise entstanden jedes Jahr mehr als 400.000 neue Arbeitsplätze! Im Jahr 2009 lag das Bruttoinlandsprodukt sogar zwischen 21 und 38 Prozent über dem Durchschnitt der EU.

Allerdings sind diese Traumzahlen seit der geplatzten Immobilienblase und der Bankenkrise in den Jahren 2010/11 längst wieder gesunken. Die Arbeitslosenquote lag 2012 bei über 25 Prozent, in manchen Provinzen sogar um 30 Prozent. Eine Besserung ist derzeit leider nicht in Sicht.

**Wirtschaftliche Schwerpunkte** bilden vor allem die Landwirtschaft, dann Montan-, Stahl- und verarbeitende Industrie und der Tourismus, der dem Land einen starken Devisenzustrom bringt und für die Zahlungsbilanz von erheblicher Bedeutung ist. In den letzten Jahren erreichten die Einnahmen aus dem Geschäft mit dem Tourismus jährlich fast 34 Mrd. US-Dollar. Jedes Jahr kommen weit über 50 Mio. Touristen aus aller Welt nach Spanien, darunter fast 10 Mio. aus Deutschland. Und nach wie vor hält Spanien den Spitzenplatz in der Rangliste der beliebtesten Urlaubsländer der Deutschen.

Weit über ein Drittel des spanischen Territoriums werden landwirtschaftlich genutzt. Die wichtigsten landwirtschaftlichen Erzeugnisse sind Oliven (größter europäischer Produzent), Wein, Zitrusfrüchte, Gemüse, Reis, Getreide und Tabak. Interessant ist in diesem Zusammenhang, dass für die Landwirtschaft insgesamt rund 68% des Süßwassers benötigt werden, während die privaten Haushalte nur 13% des Süßwassers verbrauchen. Die Industrie verbraucht die restlichen 19%.

Schafzucht und Hochseefischerei (Vigo ist Spaniens größter Hochseefischereihafen) sind ebenfalls von Bedeutung. Spaniens Fischereiflotte zählt zu den größten der Welt.

Forstindustrie spielt noch keine Rolle, da Spanien eines der waldärmsten Länder Europas ist. Um der starken Erosion in weiten Bereichen des Landes Einhalt zu gebieten, sind umfangreiche Aufforstungen vorgesehen. Bislang können lediglich 84.000 qkm des spanischen Festlandes als „bewaldet" bezeichnet werden.

Die wichtigsten Zweige der Bergbauindustrie sind die Gewinnung von Quecksilber (weltweit an zweiter Stelle), Steinkohle, Eisenerz, Blei, Schwefel und Kali.

Hütten- oder Petroindustrien findet man vor allem in den nordspanischen Industriezentren um Bilbao, Santander und Gijón, aber auch bei Tarragona, Escombreras und Puertollano in der Provinz Ciudad Real. Gewerbliche Ballungsgebiete sind außerdem die Gegenden um Madrid und Barcelona.

Ferner sind Fahrzeug- und Schiffbau (bei Cádiz), Papiergewinnung und Elektrotechnik bedeutende Industriezweige. Spanien zählt zwischenzeitlich zu den größten Pkw-Herstellern der Welt.

**Staats- und Regierungsform**

Spanien hat als **Staatsform** die Konstitutionelle Monarchie auf der Grundlage eines sozialen und demokratischen Rechtsstaats gewählt. Kraft Verfassungsänderung vom Dezember 1978 ist es eine Parlamentarische Erbmonarchie. **Staatsoberhaupt** ist der König.

Seit Juni 2014 amtiert SM König Felipe VI., Sohn von König Juan Carlos I. und Königin Sofia. Der König und seine Gemahlin Letizia genießen in der Bevölkerung sehr hohes Ansehen.

Nach der Franco-Zeit und vor dem Verfassungsreferendum von 1978 war Spanien durch die Zusammenarbeit der maßgebenden politischen Parteien mit König Juan Carlos I. zu einer demokratisch-parlamentarischen Monarchie (konstitutionelle Monarchie mit demokratischer Verfassung) geworden.

Das gesetzgebende Organ und die Vertretung des Volkes ist die **„Cortes Generales"**, das spanische Parlament. Es ist ein Zweikammerparlament, bestehend aus **Congreso de los Diputados** (Abgeordnetenhaus), dem mindestens 300 Mitglieder angehören, und dem **Senado** (Senat), dem höchstens 400 Mitglieder angehören dürfen. Die Mitgliederzahl im Senat schwankt je nach Regierung.

Über 200 Senatsmitglieder werden in freier Wahl direkt gewählt, der Rest wird ernannt. Die Cortes wird alle vier Jahre neu gewählt. Allgemeines Wahlrecht ab 18 Jahren.

Der Regierung steht der Ministerpräsident vor.

Von 21. Dezember 2011 bis 2015 und erneut seit Oktober 2016 amtiert Mariano Rajoy von der Partido Popular (PP) als Ministerpräsident.

Spanien ist Mitglied der EU, der Nato, der OECD, der OSZE, und der UNO.

**Verwaltungstechnisch** gliedert sich Spanien in **17 Comunidades (Autonome Verwaltungsregionen).**

Die spanische Verfassung billigt den Comunidades ein bestimmtes Maß an Regierungskompetenz zu.

Bei Konflikten zwischen Staatsverwaltung und Regionalverwaltung kann das Verfassungsgericht angerufen werden.

Die autonomen Regionen wiederum unterteilen sich in **Provincias (Provinzen)**:

**Andalucía (Andalusien)** mit den Provinzen Córdoba, Jaén, Huelva, Cádiz, Sevilla, Granada, Almería und Málaga. Größe der Region: 87.266 qkm mit annähernd 7 Mio. Einwohnern.

**Aragón (Aragonien)** mit den Provinzen Huesca, Zaragoza und Teruel. Größe der Region: 47.670 qkm mit annährend 1,22 Mio. Einwohnern.

**Principado de Asturias (Fürstentum Asturien)** mit der Provinzhauptstadt Oviedo. Größe der Region: 10.565 qkm mit annähernd 1,1 Mio. Einwohnern.

**Cantabria (Kantabrien)** mit der Provinzhauptstadt Santander. Größe der Region: 5.282 qkm mit annähernd 0,53 Mio. Einwohnern.

**Castilla y León (Kastilien und León)** mit den Provinzen León, Zamora und Salamanca, sowie den Provinzen Palencia, Burgos, Valladolid, Soria, Segovia und Ávila, die ehemals (zusammen mit den Provinzen Santander und La Rioja) die Region **Altkastilien** bildeten. Größe der Region: 94.147 qkm mit annähernd 2,6 Mio. Einwohnern.

**Castilla-La Mancha (Kastilien-La Mancha)** mit den Provinzen Guadalajara, Cuenca, Toledo, Ciudad Real und Albacete. Zusammen mit Madrid bildeten diese Provinzen einst die Region **Neukastilien**. Größe der jetzigen Region: 79.226 qkm mit annähernd 1,7 Mio. Einwohnern.

**Cataluña (Katalonien)** mit den Provinzen Lleida/Lérida, Girona/Gerona, Barcelona und Tarragona. Größe der Region: 31.929 qkm mit annähernd 6,2 Mio. Einwohnern.

**Euskadi/País Vasco (Baskenland)** mit den Provinzen Vizcaya, Guipúzcoa und Álava. Größe der Region: 7.260 qkm mit annährend 2,11 Mio. Einwohnern.

**Extremadura (Estremadura)** mit den Provinzen Cáceres und Badajoz. Größe der Region: 41.600 qkm mit annähernd 1,06 Mio. Einwohnern.

**Galicia (Galicien)** mit den Provinzen A Coruña/La Coruña, Lugo, Pontevedra und Ourense/Orense. Größe der Region: 29.500 qkm mit annähernd 2,8 Mio. Einwohnern.

**Comunidad Autonóma de Madrid** mit der Hauptstadt Madrid und Umgebung. Größe der Region: 7.998 qkm mit annähernd 5,1 Mio. Einwohnern.

**Región de Murcia** mit der Provinzhauptstadt Murcia. Größe der Region: 11.315 qkm mit annähernd 1,06 Mio. Einwohnern.

**Comunidad Foral de Navarra** mit der Provinzhauptstadt Iruñea/Pamplona. Größe der Region: 10.422 qkm mit annähernd 0,53 Einwohnern.

**La Rioja** mit der Provinzhauptstadt Logroño. Größe der Region: 5.032 qkm mit annährend 270.000 Einwohnern.

**Comunidad València** mit den Provinzen Castellón, València und Alicante. Größe der Region: 23.305 qkm mit annähernd 3,9 Mio. Einwohnern.

Dazu kommen noch die Provinzen der **Kanaren** und der **Balearen**.

**Höchster Berg**: **Mulhacén** in der südspanischen Sierra Nevada, 3.482 m hoch.

Zu den **wichtigsten Flüsse** des Landes, die in ihrer Wasserführung allerdings recht unterschiedlich sind, zählen der wasserreiche Río Ebro (920 km), der Río Duero, der über 1.000 km lange Río Tajo (längster Fluss auf der Iberischen Halbinsel, der bei Portugals Hauptstadt Lissabon in den Atlantik mündet), der Río Guadalquivir (660 km) und der wasserarme Río Guadiana (745 km).

**Südlichster Punkt**: Das Kap **Punta Marroquí** bei Tarifa, am Südende Spaniens, ist gleichzeitig der südlichste Punkt des europäischen Festlandes. Das Kap ist nur durch die knapp 15 km breite Strasse von Gibraltar von der nordafrikanischen (marokkanischen) Küste getrennt.

## KUNST UND GESCHICHTE – IN STICHWORTEN

Schon vor 25.000 Jahren war zumindest der Norden der Iberischen Halbinsel bewohnt. Zeugen aus jener frühen Zeit sind die erstaunlich kunstfertig ausgeführten Wand- und Deckenmalereien in den Höhlen von Altamira in der Nähe von Santillana del Mar an der Kantabrischen Küste im Norden Spaniens.

Etwa in der **Eiszeit** (ca. 18. Jh. v. Chr.) kommen Iberer und Basken aus Afrika ins heutige Spanien.

**Vom 8. Jh. v. Chr. bis ins 1. Jh. v. Chr.** erfährt die iberische Kultur zum einen Impulse durch Kelten, die über die Pyrenäen auf die Halbinsel kommen, zum andern aus dem Mittelmeerraum durch Phönizier, die in Spanien Handel treiben **(Keltiberer).** Ihre wichtigste Gründung ist Cádiz (Andalusien).

Etwa ab dem 6. Jh. v. Chr. kontrollieren die **Karthager** die Handelswege im westlichen Mittelmeer. Cartagena in der Provinz Murcia z. B. ist eine Gründung der Karthager aus dem 5. Jh. v. Chr.

**3. Jh. v. Chr.** – Der Karthager **Hannibal** landet in Sagunt, was den Zweiten Punischen Krieg (218 – 201) zwischen Karthagern und Römern um die Herrschaft im westlichen Mittelmeer auslöst.

Die **Römer** erobern von den Karthagern die ehemals griechische Kolonie Ampurien an der katalanischen Küste bei Girona/Gerona, 206 auch Cádiz.

Eine intensive Romanisierung während der fast 600 Jahre dauernden Römerherrschaft hinterlässt Spuren im ganzen Lande. Aquädukte, Triumphbögen, Brücken und Tempel sind überall heute noch zu sehen.

Besonders in Mérida (Extremadura), dem römischen *Emérita Augusta*, oder in *Itálica*, dem Geburtsort Kaiser Trajans, nördlich von Sevilla (Andalusien), können römische Spuren noch eindrucksvoll verfolgt werden.

Als Verwaltungszentrum ihrer **Provinz Hispania**, die auch als **„Iberia"** bezeichnet wird, gründen die Römer im Jahre 151 v. Chr. die Stadt Córdoba.

**1. – 5. Jh. n. Chr.** – Die römische Herrschaft auf der Iberischen Halbinsel geht mit dem Einfall der Vandalen und Sueben zu Beginn des 5. Jh. zu Ende.

**414 n. Chr.** fallen erstmals **Westgotenstämme** in Spanien ein, die bald über die ganze Halbinsel herrschen. Hauptstadt der Westgoten wird Mitte des 6. Jh. Toledo.

**8. Jh. – Mauren**, arabische und berberische Stämme mohammedanischen Glaubens aus Nordafrika, besiegen unter dem Almoravidenfürsten Jussuf Ben Taschfine al Tarik im Jahre 711 den Gotenkönig Roderich bei Jerez de la Frontera und dehnen ihr Reich auf Spanien aus. Die Christen werden in den Nordwestteil Spaniens zurückgedrängt. Nur noch Provinzen wie Galicien oder Asturien werden weiter von christlichen Herrschern regiert. Und eben dieser spanische Norden sollte später die Keimzelle der Reconquista werden.

Manche Christen im Süden des Landes nehmen die Sprache und Gebräuche der Mauren an (Mozaraber).

756 proklamiert Abd ar-Rahman in Córdoba das Omaijaden-Emirat **Al Andalus**, das er als selbständig erklärt. Bis dahin waren die spanischen Emirate abhängig vom Kalifat in Damaskus.

In und um Córdoba entstehen Bauwerke, die zu den schönsten Beispielen islamischer Architektur zählen. Dazu gehört in erster Linie die Mezquita (Moschee) in Córdoba, die mit typisch islamischen Stilelementen wie Hufeisenbögen, kalligraphischen (Koranzitate) und geometrischen Ornamenten, prächtig ausgestattet ist (z. B. die Gebetsnische Mihrab).

778 führt Karl der Große einen Feldzug südlich der Pyrenäen durch, der für die kaiserlichen Truppen bei Roncesvalles mit einer furchtbaren Niederlage endet.

**9. – 10. Jh.** – Der Frankenkönig und spätere Kaiser Ludwig der Fromme, Sohn Karls des Großen, befreit 801 Katalonien von den almoravidischen Mauren und besetzt Barcelona.

997 unternimmt der maurische Feldherr al-Mansur Feldzüge bis nach Santiago de Compostela.

Obwohl sich noch im 10. Jh. das Maurische Reich ausdehnt, gründen im Norden christliche Könige neue Reiche. Es entstehen Aragón, Kastilien, Navarra und León, Galicien und Asturien.

**11. Jh.** – Die zum Kalifat aufgestiegene Region Córdoba verliert ihre Macht langsam an Sevilla. Granada ist eine weitere Bastion des maurischen Herrschaftsgebiets auf der Iberischen Halbinsel. Vor allem im Süden des Landes entstehen unabhängige maurische Kleinkönigreiche (Taifas).

**1085** – König Alfonso VI. erobert Toledo.

Die **Reconquista**, der gemeinsame Kampf der christlichen Könige gegen die muselmanischen Mauren, formiert sich und mit ihr erstarkt das spanische Nationalgefühl. Der Heerführer Rodrigo Diaz de Vivar, genannt **El Cid**, wird – obwohl zunächst nicht von allen christlichen Königen akzeptiert und vom kastilischen Hof sogar verbannt – zum Nationalhelden im Kampf gegen die Mauren.

Vor allem die Königreiche Kastilien und León festigen ihre Macht im Norden Spaniens. Leóns Herrschaftsgebiet umfasst auch die Provinz Portucale an der Atlantikküste.

1093 vermacht Alfonso VI., König von Kastilien und León, die Provinz seiner Tochter Teresa. Deren Sohn Afonso Henrique betreibt die Loslösung Portucales von León und ernennt sich zum König eines selbständigen Portugals.

Nicht nur in machtpolitischer Hinsicht, auch auf geistiger und religiöser Ebene wird ein Gefühl der Einheit wach, das sich über Spanien ausdehnt. Nicht zuletzt der Pilgerweg **Camino de Santiago**, der von den Pyrenäen durch Nordspanien zum Grab des Heiligen Jakobus in Galicien führt und auf dem man Gläubige aus ganz Europa ziehen sieht, festigt nicht nur die religiösen Bindungen, sondern fördert auch das Empfinden für eine gemeinsame Kunstrichtung. Der **romanische Baustil** ist wohl kaum irgendwo anders ausgeprägter zu finden als in den Kirchen und Klöstern entlang des Jakobsweges.

**1195** – In der Schlacht bei Alarcos gelingt es den arabischen Truppen der Almohaden den Vormarsch der christlichen Heere noch einmal zu stoppen.

**12. Jh.** – Die Almohaden können das maurische Reich in Südspanien noch einmal festigen. Unter Jacub al Mansur wird Sevilla deren Hochburg. Aber immer mehr Provinzen fallen an die spanischen Könige. Vor allem die Häuser Kastilien und Aragonien gewinnen an Einfluss.

Ausgangs des 12. Jh. erfährt die spanische Baukunst eine Bereicherung durch den **Mudéjarstil**. Er ist eine ganz spezifisch spanisch-maurische Richtung der Architektur, die Bautechniken und Gestaltungselemente der maurischen Handwerker mit einbezieht. Vor allem werden z. B. Ziegel und Gips zur Ornamentgestaltung verwendet, Holzdecken werden nach islamischem Brauch mit geometrischem Dekor (Artesonado-Decken), Wände und Böden mit herrlich gemusterten Kacheln, den Azulejos, geschmückt.

Im Gegensatz dazu entwickelt sich vor allem in maurisch beherrschten Gebieten der sog. **mozarabische Stil**. Hier fließen in maurisch-arabische Stilrichtungen Gestaltungselemente aus der Architektur der Christenwelt ein.

**13. Jh.** – Die Almohaden werden 1212 in der Schlacht bei Navas de Tolosa besiegt.

Ferdinand III., der Heilige (1217 – 1252), vereinigt die Königreiche Kastilien und León und entreißt València, Córdoba (1236) und Sevilla (1248) den maurischen Kalifen. Ferdinands Nachfolger, wie Alfons X. der Weise (1252 – 1284), gewinnen Murcia und 1263 schließlich Cádiz hinzu. Die islamischen Herrscher – zwischenzeitlich aus der von Al-Ahmar Ibn Nasr gegründeten Dynastie der Nasriden – können sich nur noch in Granada halten. Sevilla wird die Residenz von König Ferdinand III.

Das Landschaftsdreieck zwischen Sevilla, Granada und Córdoba bietet eine Fülle glänzender Beispiele **maurischer Kunst**. Großartige Bauten wie die Alhambra in Granada, die Mezquita in Córdoba und die Giralda und der Alcázar in Sevilla dokumentieren, dass Andalusien damals der Mittelpunkt abendländischer Kultur war.

Über Frankreich kommt der **gotische Baustil** nach Spanien, der vor allem am Hof Kastiliens aufgenommen wird. Die

Kathedralen von León, Burgos oder Toledo sind Beispiele für die frühe spanische Gotik, die sich bald über das ganze Land erstreckt, alle Stilwandlungen mitmacht und in der Spätgotik eigene Wege geht, z. B. mit dem **Isabellinischen Stil**, nach Königin Isabella von Kastilien. In den Kirchen und Kathedralen aus jener Zeit findet man wunderschöne und oft überaus kostbar geschmückte Flügelaltäre (Triptychen) und Altarrückwände (Retabel).

**14. Jh.** – Nach Alfons XI. (1313 – 1350) residiert Pedro, König von Kastilien, genannt der Grausame, von 1350 bis 1369 in Sevilla. Seine Nachfolger stammen aus dem Hause Trastamara. Es sind Heinrich II. (1369 – 1370), Johann I. (1370 – 1390), Heinrich III. (1390 – 1406).

**1469** – Heirat der Erbin Kastiliens, Isabella I., mit dem Erben Aragóns, Ferdinand II.

**1474** – Isabella I. folgt ihrem Bruder Heinrich IV. auf dem Thron Kastiliens. Allerdings hat Isabella in ihrer Nichte Johanna, der in der spanischen Geschichte legendären Beltraneja, eine vehemente Widersacherin, die ihr den Thron streitig macht.

**1489** – Vereinigung der Königreiche Kastilien und Aragón und **Begründung des Spanischen Königreiches**, über das Isabella I. und Ferdinand II. als **„Los Reyes Católicos"** (Die Katholischen Könige) bis 1504 regieren. Dieser Titel war ihnen 1494 von Papst Alexander VI. verliehen worden.

**1486** – **Inquisitionsgerichte** werden etabliert. Diese Einrichtung der katholischen Kirche zur Reinhaltung ihrer Lehren, die nicht selten Renegaten mit zweifelhaften Methoden und Folter zu Geständnissen brachte, wurde in Spanien erst 1808 wieder aufgehoben.

**1492** – Granada, die letzte maurische Hochburg der islamischen Kalifen, wird von den Spaniern erobert. Boabdil, Kalif von Granada, dankt ab. Ende der Reconquista. Am 2. Januar ziehen die Katholischen Könige Isabel und Ferdinand in Granada ein.

Unter dem Druck der Inquisition werden die Juden aus Aragón und Kastilien vertrieben.

**Kolumbus** entdeckt im Auftrag der spanischen Krone die „Neue Welt", die erst 15 Jahre später den Namen Amerika – nach dem aus Florenz stammenden Entdecker Amerigo Vespucci – erhält.

**1494** – Spanien und Portugal legen im Vertrag von Tordesillas die Aufteilung der Neuentdeckungen in Nord- und Südamerika fest. Die Trennungslinie verläuft 370 Seemeilen westlich der Kapverdischen Inseln. Das Gebiet östlich dieser Nord-Süd-Linie (darunter Brasilien) soll Portugal, das Territorium westlich davon (darunter Mexiko) soll Spanien zufallen.

Gewaltige Mengen an Gold und Edelmetallen aus den mittelamerikanischen Kolonien werden vor allem in den Häfen Cádiz und Sevilla angelandet. Nicht zuletzt auf diesem Reichtum baut Spanien seine Vorherrschaft in Europa auf.

**1497** – Philipp der Schöne, Sohn und Erbe Kaiser Maximilians I., wird mit Johanna der Wahnsinnigen, Tochter der Katholischen Könige, verheiratet. Diese Verbindung vereinigt auch die spanischen und österreichisch-habsburgischen Besitzungen.

**1500** – Karl V., späterer König von Spanien und deutscher Kaiser, wird am 24. Februar als erster Sohn Philipps des Schönen und Johannas der Wahnsinnigen in Gent geboren.

**1519** – Maximilian I., Kaiser des Hl. Römischen Reiches, stirbt. Sein Nachfolger wird Karl V. (1500 – 1558). Karl V. regiert über Spanien (als Karl I.), über Spaniens überseeische Kolonien und über das Hl. Römische Reich, insgesamt über ein Reich also, „in dem die Sonne nie untergeht".

Hernando Cortés erobert das Aztekenreich in Mexiko und ernennt es zur spanischen Kolonie „Neu Spanien". Andere spanische **Conquistadores** wie Francisco Coronado oder Hernando de Soto erkunden und erobern Teile Nordamerikas (Colorado Fluss, Florida).

**1527** – Die kaiserlichen Truppen Karls V. plündern Rom. Um seine Vormachtstellung in Europa zu festigen, führt Karl V. auch Krieg gegen Frankreich und dessen König Franz I., den er vier mal besiegt und 1525 in Pavia sogar gefangen nimmt. Auch gegen Heinrich II. von Frankreich, der Franz I. auf dem Thron folgt, führt Karl V. jahrelang Krieg.

**1531** – Francisco Pizarro erobert das Inkareich in Peru und gründet 1535 Lima.

**1556 – 1598** – Regentschaft Philipps II., Sohn und Nachfolger des abgedankten Kaisers Karl V. Der gichtkranke Karl V. zieht sich in das Kloster Yuste in der Sierra de Gredos zurück.

Das spanische Weltreich wird geteilt. Die Habsburgische Dynastie trennt sich in eine spanische und eine österreichische Linie. An Philipp II. fallen neben Spanien mit seinen Kolonien auch Ländereien wie Burgund und Italien. Spanien erlangt unter Philipp II. den Höhepunkt seiner Macht. Er verlegt 1561 die Hauptstadt nach Madrid.

Philipp II. konzentriert seine Politik in erster Linie auf Spanien und auf die Festigung des Katholizismus. 1555, kaum ein Jahr vor seiner Thronbesteigung hatte sein Vater, Kaiser Karl. V., im Augsburger Religionsfrieden den Protestanten nämlich Glaubensfreiheit zugestehen müssen.

1565 bemächtigt sich Spanien der Philippinen.

Der **Renaissance-Stil** wird in Spaniens Architektur vor allem durch den von Philipp II. protegierten Baumeister Juan de Herrera eingeführt (El Escorial bei Madrid).

Eines der Merkmale der Früh-Renaissance ist der sog. **Plateresk-Stil**. Die Bezeichnung kommt vom spanischen „platero" für Silber- oder Goldschmied und bezieht sich auf die fast schon filigrane Ornamentik des Fassadenschmucks dieser Stilrichtung. Eines der herausragendsten Beispiele für den Plateresk-Stil ist die Eingangsfassade an der alten Universität in Salamanca.

El Greco, der Maler aus Kreta, lässt sich in Toledo nieder und arbeitet dort an seinen bedeutendsten Werken.

Große spanische Maler des 16. und 17. Jh. sind Francisco Ribalta, José Ribera, Murillo, Zurbarán oder Diego Velázquez u. a.

**1571** – Siegreiche Seeschlacht unter Don Juan de Austria bei Lepanto gegen die Türken.

**1580** – Portugal fällt an die spanische Krone, nachdem dort Truppen Philipps II. einmarschiert sind. Der portugiesische König war kinderlos gestorben. Woraufhin Philipp II. Anspruch auf den portugiesischen Thron erhebt und 1581 auch als König von Portugal proklamiert wird.

**1588** – Kämpfe gegen Frankreich, England und die Niederlande schwächen Spanien, das ohnehin schon tiefgreifende wirtschaftliche Probleme erlebt. Der Untergang der spanischen Flotte, der glorreichen „unüberwindlichen" **Armada**, bei einem Eroberungsversuch besiegelt den Niedergang spanischer Macht.

**1598** – Tod Philipps II. Spanien steht nach fast 70 Jahren Kriegsführung und einer geradezu verschwenderisch anmutenden Repräsentation, die sich z. B. im Klosterpalast des Escorial widerspiegelt, vor einem finanziellen Desaster, trotz der gigantischen Reichtümer seiner Kolonien.

Die an die Renaissance anschließende Kunstepoche, das **Barock**, erreicht Spanien.

**1598 – 1621** – Philipp III. regiert. Auf Anraten seines Vertrauten Graf von Lerma verfügt König Philipp III. die Ausweisung aller Morisken, die im Land verbliebenen Mauren. Da diese Bevölkerungsschicht überwiegend in der Landwirtschaft tätig war, erlitt Spaniens Agrarwirtschaft einen Kollaps mit weitreichenden Auswirkungen. Immerhin hatten damals fast 300.000 Morisken kurzfristig das Land verlassen müssen.

**1620** – Spanien tritt in den Dreißigjährigen Krieg ein.

**1621 – 1665** – Philip VI. regiert. Portugal erlangt unter dem Haus Bragança 1640 seine Unabhängigkeit wieder.

**1643** – Spanien erleidet bei Rocroi eine vernichtende Niederlage, die nach dem Untergang der Armada nun auch das Landheer entscheidend schwächt. Das Ende der spanischen Vorherrschaft in Europa ist damit besiegelt.

**1659** – Der langjährige Krieg mit Frankreich findet durch den Pyrenäen-Frieden ein Ende.

**1665 – 1700** – Karl II. regiert. Er ist der letzte Habsburger auf dem spanischen Thron. Nach seinem Tode beginnt der **Spanische Erbfolgekrieg**. Die Bourbonen drängen an die Macht. Karl II. war nämlich kinderlos und ohne Erben gestorben, hatte aber testamentarisch festgelegt, dass Philipp von Anjou, ein Enkel von Karls Schwester Maria Teresia und dem Bourbonenkönig Ludwig XIV. von Frankreich, sein Nachfolger auf dem spanischen Thron werden sollte. Anlass für ein jahrzehntelanges Gezänk um die Herrschaft in Spanien.

**1700 – 1746** – Erster Herrscher aus dem Hause Bourbon ist Philipp V., besagter Enkel des Sonnenkönigs Ludwig XIV. aus Frankreich. Philipp V. verliert zwar zahlreiche spanische Besitzungen, darunter Gibraltar und Menorca, an die Engländer (Friede von Utrecht 1713), das Haus Bourbon aber bleibt bis 1931 an der Macht, von kurzen Unterbrechungen abgesehen.

**1746 – 1759** – Ferdinand VI. aus dem Hause Bourbon regiert.

Am 30. März 1746 wird Francisco José de Goya y Lucientes geboren, der zu einem der bedeutendsten Maler und Radierer seiner Zeit wird.

**1759 – 1788** – Karl III. regiert. Die Jesuiten werden des Landes verwiesen. Und obwohl Karl III. als ebenso aufgeklärter wie herrschsüchtiger Regent galt, ging seine Regierungszeit als **Siglo de Oro**, also als Goldenes Zeitalter in die spanischen Geschichtsbücher ein, zumindest was Kunst und Kultur anbetrifft. Unter der Herrschaft Karls III. wurden aber auch fundamentale wirtschaftliche Reformen angeschoben.

**1788 – 1808** – Karl IV. regiert. In der Schlacht von Trafalgar besiegt und vernichtet 1805 Admiral Nelson die französisch-spanische Flotte.

**1808 – 1813** – Napoleon I. besetzt Spanien. Sein Bruder Joseph Bonaparte wird König von Spanien.

In Madrid formiert sich erster Widerstand gegen die französischen Besatzungstruppen. Der folgende Guerillakrieg des spanischen Volkes gegen den neuen Herrscher wird von England unterstützt. Er endet erst 1814 mit dem Gang Napoleons ins Exil.

**1812** – König Joseph verlässt fluchtartig Spanien. Auf einer Volksversammlung in Cádiz wird ein erster Verfassungsentwurf erarbeitet.

**1814 – 1833** – Der englisch-spanischen Armee gelingt es, die französischen Truppen nach Frankreich zurückzudrängen. Mit Ferdinand VII. kehren die Bourbonen auf den spanischen Thron zurück und setzen ihre Regentschaft fort.

In den südamerikanischen Kolonien beginnen unter Simón Bolívar Befreiungskämpfe.

**1820** – Die 1812 in Cádiz verabschiedete Verfassung wird von Ferdinand VII. während seiner gesamten Regentschaft ignoriert. Nur für die Dauer von drei Jahren (1829 – 1823) gelingt es liberalen Revolutionären die Verfassung von Cádiz doch in Kraft zu setzen.

**1833** – 1833 stirbt König Ferdinand VII. Nach einer Änderung des Thronfolgegesetzes durch Ferdinand VII. zu Ungunsten seines Bruders Don Carlos, wird Isabella II., Tochter von Ferdinand VII. und María Cristina, als Thronfolgerin von Spanien ernannt. Nach dem Tode Ferdinands übernimmt María Cristina die Regierungsgeschäfte bis zur Mündigkeit Isabellas.

In den drei **Karlistenkriegen** (1. 1833 – 1839, 2. 1847 – 1849, 3. 1872 – 1876) kämpfen die Anhänger des Don Carlos um die Macht.

**1840** – Staatsstreich durch General Esparteros. María Cristina sieht sich zur Flucht gezwungen.

**1843** – Die erst 13jährige Isabella II. wird für mündig erklärt und tritt ihr Königsamt an. Eine erneute Revolte in den Reihen der Militärs, diesmal unter General Narváez, hatte General Esparteros die Regierungsgewalt entrissen und ihn schließlich gezwungen außer Landes zu gehen.

**1847 – 1849** – Der zweite Karlistenkrieg endet mit einem Sieg Isabellas II.

**1868** – Die Herrschaft Isabellas II. endet durch eine **Revolution**. Die Königin flieht nach Frankreich. Schon während der gesamten Regierungszeit Isabellas war es immer wieder zu Aufständen und Unruhen zwischen Liberalen, Sozialisten und Republikanern, die sich in der Bewegung der „Progresistas" formiert hatten, einerseits, und den „Moderatos", zu denen sich königstreue Katholiken zählten, andererseits, gekommen.General Sarrano übernimmt die Regentschaft bis 1871.

**1869 –** Die Cortes verabschiedet eine neue Verfassung, die eine konstitutionelle Monarchie vorsieht. Als erster König der neuen Verfassung wird Amadeus, ein Sohn des italienischen Königs Viktor Emanuel II., ausgerufen.

**1871 – 1873 –** Leopold von Hohenzollern-Sigmaringen bewirbt sich um den spanischen Thron, es kommt zum deutsch-französischen Krieg von 1870/71. König Amadeus I. von Savoyen wird gekrönt. 1873 dankt er ab.

**1873 –** In Spanien wird durch die Nationalversammlung die **Republik** (Erste Republik) ausgerufen.

**1874 –** Alfonso XII. (1874 – 1885) aus dem Hause Bourbon, ein Sohn Isabellas II., macht Spanien wieder zum Königreich. Zeit der Restauration der Bourbonenherrschaft.

Der mit María Cristina von Österreich verheiratete Alfonso XII. stirbt bereits im Alter von nur 28 Jahren. Die Regierungsgeschäfte führt seine Gemahlin María Cristina von 1885 bis 1886 weiter.

**1898 –** Nach den spanisch-amerikanischen Kriegen hat Spanien auch seine letzten Kolonien in der Neuen Welt verloren.

**1902 –** Der 1886 geborene Alfonso XIII., Sohn Alfonsos XII. und María Cristinas, besteigt im Alter von 16 Jahren den spanischen Thron.

**1914 – 1918 –** Im 1. Weltkrieg bleibt Spanien neutral.

**1923 – 1930 –** Militärdiktatur unter General Primo de Rivera. Dennoch kann sich eine Opposition formieren und es kommt zu revolutionären Aktivitäten.

**1931 –** Die Republikaner gehen aus Wahlen in einigen Regionen, wie z. B. in Katalonien, siegreich hervor. Die **Zweite Republik** wird ausgerufen, die Cortes wird neu gewählt. König Alfonso XIII. dankt ab. Innenpolitische Wirren und starke soziale Differenzen schwächen das Land.

Etwa seit dem Beginn des 20. Jh. zeigen sich in der **Baukunst** Spaniens neue Richtungen. Vor allem die Stadtarchitektur geht neue Wege. Maßgeblich beteiligt ist der Architekt Arturo Soria, der mit seinem Madrider Stadtteil „Ciudad Lineal" neue Maßstäbe setzt. Originell, futuristisch, genial und verstiegen kann man, je nach Standpunkt, die eigenartigen Kreationen des Architekten Antonio Gaudí in Barcelona bezeichnen. Die mit durchbrochenen Rundtürmen geschmückte Kirche der Heiligen Familie (La Sagrada Familia) ist eine seiner Schöpfungen.

Die moderne Malerei und die **moderne Kunst** überhaupt hat mit Salvador Dalí, Juan Gris, Joan Miró, Pablo Picasso oder Antonio Tàpies weltbekannte spanische Vertreter.

**1933 – 1936 –** José Antonia Primo de Rivera, Sohn des Militärdiktators von 1923, gründet 1933 die Bewegung der **Falange** mit dem Ziel, die nationale Einheit zu wahren und die Bodenreform voranzutreiben. Er wird im November 1936 erschossen. Ständige Regierungswechsel schaffen Unmut und Unsicherheit. Autonomiebestrebungen in Katalonien und Asturien. Ein Bergarbeiteraufstand in Asturien wird im Oktober 1934 blutig niedergeschlagen.

Aufstände und eine linke Volksfrontregierung (Frente Popular) entfachen nach der Ermordung des Führers der Rechtsparteien, Calvo Sotelo, eine Militärrevolte im spanisch besetzten Teil von Marokko. Unter General Francisco Franco und seinen „Nationalen" weitet sich der Aufstand auf Spanien aus und führt dort zum **Bürgerkrieg** (1936 – 1939).

Ernest Hemingways Roman „Wem die Stunde schlägt" beschreibt überaus eindrucksvoll Hintergründe und zwischenmenschliche Probleme während des spanischen Bürgerkrieges.

In Burgos wird Franco zum Staatsoberhaupt (Caudillo) und zum militärischen Oberbefehlshaber (Generalísimo) ausgerufen.

**1937 –** Während der Eroberung der nordspanischen Industriestädte durch die Nationalen wird die Stadt Guernica von der deutschen Luftwaffe bombardiert.

**1939 –** Mit der Einnahme Madrids am 1. April 1939 geht der spanische Bürgerkrieg nach grausamen Kämpfen und enormen Verlusten an Menschenleben zu Ende. Franco regiert das Land diktatorisch bis 1975.

**1939 – 1945** – Im Zweiten Weltkrieg wahrt Spanien unter Franco Neutralität.

**1947** – Spanien wird auf dem Papier in eine Monarchie umgewandelt.

**1955** – Beitritt zu den Vereinten Nationen (UN).

**1971** – Prinz Juan Carlos de Bourbon wird zum Nachfolger Francos proklamiert.

**1975** – Nach Francos Tod am 20. November 1975 wird Juan Carlos I. zum König von Spanien proklamiert.

**1976** – Demokratisierung des Landes. Erster Ministerpräsident wird Adolfo Suárez.

**1977** – Mitte Juni finden allgemeine Wahlen statt aus denen Adolfo Suárez als Ministerpräsident bestätigt hervorgeht. Im Juli 1977 stellt Spanien den Antrag zur Aufnahme in die Europäische Gemeinschaft. Im November wird Spanien Mitglied im Europarat.

**1978** – Durch Volksentscheid wird die konstitutionelle Monarchie mit neuer demokratischer Verfassung bestätigt. Die Verfassung erkennt nun die Autonomie Kataloniens, Galiciens und des Baskenlandes an.

**1981** – Am 29. Januar tritt Adolfo Suárez von seinem Amt als Ministerpräsident zurück: Ein Putschversuch am 23. Februar von Seiten einiger Militärs scheitert. Die Putschisten unter Leitung des Guardia Civil Obersten Antonio Tejero dringen mit Waffengewalt in das Parlament ein.

Nach dem versuchten Staatsstreich wird Leopold Calvo Sotelo von der Partei „Union del Centro Democrático" (UCD) zum Ministerpräsidenten gewählt.

**1982** – Nach allgemeinen Wahlen stellt die Sozialistische Arbeiterpartei (PSOE) unter Felipe González die Regierung. Spanien wird NATO-Mitglied.

**1986** – Am 1. Januar wird Spanien (ebenfalls Portugal) Mitglied der EG. In einem Referendum entscheidet sich Spanien mit einer Mehrheit von 52,5 % der Stimmen für einen Verbleib in der NATO. Felipe González wird wiedergewählt.

**1989** – Am 7. Dezember Wiederwahl der sozialistischen Regierung unter Felipe González.

**1992** – Ein ereignisreiches Jahr für Spanien: Zum 500sten mal jährt sich die Entdeckungsreise Christoph Kolumbus' in die Neue Welt, Olympische Sommerspiele in Barcelona, EXPO '92 in Sevilla, Madrid ist Kulturhauptstadt Europas 1992.

**1993** – Das Ergebnis der Parlamentswahlen Anfang Juni macht ein vierte Amtsperiode von Ministerpräsident Felipe González möglich.

**1996** – Bei den Parlamentswahlen im März 1996 erringt José María Aznar von der konservativen Volkspartei Partido Popular (PP) die absolute Mehrheit.

**1999** – Im November kündigt die militante Separatistenorganisation ETA ihren im Herbst 1998 verkündeten Waffenstillstand wieder auf. Und die Separatisten im Baskenland mit ihrer Partei Herri Batasuna (HB) rufen zum Boykott der Parlamentswahlen im Jahr 2000 auf.

**2000** – Bei den Parlamentswahlen am 12. März wird die Regierung Aznar bestätigt.

**2002** – Am 1. Januar 2002 wird auch in Spanien der Euro zur Landeswährung. Die Peseta hat ausgedient.

Im August 2002 verbietet das spanische Parlament die baskische Partei Batasuna (Einheit), den politischen Arm der Eta. Die Partei, die für die Unabhängigkeit des Baskenlandes von Spanien eintritt, war 1978 unter dem Namen „Herri Batasuna" (Volksunion) als Koalition mehrerer linksnationalistischer Gruppierungen gegründet worden.

Die Bevölkerung Gibraltars spricht sich im November 2002 mit erstaunlichen 99% dafür aus, dass sie nicht „Spanier" werden wollen, also einen Anschluss an Spanien vehement ablehnen.

Mitte November 2002 Tankerunglück vor der galicischen Küste. Am 19. November zerbricht der Tanker „Prestige" 270 km vor der Küste und sinkt mit 70.000 t Schweröl an Bord. Durch auslaufendes Öl wird die Küste auf annähernd 500 km verschmutzt.

**2004** – Verheerende Bombenanschläge in 4 Vorortzügen in drei Bahnhöfen der Hauptstadt erschüttern am 11. März Madrid und die ganze Welt. Es sterben 191 Menschen und 1.500 werden verletzt. Zunächst wird von der Regierung der Verdacht auf die ETA gelenkt. Die Ermittlungen ergaben, dass die Anschläge ein Werk der Al Quaida waren.

3 Tage später wird bei den Parlamentswahlen die bisherige konservative Regierung durch die Sozialisten mit ihrem Chef José Luis Rodriguez Zapatero abgelöst.

Am 22. Mai heiratet in Madrid der Thronfolger Felipe die Bürgerliche Letizia Ortiz. Die Stadt Madrid hat sich die Feierlichkeiten knapp 11 Millionen Euro kosten lassen.

**2008** – José Luis Rodríguez Zapatero gewinnt im März 2008 mit 44% der Wählerstimmen die Parlamentswahlen.

Spanien leidet unter einer Finanz- und Wirtschaftskrise, hervorgerufen vornehmlich durch eine überbordende Aktivität der Immobilien- und Baubranche. Der Aktienindex IBEX 35 bricht von Dezember 2007 bis März 2009 um 50 Prozent ein.

**2009** – Immobilienkrise. Viele Baufirmen und Baukonzerne geraten in finanzielle Schwierigkeiten. Fehlspekulation der Banken und eine Kreditvergabe von über einer Billion Euro an private Bauherren und Baufirmen lassen eine sog. Immobilienblase entstehen, die nach der Bankenkrise 2007 zerplatzte.

Ein Überangebot an Wohnungsimmobilien und drastisch gestiegene Kreditzinsen lassen den spanischen Immobilienmarkt dramatisch einbrechen. Es stehen viele hunderttausend Wohnungen leer. In manchen Städten beginnt bereits ein Verfall der leerstehenden Bausubstanz.

**2010** – Am 10. Mai wird von der EU ein „Rettungsschirm" über die spanische Finanzen gespannt, um einen Staatsbankrott zu verhindern.

Einen großen Aufschwung nimmt die Installation von erneuerbaren Energiequellen. Die Stromerzeugung aus Windkraft, Fotovoltaikanlagen und Sonnenwärmekraftwerken erreicht 34,5 Prozent der Gesamtstromerzeugung. Damit liegt Spanien weltweit an 4. Stelle hinter China, USA und Deutschland.

**2011** – Bei den vorgezogenen Parlamentswahlen am 20. November 2011 erringt Mariano Rajoy von der Partido Popular (PP) mit 186 von 350 Parlamentssitzen die absolute Mehrheit und wird am 20. Dezember als Ministerpräsident vereidigt. Die Partei der Sozialisten, PSOE, verliert und rutscht in der Wählergunst auf ein historisches Tief ab mit dem schlechtesten Ergebnis seit den 70er Jahren. Der bisherige Ministerpräsident Zapatero hat im Juli 2011 aufgrund der miserablen wirtschaftlichen Lage des Landes vorgezogene Parlamentswahl für den November verfügt.

**2012** – Die Arbeitslosigkeit ist im ersten Quartal von 13,4 Prozent (2008) auf 24,4 Prozent, in manchen Regionen sogar auf über 40 Prozent, gestiegen.

**2013** – Bei Santiago de Compostela ereignete sich am 24. Juli ein verheerendes Bahnunglück, bei dem 79 Menschen den Tod fanden und 180 Passagiere zum Teil schwer verletzt wurden. Ursache: Statt mit 80 km/h fuhr der Zug mit 160 km/h in eine Kurve und entgleiste.

**2014** – Am 18. Juni unterschreibt König Juan Carlos I. seine Abdankung zu Gunsten seines Sohnes Felipe, der am 19. Juni seine Nachfolge als König Felipe VI. von Spanien antritt.

**2015** – Bei den Parlamentswahlen im Dezember 2015 verliert Regierungspräsident Mariano Rajoi die Mehrheit. Rajoi ist nur noch geschäftsführend im Amt. Er steht einer Minderheitsregierung vor.

Zwei neuen Parteien ziehen ins Parlament ein.

**2016** – Das Parlament wählt Mariano Rajoi am 29. Oktober 2016 erneut zum Ministerpräsidenten.

## ANREISE MIT AUTO, CARAVAN, WOHNMOBIL

Nach Spanien sind natürlich verschiedene Anfahrtsrouten – je nach Ausgangspunkt – möglich.

Die Benutzung der Autobahnen in der Schweiz (Vignette), in Frankreich und Spanien (Maut) ist gebührenpflichtig.

Obwohl die Autobahngebühren, vor allem für ein Wohnmobil oder Wohnwagengespann, ganz erheblich sind, ist es nicht unbedingt vorteilhafter die gebührenfreien National- und Fernstraßen zu benutzen.

Gewöhnlich sind diese Straßen sehr stark vom Schwerlastverkehr in Anspruch genommen, der oft nur schwer überholt werden kann und ein zügiges Fortkommen hemmt. Müssen dann zusätzliche Übernachtungen eingeschoben werden, ist die Ersparnis gegenüber der Autobahnbenutzung schnell wieder dahin.

Wer allerdings mit den Reisetagen nicht geizen muss, erlebt auf Nebenstrecken bestimmt eine interessantere Anreise als über die Autobahnen.

### Anreisewege und Tipps dazu

Aus dem **süddeutschen Raum** und auch noch aus dem Gebiet um Frankfurt Leipzig, Dresden etc. wird man zunächst der Autobahn **A5 (Karlsruhe – Basel)** zustreben, am **Dreieck Neuenburg** die A5 verlassen und über **Mulhouse** in Frankreich der mautpflichtigen Autobahn **A36** Richtung **Belfort** und **Besançon** folgen. Weiter westlich trifft die A-36 bei **Beaune** auf die Autobahn **A6 „Autoroute du Soleil“**. Zweigen Sie aber nicht schon am Autobahnkreuz A36/A39 Richtung Lyon ab, sondern besser erst bei Beaune. Bei Beaune folgt man der A6 südwärts über **Chalon-sur-Saône** und **Mâcon** nach **Lyon**.

Aus dem **Bodenseeraum** bietet sich alternativ der Weg durch die Schweiz (Autobahn A-1) über **Zürich, Bern, Lausanne** und **Genf** an. Ab Genf folgt man der A40/A42 nach **Lyon**.

In Lyon trifft man auf die nach Süden über **Valence, Montélimar** und **Orange** (römisches Theater) führende Autobahn A7/E15.

Bei Orange weiter auf der A9/E15, die südwestwärts über **Nîmes** (römisches Amphitheater)**, Montpellier, Narbonne** und **Perpignan** zur französisch-spanischen Grenze bei **La Jonquera** und weiter über **Girona**, vorbei an **Barcelona**, **Tarragona** und **Castelló de la Plana**, schließlich nach **València** führt. València (Route 1: València – Cuenca) ist Ausgangspunkt der in diesem Reisführer beschriebenen Rundreise durch das südlich Spanien.

**Die Entfernung** z. B. von München nach València beträgt rund 1.730 km und von Frankfurt nach València etwa 1.670 km. Sehen Sie etwa drei Tage für die Anreise vor.

**Die Maut** beläuft sich für ein Reisemobil bis 3,5 t auf etwa 160,- Euro (Änderungen möglich!).

Wer sich aus dem **norddeutschen Raum** nach Spanien auf den Weg macht, hat die Wahl unter diversen Möglichkeiten. Einmal bietet sich die Route über die **A7 (Hamburg – Kirchheimer Dreieck)** und **A5 (Kirchheimer Dreieck – Karlsruhe – Basel)** und weiter wie oben beschrieben an.

Zum anderen kann man der Route über die **Rheinmetropolen** folgen. In diesem Falle kann man zunächst die **A1 (Hamburg – Köln)** nehmen, weiter der A3 bis Mönchhof Dreieck, der **A67** bis **Autobahndreieck Darmstadt** und ab dort der Autobahn **A5** über **Karlsruhe** Richtung Basel folgen. Der weitere Weg kann der oben geschilderten Route durch Frankreich über **Beaune, Lyon** etc. entsprechen.

**Alternativ** dazu bietet sich Reisenden aus dem norddeutschen Raum und aus dem Gebiet der Rheinmetropolen Düsseldorf, Köln etc. der Weg über **Trier (A1)**, **Luxemburg, Metz** (Frankreich), **Nancy** und **Dijon (A31/E17/E21)** über **Chalon-sur-Saône (A6/E15/E21)** nach **Lyon** an. Ab Lyon gleicht der weitere Reiseweg dem weiter oben beschriebenen über **Orange, Nîmes, Montpellier, Narbonne** und **Perpignan** zur französisch-spanischen Grenze bei **La Jonquera**.

**Die Gesamtentfernung** von Hamburg nach València beträgt rund 2.120

km. Und drei Tage für die Anreise sind eher knapp bemessen.

**Die Maut** schlägt für die Strecke über Metz mit rund 190,- Euro zu Buche.

### Campings und Stellplätze nahe der Anreiserouten

**Lausanne (Schweiz)**

**Camping Le Vidy [N 46° 31' 3" E 6° 35' 53"]**, Chemin du Camping, Tel. +41 (0)21 622 50 00, www.campinglausanne-vidy.ch; 1. Jan. – 31. Dez., von der A1/E62 Ausfahrt Lausanne Sud/La Maladière, im südl. Stadtbereich, beschildert; ebenes Wiesengelände, nur durch die Promenade vom Genfer See getrennt, relativ stadtnah gelegen, ansprechender, gut ausgestatteter Übernachtungsplatz; Laden und Restaurant im Sommer. **V & E für Wohnmobile**.

**Metz (Frankreich)**

**Camping Municipal de Metz-Plage [N49° 7' 24" E6° 10' 11"]**, Allée de Metz-Plage, Tel. +33 (0)3 87 68 26 48; Ende Apr. – Ende Sept.; A31 Ausfahrt 33, im Nordwesten der Stadt an der Mosel gelegen; Zufahrt Richtung „Centre Ville" beschildert; fast ebenes Wiesengelände mit hohem Baubestand, einige befestigte Stellplätze; Stadt in Gehnähe. **V & E für Wohnmobile**.

Vor dem Campingplatz befinden sich acht gebührenpflichtige **Stellplätze für Wohnmobile.**

Sehenswert ist die **Kathedrale von Metz.**

**Pont-à-Mousson (Frankreich)**

**Wohnmobil-Stellplatz Aire de Camping-car Port de Plaisance [N48° 54' 9.69" E6° 3' 39.65"]**, Bd. Maréchal de Lattre de Tassigny; Pont-à-Mousson liegt rund 30 km südlich von Metz und rund 7 km südwestlich der A31, Ausfahrt 28 Atton; größeres, ebenes, so gut wie schattenloses Gelände beim Sportboothafen an der Mosel, gebührenpflichtig; Sanitäranlagen, Strom, V & E, Restaurant in Gehnähe.

**Nancy/Villers-lès-Nancy (Franreich)**

**Campéole Le Brabois [N 48° 39' 26" E 6° 8' 23"]**, Ave. Paul Muller, Tel. +33 (0)3 83 27 18 28; 1. Apr. – 15. Okt.; von der Umgehungsautobahn A33 Ausfahrt Nr. 2b Nancy-Brabois und noch knapp 3 km, südwestlich von Nancy im Vorort Villers-lès-Nancy gelegen. Imbiss im Sommer. **V & E für Wohnmobile**.

**Beaune (Frankreich)**

**Camping Municipal les Cent Vignes [N 47° 1' 58" E4° 50' 21"]**, 10, Rue Auguste Dubois, Tel. +33 (0)3 80 22 03 91; 15. März – 31. Okt.; Autobahn A6/E60 Ausfahrt 24 Beaune; am nördlichen Stadtrand beschilderte Zufahrt von der N74; von einer hohen Mauer eingefasstes Wiesengelände im Wohngebiet; Restaurant. **V & E für Wohnmobile**.

**Dole (Frankreich)**

**Camping du Pasquier [N 47° 5' 22" E 5° 30' 12"]**, 18 Chemin Thévenot, Tel. +33 (0)3 84 72 02 61, www.camping-le-pasquier.com; Mitte März – Ende Okt.; A35 Ausfahrt Dole, am Südostrand der Stadt, am Fluss Doubs; Kiosk, WLAN. **V & E für Wohnmobile**.

**Mâcon (Frankreich)**

**Camping Municipal de Mâcon [N 46° 19' 50" E 4° 50' 37"]**, 1, Rue des Grandes Varennes, Tel.+33 (0)3 85 38 16 22, www.macon.fr/tourisme/camping; 15. März – 31. Okt.; Autobahn A6/E15 Ausfahrt Mâcon-Nord und auf der N6 noch 2 km Richtung Mâcon, Abzweig zum Platz bei der BP-Tankstelle und Lidl, leicht zu übersehende Camping-Beschilderung; weitläufige städtische Campinganlage, größtenteils eben, mit Laubbäumen, teils durch hohe Hecken begrenzte Parzellen; Standardausstattung; Laden, Restaurant; Schwimmbad angrenzend; Supermarkt gegenüber; **V & E für Wohnmobile**; oft stark frequentiert, weil günstiger Übernachtungsplatz.

**Tournon-sur-Rhône (Frankreich)**

**Wohnmobil-Stellplatz Aire de Camping-car de l'Octroi [N 45° 4' 22.2" E 4° 49' 19.4"]**, Chemin de Labeaume, Rond Point de la Paix, Tel. +33 (0)4 75 07 83 83, www.ville-tournon.com; A7/E15 Ausfahrt 13 und weiter Richtung Tournon, nach der Rhônebrücke weiter auf die D86. 15 asphaltierte Plätze auf ehemaligem Fabrikgelände an der Rhône. Gebührenfrei. Max. 1 Nacht. **V & E-Versorgungssäule.**

**Nîmes (Frankreich)**

**Camping Municipal Domaine de la Bastide [N 43° 47′ 17″ E 4° 21′ 6″]**, Allee du Mas de la Bastide, Tel. +33 (0)4 66 62 05 82, www.camping-nimes.com; 1. Jan. – 31. Dez.; südlich von Nîmes gelegen, A9/E15 Ausfahrt 25 und Richtung „Centre Ville", Beschilderung „Bastide" folgen. Imbiss, Restaurant. **V & E für Wohnmobile.**

**Narbonne (Frankreich)**

**Camping La Nautique [N 43° 8′ 49″ E 3° 0′ 15″]**, La Nautique, Tel. +33 (0)4 68 90 48 19, www.campinglanautique.com; 15. Feb. – 15. Nov.; A9/E15 Ausfahrt 38, 3 km Richtung „La Nautique". Komfortausstattung. Restaurant (nur in der Hochsaison), Laden im Sommer, Schwimmbad. Internetecke. WLAN. Tennis, Fahrradverleih, Sportangebot, Freizeiteinrichtungen; **V & E für Wohnmobile.**

**Narbonne-Plage (Frankreich)**

**Wohnmobil-Stellplatz Aire de Camping-car de Narbonne Plage [N 43° 8′ 50.06″ E 3° 9′ 14.16″]**, Tel. +33 (0)4 68 49 27 39. A9 Ausfahrt Narbonne Est und noch ca. 13 km auf D168 und D332. Sandiges Gelände mit Platz für 100 Wohnmobile am Strand und neben dem Aquajet-Park. Laden. *Geöffnet 8 – 20 Uhr.* **V & E für Wohnmobile.**

**Mein Tipp!** Im Monat August, dem Ferienmonat der Franzosen, ist man gut beraten, seinen Übernachtungsplatz (ob Hotel oder Campingplatz) nicht gerade auf einer meeresnahen Anlage oder gar in den touristischen Ballungszentren um Aigues Mortes, La Grande Motte oder Sète zu suchen. Beherbergungsbetriebe jeder Art sind dann ausgebucht. In der Hochsaison orientiert man sich besser landeinwärts.

**Roda de Barà bei Vilanova i la Geltrú (Spanien)**

**Camping Park Playa Barà [ N 41° 10′ 20.8″ E 1° 28′ 10.4″]**, Tel. +34 977 80 27 01, www.barapark.es; 1. Apr. – Ende Sept.; südwestl. von Barcelona A7/E15 an Ausfahrt 31 verlassen, weiter ostwärts zur N-340 und westwärts zum Platz an der N-340, Zufahrt am markanten Triumphbogen. Weitläufige, komfortable, einladende und gärtnerisch schön gestaltete Ferienanlage. Die Terrassenanlage mit allem erdenklichen Komfort ähnelt einem botanischen Garten, meist guter Schatten. Sehr gepflegter Gesamteindruck. Umfangreiche Unterhaltungs-, Freizeit- und Sporteinrichtungen; ca. 16 ha – 850 Stpl.; nummerierte Stellplätze unterschiedlicher Größe. Sanitär-Komfortausstattung; Supermarkt und vielfältige Einkaufsmöglichkeiten, Bankomat, Restaurant, Imbiss, Fahrradverleih, Minigolf, WLAN, großzügige Badelandschaft mit mehreren Becken, Fitness- und Wellness-Studio. Tennis. Große Mietbungalowsiedlung. **V & E für Wohnmobile**. Zum nahen Strand durch eine Bahnunterführung.

**San Rafael del Río**

**Wohnmobil- & Caravan-Stellplatz Planes del Reine** beim Restaurant **„Spätzle-Fritz", [N40° 34′ 30″ E0° 23′ 36″]**, Tel. +34 964 76 5220; www.spaetzlefritz.com; großer Parkplatz beim Restaurant (Montag Ruhetag im Restaurant), Zufahrt von der A7 (Tarragona – Valencia) Ausfahrt Vinarós/Vinaroz und CV11 Richtung Sant Rafel del Riu/San Rafael del Río, bei KM 16, knapp 4 km außerhalb des Ortes. Stellplatz ganzjährig geöffnet. Duschen, Strom, V & E, Wasser und Stellplatz gebührenpflichtig. WLAN.

**Interessantes entlang der Anreiseroute**

Ein nicht zu knapper Reiseplan wird gerade in Südfrankreich Freude machen, wenn noch Zeit für einen Umweg durch die **Camargue** bleibt oder vielleicht die eine oder andere Innenstadt wie z. B. **Orange** (römisches Theater), **Avignon** (Brücke von Avignon, Papstburg), **Nîmes** (römisches Amphitheater), **Arles** (römische Arena, Kirche Saint-Trophime) oder **Aigues Mortes** (nette Altstadt, riesige Stadtmauer) besichtigt werden kann.

Darüber hinaus bietet sich im spanischen **Figueres** ein Besuch des Dalí Museums oder südwestlich von Barcelona die Fahrt hinauf zum **Kloster Montserrat** an.

## VOM MITTELMEER INS HERZ KASTILIENS

## ROUTE 1: VALENCIA – CUENCA

**Länge der Tour:** Rund 220 km, ohne Abstecher.

**Die Route:** Über die A-3/E-901 bis **Motilla del Palancar** – N-320 bis **Cuenca**.

**Abstecher:** Zur **Ciudad Encantada** und zu den Quellen des **Río Cuervo**.

**Reisedauer:** Mindestens ein Tag, plus mindestens ein halber Tag für den Abstecher zur Ciudad Encantada, bzw. ein ganzer Tag bis zum Río Cuervo.

**Höhepunkte:** **Valencias Kathedrale *, Portal **** und **Keramikmuseum** im **Palau Marques de dos Aguas** * – die futuristische **Ciutat de les Arts** * in Valéncia – die **„Hängenden Häuser"** * von Cuenca – der Blick vom **Ventano del Diablo** – die Steinformationen der **„Ciudad Encantada"** * – die **Quellen** * des Flüsschens Cuervo.

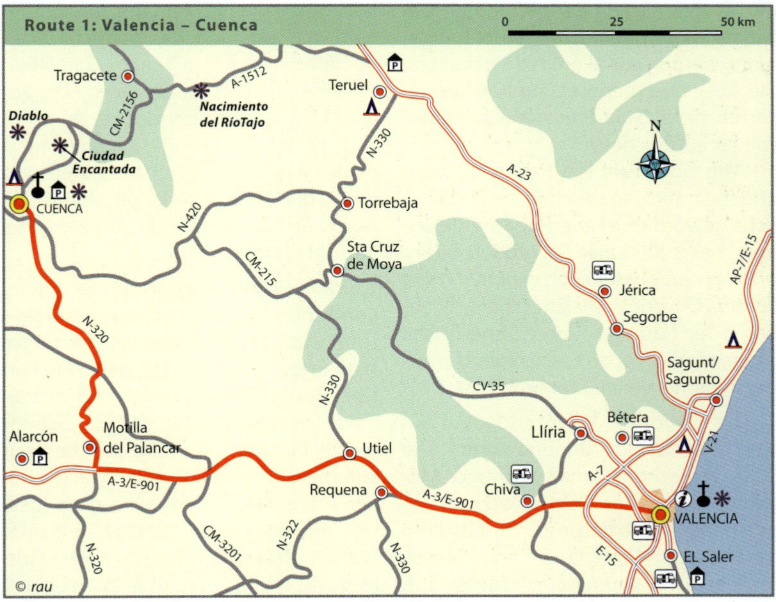

**Valencia** ist Hauptstadt der gleichnamigen Provinz und mit rund 814.000 Einwohnern drittgrößte Stadt Spaniens. Die wirtschaftlichen Schwerpunkte der turbulenten Großstadt liegen auf ihrem bedeutenden Handelshafen und auf unterschiedlichen Industrieansiedlungen (Chemie, Metallverarbeitung, Werften, Textil).

Valencia ist aber auch der kommerzielle Mittelpunkt der fruchtbaren, ausgedehnten „Gartenlandschaft" **Huerta,** die sich im Hinterland erstreckt. Dieses seit Jahrhunderten landwirtschaftlich intensiv genutzte Gebiet ist für den durchreisenden Besucher keine sonderliche Augenweide, da es sich zu großen Teilen unter einem Meer von Plastikplanen verbirgt, mit denen die Plantagen und Gewächshäuser bedeckt sind. Generationen von Huertabauern allerdings kamen durch den Anbau von Obst, Gemüse, Zitrusfrüchten etc. zu Wohlstand. Dank eines ausgeklügelten Kanal- und Wasserverteilungssystems, das vor allem während der Maurenzeit von Bewässerungsspezialisten vervollkommnet wurde und vornehmlich vom Ríu Túria gespeist wird, und durch die günstigen klimatischen Verhältnisse sind bis zu drei Ernten im Jahr möglich.

Eine andere Besonderheit der Region ist der Naturpark um die Lagune **La Albufera**, südlich von Valencia. In dem nur durch einen breiten Dünengürtel vom Mittelmeer getrennten Gewässer, Mittelpunkt eines Reisanbaugebiets, werden vor allem Aale gefangen, die, köstlich zubereitet, auf den Speisekarten der Restaurants der Küstenorte wieder auftauchen.

Weit über Valencia hinaus bekannt und fast zum spanischen Nationalgericht geworden ist die **Paella valenciana**. Das traditionell in großen Eisenpfannen zubereitete Reisgericht mit viel Safran, Olivenöl, Miesmuscheln, Krabben oder Garnelen und Hühnerfleisch ist eine kulinarische Spezialität, die aus der Region Valencia stammt.

Die Ursprünge Valencias gehen auf eine griechische Gründung zurück. Die Stadt war schon damals wichtiger Mittelmeerhafen, der nicht zuletzt als Exporthafen der Agrarprodukte aus dem fruchtbaren Hinterland an Bedeutung gewann und natürlich für alle folgenden Herrscher immer wieder ein begehrtes Objekt war. Weder Karthager – 219 nahm Hannibal die rund 23 km nördlich von Valencia gelegene Stadt Sagunto ein, was zum Anlass für den zweiten Punischen Krieg wurde – noch Römer, Westgoten oder Mauren ließen Valencia unbesetzt.

1094 eroberte der ruhmreiche El Cid die Stadt für die christlichen Könige. Er selbst lebte bis zu seinem Tode im Jahre 1099 hier. Seine Töchter wurden in der hiesigen Kirche San Esteban getauft.

Die Mauren kamen 1102 nach Valencia zurück und behaupteten sich nochmals mehr als hundert Jahre. Erst 1238 eroberte Jaime I. Valencia endgültig und machte es zur Hauptstadt eines der aragonischen Kronländer.

Zwischen dem 15. und 17. Jh. erlebte die Stadt eine wirtschaftliche Blüte, die auch auf die Zucht von Seidenraupen und den Handel mit Seide zurückzuführen war.

Zu Beginn des 19. Jh. erhoben sich auch die Bürger Valencias gegen die napoleonische Fremdherrschaft. Während des Bürgerkrieges war Valencia 1939 die letzte Zuflucht der Republikaner.

Einer der Söhne der Stadt ist der Maler, Romantiker und Impressionist Joaquín Sorolla (1863 – 1923). Ihm wird nachgesagt, dass niemand die Schönheit Valencias und das herrliche Licht des Mittelmeeres in seinen Gemälden besser einfangen konnte als er. Aber Sorolla kam aus der Zeit des 19. Jh., einer Zeit, in der der Himmel über Valencia noch nicht von Umwelteinflüssen und durch die Abgase eines oft chaotische Ausmaße annehmenden Autoverkehrs getrübt worden ist.

**Mein Tipp!** Angesichts des gelegentlichen Verkehrschaoses gehören – zumindest als Besucher mit Auto oder Wohnmobil – schon eine gehörige Portion Unternehmungsgeist und ein sicherer Parkplatz dazu, um den Schönheiten der Stadt in Ruhe auf die Spur kommen zu können. Kurz: Nach meiner Auffassung ist es keine gute Idee, sich mit dem Auto oder gar mit dem Wohnmobil auf den Weg zu einer Stadtbesichtigung in Valencia zu machen. Abgesehen von den permanenten Parkplatzproblemen ziehen ausländische Kennzeichen offenbar einen „speziellen" Personenkreis ganz besonders an, wie wir erfahren mussten. Wie in anderen großen Städten auch, macht man es sich einfacher, von einem Hotel aus oder von einem Campingplatz außerhalb und mit öffentlichen Verkehrsmitteln auf Stadtbesichtigung zu gehen.

***Valencia Centro Histórico** – **1** Touristeninformation – **2** Plaza de la Virgen – **3** Kathedrale – **4** Real Basilica de Nuestra Señora de los Desamparados – **5** Almudín – **6** Museo de la Ciudad – **7** Palau de la Generalidad – **8** Plaza Redonda – **9** Mercat Central – **10** Lonja – **11** San Martín-Kirche – **12** Palau Marques de dos Aguas, Museo Ceramica – **13** Museo Bellas Artes – **14** IVAM, Museum für Moderne Kunst – **15** zu Ciutat de les Arts i les Ciencies und Museo Fallero – **16** Ayuntamiento, Rathaus – **17** Hauptpost – **18** Plaza de Toros – **19** Bahnhof Estación del Norte.*

Einen relativ großen **öffentlichen Parkplatz** südlich des Altstadtzentrums Centro Histórico – **Parking Ficoval Valencia [WP 001 / N39° 27′ 22.5“ W0° 22′ 40.3“]** – findet man südöstlich des Bahnhofs Estación Valencia Joaquin Sorolla,

Wer der Stadt doch einen Besuch abstatten möchte und viele Besuche in den Museen der Stadt einplant, dem sei die sog. **Valencia Tourist Card (VLC)** empfohlen. Sie kostet zwischen 13 und 22 Euro für 24, 48 bzw. 72 Stunden Gültigkeit und verschafft dem Besucher bis zu 50% Rabatt in Geschäften, Restaurants und Freizeiteinrichtungen, kostenlose Fahrten in öffentlichen Verkehrsmitteln, freier bzw. reduzierter Eintritt zu städtischen Museen und Sehenswürdigkeiten. Erhältlich ist die VLC in den Touristeninformationsbüros; www.valenciatouristcard.com.

### Sehenswertes im Centro Histórico

Bis auf das neue, futuristische Kulturzentrum liegen fast alle Sehenswürdigkeiten im alten Stadtzentrum Centro Histórico in der Nähe der **Plaza de la Virgen [N39° 28' 34.02" W0° 22' 30.19"]**.

Zu ihnen gehört vor allem die **Kathedrale [WP 003 / N39° 28' 30.4" W0° 22' 31.10"]**, Plaza de la Reina s/n, *(geöffnet Ende März - Ende Okt. Mo - Sa 10 - 18.30 Uhr, So 14 - 18.30 Uhr, übrige Zeit Mo - Sa 10 - 17.30 Uhr, So 14 - 17 Uhr, www.catedraldevalencia.es)*, aus dem 14. Jh. Ihr unvollendeter, achteckiger **Turm „El Micalet"** oder **„Miguelete"**, das alte Wahrzeichen der Stadt, kann bestiegen werden. Der Blick von oben lohnt die Mühe des Aufstieges.

*Valencias Kathedrale*

Im Kircheninneren ist der Hochaltar, der Chorumgang, die Gralskapelle **Capilla del Santo Cáliz**, die als Kapitelsaal dient (Alabasterreliefs aus Florentiner Werkstätten, Achatkelch aus dem 1. Jh., der als der heilige Gral angesehen wird) und das **Bischöfliche Museum** (Museo Catedralicio Diocesano) mit dem Kirchenschatz (u. a. Prunkmonstranz) und Gemälden, darunter der „Hl. Franziskus Borgia" von Goya, sehenswert *(geöffnet Ende März - Ende Okt. Mo - Fr 10 - 18.30 Uhr, Sa 10 - 17.30 Uhr So 14 - 17.30 Uhr, übrige Zeit Mo - Sa 10 - 17.30 Uhr, So 14 - 17 Uhr; www.catedraldevalencia.es)*.

Vor der **Puerta de los Apóstoles**, dem Aposteltor, das sich an der Nordseite der Kathedrale zur Plaza de la Virgen hin öffnet, tagt seit 1350 traditionsgemäß jeden Donnerstag um 12 Uhr das Wassergericht „Tribunal de las Aguas", das Differenzen in Bezug auf die Wasserrechte der Huertabauern zu bereinigen hat. Das Urteil, oder besser die Entscheidung, wird sofort gefällt und ist nicht anfechtbar.

Nördlich neben der Kathedrale liegt die **Real Basilica De Nuestra Señora De Los Desamparados [WP004 / N39° 28' 34.6" W0° 22' 30.0"]**, die der Schutzpatronin der Stadt, der Jungfrau aller Verlassenen, geweiht ist.

Unweit östlich davon trifft man auf den **Almudín**, das mittelalterliche Kornhaus, das heute für wechselnde Ausstellungen genutzt wird.

Und an der Ostseite des Platzes vor der Kathedrale schließlich findet man das **Museo de la Ciudad**, Plaza del Arzobispo, 3, *(geöffnet 15. März - 15. Okt. Di - Sa 10 - 19 Uhr, So 10 - 15 Uhr, übrige Zeit Di - Sa 10 - 18 Uhr, So 10 - 15 Uhr)*. Es ist eingerichtet im ehemaligen Palais der

Grafen de Campo und zeigt Dokumentationen über die Stadtgeschichte sowie eine Gemäldesammlung der Stadt Valencia.

An der Westseite der Plaza de la Virgen, dem Platz an der Westseite der Basilika Virgen de los Desamparados, liegt in der Calle de Caballeros/Carrer Cavallers der sehr repräsentative gotische **Palau de la Generalidad.** Das Palais war Sitz der Cortes de Valencia (Stadtparlament) bis zu dessen Auflösung durch König Philipp V. im Jahre 1707. Sehr schöne Sitzungssäle mit prächtigen **Artesonado-Decken** und Wandgemälden. Eines stellt z. B. eine Sitzung des legendären Wassergerichts von Valencia dar. Im Königssaal im ersten Stock sieht man eine Porträtgalerie der Könige von Valencia. Das Palais kann nur nach Voranmeldung besichtigt werden in der Zeit Mo - Fr 9 - 14 Uhr, Tel. +34 963 86 34 61.

*Real Basilica De Nuestra Señora De Los Desamparados, Valencia*

An der Südseite der Kathedrale grenzt die **Plaza de la Reina** an. An der Ostseite des Platzes findet man ein Büro der **Touristeninformation [WP 002 / N39° 28′ 28.70″ W0° 22′ 30.50″]** sowie das einladende Grand Café Capuccino.

Westlich des Platzes, vorbei an der **Kirche Santa Catalina** mit schönem Barockturm, gelangt man über die Plaza Dr. Collado (ein paar Schritte weiter südlich liegt die hübsche **Plaza Redonda**) zur **Lonja de la Seda** (alte Seidenbörse, *geöffnet Di - Sa 10 - 14 Uhr + 16.30 - 20.30 Uhr, So 10 - 15 Uhr, übrige Zeit Di - Sa 10 - 14 Uhr + 16.30 - 20.30 Uhr, Sa 10 - 15 Uhr*), gegenüber der zentralen und sehr sehenswerten **Markthalle** des **Mercat Central [WP 005 / N39° 28′ 25.0″ W0° 22′ 41.1″]**, die vor allem morgens sehr lebhaft ist (*geöffnet Mo - Sa 7.30-– 14.30 Uhr*). In dieser Handelsbörse aus dem 15. Jh. mit schöner gotischer Fassade wurde in erster Linie Seide gehandelt. Sehenswerter **Börsensaal „Sala de la contración“**.

Zurück an der Plaza de la Reina geht man die geschäftige Calle San Vicente Mártir hinab, biegt an der **San Martín-Kirche** links in die Abadia San Martín ein und kommt so zum rechterhand gelegenen **Palacio del Marques de dos Aguas [WP 006 / N39° 28′ 21.9″ W0° 22′ 28.7″]**, Calle del Poeta Querol, 2, in dem heute das sehenswerte **Museo Nacional de Cerámica y Artes Suntuarias „González Martí“,** das Nationale Keramikmuseum mit Gemäldesammlung untergebracht ist (*geöffnet Di - Sa 10- 14, 16 - 20 Uhr, So 10 - 14 Uhr. Sa Nachmittag + So Eintritt frei; www.mn-*

*ceramica.mcu.es)*. Beindruckend ist alleine schon das überschwänglich mit Alabasterfiguren, Reliefs und Ornamenten dekorierte **Hauptportal**, sowie die prächtig gestalteten Fenster des Palais. Sollte auf keinem Programm einer Stadtbesichtigung fehlen.

Ein anderes interessantes und besuchenswertes Museum, das **Museu de Bellas Artes de Valencia [N39° 28' 44.49" W0° 22' 16.13"]**, das Museum der Schönen Künste mit beachtlicher **Gemäldesammlung**, liegt ein gutes Stück nördlich der Kathedrale auf der anderen Seite des ehemaligen, zwischenzeitlich begrünten Flussbettes des Río Turia in der Calle San Pío V, 9 *(geöffnet Mo 11 - 17 Uhr, Di - So 10 - 19 Uhr; Eintritt frei; www.museobellasartesvalencia.gva.es)*.

Ein weiteres bedeutendes Kunstmuseum der Stadt, das **Institut Valenciá d'Art Modern IVAM [N39° 28' 46.56" W0° 22' 58.75"]** liegt am Nordwestrand der Innenstadt Centro Histórico *(geöffnet Di – So 10 – 19 Uhr; www.ivam.es)*. In dem futuristischen Museumsgebäude wird moderne Kunst des 20. Jahrhunderts präsentiert. Breiten Raum nehmen dabei Werke des aus Valencia stammenden Malers Pinazo und des Bildhauers Julio Gonzáles ein.

*Hauptportal des Palacio del Marques de dos Aguas*

Schon wegen seines futuristischen architektonischen Erscheinungsbildes ist die **Ciutat de les Arts i les Ciéncies (Ciudad de las Artes y de las Ciencas) [WP 007 / N39° 27' 25.2" W0° 21' 19.2"]** *(geöffnet Juli - Anf. Sept. tgl. 10 - 21 Uhr, März - Ende Juni + Anf. Sept. - Mitte Okt. 10 - 19 Uhr, übrige Zeit 10 - 18 Uhr; www.cac.es)* südöstlich der Innenstadt eine besondere Sehenswürdigkeit. Auf einem rund 350.000 Quadratmeter großen Areal, ehemals Flussbett des zwischenzeitlich umgeleiteten Ríu Túria, entstand eine Reihe filigraner, schneeweißer, fast außerirdisch wirkender Bauwerke, mit denen Valencia beabsichtigt, auf kulturellem Gebiet mit Madrid und Barcelona gleich zu ziehen. Als Architekt konnte Santiago Calatrava gewonnen werden. Mittelpunkt des Areals ist die 1998 fertiggestellte **„L'Hemisfèric"**, die wie ein riesiges Zyklopenauge aus der sie umgebenden Wasserfläche ragt. Die gewaltige weiße Betonkuppel, die auch schon als „Auge der Weisheit" bezeichnet wurde, beherbergt ein Rundkino mit einer Projektionsfläche von 900 qm und ein Planetarium.

Daneben erhebt sich das **Museo de les Ciencias Príncipe Felipe**, das größte Gebäude des futuristischen Komplexes. 20.000 qm Glasfläche ermöglichen lichtdurchflutete Ausstellungsräume. Präsentiert werden Themen zu Technik und Telekommunikation, Musik, Sport u. a.

Unweit östlich und jenseits der Straße liegt eine weitere Attraktionen der Stadt, das Riesenaquarium **Oceanográfic**. In gigantisch großen, durch Glastunnels begehbaren Seewassertanks und Fischbassins mit insgesamt über 40 Mio. Liter Wasser leben annähernd 500 verschiedene Arten von Seetieren und Unterwasserpflanzen. Valencias Aquarium gilt derzeit als größtes seiner Art in ganz Europa *(geöffnet tgl. 10 - 19 Uhr, im Aug. bis 24 Uhr; www.cac.es)*.

Am Nordwestrand des Geländes der Ciutat de les Arts i les Ciéncies auf der Westseite des großen Kreisverkehrs findet man das **Museo Fallero [WP 008 / N39° 27' 33.3" W0° 21' 32.5"]**, Plaza Monteolivete 4 *(geöffnet 15. März – 15. Okt Di – Sa 10 – 19 Uhr, So 10 – 15 Uhr; 16. Okt. – 14. März Di – Sa 10 – 18 Uhr, So 10 – 15 Uhr)*. Dort sind die schönsten „Fallas" ausgestellt. Als Fallas werden die großen Frühlingsfeste bezeichnet, die Mitte März in der Provinz Valencia gefeiert werden. Das größte Fallasfest findet in Valencia statt. Berühmt sind diese Feste u. a. auch wegen der monumentalen, aus Pappmaché oder anderen brennbaren Materialen gefertigten Figuren, den „Fallas", die auf den Umzügen durch die Stadt mitgeführt werden und am Ende des Festes unter großem Hallo der Zuschauer verbrannt werden. Wie man liest sollen Fallas heutzutage gelegentlich riesige Dimensionen angenommen haben und oft mehrere Tonnen wiegen. Während des Festes werden die schönsten Fallas prämiert. Die schönste Figur wird von den Zuschauern „begnadigt", nicht verbrannt und kommt ins Fallero Museum. Und falls zu groß für das Museum, wird eine verkleinerte Kopie angefertigt.

*Ciutat de les Arts i les Ciéncies*

## PRAKTISCHE HINWEISE – VALENCIA

**Oficina de Turismo [WP 002 / N39° 28' 28.70" W0° 22' 30.50"]**, Plaza de la Reina, 19, 46002 Valencia, Tel. +34 963 15 39 31; www.visitvalencia.com/de/home (in deutscher Sprache); www.valencia-cityguide.com/ (auch in Englisch); www.turisvalencia.es. *Geöffnet Mo - Sa 9 - 19 Uhr, So u. feiertags 10 - 14 Uhr.*

**Oficina de Turismo**, Estacíon Valencia Joaquín Sorolla, San Vicente, 171, 46007 Valencia, Tel. +34 963 80 36 23, www.turisvalencia.es. *Geöffnet Mo - Fr 10 - 18 Uhr, Sa, So und feiertags 10 - 15 Uhr.*

**Oficina de Turismo**, Plaza del Ayuntamiento, 46002 Valencia, Tel. +34 963 52 49 08, www.turisvalencia.es. *Geöffnet Mo - Sa 9 - 19 Uhr, sonn- und feiertags 10 - 14 Uhr.*

**Oficina de Turismo Flughafen**, Planta de Llegadas, 46940 Manises, Tel. +34 961 53 02 29, www.turisvalencia.es. *Geöffnet März - Oktober Mo - Fr 8.30 - 20.30 Uhr, Sa + So 9.30 - 17.30 Uhr, sonst Mo - Fr 8.30 - 20.30 Uhr, Sa 9.30 - 17.30 Uhr, So 9.30 - 14.30 Uhr.*

**Feste, Folklore:** Zwischen dem 15. und dem 19. März wird das **Fest der Fallas** gefeiert. Fallas sind bunte Großplastiken aus Pappe, die ein Ereignis spöttisch und sarkastisch darstellen. Unter lautem Jubel werden sie am 19. März um Mitternacht verbrannt. Während der ganzen Woche gibt es Stierkämpfe, Umzüge, Tänze, viel Lärm, Feuerwerk und Festessen, bei denen die Paella nicht fehlen darf. Schließlich stammt sie aus der Huerta um Valencia, dem größten Reisanbaugebiet Spaniens.

## RESTAURANTS

**Bazterretxe**, Calle Maestro Gozalbo 25, Tel. +34 963 95 18 94; südöstlich der Innenstadt, vorzügliche baskische Küche, erschwingliche Preise, im August und sonntagabends geschlossen.

**El Gourmet**, Martí 3, Tel. +34 963 95 25 09; südöstlich der Innenstadt, ausgezeichnete Küche, montags geschlossen.

**El Romeral**, Gran Vía Marqués del Turia 62, Tel. +34 963 95 15 17; südlich der Innenstadt, Nähe Plaza de Ayuntamiento, gute Küche, erschwingliche Preise, montags geschlossen.

## HOTELS

**Ayre Hotel Astoria Palace** ****, 204 Zi., Plaza Rodrigo Botet, 5, Ciutat Vella, Tel. +34 963 98 10 00; www.ayrehoteles.com/en/hotel-astoria-palace/; zentral Nähe Nordbahnhof gelegen, gutes Preisleistungsverhältnis, Restaurant, schöner Blick auf die Stadt vom Frühstücksraum im 9. Stock. Öffentliche Parkmöglichkeiten in der Nähe. Bushaltestelle 100 m entfernt. WLAN.

**HUSA Dimar** ****, 96 Zi., Gran Vía Marqués del Turia 80, Tel. +34 963 95 10 30; www.husadimar.com; komfortables Firstclass Hotel verkehrsgünstig im südöstlichen Stadtbereich, Cafeteria, öffentliche, gebührenpflichtige Parkgelegenheit nahebei.

**Reina Victoria** ****, 97 Zi., Barcas, 4, Tel. +34 963 52 04 87; www.husareinavictoria.com; sehr zentral gelegenes Firstclass Hotel, unweit Plaza del Ayuntamiento, Restaurant „Rotonda". Keine Parkmöglichkeit.

**Mediterráneo** ***, 34 Zi., Barón de Cárcer 45, Tel. +34 963 51 01 42; www.hotelmediterraneovalencia.com; einfacheres, aber sehr zentral gelegenes Hotel garni, WLAN, öffentliche Parkmöglichkeiten in der Nähe.

**Tryp Valencia Oceánic** ****, 197 Zi., Carrer del Pintor Maella, 35, Tel. +34 902 14 44 40; www.tryphotels.com/en/tryp-oceanic-hotel-valencia-spain.html; Firstclasshotel östlich des Stadtzentrums gelegen, Blick auf die „Stadt der Künste und Wissenschaften". Bushaltestelle zur Altstadt vor dem Gebäude. Restaurant, Fitnesseinrichtungen, Schwimmbad mit Snackbar und Sonnenterrasse. Parkplatz.

## CAMPING

**Sagunt/Sagunto**

**Camping Malvarrosa de Corinto [WP009 / N39° 43' 11" W0° 11' 27"]**, Calle Cisne, Poligono H. Playa Almardá, Tel. +34 962 60 89 06; www.malvacorinto.com; ganzjährig geöffnet; nördlich von Sagunt bei La Malva-Rosa, ebenes Gelände mit Baumbestand, bis an den Strand reichend; ca. 10 ha – 125 Stpl. + Dau.; gute Standard-Sanitärausstattung. Restaurant, Laden, Imbiss, Waschmaschine mit Trockner, Sauna, Reitschule, Reitstall, Tennis, WLAN. **V & E für Wohnmobile. Mietbungalows.**

**Puçol**

**Camping Puzol [N39° 36′ 20″ W0° 16′ 8″]**, Playa de Puçol, Tel. +34 961 42 15 27; www.campingpuzol.com; 1. Feb. – 15. Dez.; 15 km nördlich von Valencia, A-7/E15 (Tarragona – Valencia) Ausfahrt Puçol, 5 km von Puçol entfernt; ebenes Gelände mit lichten Schattenbäumen, bis an den Sandstrand reichend; ca. 3 ha – 60 Stpl. + Dau.; Standard-Sanitärausstattung, Laden, Mietbungalows.

## WOHNMOBIL-STELLPLÄTZE

**Valencia**

**Wohnmobil-Stellplatz Parking Ficoval-Valencia [WP 001 / N39° 27′ 22.50″ W0° 22′ 40.30″]**, Calle Filipinas, 32, Tel. +34 963 80 71 02; www.areasac.es/v_portal/apartados/apartado.asp; **Zufahrt:** Ca. 1 km südlich der Altstadt von Valencia über die Av. Ausias Marx zur Carer de les Filipinas zu erreichen. **Ausstattung:** Für jederman zugänglicher asphaltierter Parkplatz, jedoch 24 Stunden bewacht, östlich des Bahnhofs Joaquin Sorolla mit Platz für etwa 15 Wohnmobile. Frischwasser und Entsorgung für Grauwasser und Chemikaltoiletten. **Geöffnet:** Ganzjährig. Gebührenpflichtig.

**Bétera**

**Valencia Camper Park [N39° 34′45.58″ W0° 26′43.77″]**, Tel. +34 609 658 748 (Gemeinde Bétera); www.valenciacamperpark.com (auch in deutscher Sprache). Camping- und Wohnmobilplatz, auch Caravans und Zelte werden aufgenommen. Der Platz liegt rund 1,5 km südöstlich des Ortes nahe der CV-310. **Zufahrt:** Aus Norden kommend von der Autobahn A-7/E-15 Ausfahrt 321 und auf der CV-310 westwärts zum Ort. Von Valencia am einfachsten Schnellstraßestraße CV-35 etwa 17 km nach Nordwesten bis Sant Antonio de Benagéber und CV-336 5 km ostwärts bis Bétera und über die Ctra. Valencia (CV-310) südostwärts zum Platz. **Ausstattung:** 38 Doppelparzellen (80 qm) plus 2 Einzelparzellen, insges. 78 Stpl. auf ebenem, befestigtem, so gut wie schattenlosem Untergrund, Grünbereich mit Picknickplatz nebenan. Videoüberwacht. Sanitäranlagen, 4 Toiletten u. 4 Duschen je für Damen und Herren, Waschmaschine, Trockner. Stromanschlüsse (6 Amp). V & E Station. WiFi. Cafeteria. Schwimmbad. Grill- und Kinderspielplatz. MetroValencia-Station ca. 300 m entfernt, mit Linie 1 in die Stadt. **Geöffnet:** Ganzjährig. Gebührenpflichtig, Stpl. + Personen, inkl. WiFi und Schwimmbad. Ermäßigung nach längerem Aufenthalt.

**El Saler bei Valencia**

**Wohnmobil-Stellplatz Area Camping-Car La Marina [N39° 23′ 12.28″ W0° 19′ 55.08″]**, Carrera del Rio, Tel. +34 696 51 08 97; www.123miweb.es/camping-car; **Zufahrt:** AP-7 Ausfahrt 501 und weiter auf der V-30 Richtung Puerto, weiter auf der CV-500 bis El Saler, nach dem 1. Kreisverkehr meerwärts abzweigen und noch 150 m. **Ausstattung:** Schotterplatz mit Platz für 70 Wohnmobile, beleuchtet, zum Ort 200 m. Frischwasserversorgung. Entsorgungsmöglichkeit für Grauwasser und Chemikaltoiletten. Beleuchtet. **Geöffnet:** Ganzjährig geöffnet 9 – 21 Uhr. Gebührenpflichtig.

**Chiva bei Valencia**

**Wohnmobil-Stellplatz Biker Farm [N39° 30′ 59.04″ W0° 45′ 27.81″]**, Familie Polink, CV-379, Parzelle 178 D, Tel. +34 963 94 15 11; www.bikerfarm.net; **Zufahrt:** Von der A-3 (Valencia – Madrid) Ausfahrt 326 und weiter auf der CV-379 über Chiva ca. 6,5 km weiter Richtung Gestalgar. Eingezäunter Platz für 4 Wohnmobile auf dem Gelände Biker Farm im Hinterland von Valencia, ca. 35 km westlich von Valencia gelegen. **Ausstattung:** Wasserentnahmestelle, Entsorgungsmöglichkeit für Grauwasser und Chemikaltoiletten, Strom, WC, Cafeteria, Schwimmbad. Man spricht deutsch. **Geöffnet:** Ganzjährig. Gebührenpflichtig.

**Jérica**

**Wohnmobil-Stellplatz Jérica [N39° 54' 44.72" W0° 33' 52.40"]**, Ctra. N-234, km 42, Tel. +34 964 12 80 04. **Zufahrt:** Von der A-23 (Sagunt – Teruel) Ausfahrt 42, weiter zum Ort und noch 300 m zum Parkplatz La Rivière. Platz für 5 Wohnmobile bei der Galp-Tankstelle an der Nationalstraße 234 bei km 42 am östlichen Ortsrand von Jérica. **Geöffnet:** Ganzjährig. **Ausstattung:** Wasserentnahmestelle, Entsorgungsmöglichkeit für Grauwasser und Chemikaltoiletten. Öffentliche Toiletten. Cafeteria und Supermarkt im Ort, 300 m entfernt. Gebührenfrei.

***ROUTE:*** *Ab Valencia folgen wir der Schnellstraße A-3/E-901 144 km nach Westen. Bei **Motilla del Palancar** (Ausfahrt Nr. 212) verlassen wir die A-3/E-901 und folgen der N-320 nordwärts bis **Cuenca**, das nach rund 76 km erreicht wird.*

Die Altstadt der Provinzhauptstadt **Cuenca** (ca. 55.000 Einw.) liegt über tausend Meter hoch auf einem Felssporn am Zusammenfluss des Río Júcar und des Río Huécar. Die felsigen Uferwände fallen zu den Flüssen steil und schroff ab, was die imposante Lage der Stadt noch unterstreicht.

Die „hängenden Häuser" von Cuenca

Die teils verwegen an die Felswände gebauten Häuser der Altstadt, die berühmten „Hängenden Häuser von Cuenca", und die Umgebung der Stadt (siehe Ausflüge) sind es vor allem, die den Weg hierher durchaus lohnen.

Am besten parkt man auf dem gut beschilderten **Parkplatz „Auditorio Mangana" [WP 010 / N40° 04' 34.9" W2° 07' 45.7"]** unten am Río Huécar (Zufahrt wie zum Parador) unterhalb an der Ostseite der Altstadt in der Nähe des Auditorio Teatro (gebührenpflichtiges Parkhaus und Parkplatz für Busse und Wohnmobile ohne Höhenbeschränkung). Parken innerhalb der Altstadt ist nicht möglich.

Ein Rundgang durch die **Ciudad Antigua**, die Altstadt von Cuenca, lohnt besonders vormittags. Dann nämlich liegt die große Sehenswürdigkeit des Ortes, die **Casas Colgadas**, die „Hängenden Häuser" an der Ostseite der Stadt, besonders schön im Morgenlicht.

Vom Parkplatz am Río Huécar geht man unter dem hohen Gittersteg „Puente de San Pablo" hindurch und wendet sich danach links, um den steilen Weg hinauf zu den „Hängenden Häusern" zu nehmen. Es empfiehlt sich, ein Stück auf den Fußgängersteg **Puento de San Pablo,** der über das tiefe Tal des Río Huécar hinüber zum San

Pablo-Kloster führt, hinauszugehen. Vom Steg hat man aus schwindelerregender Höhe den schönsten Blick auf die „Hängenden Häuser", die **„Casas Colgadas"**. Diese für Cuenca zum Wahrzeichen gewordenen Häuser sind wie Schwalbennester am Felsen direkt über dem Abgrund erbaut, die Balkone ragen darüber hinaus und schweben über der Tiefe. Die Gebäude sollen aus dem 14. Jh. stammen und ehemals als königliche Sommersitz gedient haben.

Durch das uralte Stadttor und die Calle de los Canónigos betreten wir die Altstadt von Cuenca. Gleich linkerhand ist in einem der „hängenden Häuser" das **Museo de Cuenca**, eingerichtet *(geöffnet Di - Sa 10 - 14 Uhr + 16 - 19 Uhr, So 10 - 14 Uhr,www.patrimonio-historicoclm.es/museo-de-cuenca/)*. Nebenan liegt das einladende Restaurant **Meson Casas Colgadas.**

*Fassade des Doms von Cuenca*

Durch die Calle de los Canónigos und die Calle Obispo Valero und vorbei am **Museo de Arte Abstracto Españo** (www.march.es/arte/cuenca/), das Museum für abstrakte spanische Kunst, sucht man sich den Weg hinauf zur zentralen **Plaza Mayor** in der Altstadt.

Kurz bevor man die Plaza Mayor erreicht, findet man an der Südseite des Doms das **Museo Diocesano**, Calle Obispo Valero, 12, *(geöffnet Di - Sa 10 - 13 Uhr + 16 - 19 Uhr, So 10 - 13 Uhr)*. Das Diözesanmuseum zeigt eine archäologische Abteilung sowie Sammlungen sakraler Kunstobjekte.

Wenn man die Plaza Mayor mit ihren Lokalen, Restaurants und repräsentativen Stadthäusern betritt, sieht man links das **Rathaus**, das durch seine schmale, barocke Fassade und Torbögen auffällt.

Weiter oben rechts erhebt sich über einem breiten Treppenaufgang die mächtige gotische, allerdings unvollendete Fassade des **Doms**, hinter der sich allerdings ein nicht sonderlich erwähnenswerter Kirchenbau verbirgt.

Man kann nun die schmale, mit wappengeschmückten Herrenhäusern gesäumte Calle de San Pedro rechts (nordwärts) hinauf bis zur **Kirche San Pedro** (Denkmal des Fray Luiz de Leon vor der Kirche) und weiter, an der Kirche vorbei, durch das alte obere Stadttor „Arco de Bezudo" gehen. Dahinter breitet sich rechts ein Hang aus. Von dort genießt man einen weiten Blick auf Alt- und Neustadt und hinab ins Tal des Rio Huécar.

Auf dem Weg zurück zum Dom kann man etwa auf halbem Wege rechts zur

## PRAKTISCHE HINWEISE – CUENCA

**Oficina de Turismo**, Plaza Mayor/Calle Alfonso VIII, 2, 1, 16001 Cuenca, Tel. +34 969 24 10 51; www.turismocuenca.com.

**Feste, Folklore: Umzüge in der Karwoche**, besonders die Karfreitagsprozession ab 6 Uhr morgens. Dabei werden Darstellungen aus der Leidensgeschichte Christi, „Pasos" genannt, von Büßern schweigend durch die Gassen der Altstadt getragen, nur von gelegentlichen Trompetenstößen begleitet. In der San Miguel Kirche findet in der Karwoche eine „Religiöse Musikwoche" statt.

### RESTAURANTS

**Meson Casas Colgadas**, Calle de los Canónigos, Tel. +34 969 22 35 09; www.mesoncasacolgadas.com; unterhalb der Kathedrale, an der Aussichtsbrücke Ponte de San Pablo, in einem der „hängenden Häuser" eingerichtet, schöner Blick ins Tal des Río Huécar, gepflegte Karte, mittlere bis gehobene Preislage, montagabends und dienstags geschlossen.

**Leonor de Aquitania**, Calle San Pedro 60, Tel. +34 969 23 10 00; www.hotelleonordeaquitania.com; im Hotel gleichen Namens an der Hauptstraße oberhalb der Kathedrale eingerichtet im ehemaligen Stall des Hauses, ausgezeichnete regionale Küche. Schöne Aussicht von der Café-Bar.

### HOTELS

**Parador de Cuenca** ****, 61 Zi., Paseo del Huécar, Subida a San Pablo, s/n, Tel. +34 969 23 23 20; www.parador.es/parador-de-cuenca; Hotel mit erstklassigem Komfort, eingerichtet im ehemaligen Kloster San Pablo in schöner Lage über dem Tal Hoz del Huécar, prächtiger Stadtblick, Restaurant, Schwimmbad, Fitnesscenter, Tennis, Parkplatz.

**Leonor de Aquitania** ***, 46 Zi., Calle San Pedro 60, Tel. +34 969 23 10 00; www.hotelleonordeaquitania.com; komfortables, einladendes Haus der gehobenen Mittelklasse in der Altstadt in schöner Lage über dem Huécar-Tal, gutes Restaurant.

**Torremangana** ****, 120 Zi., Ave. San Ignacio de Loyola, 9, Tel. +34 969 24 08 33; www.hoteltorremangana.com; sehr komfortables Haus der gehobenen Mittelklasse im nordwestl. Stadtbereich, gutes Restaurant „La Cocina", Parkgarage.

**Alfonso VIII De Cuenca** ***, 81 Zi., Parque de San Julián 3, Tel. +34 969 21 25 12; www.hotel-alfonsoviii.com; zentral gelegenes, komfortables Mittelklassehotel, Restaurant, Parkplatz. Kostenloses Internet. Schöne Aussicht von der Dachterrasse.

**Arévalo** *, 35 Zi., Calle Ramón y Cajal 23, Tel. +34 969 22 39 79; www.hotelarevalo.es; einfaches, aber zentral gelegenes Haus mit sehr moderaten Zimmerpreisen. Gegenüber liegt die Tapas-Bar „La Ponderosa".

### CAMPING

**Camping-Caravaning Cuenca [WP 011 / N 40° 7′ 36.8″ W 2° 8′ 28″]**, Ctra. Cuenca – Tragacete, Tel. +34 969 23 16 56; 16; www.campingcuenca.com; Mitte März – Mitte Okt.; nordwärts über die CM-2105 Richtung Tragacete bei KM 7; weitläufiges Gelände um einen zentralen Hügel, dort Miethütten im Blockhausstil. Wiesengelände, teils terrassiert, teils eingeebnet, unter Pinien und Laubbäumen; ca. 8 ha – 300 Stpl.; zeitgemäße Standard-Sanitärausstattung; Laden, Restaurant, Imbiss, Waschmaschine; Tennis, Spielplatz, Schwimmbad; **V & E für Wohnmobile** am Platzeingang. Miethütten. Bei unserem Besuch wenig kundenorientierte Platzleitung.

**Camping Pinar de Jábaga [N40°4′56.50″ W2°12′40.79″]**, Ave. Acebo, Tel. +34 969 27 33 38; 1. Juni – 30. Sept.; ca. 5 km westlich von Cuenca, zu erreichen über die CN-400 bei KM 174; ca. 1,5 ha – 40 Stpl.; Standard-Sanitärausstattung.

**Mariana**
**Camping La Moraleja [N 40° 14′ 13.2″ E 2° 5′ 26.44″]**, Tel. +34 969 28 14 61, Mitte März – Mitte Sept.; bei Mariana, an der CM-2105 Richtung Tragacete bei KM 18; ca. 2 ha – 100 Stpl.; einfache Standard-Sanitärausstattung. Laden, Imbiss.

Plaza San Nicolás und weiter zur Plaza de los Descalzos am alten **Franziskanerkloster** (Kapelle Nuestra Señora de la Angustias mit einem Bildnis der „Schmerzensreichen Jungfrau") gehen.

### Ausflüge

Ein lohnender Halbtagesausflug führt zur rund 35 km nördlich der Stadt gelegenen **Ciudad Encantada**. Für den gesamten Ausflug bis zum Cuervo-Quellgebiet sollte man einen ganzen Tag zur Verfügung haben!

Man verlässt Cuenca in nördlicher Richtung und folgt der Straße CM-2105, die bis **Villalba de la Sierra**, das nach rund 21 km erreicht wird, dem Rio Júcar folgt.

Die Straße führt in Kurven hinauf in die Serranía de Cuenca und passiert kurz nach Villalba das **„Ventano del Diablo" [WP 012 / Parkplatz N40° 14′ 13.3″ W2° 04′ 17.0″]**, das „Teufelsfenster", ein natürliches doppeltes Steintor hoch oben über dem Río Júcar. Man blickt tief hinab zum schäumenden Fluss, der sich hier durch die steile, enge Schlucht zwängt. Es gibt einen Parkplatz und eine Souvenirbude. Vom Parkplatz führt ein kurzer Fußweg etwa 100 m zum Aussichtspunkt am Ventano del Diablo.

Nach weiteren rund 8 km zweigt die Straße CM-2014 südostwärts ab. Sie führt hinauf zum Parkplatz der **Ciudad Encantada [WP 013 / Parkplatz N40° 12′ 21.9″ W2° 00′ 18.6]",** der „Verzauberten Stadt", ca. 6 km. In diesem interessanten Naturpark mit seinen in Jahrmillionen durch Erosion überaus seltsam geformten, gewaltig grossen Steingebilden führt ein markierter Rundwanderweg zu den bizarren Naturmonumenten mit Namen wie „Tormo Alto", ein riesiger Steinpilz im Eingangsbereich, „Los Barcos" (die Schiffe), „El Puente Romano" (Römerbrücke), „El Elefante" u. a. Planen Sie für den gesamten Rundgang (Eintritt) eineinhalb Stun-

*Wunderliche Steinformationen in der „Ciudad Encantada", der „Verwunschenen Stadt"*

den ein. Gutes Schuhwerk erleichtert den Weg durch Wald, über Schotter und Felsnasen. Möglichst Getränk und Kopfbedeckung nicht vergessen. Höhenlage: 1.450 m.

Man kann vom Parkplatz auf einem Waldsträßchen noch rund 3 km weiter nach Osten gehen und kommt dann zum Aussichtspunkt **Mirador de Uña**. Der Ausblick von dort geht über das Tal des Río Júcar zu den Höhen der Serranía de Cuenca im Osten.

Bei ausreichend zur Verfügung stehender Zeit lohnt es sich, den Ausflug zur „Verzauberten Stadt" noch etwas auszudehnen. Man fährt dann zurück bis zum Abzweig von der Straße CM-2105 aus Cuenca und folgt ihr weiter nach Osten Richtung Uña und Tragacete.

Sehr schön ist die Landschaft um **Uña** und am **Toba-Stausee**. In der Gegend leben noch zahlreiche Steinadler, die man gelegentlich hoch am Himmel ruhig und ohne einen Flügelschlag ihre Kreise ziehen sieht. Ihre Horste haben sie in den steilen Felsen, die man von der Straße aus sieht. 20 km weiter passiert die Straße den rechterhand reizvoll an einem Berghang gelegenen Ort **Huélamo**.

Nochmals gut 10 km weiter kommt man durch das hübsche Bergdorf **Tragacete**. Von dort endlich führt die Straße CM-2106 nach Nordwesten und hinauf auf die rund 11 km entfernte Hochebene **Alto de la Vega** (1.490 m). Wenige Kilometer weiter nördlich entspringt in romantischen, bemoosten Kaskaden und in vielen Rinnsalen und Wasserschleiern das Flüsschen Cuervo. Der Platz ist als **„Nacimiento del Cuervo"** bekannt.

Übrigens: Nur etwa 33 km weiter südöstlich entspringt an der Straße A-1704 nach Albarracín und Teruel an der **Quelle Fuente de García** (Nacimiento del Río Tajo) **[WP 014 / N40° 19' 03.8" W1° 41' 50.8"]** auf etwa 1.600 m Höhe in den Montes Universales der **Rio Tajo**. Der Río Tajo ist mit 1.007 km der längste Fluss auf der Iberischen Halbinsel. Er mündet bei Portugals Hauptstadt Lissabon in den Atlantik. Wenn Sie der in diesem Reiseführer beschriebenen Route weiter folgen, werden Sie in Toledo wieder auf den Río Tajo treffen.

Die Rückfahrt von der Hochebene kann man über **Las Miajades** und durch das **Naturreservat „Reserva nacional de la Serrania de Cuenca"** wählen.

Ein gute Landkarte macht das Sich-Zurechtfinden auf den kleinen, teils etwas engen Nebenstraßen einfacher. Etwa drei Kilometer nördlich von Las Miajades kann man von einem Parkplatz zu erodierten Steingebilden, ähnlich denen der Ciudad Encantada, wandern.

Bei **Villalba de la Sierra** trifft man dann wieder auf die Straße CM-2105, die zurück nach Cuenca führt.

Wenn man dem beschriebenen Ausflug nicht nur bis zur „Verzauberten Stadt", sondern komplett folgt, sollte man dafür einen ganzen Tag Zeit haben!

## ROUTE 2: CUENCA – TOLEDO

**Länge der Tour:** Rund 280 km.

**Die Route:** Über die N-420 und über **La Almarcha** und **Belmonte** bis **Mota del Cuervo** – N-301 und CM-3162 über **El Toboso** bis **Campo de Criptana** – CM-420 über **Alcázar de San Juan** bis **Puerto Lápice** – A-4/E-5 bis **Madridejos** – CM-42 über **Consuegra** und **Mora** bis **Toledo**.

**Reisedauer:** Mindestens ein Tag.

**Höhepunkte:** Die **Burg von Belmonte** * – das **Haus der Dulcinea** in El Toboso – die **Windmühlen** * bei Mota del Cuervo, Campo de Criptana und Consuegra – **Toledos Lage** ***, **Toledos Kathedrale** *** und Sehenswürdigkeiten.

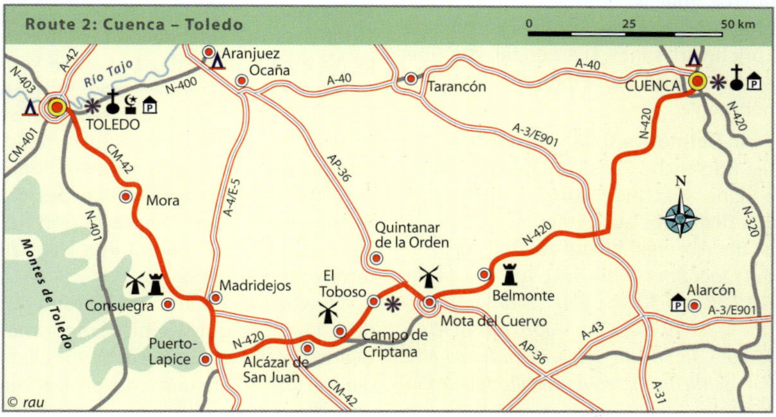


Dieser Routenabschnitt von Cuenca nach Toledo liegt in der Landschaftsregion **La Mancha**. Der beschriebene Reiseweg führt durch viele Orte, die in Zusammenhang mit Cervantes' „Ritter von der traurigen Gestalt" gebracht werden, so dass man auch von der „Route des Don Quijote" sprechen könnte.

Die Region La Mancha erstreckt sich im Südosten der Autonomen Verwaltungsgemeinschaft Castilla-La Mancha und umfasst dort weite Teile des Südteils der Kastilischen Hochebene, der gleichförmigen, durch ihre Eintönigkeit schon wieder reizvolle **Meseta**. Der Name „La Mancha" bezieht sich auf ihre fast schon sprichwörtliche Trockenheit. Er leitet sich ab vom arabischen „manxa", was soviel wie „trockenes Land" bedeutet.

Die relativ hohe Lage der Meseta, durchschnittlich rund 700 m, bescheren der Gegend ein extremes Klima mit sehr heißen Sommern und äußerst kalten Wintern. Trotzdem wird das Land landwirtschaftlich genutzt. Getreide wird angebaut. Und man sieht weite Olivenhaine und Weinfelder. Zu Spaniens beliebtesten Tafelweinen z. B. zählen die aus der Mancha um Valdepeñas und Manzanares.

Einen bleibenden Eindruck beim Reisenden hinterlassen die unter dem weiten, wolkenlosen, strahlenden Himmel der Mancha leicht im Wind wogenden Kornfelder. Aus der Feder eines romantisch veranlagten Philosophen muss der

Satz über die Weite der Mancha stammen: „Hier findet der Mensch zu seiner wahren Größe, auf sich selbst gestellt, ohne einen ihm entsprechenden Rahmen natürlicher Vergleichsmöglichkeiten, einfach der allmächtigen Gegenwart des Himmel ausgesetzt."

*ROUTE: Wir verlassen Cuenca auf der Straße N-420 südwestwärts Richtung **Ciudad Real** und fahren über **La Almarcha** zunächst bis **Belmonte**.*

Die knapp 100 km lange Strecke über La Almarcha nach Belmonte führt durch hügelige, landwirtschaftlich genutzte, aber recht einsame Landschaft ohne Höhepunkte. Ein altes kastilisches Sprichwort sagt: „Die Lerche, die über Kastilien reist, muss ihren Proviant mitnehmen".

In **Belmonte** sollen einst Don Quijote und Sancho Pansa getafelt haben.

Eine mächtige **Burg** liegt südöstlich des Ortes auf einem Hügel. Im Ort ist der Abzweig hinauf zur Burg beschildert *(geöffnet Juni - Sept. tgl. 10 - 14 Uhr + 16.30 - 20.30 Uhr, Feb. - Mai tgl. 10 - 14 Uhr + 16 -19 Uhr, Okt. – Jan. tgl. 10 –14 + 15.30 – 18.30 Uhr, letzter Einlass 45 Min. vor Schließung; www.castillodebelmonte.com).*

Das **Castillo de Belmonte [WP 015 / Parkplatz N39° 33' 27.6" W2° 41' 43.9"]**, mit seinen imposanten runden Türmen eine Burg wie aus dem Bilderbuch, stammt aus dem 15. Jh. und zählt zweifellos zu den schönsten Kastells in Spanien.

Die Burg, die auf einem Hügel über der Ebene der Mancha thront, war aber nie von strategischer Bedeutung. Eher diente sie dem Landadel als stattliche Residenz. Einer der Burgherren war der Marquis von Villena, eine schillernde Figur und Meister des Ränkeschmiedens. Er hatte seine Hände bis über die Ellenbogen in der Affäre um die legendäre Beltraneja. Zuerst unterstützte er die Thronansprüche der Juana la Beltraneja. Als aber klar wurde, dass seine konspirativen Bemühungen und Intrigen keinen Erfolg haben würden, verriet er seine favorisierte Juana kurzerhand. Und noch heute trägt ein kleines Tor in der großen Burgmauer, durch das die Beltraneja Belmonte bei Nacht und Nebel verlassen musste, um ihre Haut zu retten, ihren Namen.

Obwohl die Räume der Festung aus dem 15. Jh. so gut wie nicht mehr möbliert sind, lohnt ein Besuch. Vor allem die herrliche Täfelung an den Decken und die mit schöner Steinornamentik

*Die Burg von Belmonte*

geschmückten Fensternischen sind sehenswert.

Der Ort Belmonte besitzt eine gotische **Stiftskirche** aus dem 15. Jh. In ihr wurde der wohl berühmteste Sohn der Stadt getauft, der Dichter Fray Luis de León.

*ROUTE: Weiterreise auf der N-420 nach **Mota del Cuervo**, 19 km.*

Auf der Anhöhe oberhalb des Städtchens **Mota del Cuervo** stehen noch einige **Windmühlen [WP 016/ Parkplatz N39° 30' 21.3" W2° 51' 44.6"]**. Von der N-420 führt 1 km nordöstlich des Ortes eine beschilderte Zufahrt zu einer Anhöhe mit sieben Windmühlen. Eine davon ist mit „El Gigante" bezeichnet und beherbergt ein kleines Museum.

Die Windmühlen der Mancha wurden ja zum Wahrzeichen dieser Landschaft. Ihre Bekanntheit verdanken sie zu einem guten Teil einem der großen Abenteuer Don Quijotes, dem Kampf gegen die Windmühlen. Bei Mota del Cuervo allerdings kämpfte der vom Himmel der Mancha und hehren Idealen trunkene Romanheld nicht gegen Windmühlen, sondern hier soll er seine aufregende Begegnung mit dem Spiegelritter gehabt haben.

*ROUTE: Westlich von Mota del Cuervo stoßen wir auf die stark befahrene Straße N-301, der wir nach Nordwesten Richtung **Quintanar de la Orden**, Heimat des Juan Haldudo aus Don Quijotes Abenteuern, folgen. Nach rund 9 km verlassen wir die Hauptstraße an einem alten Gehöft (Venta de Don Quijote) und fahren nun auf Landstraßen südwestwärts über **El Toboso** nach **Campo de Criptana**.*

Das ruhige Dorf **El Toboso [WP 017 / N39° 30' 46.8" W2° 59' 43.9"]** wäre kaum der Erwähnung wert, hätte hier nicht Dulcinea gelebt, die Herzensdame des furchtlosen Ritters Don Quijote. Gleich am östlichen Ortsbeginn in der Calle Quijote, 1, liegt das **Haus Dulcineas**, das besichtigt werden kann. Eigentlich trug das Anwesen den Namen „Casa de la Torrecilla". Und Don Quijotes Angebetete hörte auf den klangvollen Namen Ana Martinez Zarco de Morales, die der Ritter in seinen Huldigungen Dulcinea nannte, eine Art Kosenamen aus „Dulce Ana", süße Anna.

Heute ist in dem Haus, das die Rekonstruktion eines ländlichen Anwesens der Mancha aus dem 16. Jh. darstellt, das **Casa-Museo de Dulcinea** eingerichtet *(geöffnet Di – Sa 10 – 14 + 17 – 19, So 10 – 14 Uhr, www.turismocastillalamancha.com/arte-cultura/museos)*. Im Erdgeschoss sieht der Besucher die

*Erinnerung an Don Quijotes Heldentaten am Gehöft Venta de Don Quijote*

Küche mit offener Feuerstelle, sowie Wirtschafts- und Arbeitsräume, im oberen Stockwerk die Schlafräume und im kleinen Innenhof eine Weinpresse und landwirtschaftliches Gerät.

Ganz in der Nähe des Museums findet man das einladende Restaurant „Meson La Noria de Dulcinea".

Und im **Museo Cervantino** *(geöffnet Di - Sa 10 - 14 Uhr + 17 - 19 Uhr, So 10 - 14 Uhr, www.eltoboso.es)* bewahrt man wertvolle Übersetzungen in die unterschiedlichsten Sprachen des Schelmenromans über den „Ritter von der traurigen Gestalt" auf. Darunter befinden sich eine Erstausgabe in Euskara (Baskisch), eine irische Ausgabe in Gälisch, sowie diverse Illustrationen.

Neueren Datums ist das **Museo Humor Gráfico Dulcinea**, in dem 70 Illustrationen von spanischen, aber auch ausländischen Künstlers die Figur Dulcinea auf humoristische Art dargestellt wird *(geöffnet Di – Sa 10 – 14 + 17 – 19 Uhr, So 10 – 14 Uhr, www.eltoboso.es)*

**Übernachtungsmöglichkeiten** findet man im Hostal-Restaurante „El Quijote", Avenida Castilla-La Mancha, 12, Tel. +34 925 19 73 98; www.rhaelquijote.com.

*Die legendären Windmühlen, gegen die Don Quijote „kämpfte", Campo de Criptana*

*ROUTE: Eine schnurgerade Straße führt uns von El Toboso durch endlose Weinfelder – die Mancha zählt zu den größten Weinanbaugebieten Spaniens, dessen Zentrum Valdepeñas ist –nach **Campo de Criptana**.*

Am Stadtrand von **Campo de Criptana** liegen auf einem Hügelrücken mehr als 10 gut erhaltene und restaurierte **Windmühlen [WP 018 / Parkplatz N39° 24' 39.0" W3° 07' 20.4"]**. Gleich am östlichen Ortsrand von Campo de Criptana zweigt man an der Beschilderung „Sierra de los Molinas" bergwärts am Weingut rechts ab. Die weitere Zufahrt ist beschildert.

Hier bei den Windmühlen von Campo de Criptana soll es also gewesen sein, hier soll sie stattgefunden haben, die wagemutige Tat, das unerhörte Abenteuer, der Kampf Don Quijotes gegen die Windmühlen. Voll glühenden Eifers lässt Cervantes den Ritter zu Werke gehen: „Das Glück ist uns hold, teurer Freund Sancho. Dreißig bis vierzig ungeschlachte Riesen zeigen sich uns dort. Ich will sie angreifen und vom Angesicht der Erde vertilgen". Allerdings nimmt aber auch das südlicher gelegene Tomelloso für sich in Anspruch, Schauplatz des „Kampfes gegen die Riesen" gewesen zu sein.

*ROUTE: Weiterreise auf der CM-420 über **Alcázar de San Juan** westwärts bis **Puerto Lapice**, 32 km. Dort auf der Schnellstraße A-4/E-5 17 km nordwärts bis **Madridejos** (Ausfahrt 63). Dort schließlich westwärts bis Ausfahrt 59 der Autobahn CM-42 und ins nahe **Consuegra**.*

**Puerto Lapice** war ein Meilenstein im Leben des Junkers aus der Mancha. Hier erhielt der Edelmann Don Quijote, der durch zu intensive Lektüre unzähli-

### CAMPING – OSSA DE MONTIEL

**Camping Los Batanes [N 39° 51' 55" W4° 2' 50"]**, Ctra. Lagunas de Ruidera, Tel. +34 +34 926 69 90 76; www.losbatanes.com; 1. März – 31. Okt.; ca. 60 km südöstlich von Alcázar de San Juan gelegen, Zufahrt von der N-430 (Albacete – Manzanares) Richtung Ossa de Montiel abzweigen und weiter zum Naturpark „Lagunas de Ruidera"; Wiesengelände im Naturpark, Schatten durch hohe Bäume; ca. 8 ha – 200 Stpl.; Standard-Sanitärausstattung; Laden, Imbiss, Waschmaschine, WLAN, Fahrradverleih, Schwimmbad. Miethütten, Mietcaravans.

ger Ritterromane den Bezug zur Realität eingebüßt hatte, den Ritterschlag von einem Wirt. Vielleicht fand das Spektakel im Innenhof des rustikalen Restaurants „Venta de Quijote" neben der hübschen Kirche an der Hauptstraße statt, das den Namen des Romanhelden trägt?

*Die Windmühlen bei Consuegra, im Hintergrund die Johanniterburg*

**Consuegra** mit seiner mächtigen Kirche mitten im Ort war in früheren Zeiten Mittelpunkt des Johanniterordens. Auch in Consuegra wird die Hügelkette über der Stadt mit den weithin sichtbaren Türmen von **Windmühlen [WP 019 / N39° 26' 56.5" W3° 36' 24.4"]** geziert, die sich hier allerdings den Platz mit dem Gemäuer der Ruine der **Johanniterburg** teilen müssen (Zufahrtsbeschilderung „Castillo Molinos"). Von der Anhöhe dort genießt man eine prächtige Rundumsicht ins Land. Vor allem am Nachmittag sind die Windmühlen wegen der dann günstigeren Lichtverhältnisse ein schönes Fotomotiv.

Am letzten Sonntag im Oktober feiert man in Consuegra das bunte Volksfest der **Rosa del Azafrán**, das Fest der Safranblüte.

*ROUTE: Der weitere Verlauf unserer Route führt von Consuegra auf der Autobahn CM-42 durch weite Wein- und Olivenanbaugebiete in nordwestlicher Richtung vorbei an **Mora** nach **Toledo**, das wir nach knapp 70 km erreichen. Für die Besichtigung der wichtigsten Sehenswürdigkeiten in Toledo sollte man mindestens einen ganzen Tag vorsehen.*

*Toledos berühmte Stadtansicht am Río Tajo zählt zu den schönsten in Spanien*

**Toledo**

**Mein Tipp!** Es empfiehlt sich, vor Toledo am Autobahndreieck der CM-42 weiter nordwärts bis zur Ausfahrt 73 (Toledo Centro) zu folgen. Dort verlässt man die Schnellstraße und fährt über die Straße N-400 (Paseo de la Rosa) von Osten her bis vor die Tore der Stadt Toledo am Río Tajo. Nach dem Bahnhof hält man sich am Kreisverkehr kurz vor der Tajo-Brücke Puente Azarquiel links und passiert kurz darauf den großen **Parkplatz Parking Paseo de la Rosa [WP 020 / N39° 51' 42.6" W4° 00' 56.1"]** rechts des Paseo de la Rosa.

Besonders wenn man gegen Nachmittag ankommt empfiehlt es sich sehr, nicht direkt in die Stadt zu fahren, sondern zunächst am östlichen Rand der Altstadt, noch vor der Flussbrücke, links (südwärts) unterhalb des Castillo de San Servando und vorbei an der alten historischen **Puente de Alcántara** weiter über die **Panoramastraße Carretera de Circunvalación** (auch Carretera del Valle) zu fahren, die um den südlichen Teil der Stadt führt.

Von den **Aussichtspunkten [WP 021 / N39° 51' 00.9" W4° 01' 18.9"]** an der Straße über dem südlichen Tajo Ufer genießt man einen **prächtigen Blick** auf das Dächermeer von Toledo, das vom Río Tajo aufwärts klettert und oben von den Türmen des unübersehbaren Gebäudekomplexes des Alcázar rechts und der dominierenden Kathedrale weiter links gekrönt wird. Ganz rechts erkennt man die Burg San Servando.

Besonders am späten Nachmittag und abends ist diese Fahrt und der Anblick der Stadt in der sinkenden Sonne sehr reizvoll! El Greco wurde von dieser Aussicht zu einem seiner großen Werke, die „Stadtansicht von Toledo" inspiriert. Es ist im El Greco Museumshaus zu bewundern.

Fährt man die Panoramastraße Carretera de Circunvalación (Carretera del Valle) weiter, vorbei am Abzweig zum noch etwas höher gelegenen Parador „Conde de Orgaz" und vorbei an der alten **Puente de San Martín**, und überquert den Río Tajo schließlich auf der neuen Tajobrücke Puente de la Cava an der Westseite der Stadt, erreicht man über die weiterführende, breite Avenida de la Cava schließlich den großen Kreisverkehr an der **Plaza de Alfonso VI.** (auch Glorieta de la Reconquista), dem wichtigen Kreisverkehr unmittelbar vor den nördlichen Stadtmauern und Ausgangspunkt unserer Stadtbesichtigung am unweit östlich gelegenen **Bisagra-Tor [WP 023 / N39° 51' 46.3" W4° 01' 29.3"]**.

Südlich des Kreisverkehrs Plaza de Alfonso VI. gibt es vor der Stadtmauer zwar einige öffentliche Parkmöglichkeiten, einen wesentlich größeren Parkplatz, **Parking Safónt [WP 022 / N39° 51' 52.4" W4° 01' 10.8"]**, findet man aber zwei Kreisverkehre weiter östlich kurz vor der großen Flussbrücke Puente de Azarquiel (N-400) in der Nähe des Busbahnhofs nahe der Avenida de Castilla-La Mancha.

Eines der wenigen günstig gelegenen, aber immer stark frequentierten Parkhäuser (gebührenpflichtig, nur Pkws), Parking Corralillo San Miguel, findet man an der Ostseite des Alcázar.

Auch nur daran zu denken, innerhalb der Altstadt einen Parkplatz zu ergattern ist verlorene Zeit. Wenn Sie in Toledo übernachten, was gewöhnlich notwendig sein wird, denn die Sehenswürdigkeiten sind vielfältig, parkt man am besten beim Hotel oder auf dem Campingplatz und bricht von dort zu Fuß, mit dem Taxi oder mit öffentlichen Verkehrsmitteln zur Stadtbesichtigung auf.

### Stadtgeschichte

Die Entstehung **Toledos** verliert sich im Dunkel der Zeit. Die Römer kannten diesen Platz am Río Tajo aber bereits als *„Toletum"* und wussten den „kleinen befestigten Ort" als wichtigen strategischen Punkt an der Kreuzung zweier Heerstraßen zu schätzen.

Im 6. Jh. wird Toledo zur Hauptstadt des Westgotenreiches. Die Könige, allen voran König Leovigild, verlegen den Hof hierher und Toledo erhält den Titel einer „Königlichen Stadt". Große Bedeutung erlangte die Stadt damals als Zentrum der Goldschmiedekunst.

711 kamen die **Mauren** nach *„Tolaitola"* und brachten die Stadt in das Emirat Córdoba ein. Toledos Handwerk und Handel litten unter der über 370-jährigen Herrschaft der Moslems keineswegs. Die Waffenschmiede fertigten Damaszenerklingen, deren Güte rasch Weltruhm erlangte, und die Goldschmiede verfeinerten ihre Kunst der Einlegearbeiten von feinem Kupfer-, Gold- oder Silberfäden in dunklen Stahl.

Fast während der gesamten Epoche vom frühen 13. Jh. bis ins ausgehende 15. Jh. – Toledo war seit 1085 durch Alfonso VI. wieder in christlicher Hand – sah die Stadt das einträchtige Zusammenleben von Christen, Moslems und Juden innerhalb ihrer Mauern. Kunst, Handel und Gewerbe erlebten einen glanzvollen Höhepunkt unter den toleranten und klugen Herrschern jener Epoche, Ferdinand III. (1217 – 1252) und Alfonso X., dem Weisen (1252 – 1284).

Geradezu berühmt wurde Toledo in jener Zeit in Wissenschaftskreisen durch seine legendäre **Übersetzerschule**. Ihr war es zu verdanken, dass das Wissen im arabischen Schrifttum auch christlichen und jüdischen Gelehrten erschlossen werden konnte. Und noch heute liest man von Toledo als der „Stadt der drei Kulturen", ein Beiname, der sich auf die Zeit bezieht, in der Christen, Moslems und Juden nebeneinander in den Mauern der Stadt lebten.

Einem später heilig gesprochenen Mann, **Vinzenz Ferrer**, dagegen ist es zu verdanken, dass diese Eintracht nachhaltig gestört wurde. Seine fanatischen Reden führten zum Juden-Massaker in der Synagoge und die Katholischen Könige dekretierten 1492 die Ausweisung der Juden aus Spanien, denen nicht viel später die Mauren folgten.

Am deutlichsten wird das Nebeneinander der Kulturen in den alten Bauwerken der Stadt dokumentiert. Vorherrschend ist der **Mudéjarstil**, der christliche Romanik und maurische Elemente der Architektur geschickt verbindet.

Auch Toledo war ein **Zentrum der „Comunidades"**, der opponierenden Stände gegen die Herrschaft Kaiser Karls V., der sich nur wenig im von ihm umgebauten Alcázar Toledos aufhielt. Padilla, das Haupt der „Comuneros", war ein Sohn der Stadt.

Zwar hielt auch Philipp II. noch Hof in Toledo, aber der Glanz der Stadt begann zu verblassen. Mehr und mehr – nicht zuletzt mit verursacht durch die Ausweisung der Juden und Moslems, in deren Kreisen die besten Handwerker, Händler, Ärzte und Wissenschaftler zu suchen waren – büßte Toledo seine führende Rolle im Lande ein, bis schließlich Philipp II. Madrid zur Hauptstadt Spaniens ausrief und damit diese Ehre von Valladolid, der damaligen Hauptstadt, zum allgemeinen Erstaunen, nicht auf Toledo übertrug.

Ähnlich wie in oberitalienischen Städten wie z. B. Florenz mit den Medici, oder Rom mit dem prägenden Einfluss der Päpste, wurden auch Toledos Geschicke lange von Adelsfamilien – den Mendozas, Taveras oder Cisneros etwa – bestimmt, aus deren Reihen Kardinäle und Bischöfe hervorgingen.

Heute ist das 529 m hoch gelegene Toledo mit seinen annähernd 63.500 Einwohner **Hauptstadt der Autonomen Verwaltungsregion Castilla-La Mancha** und der gleichnamigen Region Toledo. Seit 1987 ist Toledo mit seinen außergewöhnlichen Baudenkmälern und Kunstschätzen in der UNESCO-Liste des Kulturerbes der Menschheit verzeichnet.

### Tipps zur Stadtbesichtigung

Die Wege zu den Sehenswürdigkeiten bzw. historischen Bauwerken sind gut beschildert, so dass sie auch in den verwinkelten Gassen der Innenstadt gut zu finden sind.

Mit Ausnahme während der Gottesdienste bleiben die Kirchen Toledos geschlossen (Ausnahme: die Kathedrale und die als Museum genutzten Kirchen). Nur während der Karwoche sind sie ganztägig geöffnet.

EU-Bürger über 65 Jahre und Minderjährige haben in staatlichen Museen freien Eintritt (Änderung möglich!). Samstag nachmittags und sonntags ist der Eintritt für alle Besucher frei.

### Stadtrundgang

Einen Stadtrundgang kann man z. B. am großen Kreisverkehr an der Plaza Alfonso VI. (auch Glorieta de la Reconquista) am Nordrand der Altstadt am historischen **Bisagra-Tor [WP 023 / N39° 51' 46.3" W4° 01' 29.3"]** beginnen.

Gegenüber der Plaza Alfonso VI. führt das kleine Tor **Puerta Alfonso VI.** durch die alte **Stadtmauer** „Murallas Arabes" in die Innenstadt. Es heißt, König Alfonso VI. sei 1085 durch dieses Stadttor in Toledo eingezogen. Das Tor wird auch „Puerta Antigua de Bisagra", altes Bisagrator, genannt. Daneben liegt das 3-Sterne-Hotel „Hostal de Cardenal" mit sehr gutem Restaurant (siehe auch weiter hinten unter Restaurants, Hotels).

Nur wenig weiter östlich der Plaza Alfonso VI. führt das **Bisagra-Tor [WP 023 / N39° 51' 46.3" W4° 01' 29.3"] (16)** hinein in die sehenswerte Altstadt von Toledo. Das Stadttor mit seinen beiden gewaltigen Rundtürmen, die das Portal flankieren, stammt aus der Maurenzeit. Karl V. ließ den unübersehbar großen Doppeladler, das kaiserliche Wappen über dem Durchgang anbringen.

Auf dem Weg über die Straße Real del Arrabal stadteinwärts kommen wir gleich hinter dem Bisagrator an der **Kirche Santiago del Arrabal [N39° 51' 42.96" W4° 1' 32.66"] (2)** vorbei. Sie ist ein schönes Beispiel des Mudéjarstils, des Baustils also, bei dem in „abendländische" Baustile maurische Dekorationselemente einfließen. Bemerkenswert ist die durch geschickte Verwendung des Ziegelsteins kunstvoll gestaltete Apsis und im eher schlichten Inneren der platereske Aufsatz des Hauptaltars sowie die Alabaster-Kanzel. Von dieser Kanzel herab soll angeblich der fanatische San Vicente Ferrer seine Predigten gehalten haben, die schließlich zur Vertreibung der Juden aus der Stadt führten.

Unser Weg über die Calle Real del Arrabal führt zur **Puerta del Sol (3)**, dem Sonnentor, einem ebenfalls markanten Beispiel des Mudéjarbaustils.

Noch vor dem Tor gehen wir eine kleine Seitengasse nach rechts bis zur **Kirche Cristo de la Luz** (Christus vom Licht) **[N39° 51' 34.22" W4° 1' 31.23"]**, einer ehemaligen Moschee aus dem 10. Jh. Besonderes Merkmal dieses ein-

***Toledo*** *–* ***1*** *Plaza del Ayuntamiento, Touristeninformation –* ***2*** *Kirche Santiago del Arrabal –* ***3*** *Puerta del Sol –* ***4*** *Kirche San Vincente –* ***5*** *Kirche Santo Tomé –* ***6*** *El Greco Wohnhaus und Museum –* ***7*** *Synagoge El Tránsito und Safardí-Museum –* ***8*** *Kathedrale –* ***9*** *Alcázar –* ***10*** *Museum Santa Cruz –* ***11*** *Kloster San Juan de los Reyes –* ***12*** *Palast Taller del Moro –* ***13*** *Palais Fuensalida –* ***14*** *Hospital de Tavera (Kloster) –* ***15*** *Synagoge Santa María la Blanca –* ***16*** *Puerta de Bisagra –* ***17*** *Parkplatz Safónt –* ***18*** *Puerta de Alfonso VI (auch Glorieta de la Reconquista) –* ***19*** *zum Busbahnhof –* ***20*** *zum Bahnhof –* ***21*** *Puente de Alcántara –* ***22*** *Castillo de San Servando –* ***23*** *Stadtblick, Zufahrt zum Parador –* ***24*** *Puente de San Martín –* ***25*** *Plaza de Zocodover, Touristeninformation –* ***26*** *San Román, Museo de los Concillios y de la Cultura Visigoda –* ***27*** *Parking de la Rosa –* ***28*** *zu Camping El Greco*

zigen aus der Zeit vor der Wiedereroberung Toledos durch die Christen unverfälscht erhaltenen Kirchenbaus sind die neun Kuppeln, die auf Säulen mit westgotischen Kapitellen und Hufeisenbögen ruhen. Der Name der Kirche soll aus der Zeit Alfonsos VI. stammen. Als der König bei der Eroberung der Stadt zusammen mit El Cid in die Stadt einritt, soll sein Pferd vor einer brennenden Kerze, die in einer Nische der Moschee vor einem Kreuz stand, gescheut haben. Als aus der Moschee später eine christliche Kirche wurde, erhielt sie den Namen Christus vom Licht.

Von hier gelangen wir, uns rechts haltend, durch die Carmelitas-Gasse zur Plaza de San Vicente mit schöner Apsis im Mudéjarstil an der **Kirche San Vicente [N39° 51′ 34.22″ W4° 1′ 31.23″] (4)**.

Die Wege zu allen wichtigen Sehenswürdigkeiten in Toledo sind gut beschildert. So wird man auch den Weg über die Calle de Alfonso X., die weiterführende Calle de Alfonso XII. und schließlich die Travesía Campana zur **Kirche Santo Tomé [N39° 51′ 25.03″ W4° 1′ 41.41″] (5)** ohne große Schwierigkeiten finden.

Auf halbem Wege sollte man aber vorher an der Plaza del Padre Mariana nach rechts in die Calle San Román einbiegen. Unmittelbar an der Ecke rechts liegt die **Barockkirche San Ildefonso [N39° 51′ 28.70″ W4° 1′ 33.87″]**.

Wir gehen etwa 200 m in die Calle San Román bis zur ehemaligen **Kirche San Román [N39° 51′ 30.51″ W4° 1′ 37.08″] (26)**, die zweite Kirche auf der linken Seite. San Román stammt aus dem frühen 13. Jh. und weist schöne Mudéjarelemente vor allem am Turm auf. Vor der Kirche soll Alfonso VIII. noch im Kindesalter zum König proklamiert worden sein.

*In Toledos Altstadtgassen*

Das ehemalige Gotteshaus, das im Inneren sehenswerte Wandmalereien aufweist, wird heute als **Museum der Konsilien und der westgotische Kultur** genutzt *(geöffnet Di - Sa 10 - 14 Uhr + 16 - 18.30 Uhr, So 10 - 14 Uhr; www.toledo-turismo.com)*. Gezeigt werden Schmuck, eine edelsteinbesetzte **westgotische Weihekrone**, Skulpturen, alte Manuskriptillustrationen etc.

Beeindruckend ist aber auch der dreischiffige Kirchenraum mit sehr schönen maurischen Bögen, die an den Innenseiten Gemälde der Apostel tragen.

Man ist hier mitten im **Gassengewirr des alten Toledo**. Um fast jedes Haus, jede Straße, jeden Platz ranken sich Geschichten und Legenden, vor allem aus der Zeit, in der Moslems, Juden und Christen einhellig in Toledo zusammenlebten. So wird zum Beispiel über die Calle del Pozo Amagro eine rührende Geschichte über die tragische Liebschaft eines Christen zu einer Jüdin erzählt. Viele behaupten, dass sich die legendäre Romanze im 12. Jh. zwischen König Alfonso VIII. und der Jüdin Rachel abgespielt habe. Die Geschichte muss so populär gewesen sein, dass Lope de Vega eine Erzählung darüber schrieb, an der sich Grillparzers „Die Jüdin von Toledo“ orientiert.

In der **Kirche Santo Tomé [N39° 51′ 25.03″ W4° 1′ 41.41″] (5)** *(geöffnet 15. März - 14. Okt. tgl. 10 - 18.45 Uhr, übrige Zeit 10 - 17.45 Uhr; www.santotome.org)* mit ihrem sehenswerten Mudéjarturm, ist eines der herausragenden Meisterwerke des Malers El Greco zu bewundern, das **Großgemälde „Das Begräbnis des Grafen von Orgaz“**.

El Greco war 1586 beauftragt worden, zu Ehren des Grafen von Orgaz, Don Gonzalo Ruiz de Toledo, der große Teile seines Vermögens der Kirche vermacht hatte, ein Gemälde zu schaffen. Das wandhohe Bild ist klar erkennbar in zwei Teile aufgegliedert, was durch die Reihe der schwarz gekleideten Edelmänner unterstrichen wird.

Im oberen Teil sieht man die Darstellung der himmlischen Heerscharen mit Christus, Maria und Johannes dem Täufer, und darunter den Adel Toledos. Dominierend im Vordergrund die Heiligen Augustinus und Stephan in leuchtenden Bischofsroben, die den mit einer schwarzen Rüstung bekleideten toten Grafen zu Grabe legen.

El Greco soll bei der Darstellung der Adeligen einige ihm bekannte Personen und sich selbst (sechste Person von links, den Mönch nicht mitzählen) porträtiert haben. Der kleine Junge links unten, der auf dem Ärmel des Bischofs zeigt, soll einer der Söhne El Grecos sein.

**Mein Tipp!** Versuchen Sie, so früh wie möglich die Kirche Santo Tomé zu besichtigen. Vor allem im Sommer bilden sich tagsüber rasch lange Besucherschlangen.

Bemerkenswerte Mudéjargebäude sind der **Fuensalida-Palast (13)**, heute Sitz des Regierungspräsidiums der Autonomen Region Castilla-La Mancha, und das **Taller del Moro-Palais** (Werkstatt des Mauren) **[N39° 51' 22.61" W4° 1' 38.20"]**. Beide liegen in unmittelbarer Nachbarschaft östlich zur Kirche Santo Tomé (5).

Das Taller del Moro-Palais aus dem 16. Jh. diente ehemals auch als Werkstatt für die Marmorskulpturen, die in der Kathedrale Verwendung fanden. Heute ist hier ein **Museum für angewandte arabische und Mudéjarkunst** eingerichtet (*geöffnet Di - Sa 10 – 14 Uhr + 16 – 18.30 Uhr, So 10 – 14 Uhr; www.turismocastillalamancha.com/arte-cultura/museos/toledo/).*

**La Casa y Museo de El Greco [N39° 51' 21.13" W4° 1' 45.54"] (6),** El Grecos Wohnhaus und Museum liegt ganz in der Nähe der Kirche Santo Tomé, nur wenige Meter die schmale Calle San Juan de Dios nach Süden (*geöffnet Apr. – Sept. Di – Sa 9.30 - 20 Uhr, Okt. – März Di – Sa 9.30 – 18.30 Uhr, So 10 – 15 Uhr; www.museodelgreco.mcu.es.*

Im Haus El Grecos, das er 1585 bezog, sind das Atelier sowie verschiedene Werke des Meisters zu sehen, u. a. die berühmte **„Stadtansicht Toledos"** mit Straßenplan, die komplette Reihe der Apostel, eine Replik des Bildes „Die Tränen Petri" u. a.

Nur ein paar Schritte vom El Greco Haus entfernt liegt in der Calle de los Reyes Católicos die **Synagoge del Tránsito [N39° 51' 20.61" W4° 1' 45.04"] (7)** mit dem **Sefardí-Museum** (*geöffnet März. – Okt. Di - Sa 9.30 - 20 Uhr, übrige Zeit Di - Sa 9.30 - 18.30 Uhr, So 10 - 15 Uhr; www.museosefardi.mcu.es).* Die Synagoge entstand Mitte des 14. Jh. im Auftrag des Schatzmeisters Pedros I., des Grausamen, Samuel Ha-Levi, und war damals einer von acht jüdischen Tempeln in Toledo.

Ausgangs des 15. Jh. wurde daraus eine christliche Kirche, die dem Tod Marias (el tránsito) geweiht wurde.

Der große Gebetssaal ist an den Wänden oben herrlich dekoriert und wird von einer prächtig aus Zedernholz gestalteten **Artesonadodecke** (getäfelt, mit geometrischen Mustern maurischer Prägung) abgeschlossen. Die Empore an der Südseite war der Platz, von dem aus die Frauen den Zeremonien beiwohnen durften.

An den Saal schließt das **Sefardí-Museum** an, das eine schöne Sammlung von Gegenständen der alten jüdischen Gemeinden Toledos zeigt.

Von der Synagoge gehen wir durch die Calle de los Reyes Católicos nach Westen.

Man passiert den Platz **Barrio Nuevo**. Von dort führt eine Gasse links an den Stadtrand zum Felsen **Roca Tarpeya**. Wie es heißt, sollen von hier aus in alten Zeiten die Verurteilten in den Tod gestürzt worden sein. Auf dem Felsen erhebt sich heute die **Casa Victoria Macho**. Das hier eingerichtete Museum soll wieder eröffnet werden.

Ein paar Schritte weiter auf der Calle de los Reyes Católicos kommt man zur rechterhand gelegenen **Synago-**

### Ein Grieche in Toledo

**El Greco** (der Grieche) kam 1577 nach Toledo. Sein richtiger Name war Domenicos Theotocópoulos. Er stammte aus Fodele bei Iraklion auf der Insel Kreta, wo er 1541 geboren worden war. El Greco begann in seiner Heimat als Ikonenmaler, lebte dann lange Jahre in Italien und war dort möglicherweise Mitglied in der Werkstatt Tizians. 1577 reiste er nach Madrid und weiter nach Toledo. In Italien war wohl die Konkurrenz zu groß. Meister wie Veronese, Tintoretto oder Bassano waren dort bereits geschätzte Künstler.

El Grecos Arbeiten fanden in Toledo rasch Anklang, obwohl sie am Hofe Philipps II. nie einen Durchbruch erzielten. Der Maler gewann Freunde und blieb in Toledo bis zu seinem Tode 1614.

El Greco ist 73 Jahre alt geworden. Seine künstlerische Hinterlassenschaft ist so umfassend wie umstritten. Schon Zeit seines Lebens erzielte El Greco nie einen wirklich großen Durchbruch. Und auch nach seinem Tode waren sich die Kunstkenner über kaum einen Maler des 16. und 17. Jh. mehr uneins als über El Greco. Was liest man da nicht alles über seinen Malstil, der genau so eigenwillig wie unverwechselbar ist.

*Azulejo-Motiv nach dem berühmten El Greco-Gemälde „Das Begräbnis des Grafen von Orgaz"*

Selbst dem, der in der Kunstgeschichte nicht ganz so bewandert ist, werden die flächigen Töne der verwendeten Farben auffallen. Auch die Gestalten und die Köpfe, die El Greco malte, unterscheiden sich von dem, was man bis dahin gewohnt war. Viele der Heiligenfiguren schauen mit sehr entrücktem Blick aus ihren ungewöhnlich schmalen Gesichtern. Kritiker des Malers aus Kreta verstiegen sich denn auch in die Ansicht, dass El Greco entweder wahnsinnig oder zumindest mit einem argen Sehfehler geschlagen gewesen sein musste. Anders konnten sie sich die Farbenwahl und die Komposition vieler der himmelwärts strebenden Figurengruppen in El Grecos Bildern nicht erklären. Dass der Mann in seinem Farben- und Formempfinden seiner Zeit weit voraus gewesen sein könnte, kam jenen Kritikern nicht in den Sinn. Erst die Anhänger des Expressionismus bewunderten El Greco fast uneingeschränkt.

Aber kaum irgendwo sonst zahlen sich Streit und Meinungsverschiedenheiten so positiv aus wie im Kunstgewerbe. El Grecos Werke jedenfalls sind schon lange kaum noch zu haben bzw. kaum noch zu bezahlen. Leider hat der alte Meister nichts mehr von dieser Entwicklung. Aber recht wäre sie im ganz gewiss gewesen. Denn El Greco liebte es, Geld auszugeben. Genauso energisch forderte er seine Honorare ein. Notfalls stritt er jahrelang darum.

**ge Santa María la Blanca [N39° 51′ 24.63″ W4° 1′ 50.12″] (15)** *(geöffnet Mai - Sept. tgl. 10 - 18.45 Uhr, übrige Zeit tgl. 10 - 17.45 Uhr; www.sacred-destina-*

*tions.com/spain/toledo-synagogue-la-blanca).* Diese zweite in Toledo noch erhaltene Synagoge stammt aus dem 12. Jh., wurde im 15. Jh. in eine Kirche umgewandelt und im 16. Jh. baulich verändert. Trotzdem sieht man dem Inneren noch deutlich seinen maurischen Ursprung an. Der weiße, lichte Kirchenraum ist durch vieleckige Säulen, die Hufeisenbögen tragen, in fünf Schiffe aufgeteilt. Sehr schöne Säulenkapitelle.

Nur ein kurzes Stück weiter trifft man auf das linkerhand gelegene **Kloster San Juan de los Reyes [N39° 51' 28.14" W4° 1' 52.78"] (11)**, Travesia de San Juan de los Reyer, 2, am Westrand der Stadt *(geöffnet Apr. - Sep. tgl. 10 - 18.30 Uhr, übrige Zeit tgl. 10 - 17.30 Uhr; www.sanjuandelosreyes.org).*

Die Katholischen Könige gründeten das Kloster nach einer ruhmreich beendeten Schlacht gegen die Portugiesen im Jahre 1476. Ursprünglich war vorgesehen, dass Ferdinand und Isabella in der Klosterkirche beigesetzt werden sollten, was aber nach der Eroberung Granadas wieder verworfen wurde. Das Bauwerk wird als Meisterwerk von Juan Guas angesehen. Sehenswert ist das einschiffige Innere der Klosterkirche mit schöner Vierungskuppel, und den Wappen der Katholischen Könige an der Empore. Wunderschön ist der restaurierte gotische **Kreuzgang** mit plateresken Ornamenten an den oberen Bogenreihen.

Achten Sie außen an der Westseite der Klosterkirche San Juan de los Reyes auf die oben an den Wänden angebrachten Ketten und Eisenringe. Es sind die Fesseln befreiter Christen aus maurischer Gefangenschaft.

Man kann durch die Gassen an der Westseite der Klosterkirche einen kurzen Abstecher zur alten Stadtmauer und zum Torhaus der **Puente San Martín [N39° 51' 24.92" W4° 2' 1.88"] (24)** über den Río Tajo machen. Von dort Blick ins Tajotal.

Vom Kloster San Juan de los Reyes gehen wir durch die von Restaurants und Souvenirläden flankierte Calle Angel Santo Tomé stadteinwärts, wieder vorbei an der Kirche Santo Tomé, und weiter durch die Calle de San Salvador zur **Plaza del Ayuntamiento**. Der hübsche Platz mit Brunnen und kleiner Grünanlage ist von repräsentativen Stadtbauten umgeben. Rechts liegt das Ayuntamiento (Rathaus) und links der Palacio Arzobispal, das Erzbischöfliche Palais. Im Rathaus ist das Büro der **Touristeninformation (1) [WP 024 / N39° 51' 24.5" W4° 01' 28.9"]** eingerichtet.

*Die Puente San Martín über den Río Tajo*

Gegenüber erhebt sich die **Kathedrale von Toledo (8) [WP 025 / N39°51'24.42" W4°1'26.92"]**, Plaza del Ayuntamiento, *(geöffnet Mo - Sa 10 - 18.30 Uhr, So 14 - 18.30 Uhr; www.catedralprimada.es)*. Eintrittskarten zur Kathedrale werden im Ticket Office gegenüber dem Eingang zur Kathedrale an deren Südseite in der Calle del Cardenal Cisneros verkauft. Hier kann man gegen eine Leihgebühr auch sog. Audioguides bekommen, von denen man während eines Rundgangs durch die Kathedrale Informationen über die Sehenswürdigkeiten im Kirchenraum abhören kann.

König Ferdinand und der Erzbischof Don Rodrigo Ximénez de Rada legten an der Stelle einer früheren Moschee 1227 den Grundstein zur **Kathedrale von Toledo**. Während der Regierungszeit der Katholischen Könige konnten unter Erzbischof Don Pedro González de Mendoza die letzten Deckengewölbe geschlossen werden. Später wurden die insgesamt 15 Kapellen angefügt. Und nach einer Bauzeit von insgesamt knapp 270 Jahren konnte der Kirchenbau, der nach der Kathedrale von Sevilla das größte gotische Gotteshaus im Lande ist, abgeschlossen werden. Zudem ist die Kathedrale von Toledo die ranghöchste Kirche in Spanien.

Das **Hauptportal** an der Westfassade wird **Puerta del Perdón**, Gnadentor, genannt. Es weist schöne Apostelskulpturen und eine Mariendarstellung im Bogenfeld auf. Rechts davon erkennt man die Basis des ursprünglich vorgesehenen zweiten Turmes, der dann aber nicht errichtet, sondern 1631 mit einer barocken Kuppel nach Plänen von Jorge Manuel, Sohn von El Greco, abgeschlossen wurde. In diesem Teil der Kathedrale hatte Kardinal Cisneros 1519 die Kapelle del Corpus Cristi einrichten lassen, die ausschließlich Gottesdiensten im mozarabischen Ritus vorbehalten war.

Beachtung verdient außerdem die **Puerta de los Leones** an der Südseite der Kathedrale. Löwentor wird das Portal wegen der Löwen auf den Steinsäulen vor dem Tor genannt. Die Steinmetzarbeiten stammen von Juan Alemán, der Mitte des 15. Jh. die zwölf Apostel schuf.

Von Salvatierra stammt das Bildnis Mariä Himmelfahrt über den Türen und Durango schuf die Medaillons mit Heiligen oberhalb des Portalbogens.

Eine Sehenswürdigkeit ist die Kathedrale aber in aller erster Linie wegen ihres 120 m langen und 59 m breiten und fast 45 m hohen **Innenraumes**, der durch 88 gewaltige Säulen in fünf beeindruckend große Schiffe aufgeteilt ist. Dort findet man Kunstwerke ersten Ranges. Zu ihnen zählen die zahlreichen **Bleiglasfenster** aus dem 14. bis 16. Jh., durch die der Kirchenraum in ein mystisches Licht getaucht wird.

Man betritt die Kathedrale an deren Südseite von der Calle Cardenal Cisneros aus. Innerhalb des Kirchenschiffs sollte man sich zunächst nach links wenden und quer durch den Kirchenraum zur Schatzkammer (Tesoro) gehen.

Man sieht das schöne platereske **Portal von Covarrubias**, durch das man in die **Schatzkammer (Tesoro)** in der Turmbasis der Kathedrale gelangt. Neben diversen, sehr kostbaren sakralen und liturgischen Kunstgegenständen ist der Besucher sicher von der gewaltigen gotischen **Prunkmonstranz** aus dem Jahre 1524 beeindruckt.

Dieses Prachtstück höchster Goldschmiedekunst ist fast drei Meter hoch, aus vergoldetem Silber gearbeitet und wiegt nicht weniger als 200 Kilogramm. Das einer filigranen gotischen Turmspitze ähnliche Gebilde umfasst einen Hostienbehälter aus purem Gold im Zentrum, der Isabella der Katholischen gehörte. Das Gold dazu soll Kolumbus den Katholischen Majestäten von einer seiner ersten Reisen aus der Neuen Welt mitgebracht haben.

Die Monstranz ist eine Arbeit von Enrique de Arfe, Heinrich aus Harf bei Köln. Dabei sollte man nicht die herrliche **Artesonadodecke** der Schatzkammer übersehen.

Anschließend gehen wir im Uhrzeigersinn durch die Kathedrale. Ein großer Teil des Inneren wird vom Chorraum eingenommen.

Das **Chorgestühl** in zwei Ebenen, die zierlichen Säulchen und der Figurenfries darüber sind von bewundernswerter Art. Mit den Arbeiten an der unteren Stuhlreihe wurde 1489 begonnen, als der Kampf um Granada auf dem Höhepunkt war. Das Gestühl war von Erzbischof Cardinal Mendoza in Auftrag gegeben worden, der sich damit ein glanzvolles Denkmal setzen wollte. Die Motive auf den Lehnen stellen Szenen der Kapitulation von Städten und Festungen dar, darunter auch die Übergabe Granadas.

*Die Westfassade der Kathedrale von Toledo*

Die obere Reihe des Chorgestühls besteht aus 72 Sitzen. Sie ist ein Meisterwerk von Alonso de Berruguete, Pareses de Nava und Felipe Virganis aus der Mitte des 16. Jh.

Außerdem sieht man im Chorraum, der von der Orgel überragt wird, ein gotisches Lesepult, das ein Adler trägt und die „Weiße Madonna", eine gotische Madonnenstatue.

Gegenüber verbirgt sich hinter einem herrlichen Chorgitter die **Capilla Mayor** mit dem Hochaltar. Die Altarwand mit lebensgroßen Figurengruppen aus geschnitztem, vergoldetem Holz, die in fünf Ebenen Szenen aus dem Neuen Testament darstellen, stammt aus der Zeit zwischen 1497 und 1504. Mehrere Künstler arbeiteten daran, unter ihnen Rodrigo Alemán und die Gebrüder Gumiel. Die Altarwand wurde auf Veranlassung von Kardinal Cisneros errichtet. Lichtautomat an der Seite.

Beeindruckend ist auch der doppelte **Chorumgang** an der Rückseite des Hochaltars, mit schönen Gewölbebögen, der durch bunte Bleiglasfenster und einen Durchbruch im Gewölbe erhellt wird.

Rechts führt ein reichdekoriertes gotisches Portal in den Vorraum des Kapitelsaales (herrliche Artesonadodecke) und in den anschließenden eigentlichen **Kapitelsaal** mit schöner Kassettendecke, Wandgemälden von Juan de Borgoña und Porträts der Bischöfe von Toledo. Zwei stammen von Goya. Der Kapitelsaal wurde im Auftrag Cisneros im frühen 16. Jh. errichtet.

Die beiden großen **Grabkapellen** an der Nordseite des Chorumgangs sind die Kapelle des hl. Ildefonso und die Capilla de Santiago, mit den Grabmälern der Familie des Großkonnetabels (Großstallmeister) von Kastilien, Don Alvaro de Luna und seiner Gemahlin Doña Juana de Pimentel. Der Altar aus dem 15. Jh. mit Gemäldetafeln von Sancho de Zamora und Juan de Segovia wird flankiert von den Grabmälern der Bischöfe Don Pedro de Luna und Don Juan de Cerezuela. Weitere Bischofsgräber an den Seitenwänden.

In der **Sakristei** mit einem monumentalen Fresko von Lucas Jordán im Gewölbe ist eine Gemäldesammlung zu besichtigen. Von kunstgeschichtlicher Bedeutung sind z. B. die Apostelporträts von El Greco und das große Gemälde „Christi Entkleidung“ (El Expolio) ebenfalls von El Greco an der Nordwand zwischen den Marmorsäulen. Mit diesem Gemälde fiel El Greco bei der gefürchteten Inquisition in Ungnade. Gerügt wurde die „erniedrigte“ Position der Jesusgestalt im Bild, die von einigen Zuschauern der Szene um Haupteslänge überragt wird. Nur durch die Fürsprache einiger besonnener Domherren, deren Wohlwollen El Greco gewonnen hatte, entging der Künstler dem Scheiterhaufen.

Außerdem sieht man in der Gemäldegalerie weitere Kleinodien, darunter Werke von Tizian, Zurbarán, Goya, Van Dyck, Rubens, Rafael, die schöne Plastik eines Franziskanermönches u. a.

In angrenzenden Räumen sind kostbare Messgewänder ausgestellt.

**Mein Tipp!** Gehen Sie nicht erst knapp vor Toresschluss in die Kathedrale. Außer dass die Schatzkammer ab ca. 30 Minuten vor Ende der Besuchszeit nicht mehr zugänglich ist, werden Sie fünf Minuten vor Schließung von wenig höflichen Aufsehern unweigerlich und rigoros aus der Kirche vertrieben.

Hinter der Kathedrale führen enge Gassen hinauf zum **Alcázar [N39° 51‘ 29.22“ W4° 1‘ 15.82“] (9)** *(geöffnet tgl. a. Mi 11 – 17 Uhr, letzter Einlass 30 Minuten vor Schließung; www.museo.ejercito.es),* den man gesehen hat, wenn man ihn einmal umrundet. El Cid, der Legendäre, zog als erster im 13. Jh. hier ein.

El Cid, mit vollem Namen Rodrigo Diaz de Vivar, der große Held des mittelalterlichen Spanien, lebte hier angeblich zusammen mit eintausend Hidalgos, kastilischen Rittern. Unvermutet fiel El Cid (Cid ist eine Abwandlung des arabische „sidi“ für Herr) in Ungnade. Man munkelte, es hätte auch Zeiten gegeben, in denen El Cid in den Reihen der Mauren gekämpft habe. Der König entzog ihm das Vertrauen. El Cid musste mit all seien Getreuen ins Exil gehen. Es sollte die berühmteste Verbannung in Spaniens Geschichte werden.

Während der langen Regentschaft Karls V., residierte im Alcázar Padilla, seines Zeichens Anführer der kastilischen Aufständischen. Karl V., deutscher Kaiser und König Spaniens, der während seiner langen Reisen durch Europa in Spanien sehr klug und diplomatisch von seiner Gemahlin Isabella vertreten wurde, war eigentlich permanent in irgendwelche machtpolitischen Auseinandersetzungen verwickelt. Einen dieser Machtkämpfe führten die kastilischen Adligen unter Padilla mit dem Ziel, Karl V. abzusetzen.

Später hielt König Alfonso VIII. Hof im Alcázar. Ein gesellschaftlicher Skandal ersten Ranges war damals, dass der Herrscher hier mit seiner jüdischen Geliebten lebte, derentwegen er seine rechtmäßig angetraute Frau, Leonore von England, hatte sitzen lassen.

Der Alcázar des El Cid war aber bei weitem noch nicht der Alcázar, den wir heute sehen. Das strenge, kantige, recht nüchterne Erscheinungsbild entstand hauptsächlich unter Karl V. und Philipp II. Einer der Architekten des Alcázarneubaus war, wie selbst der weniger Bewanderte erahnt, wenn man die nach Süden gerichtete Hauptfassade genauer betrachtet, Juan de Herrera, der Baumeister des Escorial.

1883 wurde der Palast Militärakademie, später durch Kriegseinflüsse mehrfach beschädigt und 1936, während einer Belagerung im Zuge eines Aufstandes des Obersten Moscardó gegen die Regierung der Republik, völlig ruiniert. Nur die Kellergewölbe blieben einigermaßen heil, in denen sich damals mehrere hundert Frauen und Kinder versteckt hatten.

Im Alcázar, der auf dem Höchsten Punkt der Stadt liegt, der schon vor der Römerzeit befestigt war, ist das **Museo del Ejército**, ein Militärmuseum eingerichtet. *Geöffnet tgl. a. Mi 11 – 17 Uhr, letzter Einlass eine Stunde vor Schließung; www.ejercito.mde.es.*

Von den Gärten und Terrassen an der Ostseite des Alcázar sieht man über den tief unten fließenden Río Tajo mit den Resten des Artificio Juanelo, einem technischen Unikum, mit dem im 16. Jh. Versuche gemacht wurden, Wasser aus dem Río Tajo hinauf in den Alcázar zu bringen, dann der alten Alcántara-Brücke und der Burg von San Servando weiter links hinüber zur neuen Militärakademie.

Vom Alcázar sind es nur wenige Schritte über die Cuesta del Alcázar zur **Plaza del Zocodover [N39° 51′ 34.11″ W4° 1′ 15.84″] (25)**, dem immer lebhaften Hauptplatz Toledos mit Cafés, Restaurants, Geschäften und einem Büro der Touristeninformation. Schon in maurischer Zeit war hier das Handelszentrum der Stadt mit dem Viehmarkt „Suk-al-dawad". Der Platz in seiner heutigen Form entstand im 17. Jh. und ist Anfang und Ende des gescheiterten stadtplanerischen Versuches, in das Gewirr der maurischen Altstadtgässchen ein regelmäßiges Straßenraster zu bringen. Und nach wie vor ist der von Säulenarkaden umgebene Platz Mittelpunkt bei offiziellen und volkstümlichen Ereignissen.

Hinter dem Durchgang zur Calle de Cervantes liegt das **Museum Santa Cruz [N39° 51′ 36.19″ W4° 1′ 14.83″] (10)** *(geöffnet Mo - Sa 10 - 18.30 Uhr, So 10 - 14 Uhr; www.patrimoniohistoricoclm.es/museo-de-santa-cruz/)*. Der ehemals als Hospital vorgesehene Bau wurde zwischen 1504 und 1514 auf Veranlassung des Kardinals Mendoza nach Plänen der Gebrüder Egas erweitert und 1524 unter der Leitung von Covarrubias abgeschlossen. Schon seit den Katholischen Königen war das Hospital de Santa Cruz traditionell der Platz an dem Findelkinder niedergelegt wurden und Waisen eine Zuflucht fanden. Der gesamte Baukomplex, zu dem außerdem das Kloster Santa Fe (heute Archiv und Bibliothek der Autonomen Region Castilla-La Mancha) und der Convento de la Concepción Franciscana (Klausurkloster) gehören, befindet sich auf dem frühren Areal der längst verfallenen maurischen Galianan-Paläste.

*Das prächtige Hauptportal des Hospital de Santa Cruz*

Durch ein sehr schönes platereskes **Portal** betritt man den Gebäudekomplex, in dem heute ein sehr sehenswertes **Kunstmuseum** eingerichtet ist. Auf zwei Etagen, die man über ein eindrucksvolles **Treppenhaus** erreicht, werden in jeweils vier kreuzförmig angelegten Sälen Werke von El Greco, darunter „Mariä Himmelfahrt", Wandteppiche, Goldschmiedearbeiten und antike Möbel gezeigt. Im Saal mit der auffallenden Fahne der spanischen Armada, die bei der Schlacht von Lepanto auf dem Flaggschiff wehte, steht in der Mitte eine kleine Büste Karls V. aus vergoldetem Silber.

Neben dem Ausgang des Museums steht rechts das maurische Tor **Arco de la Sangre,** der Blutbogen, durch den man zurück zum Zocodover kommt.

Nördlich des Bisagratores (16) liegt außerhalb der Altstadt da**s Hospital de Tavera [N39° 51' 54.15" W4° 1' 27.91"] (14)**, Calle Duque de Lerma, 2, *(geöffnet Führungen tgl. um 11, 11.45, 12.30, 13.30, 15.15, 16, 16.45, 17.30 Uhr).*

Der Bau der früheren Abtei, eines der Spätwerke Covarrubias, geht zurück auf eine Initiative des Kardinals Tavera Mitte des 16. Jh.

Zu besichtigen sind u. a. die **Salons der Herzogin von Lerma**, die im Stil des 17. Jh. eingerichtet sind, weiter die **Kapelle** mit dem Marmorgrabmal des Kardinals Tavera von Alonso de Berruguete und die **Bibliothek** mit herrlichen alten Handschriften u. a. aus der Maurenzeit. Das Museum beherbergt einige wertvolle Gemälde von Tizian, José Ribera und El Greco, von denen El Grecos „Die Taufe Christi" am meisten bewundert wird.

## PRAKTISCHE HINWEISE – TOLEDO

**Oficina de Turismo [WP 024 / N39° 51' 24.5" W4° 01' 28.9"]**, Plaza de Ayuntamiento de Toledo, 45071 Toledo, Tel. +34 925 25 40 30; www.turismocastillalamancha.es; www.toledo-turismo.com. *Geöffnet Mo - So 10 - 18 Uhr.*

**Estación Ferrocarril**, Toledos Bahnhof, Paseo de la Rosa, s/n, Tel. +34 925 22 30 99, liegt östlich der Stadt, jenseits des Río Tajo am Paseo de la Rosa (Straße N-400). Tägliche Zugverbindungen bestehen u. a. nach Madrid, Bahnhof Atocha, Glorieta de Atocha. Die Züge verkehren zwischen 7 Uhr und 20 Uhr alle zwei Stunden. Die Bahnfahrt nach Madrid dauert 75 Minuten. Fahrpläne unterliegen Änderungen!

**Estación Autobuses**, der Busbahnhof, Av. de Castilla-La Mancha, Tel. +34 925 21 58 50, liegt im Norden der Stadt an der Avenida de Castilla-La Mancha. Tägliche Verbindungen bestehen u. a. nach Madrid, Estación Sur de Autobuses de Madrid, Méndez Álvaro, zwischen 5.30 und 22 Uhr alle halbe Stunde. Fahrtdauer rund eine Stunde. Fahrpläne unterliegen Änderungen!

**Feste, Folklore:** Feierliche **Fronleichnamsprozessionen** mit der Prunkmonstranz, historische Kostüme, eines der größten Feste der Stadt, bei dem die Häuser mit kostbaren Stoffen behangen und die Böden und Gassen mit Blumen und duftenden Kräutern bestreut werden.
Lange Tradition haben die **Wallfahrt am 1. Mai** zu Ehren der „Virgen del Valle" und die **Ferias de Agosto** zu Ehren der „Virgen del Sagrario".

## RESTAURANTS

**Asador Adolfo**, Hombre de Palo, 7, Tel. +34 925 22 73 21; www.adolforestaurante.com; eines der führenden Restaurants der Stadt, teuer. Sonntagabend geschlossen.
**Hostal del Cardenal**, Paseo Recaredo 24, Tel. +34 925 22 49 00, www.hostaldelcardenal.com; in einem Palast aus dem 18. Jh. eingerichtet, gepflegte Küche zu moderaten Preisen, sehr schön sitzt man auf der schattigen Gartenterrasse. Sonntagabend geschlossen.
**Gambrinus**, Calle Santo Tomé, 10, Tel. +34 25 21 44 40, www.gambrinustoledo.com; im Erdgeschoss befinden sich Bistro und Bierschänke mit kleinen Gerichten wie Tapas, Salate, im Restaurant im ersten Stock kann man aus einer größeren Speisekarte wählen.

## HOTELS

**Parador de Toledo „Conde de Orgaz"** ****, 76 Zi., Cerro del Emperador, s/n, Tel. +34 925 22 18 50; www.parador.es/en/parador-de-toledo; sehr komfortables Haus auf einer Anhöhe südlich der Stadt mit schönem Blick auf Toledo, Schwimmbad, Restaurant mit Terrasse, WLAN. Parkplatz.

**Beatriz** ****, 295 Zi., Crta. Toledo-Avila km 2, Tel. +34 925 26 91 00; www.beatrizhoteles.com; sehr komfortables Firstclass Hotel in ansprechender Lage an der Straße nach Ávila bei KM 2,7, Schwimmbad, Tennis, Fitnesseinrichtungen, gutes Restaurant „Alacena", Garage, Parkplatz.

**Abacería** *** [N39° 50′ 49.83″ W4° 1′ 57.74″], 40 Zi., Camino Pontezuelas, 8, Tel. +34 925 25 00 00; www.hotelabaceria.es; komfortables Mittelklassehotel in ansprechender Lage südlich oberhalb der Innenstadt nahe der Carretera del Valle (de Circunvalación), von den vorderen Zimmer herrlicher Blick auf Toledo; Schwimmbad, Restaurant, Garage, Parkplatz.

**AC Hotel Ciudad de Toledo by Marriott** ****, 49 Zi, Cart. Circunvalación, 15, Tel. +34 925 28 51 25, www.marriott.com/hotels/hotel-information/travel/madto-ac-hotel-ciudad-de-toledo/; die einstige Keramikfabrik wurde vor noch nicht allzu langer Zeit in ein ansprechendes Firstclasshotel umgewandelt mit sehr schöner Einrichtung der Zimmer und des Restaurants mit guter Küche, Fitnesseinrichtung, Sauna, Türkisches Bad. Wunderschöne Ausblicke auf die Altstadt von Toledo gegenüber. Restaurants sonntags und montags geschlossen . WLAN. Parkplatz.

**Best Western Plus Hostal del Cardenal** ***, 27 Zi., Paseo Recaredo 24, Tel. +34 925 22 49 00; www.bestwesternhoteldelcardenal.com; am Nordrand der Altstadt, komfortables Haus, das in der ehemaligen Residenz des Kardinals Lorenzana eingerichtet ist, schöner Hotelgarten, sehr gutes Restaurant. WLAN. Öffentliche Parkmöglichkeiten.

**Duque de Lerma** ***, 18 Zi., Espino, 4, Tel. +34 925 22 25 00; www.hotelduquedelerma.com; kleines, aber komfortables Haus unweit nördlich der Innenstadt, etwa 300 m vom Bisagrator entfernt. Kein Restaurant, keine Parkmöglichkeit.

**Hostal Santo Tomé** **, 10 Zi., Santo Tomé, 13, Tel. +34 925 22 17 12; www.hostalsantotome.com; einfach und klein, dafür mitten in der Altstadt direkt neben der Santo Tomé Kirche, sehr moderate Zimmerpreise. Wer bereit ist, außerhalb des Hotels zu frühstücken, findet hier eine preiswerte Bleibe. WLAN. Keine hauseigene Parkmöglichkeit.

## CAMPING

**Camping El Greco [WP 026 / N39° 51′ 55.9″ W4° 02′ 50.6″]**, Tel. +34 925 22 00 90; www.campingelgreco.es; ganzjährig geöffnet; westlich der Stadt, Zufahrt über die Straße CM-4000 (Toledo – Puebla Montalbán) Richtung Talavera de la Reina, bei KM 97; teils eben mit Baumschatten, teils auf Terrassen, oberhalb des Tajoufers; ca. 2 ha – 130 Stpl.; gute Standard-Sanitärausstattung; Laden, Restaurant, Waschmaschine mit Trockner, Internetecke. Schwimmbad. **V & E für Wohnmobile**. Miethütten. Vor dem Campingplatz befindet sich ein größerer Parkplatz.

## ROUTE 3: MADRID

**Reisedauer:** Mindestens zwei ganze Tage.

**Höhepunkte:** Die Kunstschätze im **Prado-Museum** *** – die **Kunstsammlung Thyssen-Bornemisza** *** – das **Nationale Kunstzentrum Reina Sofia** *** mit Picassos „Guernica" – das **Königliche Schloss** *** und seine Museen – ein Spaziergang vom Königlichen Palast zur **Plaza Mayor** *** – ein Bummel über den Geschäfts- und Einkaufsboulevard **Gran Vía** * – ein Spaziergang durch den **Buen-Retiro-Park** ** – **Madrids Museen** **.

**Madrid**, eine rasant wachsende Großstadt in Zentralspanien mit heute rund 3,2 Mio. Einwohnern, ist seit dem 16. Jh. Hauptstadt Spaniens. Eine Hauptstadt wie jede andere? Die spanische Metropole ist heute zweifellos eine moderne Weltstadt, mit politischer, wirtschaftlicher und kultureller Ausstrahlung auf ganz Europa. Gemessen an ihrer geschichtlichen Vergangenheit kann es Madrid aber nicht mit europäischen Zentren wie London, Paris, Rom oder Athen aufnehmen.

### Madrids Stadtgeschichte

Erstmals taucht Madrid als „Magerit" in maurischen Aufzeichnungen auf, nachdem Emir Muhammed I. im 9. Jh. am Ufer des Manzanares-Flusses ein Bollwerk gegen die Christen im Norden errichtet hatte. Von diesem islamischen Vorposten aus verteidigten sich die maurischen Herrscher gegen die Könige aus León und Kastilien, die immer mächtiger nach dem damals wesentlich bedeutenderen Toledo drängten.

1083 gelang es Alfonso VI. Madrid zu erobern. Aber erst 1561 – Amerika war schon lange entdeckt – beschloss Philipp II., das damals bescheidene Städtchen mit kaum 15.000 Einwohnern auf der Hochebene im Herzen Spaniens zur neuen Hauptstadt seines Reiches zu küren. So erhielt Europa seine höchstgelegene Hauptstadt – Madrid liegt nahezu 650 m hoch auf der kastilischen Meseta – und eine Hauptstadt mit höllenheißen Sommern und klirrenden Wintern.

Es heißt, dass der Wind, der im Winter gelegentlich von den Guadarrama-Bergen herunterfällt so leicht weht und doch so schneidend ist, dass er zwar keine Kerze löschen, aber einen Mann töten kann.

Aus einer Zeit, als Abgase die Himmel über den Großstädten noch nicht trübten, stammt es wohl, den frischen, klaren Frühlings- und Herbsthimmel über Madrid als „Velázquez-Himmel" zu bezeichnen. Kunstkenner jedenfalls sind der Auffassung, dass es kein anderer Maler verstanden hat, die hellen Töne so wiederzugeben wie Don Diego de Silva y Velázquez, einer der bedeutendsten spanischen Maler.

Lange war der Aufschwung der Stadt alles andere als berauschend. Erst gegen Ende des 18. Jh. entwickelte sich Madrid zum wahren Zentrum des Landes. Damals, besonders unter dem Bourbonenkönig Karl III., entstanden der Königliche Palast in seiner heutigen Form, der Prado und der Buen-Retiro-Park.

So ganz ohne Ereignisse von geschichtlicher Tragweite ist Madrid nun doch nicht. Der 2. Mai, „El Dos de Mayo", ist in ganz Spanien ein Begriff. Am 2. Mai 1808 nämlich sammelten sich die Madrileños auf der Plaza de Oriente und erhoben sich in einem bewaffneten Aufstand gegen die französische Besatzung. Zwar wurde die Revolte blutig niedergeschlagen, aber sie war das Signal zum Freiheitskrieg gegen die napoleonischen Truppen.

Ausgangs des 19. Jh. unternahm Spaniens Hauptstadt nochmals gewaltige Anstrengungen, das Stadtgebiet zu erweitern. Während dieses Erweiterungsprojekts „ensanche" entstanden eine Reihe neuer Stadtviertel, darunter die „Ciudad Lineal", ein für die damalige Zeit zukunftweisendes Städtebauprogramm, das nach Plänen von Arturo Sorias entlang der Avenida de Arturo de Soria ein großes neues Wohnviertel entstehen ließ.

Heute ist Madrid eine recht modern und überaus lebhaft anmutende Stadt mit einer rasanten Expansion. Sie ist zentraler Sitz der öffentlichen Verwaltung, der Staatsregierung und des Parlaments. Madrid ist aber eben auch mit allen negativen Begleiterscheinungen in den sozialen und ökologischen Bereichen einer Großstadtmetropole behaftet. Die Probleme im Zusammenhang mit dem Autoverkehr, den Abgas-, Lärm- und Smogbelastungen, scheinen auch in Madrid mehr ignoriert denn behoben zu werden. Madrid kämpft mit einer Arbeitslosenquote von annährend 30 Prozent. Sichtbarer Ausdruck der sozialen Problematik in der spanischen Hauptstadt sind z. B. die Chabolas, die Armenviertel im Süden der Stadt.

**Madrids City (Centro)**, der laute, jeden Tag aufs neue im Verkehr zu ersticken drohende Mittelpunkt der Hauptstadt, erstreckt sich zwischen Plaza de Cibeles, Parque del Buen Retiro im Osten, der Kirche San Francisco el Grande im Südwesten und dem Palacio Real im Westen.

Wichtige Cityzentren sind die **Plaza de la Puerta del Sol [WP028 / N40° 25' 00.1" W3° 42' 12.9"]** (Metrostation Sol) und die **Plaza Mayor [WP035 / N40° 24' 56.8" W3° 42' 25.9"]**.

Im Centro findet man auch eine große Zahl der bedeutendsten Sehenswürdigkeiten von Madrid.

Den Norden der City durchzieht die **Gran Vía**, Madrids größter Geschäftsboulevard mit namhaften Geschäften, Hotels und Restaurants.

Stadtunkundigen oder allein Reisenden empfiehlt es sich, die Gegend nördlich der Gran Vía, etwa zwischen den in Nord-Süd-Richtung verlaufenden Straßen Barco und Valverde zu fortgeschrittener Stunde möglichst in ortskundiger Begleitung oder mit dem Taxi aufzusuchen.

In den vergangenen Jahren wurden viele Sehenswürdigkeiten und historische Gebäude der Stadt renoviert. Und neue Museen öffneten ihre Pforten. Von besonderer Bedeutung sind – neben dem weltberühmten Prado Museum natürlich – zweifellos das Museum für zeitgenössische Kunst Reina Sofía und die im Palacio Villahermosa beim Prado untergebrachte Sammlung Thyssen-Bornemisza.

Neueren Datums sind auch ein Freilichtmuseum für Skulpturen und Plastiken, ein Museum für Forschung und Technik und ein Design-Center.

**Tipps zur Stadtbesichtigung**
**Parken**

Wie in den allermeisten Großstädten ist es auch in Madrid kein sonderliches Vergnügen, eine Besichtigung der Innenstadt mit dem Auto zu unternehmen. Starker Verkehr und vor allem Parkplatzprobleme sind gravierend und können eine Tour durch Madrid mit dem Auto gründlich verleiden!

**Parkhäuser** bzw. Tiefgaragen findet man in der Innenstadt u. a. unter der **Plaza Mayor** oder an der **Plaza de las Cortes** an der Carrera de San Jerónimo unweit westlich des Paseo del Prado.

Außerhalb der Innenstadt liegen Parkhäuser und Tiefgaragen entlang der **Calle Velázquez** und des **Paseo de Recoletos** nördlich vom Buen-Retiro-Park, dann an der **Plaza de la Villa de Paris** im nördlichen Stadtviertel Salamanca Nahe der U-Bahnstation Colón, dann an der Nordseite des Archäologischen Museums und an der Nordseite des anschließenden Parks Jardines del Descubrimiento (beide östlich des großen Kreisverkehrs der **Plaza de Colón** mit Metrostation), westlich davon im Stadtteil Malasaña hinter dem Museo Municipal Nähe U-Bahnstation **Tribunal** und schließlich an der **Plaza de España** nördlich vom Königlichen Palast sowie unter der Calle Bailén, die unmittelbar östlich vom Königlichen Palast verläuft.

**Mein Tipp!** Wer mit einem Wohnmobil unterwegs ist und folglich Tiefgaragen und Parkhäuser nicht nutzen kann, dem kann man guten Gewissens von einer Fahrt in die City Madrids zwecks Stadtbesichtigung nur abraten. Man wird es noch um einiges schwerer haben, einen Straßenparkplatz zu finden.

Lässt es sich aber nicht anders einrichten, als mit dem Wohnmobil in die Stadt zu fahren, sind zwei Parkplätze am Rande der Großstadt interessant:

**Parking Valdebernardo [N40° 23' 46" W3° 37' 9"]**, Bulevar de José Prat, 34. Am Ostrand des Stadtgebietes. Zu erreichen von der A-3, Ausfahrt 7, Avenida Democracia, zweiter Kreisverkehr zum Bulevar de José Prat. Von der M-40 Ausfahrt 16, über Avenida Albufera zur Avenida Democracia. Öffentlicher Parkplatz neben dem Centro Comercial Valdebernardo. Große schattenlose Betonfläche in bebautem Gebiet am Ostende des breiten Bulevar de José Prat. Etwa 10 Stellplätze für Wohnmobile, gebührenfrei. Keinerlei Einrichtungen. Metrostation Valdebernardo etwa 300 m entfernt.

**Parking de Móstoles [N40° 18' 51.8" W3° 52' 4.3"]**, Calle Alfonso XII, 26. Am Südwestrand des Stadtgebietes. Zu erreichen über die A-5, Ausfahrt 22, Móstoles oeste. Am Kreisverkehr Richtung „Móstoles, Tanatorio, Hospital", über Avenida de Portugal noch ca. 3 km. Große Schattenlose Betonfläche, von Wohnhochhäusern umgeben. Etwa 10 Stellplätze für Wohnmobile, gebührenfrei. Keinerlei Einrichtungen. Lidl Supermarkt, Tankstelle und Waschstraße nebenan. MetroSur Station ca. 200 m entfernt.

### Öffentlicher Nahverkehr

#### Metro Madrid

Wesentlich schneller und bequemer und obendrein preiswert ist man mit Madrids Metro unterwegs. 12 Metro-Linien und 3 Straßenbahnlinien durchkreuzen die Stadt. Deutliche Streckenpläne hängen überall in den Stationen und in den Wagen aus. Streckenpläne der Metro findet man auch in den Veranstaltungskalendern. Außerdem sind sie in den Informationsbüros und in guten Hotels kostenlos zu bekommen. Info-Telefon der Metro Madrid: 902 44 44 03.

Metroplan zum Ausdrucken: http://www.metromadrid.es/export/sites/metro/comun/documentos/planos/Planoesquematicoespanol.pdf.

Die U-Bahnzüge verkehren von Sonntag bis Donnerstag zwischen 6 Uhr und 1.30 Uhr und am Freitag und Samstag zwischen 6 Uhr und 2.30 Uhr. In der Zeit des morgendlichen Berufsverkehrs fahren die Züge in Intervallen von zwei bis drei Minuten, tagsüber alle vier bis sechs Minuten und nach Mitternacht alle 15 Minuten. Weniger frequentierte Stationen können schon 1.30 Uhr bzw. 2.30 Uhr geschlossen werden, Anschlag am Ausgang beachten.

Ein Einzelfahrschein (billete) kostete zuletzt rund 1 Euro, egal wie weit Sie die Metro benutzen.

Wenn Sie U-Bahn fahren, merken Sie sich die Endstation der entsprechenden Linie, die Sie benützen wollen und folgen Sie in den Stationen dieser Beschilderung, was besonders in großen Umsteige-Stationen, die von mehreren Linien angefahren werden, zur Orientierung wichtig ist. Haben Sie den richtigen Bahnsteig erreicht, können Sie jeden einfahrenden Zug nehmen. Die Nummern am Kopf der Züge sind nicht die Nummern der Linie, sondern sie dienen zur internen Registrierung.

#### Busse

Ein dichtes Netz von städtischen, roten Linienbussen (Mikrobusse sind gelb) durchzieht alle Bereiche der Stadt bis in die Randbezirke.

Linienbusse wird nur der problemlos benützen können, der die Stadt schon etwas kennt oder Spanisch spricht, denn nachfragen nach Informationen wird nicht ausbleiben. Zwar sind die Stationen und die Busse mit Linien-Nummer und Endstation deutlich mar-

kiert, aber durch die Vielzahl der Linien und Endstationen ist das System anfangs doch verwirrend.

Busse verkehren zwischen 6 und 24 Uhr. Die Fahrpreise sind mit denen der Metro identisch. Fahrkarten müssen im Bus entwertet werden. Der Fahrer kann wechseln, aber gewöhnlich nur bis 5 Euro!

Info-Telefon 914 06 88 00.

**Touristische Fahrausweise (Billete Turístico de Madrid)**: Mit diesen speziellen Fahrausweisen können in der gewählten Zone (Zone A Stadtgebiet Madrid, Zone B Tarifzone der Region Madrid) alle Busse, U-Bahnen und Bahnlinien während der gewählten Gültigkeitsdauer benutzt werden. Touristische Fahrausweise können für die Dauer von 1, 2, 3 5 oder 7 Kalendertage gekauft werden. Die Preise reichen für die Tarifzone A von auf 8,40 Euro (1 Tag) über 14,20 Euro (2Tage) bis 35,50 Euro (7 Tage). Preisänderungen sind natürlich möglich.

Zu bekommen sind Touristische Fahrausweise an allen U-Bahnhöfen, in bestimmten Estancos (Tabakläden) und Zeitungskiosken in Madrid, in den Touristeninformationsbüros an der Plaza Mayor 27, Duque de Medinaceli 2 und im Atocha-Bahnhof (Eingangshalle des AVE) sowie in großen Reisebüros und Hotels.

Im Internet erfährt man mehr über Touristische Fahrausweise unter www.neoturismo.com (auch in deutscher Sprache).

### Taxis

Taxis sind zahlreich zu finden und noch relativ erschwinglich, eine bequeme Möglichkeit also, seine Ziele auf Stadtbesichtigungen, oder abends sein Restaurant, zu erreichen. Dem gelegentlichen Verkehrschaos entgeht man damit allerdings nicht!

Achten Sie darauf, dass das Taxameter eingeschaltet wird. Taxis findet man an Taxiständen oder man winkt sie an der Straße herbei. Freie Taxis erkennt man am Schild „Libre" oder an einem grünen Licht.

Zum Fahrpreis kommen Zuschläge für Nachtfahrten, Fahrten an Sonn- und Feiertagen, Fahrten von und zu den Fußballstadien oder Stierkampfarenen und zum Flughafen und fürs Gepäck.

Trinkgelder werden erwartet, müssen aber nur bei längeren Fahrten etwa 10 Prozent des Fahrpreises erreichen.

**Radio Taxi:** Tel. 914 47 51 80, 914 05 55 00.

**Tele Taxi:** Tel. 914 45 90 08.

**Taxis für Behinderte** sind unter Tel. 915 47 86 00 zu erreichen.

Bei vielen Besichtigungsvorhaben ist die **MadridCard** zu empfehlen. Die Chipkarte ist erhältlich für eine Gültigkeitsdauer von 24, 48 72 und 120 Stunden und kostet zur Zeit € 41,80, € 51,30 € 60,80 und € 70,30. Sie gewährt freien Eintritt bzw. Ermäßigungen zu den wichtigsten Museen und Sehenswürdigkeiten, zu Stadtrundfahrten und zum öffentlichen Nahverkehr, in Hotels, Restaurants, Läden und Shows, Läden. Bestellt werden kann sie unter www.madridcard.com und kann in Bahnhöfen, Flughafen und Touristenbüros abgeholt werden. In manchen Fällen ist auch der Heimversand möglich.

Zur Karte gehört auch eine Begleitbroschüre in mehreren Sprachen mit Stadtplan, in der alle Nutzungsinformationen zu den angeschlossenen Einrichtungen wie Adressen, Öffnungszeiten, Telefonnummern etc. zu finden sind.

### Was besichtigt man?

Der touristisch interessanteste Teil von Madrid ist das Stadtzentrum **Centro** zwischen dem Buen-Retiro-Park im Osten, dem Königlichen Palast im Westen, der Gran Vía im Norden und etwa der Kathedrale San Isidro im Süden.

Natürlich wird man die weltberühmte **Gemäldesammlung im Prado (2)** besichtigen. Alleine schon dieses Museum lohnt eine Reise nach Madrid! Um wenigstens einen ersten Überblick über die erlesenen Kunstschätze der Galerie zu bekommen, ist mindestens ein halber Tag notwendig.

Weiter gehören zu einem Besichtigungsprogramm **Picassos Gemälde „Guernica"** im **Nationalmuseum und Kunstzentrum Reina Sofía (3)** sowie der **Königliche Palast (10)** mit dem **Museum der Rüstungen (11)** und dem **Kutschenmuseum (13)** im Park.

Unbedingt sollten auch das ehemalige **Kloster de las Descalzas Reales (7)**, dann natürlich die **Plaza Major** und die Altstadt um die **Plaza de La Villa (14, 15)** und schließlich Plätze wie die **Plaza de España**, die **Plaza de Cibeles** und der Platz **Puerta del Sol**, das Zentrum der Stadt schlechthin, in eine Stadtbesichtigung einbezogen werden.

Bei längerem Aufenthalt, oder je nach Interessenlage, besichtigt man sicher auch den **Buen-Retiro-Park (17)**, die **Kathedrale San Isidro (16)**, natürlich das **Museum Thyssen-Bornemisza (18)**, das **Archäologische Museum (21)**, die **Gran Vía**, Madrids großen Stadtboulevard mit eleganten Geschäften, Restaurants, Kinos etc., weiter das **Kloster de la Encarnación (8)** und das eine und andere weitere Museum.

Mindestens zwei volle Tage sollten für einen Madridbesuch eingeplant werden.

**Mein Tipp!** Bei der Planung der Stadtbesichtigung ist zu berücksichtigen, dass etwa zwischen 13 und 16 Uhr nahezu alle Museen (außer Prado) geschlossen sind!

### Vorschlag zu einem Besuchs-Kurzprogramm

Wer in Madrid nur einen Tag zur Verfügung hat, kann sich ggf. an folgendem Vorschlag zu einem, zugege-

*Der zentrale Platz Puerta del Sol in Madrids Innenstadt*

benermaßen etwas anstrengenden, Besichtigungstag orientieren:

Vormittags Besichtigung des **Palacio Real (10)** mit Museum für Rüstungen und evtl. Kutschenmuseum. Vom Königspalast spaziert man durch die **Altstadt** und vorbei an der **Plaza de la Villa (14, 15)** zur **Plaza Mayor**. In einem der Straßencafés dort kann man sich etwas erholen und die Szenerie auf dem Platz beobachten. Anschließend nimmt man sich ein Taxi zum **Prado-Museum (2)**. Für die Besichtigung des Museums benötigt man mindestens drei bis vier Stunden.

**1. Stadtbesichtigung**

**Puerta del Sol – Kloster de las Descalzas Reales (7) – Kloster de la Encarnación (8) – Palacio Real (10) – Sammlung der Waffen und Rüstungen (11) – Kutschenmuseum (13) – Torre de los Lujanes (14) – Kathedrale San Isidro (16) – Plaza Mayor.**

Die **Plaza de la Puerta del Sol [WP028 / N40° 25′ 00.1″ W3° 42′ 12.9″]**, der Platz des Sonnentores, war bis 1978 Mittelpunkt der Stadt, in den Augen der Straßenplaner aber auch Mittelpunkt Spaniens. Alle Hauptstraßen des Landes sollten – so war vorgesehen – sternförmig von hier ausgehen. Eine Platte im Pflaster am Rande des Platzes markiert Kilometer Null „Origen de las Carreteras Radiales".

Auf dem Platz zeigt ein Bronzedenkmal das Motiv des **Madrider Stadtwappens,** einen Bären, der sich an einem Erdbeerbäumchen aufrichtet, Symbol für die Stadt und den Königshof.

Auch wenn der geographische Mittelpunkt sich auf Grund der Ausdehnung der Stadt mittlerweile nach Osten verschoben hat und heute näher an der Plaza de Canovas del Castillo beim Prado liegt, ist die Puerta del Sol weiter der lebhafte Mittelpunkt der Stadt. Vor allem in der Silvesternacht treffen sich hier viele Madrileños, um nach uraltem Brauch zum mitternächtlichen Glockenschlag vom Uhrtürmchen auf dem Gobernación-Gebäude 12 Trauben zu essen.

An der Nordwestseite des Platzes folgen wir, vorbei am Kaufhaus El Corte Inglés, der Calle de Preciados und gehen nach dem Kaufhaus links zur Plaza de las Descalzas.

An der Nordseite des kleinen Platzes sieht man die markante Fassade aus Natur- und Backstein des **Klosters de las Descalzas Reales [WP029 / N40° 25′ 05.8″ W3° 42′ 23.1″] (7)** (*geöffnet Di - Sa 10 - 14 Uhr + 16 - 18.30 Uhr, So 10 - 15*

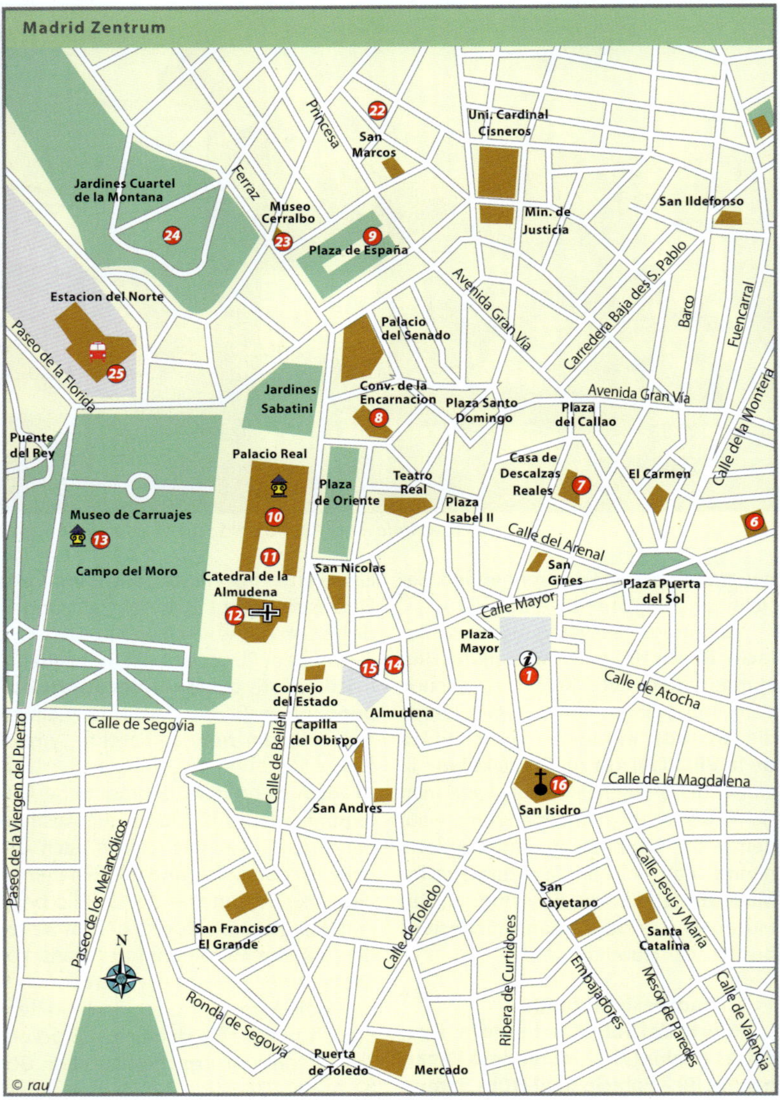


***Madrid*** – **1** *Information* – **2** *Prado-Museum* – **3** *Nationalmuseum und Kunstzentrum Reina Sofía* – **4** *Seefahrtmuseum* – **5** *Casa de Lope de Vega* – **6** *Kunstmuseum der Akademie San Fernando* – **7** *Kloster Descalzas Reales* – **8** *Kloster de la Encarnación* – **9** *Cervantes Denkmal, Plaza de España* – **10** *Königspalast* – **11** *Sammlung Waffen und Rüstungen* – **12** *Kirche Nuestra Señora de la Almudena* – **13** *Kutschenmuseum* – **14** *Torre de los Lujanes* – **15** *Casa de Cisneros* – **16** *Kathedrale San Isidro* – **17** *Parque del Buen Retiro, Palacio de Velazquez, Palacio de Cristal* – **18** *Museum Thyssen-Bornemisza* – **19** *Casón del Buen Retiro* – **20** *Museo del Ejército* – **21** *Archäologisches Nationalmuseum* – **22** *Liria-Palast* – **23** *Museo Cerralbo* – **24** *Templo de Debod* – **25** *Estación de Principe Pío* – **26** *Atocha-Bahnhof* – **27** *Museo Nacional de Artes Docorativas*

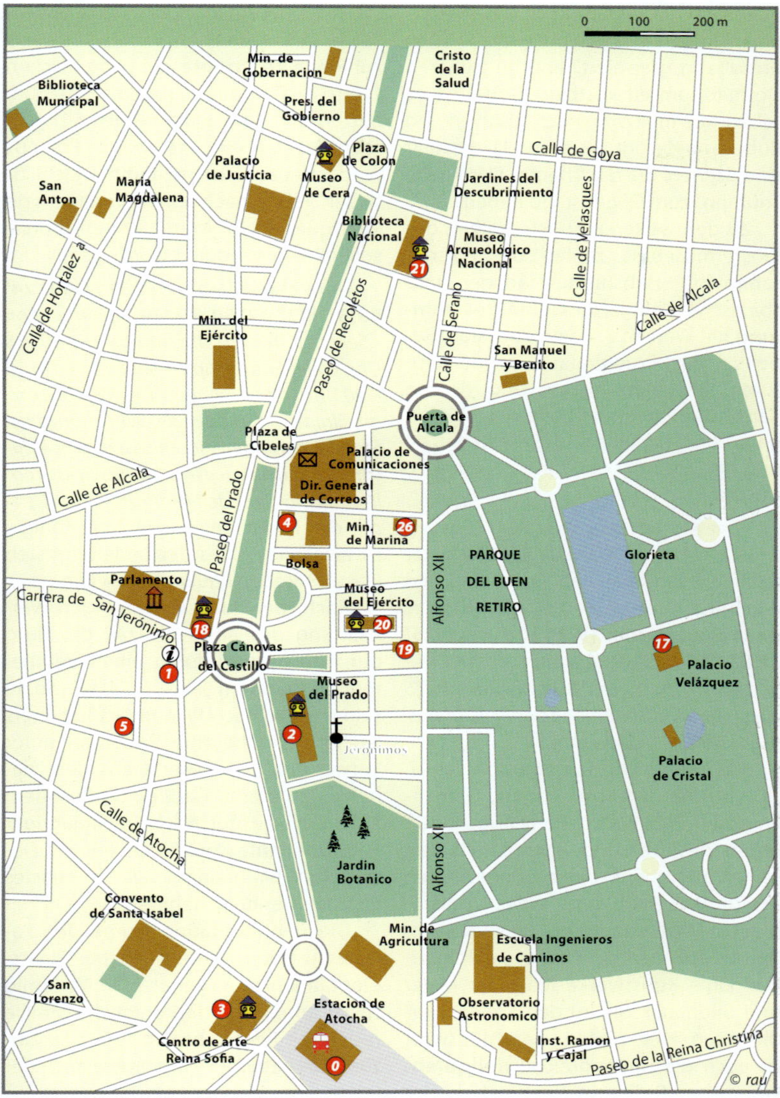


*Uhr, letzter Einlass eine Stunde vor Schließung, freier Eintritt Mittwoch und Donnerstag nachmittags; www.patrimonionacional.es; Metro: Calloa oder Sol).*

In dem ehemaligen Palast aus der Zeit Juans II. erblickte Johanna von Österreich, Tochter Kaiser Karls V., das Licht der Welt.

Ende des 16. Jh. stiftete Johanna den Palast den Barfüßigen Klarissinnen. Über 200 Jahre führte der Orden das Stift als Kloster, in dem vor allem wohlhabende Damen der Gesellschaft Aufnahme fanden. Durch die Verbindungen zu den Kreisen des Adels wurde das Kloster immer wieder mit Zuwendungen bedacht, die es ermöglichten, das Anwesen kostbar auszustatten.

Schon das Treppenhaus mit seinem repräsentativen Aufgang fesselt die Aufmerksamkeit des Besuchers durch eine Reihe schöner **Fresken** und Deckenmalereien. Im ersten Stock des ehemaligen Klosters, das sich um einen kleinen Kreuzgang gruppiert, sind im früheren Dormitorium elf kostbare **Gobelins** zu sehen, die im 17. Jh. nach Motiven von Rubens gefertigt wurden. Dargestellt sind Szenen, die das Thema „Der Kirche Triumph" zum Gegenstand haben.

Zu den weiteren Kunstschätzen des Klostermuseums zählen die Porträtsammlung Habsburger Adliger und spanischer Könige, die **Gemäldesammlung** mit Werken z. B. von Zurbarán, Rubens, Tizian, Brueghel u.a., dann Skulpturen, Reliquienschreine und diverse Kapellennischen, die Zelle der hl. Margeríta und schließlich die Klosterkirche und das Grabmal der Stifterin Juana de Austria.

Vom Kloster Descalzas Reales gehen wir westwärts zur Plaza de Isabella hinter dem 1850 eingeweihten Teatro Real und durch die Calle de Arrieta zum **Kloster de la Encarnación [WP030 / N40° 25' 11.5" W3° 42' 40.4"] (8)** *(geöffnet Di - Sa 10 - 14 Uhr + 16 - 18.30 Uhr, So 10 - 15 Uhr; www.patrimonionacional.es/home/monasterios-y-Conventos/).*

Das Kloster wurde zu Beginn des 17. Jh. von Margeríta de Austria, Gemahlin König Philipps III., dem Augustinerorden gestiftet und konnte sich Zeit seines Bestehens einer gönnerhaften Schirmherrschaft und eines großzügigen Mäzenatentums des Königshauses erfreuen. So sind es auch in erster Linie Kunstwerke Madrider Maler und Bildhauer, die zu den Sehenswürdigkeiten hier zählen. Beachtenswert ist auch die umfangreiche **Reliquiensammlung Relicario**. Die Klosterkirche wurde 1616 von Gómez de Mora erbaut.

Nördlich des Klosters, schon auf halbem Wege zur Plaza de España mit dem Cervantes-Denkmal, liegt der ehemalige Senatspalast **Palacio del Senado**, ein Gebäude des 19. Jh. Das Denkmal vor der Südostfassade in der Calle Torija wurde zu Ehren Cánovas' errichtet, der politisch den Weg frei machte, die Bourbonen wieder auf den spanischen Thron zu bringen.

Unser Rundgang führt vom Convento de la Encarnación weiter südwärts zur **Plaza de Oriente**, die sich zwischen Teatro Real und Königspalast erstreckt. Mitten auf dem Platz erhebt sich ein monumentales Reiterstandbild Philipps IV., das der aus Florenz stammende Bildhauer Tacca nach einer Vorlage von Velázquez schuf. Neun Tonnen Bronze sollen hier verarbeitet worden sein.

Der **Palacio Real [WP031 / N40° 24' 58.8" W3° 42' 50.6"] (10)** *(geöffnet Apr. - Sept. tgl. 10 - 20 Uhr, übrige Zeit 10 -18 Uhr. Freier Eintritt Apr. – Sept. Mo – Do 18 – 20 Uhr, Winterhalbjahr 15 – 18 Uhr. Letzter Einlass 1 Stunde vor Schließung, bei Staatsempfängen geschlossen; www.patrimonionacional.es/home/palacios-reales/Palacio-Real-de-Madrid/; Metro: Opera)*, der Palast der spanischen Könige, ist zweifellos eines der bedeutendsten klassizistischen Bauwerke des Landes.

Nach der fast vollständigen Vernichtung des alten Alcázar, der Burg der Habsburger, durch einen verheerenden Brand im Jahre 1734, wurde an seiner Stelle nach Plänen des Italieners Sachetti der heutige Palastbau unter Verwendung von Granit aus dem nahen Guadarrama-Gebirge und weißem Kalkstein errichtet. Nach dreißigjähriger Bauzeit konnte König Karl III. am 1. Dezember 1764 in einem Teil des Palastes erstmals Residenz nehmen.

Die Repräsentationsräume des Palastes werden heute noch bei Staatsempfängen u. ä. genutzt. S. M. König Juan Carlos I. und die königliche Familie residieren heute aber im Palast La Zarzuela, der etwa 15 km nordwestlich der Stadt liegt.

Man betritt das Areal des Palacio Real von der Südseite her über den großen Schlosshof **Plaza de la Armería**. Für die Besichtigung der Palastgemächer und der dazugehörigen Museen (Waffen, Apotheke, Münzen, Porzellan und Glas, Kutschen) sollte man mindestens einen halben Tag vorsehen.

Während der Führungen sieht man 18 (insgesamt gibt es im Schloss angeblich 2.800 Räumlichkeiten!) der prächtig ausgestatteten Räume, Salons und Säle

*Der Königliche Palast, Palacio Real*

des Palastes, von denen einige bei offiziellen Anlässen und Staatsempfängen benutzt werden. In solchen Fällen sind dann aber keine Schlossbesichtigungen möglich.

Über einen prächtigen Treppenaufgang mit Deckenmalereien von Giaquinto gelangt man in die obere Etage mit den **Staatsräumen und königlichen Gemächern**.

Als erstes wird gewöhnlich die **Sala de Alabarderos** (Saal der Helebardiere) gezeigt, der mit Deckengemälden von Tiepolo versehen ist.

Die Flure und viele der folgenden Gemächer sind mit kostbaren flämischen und Madrider **Gobelins** und französischem **Mobiliar** ausgestattet. Viele der Tapisserien wurden nach Kartons von Raffael gefertigt.

Danach sieht man im Ostflügel den **Salon der Tapisserien**, den **Spiegelsalon** und den königlichen **Speisesaal** mit Mobiliar im Stil des 19. Jh.

Es folgt eine Flucht von drei Zimmern, die als offizielle **Räume von Königin María Cristina** (1858 – 1929) dienten.

Ein Raum mit hoher Kuppeldecke schließt an. In den Ecken sieht man Medaillons mit Darstellungen der Jahreszeiten.

Weiter im Nordflügel ist die **Königliche Kapelle** von Ventura Rodríguez zu besichtigen, sowie im Westflügel eine umfangreiche und sehr sehenswerte **Porzellan- und Silbersammlung**. Die kostbaren Service, die teils aus so namhaften Manufakturen wie Sèvres, Meißen, Retiro u. a. stammen – insgesamt sollen hier mehr als 1.600 Stücke aufbewahrt werden – sind mit unterschiedlichen Landschaftsbildern und anderen Motiven dekoriert.

Im ehemaligen **Musiksalon** sind 25 Exemplare der seltenen und teils kuriosen **Uhren** aus der umfangreichen Sammlung zu sehen, die nicht weniger als 230 Uhren umfasst.

Das **„Cuarto del Rey"**, die Gemächer König Karls III., sind mit Deckengemälden, Gobelins nach Vorlagen von Raffael, Bronzeskulpturen und Porträts von Goya ausgestattet.

Im **Thronsaal** mit roter Wandverkleidung aus Samt ist schließlich das Deckengemälde von Tiepolo von 1764 bemerkenswert.

Der **Salón Gasparini** ist sehr schön im Rokokostil dekoriert.

Weiter können im Königlichen Palast besichtigt werden:

– Das **Museo de pinturas, porcelanes y cristalería**. Es ist untergebracht in den ehemaligen Gemächern der Prinzessin Isabella, der Schwester König Alfonsos XII. U. a. beinhaltet die Sammlung Gemälde von El Greco, Hieronymus Bosch, Goya, Rubens, Zurbarán, Velázquez u.a.

– Das **Museo de medallas y Biblioteca**. Sehenswert sind hier u. a. alte Manuskripte, Karten und Schriften z. B. über die Eroberung Perus und historische alte Drucke aus der annähernd 300.000 Bände umfassenden Bibliothek Philipp V. Umfangreiche Münzsammlung, seltene alte Musikinstrumente, darunter ein Stradivari-Streichquintett-satz.

– **Real Farmacia**. In der alten Königlichen Apotheke sind historische Gerätschaften, Destillationseinrichtungen und schön gearbeitete Behältnisse aus Glas und Porzellan ausgestellt.

– **Real Armería (11)**. Dieses sehr interessante und sehenswerte Museum über historische Waffen und Rüstungen ist im Westflügel des Palastes untergebracht und vom Schlosshof Plaza de la Armería aus zugänglich. Zu den Prunkstücken der umfangreichen Sammlung zählen Rüstungen Karls V. und Panzerungen der Schlachtenrösser des Kaisers. Kurios ist eine Hunderüstung.

Außer in den Monaten Juli, August und September, außer bei schlechtem Wetter und nicht während offizieller Anlässe findet jeden Mittwoch um 11 Uhr an der Puerta del Príncipe (Calle Bailén) eine **Wachablösung** statt.

Das Palastgelände wird nach Süden hin durch die **Kirche Nuestra Señora de la Almudena**, einem gewaltigen klassizistischen Bau, abgeschlossen. Mit dem Bau der Kirche wurde Ende des 19. Jahrhunderts auf den Grundmauern eines älteren, 1870 abgerissenen Gotteshauses begonnen. Nach dem Bürgerkrieg kamen die Bauarbeiten zum Stillstand, wurden später schleppend fortgeführt und sind bis auf den heutigen Tag noch nicht vollständig beendet.

Ein weiteres Museum, das **Kutschenmuseum**, liegt westlich des Königspalastes am Rand des Schlossparks **Campo del Moro** *(Park geöffnet Apr. - Sept. tgl. 10 - 20 Uhr, übrige Zeit 10 - 18 Uhr)*. Um dorthin zu gelangen gehen wir an der Südseite des Palastgeländes und hinter der Almudena-Kirche über die Treppengasse Cuesta de la Vega und entlang des Palastparks del Moro zur Straße Paseo de la Virgen del Puerto. Die Kirche auf der anderen Straßenseite dort ist die Ermita de la Virgen del Puerto.

Ein kurzes Stück weiter südlich führt die Puente de Segovia, ein Werk im Stil der Spätrenaissance des Architekten Juan de Herrera, über den Manzanares-Fluss.

Der Eingang in den Park liegt etwas weiter nördlich am Paseo de la Virgen del Puerto.

Das **Museo de Carruajes Reales [WP032 / N40° 25' 04.5" W3° 43' 08.3"] (13)**, das **Kutschenmuseum** (z. Zt. geschlossen!) im Park Campo del Moro, beherbergt eine interessante Sammlung von Kutschen, Prunk- und Staatskarossen. Leider sind nur noch wenige Karossen aus der Zeit vor dem großen Schlossbrand von 1734 erhalten. Die meisten Gefährte stammen aus der Zeit nach dem Brand, vornehmlich aus der Zeit König Karls IV. Historisch interessant ist eine Sänfte, in der der abgedankte Kaiser Karl V., schon schwer gichtkrank, in das Kloster Yuste, in das sich der enttäuschte Monarch 1556 zurückzog, getragen wurde.

Leider ist das Kutschenmuseum bis auf weiteres geschlossen. Evtl. wird das Museum an einem neuen Standort näher beim Königlichen Palast untergebracht; www.sitiosturisticos.com/museo-de-carruajes-madrid/.

Am einfachsten nimmt man sich vom Park Campo del Moro ein Taxi zur **Plaza de la Villa [WP033 / N40° 24' 55.4" W3° 42' 36.9"]**, der nächsten Station des Stadtrundgangs. Oder man geht an der Südseite des Parks zurück zur Calle de Bailen südlich des Königspalastes. Dort führt gegenüber der Kirche Nuestra Señora de la Almudena die Calle Mayor stadteinwärts. Ihr folgen wir und se-

*Madrids Plaza de la Villa*

hen nach wenigen Metern rechts die **Kirche Iglesia del Stmo. Sacramento**.

Schräg gegenüber führt die Calle San Nicolás nach Norden. In dieser Straße liegt Madrids ältestes Gotteshaus, die **Kirche San Nicolás de los Servitas**. Ihr Turm weist Elemente des Mudéjarstils auf, eine Seltenheit an Madrider Kirchenbauten.

Die **Plaza de la Villa** an der Calle Major war der Mittelpunkt des mittelalterlichen Madrid. Eine Statue in der Mitte des Platzes erinnert an Álvaro de Bazán, einen Helden der spanischen Armada, der sich in der Schlacht von Lepanto hervorgetan hatte.

Es sind einige mittelalterliche Bauwerke erhalten. Linkerhand, an der Ostseite des Platzes, sieht man den **Torre de los Lujanes (14)**, eines der ältesten Gebäude der Stadt aus dem 15. Jh. In dem Turm mit Elementen des Mudéjarstils lebte der französische König Franz I. nach seiner Niederlage in der Schlacht von Pavía eine Zeit lang in Gefangenschaft. Eine Besichtigung war zuletzt nicht mehr möglich.

Rechts daneben liegt die **Hemeroteca Municipal**, das städtische Zeitungs-Museum (rund 70.000 Zeitungen aus dem 18. und 19. Jh.) mit einem bemerkenswerten Portal im Mudéjarstil. Im Inneren werden die Sarkophage von Beatriz Galindo und deren Gatten Francesco Ramirez aufbewahrt. Beatriz, die den Beinamen „Liebhaberin des Lateinischen" trug, war Lehrerin und Hofdame der Katholischen Königin Isabella.

An der rechten (westlichen) Seite des der Plaza de la Villa sieht man die **Casa de la Villa**, einen Barockbau, der im 17. Jh. nach Plänen des Architekten Juan Gómez de Mora errichtet wurde und lange als Rathaus (Ayuntamiento) und Stadtgefängnis diente. Einige der Säle können nur montags um 17 Uhr besichtigt werden.

Nach Süden schließlich wird der Platz durch die **Casa de Cisneros (15)** abgeschlossen. Dieser Stadtpalast war 1537 von Benito Jiménez de Cisneros, einem Neffen des gleichnamigen berühmten Kardinals und Regenten Spaniens, in Auftrag gegeben worden. Sehenswert ist eine umfangreiche Sammlung von Wandteppichen.

Wir gehen über die Plaza de la Villa, links an der Casa de Cisneros vorbei und durch die schmale Gasse Calle de Cordón zur **Plazuela del Cordón**. Links, an der Ostseite des Platzes, sieht man die **Basilica San Miguel** mit schöner Barockfassade mit den Kirchenpatronen Justus und Pastor und sehenswertem Inneren.

Man kann von der Plazuela del Cordón weiter nach Süden gehen und kommt dann zur **Kirche San Pedro el Viejo** (auch San Pedro el Real). Die Kirche wurde von Alfonso XI. gegründet. Auch ihr Turm weist Mudéjar-Elemente auf.

Geht man von der San Pedro Kirche den kurzen Straßenzug Príncipe Anglona nach Westen, erreicht man die Plaza de la Paja und die weiter südlich gelegene Plaza Puerta de Moros. Die Namen weisen auf das mittelalterliche Maurenviertel Morería hin, das sich ehemals hier bis zur Ronda de Segovia weiter südwestlich erstreckte.

Die **Capilla del Obispo** aus dem 16. Jh. an der Plaza de la Paja weist einen bemerkenswerten Renaissance-Altar auf.

Noch ein gutes Stück weiter südwestlich liegt die **Kirche San Francisco el Grande**. Die mächtige Barockkirche wurde nach Plänen des Franziskaners Francisco Cabezas errichtet und 1770 vom Architekten Sabatini vollendet. Der Bau wird von einer gewaltigen 33 m weiten Kuppel überragt.

Im Inneren findet man einige **Gemälde von Goya** (z. B. in einer Seitenkapelle an der Nordseite mit dem Motiv „Der Heilige Bernhard predigt vor dem König von Aragonien") und einen sehenswerten **Kapitelsaal** mit schönem Chorgestühl.

Wir setzen den Stadtrundgang von der San Pedro Kirche durch die Calle de Segovia nach Osten fort. Die Straße mündet auf die **Plaza Puerta Cerrada**.

In der nahen Calle de Toledo steht das einstige Colegio Imperial de los Jesuitas. Die Kirche des Jesuitenordens aus dem 17. Jh. ist dem Schutzpatron der Stadt geweiht und wurde ausgangs des 19. Jh. zu Madrids Kathedrale **San Isidro [WP034 / N40° 24' 47.1" W3° 42' 26.8"] (16)** erhoben. San Isidro lebte im 11. Jh. während der Regierungszeit König Alfonso VI. und hielt sich häufig in einem Haus an der Ostseite der Plazuela del Cordón auf.

Weiter südlich der Kathedrale findet in der Ribera de Curtidores jeden Sonntag bis 14 Uhr der bunte, stadtbekannte **Flohmarkt „El Rastro"** statt.

Von der Kathedrale San Isidro gehen wir durch die Calle Cuchilleros (mehrere Restaurants, darunter das bekannte, alteingesessene „Botín", Cuchilleros 17, sowie Cafés) nordwärts zur **Plaza Mayor,** die wir über den überbauten

*Die Plaza Mayor in Madrid*

*Fuente de la Cibeles*

Treppenaufgang Arco de Cuchilleros erreichen. Auf dem Platz findet man unter den Arkaden rechterhand die **Touristeninformation (1)**.

Die rechteckige, annähernd 200 m lange und etwa 100 m breite **Plaza Mayor [WP035 / N40° 24′ 56.8″ W3° 42′ 25.9″]** könnte man als Mittelpunkt des Habsburgischen Madrid bezeichnen. Philipp III. ließ den Platz mit seinen gleichmäßigen Arkadenfassaden zwischen 1617 und 1619 anlegen. Als Baumeister wurde Juan Gómez de Mora beauftragt. Ein Reiterstandbild des Königs, nach einem Modell von Pedro Tacca von Juan de Bolonia gegossen, steht in der Mitte des Platzes.

Durch neun hohe Portale gelangt man auf die Plaza Mayor, die wegen ihrer fast geschlossenen, architektonisch sehr ausgewogenen Form etwas an einen monumentalen Kreuzgang erinnert.

Die Plaza Mayor war vor allem im 17. und 18. Jh. Schauplatz wichtiger Ereignisse und großer Stadtfeste. Hier wurden Philipp V., Ferdinand VI. und Karl IV. zu Königen ausgerufen, hier wurden Ketzer verbrannt, aber auch die Kanonisierung von Heiligen gefeiert, Stierkämpfe zu Pferde und Reiterspiele und bis ins 20. Jh. hinein täglich Markt abgehalten.

Der Teil der Nordfassade zwischen den beiden Türmen nennt sich „Casa de la Panadería", Brothaus. Hier war ehemals die Hofbäckerei untergebracht. Bei Veranstaltungen dienten die Fenster als königliche Logen.

Der gegenüberliegende Flügel ist als „Casa de la Carnicería" (Haus der Fleischer) bekannt.

Heute findet man unter den Arkaden Geschäfte und Lokale (z. B. „So Portal" im Ostflügel) und am Sonntag belebt sich der Platz zwischen elf und dreizehn Uhr während des **Philateliemarktes** mit Liebhabern alter Briefmarken und Münzen.

**2. Stadtbesichtigung**

**Plaza de Cibeles – Seefahrtmuseum (4) – Museum Thyssen-Bornemisza (18) – Prado-Museum (2) – Kunstzentrum Reina Sofía (3) – Casón del Buen Retiro (19) – Museo del Ejército (20) – Parque del Buen Retiro (17).**

Auf der **Plaza de Cibeles [WP036 / N40° 25′ 08.9″ W3° 41′ 34.2″]** vor dem architektonisch bemerkenswerten Gebäude des Hauptpostamtes aus dem frühen 20. Jh. steht einer der meistbewunderten Brunnen Madrids und eines der Wahrzeichen der Stadt, die Fuente de la Cibeles. Über dem kreisrunden, mehrfach gestuften, abends beleuchteten Brunnenbecken erhebt sich das Monument der kleinasiatischen Göttin der Fruchtbarkeit Cibele (Kybele) auf einem vierrädrigen Wagen thronend, der von zwei Löwen gezogen wird. Der Brunnen stammt aus der Zeit des ausgehenden 18. Jh. und entstand während der Regierungszeit König Karls III. Das Monument der Göttin wurde nach Zeichnungen von Ventura Rodríguez in Marmor gefertigt, während Roberto Michel die Löwen schuf.

Von der Plaza de Cibeles gehen wir über den breiten, begrünten Boulevard Paseo del Prado nach Süden – links das erwähnte Hauptpostamt, auf der gegenüberliegenden Straßenseite der langgestreckte Komplex der Spanischen Staatsbank Banco de España, einem repräsentativen Bauwerk, das ausgangs des 19. Jh. entstand.

Wenig später erreicht man das linkerhand gelegene **Museo Naval [WP037 / N40 25 03.2 W3 41 34.3]**, das **Seefahrtmuseum (4)**, Paseo del Prado, 5, *(geöffnet Di - So 10 - 14 Uhr, letzter Einlass 15 Minuten vor Schließung; www.museonavalmadrid.com; Metro: Banco de España y Retiro, Linie 2)*. Dieses interessante Museum über die Geschichte der zeitweise mit seiner glorreichen Armada die Weltmeere beherrschenden Seemacht Spanien zeigt neben historischen Schiffsmodellen auch Dokumente und Seekarten, darunter eine Karte aus dem frühen 16. Jh., auf der erstmals Amerika angedeutet ist.

Das **Museo Nacional de Artes Decoratives** (Kunstgewerbemuseum), Calle Montalbán 12, *(geöffnet Di + Mi 9.30 - 15 Uhr, Do – Sa 9.30 – 15 Uhr, 17 - 20 Uhr, So 10 - 15 Uhr; www.mnartesdecorativas.mcu.es; Metro: Banco de España oder Retiro, Linie 2)*, liegt zwischen Marinemuseum und Retiro-Park. Dekorative Kunst und Kunstgewerbe vornehmlich aus den spanischen Provinzen aus der Zeit zwischen dem 15. Jh. und 19. Jh., sowie eine Sammlung fernöstlicher Kunst sind hier zu sehen.

Über den breiten **Paseo del Prado**, einem der beliebten Flanierboulevards der Stadt, der sich zu Madrids Kunstmuseenmeile entwickelt hat, gehen wir weiter südwärts, vorbei an der **Bolsa**, der Börse, deren Fassade einem griechischen Tempel nachempfunden ist. Etwa auf dieser Höhe sieht man mitten auf dem Paseo den schön gearbeiteten **Apolo-Brunnen**.

Vor der Börse erhebt sich auf der Plaza de la Lealtad das **Denkmal Dos de Mayo**, das zur Erinnerung an die Opfer des Aufstandes am 2. Mai 1808 errichtet wurde.

Man kommt zur weiten **Plaza de Cánovas del Castillo**. Mitten auf dem Platz steht der monumentale **Neptunsbrunnen** von Ventura Rodríguez. An der Ostseite des Platzes liegt das Nobelhotel Ritz, an der Westseite das Fünf-Sterne-Hotel Palace.

Der Palacio de Villahermosa an der Nordwestseite der Plaza Cánovas del Castillo, Ecke Paseo del Prado und Carrera de San Jerónimo, beherbergt heute das **Museum Thyssen-Bornemisza [WP038 / N40° 24' 57.7" W3° 41' 40.6"] (18)** *(geöffnet Mo 12 – 16 Uhr, montags freier Eintritt; Di - So 10 - 19 Uhr, Sonderausstellung Sa bis 21 Uhr; www.museothyssen.org; Metro: Banco de España, Linie 2)*. Das Museum zeigt die umfangreiche und erlesene Kunstsammlung von Baron Heinrich Thyssen-Bornemisza, die von seinem Sohn Baron Hans Heinrich Thyssen-Bornemisza weitergeführt und um 1970 mit Objekten der modernen Malerei erweitert wurde. Mittlerweile besteht die Sammlung aus über 800 Bildern, Skulpturen, Teppichen, Gold- und Silberschmiedearbeiten. In der umfangreichen Kunstausstellung, die sich seit 1992 im Palacio de Villahermosa befindet, sind frühe niederländische und italienische Meister, deutsche Renaissance- und nordamerikanische Malerei aus dem 19. Jh. ebenso zu sehen, wie Werke bedeutender Impressionisten und Pop Art.

Zu den Kleinodien des Museums zählen z. B. „Christus und die Samariterin" von Duccio di Buoninsegna, einem frühen italienischen Meister, dann das „Bildnis der Giovanna Tornabuoni" von Ghirlandaio, der „Heilige Sebastian", eine Skulptur des Hochbarock von Bernini, weiter „Venus und Cupido" von Rubens u. v. a. Und natürlich fehlen wichtige Werke der Impressionisten wie Manet, Monet, Renoir, Gaugin, Degas, van Gogh oder Toulouse Lautrec ebenso wenig wie die modernen Maler. Picasso ist u. a. mit dem „Mann mit Klarinette" oder „Harlekin mit Spiegel" vertreten. Natürlich findet man in der Thyssen-Bornemisza-Sammlung auch Werke der großen spanischen Surrealisten wie Miró oder Dalí.

Dem Museumsbesucher stehen Einrichtungen wie Buchhandlung, Museumsshop, Cafeteria, Restaurant, Selbstbedienungsrestaurant u. ä. zur Verfügung.

Zwei Straßenblocks westlich des Palacio de Villahermosa erhebt sich an der Nordseite der Carrera de San Jerónimo die klassizistische Säulenfassade der **Cortes Españoles**, dem Parlamentsgebäude bzw. Abgeordnetenhaus des spanischen Parlamentes. Wie bei so vielen Bauten aus der Mitte des 19. Jh. wurde auch hier der Grundstein von Isabella II. gelegt (1843). Das Gebäude entstand auf den Grundmauer des ehemaligen Heiliggeistklosters nach Plänen und unter Leitung des Architekten Narciso Pascual y Colomer. Die beiden Bronzelöwen, die den Treppenaufgang zum Hauptportal bewachen, wurden aus Kanonen gegossen, die während eines Marokkofeldzuges 1860 erbeutet worden waren.

Der Parlamentssaal war gelegentlich Schauplatz turbulenter Ereignisse. Die Bilder von der bewaffneten Erstürmung des Parlaments durch Antonio Tejero, Oberst der Guardia Civil, am 23. Februar 1981 gingen um die Welt. Dieser Anschlag auf die damals gerade sechs Jahre alte spanische Demokratie verlief am Ende erfolglos, nicht zuletzt dank der staatsmännisch besonnenen und diplomatisch sehr geschickten Haltung König Juan Carlos'.

Das **Museo del Prado [WP039 / N40° 24' 53.6" W3° 41' 35.7"] (2)** liegt südöstlich der Plaza Cánovas del Castillo am Paseo del Prado *(geöffnet Mo - Sa 10 - 20 Uhr, So 10 - 19 Uhr, letzter Einlass 30 Minuten vor Schließung, die Ausstellungsräume müssen 10 Minuten vor Schließung verlassen werden; freier Eintritt Mo – Sa 18 – 20 Uhr, So 17 – 19 Uhr; www.museodelprado.es; Metro: Banco de España. Linie 2 oder Atocha, Linie 1).*

*Der Neptunsbrunnen auf der Plaza Cánovas de Castillo*

Der klassizistische Bau, der heute das Prado-Museum beherbergt, wurde im Auftrag Karls III. vom Architekten Juan de Villanova 1785 begonnen. Der Komplex entstand auf dem Prado de San Jerónimo (Wiese des Hl. Hieronymus), dem Gelände eines früheren Klosters der Hieronymiten. Nach den Wirren der Napoleonischen Invasion konnte der Bau vollendet werden und war zunächst als Museum der Naturwissenschaften geplant, wurde aber von Ferdinand VII. bald zur Pinakothek bestimmt und am 19. November 1819 konnte das erste „Königliche Prado Museum" eingeweiht werden.

Vor den Fassaden findet man Denkmäler großer spanischer Maler. An der mit allegorischen Figuren der Künste von Jerónimo Suñol geschmückten Nordseite mit ihrer breiten Freitreppe zum Museumseingang steht ein Goya-Denkmal von Benulliure, vor der Westfassade mit ihren Bögen, Skulpturen, Medaillons und der Säulenvorhalle ein Velázquez-Denkmal und an der Südseite ein Monument zu Ehren Murillos.

**Die berühmte Gemäldesammlung des Prado** zählt zu den bedeutendsten der Welt! Ein Besuch ist schlicht ein „Muss" und wird mit Sicherheit auch jene nicht unbeeindruckt lassen, denen der Zugang zu den Arbeiten der alten Meister weniger leicht gelingt.

Grundstock dieser weltberühmten Pinakothek bildeten die wertvollen Kunstsammlungen der spanischen Monarchen, von den Katholischen Königen, die die damals herausragenden niederländischen Maler favorisierten, über Philipp II., der vor allem – wie schon sein Vater Karl V. – Werke italienischer Meister erwarb bzw. in Auftrag gab, bis Karl III.

Die enge Beziehung Kaiser Karls V. zu Flandern – der Kaiser war in Gent geboren worden – macht die große Zahl von Werken flämischer Maler wie Rubens oder Van Dyck erklärlich. Tizian, einer der herausragenden Vertreter der venezianischen Schule, war unter Karl V. kaiserlicher Hofmaler. Viele seiner Werke hängen im Prado. Fast die Hälfte aller Arbeiten von Velázquez befinden sich dort. Und die berühmtesten Bilder Goyas, Zurbaráns, Riberas, El Grecos und anderer spanischer Meister fehlen natürlich ebenso wenig.

1819 hingen bei der Eröffnung der Galerie 311 Gemälde im Prado, aus den Palästen El Escorial, La Granja, Aranjuez und Madrid zusammengetragen. Später wurde die Sammlung durch Stiftungen, private Sammlungen und Neuerwerbungen erweitert. Heute umfasst der Kunstschatz des Prado annähernd 3.000 Werke, die ausgelagerten oder verliehenen Exponate nicht mitgezählt. Ebenfalls zur Pradosammlung gehören die im Casón del Buen Retiro (siehe dort) präsentierten Gemälde und Porträts.

Die im Prado ausgestellten Kunstwerke hier auch nur einigermaßen komplett aufzulisten, geschweige denn sie zu beschreiben, würde die Aufgabe dieses Reiseführers und seinen Rahmen bei weitem sprengen. Es empfiehlt sich sehr, in der Eingangshalle des Prado-Museums einen der guten, bebilderten Kataloge zu erstehen. Sie sind auch in deutscher Sprache erhältlich.

Hier nur ein grober Aufriss der wichtigsten Abteilungen und ihrer Hauptwerke. Da jedoch die einzelnen Werke mitunter umgehängt, ausgelagert oder zu anderen Ausstellungen ausgeliehen werden oder im Haus renoviert werden, können sich die folgenden Angaben zu den in den einzelnen Sälen ausgestellten Kunstwerken zwischenzeitlich etwas verändert haben!

Man betritt das Museumsgebäude durch das Goya-Portal an der Nordseite und gelangt in eine Rotunde.

In der Rotunde des Obergeschosses oder **Hauptgeschosses** sieht man Skulpturen aus der Madrider Schule des 17. Jh.

**Die Säle Nr. 2 – Nr. 4** auf der linken Seite zeigen italienische Meister aus der Zeit der Renaissance vom 14. bis ins 16. Jh. Einige Werke seien herausgegriffen, so „Mariä Verkündigung" von *Fra Angelico (Fra Giovanni da Fiesole, 1400 – 1455)*, einem wegweisenden Florentiner Künstler des 15. Jh., dessen Stil noch deutlich von der Strenge der zu Ende gehenden Gotik beeinflusst ist.

Augenfällig wird die Entwicklung des Malstils hin zur Renaissance, wenn man danach in den **Sälen Nr. 7 – Nr. 11** spätere Werke betrachtet, z. B.:

*Raffael (Rafaello Sanzio, 1483 – 1520)* u. a. „Sturz auf dem Weg nach Golgatha",

*Tizian (Tiziano Vecellio, 1490 – 1576)*, Venezianische Schule, Hofmaler Kaiser Karls V., u. a. „Danae und der Goldregen", „Venusfest", „Bacchanal" „Kaiser Karl V. in Mühlberg",

*Tintoretto (eigentlich Jacopo Robusti, 1518 – 1594)*,

*Sandro Botticelli (1445 – 1510)*, Florentiner Maler u. a. am Hofe Lorenzo de Medicis, u. a. „Geschichte des Nastagio" oder

*Veronese (Paolo Caliari, 1528 – 1588)*, wie Tizian und Tintoretto einer der großen Vertreter der Venezianischen Schule, u. a. „Jesus und der römische Hauptmann", „Venus und Adonis".

Auf der rechten Seite der Rotunde sind in den **Sälen Nr. 40 – Nr. 44** vornehmlich flämische Maler des 15. und 16. Jh. und deutsche Maler zu sehen. Stellvertretend seien erwähnt *Albrecht Dürers (1471 – 1528)* „Selbstbildnis" und „Adam und Eva", *Hans Holbein (1497 – 1543)* u. a. „Bildnis eines Greises", *Lucas Cranach, Hans Baldung Grien (1484 – 1545)* „Die Lebensalter", aber auch die flämischen Maler *Hieronymus Bosch (1450 – 1516, in Spanien El Bosco)* u. a. „Der Garten der Lüste", „Der Heuwagen" und Jan Brueghel (1568 – 1625) „Das Gehör" u. a.

In der **Zentralen Galerie** mit den **Sälen Nr. 25 – Nr. 27** sind Gemälde alter spanischer Meister zu sehen, darunter Werke *El Grecos, Murillos* und *Zurbaráns*.

Und die **Säle Nr. 13 – Nr. 18** im **Südflügel** schließlich sind vornehmlich dem großen spanischen Maler *Diego Velázquez de Silva* (geb. 1599 in Sevilla, seit 1623 spanischer Hofmaler, gest. 1660 in Madrid) gewidmet.

In der Rotunde im Erdgeschoss sieht man Skulpturen vornehmlich aus der Römerzeit.

Danach betritt man den **Saal Nr. 50** und die **Halle Nr. 49**, die **Zentrale Galerie**. Hier sind hauptsächlich spanische Maler vom 14. bis 16 Jh. ausgestellt, u. a. *Correa, Morales, Juan de Flandes, Machuca*, sowie anonyme spanische Maler.

Die links anschließenden **Räume Nr. 53 – Nr. 57** sind in erster Linie Werken (Zeichnungen, Radierungen, Wandteppiche u. ä.) *Francisco de Goya y Lucientes* (geboren 1746 in Fuendetodos bei Zaragoza, gestorben 1828 im Exil in Bordeaux, Frankreich) gewidmet. Dramatisch sind Goyas Motive zum 2. bzw. 3. Mai in Madrid. Genauere Betrachtung verdienen die Gemälde der Königlichen Familie mit Königin María Luisa und König Karl IV. von Goya. Und „die bekleidete Maja" und „die nackte Maja" sind zweifellos Goyas populärste Werke und Publikumsmagneten des Prado.

Im **Saal Nr. 56B** sind Werke von *Berruguete*, einem spanischen Maler des 15. Jh. ausgestellt. Im **Saal Nr. 56C** findet man u. a. Werke von *Rembrandt* und im **Saal Nr. 54** Arbeiten französischer Maler des 17. Jh.

Man gelangt in den **Südflügel des Erdgeschosses**. Dort findet man hauptsächlich holländische und flämische Meister des 16. und 17. Jh.

Dem Museumsbesucher stehen eine Buchhandlung, ein Museumsshop, Cafeteria und Restaurant zur Verfügung.

Südlich des Prado-Museums liegt der **Botanische Garten** von Madrid. Der Park wurde von Karl III. zu Lehr- und Forschungszwecken angelegt und weist heute ungefähr 30.000 Baum- und Gewächsarten aus aller Welt auf.

**Museo Nacional Centro de Arte Reina Sofía [WP040 / N40° 24' 31.3" W3° 41' 38.2"] (3)**, Calle Santa Isabel 52, *(geöffnet Mo - Sa 10 - 21 Uhr, So 10 - 19 Uhr (14.30 - 19 Uhr Sammlung 1 und 2), Di geschlossen; www.museoreinasofia.es; Metro: Atocha)*. In diesem nationalen Kunstzentrum, das am 10. September 1992 von König Juan Carlos und seiner Gemahlin Königin Sofía eingeweiht wurde, sind Gemälde, Skulpturen, Zeichnungen und Skizzen vor allem spanischer, aber auch ausländischer Meister des 20. Jh. ausgestellt, darunter *Picasso, Salvador Dalí* und *Joan Miró*.

Seit 1992 beherbergt das Museum zudem *Pablo Picassos* monumentales Werk **„Guernica“**, sowie Entwürfe, Studien und Zeichnungen dazu. Die Schilderung eines Luftangriffes während des spanischen Bürgerkrieges auf die Stadt Guernica stellt Picasso in eindrucksvollen und erschütternden Szenen dar. Auf berührende Art und Weise brachte Picasso seinen Protest gegen Krieg und Gewalt zum Ausdruck.

Früher war das Kunstwerk in New York und danach eine Zeit lang im Casón del Buen Retiro nahe dem Prado Museum ausgestellt.

Dem Museumsbesucher stehen eine Buchhandlung, ein Museumsshop, Cafeteria und Restaurant zur Verfügung.

Zwischen Prado-Museum und Retiro-Park findet man eine Reihe weiterer Sehenswürdigkeiten.

**Casón del Buen Retiro [WP041 / N40° 24′ 54.7″ W3° 41′ 20.6″] (19)**, Calle Alfonso XII – Dieses Palais war einstmals Teil des königlichen Palastkomplexes und wurde unter König Philipp IV. vornehmlich als Ballhaus genutzt.

Wenn Besuchern wieder zugänglich, verdient vor allem der **Gran Salón**, der Hauptsaal, Beachtung, der mit herrlichen Fresken und Deckenmalereien von Luca Giordano ausgestattet ist. Von Vicente López stammen viele der bemerkenswerten Porträts, darunter das von Maria Christina von Bourbon, Königin María Isabel von Braganza, Ferdinand VII. oder das von Goya.

Ein Straßenzug weiter südlich liegt die **Kirche Jerónimos Reales**. Die ehemalige Klosterkirche aus der Zeit der Katholischen Könige wurde im 19. Jh. umfassend restauriert. In der gotischen Kirche fand früher traditionsgemäß die Vereidigung der Kronerben, der Prinzen von Asturien, statt.

Nördlich neben dem Casón del Buen Retiro findet man das **Museo del Ejército (20)** *(geöffnet tgl. a. Mi 11 - 17 Uhr; www.ejercito.mde.es; Metro: Banco de España oder Retiro)*, das spanische Armee- und Heeresmuseum. Im Jagdschloss des ehemaligen Retiro-Palastkomplexes Karls IV. richtete der damalige Erste Minister und Günstling Königin María Luisas, Manuel de Godoy y Alvarez de Faria, 1803 dieses Heeresmuseum ein.

Zu sehen sind historische Waffen, angefangen von den ersten Kriegsmaschinen und Steinkatapulten über Rüstungen, Hieb- und Stichwaffen bis zu modernerem Kriegswerkzeug. Besondere Beachtung verdient unter den Exponaten z. B. der kunstvoll gearbeitete Schwertgriff Boabdils, dem letzten maurischen Herrscher in Granada, der am 2. Januar 1492 von Wehmut erfüllt, seinen geliebten Alhambra-Palast verlassen musste. Gemälde, Dokumente, Schlachtenbanner u. ä. komplettieren den Überblick über die Entwicklung des spanischen Militärwesens von El Cid bis zum Bürgerkrieg.

Östlich der erwähnten Museen erstreckt sich der **Parque del Buen Retiro (17).** Die ausgedehnte, annähernd 140 Hektar große Parkanlage mit Schmuckgärten, Wasserbecken, Brunnen, Denkmälern, Monumenten, gepflegten Spazierwegen und schönen alten Bäumen im südlichen Teil, war einst der von Philipp IV. angelegte Lustgarten des königlichen Palastes El Buen Retiro, von dem nur noch der Bau des heutigen Heeresmuseums und das Casón del Buen Retiro verblieben sind.

Besonders schön ist der Teil des Parks um den rechteckigen See **Estanque del Retiro** mit einer halbrunden Säulenhalle und dem Reiterdenkmal Alfonsos XII. von Mariano Benlliure, oder der Teil des Parks um den gläsernen **Palacio de Cristal [WP042 / N40° 24′ 49.6″ W3° 40′ 54.6″]**.

Zwischen dem großen See und dem Kristallpalast liegt der **Palacio de Velazquez**, der wie der Kristallpalast als Ausstellungshalle genutzt wird.

Blumenfreunde sollten vor allem in den Frühlingsmonaten einen Spaziergang durch den Rosengarten **La Rosaleda** im Südteil des Parks nicht versäumen.

### Weitere Sehenswürdigkeiten zwischen Plaza de Colón und Plaza de España:

In der Parkanlage an der Ostseite der verkehrsreichen **Plaza de Colón [WP043 / N40° 25' 29.8" W3° 41' 25.6"]**, dem kleinen, an der Ostseite angrenzenden Park J**ardines del Descubrimiento** (Garten der Entdeckungen), erhebt sich ein **Kolumbusdenkmal**, das der spanische Adel König Alfonso XII. anlässlich seiner Vermählung stiftete. Die Figur des Seefahrers stammt von Jerónimo Suñol. 1976 schuf der Bildhauer Vaquero Turcios die moderne Monumentalplastik aus vier gegossenen Betonmonolithen, die ebenfalls die Entdeckung Amerikas zum Thema hat.

Die unterirdischen Passagen des Platzes sind mit Motiven der kolumbianischen Entdeckungen geschmückt.

Das **Museo Arqueológico Nacional [WP044 / N40° 25' 20.3" W3° 41' 18.1"] (21)**, Calle de Serrano 13, *(geöffnet Di - Sa 9.30 - 20 Uhr, So 9.30 - 15 Uhr; freier Eintritt; www.man.mcu.es; Metro: Serrano, Linie 4)* das größte und bedeutendste Museum seiner Art in Spanien, liegt an der Plaza de Colón nordwestlich des Retiro-Parks. Im gleichen Gebäude ist die Nationalbibliothek untergebracht.

Das 1867 auf Veranlassung von Königin Isabella II. gegründete und dreißig Jahre später hierher verlegte Archäologische Museum präsentiert eine sehr sehenswerte Sammlung von Exponaten und Fundsstücken von Ausgrabungen aus ganz Spanien, von den frühen Kulturepochen bis in die Zeit der Renaissance und des Barock.

Breiten Raum nehmen im Nationalen Archäologischen Museum Ausstellungen zur Frühgeschichte, zur frühen kelt-iberischen, nordafrikanischen, ägyptischen und nahöstlichen Kulturen ein.

Andere Schwerpunkte des Museums sind Kunstgegenstände aus der römisch-iberischen Zeit (sehr bekannt sind die Plastiken **„Dame von Elche"**, **„Dame von Baza"**, außerdem sehr schöne Mosaiken u. a.).

Aus der Zeit der Westgoten in Spanien ist eine seltene **Zeremonialkrone** zu sehen, die aus dem in Toledo entdeckten legendären Schatz von Guarrazar stammt.

Zudem sieht man Sammlungen aus der islamischen Epoche und aus den Kulturabschnitten der Romanik und der Gotik (vornehmlich Exponate mit sakralem Bezug).

Aus der Zeit der Renaissance und des Barocks schließlich stammen Gegenstände aus den spanischen Königshäusern, darunter italienische Bronzen und kostbare Glas-, Porzellan- und Keramiksammlungen. Das Museum verfügt außerdem über eine umfangreiche Münz- und Keramikkollektion.

An der Südwestseite der Plaza de Colón, in der Nähe der gleichnamigen Metrostation, findet man das **Museo de Cera**, ein Wachsfigurenkabinett, mit Nachbildungen namhafter spanischer Persönlichkeiten.

Die **Gran Vía** zwischen Plaza de España und Calle de Alcalá ist Madrids Präsentierboulevard mit Banken, eleganten Geschäften, Kaufhäusern, Kinos, Hotels und Cafés.

### Sehenswertes nordwestlich der Plaza de España

**Plaza de España [WP045 / N40° 25' 27.3" W3° 42' 42.1"]** – Der verkehrsumflutete und von Hochhäusern überragte Platz liegt am westlichen Endpunkt der Gran Vía. Er bildet gewissermaßen den Übergang vom alten Madrid mit der Plaza Mayor und dem Königspalast zu den neueren Stadtteilen beiderseits der eleganten Calle de la Princesa, die bis hinauf zum Universitätsviertel reichen.

Mitten auf der Plaza de España erhebt sich ein **Cervantes-Denkmal** zu Ehren des großen spanischen Dichters Miguel de Cervantes Saavedra (1547 – 1616). Davor sieht man die legendären Romangestalten des „Ritters von der traurigen Gestalt" Don Quijote und seines treuen Dieners Sancho Panza, die Cervantes in seinem berühmten Roman „Don Quijote de la Mancha" die skurrilsten Abenteuer bestehen lässt.

Westlich der Plaza de España ist im ehemaligen Palais des Marquis de Cerralbo an der Calle Ventura Rodriguez, 17, das **Museo Cerralbo** *(geöffnet Di - Sa 9.30 - 15 Uhr, Do auch 17 – 20 Uhr, So 10 – 15 Uhr; www.museocerralba.mcu.es; Metro: Plaza de España. Linien 2, 3 und 10 oder Ventura Rodriguez Linie 3)* eingerichtet. Zu sehen ist in erster Linie eine sehr interessante Kollektion von Gemälden von El Greco, Ribalta, Ribera, Zurbarán, Tintoretto, Tizian u. a. Beachtenswert sind aber ebenso die wertvollen Sammlungen von Möbeln, Gobelins, Rüstungen, Keramikfliesen sowie die archäologischen Exponate.

*Die Plaza de España mit Cervantes-Denkmal*

**Templo de Debod** – Am Südostende des schön angelegten Westparks Parque del Oueste, etwa zwischen Plaza de España und dem alten Nordbahnhof Estación del Norte, wurde ein antiker ägyptischer Tempel Stück für Stück wieder aufgebaut, nachdem er aus dem Niltal entfernt worden war, um ihn vor den Wassermassen des Assuanstausees zu bewahren *(geöffnet Apr. – Sept. Di - Fr 10 - 14 Uhr + 18 - 20 Uhr; Okt. – März Di – Fr 9.45 – 13.45 Uhr + 16.15 – 18.15 Uhr; Sa + So 10 - 14 Uhr; Eintritt frei; Metro: Plaza de España, Linien 3 und 10).*

Am Rande des Parks findet man entlang des Paseo Pintor Rosales viele Cafés und Bars.

**Casa de Campo** – Dieser riesige Waldpark im Westen der Stadt wurde 1559 auf Befehl König Philipps II. aufgeforstet und war als Park und Jagdrevier des Hofes, der sich damals im nahen Alcázar aufhielt, bestimmt. Königliche Domäne und der Öffentlichkeit unzugänglich blieb der Park mit seinem herrlichen alten Baumbestand bis zum Bürgerkrieg. Heute ist das inzwischen von Häusergürteln umklammerte Waldgelände das Freizeit- und Erholungsgebiet der Madrider schlechthin.

Zu erreichen ist der Park ab Paseo del Pintor Rosales mit einer Seilbahn oder mit der Metro Linie 10, Stationen Lago oder Batán.

Im Park befindet sich ein **Freizeit- und Vergnügungspark** (separater Eintritt) sowie das städtische Schwimmbad. Weiter im Süden des Parks liegen der **Zoologische Garten** sowie die Stallungen Venta del Batán, in denen die Kampfstiere gezeigt werden, die während der Festwoche in der Madrider Arena zum Einsatz kommen.

An der Avenida de Princesa, die von der Plaza de España nach Nordwesten führt, liegt der Palacio de Liria, Princesa 20. Das Palais beherbergt die **Kunststiftung Casa de Alba**, eine Kunstsammlung des Hauses Alba, mit Werken von Tizian, Renoir, Zurbarán, Goya u. a. Kunstliebhaber können an Führungen um 10, 11 und 12 Uhr teilnehmen. Gruppengröße Maximal 15 Personen, Voranmeldung unter visitas@fundacioncasadealba.com, Tel. +34 915 47 53 02,

Zwei Metrostationen weiter nordwestlich der Plaza de España beginnt das Universitätsviertel.

Das **Museo de América**, Avenida de la Victoria, Ecke Avenida Reyes Católicos 6, *(geöffnet Juni - Okt. Di - Sa 11.30 - 15 Uhr + 16 - 18.30 Uhr, So 10 - 15 Uhr, übrige Zeit Di - Sa 9.30 - 18.30 Uhr; www.museodeamerica.mcu.es; Metro: Intercambiador de Moncloa)* liegt im Universitätsviertel Ciudad Universitaria im nordwestlichen Stadtbereich. Ausgestellt sind in erster Linie Dokumente und Gegenstände aus der Neuen Welt. Besonders interessante Exponate sind zu sehen, die im Zusammenhang mit der Erforschung, Eroberung und Kolonialisierung des amerikanischen Kontinents durch Spanien von der Zeit des Kolumbus bis ins letzte Jahrhundert stehen.

Zu den Kostbarkeiten des Museums zählen z. B. ein Inka-Goldschatz, ein Maya-Codex oder Plastiken aus den alten Kulturen der Azteken, Inkas und Mayas.

Seit 1992 ragt vor dem Amerikamuseum der Leuchtturm **Faro de la Moncloa** auf (bis auf weiteres geschlossen, Wiedereröffnung unklar; www.elfarodemoncloa.com). Von seiner 76 m hoch gelegenen Aussichtsplattform genießt man (falls geöffnet) einen prächtigen Panoramablick. Mit etwas Glück kann man an sehr klaren Tagen bis zur Sierra de Guadarrama im Nordwesten sehen.

In der Nähe liegt in einem Park des Universitätsviertels das moderne Gebäude des **Museo Español de Arte Contemporáneo**, (bis auf weiteres geschlossen) das Spanische Museum für Zeitgenössische Kunst. Ausgestellt sind vor allem spanische Meister des frühen 20. Jh.

**Weitere Museen**

**Museo de la Real Academia de Bellas Artes de San Fernando (6)**, Calle de Alcalá, 13 *(geöffnet Di – Sa 9 - 15 Uhr, So 9 – 14.30 Uhr; mittwochs freier Eintritt; www.realacademiabellasartessanfernando.com; Metro: Sevilla, Linie 2)*.

Das Museum der Madrider Kunstakademie San Fernando befindet sich im Palacio Goyeneche, einem ehemaligen klassizistischen Stadtpalast des 18. Jh. Unter den ehemaligen Akademiemitgliedern finden sich so klingende Namen wie Goya, Picasso oder Dalí. So ist einer der Schwerpunkte der Kunstausstellung die umfangreiche Sammlung von Gemälden und Skulpturen spanischer Maler wie Zurbarán, Ribera, natürlich Goya, aber auch italienischer oder flämischer Meister.

**Casa de Lope de Vega (5)**, Lope de Vega-Haus, Calle de Cervantes, 11, *(geöffnet Di - So 10 - 15 Uhr; Metro: Antón Martín oder Sevilla)*. Im ehemaligen Domizil Lope de Vegas' wird Leben und Werk des 1562 geborenen Dichters, Dramatikers, Priesters, Johannisritters und Schriftstellers dokumentiert. Vega starb hier 1635.

**Museo Lázaro Galdiano**, Calle de Serrano, 122 *(geöffnet Mi – Sa + Mo 10 - 16.30 Uhr, So 10 - 15 Uhr; www.flg.es; Metro: Gregorio Marañón Linien 7 und 10)*, nördlich der Innenstadt. Die überaus umfangreiche Kunstsammlung von José Lázaro Galdiano, eine der größten spanischen Privatsammlungen die je dem Staat vermacht wurde, wird dem Besucher in 37 Sälen präsentiert. Bewundern kann man Gemälde spanischer, flämischer, italienischer, englischer und französischer Meister. Bereichert wird die Ausstellung durch die kostbaren Keramik-, Email-, Elfenbein-, Schmuck-, Münz-, Goldschmiede- und Möbelkollektionen.

**Museo Sorolla**, Paseo General Martínez Campos, 37 *(geöffnet Di - Sa 9.30 - 20 Uhr, So 10 - 15 Uhr; sonntags freier Eintritt; www.museosorolla.mcu.es; Metro: Rubén Darío oder Iglesia, Linien 5 und 10)*. Im ehemaligen Studio, das sich der Maler Sorolla 1912 errichten ließ, können Werke des Künstlers besichtigt werden. Joaquin Sorolla wurde 1863 in València geboren und starb 1923 in Madrid.

Bekannt wurde der Maler vor allem durch die zarten, hellen, transparenten Töne, in denen er meisterhaft die Leuchtkraft des Lichtes an den Mittelmeergestaden darzustellen wusste. Zu den bekannten Arbeiten dieses Genres zählen seine Gemälde wie „Después del baño" (Nach dem Bade), „Mädchen am Strand", „Unter dem Sonnensegel" u.v.a. Nach dem Tode des Künstlers schenkte seine Witwe das Anwesen mitsamt dem Lebenswerk des Malers dem spanischen Staat. 1932 konnte dann das Museum eröffnet werden.

Das **Museo Municipal**, Calle Fuencarral, 78, *(wegen Renovierung und Umgestaltung bis auf weiteres geschlossen; www.madrid.es/museodehistoria; Metro: Tribunal)* befasst sich anhand umfangreicher Sammlungen von Gemälden, Zeichnungen, Modellen u. ä. mit der Dokumentation der Geschichte der Stadt Madrid. Eingerichtet ist das Museum in einem repräsentativen Barockpalais, das einstmals als Hospiz nach Plänen von Pedro de Ribera erbaut worden ist.

Unweit östlich des Städtischen Museums liegt das **Museo del Romanticismo**, Calle San Mateo, 13, *(geöffnet 1. Mai – 31. Okt. Di - Sa 9.30 - 20.30 Uhr, So 10 - 15 Uhr, übrige Zeit Di - Sa 9.30 - 18.30 Uhr, So 10 - 15 Uhr, im Juni geschlossen; www.museoromanticismo.mcu.es; Metro: Tribunal Linien 1 und 10)*. Das Museum zeigt die Kunstsammlung des Marquis de la Vega-Inclán, die 1920 dem spanischen Staat vermacht worden ist. Die Kollektion umfasst Gemälde namhafter spanischer Meister, Möbel und andere Kunstobjekte.

Das **Museo de la Ciudad**, Calle Principe de Vergana, 142 *(geöffnet Di - Fr 10 - 14 + 16 - 19 Uhr, Sa + So 10 - 14 Uhr, Di + Fr 9.30 - 20 Uhr; www.esmadrid.com; Metro: Cruz del Rayo)*, liegt ein Stück nördlich der Innenstadt. Ausgestellt sind Sammlungen zu verschiedenen Aspekten der Stadt, darunter Stadtpläne, Pläne zur Infrastruktur, Fotodokumentationen, Sitten und Gebräuche, Dienstleistungen etc.

Seit Madrids ehrwürdiger Stadtbahnhof (südlich des Atocha-Bahnhofs) stillgelegt ist, dienen Teile der 1880 errichteten Anlage als **Museo de Ferrocarril**, als Eisenbahnmuseum *(geöffnet Di - So 10 - 15 Uhr; www.museodelferrocarril.org; Metro: Delicias, Linie 3)*. Natürlich gibt es viele alte Dampf- und Elektroloks und rollendes Material zusehen, darunter ein Speisewagen, der als Museumscafeteria dient.

**Museo Nacional de Ciencias Naturales**, Calle Josè Gutièrrez Abascal, 2 *(geöffnet Di - Fr + So 10 - 17 Uhr, Sa 10 - 20 Uhr, im Juli + Aug. Sa 10 - 15 Uhr; www.mncn.csic.es; Metro: Gregorio Marañòn)*. Dieses Technik- und naturwissenschaftliche Museum befasst sich in erster Linie mit Themen wie Zoologie und Geologie und weist daneben umfangreiche Sammlungen von Insekten und Fossilien auf. Im Technikbereich sind u. a. Gerätschaften zur Navigation und zur Himmelsbeobachtung sowie wissenschaftliche Messinstrumente zu sehen.

**Ermita San Antonio de la Florida**, Glorieta de San Antonio de la Florida, 5 *(geöffnet Di - Fr 9.30 - 20 Uhr, Sa + So 10 - 14 Uhr; www.madrid.es/ermita/; www.sanantoniodelaflorida.com; Metro: Intercampiador de Principe Piò)*. Die kleine Wallfahrtskirche, 1798 im Auftrag von Karl VI. von Carlos Fontana im klassizistischen Stil errichtet, liegt nordwestlich des ehemaligen Nordbahnhofs in der Nähe des Manzanares-Ufers. Das Kircheninnere ist vor allem wegen der von Francisco de Goya geschaffenen Fresken sehenswert. Goya floh ins Exil nach Frankreich und starb 1828 in Bordeaux. Erst 60 Jahre später wurde er nach Spanien überführt und fand hier in der Kirche San Antonio de la Florida seine letzte Ruhestätte.

**Museo Taurino**, Stierkampf-Museum, Calle de Alcalà, 237, *(geöffnet März - Okt. Di - Fr 9.30 - 14.30 Uhr, So 10 - 13 Uhr; übrige Zeit Mo – Fr 9.30 – 14.30 Uhr;*

*Eintritt frei; Metro: Ventas, Linien 2 und 5).* Die „Arena Monumental de las Ventas" ist eine der größten Stierkampfarenen des Landes. Sie ist vor allem für die Corridas während des San Isidro Festes bekannt. Die berühmtesten Toreros Spaniens nehmen daran teil.

Wer sich für den Stierkampf, seine Geschichte und die großen Matadores interessiert, findet im angegliederten Museum eine wahre Fundgrube an Kostümen, Büsten, Dokumenten, Plakaten etc.

**Parque Warner Madrid**, ein Themen- und Freizeitpark ist in San Martín de la Vega entstanden. Mit dem Auto erreicht man den Freizeitpark über die A-4, Ausfahrt 22 oder mit Bussen der Linie 412 „La Veloz" vom Südbahnhof (Méndez Álvaro).

## PRAKTISCHE HINWEISE – MADRID

**Centro de Turismo Plaza Mayor [N40° 24' 56.8" W3° 42' 25.9"]** (Ayuntamiento de Madrid), Fremdenverkehrszentrum der Stadt Madrid, Plaza Mayor, 27, 28012 Madrid, Tel. +34 915 88 16 36; www.turismomadrid.es/de; www.esmadrid.com (auch in englischer Sprache). *Geöffnet tgl. 9.30 – 20.30 Uhr.*

**Colón Tourist Center**, Plaza de Colón. *Geöffnet 9.30 – 20.30 Uhr.* Nähe Paseo de Recoletos und Archäologischem Museum.

**Oficina de Turismo de Madrid**, Calle del Duque de Medinaceli, 2, 28014 Madrid, Tel. +34 914 29 49 51, 902 100 007. *Geöffnet tgl. 9.30 – 20.30 Uhr.*

**Oficina de Turismo**, Plaza Cibeles Esquina Paseo del Prado, 28014 Madrid, Tel. +34 917 01 22 10, www.esmadrid.com. *Geöffnet Di – So 10 – 20 Uhr.*

**Oficina de Turismo**, Plaza de Callao Esquina Carmen, 1, 28013 Madrid, Tel. +34 915 88 16 36; www.esmadrid.com. *Geöffnet 9.30 – 20.30 Uhr.*

**Oficina de Turismo Estación de Atocha**, Plaza Emperador Carlos V, Eingangshalle Puerta de Atocha, 28045 Madird, Tel. +34 913 15 99 76; www.turismomadrid.es; www.madrid.org. *Geöffnet tgl. 9 – 20 Uhr.*

**Oficina de Turismo Aeropuerto Barrajas**, Ankunft International Terminal 1, Terminal 2 und Terminal 4, Tel. +34 913 05 86 56 (Terminal 1) und +34 913 33 82 48 (Terminal 4), www.esmadrid.com. *Geöffnet tgl. 9 – 20 Uhr.*

### Mobiltelefon

Die größten Mobiltelefongesellschaften in Spanien sind Voadfone, Orange und Movistar. Für lockfreie Handys kann man in den Filialen der Telefongesellschaften oder in Einkaufszentren vorbezahlte SIM-Karten kaufen.

Die meisten Hotels, Cafés, Bars, Restaurants, Tankstellen und Einkaufszentren verfügen über WiFi-Bereiche, die mitunter sogar kostenlos genutzt werden können, wie z. B. in den Terminals T4 und S4 sowie in den Gaststättenbereichen der Terminals T1, T2 und T3 auf dem Flughafen Barrajas.

Auch in den Bibliotheken der Stadt, z. B. in der Nationalbibliothek, und auf dem Platz Santo Domingo (nordöstlich vom Schloss) ist der Netzzugang über WiFi kostenlos.

### Öffnungszeiten in Madrid

Einkaufszentren, Kaufhäuser und Boutiquen großer Modehäuser sind durchgehend von 10 bis 22 Uhr geöffnet. Der Einzelhandel öffnet gewöhnlich von 10 bis 14 Uhr und dann wieder von 17 bis 20.30 Uhr.

Bars, Cafeterias, Bistors etc. öffnen meist zwischen 7 und 8 Uhr und schließen, je nach Art des Lokals und dessen Lage, zwischen 23 Uhr und 1 Uhr morgens.

Nachtschwärmer finden Nachtlokale bis 3 Uhr geöffnet. Und viele Diskotheken sind bis morgens 7 Uhr geöffnet.

### Feste, Folklore

**Karneval** mit ausgelassenen Umzügen, der am Aschermittwoch mit dem „Begräbnis der Sardine" seinen Höhepunkt erreicht.

**Fest zum 2. Mai** ist der offizielle Festtag der Autonomen Region Madrid, großes Festprogramm und Stierkampf.
**San Isidro Fest**, am 15. Mai, großes Fest zu Ehren des Schutzpatrons der Stadt. Nach alter Tradition nimmt man an der Wallfahrt Romería de Pradera de San Isidro teil. Dabei trinkt man das von den Gläubigen als heilkräftig angesehene Wasser der Kapelle. Von Mitte Mai bis Mitte Juni werden in der Arena Las Ventas die sog. San Isidro Stierkämpfe abgehalten.
**San Antonio Tag**, am 13. Juni. Nach altem Brauch ist es das Fest der heiratslustigen Mädchen, die zur Kapelle Ermita de San Antonio de la Florida, Glorieta de San Antonio de la Florida, 5, kamen und dort im Taufbecken dreizehn Stecknadeln niederlegten, als Bitte an den Heiligen, für sie einen stattlichen Bräutigam zu finden.
Zwischen dem 6. und 15. August finden gewöhnlich viele **Stadtteilfeste** mit Prozessionen und Straßenkonzerten statt.
**„El Rastro"**, der stadtbekannte Flohmarkt findet jeden Sonntag von 9 bis 15 Uhr am Plaza de Cascorro und Umgebung, südlich der Kathedrale San Isidro statt.

## RESTAURANTS

**Flamenco Restaurant**
**Café de Chinitas**, Calle de Torija, 7, Tel. +34 915 59 51 35, www.chinitas.com; hier können Sie beim Abendessen Flamencotänze genießen. Shows um 20 Uhr und um 22.30 Uhr. Ein von Touristengruppen gerne besuchtes Lokal.

**Cafés**
**Café Gijón**, Paseo de Recoletos, 21, Tel. +34 915 31 03 18, www.cafegijon.com; ein alteingesessenes, bereits 1888 eröffnetes und immer noch sehr beliebtes Kaffeehaus mit langer Tradition. Als Literaten-Café eine Madrider Institution.
**Café Comercial**, Glorieta de Bilbao, 7, Tel. +34 915 21 56 55, www.elcafecomercial.blogspot.de; Jahrhundertwende-Amiente, im ersten Stock öfters Schachturniere.
**El Espejo**, Paseo de Recoletos, 31, Tel. +34 913 08 23 47, www.restauranteelespejo.com; hübsches, einladendes Café, besonders schön sitzt man auf der Glasveranda zur Straße hin.
**Teatriz**, Calle de Hermosilla, 15, Tel. +34 915 77 53 79, www.teatriz.com; schickes Designer-Café in einem alten Theater, an der Boutiquen- und Galerienmeile Claudio Coello.

**Tapas-Bars**
**Taberna El Almendro 13**, Almendro, 13, Tel. +34 913 65 42 52; in der Altstadt einen Straßenzug südlich der San Pedro Kirche, auf alt getrimmte Tapas-Kneipe, die oft brechend voll ist, nicht zuletzt der vorzüglichen „huevos estrellados" wegen, eine Art Bauernomelett aus Eiern und Bratkartoffeln.
**La Botillería**, Plaza de Oriente, 4, Tel. +34 915 48 46 20, Nähe Königlicher Palast, gleich neben dem Teatro Real de la Opera, mit Terrasse, Metrostation Opera. Sonntags geschlossen.
**La Taurina**, Carrer de San Jerónimo, 5, Tel. +34 915 31 39 69, www.lataurina.com; unweit östlich der zentralen Plaza de la Puerta del Sol, hier können Sie Ihre Tapas im Stierkampfambiente genießen. Metrostation Sol.
**Cervecería Alemana**, Plaza de Santa Ana, 6, Tel. +34 914 29 70 33, www.cerveceriaalemana.com; Metrostation Sol, eine traditionsreiche Kneipe zu deren illustren Gästen einstmals auch Ernest Hemingway zählte, von dem es heißt, dass er hier große Teile seines Romans „Wem die Stunde schlägt" geschrieben haben soll. – Und viele andere.

**Restaurants**
**„Schinkenmuseen"** – Keine Sorge, nicht schon wieder Besichtigungen. Hier sind nicht Kunstgenüsse, sondern kulinarische Leckereien die Attraktion, die

in Form von prallen Schinken, die von der Decke der Bar des Restaurants hängen. Sie sind der lockende Blickfang dieser Lokale. Einladende „Museos del Jamón" findet man z. B. an der Plaza Mayor, 17 - 18, in der Calle del Capitán Haya, 15, in der Carrera de San Jerónimo, 6 und am Paseo del Prado, 44 , www.museodeljamon.com.

**Mein Tipp!** Falls Sie sich etwas länger in Madrid aufhalten, empfehle ich, in die Freitagsausgaben der großen Tageszeitungen zu schauen, deren Beilage ganz aktuell über Restaurants und Bars, aber auch über Film- und Theaterprogramme und andere Unterhaltungen informieren.

Bekannt für seine **„cocidos"** (Eintopfgerichte), z. B. „Cocido madrileño", ist unter anderen das **La Bola**, Calle de la Bola, 5, Tel. +34 915 47 69 30; www.labola.es. Sonntagabends geschlossen. Metro: Santo Domingo oder Opera.
Und vorzügliche **Bacalao-Gerichte** (Stockfisch) werden unter anderen im **El Nuevo Foque**, Calle Manuel Pombo Angulo, 18, Tel. +34 917 50 47 94, www.latabernadeelfoque.co serviert. Sonntags geschlossen.

Die folgenden Angaben zu Restaurants (auch zu den anschließend aufgeführten Hotels) sind eine unvollständige Auflistung seit Jahren bekannter Betriebe. Tischreservierung, zumindest bei den als „gut und teuer" eingestuften Restaurants, sind ratsam. Kaum ein Restaurant öffnet abends vor 20 oder 21 Uhr!

Gut und teuer (Menü ab etwa 50 Euro) sind:
**Horcher**, in den 50ern von einer deutschen Gastronomenfamilie aus Berlin gegründet, spanische und deutsche Küche, Nähe Westrand des Parque del Retiro, Calle de Alfonso XII, 6, Tel. +34 915 22 07 31, www.restaurantehorcher.com; Samstagmittags und sonntags sowie im August geschlossen.
**Lhardy**, gegründet 1839 ist es wahrscheinlich eines der ältesten Lokale in Madrid, „alte Pracht", Nähe Puerta del Sol, Carrera San Jerónimo, 8, Tel. +34 915 22 22 07; www.lhardy.com.
**O'Pazo**, bekannt für seine galicische Küche, gute Fischgerichte, Calle Reina Mercedes, 20, Tel. +34 915 53 23 33; www.opazo.es; Sonntags geschlossen.
**El Pescador**, Fischtaverne in modernem Stil, exzellente, frische Fischgerichte, aber auch leckere Schinkenspeisen, Calle de José Ortega y Gasset, 75, Tel. +34 914 02 12 90; www.marisqueriaelpescador.net; Sonntags geschlossen.

Etwas gemäßigter wie in den oben genannten Restaurants, aber dennoch stattlich (Menü ab etwa 30 Euro) sind die Preise im:
**Casa Botín**, zählt zu den ältesten Restaurants in der Stadt, Hemingway soll hier gerne gegessen haben und Goya soll hier einmal Tellerwäscher gewesen sein, etwas verstaubter Charme, Touristenhochburg, unmittelbar in der Nähe der Plaza Mayor, Calle de los Cuchilleros, 17, Tel. +34 913 66 42 17; www.botin.es.
**La Vaca Verónica**, Calle de Moratin, 38, Tel. +34 914 29 78 27; www.lavacaveronica.es; unweit westlich des Paseo del Prado, gutes Preis-Leistungsverhältnis in Anbetracht der guten Küche. Sonntagabends geschlossen.
**El Viejo León**, Calle de Alfonso X, 6, Tel. +34 913 10 06 83; www.elviejoleon.com; der Küchenchef hat sich der französischen Küche verschrieben. Samstagmittags und sonntags geschlossen.
**La Trucha**, Calle de Manuel Fernández y González, 3, Tel. +34 914 29 58 33; Tapas in vielen Variationen werden hier geschätzt.

Sehr gut und darüber hinaus auch noch relativ preiswert (Menüs auch unter 30 Euro) isst man in der **Taberna Carmencita**, einer urigen Kneipe in der Calle de la Libertad, 16, einige Straßenzüge nordwestlich der Plaza de Cibeles gelegen. Tel. +34 915 31 09 11, www.tabernalacarmencita.es.
**Zerain**, Calle Quevedo, 3, Tel. +34 914 29 79 09, www.restaurante-vasco-zerain.sidreria.es; gute Küche, mittlere Preislage. Sonntagabends geschlossen.
– Und viele andere Restaurants.

## HOTELS

Abweichend von den unter „Hotels und andere Unterkünfte" von uns zur Groborientierung geschaffenen Preiskategorien, liegen die Preiseinteilungen für ein Doppelzimmer für Madrid etwas höher:

* = bis 80 Euro
** = bis 120 Euro
*** = bis 170 Euro
**** = bis 220 Euro
***** = über 220 Euro

Rechtzeitige Zimmerreservierungen sind zu jeder Jahreszeit ratsam.

**Centro – Hotels zwischen Prado und Puerta del Sol**
**Lope de Vega,** ****, 59 Zi., Lope de Vega, 49, Tel. +34 913 60 00 11, www.hotellopedevega.com; sehr komfortables Mittelklassehotel dessen Vorzug u. a. in der nahen Lage zum Prado Museum liegt. WLAN. Garage.
**Centro Sol,** **, 35 Zi., Carrera de San Jerónimo, 5, 2° - 4°, Tel. +34 915 22 15 82, www.hostalcentrosol.com; einfaches Hotel im 2. und 4. Stock des Gebäudes, sehr zentral, erschwingliche Zimmerpreise.
**Vita Inglés,** **, 58 Zi., Calle de Echegaray, 8, Tel. +34 914 20 46 30, sehr zentral unweit südlich der Gran Vía, relativ preiswert, Garage, also fast ideales Sightseeing-Hotel. WLAN.
**Mora,** **, 60 Zi., Paseo del Prado, 32, Tel. +34 914 20 15 69, www.hotelmora.com; recht preiswertes Hotel in fast idealer zentraler Lage gegenüber dem Botanischen Garten in der Nachbarschaft des Prado Museums. Café-Bar. WLAN.

**Centro – Hotels zwischen Puerta del Sol und Plaza de España:**
**Best Western Arosa,** ****, 110 Zi., Calle de la Salud, 21, Gran Vía, 29, Tel. +34 915 32 16 00, www.bestwesternarosa.com; komfortables Firstclass Hotel unweit südlich der Gran Vía, Cafeteria, Fitnessstudio, WLAN, Garage.
**Emperador,** ****, 232 Zi., Gran Vía, 53, Tel. +34 915 47 28 00, www.emperadorhotel.com; komfortables Firstclass Hotel Nähe Metrostation Santo Domingo, Schwimmbad, Sauna, Fitnesseinrichtungen. WLAN. Parkservice.
**Best Western Carlos V,** ***, 67 Zi., Calle de Maestro Victoria, 5, Tel. +34 915 31 41 00, www.carlosv-Madrid.com; gutes, komfortables Mittelklassehotel, neben Las Descalzas Reales Konvent, zentrale Lage, dennoch relativ ruhig weil in einer Fußgängerzone. Bar. Kein Restaurant. Keine Parkmöglichkeit.
– Und zahlreiche andere Hotels.

## CAMPING

V&E

**Madrid-Canillejas**
**Camping Osuna [N40° 27' 14.07" W3 °36' 11.94"]**, Paseo de los Jardines, Tel. +34 917 41 05 10; www.osunacamping.com; ganzjährig geöffnet; nordöstlich der Stadt, über die Autobahn A2/E-90 (Madrid – Barcelona) Richtung Flughafen Madrid-Barajas Ausfahrt Nr. 8; Gelände mit altem Baumbestand, laut durch nahen Flughafen; ca. 2,5 ha – ca. 250 Stpl.; einfache Sanitärausstattung; **V & E für Wohnmobile**, stadtnächster Platz.

**Getafe**
**Camping Alpha [WP046 / N40°19'1.74" W3°41'20.76"]**, Calle de la Calidad, Ctra. A-4, KM 12,4, Tel. +34 916 95 80 69; www.campingalpha.com; ganzjährig geöffnet; ca. 13 km südl. Madrid, über A-4 Ausfahrt 12B oder 13B; laut durch Schnellstraße; relativ stadtnah gelegen; ca. 4 ha – 230 Stpl.+ Dau.; Standard-Sanitärausstattung; Laden, Restaurant, Waschmaschine mit Trockner, Schwimmbad, Tennis, WLAN. **V & E für Wohnmobile.** Miethütten.

**Arganda del Rey**
**Camping Lago Coto Cisnero [N40° 18' 1.15" W3° 30' 32.26"]**, Tel. +34 918 71 96 95; 15. Juni – 15. Sept.; ca. 25 km südöstl. Madrid, über A-3/E-901 und

südwärts weiter über die C-302 Richtung Chinchón; ebenes Gelände mit Baumbestand an einem See; ca. 8 ha – 400 Stpl. + zahlr. Dau.; Standard-Sanitärausstattung. Laden, Restaurant, Schwimmbad.

**Arganda del Rey**

**Camping-Caravaning Arganda [N40°19'10.63" W3°27'15.53"]**, Ctra. Campo Real KM 3,6, Tel. +34 918 71 26 63, www.campingarganda.com; ganzjährig geöffnet; von der A-3 (Madrid – Taracón) Ausfahrt 22 Arganda und ca. 3,5 km ostwärts weiter Richtung Campo Real; ebenes, baumbestandenes Wiesen- und Erdgelände; 3 ha – 100 Stpl. + Dau.; einfache Standard-Sanitärausstattung; Laden, Schwimmbad, Tennis.

**Villaviciosa de Odón bei Madrid**

**Camping Arco Iris [N40°22'52.40" W3°54'26.25"]**, Calle Villaviciosa-Boadilla M-501, KM 7,100, Tel. +34 916 16 03 87; www.bungalowsarcoiris.com; ganzjährig geöffnet; ca. 20 km westl. Madrid, über die A-5 südwestwärts, nach wenigen Kilometern auf die M-501 Richtung Boadilla del Monte, Einfahrt bei KM 7,100; teils eben, teils terrassiert, mit Baumschatten; ca. 3,5 ha – 80 Stpl. + Dau.; Standard-Sanitärausstattung; Laden, Restaurant, Imbiss, Waschmaschine mit Trockner, Schwimmbad, Sauna, WLAN, Internetecke. Mietbungalows, Mietcaravans, **V & E für Wohnmobile**.

## ABSTECHER VON MADRID

### Abstecher nach San Lorenzo de El Escorial

*ROUTE: **San Lorenzo de El Escorial** liegt 46 km nordwestlich von Madrid und ist über die A-6/M-505 zu erreichen. Es bestehen auch Bahnverbindungen zwischen Madrid und San Lorenzo de El Escorial. Geprägt wird das Erscheinungsbild des 1.065 m hoch gelegenen Städtchens vom mächtigen **Klosterpalast El Escorial**.*

Parkplätze findet man an der Straße an Westseite des El Escorial Palastes.

**El Escorial [WP047 / N40° 35' 22.4" W4° 08' 58.7"]**, Plaza de España, 1.

Philipp II., Sohn Karl V., ließ sich den Klosterpalast 1563 erbauen. Den Anstoß dazu erhielt der König schon sechs Jahre früher. 1557 nämlich gewannen seine Truppen bei St. Quentin eine Schlacht gegen Heinrich II. von Frankreich. Das

*Der Klosterpalast El Escorial*

war am Laurentiustag. Aus frommer Dankbarkeit beschloss Philipp II. den Bau eines Kloster und einer Kirche, die er dem hl. Laurentius (Märtyrer, in Rom gest. 258) weihen wollte und die gleichzeitig Grabkirche seiner Familie werden sollte. Rechtzeitig kam dem König der Einfall, gleich einen Palast mit anzugliedern.

Nach 21-jähriger Bauzeit ging der riesenhafte Komplex seiner Vollendung entgegen. Nicht auszuschließen ist, dass Philipp II. unter dem Eindruck der

*Treppenaufgang im El Escorial Palast*

Macht Spaniens, die unter seiner Herrschaft ihren Höhepunkt erreichte, einen Klosterpalast solchen Ausmaßes in Auftrag gab.

Fast 2.000 Arbeiter waren beschäftigt, den 206 x 161 m messenden Klotz aufzubauen. Wären nicht die Ecktürme und die über 2.500 Fenster als auflockernde Elemente vorhanden, die Strenge, Kälte und Unnahbarkeit der Anlage, vom weißgrauen Baumaterial Granit noch unterstrichen, wäre nicht zu überbieten.

Die Baupläne entwarfen die Architekten Juan de Toledo und Philipp's Hofbaumeister Juan de Herrera. Wohl hatten die beiden im Sinn, einen veränderten Baustil zu schaffen, von den schmückenden, plateresken Fassaden abzurücken. Was jedoch dabei herauskam und sehr den Beifall des nüchternfreudlosen Bauherrn fand, war ein Bauwerk, das nicht besser dem Wesen des frömmelnden Eiferers und pedantischen Bürokraten Philipp II. entsprechen konnte. Der Escorial dokumentiert Macht, aber keinen Funken höfische Eleganz.

*Der Klosterpalast ist zur Besichtigung geöffnet Apr. - Sept. tgl. 10 - 20 Uhr, übrige Zeit tgl. 10 - 18 Uhr; letzter Einlass eine Stunde vor Schließung; für Senioren über 65 aus EU-Ländern gibt es gegen Vorlage des Ausweises ermäßigte Eintrittspreise; www.el-escorial.com.*

Zu besichtigen sind die königlichen **Gemächer des Palacios** mit herrlichen **Wandteppichen** aus Flandern und Madrid. Einige wurden nach Motiven Goyas, Rubens' und El Grecos gearbeitet.

Weiter sind die **Gemächer Philipp II.** zu sehen. Das Schlafzimmer des Königs öffnete sich durch ein Portal direkt zum Altarraum der Kirche, um dem Herrscher die Teilnahme am Gottesdienst vom Bett aus zu ermöglichen. Philipp war im Alter, genau wie sein Vater, schwer gichtkrank und starb 1598 im Alter von 71 Jahren. Für eine Besichtigung sollten Sie mindestens zwei Stunden zur Verfügung haben.

Unter den zahlreichen Porträts und **Gemälden** in den Gemächern und in der Bibliothek verdient vor allem das Original des Gemäldes „Der Heuwagen" von Hieronymus Bosch, den man in Spanien als El Bosco kennt, Aufmerksamkeit. Eine Replik, ein vom Meister selbst geschaffenes Duplikat, hängt im Prado.

Als nächstes kann man zu den **Nuevos Museos** (neue Museen) gehen. Herrliche Gemälde (Tizian, Ribera, Bosch, Velázquez, El Greco u. a.) und Kunstgegenstände sind hier zu sehen.

Nun besichtigt man die **Kirche**, pompös wie der ganze Palast. Besondere Beachtung verdient aber das Deckengemälde (Himmel) über dem Chor und Tizians Fresco „Das Martyrium des hl. Laurentius", das den Heiligen auf dem glühenden Rost zeigt, auf dem der Märtyrer der Legende nach zu Tode gemartert wurde.

Anschließend geht man um den **Patio de los Reyes**, den Hof der Könige, herum zum **Panteón de los Reyes**. Eine Treppe aus Marmor führt hinunter in die achteckige Königsgruft. In 26 gleich gearbeiteten, dunklen Marmorsarkophagen ruhen hier, mit wenigen Ausnahmen, die sterblichen Hüllen der gekrönten, spanischen Häupter seit Karl V. Nur die Königinnen, die Söhne hatten, die später auch gekrönt wurden, sind ebenfalls hier beigesetzt. Alle anderen Königinnen, Prinzen und Prinzessinnen, die nie regierten, fanden im Pantheon der Infanten eine letzte Ruhestätte.

**Ausflug**

Ca. 10 km nördlich von San Lorenzo de El Escorial liegt **El Valle de los Caídos [WP049 / N40° 39' 02.0" W4° 06' 07.4"]** *(geöffnet Apr. - Sept. Di - So10 - 18.30 Uhr, übrige Zeit Di - So 10 - 17.30 Uhr, ermäßigter Eintritt für Senioren aus EU-Ländern mit Ausweis; www.valledeloscaidos.es).* Die Zufahrt von der M-600 Richtung Guadarrama ist deutlich beschildert.

## PRAKTISCHE HINWEISE – SAN LORENZO DE EL ESCORIAL

**Oficina de Turismo [N40° 35' 25.88" W4° 8' 50.90"]**, Calle Grimaldi, 4, 28200 San Lorenzo de El Escorial, Tel. +34 918 90 53 13; www.sanlorenzoturismo.org. Innerhalb eines modernen Informations- und Ausstellungszentrums. *Geöffnet: Di – Sa 10 – 14 Uhr + 15 – 18 Uhr. So 10 – 14 Uhr.*

### RESTAURANTS

**Parrilla Príncipe,** Calle Floridablanca, 6, Tel. +34 918 90 16 11; www.parrillaprincipe.com; gute Küche, teuer, Terrasse, man vermietet auch Fremdenzimmer. Dienstags geschlossen und sonntagabends im Winter.

**Alaska**, Plaza de San Lorenzo, 4, Tel. +34 918 90 43 65; www.restaurantealaska.com; mittlere Preislage, Terrasse. Montag Ruhetag.

### HOTELS

**NH Hotel Victoria Palace** ****, 78 Zi., Calle Juan de Toledo, 4, Tel. +34 918 96 98 90, www.nh-hoteles.es; sehr komfortables Firstclass Hotel, ansprechend, doch zentral gelegen ca. 300 m vom königlichen Palast entfernt; Schwimmbad, Restaurant, WLAN, Parkplatz.

**Best Western Hotel Florida** ***, 50 Zi., Calle Floridablanca, 12, Tel. +34 918 90 15 20, www.bwhotelflorida.com; gehobenes Mittelklassehotel, zentral, Terrasse, Cafeteria „Del Arte" und Restaurant „El Carillón". Keine hauseigene Parkmöglichkeit.

**Miranda Suizo** ***, 55 Zi., Calle Floridablanca, 18, Tel. +34 918 90 47 11, www.hotelmirandasuizo.com; gutes Mittelklassehotel, zentral, Terrasse, Restaurant. Keine hauseigene Parkmöglichkeit.

### CAMPING

**Camping Caravaning El Escorial [WP048 / N40° 37' 37.71" W4° 5' 59.57"]**, Ctra. M-600, Tel. +34 902 01 49 00; www.campingelescorial.com; ganzjährig geöffnet; nordöstlich der Stadt beschilderte Zufahrt von der M-600 (El Escorial – Guadarrama) bei KM 3,2; weitläufiges, ebenes Gelände mit Baumschatten, größtenteils parzelliert mit nummerierten Stellplätzen (teurer), hier sehr stark mit Dauercampern belegt; teils auf unparzellierten Wiesen unter uralten Laubbäumen (billiger); ca. 35 ha – 800 Stpl., davon gut die Hälfte Dauercampern; Komfortausstattung; Laden, Restaurant, Imbiss, Waschmaschine mit Trockner, Schwimmbad, Tennis, Volleyballanlage, WLAN im Rezeptionsbereich. **V & E für Wohnmobile**. Miethütten.

Ein 150 m hohes Granitkreuz markiert das Denkmal **„Monumento de la Santa Cruz del Valle de los Caídos“**, das zu Ehren der im spanischen Bürgerkrieg Gefallenen – heute darf wohl hinzugefügt werden aller Gefallenen, auch der republikanischen – errichtet wurde. In den Felsen ist eine unterirdische riesige, Basilika gehauen. Republikanische Gefangene aus dem Bürgerkrieg wurden zur Zwangsarbeit hierher beordert. Wandteppiche stellen Szenen aus der Apokalypse dar. General Franco und der Gründer der Falange, José Antonio Primo de Rivera, sind vor dem Altar beigesetzt.

### Abstecher nach Aranjuez

*ROUTE: **Aranjuez**, knapp 50 km südlich von Madrid gelegen, erreicht man über die Autobahn A-4/E-5.*

**Aranjuez**, die Sommerresidenz der spanischen Könige wurde viel besungen und gemalt. Im „Concierto de Aranjuez“ versucht der Komponist Joaquín Rodrigo den Reiz der lauschigen Parks und schattigen Alleen am Río Tajo einzufangen und Schillers Drama „Don Carlos“ (... die schönen Tage von Aranjuez sind nun vorüber ...) spielt in vielen Szenen im Park auf der Insel neben dem königlichen Sommerpalast.

Schon die Katholischen Könige kamen gerne nach Aranjuez. Auch Karl V. schätzte die Sommerresidenz. Er ließ den schon im 14. Jh. entstandenen Palast vergrößern, obwohl ihn seine Kaiserpflichten eher in Flandern, Deutschland und Italien hielten, als in Spanien. Philipp II. veranlasste unter anderem das Anlegen der Parks. Schließlich wurde aus Aranjuez unter den spanischen Herrschern aus dem Hause Bourbon ein prächtiges Residenzstädtchen.

Im 18. Jh. wurde der Palast zweimal kurz hintereinander (1727 und 1748) ein Raub der Flammen, jedes Mal aber sofort und noch prächtiger wieder aufgebaut.

Im Frühjahr 1808 musste der Premierminister Karls IV., Godoy, – eine schillernde Persönlichkeit, die sich durch die Genehmigung des freien Durchzugs napoleonischer Truppen durch Spanien nach Portugal bei den Spaniern noch unbeliebter machte, als er es schon war – nach dem Mai-Aufstand von Aranjuez seinen Abschied nehmen.

Zu besichtigen sind der prächtige **Palacio Real [WP050 / N40° 02' 11.4“ W3° 36' 34.0“]** *(geöffnet Apr. – Sept. Di - So 10 - 20 Uhr, übrige Zeit Di - So 10 - 18 Uhr, letzter Einlass 1 Stunde vor Schließung, Mi und an Feiertagen freier Eintritt*

*Die Gedenkstätte „Monumento de la Santa Cruz del Valle de los Caídos“*

*von 15 Uhr bis 17 Uhr; http://www.turismoenaranjuez.com/aranjuez/palacio-real),* der Königspalast, mit dem **Salón del Trono (Thronsaal)**, den kostbar mit Wandbehängen, Möbeln und Deckendekorationen versehenen **königlichen Gemächern**, dem **Musiksalon**, dem **Arabischen Salon,** dem wunderschönen **Porzellan-Salon** und dem Salon mit den königlichen Gewändern.

Anschließend lohnt ein Spaziergang vom Schlosspark **Jardin del Parterre** mit dem Herkulesbrunnen an der Ostseite des Palastes zum nordwestlich angrenzenden lauschigen Inselpark Jardin de la Isla, der von zwei Armen des Río Tajo umschlossen ist.

Vom großen Kreisverkehr an der Tajo-Brücke führt die Allee Reina nach Osten am Jardin del Principe, dem Prinzengarten (für Besucher geöffnet, Zeiten wie Königspalast), entlang. Durch den ersten Parkeingang gelangt man zur **Casa de Marinos [WP051 / N40° 02' 12.2" W3° 36' 10.6"]** (Haus der Seemänner), und zum **Museo de Faluas Reales** *(geöffnet Apr. – Sept. Di – So 10 – 18.15 Uhr, Okt. – März Di - So10 – 17.15 Uhr)*, dem Museum der königlichen Nachen und Prunkbarken.

Knapp 1 km weiter ist der Zugang zur sehenswerten **Casa del Labrador** *(geöffnet Apr. – Sept Di - So 10 – 18 Uhr, Okt. – März Di - So 10 – 17 Uhr)*. Dieses „Bauernhaus“, im 18. Jh. von Karl IV. erbaut, ist ganz im Gegensatz zu seinem bescheidenen Namen ein prunkvolles, kleines Schlösschen, das besonders wegen seiner herrlichen, kostbaren Innenausstattung (feinstes Mobiliar im Empire-Stil, wunderschöne Kunstgegenstände wie Uhren, teils antike Marmorböden, Deckengemälde u. a.) sehenswert ist.

Der Name Casa del Labrador bedeutet soviel wie „Haus des Landarbeiters“ und bezieht sich auf eine Bauernkate, die früher an diesem Platz stand. Ein Raum des alten Bauernhauses wurde im Untergeschoss rekonstruiert.

## PRAKTISCHE HINWEISE – ARANJUEZ

**Oficina de Turismo [N40° 2' 1.18" W3° 36' 18.08"]**, Plaza de San Antonio, 9, 28300 Aranjuez, Tel. +34 918 91 04 27; www.turismoenaranjuez.com.

### RESTAURANTS

**Casa José**, Carrera de Andalusía 17, Tel. 918 91 14 88, www.casajose.es; hinter der Markthalle im Zentrum, vorzügliche Küche, ein Michelin-Stern, gehobene Preislage.

**Carême**, Av. De Palacio 2, Tel. 9128 92 64 86; http://caremejesusdelcerro.com/; ganz in der Nähe des Schlosses, Café-Bar im Erdgeschoss, Restaurant im ersten Stock, gepflegtes Ambiente, gute Küche zu relativ moderaten Preisen, überdachte Terrasse mit Blick auf den Schlosspark.

### HOTELS

**NH Principe de la Paz** ****, 86 Zi., Calle de San Antonio, 22, Tel. +34 918 09 92 22; www.nh-hoteles.es; Firstclasshotel mit modernem Ambiente in einem Anwesen des 18. Jh. gegenüber dem Königspalast, Bar, Fitnesscenter, WLAN. Parkplatz.

### CAMPING

**Camping Internacional Aranjuez [WP052 / N40° 2' 31.5" W3° 35' 56.1"]**, Camino Soto del Rebollo s/n, Tel. +34 918 91 13 95; www.campingaranjuez.com; ganzjährig; von der A-4 (Madrid – Manzanares) bei KM 39 nach Aranjez abzweigen, weiter der Beschilderung folgen, im nördlichen Stadtbereich gelegen; ebenes Gelände in einem Teil des königlichen Schlossgartens mit alten Laubbäumen am Río Tajo; ca. 3 ha – 150 Stpl.; gute Standard-Sanitärausstattung; Laden, Imibss, Restaurant, Waschmaschine mit Trockner, Schwimmbad, Reitschule, WLAN, Internetecke, Fahrrad- und Bootsverleih. Mietbungalows.

## ROUTE 4: TOLEDO – GUADALUPE

**Länge der Tour:** Rund 190 km (Hauptroute).

**Die Route:** Über die CM-401 und über **Navahermosa** und **Los Navalmorales** bis **Alcaudete de la Jara** – N-502 bis **La Nava de Ricomalillo** – CM-411 bis **Puerto de San Vicente** – EX-102 bis **Guadalupe**.

**Alternative:** Über **Talavera de la Reina**.

**Abstecher:** Nach **Torrijos**.

**Reisedauer:** Mindestens ein Tag.

**Höhepunkte:** Die **Basíliken Santa María la Mayor** und **de la Virgen del Prado** in Talavera de la Reina – das **Kloster Guadalupe** ***.

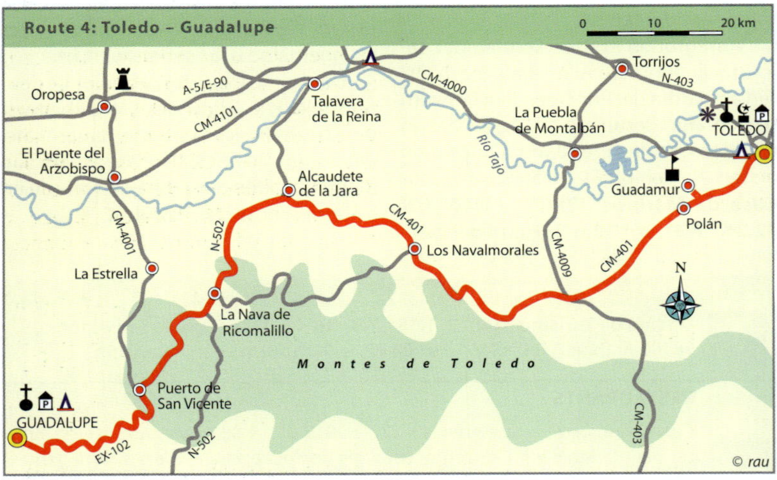


### Alternativroute

*ALTERNATIVROUTE: Wir verlassen Toledo auf der Straße CM-4000 in westlicher Richtung und folgen ihr über **La Puebla de Montalbán** bis **Talavera de la Reina**.*

**La Puebla de Montalbán** wartet mit einer hübschen Plaza Mayor auf. Bemerkenswerte Bauwerke sind der Palast der Herzöge von Osuna mit Plateresk-Portal und die Kirche Virgen de la Paz.

### Abstecher nach Torrijos

*ABSTECHER: Ab La Puebla de Montalbán bietet sich ein Abstecher nordwärts ins 15 km entfernte **Torrijos** an.*

Sehenswert im hübschen Städtchen **Torrijos** sind die Stiftskirche **Colegiata del Santísimo Sacramento** aus dem 16. Jh. mit plateresken Stilelementen, eindrucksvollem Portal und beachtenswertem Hochaltarbild, sowie das **Hospital de la Caridad** und der ebenfalls aus dem 16. Jh. stammende, nach Plänen von Juan de Herrera erbaute, **Palacio de Altamira**.

Außerdem bietet Torrijos zwei komfortablen Mittelklassehotels, das „Castilla" in der Avenida de Toledo, mit 63 Zimmern, Schwimmbad, Restaurant und Parkplatz, sowie das „El Mesón" mit 44 Zimmern und Restaurant, in der Puente 19.

*ALTERNATIVROUTE: Zurück nach **La Puebla de Montalbán** und weiter nach **Talavera de la Reina**.*

**Talavera de la Reina** am Río Tajo wurde u. a. bekannt durch seine **Azulejos**, Keramikkacheln, die vor allem durch ihre Farbgebung, bei der Blau- und Gelbtöne dominieren, auffallen. Der Stadtnamen nimmt Bezug auf Königin María von Portugal, Gemahlin König Alfonsos XI.

Die Stadt entstand in der Römerzeit und wurde später während der langen Zeit der Maurenherrschaft stark befestigt. Teile der Stadtmauer sind noch erhalten. Nach der Rückeroberung entstanden zahlreiche Kirchenbauwerke, darunter die Stiftskirche **Colegiata de Santa María la Mayor [WP055 / N39° 57' 27.3" W4° 49' 56.3"]**, die vor allem wegen ihres Hauptportals und der bemerkenswerten Fensterrosette darüber, dem Hochaltar und dem Kreuzgang Beachtung verdient.

Sehenswert ist auch die in einem kleinen Park am östlichen Stadtrand gelegene **Basílica de la Virgen del Prado**. Das Innere der Kirche ist reich mit Talavera-Kacheln geschmückt. Die Vielfalt ist so reich und die zeitliche Spanne, aus der die Kacheln stammen ist so groß, dass man die Entwicklung der Muster und Farben der Azulejos sehr schön sehen kann.

Im ehemaligen **Kloster Santiago el Viejo** in der Calle de San Agustín el Viejo ist heute das **Keramikmuseum Ruiz de Luna [WP056 / N39° 57' 33.5" W4° 49' 49.1"]** untergebracht *(geöffnet Di - Fr 9.45 – 15.15 Uhr, Sa 9.45 – 14 + 15.45 – 19 Uhr, So 10 – 14.30 Uhr; www.patrimoniohistoricoclm.es/museo-ruiz-de-luna/)*.

Rund 32 km westlich von Talavera de la Reina liegt **Oropesa**. In der recht eindrucksvollen mittelalterlichen Burg dort mit dem klangvollen Namen **Castillo-Palacio de los Álvarez de Toledo**, die zeitweilig Wohnsitz der hl. Teresa von Ávila war, ist heute der **Parador de Oropesa „Virrey de Toledo"** eingerichtet (****, 44 Zi., Plaza del Palacio, 1, Tel. +34 925 43 00 00; www.parador.es/

## PRAKTISCHE HINWEISE – TALAVERA DE LA REINA

**Oficina de Turismo [WP054 / N39° 57' 35.2" W4° 49' 58.6"]**, Calle de Palenque, 2, 45600 Talavera de la Reina, Tel. +34 925 82 63 22; www.talavera.org/turismo/.

### RESTAURANTS

Eine einladende Tapas-Bar mit Terrasse ist die **Taberna Mingote** an der Plaza Federico Garcia Lorca, 5, Tel. +34 925 82 56 33. Dienstagabends und mittwochs sowie die zweite Julihälfte geschlossen.

### HOTELS

**Ebora** ***, 165 Zi., Av. de Madrid, 1, Tel. +34 925 80 76 00; www.hotelebora.com; zählt zu den besten Häusern am Platz, bekanntes Restaurant „Antiquario", Cafeteria „El Sol". WLAN. Öffentliche Parkplätze nahebei.

**Perales** ***, 59 Zi., Ave. Pio XII, 3, Tel. +34 925 80 39 00; www.hotelperales.es; Mittelklassehotel mit vergleichsweise moderaten Zimmerpreisen, Restaurant. Keine hauseigenen Parkplätze.

### WOHNMOBIL-STELLPLATZ – LAGARTERA BEI OROPESA

**Wohnmobil-Stellplatz Parking de Autocaravanas Lagartera bei Oropesa [N 39° 54' 48" W 5° 11' 59"]**, Tel. +34 925 43 08 31, www.lagartera.es. Platz im Ort Lagartera, Camino de la Estacion 36. **Zufahrt**: Von der A-5 (Madrid – Cáceres) Ausfahrt 148 Lagertera-Este. Am Kreisverkehr abzweigen und weiter zum Platz am nördlichen Ortsrand. Asphaltierter Platz für 3 Wohnmobile. Beschilderte Einfahrt. **Geöffnet**: Ganzjährig. **Ausstattung**: Wasserentnahmestelle, Entsorgungsmöglichkeit für Grauwasser und Chemikaltoiletten. Gebührenfrei. Max. Aufenthalt 48 Stunden. Restaurant in der Nähe.

en/parador-de-oropesa, Schwimmbad, Restaurant, Parkplatz).

Sehenswert sind weiter die gotische Kirche Nuestra Señora de la Asunción oder das Ayuntamiento Antiguo, das Alte Rathaus (15. Jh.)

*ALTERNATIVROUTE: Ab Talavera de la Reina folgen wir der N-502 südwärts und stoßen bei **Alcaudete de la Jara** auf unsere Hauptroute nach **Guadalupe**.*

## HAUPTROUTE

*ROUTE: Wer sich sehr für alte Burgen interessiert, wird Toledo lieber in südwestlicher Richtung über die CM-401 verlassen und nach rund 11 km den kurzen Abstecher zur **Burg von Guadamur** unternehmen.*

Die **Burg von Guadamur** liegt am Ortsrand etwas oberhalb des Ortes. Sie stammt aus dem 15. Jh., wurde aber im 20. Jh. umfassend restauriert. Die von einer Mauer umgebene Anlage mit viereckigem Grundriss wird von einem stattlichen Donjon (Wohnturm) überragt, der von sechs schlanken Türmchen gekrönt wird.

Die Burg wurde zwar schön restauriert, ist Besuchern aber bislang nicht zugänglich! Besichtigen dagegen kann man das kleine Museum neben der Burg, das in einer ehemaligen Kapelle, einer Eremita, untergebracht ist *(geöffnet Mo, Mi, Fr 10 – 13 Uhr)*.

*HAUPTROUTE: Weiterreise über **Polán, Navahermosa** und **Los Navalmorales [WP057 / N39° 43' 45.5" W4° 38' 40.1"]** bis **Alcaudete de la Jara [WP058 / N39° 47' 25.5" W4° 52' 18.3"]**. Diese Fahrt geht durch schöne ländliche Gegend ohne Höhepunkte.*

*Der weitere Verlauf unseres Reiseweges führt nun durch weite Olivenplantagen zunächst südwestwärts, dann auf der N-502 nach **La Nava de Ricomalillo [WP059 / N39° 39' 02.5" W4° 59' 27.2"]** (26 km) und auf der CM-411 schließlich bis **Puerto de San Vicente [WP060 / N39° 31' 21.3" W5° 06' 56.5"]**. Dort folgen wir der Straße EX-102 über eine Anhöhe (807 m) und erreichen auf einer landschaftlich sehr reizvollen Bergfahrt schließlich das knapp 40 km entfernte **Guadalupe**.*

Das kleine Städtchen **Guadalupe** liegt malerisch in ansprechender Landschaft an den Südhängen der Sierra de Guadalupe.

Einen Parkplatz findet man an der Durchgangsstraße am unteren Ortsrand.

Der hübsche Ort Guadalupe in der abgele-

*Gedenktafel an die Taufe der indianischen Diener von Christoph Kolumbus auf dem Marktplatz von Guadalupe im Juli 1496*

*„Das Herz der Extremadura" – das Kloster von Guadalupe*

genen Hügellandschaft der Extremadura mit kaum 2.500 Einwohnern und einem fast mittelalterlich anmutenden Ortskern ist nicht nur wegen seines historischen Klosters sehenswert. Vor allem an der kopfsteingepflasterten, recht urtümlichen **Plaza de Santa María, der Plaza Mayor [WP062 / N39° 27' 07.7" W5° 19' 38.6"]**, mit ihren rustikalen Säulenarkaden an den Häuserfronten und dem kleinen Brunnen, scheint die Zeit nur langsam vorbeizugehen. In dem Brunnenbecken sollen im Juli 1496 die beiden indianischen Diener Kolumbus' getauft worden sein, die er von seiner zweiten Amerikareise mit nach Spanien gebracht hatte.

Weitere hübsche Plätze im Ort sind die **Plaza de Guadalupe** und die **Plaza Fuente de los Tres Caños**. Beide liegen unweit östlich des Hauptplatzes an der Calle de Sevilla mit dem hübschem Torbogen Arco de Sevilla.

Dominiert wird die Plaza Mayor an ihrer Nordseite von der mächtigen Fassade des **Real Monasterio de Santa María de Guadalupe** *(geöffnet tgl. 9.30 - 13 + 15.30 - 18.30 Uhr; www.monasterioguadalupe.com).*

Der Ursprung des Klosters, das gerne als „Herz der Extremadura" bezeichnet wird, geht auf eine Legende zurück. Ein Hirte namens Gil Cordero habe ausgangs des 13. Jh. an einem versteckten Ufer des Guadalupe (guadalupe = verbogener Fluss) eine Madonnenstatue gefunden, heißt es, der man wundersame Kräfte zuschrieb. Weiter berichtet die Legende, die Madonna sei Jahrhunderte zuvor zusammen mit Reliquien des Evangelisten Lukas in Rom und Sevilla verehrt worden, bis sie im Jahre 714 von frommen Gläubigen aus Sevilla geschmuggelt worden sei, um sie vor den anrückenden Muselmanen in Sicherheit zu bringen.

Mehr als eine Wallfahrtskirche unter vielen wäre aus Guadalupe wohl nicht geworden, hätte nicht König Alfonso XI., der hier gelegentlich zu jagen pflegte, von der Madonna gehört. Nach seinem Sieg gegen die Mauren bei Salado im Jahre 1340 gab er den Auftrag zum Bau der Kirche und des angeschlossenen Klosters von Guadalupe. Und in einem Dokument aus dem Jahre 1347, das Guadalupe den Status eines Kronguts verleiht, wird bereits vom „Puebla del dicho lugar de Santa María de Guadalupe" gesprochen.

Vor allem unter dem Orden der Hieronymiten (erster Abt war Pater Yañez), die das Kloster und den Wallfahrtsort zwischen 1389 und 1835 betreuten und den Marienkult förderten, erlangte das Kloster durch die Verehrung der Heiligen Jungfrau von Guadalupe große Bedeutung in der spanischen Kirchengeschichte und bei der gläubigen Bevölkerung.

Kolumbus und die folgenden Conquistadores gedachten auf ihren Entdeckungsfahrten der wundertätigen Madonna von Guadalupe.

Und in Guadalupe war es, wo das Beglaubigungsschreiben an Kolumbus für seine erste Reise ausgefertigt wurde. Die ersten Eingeborenen aus Mittelamerika, die nach Spanien mitgebracht worden waren, sollen hier getauft worden sein.

Inseln und Städte in der Neuen Welt wurden nach dem abgeschiedenen Kloster Guadalupe benannt. Die Madonna von Guadalupe wurde zur „Schutzpatronin aller Spanien", der am 12. Oktober mit großen Festen gedacht wird. Und bis auf den heutigen Tag ist Guadalupe der wichtigste Ort der Marienverehrung in der christlichen Welt.

Guadalupe war aber nicht nur ein religiöses, sondern auch ein wichtiges kulturelles Zentrum Spaniens. Seine medizinische Schule, seine Stickereiwerkstatt und seine Druckerei, in der das erste Buch der Extremadura entstand, genossen einen überragenden Ruf.

Nachdem der Einfluss Spaniens durch Verluste vieler Territorien in Mittelamerika schwand, sank auch der Ruhm des Klosters. Mitte des 19. Jh. wurde es gar verlassen und erst nach dem Spanischen Bürgerkrieg übernahmen Franziskanermönche das umfangreiche Klosteranwesen und begannen mit Restaurierungsarbeiten.

Und heute ist die Besichtigung des Klosters mit seinen Kreuzgängen mit der Kirche und der Sakristei wieder ein Erlebnis für jeden Besucher.

Auf etwa **einstündigen Führungen** (bislang nur in Spanisch) werden die Sehenswürdigkeiten des Klosters gezeigt.

Über eine breite Freitreppe gelangt man hinauf zur herrlichen, durch die viereckigen Türme einer Burganlage ähnlichen, gotischen **Südfassade** der Kirche mit schönen Bronzetüren. Der Besuchereingang ist links von den Kirchenportalen.

Zunächst wird der wunderschöne **Mudéjar-Kreuzgang „de los Milagros"** (Kreuzgang der Wunder) mit seinen doppelstöckigen Hufeisenbögen gezeigt, an dessen Wänden auf großen Gemälden die Klostergeschichte dargestellt ist. Sehr schön ist die Nordwestecke mit dem Brunnenhaus (schöne Azulejos). Mitten in dem begrünten Innenhof erhebt sich ein Mudéjarpavillon mit schönen Portalbögen.

An der Westseite des Kreuzgangs ist das **Museo de los Bordados**, das Stickereimuseum eingerichtet. Zu sehen sind aufwendig bestickte Altardecken und Prunkmessgewänder in überaus kostbaren Ausfertigungen, die oft mit Goldstickereien, Perlen und Edelsteinen versehen sind. Viele dieser einmaligen Messgewänder und Altardecken waren Geschenke weltlicher Herrscher. Eine der Altardecken stammt von der englischen Königin aus dem 16. Jh.

Über den Mudéjar-Kreuzgang geht der Rundgang weiter zum **Kapitelsaal**, der heute als **Museo de Miniados** dient. Ausgestellt sind hier u. a. kostbare, wunderschön illuminierte **Handschriften** und überdimensionale **Liturgievolianten**, mit schweinsledernem Einband und handgemalten Initialen. Diese Messbücher wiegen teilweise über 40 kg, sodass eigens dafür Pulte geschaffen werden mussten. Eines dieser mit verzierten Bronzetafeln beschlagenen Pulte ist in einer mächtig großen Ausführung zu sehen. Die Handschriften stammen aus der Zeit vom 14. bis ins 18. Jh. Viele davon, darunter das wunderbare **„Libro de las horas del Prior"** (Stundenbuch des Prior) aus dem 16. Jh., kommen aus dem einstmals berühmten „Scriptorium" von Gaudalupe.

Anschließend besichtigt man das **Museo de Esculturas y Pinturas,** einen Raum mit Gemälden großer spanischer Meister wie Zurbarán, Francisco Goya (in einer kleinen Wandnische), Isebrant oder El Greco. An der Wand ein kleiner

*Kreuzgang im Real Monasterio de Santa María de Guadalupe*

Triptychon-Altaraufsatz mit Gemälden von Meistern der flämischen Schule. Beachtung verdient auch ein Kreuz mit fein geschnitzter Christusfigur aus Elfenbein, gleich rechts vom Eingang.

Nach der Gemäldesammlung wird man zum wunderschön gearbeiteten **Chorgestühl** in der Klosterkirche geführt, eine Arbeit von Alejandro Carnicero aus der Mitte des 18. Jh. Über dem Chorgestühl und im Chor findet man Wandgemälde von Juan de Flandes, einst Hofmaler von Königin Isabella der Katholischen. Von der Empore dort hat man einen schönen Blick auf den Altarraum mit der Madonna von Guadalupe in der Altarwand.

Weiter wird die **Sakristei** gezeigt. Sie entstand im 17. Jh. und wurde von den Patern Juan de la Peña und Manuel Ruíz mit Wandmalereien versehen. Besondere Beachtung verdienen hier - neben dem üppig bemalten Deckengewölbe - acht Meisterwerke Francisco de Zurbaráns, die Mitte des 17 Jh. entstanden und herausragende Persönlichkeiten des Klosters darstellen. Zurbarán stammte übrigens aus der Extremadura. Er wurde in Fuente de Cantos geboren.

Als nächstes sieht man **„El relicario“**, den Reliquiensaal, der den Kirchenschatz birgt. Ausgestellt sind silberne Zeremonientafeln, zahlreiche Reliquien und „Mantos Ricos“, die kostbaren, kunstvoll gearbeiteten Umhänge für das Bildnis der Madonna von Guadalupe, die im Laufe des Kirchenjahres zu bestimmten Festen und Anlässen gewechselt werden. Einer dieser Umhänge ist mit zigtausenden von winzig kleinen Perlen besetzt.

Die weitere Klosterbesichtigung wird ab hier von einer „Fachkraft des Hauses“ übernommen. Ein Pater führt die Besucher weiter zum prunkvollen **Camarín**, oder Kapelle der Jungfrau, mit dem Marienthron. Der Pater gibt Erklärungen und spricht mit den Besuchern ein Ave María, bevor er den Zugang zur Madonnenrotunde frei gibt. Wer will kann für einen kleinen Obolus den Mantel der wundertätigen Madonna von Guadalupe küssen. Leider ist es durch diese Zeremonie nun nicht mehr ohne weiteres möglich, die Statue und die nachstehend erwähnten Emailleminiaturen in Ruhe zu betrachten!

Die kleine, schwarze Gestalt der wundertätigen **Madonna von Guadalupe** thront in einem drehbaren Goldgehäuse, von einem kostbaren Mantel eingehüllt und umrahmt von Emailleminiaturen. Die Miniaturen stellen Szenen und Höhepunkte in der langen

*Blick auf Guadalupe*

Klostergeschichte dar. Die letzte Miniatur rechts unten zeigt Papst Johannes Paul II. bei seinem Besuch in Guadalupe 1982. Auf einer anderen Miniatur wird auf die erste Leichenöffnung in Spanien hingewiesen, die hier im Kloster vorgenommen wurde. Damals eine medizinische Sensation.

Schließlich ist die prächtig dekorierte **Klosterkirche** mit der eindrucksvollen **Altarwand** zu besichtigen. In der Mitte der Altarwand sieht man über dem Kreuz des Allerheiligsten die reich verzierte Nische mit der Madonna von Guadalupe.

Am Nordende des Klosterareals schließt der gotische **Kreuzgang** an. Das Hotel dort nennt sich Hospedería del Real Monasterio. Sehr schöner Innenhof, elegante Räumlichkeiten.

Weiter östlich vom Kircheneingang findet man den **Parador „Zurbarán"**.

Einige Kilometer nördlich der Stadt liegt an der Straße nach Talavera de la Reina die **Eremita del Humilladero**. In der im gotischen Stil des frühen 15. Jh. mit Mudéjarelementen aus skulptierten Ziegeln errichteten, viereckigen Kapelle verehrten Pilger das Heilige Kreuz, bevor sie nach Guadalupe weiterzogen.

Auf dem Weg von der Kapelle zurück nach Guadalupe hat man einen sehr schönen Blick auf das Kloster und den Ort.

## PRAKTISCHE HINWEISE – GUADALUPE

**Oficina de Turismo**, Plaza Santa María de Guadalupe (Plaza Mayor) **[WP062 / N39° 27′ 07.7″ W5° 19′ 38.6″]**, 10140 Guadalupe, Tel. +34 927 15 41 28; www.oficinadeturismoguadalupe.blogspot.com.es.

**Feste, Folklore**

**Fiesta de Virgen de Guadalupe**, Fest zu Ehren der wundertätigen Jungfrau von Guadalupe, jedes Jahr am 8. und 30. September sowie am 12. Oktober; www.monasterioguadalupe.com.

### RESTAURANTS

**Cerezo II**, Plaza Santa María de Guadalupe, 33, Tel. Tel. +34 927 15 41 77; www.hostalcerezo2meson.com; am Stadtplatz mitten im Ort, mit 13 Fremdenzimmern.

**Mesón El Cordero**, Alfonso Onceno, 27, Tel. +34 927 36 71 31; an der Südseite des Klosterkomplexes.

### HOTELS

**Parador de Guadalupe „Zurbarán"** ****, 41 Zi., Marqués de la Romana, 12, Tel. +34 927 36 70 75, Fax 927 36 70 76; www.parador.es; sehr komfortables Haus in einem ehemaligen Pilgerhospiz aus dem 15. Jh., unweit nördlich der zentralen Plaza de Santa María, Restaurant, Gartenterrasse, Schwimmbad, Tennis, Parkplatz.

**Hospedería del Real Monasterio** **, 47 Zi., Plaza Su Majestad Juan Carlos I., Tel. +34 9 27 36 70 00; www.hotelhospederiamonasterioguadalupe.com; angenehmes Mittelklassehotel innerhalb des historischen Klosterkomplexes, bemerkenswertes Ambiente, klassisches Restaurant, Bar, schöner Patio, Parkplatz.

**Hispanidad** **, 35 Zi., Av. Conde de Barcelona, 1, Tel. +34 927 15 42 10; www.hotelhispanidad.es; gegenüber vom Rathaus, Haus mit einfachem Komfort, aber sehr moderaten Zimmerpreisen, Cafeteria, Parkplatz.

### CAMPING

**Camping Las Villuercas [WP063 / N39° 26' 28.8" W5° 18' 59.2"]**, Crta. de Villanueva s/n, Tel. +34 927 36 71 39; www.campinglasvilluercasguadalupe.es; 1. März – 30. Nov.; ca. 3 km südlich von Guadalupe von der Straße EX-102 Richtung Logrosán/Trujillo am ersten Kreisverkehr abzweigen und noch 250 m zum Platz; unebene Wiesen mit hohen Pappeln im Tal des Río Guadalupejo, für große Gespanne oder Mobile beengte Platzverhältnisse; ca. 1,5 ha – 50 Stpl.; einfache Standard-Sanitärausstattung; Laden, Bar-Restaurant; Schwimmbad.

### Ein Hoch dem iberischen Landschwein

Weite Gebiete der Extremadura werden von ausgedehnten Olivenhainen und lichten Kork- und Steineichenwäldern bedeckt. Diese sog. *Dehesas* sind für die Region von großer ökologischer und kultureller Bedeutung und werden seit Urzeiten als Weideland genutzt. Traditionell waren sie (und sind es teilweise auch heute noch) das Refugium des iberischen Landschweins.

Schweinezucht hat in der Region lange Tradition. Und Produkte wie Schinken und Würste sowie Gerichte, die auf Schweinefleisch, Speck und Schweinswürsten basieren, werden hoch geschätzt.

Selbst in der Maurenzeit war die Zucht der Landschweine, die nach alter Tradition ihren Auslauf in den Eichenwäldern hatten, nicht völlig verboten. Und in der nachmaurischen Zeit, als neben der moslemischen auch die jüdische Bevölkerung des Landes verwiesen war, wurde der Verzehr von Schweinefleisch kurioserweise gar ein Kriterium dafür, dass man öffentlich bewies, nicht etwa ein als „Neuchrist" getarnter Andersgläubiger geblieben zu sein. In einer Landeschronik heißt es z. B.: „Deshalb haben die Neubekehrten anlässlich des traditionellen Schlachtfestes des hier verbreiteten iberischen Landschweins ihren neuen Glauben mit großen Kundgebungen demonstriert und die Schlachtung, Verwurstung sowie den Verzehr dieses Fleisches in aller Öffentlichkeit zelebriert, um in diesen Zeiten der Inquisition über jeden Verdacht erhaben zu sein."

## EXTREMADURA
## AUF DEN SPUREN DER CONQUISTADORES

### ROUTE 5: GUADALUPE – MÉRIDA

| | |
|---|---|
| **Länge der Tour:** | Rund 205 km, ohne Abstecher. |
| **Die Route:** | Über die EX-102 bis **Zorita** – EX-208 bis **Trujillo** – N-521 bis **Cáceres** – N-630 bis **Mérida**. |
| **Reisedauer:** | Mindestens ein Tag. |
| **Höhepunkte:** | Die **Landschaft der Extremadura** – ein Spaziergang auf den Spuren der Conquistadores durch die **Altstadt von Trujillo** ** – die Altstadt **Cáceres Vieja** ** – das **Teatro und Anfiteatro Romano** **, das **Nationalmuseum für römische Kunst** *** und die **Römerbrücke * in Mérida**. |

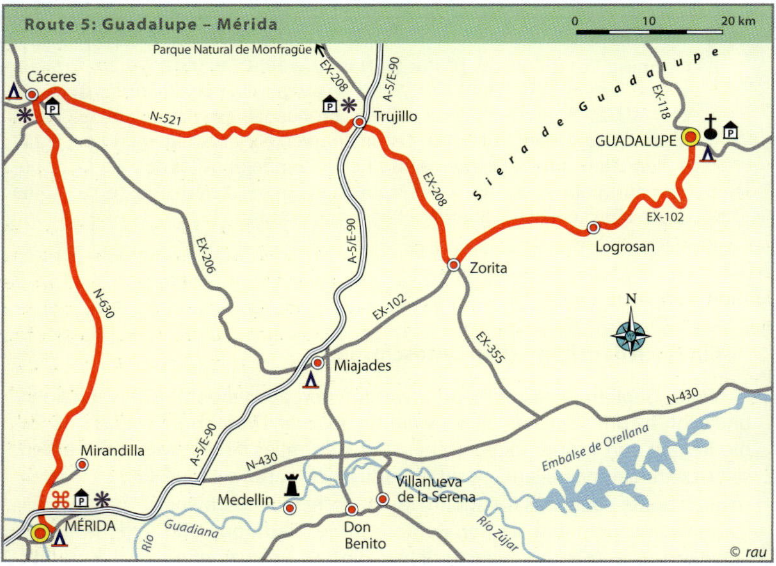


*ROUTE: Weiterreise von Guadalupe auf der EX-102 südwestwärts. Die Fahrt geht über den 640 m hohen Puerto de Llano kurvenreich über **Logrosán** (alte romanische Kirche) und vorbei an weiten Olivenhainen bis **Zorita** (51 km). Dort wenden wir uns auf die EX-208 nach Norden und erreichen nach 27 km **Trujillo**.*

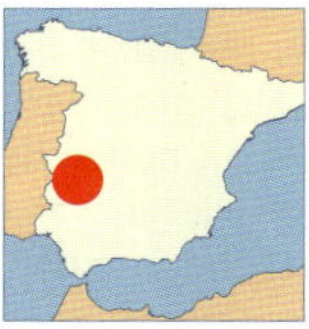

### Die Extremadura

Die Fahrt geht mitten hinein in die Extremadura, Spaniens große westliche Landschaftsregion. Sie umfasst zwei Provinzen, Cáceres (Alto Extremadura) und Badajoz (Baja Extremadura), letztere mit 21.657 qkm größte spanische Provinz. Das Gebiet grenzt im Westen an Portugal, im Norden an Kastilien-León, im Osten an Kastilien-La Mancha und im Süden an Andalusien. Hauptstadt der Autonomen Verwaltungsregion (Comunidad Autónoma) Extremadura ist Mérida

Die Bezeichnung Extremadura stammt aus der Zeit des erwachenden

Widerstandes gegen die Maurenherrschaft in Spanien und bedeutet soviel wie „äußerstes Land", Land am Rande der damals bekannten christlichen Welt.

Und noch heute macht die Extremadura eher den Eindruck einer etwas vergessenen Randregion. Statistisch gesehen leben hier nur 27 Menschen pro Quadratkilometer, im Gegensatz zu 75 Einwohnern, die durchschnittlich in den anderen Regionen Spaniens pro Quadratkilometer wohnen.

Die Extremadura erlebt gewöhnlich sehr heiße Sommer, während die Winter normalerweise verhältnismäßig milde ausfallen. Hier macht sich der Einfluss des Atlantiks bemerkbar.

Ein Tier, das aus dem Landschaftsbild der Extremadura und seiner Städte und Dörfer nicht wegzudenken ist, ist der Storch, dessen Nester man auf allen möglichen Kirchtürmen, Masten und Dächern sieht.

Dass die Extremadura uraltes Siedlungsgebiet ist beweisen frühgeschichtliche Höhlenfunde (Höhlenmalereien von Maltravieso, Monfragüe u. a.), Megalithgräber und Dolmen z. B. bei València de Alcántara. Später kamen Kelten und Römer. Letztere machten Emérita Augusta (Mérida) zur Hauptstadt ihrer Kolonie Lusitanien und hinterließen eindrucksvolle Straßen, Brücken und andere Baudenkmäler.

Die Extremadura ist die Heimat bedeutender Künstler wie Francisco de Zurbarán, Felipe Checa, Eugenio Hermoso oder Luis de Morales.

Unvergessen bis heute sind einige Namen von Männern, die durch ihre – wenn auch nicht immer ganz salonfähigen – Taten der Extremadura den Beinamen „Land der Konquistadoren" einbrachte.

Hernán Cortés, der Eroberer des legendären Aztekenreiches Tenochtitlán im heutigen Mexiko, wurde 1485 in Medellin geboren. Francisco Pizarro, der Eroberer des Inkareiches in Peru und Francisco de Orellana stammten aus Trujillo. Und der als Entdecker des Pazifiks gefeierte Seefahrer Vasco Núñez de Balbao sowie Hernando de Soto, der den heutigen US-Bundesstaat Florida seinerzeit für Spanien vereinnahmte, sind Söhne der Stadt Jerez de los Caballeros.

Andere Männer der turbulenten Zeit der Entdeckungen, die ebenfalls aus der Extremadura stammen, deren Namen aber nicht ganz vorne in den Chroniken auftauchen, waren z. B. Pedro Alvarado und Pedro de Valdivia.

**Trujillo** liegt imposant auf einem Hügel, überragt von den Mauern einer mächtigen Festung. Die Römer kannten den Ort unter dem Namen *Turgalium*, die Araber nannten ihn *Turguiela*, und nach der Eroberung durch die Spanier im Januar 1232 erhielt Trujillo endlich seinen heutigen Namen. Eine Legende berichtet, dass die Rückeroberung durch die christlichen Truppen mit Hilfe der Jungfrau Maria „Virgen de la Victoria", der Schutzpatronin der Stadt, geschah.

In der Folgezeit war Trujillo wenig mehr als ein Militärposten, der auf Grund seiner exponierten Lage in der Nähe des Königreiches Portugal von den adeligen Familien der Heerführer bewohnt war. Hier residierten die Altamiros, Bejaranos, Chaves', Orellanas, Pizarros u. a. 1478 nahmen die Katholischen Könige Ferdinand und Isabella während ihrer Auseinandersetzungen mit Portugal hier Residenz.

Erst nach der Entdeckung der Neuen Welt und in der Zeit der spanischen Eroberungszüge dort trat Trujillo kurzzeitig ins Rampenlicht der Geschichte und erhielt bald den Beinamen **„Wiege der Conquistadores"**.

Zu den berühmten Söhnen der Stadt zählen der erwähnte Perueroberer Francisco Pizarro (1475 – 1541), dann Francisco de Orellana, Entdecker des Amazonas und Diego García de Paredes, Gründer der Stadt Trujillo in Venezuela. Pizarro gründete ein Trujillo in Peru und auch in Honduras findet sich eine Stadt gleichen Namens.

Ein anderer Pionier der Neuen Welt, der aus Trujillo stammt, war Diego García de Paredes, der wegen seiner Bärenkräfte auch als Samson der Extremadura bekannt war.

Der Reichtum, den die spanischen Eroberer aus Mittel- und Südamerika zurückbrachten – Pizarro z. B. starb, wenn auch eines gewaltsamen Todes, als unermesslich reicher Mann – brachte auch für Trujillo einen ungewohnten Aufschwung, der sich vor allem in neuen Stadtpalästen ausdrückte, die sich die Konquistadorengeschlechter rund um die Plaza Mayor bauten. Doch nach dem Machtverlust Spaniens in Mittelamerika sank auch der Stern Trujillos wieder.

Am besten fährt man hinauf bis zur recht großen **Plaza Mayor [WP064 / N39° 27′ 38.8″ W5° 5′ 51.7″]** (Park-

*Pizzaro-Denkmal in Trujillo*

möglichkeit außer an Markttagen) und beginnt dort mit dem Stadtrundgang. Die einfachste Zufahrt zur Plaza Mayor gelingt von Norden her über die Landstraße aus Richtung Plasencia.

**Allerdings!** Wegen beengter Straßenverhältnisse ist es m. E. *nicht empfehlenswert*, die Plaza Mayor mit Womos über 2 m Breite anzusteuern.

Mit seinen stattlichen, balkongeschmückten Häusern, mit den Arkaden, Kirchen und Palais, die den Platz mit seinem großen runden Brunnenbecken in der Mitte umgeben und mit der großen Freitreppe an der Nordseite macht die Plaza Mayor einen recht imposanten Eindruck. Oberhalb der Freitreppe findet man die Restaurants „Pizarro“ und „Mesón la Troya“, die zu den besten der Stadt gezählt werden.

An der rechten, nordöstlichen Seite der Plaza Mayor sieht man das stolze **Reiterstandbild Pizarros**, das zu Beginn unseres Jahrhunderts von den amerikanischen Künstlern Charles Runsey und Mary Harriman geschaffen wurde. Der Granitsockel, auf dem die 6,5 Tonnen schwere Statue steht, stammt aus der Nachbargemeinde Santa Cruz de la Sierra.

Rechts hinter dem Pizarro-Denkmal erhebt sich eindrucksvoll die **Kirche San Martín**. Mit ihrem Bau wurde zwar schon im 14. Jh. begonnen, im wesentlichen stammt sie aber aus dem 16. Jh. Beachtung verdienen das wunderschöne Kreuzgewölbe im Hauptschiff, die Renaissancegitter der Seitenkapellen sowie mehrere Grabmäler.

Das Kirchenportal an der Südostseite gegenüber dem Palacio de los Duques de San Carlos ist unter dem Namen Puerta de Las Limas (Zitronentor) bekannt. Der Name stammt von den Früchten, mit denen das Portal dekoriert ist. In früheren Zeiten tagte vor dem Tor traditionell der Stadt- und Ältestenrat.

Das repräsentative Eckgebäuden rechts von der Kirche an der Ostseite der Plaza Mayor ist der **Palacio de los Duques de San Carlos**. Der Palast der Herzöge von San Carlos weist eine schöne Renaissancefassade und ein reichverziertes Wappen des Geschlechts der Vargas über dem üppig dekorierten Eckfenster auf. Das Palais aus dem 16. Jh. beherbergt heute ein Konvent der Hieronymiten-Nonnen. Besichtigen kann man lediglich den hübschen Patio.

Wir gehen zur Südwestecke des Platzes. Linkerhand liegt der **Palacio Marqués de la Conquista**. Francisco Pizarros Bruder, Hernando, ließ diesen Stadtpalast, der volkstümlich auch als Palacio del Escudo bezeichnet wird, errichten. Rückschlüsse auf die damals herausgehobene gesellschaftliche und wirtschaftliche Stellung der Familie lassen sich u. a. aus der reichdekorierten Renaissancefassade ziehen. Sehr schöner **Eckbalkon** mit einem eindrucksvollen, üppig verzierten Wappen darüber. Links ist Francisco Pizarro mit seiner Frau Inés de Yupanqui Huaylas, einer Aztekenprinzessin, dargestellt und rechts Hernando Pizarro mit seiner aztekischen Frau Francisca Yupanqui, Tochter der Frau Francisco Pizarros.

Die Westseite der Plaza Mayor wird fast komplett vom Komplex der **Casa del Peso Real** eingenommen. Der Name Peso Real (Königliches Gewicht) stammt von der königlichen Waage, die ehemals hier stand und mit der alle Waren wie Mehl, Weizen oder Hopfen gewogen werden mussten.

Daneben liegt das alte Rathaus. Die Ratsversammlung tagte hier bis weit ins 19. Jh. hinein. Heute dient der Bau als Justizpalast.

Durch den sog. „Cañon de la Cárcel", den Gefängnisdurchgang im Justizpalast, geht man weiter nach Westen und kommt so zum **Palacio Juan Pizarro de Orellana** mit sehr schönem Renaissance-Innenhof. Juan Pizarro de Orellana war im 16. Jh. erster Statthalter in Cuzco in Peru. Ein offenbar sehr einträglicher Posten, wie das Anwesen vermuten lässt, das von Diego de Vargas von einer Wohnfestung in einen Renaissancepalast verwandelt wurde, den wir heute sehen. Bei der Bevölkerung war das Gebäude lange auch als „Casa de la Contratación" bekannt, weil hier die Truppen für Peru ausgehoben wurden. Und wenn man den Chroniken glauben darf, logierte kein geringerer als Miguel de Cervantes hier, als er auf dem Weg nach Guadalupe war, um dort der Madonna von Guadalupe für seine Errettung aus arabischer Gefangenschaft in Algerien zu danken, in die er bei der Seeschlacht von Lepanto gegen die Osmanen 1751 geraten war.

Man kann entweder von hier durch die Gasse Cuesta de la Sangre nach Norden oder zurück zur Plaza Mayor und dort westwärts hinauf in die **Altstadt** gehen. Trittsicheres Schuhwerk ist auf den natursteingepflasterten, holprigen Wegen hilfreich.

Durch den Bogen des alten **Santiago-Stadttors**, eines von ehemals sieben Stadttoren, betritt man das mauerbewehrte mittelalterliche Trujillo. In dem hochgelegenen, wie ausgestorben wirkenden historischen Altstadtviertel, auch Villa genannt, scheint die Zeit seit Pizarro stehen geblieben zu sein.

Gleich rechts liegt die romanische **Santiago Kirche** aus dem 13. Jh. Der Komplex links vom Santiago Tor ge-

*Palacio Marqués de la Conquista, Trujillo*

hört zum **Alcázar Luís de Chaves** („Der Alte"), der Teil der Wehranlagen der Stadt war, wie der mächtige Turm beweist. Entstanden ist das befestigte Palais in der Zeit König Alfonso XI. Hier logierten die Katholischen Könige Ferdinand und Isabella während ihrer Visiten in den Jahren 1477 und 1479.

Ein kurzes Stück weiter erhebt sich die **Kirche Santa María la Mayor**. Das gotische Gotteshaus mit romanischem

Glockenturm hat im Inneren ein sehenswertes **Retabel** mit Altarbildern des großen Malers Fernando Gallego aus Salamanca, schöne **Kreuzgewölbe** und Balustrade am **Chor** mit den Wappen der Katholischen Könige, die hier bei ihren Trujillo-Aufenthalten der Messe beiwohnten. Beleuchtungs-Münzautomat am Eingang. Falls geschlossen, Schlüssel im ersten Haus gegenüber der Westfassade erbitten.

Nördlich der Kirche ist im Geburtshaus von Gonzalo Pizarro, dem Vater des Konquistadors, ein kleines **Pizarro Museum** eingerichtet worden *(geöffnet tgl. 10 - 14 + 16.30 - 19.30 Uhr; www.turismotrujillo.com/servicios/casa-museo-de-pizarro)*. Das mittelalterliche Gebäude stammt aus dem 15. Jh. Über dem Portal sieht man das Familienwappen der Pizarros, zwei Bären flankieren eine Pinie.

Etwas weiter links (westlich) trifft man auf das **Museo de la Coria** *(geöffnet Sa + So 11.30 - 14 Uhr; www.minube.com/rincon/museo-de-la-coria-a119064)*. Das Museum liegt gleich neben dem Stadttor Puerta de Coria, auch Puerta del Terrero, und ist im ehemaligen Kloster San Francisco el Real eingerichtet. Thema des Museums ist die Geschichte der Entdeckung Amerikas und die Begegnung der europäischen und der amerikanischen Kulturen.

Durch eine der Gassen sucht man sich den Weg hinauf bis zum **Castillo** auf dem Hügel „Cabeza del Zorro" (Fuchskopf). Außer einem schönen Blick in die Landschaft der Extremadura bieten die gewaltigen Festungsmauern aus Maurentagen weiter nichts Interessantes.

Wir gehen zurück zur Santiagokirche und an ihr vorbei durch die Calle de Ballesteros mit dem **Torre del Alfiler,** dem sog. Nadelturm, einem von Störchen offenbar bevorzugter Nistplatz, hinab zur Plaza Mayor.

Der Torre del Alfiler gehört zur sog. **Casa de las Cadenas**, dem Haus der Ketten. Es wird so genannt wegen der Ketten über dem Türsturz. Wie es heißt, sollen hier die aus maurischer Gefangenschaft Zurückgekehrten ihre Ketten abgelegt haben. Und 1583 soll hier König Philipp II. logiert haben, nachdem er zum König von Portugal proklamiert worden war.

### Abstecher in den Naturschutzpark von Monfragüe

Rund 60 km nördlich von Trujillo liegt das Naturschutzgebiet des **Parque Natural de Monfragüe**. Mittelpunkt des Schutzgebietes sind der Río Tajo und der von Nordosten einmündende Río Tiétar und deren Zuflüsse, die hier zu den weit verzweigten Embalse de Torrejón-Tajo bzw. Embalse de Torrejón-Tiétar gestaut werden.

Urbanes Zentrum des Schutzgebietes, das übrigens mit tatkräftiger Unterstützung der baden-württembergischen Akademie für Natur- und Umweltschutz entstand, ist der Ort **Villarreal de San Carlos [WP065 / N39° 50' 50.7" W6° 01' 50.9"]**. Von dort aus starten drei unterschiedlich lange **Parkwege** zu Rastplätzen und Aussichtspunkten.

Ein Rundweg führt westlich des Ortes nach **Fuente Tres Caños**. Ein anderer führt von Villarreal nach Osten zum Aussichtspunkt **Mirador de la Tajadílla** nahe der Staumauer zwischen der Landstraße und dem Río Tiétar.

Der dritte und längste Weg schließlich führt von Villarreal aus am Río Tajo entlang nach Süden bis zum Aussichtspunkt **Salto del Gitano**, der übrigens ganz in der Nähe der Straße nach Trujillo und der Kapelle Santuario de Monfragüe liegt. Über einen Abzweig gelangt man zum Aussichtspunkt **Castillo de Monfragüe**.

In Villarreal de San Carlos finden Sie auch ein **Informationszentrum** des

**PRAKTISCHE HINWEISE – TRUJILLO**

i **Oficina de Turismo**, Plaza Mayor, 10200 Trujillo, Tel. +34 927 32 26 77; www.turismotrujillo.com. *Geöffnet tgl 10 - 14 Uhr + 17 - 20 Uhr.*

**Feste, Märkte:**
**„El Chíviri"**, am Ostersonntag versammelt man sich zum Auferstehungsfest auf der Plaza Mayor und tanzt die „Tänze des Chíviri".
Fest zu Ehren der **Virgen de la Victoria**, der Schutzpatronin der Stadt, Ende August , Anfang September, mit Musik- und Schauspielfestival.
**Internationale Käsemesse**, Ende April, Anfang Mai auf der Plaza Mayor.

## RESTAURANTS

Das **„Pizarro"**, Plaza Mayor, 13, Tel. +34 927 32 02 55 (dienstags geschlossen) und das **„Mesón la Troya"**, Plaza Mayor, 10, Tel. +34 927 32 13 64 werden zu den besten Restaurants der Stadt gezählt.
**Restaurante Asador Corral del Rey**, Plazuela Corral del Rey, 2 (Plaza Mayor), Tel. +34 927 323 071, www.corraldelreytrujillo.com; einladendes Restaurant am Stadtplatz, das sich in 3 Räume aufteilt. Die Küche produziert regionale Gerichte in hoher Qualität. Mittwochabends und Sonntagabends geschlossen.

## HOTELS

**Parador de Trujillo** ****, 48 Zi., Pl. de Santa Beatriz de Silva, 1, Tel. +34 927 32 13 50, www.paradores.es; luxuriös und stilvoll im ehemaligen Konvent Santa Clara eingerichtet, östlich der Plaza Mayor, Restaurant, Parkplätze.
**Palacio Chaves Hotel** ***, 7 Zi., Calle de las Paloma, 3, Tel. +34 927 32 25 34; www.palaciochaveshotel.com; angenehmes Firstclasshotel, das sich in einem Adelspalast aus 1570 in der Altstadt von Trujillo befindet, elegante Einrichtung mit großer Bibliothek, schöner Garten mit Schwimmbad. Bar, Snackbar, WLAN im Rezeptionsbereich. Kein Restaurant. Hotelparkplatz auf Anfrage in der Nähe.
**Victoria** ***, 27 Zi., Plaza del Campillo, 22, Tel. +34 927 32 18 19; www.hotelvictoriatrujillo.es; Mittelklassehotel am südlichen Stadtrand, Schwimmbad, Restaurant, WLAN, Parkplatz.

Naturparks, Tel. +34 927 19 91 34; www.monfrague.com. Neben einer Ausstellung über Fauna und Flora im Schutzgebiet findet man dort auch Wanderkarten und Prospektmaterial.

Rund 6 km südlich von **Malpertida de Plasencia** und rund 13 km nördlich des Naturparks von Monfragüe liegt an der EX-208 (EX-A1 Ausfahrt 46) der ganzjährig geöffnete, sehr gut ausgestattete **Campingplatz Parque Natural de Monfragüe [WP066 / N39° 56' 37.50" W6° 5' 4.72"]**, der auch Ver- u. Entsorgungseinrichtungen für Wohnmobile bietet (www.campingmonfrague.es/index.php/el-camping).

## HAUPTROUTE

*ROUTE: Knapp 50 km westlich von Trujillo liegt **Cáceres**, das über die Schnellstraße A-58 rasch zu erreichen ist.*

**Cáceres**, annähernd 96.000 Einwohner, ist die Hauptstadt der Oberen Extremadura. Stadt und Region können auf eine mehr als 2000-jährige Geschichte zurückblicken. Funde in den Höhlen von Maltravieso weisen auf eine frühgeschichtliche Besiedlung hin. Kelten hinterließen Spuren. Aber erst mit der Gründung einer römischen Kolonie durch Cayo Norbano Flaco im 1. Jh. v. Chr. entstand eine größere stadtähnliche Siedlung von Bedeutung.

Die Araber, die die Stadt *Quazris* nannten, bauten sie aus. Unter den Almohaden kamen stärkere Festungsmauern hinzu. Nach mehrfachen, erfolglosen Versuchen und einer vorübergehenden Besetzung durch die „Fratres de Cáceres", Rittern des späteren Jakobusordens, kommt Cáceres im Jahre 1227 während der Regierungszeit Alfonsos IX. an das Königreich León.

In den folgenden Jahrzehnten war die abgelegene Grenzprovinz lange ein Spielball des rivalisierenden Adels, bis mit der Vereinigung der Königreiche durch die Katholischen Könige Stabilität und damit ein wirtschaftlicher Aufschwung einsetzte.

Aus jener Zeit sind viele der alten Bauwerke, Kirchen und Paläste erhalten, die den alten Stadtkern von Cáceres heute zu einer Sehenswürdigkeit machen.

Wie in so vielen historischen Innenstädten bereitet auch in Cáceres das Parken große Schwierigkeiten.

**Parkplatz**, ca. 800 m südlich der Altstadt: **Parking de la Ciudad Deportiva [N39° 27′ 58.81″ W6° 22′ 10.51″]** am Stadion und beim Hospital, an der Av. Millán Astray.

**Cáceres Vieja**

Ausgangspunkt für unseren Stadtrundgang durch die fast noch vollständig von der mittelalterlichen Stadtmauer umgebenen Altstadt Cáceres Vieja ist die von Arkaden umsäumte **Plaza Mayor [WP067 / N39° 28′ 29.7″ W6° 22′ 15.3″]**. Dort findet man neben Geschäften und Restaurants auch das Touristen-Informationsbüro.

*Die Plaza Santa María in Cáceres Vieja*

Ein Spaziergang durch das alte Stadtensemble mit seinen ockergelben, altehrwürdigen Gebäuden und Palais, auf deren Zinnen und Türme teilweise gewaltig große Storchennester thronen, ist überaus lohnend. Und ein Bummel durch die abendlichen, ruhigen, verwinkelten Gassen wird jeden Romantiker schwelgen lassen.

Am Besten geht man über die große Treppe rechts neben dem Torre Bujaco, dem größten der Stadtmauertürme, und den von Churriguera gestalteten **Estrella-Bogen** hinauf in die Altstadt und geradeaus weiter zur **Plaza Santa María**. Dabei passiert man den linkerhand gelegenen Palacio Episcopal, das Bischöfliche Palais und den Palacio Mayoralgo rechts. Beide Gebäude weisen schöne gotische und platereske Portale und Fassaden mit Wappen auf.

Die **Kirche Santa María [WP068 / N39° 28′ 28.0″ W6° 22′ 12.8″]** an der Südseite des Platzes, die Kathedrale von Cáceres, ist Mariä Himmelfahrt geweiht. Der gotische Bau mit schönem Kreuzgewölbe wurde erst im 16. Jh. fertiggestellt. Im dreischiffigen Inneren verdienen das **Retabel des Hochaltars** von Ferrant und Balduque, sowie eine Reihe von Adelswappen, Gruften und Grabmalen Beachtung. Außen, am Fuße des Kirchturms, sieht man die Bronzestatue des hl. Pedro de Alcántara.

Wir gehen am Kirchturm vorbei auf einen weiteren kleinen Platz, der an der Ostseite vom gotischen **Palast Golfines de Abajo** mit einem mächtigen Turm aus dem frühen 16. Jh. und sehr schöner Mudéjar- und plateresker Fassade abgeschlossen wird.

Weiter rechts durch die Cuesta de la Compaña und vorbei an der Kirche San Francisco Javier zur Kirche San Mateo, um die wir rechts herum zu ihrer Westfassade gehen. Dabei kann man an der Ostseite der Kirche die rechterhand gelegene **Casa del Sol** aus dem 16. Jh. mit dem Sonnenwappen der Familie Solís und einer Pechnase sowie an der Nordseite der Kirche den Turm Torre de La Plata betrachten, einen wehrhaften mittelalterlichen Geschlechterturm.

Die **Kirche San Mateo**, im 14. Jh. errichtet und im 16. Jh. umgebaut, steht auf dem höchsten Platz der Innenstadt an der Stelle einer früheren Moschee. Im einschiffigen, schlichten Inneren verdienen die barocke Altarwand und in den Seitenkapellen die wappengeschmückten Adelsgräber Beachtung.

An der Südseite der Kirche sieht man den zinnenbewehrten Turm der **Casa de las Cigüeñas**, das Haus der Störche. Der wehrhafte Bau entstand Mitte des 15. Jh. und hatte während der Regierungszeit der Katholischen Könige das Privileg, als einziger Adelspalast seine Zinnen behalten zu dürfen.

Weiter südlich (rechts) wird der kleine Platz abgeschlossen von der **Casa de las Veletas** mit schöner Barockfassade. Früher erhob sich hier der Alcázar. Erhalten blieb aus der Maurenzeit ein fünfschiffiges, arabisches Wasserreservoir mit Hufeisenbögen, das nach wie vor durch Regenwasser gespeist wird, das sich auf den Dächern und dem Platz davor sammelt.

Heute ist in dem Haus der Veletas (Haus der Wetterfahnen) das **Museo de Cáceres [WP069 / N39° 28' 22.2" W6° 22' 12.7"]** *(geöffnet Mitte Apr. - Sept. Di - Sa 9 – 15 + 17 - 20.30 Uhr, übrige Zeit Di - Sa 9 – 15 + 16 - 19.30 Uhr; www.museodecaceres.com)*, das archäologische Provinzmuseum, untergebracht, zu dessen bedeutenden Exponaten keltiberische Steinplastiken von Ebern, westgotische und römische Grabplatten und eine schöne Münzsammlung gehören.

Das **Museo-Casa Pedrilla** in der Av. Ronda de San Francisco *(geöffnet im Sommer Mo – Fr 11 – 14 + 18 – 21 Uhr, im Winter Di – Sa 11 – 14 Uhr, So 11 – 14 Uhr, www.brocense.com/guayasamin.asp)* ist ein sehenswertes Kunstmuseum mit Werken der wichtigsten Künstler aus Cáceres. Es ist gekoppelt mit dem Museum Guayasamin, das präkolumbianische bzw. koloniale Kunst des Bildhauers und Malers Oswaldo Guayasamin ausstellt.

Wir gehen zurück zur Westfassade der Mateo Kirche und dort über die enge Calle Ancha links hinunter. Rechterhand passiert man El Palacio de los Vinos, eine Weinhandlung mit Bar im hübschen Innenhof.

Ein Stück weiter kommt man an der Casa del Comendador de Alcuéscar, dem Haus des Kommandanten Alcuéscar vorbei. Nebenan ist in der **Hosteria del Comendador,** einem Palais, das Don Diego García Ulloa, Ritter des Santiago Ordens im 14. Jh. hatte errichten lassen, der **Parador** eingerichtet.

Die Straße endet am Mérida-Tor. Hier gehen wir rechts innerhalb der Stadtmauer entlang und kommen zur Gasse Adarve del Padre Rosalio. Ihr folgen wir rechts, passieren den **Palacio de los Golfines de Arriba**, später in der weiterführenden Adarve de Santa Ana die **Casa de la Generala** und gehen dort

*San Mateo, Cáceres*

über einen breiten Treppenabgang hinunter zum Rathaus an der Plaza Mayor. Von den Treppen vor dem Rathaus an der Westseite des Platzes hat man einen schönen Überblick über die Plaza Mayor.

Zu den weiteren Sehenswürdigkeiten der Stadt zählt die **Kirche Santiago** etwas weiter nördlich der Altstadtmauern. Die im 16. Jh. unter Rodrigo Gil de Hontañon stark veränderte Kirche gilt als Gründungsort des Ordens der Santiago Ritter. Sehenswerter Hochaltar von Berruguete.

Das **Museo Municipal Ciudad de Cáceres** im Palacio Mirón *(geöffnet Di – Fr 10.30 – 14 + 17 – 20.30 Uhr, Sa + So 10 – 14 Uhr)*, Plazuela de Publio Hurtiado, 13, zeigt in mehreren Räumen Sehenswertes aus der Stadtgeschichte.

*ROUTE: Weiterreise auf der A-66/E-803 südwärts nach **Mérida**, 72 km, einem wichtigen Verkehrsknotenpunkt an den Straßen A-5/E-90 und A-66/E-803.*

## PRAKTISCHE HINWEISE – CÁCERES

**Oficina de Turismo [WP067 / N39° 28' 29.7" W6° 22' 15.3"],** Plaza Mayor 10, 10003 Cáceres, Tel. +34 927 01 08 34; www.turismocaceres.org.

**Feste, Folklore**

Beeindruckende, feierliche **Prozessionen** während der Karwoche.

**Festival Theater des Mittelalters,** im Juni.

### RESTAURANTS

**El Figón de Eustaquio**, Plaza de San Juan, 12-14, Tel. +34 927 24 81 94, www.elfigondeeustaquio.com; mehrere kleine, rustikale Speiseräume, eines der bekanntesten Restaurants der Extremadura, unweit südlich der Plaza Mayor, mittlere bis gehobene Preislage.

**Torre de Sande**, Calle de los Condes, 3, Tel. +34 927 21 11 47; www.torredesande.com; mitten in der historischen Altstadt, beliebt vor allem wegen der lauschigen Restaurant-Terrasse, sehr gute Küche, gehobene Preislage. Sonntagabends, montagabends und dienstagabends geschlossen.

**Al Asador**, Calle de Moret, 34, Tel. +34 927 22 38 37, ist eine einladende Tapas-Bar, etwa auf halbem Wege zwischen Plaza Mayor und Plaza de San Juan gelegen.

### HOTELS

**Parador de Cáceres** ****, 33 Zi., Calle Ancha, 6, Tel. +34 927 21 17 59, Fax 927 21 17 29; www.parador.es/parador-de-caceres; Haus mit Firstclasskomfort, eingerichtet im Palacio de Torreorgaz aus dem 14. Jh., einziges Hotel in der historischen Altstadt, gepflegtes Restaurant „Torreorgaz", Garage.

**Extremadura** ***, 148 Zi., Avenida Virgen de Guadalupe, 28, Tel. +34 927 62 96 39; www.extremadurahotel.com; sehr komfortables Haus der gehobenen Mittelklasse in verkehrsgünstiger Lage an der Durchgangsstraße am westlichen Stadtrand, gepflegtes Restaurant „Orellana" (teuer, sonntagabends geschlossen), Schwimmbad, Garage.

**Alcántara** **, 65 Zi., Avenida Virgen de Guadalupe, 14, Tel. +34 927 22 39 00; www.hotelhusaalcantara.com; komfortables Mittelklassehotel in verkehrsgünstiger Lage an der Durchgangsstraße am westlichen Stadtrand, Restaurant, WLAN. Garage.

### CAMPING

**Camping Ciudad de Cáceres [WP070 / N39° 29' 18.4" W6° 24' 46.5"]**, Ctra. N-630, KM 549,5, Tel. +34 927 23 31 00; www.campingcaceres.com; ganzjährig; 2 km nördlich von Cáceres an der N-630 Richtung Plascencia, beschildert; leicht ansteigendes Gelände mit parzellierten, geebneten Terrassen mit jeweils zwei Stellplätzen, jeder Stellplatz mit eigenem Sanitärhäuschen, Stromanschluss und Wasserschlauch; separater Platzteil für Zelte; 4,5 ha – 130 Stpl.; Standard-Sanitärausstattung. Restaurant, Imbiss, Schwimmbad, Waschmaschine mit Trockner, WLAN, V & E **für Wohnmobile**. Miethütten.

Die Schnellstraße A-66/E-803 Richtung Mérida und weiter nach Süden folgt ziemlich genau der historischen **Ruta de la Plata**, der legendären Silberstraße.

Die Trasse richtet sich im wesentlichen nach dem Verlauf einer alten Römerstraße, die damals die einzige Verbindung im Westen der Provinz Hispania zwischen Sevilla im Süden und Astorga bei León im Norden war. Von dort führte der Weg weiter in die Hafenstadt Gijon.

Der Name „Ruta de la Plata" hat aber sehr wahrscheinlich nicht viel mit dem Wort Silber (span. plata) zu tun. Auf der Straße wurde wohl vieles transportiert, Silber wird am wenigsten darunter gewesen sein. Warum also Silberstraße?

Naheliegend scheint die Vermutung von Namenskundlern, dass sich der Name ableitet vom arabischen „balath", womit Pflaster oder Plasterstraßen bezeichnet wurden. Im Laufe der Jahrhunderte wandelte sich „balath" im Sprachgebrauch in „plata". Und aus der römischen Heer- und Handelsstraße war die Silberstraße geworden.

Rund 15 km nördlich von Mérida passiert die A-66 den **Naturschutzpark von Cornalvo**, der sich östlich der Fernstraße bis zum Stausee Embalse de Cornalvo erstreckt und Teile der bis 544 m hohen Sierra Bermeja umfasst.

Um den Cornalvo Stausee haben sich weite Auen und Feuchtgebiete gebildet, die günstige Nistplätze für heimische und durchziehende Vogelarten bieten und Standort einer artenreichen Flora sind. Ausgangspunkt für Exkursionen sind die Orte Mirandilla und Trujillanos (A-5/E-90).

**Mérida**, Hauptstadt der Extremadura mit heute annährend 56.000 Einwohnern, wurde schon 25. v. Chr. gegründet. Die Siedlung, eigentlich als Garnison der V. und X. römischen Legion gedacht, entwickelte sich dank seiner strategisch wichtigen Lage an den Heer- und Handelswegen von Toledo nach Sevilla, bzw. von Salamanca nach Lissabon, rasch zu einem blühenden kulturellen und bedeutenden wirtschaftlichen Zentrum der römischen Provinz Lusitanien.

Die größten Sehenswürdigkeiten der Stadt stammen denn auch aus der Zeit des Römischen Imperiums, vornehmlich aus der Ära Kaiser Augustus', als Mérida noch *Emérita Augusta* hieß.

Parken in der Innenstadt ist schwierig. Mit etwas Glück findet man einen Straßenparkplatz am östlichen Rand der antiken Stätte des Teatro Romano.

Das **Teatro Romano [Parkmöglichkeit östl. des Teatro Romano WP 071 /**

*Das römische Theater in Mérida*

**N38° 54′ 54.0″ W6° 20′ 16.5″**] und das benachbarte **Anfiteatro Romano** liegen am Ostrand der Stadt und lohnen eine Besichtigung *(geöffnet Mai - Sept. tgl. 9.15 - 20.45 Uhr, übrige Zeit tgl. 9.30 - 14 + 16 - 18.30 Uhr; www.consorciomerida.org/monumentos/).*

Das eindrucksvolle Teatro Romano mit seinem wunderschönen, mit Säulen und Statuen geschmückten Bühnenhaus ist eines der schönsten Beispiele römischer Theaterarchitektur, die auf der iberischen Halbinsel erhalten sind. Kaiser Agrippa schenkte es der Stadt um das Jahre 25. v. Chr.

Vor der Bühne steigt das weite Halbrund der Zuschauerränge an, das rund 6.000 Theaterbesuchern Platz bot. Hinter dem **Bühnenhaus** sind noch Spuren einer Bäderanlage und von Gärten zu sehen, in denen man sich während der Pausen oder nach einem Theaterbesuch zu entspannen pflegte.

Heute bildet das Theater den stilgerechten Rahmen für das jährliche Internationale Festival für klassisches Theater.

Nur wenige Schritte vom Theater entfernt liegt das benachbarte Oval des Amphitheaters, das etwa aus der gleichen Zeit wie das Theater stammt, und in dem einstmals fast 14.000 Zuschauer den Wettstreiten, Gladiatorenkämpfen oder Wagenrennen beiwohnen konnten. Die Arena konnte sogar geflutet werden, um spektakuläre Seeschlachten nachzuahmen. Teile der Zuschauerränge, Tribünen und Logen sind noch erhalten.

Unweit östlich des Amphitheaters liegt in einem separat zugänglichen Areal jenseits der Straße die Ausgrabungsstätte der **Casa Romana del Anfiteatro**, einer römischen Villa mit Thermen und Fragmenten von Fußbodenmosaiken.

Um sich einen umfassenden Eindruck von Kunst und Kultur aus Römertagen zu verschaffen, sollte man keinesfalls einen Besuch des **Museo Nacional de Arte Romano [WP072 / N38° 55′ 00.6″ W6° 20′ 22.3″]** versäumen *(geöffnet Juli - Sept. 9.30 - 15.30 + 17.30 - 21 Uhr, 15. Feb. - 30. Juni + 1. Okt. - 7. Dez. 10 - 14 + 16 - 21 Uhr, übrige Zeit 10 - 14 + 16 - 18 Uhr; www.museoarteromano.mcu.es).* Das 1986 eröffnete, in einem markanten Ziegelbau von Rafael Moneo eingerichtete Nationalmuseum für römische Kunst liegt gegenüber dem Eingang zum Anfiteatro und Teatro Romano. Es zählt zu einem der interessantesten Museen seiner Art in Spanien.

Schon alleine die Art der Präsentation der Exponate in der hohen Haupthalle mit ihren Rundbögen und in den verzweigten Ausstellungsräumen beeindruckt und bringt die einzelnen Stücke schön zur Geltung. Ausgestellt sind in erster Linie Funde und Ausgrabungsstücke aus der Römerzeit natürlich, darunter sind Skulpturen, Mosaiken, Münzen, Keramiken u. a.

Im Untergeschoss hat man die Möglichkeit, Ausgrabungen einer Nekropole sowie Reste römischer Villen zu besichtigen. Das hier unten herrschende Licht gibt dem Gewölbe eine eigenartige Stimmung. Von hier aus führt ein langer unterirdischer Gang hinaus zum Ausgrabungsgelände mit dem Römischen Theater und dem Amphitheater.

Etwa 10 Gehminuten südlich des Teatro Romano findet man in der Nachbarschaft der unübersehbaren Stierkampfarena die **Casa Romana de Mitreo** *(geöffnet Mai - Sept. 9.50 - 14 + 17 - 19.30 Uhr, übrige Zeit 9.50 - 14 + 16 - 18.30 Uhr; www.consorciomerida.org).* In dieser Ausgrabungsstätte wurden Mauerreste einer römischen Villa aus dem Ende des ersten vorchristlichen Jahrhunderts freigelegt. Bemerkenswert sind vor allem die Mosaiken, darunter eine mystische Darstellung des Kosmos.

Bei ausreichend zur Verfügung stehender Zeit kann man vom Nationalmuseum für römische Kunst einen Spaziergang durch die Stadt und durch die Calle José Ramón Melida, die Calle Sagasta mit den Säulenresten eines römischen **Diana-Tempels** und die Calle Romero Legal zur ehemaligen Stadtfestung **Alcazaba Árabe y Conventual [WP073 / N38° 54′ 56.4″ W6° 20′**

*Römisches Mosaik in der Casa Romana del Anfiteatro, Mérida*

**46.4"]** machen. Die mauerbewehrte Zitadelle mit unterirdischer Zisterne wurde im 9. Jh. unter dem Maurenherrscher Abd er Rahman II. auf einem römischen Wall errichtet.

Zweifellos wurde die Stadtfestung ganz gezielt an dieser Stelle errichtet. Denn hinter dem weitläufigen Komplex der Alcazaba überspannt die ehemals strategisch wichtige, insgesamt fast 800 m lange **Römerbrücke** den Río Guadiana. Ursprünglich bestand die Brücke mit ihren zahlreichen Bögen aus zwei Teilen, verbunden in der Flussmitte durch ein Pier. Bei einer Flut im Jahre 1603 wurde diese Pier weggerissen, worauf die Brücke durch eine Reihe weiterer Bögen wieder komplettiert wurde.

Weitere bedeutende Monumente aus Römertagen sind der **Aquädukt Los Milagros** im Norden der Stadt nahe der N-630 nach Cáceres, dann ein **Marstempel** am Nordrand der Stadt in der Nähe des Bahnhofs und schließlich der 15 m hohe **Trajansbogen** am Südende der Calle Cárdenas im Westen der Stadt.

Gegenüber vom Trajansbogen findet man im Convento de Santa Clara das **Museo Visigótico** (Pfeiler, Säulen, Taufsteine, Grabstelen etc.).

Zu den bemerkenswerten Sakralbauten von Mérida werden die **Kirchen Santa Eulalia** und **Santa María** gezählt.

**Sollten Sie mal probieren!**

Die **„caldereta"** ist ein rustikales Hirtengericht, das sich die Wanderschäfer einst im Eisentopf unter freiem Himmel zubereiteten. Wenn Sie caldereta heute auf einer Speisekarte entdecken, sollten Sie es mal probieren. Serviert bekommen werden Sie dann hoffentlich gebratene Lammfleischstückchen, die mit scharfem Pfeffer und einer Mischung aus Lammleber, rohem Knoblauch und Paprikaschoten zubereitet wurden. Der Ursprung dieses Gerichts soll übrigens auf maurische Zeiten zurückgehen, das damals als „Siñabi" bekannt war.

Ein ähnlich deftiges Traditionsgericht in der Gegend um Mérida und Cáceres ist **„frite"**, ein möglichst über offenen Holzfeuer gegrillter, mit Öl und rotem Pfeffer zubereiteter Lammbraten.

Lecker sind auch **„picadillos"**, überbackene Schweinsohren, oder **„patorejos"**, Schweinebäckchen mit gebratenen Eiern, beides traditionelle Spezialitäten aus der Extremadura.

Unter die Rubrik „typisch ländliche Hausmannskost der Extremadura" sind auch die **„migas"** einzureihen. Früher ein sehr verbreitetes Armeleuteessen, steht es heute als besondere Leckerei unter den Vorspeisen auf der Karte mancher Restaurants. Weißbrotscheiben werden in Wasser eingeweicht, dann mit durchwachsenem Speck belegt und zusammen mit Paprikaschoten in der Pfanne gebraten.

## PRAKTISCHE HINWEISE – MÉRIDA

**Oficina de Turismo [N38° 54' 59.44" W6° 20' 21.98"]**, Paseo de José Alvárez Sáenz de Buruaga, neben dem Eingang zum römischen Amphitheater, 06800 Mérida, Tel. +34 924 33 07 22; www.turismomerida.org. *Geöffnet tgl. 9 - 21 Uhr.*

**Feste, Folklore:** Beeindruckende, feierliche **Prozessionen** in der Karwoche. **Festival de Teatro Clásico de Mérida** im Amphitheater im Juli und August.

### HOTELS

**Parador de Mérida „Vía de la Plata"** ****, 79 Zi., Plaza de la Constitución, 3, Tel. +34 924 31 38 00, www.parador.es/en/parador-de-merida; im nordwestlichen Bereich der Innenstadt, Haus mit Firstclasskomfort in einem ehemaligen barocken Kloster, Patio, Schwimmbad, Restaurant, Parkplatz und Garage.

**BlueCity Las Lomas** ****, 130 Zi., Ave. Reina Sofia, 78, Tel. +34 924 31 10 11; www.hotellaslomas.com; rund 3 km nordöstlich außerhalb an der alten N-V Richtung Madrid, bei KM 340, sehr komfortables Haus der gehobenen Mittelklasse, Schwimmbad, Restaurant „El Caballo", WLAN. Parkplatz.

**Cervantes** ****, 30 Zi., Calle Camino José Cela, 10, Tel. +34 924 31 49 01, www.hotelcervantes.com; am nördlichen Rand der Altstadt und ca. 900 m von den antiken Stätten entfernt, familiäres Mittelklassehotel mit zweckmäßig ausgestatteten Zimmern, Restaurant und Cafeteria, WLAN. Garage.

**Zeus** ***, 44 Zi., Avenida Reina Sofía, 8, Tel. +34 924 31 81 11; www.hotelzeus-merida.com; einfacheres Haus, aber relativ preiswert und verkehrsgünstig an der Umgehungsstraße am Ostrand der Stadt nähe Stierkampfarena gelegen, noch in Gehnähe zum Teatro Romano, Restaurant, Bar, Schwimmbad, WLAN. Parkplatz.

### CAMPING

**Camping Complejo Mérida [WP074 / N38° 56' 9.19" W6° 18' 18.56"]**, Ctra. Tel. +34 924 30 34 53; www.campingmerida.com; ganzjährig; östlich der Stadt an der alten N-V bei KM 336; eingezäuntes, fast ebenes Gelände bei einem Restaurant; ca. 2 ha – ca. 120 Stpl.; einfache Standard-Sanitärausstattung; Restaurant, Schwimmbad. Miethütten.

**Miajades**

**Camping El 301 [N39°5'45.38" W6°0'48.03"]**, Tel. +34 927 34 79 24; ganzjährig außer November; an der A-5/E-90 (Mérida – Madrid) ca. 43 km nordöstlich von Mérida, bzw. 9 km südl. Miajades bei KM 301; ebene, eingezäunte Campingwiese mit Laubbäumen hinter einem Restaurant; ca. 1 ha – ca. 30 Stpl.; einfache Standard-Sanitärausstattung. Schwimmbad.

**Transhumanz**

Was für den Nichtsahnenden eher nach spiritistischer Sitzung klingt, ist in Wahrheit eine Jahrtausende alte Tradition in Spaniens Westen (auch in den Pyrenäen und auf der Balkanhalbinsel) und bezeichnet die halbnomadische Form der Viehweidewirtschaft.

Vornehmlich in der Extremadura war – und ist es in bescheidenem Maße noch heute – gute alte Tradition der Schäfer, ihre Merinoherden im Frühjahr von den dürr gewordenen Weiden an den Hängen der Sierra de Gredos nach Norden auf die saftigen Matten der Kantabrischen Kordilleren zu treiben. Eine Tour von gut 400 km immerhin und eine Schafstrift von gut drei Wochen.

Wanderschäferei wird im Westen Spaniens schon seit vielen Tausend Jahren betrieben. Nach uralter Tradition sammeln die Hirten Ende Mai, wenn die Weiden der Extremadura trocken und abgegrast sind, die Herden und beginnen ihren langen Marsch nach Norden.

In der „guten alten Zeit" sollen pro Schafstrieb fünf Millionen Tiere unterwegs gewesen sein. Ein gigantischer, schier endlos erscheinender Zug aus Wollknäueln schob sich langsam Richtung kantabrische Küste.

Was damals für die Schäfer und ihre Tiere zum Überleben notwendig war, hatte eine nicht unbedeutende landschaftspflegerische Nebenwirkung.

Nach dem zweiten Weltkrieg allerdings verlor die Schafzucht mehr und mehr an Bedeutung. Die Wanderschäferei litt natürlich unter dieser Entwicklung. Und die Transhumanz, der große Viehtrieb zwischen der Extremadura und Nordspanien, war drauf und dran vollends in Vergessenheit zu geraten. Die viel kleiner gewordenen Schafherden konnten auch mit Kraftfutter über die karge Zeit gebracht werden. Oder man verfrachtete die Tiere auf Lastwagen und transportierte sie in ein oder zwei Tagen auf die neuen Weiden.

Konsequenz: Die von den Schafen offen gehaltenen Naturlandschaften mit weiten Eichenwäldern und einer artenreichen Tierpopulation mit Adlern, Gänsegeiern, Uhus, Schwarzstörchen etc. drohte zuzuwachsen. Der Lebensraum seltener Tiere und die Rastplätze von Millionen von Zugvögeln waren ernsthaft in Gefahr.

In den vergangenen Jahren aber hat man sich wieder auf den uralten Brauch besonnen. Nun treibt man wieder Schafherden auf den traditionellen Cañadas, den Schafspfaden, von denen es vor Jahrhunderten in Spanien ein unter allerhöchstem königlichem Schutz stehendes, 125.000 km weites Netz gab.

Im Mai ziehen die Herden nach Norden und Ende September, Oktober wieder zurück auf die Weiden der Extremadura, nach wie vor eine der ärmsten und strukturschwächsten Regionen Spaniens. Die Schafstriebe starten übrigens in der Umgebung von Guareña/Oliva de Mérida südöstlich von Mérida.

Falls Sie sich über diese alte, im Interesse des Natur- und Landschaftsschutzes mühsam wiederbelebte Form der Weidewirtschaft oder über die Umwelt- und Naturschutzmaßnamen in der Extremadura allgemein näher informieren wollen, können Sie bei folgender Adresse Informationen anfordern: Euronatur, Stiftung Europäisches Naturerbe, Konstanzer Str. 22, 78315 Radolfzell, Tel. 07732 - 92720, Fax 07732 – 927222, e-mail: info@euronatur.org; www.euronatur.org.

## ROUTE 6: MÉRIDA – CÓRDOBA

**Länge der Tour:** Rund 260 km.

**Die Route:** Über die A-66/E-803 bis **Zafra** – N-432 über **Llerena**, **Azuaga** und **Bélmez** bis **Córdoba**.

**Reisedauer:** Mindestens ein Tag.

**Höhepunkte:** Die hübschen **Stadtplätze von Zafra** und **Llerena** – **Córdobas Altstadtviertel** *** – die **Mezquita-Catedral** *** – der **Alcázar** ** – die Gassen der **Judería** ** – der **Palast der Grafen von Viana** ** – die malerische **Plaza del Potro** * – der **Erzbischöfliche Palast** – das **Archäologische Museum**.

*ROUTE: Von Mérida auf der A-66/E-803 Richtung* ***Sevilla****. Ausfahrt Zafra für einen lohnenden Abstecher ins hübsche Städtchen* ***Zafra****.*

**Zafra**, die älteste Stadt der Extremadura, hat eine sehr schöne **Plaza Grande [WP076 / N38° 25′ 30.7″ W6° 25′ 10.0″]** mit weißer Arkadenfront, an die

die nicht minder hübsche **Plaza Chica** anschließt.

Sehenswert ist außerdem die **Kirche Nuestra Señora de la Candelaria** mit einem bemerkenswerten roten Ziegelturm. Im Inneren eine Altarwand von Zurbarán.

In der renovierten **Stadtfestung** gleich am Eingang zur Innenstadt, einer stolzen Burg maurischen Ursprungs mit zinnenbewehrten Rundtürmen und schönem Innenhof, ist heute der **Parador** untergebracht.

Hernán Cortés wohnte in der Burg vor seiner Abreise nach Mexiko. Später im 15. Jh. wurde der Bau von den Herzögen von Feria in einen fast eleganten und kostbar ausgestatteten Renaissancepalast mit einem schönen Innenhof und dem elegantem „Goldenen Saal" mit Täfelung im Mudéjarstil verwandelt.

Der Maler Francisco de Zurbarán wurde im 25 km weiter südlich gelegenen Fuente de Cantos geboren.

*ROUTE: Weiterreise von Zafra auf der N-432 ostwärts nach* ***Córdoba****. Über* ***Llerena****,* ***Azuaga*** *und die ehemalige Industriestadt* ***Peñarroya-Pueblonuevo*** *erreichen wir – nun bereits in der Region Andalusien reisend – den Ort* ***Bélmez*** *mit seiner imposanten Burgruine auf einem Felskegel. Die Straße wendet sich nun mehr nach Südosten und führt durch die Sierra Morena hinunter nach* ***Córdoba****.*

*Die alte Stadtfestung von Zafra beherbergt heute den staatlichen Parador*

## PRAKTISCHE HINWEISE – ZAFRA

**Oficina de Turismo**, Plaza de España, 8B **[WP075 / N38 25 24.2 W6 25 00.7]**, 06300 Zafra, Tel. +34 924 55 10 36.

**Feste, Märkte**: Die **Feria de San Miguel**, mit einem seit vielen Generationen weit über die Grenzen der Stadt hinaus bekannten und beliebten Viehmarkt in der Woche um den 5. Oktober, zieht jedes Jahr Tausende von Besuchern aus der ganzen Region an.

### HOTELS

**Parador de Zafra „Duque de Feria"** ****, 51 Zi., Plaza Corazón de María, 7, Tel. +34 924 55 45 40, www.parador.es/en/parador-de-zafra; Haus mit Firstclasskomfort, eingerichtet in der ehemaligen Stadtburg, sehr schöner Innenhof, Schwimmbad, Restaurant. WLAN.
**Huerta Honda** ***, 47 Zi., Calle de López Asme, 30, Tel. +34 924 55 41 00, www.hotelhuertahonda.com; komfortables Mittelklassehotel, zentral, beim Parador, gepflegtes Restaurant „Barbacana", rustikale Bar, WLAN. Garage, Parkplätze.

### WOHNMOBIL-STELLPLÄTZE

**Zafra**
**Wohnmobil-Stellplatz Zafra Parking de Recinto Ferial [WP077 / N38° 25' 29.24" W6° 24' 41.55"]**, Contrada de los Santos de Maimona. **Zufahrt**: A-66 (Mérida – Sevilla) Ausfahrt 677, weiter EX-101 nach Zafra. Beschilderung „Recinto Ferial" folgen. Vor dem Kreisverkehr beschilderte Einfahrt. Asphaltiertes Gelände im nördlichen Ortsbereich, am südlichen Platzrand des Ausstellungsgeländes ‚Recinto Ferial' gelegen. Platz für 20 Wohnmobile. **Geöffnet**: Ganzjährig. **Ausstattung**: Öffentliche Toiletten, 2 Wasserentnahmestellen, Entsorgungsmöglichkeit für Grauwasser und Chemikaltoiletten. Beleuchtet. Gebührenfrei. Während der Feria de San Miguel Ende September/Anfang Oktober kein Zugang!

**Peñarroya-Pueblonuevo**
**Area de Autocaravans Casa Rural el Pantano [WP079 / N38° 16' 37" W5° 16' 38"]**, Tel. +34 957 114 257, www.casadelpantano.com; **Zufahrt**: Von der

N-432 etwa auf halbem Wege zwischen Zafra und Córdoba, 4 km außerhalb von Peñarroya-Pueblonuevo, in Peñarroya-Pueblonuevo Richtung El Hoyo, nach der Brücke rechts, am südwestlichen Ufer des Stausees Embalse de Sierra Boyera. Ganzjähriger, gebührenpflichtiger Stellplatz (ca. 7 Euro pro Wohnmobil inkl. WIFI) bei einem Anwesen mit Ferienunterkünften, Platz für 20 Wohnmobile, Ver- und Entsorgung gegen Gebühr, Stromanschlüsse (Gebühr), WIFI, Bademöglichkeit im Stausee.

Die Straßen hinein in die Ortsmitte von **Llerena** sind schmal und fordern die Aufmerksamkeit des Fahrers. Nervenschonender ist es, wenn man auf dem **Parkplatz [WP078 / N38° 14' 14.26" W6° 1' 11.93"]** am Westrand der Stadt parkt. Von dort geht man etwa 10 Minuten zu Fuß zur zentralen Plaza Major, auch Plaza de España.

*Die Kirche Nuestra Señora an der Plaza Mayor in Llerena, davor das Zurbarán-Denkmal*

Hat man die sehr sehenswerte **Plaza Mayor** glücklich erreicht, ist man mitten in einem überaus hübschen Städtchen. Llerena war im 15. Jh. ein Zentrum des Jakobsritterordens, auf dessen Aktivitäten viele der öffentlichen Bauwerke der Stadt zurückzuführen sind. Auf Befehl der Katholischen Könige wurde Llerena zum Sitz der Inquisition in der Extremadura.

An der Plaza Major erhebt sich unübersehbar die **Kirche Nuestra Señora de la Granada** mit weißer, bemerkenswerter Arkadenfassade und minarettartigem Turm. Die Kirche war Sitz des Priorats des Ordens der Jakobsritter.

Vor der Kirche sieht man links vom Portal ein Zurbarán-Denkmal, das 1998 zum 400. Geburtstag des Malers enthüllt worden ist.

An der Ostseite des Platzes steht vor dem Rathaus ein schöner alter **Marmorbrunnen**.

Das **Museo Historico de Ciudad Llerena** *(geöffnet Juli – Aug. Mo, Mi, Do, Fr 18 – 22 Uhr, Sa 10 – 14 + 18 – 22 Uhr, Juni + Sept. Do + Fr 18 – 22 Uhr, Sa 10 – 14 + 18 – 22 Uhr, So 10 – 14 Uhr, sonst 17 – 21 Uhr)* ist im Palacio Episcopal eingerichtet. Es beschäftigt sich mit Kunst aus verschiedenen Epochen. Zu sehen sind Gemälde, Skulpturen, kostbare Gefäße sowie antikes Mobiliar.

### Andalusien

Andalusien ist mit einer Ausdehnung von 87.268 qkm heute Spaniens größte autonome Verwaltungsregion, deren Hauptstadt Sevilla ist.

Zu Andalusien zählen acht Provinzen, von denen fünf ans Meer grenzen – Huelva und Cádiz grenzen an den Atlantik, Granada, Málaga und Almería grenzen ans Mittelmeer.

Im Südosten der Provinz durchziehen hohe Gebirge wie die Sierra Nevada (Nationalpark) das Land. Dort liegen die höchsten Gipfel der Iberischen Halbinsel, Mulhacén (3.482 m) und Pico Veleta (3.398 m).

Die Lage des Landes am Schnittpunkt zwischen Mittelmeer und Atlantik einerseits und Europa und Afrika andererseits, hat die lange Vergangenheit Andalusiens geprägt.

Vor allem aus Afrika kamen in der Frühzeit Entwicklungen über Andalusien nach Europa, die die Zivilisation des Okzidents nachhaltig beeinflussen sollten.

Schon während der Bronzezeit entstand im Süden der Iberischen Halbinsel die sog. „tartessische Kultur", die sich den Erzreichtum zunutze machte und das erste Königtum des Abendlandes hervorbrachte. Das Volk dieser längst wieder versunkenen Zivilisation betrieb Ackerbau und Viehzucht und es trieb bereits Handel mit England und der Bretagne.

Um 1100 v. Chr. gründeten die **Phönizier** Cádiz, das damals noch als *Gades* bekannt war und noch immer als wahrscheinlich älteste Stadt Europas gilt.

Im 3. vorchristlichen Jahrhundert tritt der Süden der Iberischen Halbinsel in den Blickpunkt der Politik der **Römer**. Denn von hier aus begann sich die Bedrohung Roms durch Karthago zu formieren. Zwei römische Kaiser erblickten in Andalusien das Licht der Welt, Hadrian und Trajan.

Fast siebenhundert Jahre währte die Herrschaft der Römer, bis im beginnenden 5 Jh. n. Chr. sich erste **Vandalenstämme** im Tal des Guadalquivir niederlassen. Sie prägen einen neuen Namen für den Süden der Iberischen Halbinsel: *Vandalusien*.

Mit den ersten Eroberungen der islamischen **Mauren** auf spanischem Boden im Jahre 711 begann für ganz Spanien eine umwälzende Epoche, die das Land bis ins ausgehende 15. Jh., also fast 800 Jahre lang, tief prägen sollten. Das Kalifat von Córdoba mitten in der isla-

*Storchennest, hier auf dem Rathausturm von Llerena, ein vertrauter Anblick in Andalusien*

misch-arabischen Provinz Al-Andalus war in jener Zeit eines der bedeutendsten Zentren der Kunst und Wissenschaft in der damals bekannten westlichen Welt. Araber legen die Grundlagen für eine erfolgreiche Landwirtschaft, sie entwickeln alle Sparten des Handwerks, sie legen Maßstäbe in der Dichtkunst und in der Wissenschaft.

*Der Mihrab, die prächtig gestaltete Gebetsnische in der Mezquita von Córdoba*

Im Laufe der Jahrhunderte zerbricht das politische System der Kalifate an einer zunehmenden Dekadenz seiner Herrscher. In gleichem Maße erstarken dagegen die Bemühungen der **Katholischen Könige**, Spanien zurückzuerobern. 1212 siegen die spanischen Truppen bei Navas de Tolosa im Norden der Provinz Jaén. 1236 fällt Córdoba und 1248 können die christlichen Heere Sevilla zurückgewinnen. Krönender Abschluss der Jahrhunderte dauernden **Reconquista** ist nach dem Abzug des letzten Maurenherrschers Boabdil, Abu-Abd-Allah, der Einzug der Katholischen Könige, Ferdinand und Isabella, 1492 in Granada.

Genau im selben Jahr verlässt **Kolumbus** mit allerhöchstem Segen der Könige den andalusischen Hafen Palos bei Huelva zu seiner ersten Entdeckungsreise. Das epochemachende Ergebnis der Reise, die Entdeckung Amerikas, veränderte nicht nur Spanien, das sich nun mit aller Macht nach Westen ausrichtete. Alte, reiche Mittelmeerhäfen wie Barcelona oder València gerieten ins Hintertreffen. Nun blühten Städte wie Huelva, Cádiz und vor allem Sevilla auf, das zum Mittelpunkt des neuen spanischen Weltreiches wurde, „in dem die Sonne nicht untergeht".

Während der Zeit der Romantiker wird Andalusien zur Heimat des feurigen Frauenmythos „Carmen" und des edlen „Don Juan".

Das 19. Jh. beginnt für Spanien und auch für Andalusien mit Aufständen gegen napoleonische Truppen (Schlacht von Bailén im Jahre 1808). Die kommenden Jahrzehnte lassen das ländlich geprägte, kaum industrialisierte Andalusien weiter ins Hintertreffen geraten. Der sonnige Süden Spaniens wird zum Armenhaus des Reiches und die wirtschaftlichen Aussichten nach dem verlustreichen Bürgerkrieg von 1936 sind für Andalusien alles andere als rosig.

Erst seit der Wiederkehr der Demokratie 1975 und der Einführung von Reformen wie die Ernennung zur Autonomen Region im Jahre 1981 mit eigenem Regionalparlament, beginnt für Andalusien wieder eine Zeit des wirtschaftlichen und sozialen Aufschwungs.

**Córdoba**, eine der meistbesuchten Städte Spaniens, ist Hauptstadt der gleichnamigen Provinz, die zusammen mit sieben weiteren Provinzen die autonome Region Andalusien bilden. In Córdoba leben rund 328.000 Einwohner, das ist fast die Hälfte der Einwohner der Provinz.

**Die Geschichte** der großen alten Stadt am Río Guadalquivir reicht zurück bis in die Frühzeit. Der karthagische Feldherr und Vater Hannibals, Hamilkar Barca, nahm auf seinem Eroberungszug durch Südspanien im 3. vorchristlichen Jahrhundert auch Córdoba ein.

206 v. Chr. folgten die Römer, unter denen Córdoba eine kulturelle Blütezeit erlebte. Die Puente Romano, die den Guadalquivir, den „großen Fluss", mit 16 Bögen überspannt, erinnert an jene Epoche der Römerzeit.

Seneca, Tragödiendichter und Erzieher Neros, wurde in Córdoba geboren, ebenso der Dichter Lucanus, der Philosoph und Wissenschaftler Averrhoës (12. Jh.) und Bischof Ossius, Ratgeber des oströmischen Kaisers Konstantin. Die Bindungen ans oströmische, byzantinische Reich hielten bis zur Eroberung durch den westgotischen König Levigildo im Jahre 572.

Zwischen dem 8. und dem 11. Jh. war Córdoba Hauptstadt des maurischen Spanien **Al-Andalus**, somit Residenz der Emire und Zentrum der Omaijaden-Dynastie. Unter Abd ar-Rahman I. löste sich Córdoba vom Kalifat in Damaskus und wurde 926 unter Abd ar-Rahman III. zum eigenständigen Kalifat Córdoba.

Es folgte eine Zeit der Blüte. Wie man liest, soll Córdoba damals fast tausend Moscheen und sechshundert Badehäuser besessen haben. Und als einzigartigen Luxus leistete man sich schon beleuchtete Straßen.

Córdobas islamische Universität besaß damals eine unschätzbar wertvolle Bibliothek und war das vielbewunderte Zentrum der Wissenschaften und der Forschung, der Kunst und Kultur. Vom Kalifen Al-Hakam II. z. B. ist überliefert, dass er eine Bibliothek mit vierhunderttausend Büchern und Schriften besessen haben soll. Christen, Juden und Moslems betrachteten die Stadt einhellig als die „Zierde der Welt". Córdoba, damals eine Millionenstadt, konnte durchaus mit den Bildungszentren des Morgenlandes, Damaskus und Bagdad, konkurrieren.

Ferdinand III., König von Kastilien und León, eroberte 1236 Córdoba zurück. Und obwohl die Katholischen Könige längere Zeit hier verweilten, verlor die Stadt rasch ihren Glanz als Zentrum der Wissenschaften. Anstelle von Forschung und Lehre gewannen Eroberungsgelüste, religiöser Fanatismus, Hass und Argwohn gegenüber Moslems und Juden die Oberhand.

Die Katholischen Könige Ferdinand und Isabella empfingen Kolumbus mehrmals in Córdoba und entschlossen sich, aufgrund der mit ihm hier geführten Gespräche, zur Unterstützung seines großen Unternehmens, der Entdeckung Amerikas.

**Stadtbesichtigung**

Ersparen Sie sich den Versuch, mit dem Auto in die Altstadt, besonders ins Barrio de la Judería, fahren zu wollen. Die Straßen sind dort teilweise so eng und verwinkelt, dass man ohne Ortskenntnis selbst mit einem Kleinstauto nicht weit kommt, geschweige denn einen Parkplatz ergattert. Außerdem sind viel Straßen dort für den allgemeinen Verkehr gesperrt.

Der große, öffentliche, gebührenpflichtige (Automat) **Parkplatz „Centro Histórico"** ohne Einfahrtshöhenbegrenzung liegt an der Westseite der Altstadt und unweit westlich der verkehrsreichen Avenida Conde de Vellellano **[Einfahrt für Fz bis Kastenwagengröße WP080 / N37° 52' 31.2" W4° 47' 13.9"]**. Großer, separater Platzteil für große Fahrzeuge! **Einfahrt für Wohnmobile [WP081 / N37° 52' 28.4" W4° 47' 11.5"]** besser an der Avenida de Menéndez Pidal (Einbahnstraße!). 24-Stunden-Parken gestattet, der Platz wird deshalb auch als Wohnmobil-Stellplatz

***Córdoba*** – ***1*** *Information* – ***2*** *Mezquita, Kathedrale* – ***3*** *Orangenhof* – ***4*** *arabische Mauern* – ***5*** *Erzbischöflicher Palast, Diözesanmuseum* – ***6*** *Alcázar und Gärten Jardines del Alcázar* – ***7*** *Stierkampfmuseum* – ***8*** *Synagoge* – ***9*** *San Bartolomé* – ***10*** *Calleja de las Flores* – ***11*** *Puerta de Almodóvar* – ***12*** *Casa del Indiano* – ***13*** *Archäologisches Museum* – ***14*** *Templo Romano* – ***15*** *Casa de la Marqueses del Carpio* – ***16*** *Plaza del Potro, Museum J. R. de Torres, Kunstmuseum* – ***17*** *Palacio de la Marqueses de Viana* – ***18*** *Plaza de Colón* – ***19*** *Plaza de la Tendillas* – ***20*** *Puerta del Puente, Triunfo de San Rafael* – ***21*** *Torre de la Calahorra* – ***22*** *Hauptpost* – ***23*** *Bahnhof* – ***24*** *Campo Santo de los Mártires* – ***25*** *Reste arabischer Mühlen* – ***26*** *Parkplatz und Womo-Stellplatz „Centro Histórico*

genutzt, allerdings keinerlei Einrichtungen! Der Parkplatz eignet sich bestens als Ausgangspunkt für eine Besichtigung der Altstadt, siehe weiter hinten.

Die Sehenswürdigkeiten in der Altstadt liegen alle relativ nahe beieinander, sodass gut zu Fuß gestartet werden kann.

**Stadtspaziergang durch Córdoba**

Einen Stadtspaziergang beginnt man am einfachsten gegenüber der Westfassade der **Mezquita** (ornamentierte Portale, kunstvoll gearbeitete Türrahmen) in der Calle Torrijos Nr. 10, am Gebäudekomplex des ehem. **Erzbischöflichen Palasts (5)** am **Touristen-Informationsbüro [WP082 / N37° 52' 43.2" W4° 46' 48.8"] (1)**.

Im gleichen Gebäudekomplex ist das **Museo Diocesano de Bellas Artes** *(geöffnet Di 14.30 – 20.30 Uhr, Mi – Sa 9 – 20.30 Uhr, So 9 – 14.30 Uhr, Eintritt für EU-Bürger mit Ausweis frei)* untergebracht (mehrstöckiger Kreuzgang, Kapelle, Speisesaal der Bischöfe, Saal mit mittelalterlicher Kunst, Sammlung von Chorbüchern und Wandteppichen). Mit der Eintrittskarte in die Mezquita ist der Eintritt in das Diözesanmuseum der Schönen Künste frei.

Ebenfalls zum Gebäudekomplex des bischöflichen Palais gehören die gegenüber der Mezquita gelegene ehemalige gotische Kirche San Jacinto und das Hospital San Sebastián. Ihre Räumlichkeiten dienen heute als Kongresspalast. Der Saal Romero Torres mit seinen bemerkenswerten Fresken aus dem 16. Jh. kann besichtigt werden.

Die große Sehenswürdigkeit in Córdoba ist die einstige Moschee und heutige Kathedrale **Mezquita-Catedral [WP083 / N37° 52' 46.8" W4° 46' 49.1"] (2)** unweit des rechten Guadalquivir-Ufers in Höhe der Puente Romano. *(geöffnet März - Okt. Mo - Sa 10 - 19 Uhr, So 8.30 - 10.30 + 14 - 19 Uhr, übrige Zeit Mo - Sa 10 - 18 Uhr, So 8.30 - 10.30 + 14 - 18 Uhr, letzter Einlass 30 Minuten vor Schließung; freier Eintritt Mo – Sa 8.30 – 10 Uhr; www.catedraldecordoba.es).*

*Beeindruckend – der „Säulenwald" in der Mezquita in Córdoba*

Im Jahre 785 gab Emir Abd ar-Rahman I. den Auftrag zum Bau einer Moschee, die dann in den folgenden Jahrhunderten immer wieder erweitert wurde. Unter Abd ar-Rahman III. kam 848 ein neues Minarett hinzu und erst 987, unter Al-Mansur, dem „Siegreichen", Wesir Al-Hakams II., wurde mit einer neuerlichen Erweiterung die endgültige Größe der Moschee von 130 x 180 m Grundfläche erreicht.

Bei der Besichtigung betritt man zuerst den mauerumschlossenen und an drei Seiten mit Galerien versehenen **Patio de los Naranjas** (Orangenhof – 3) .

An seiner Nordwestseite erhebt sich neben dem Tor Puerta del Perdón (Gnadentor) der barocke Glockenturm, der das frühere Minarett ersetzt.

In der Mitte des Orangenhofes, der arabische „sahn", der alleine fast ein Drittel der Gesamtfläche der Moscheenanlage einnimmt, befindet sich noch das Wasserbecken, das den moslemischen Gläubigen für ihre vom Koran vorgeschriebenen Waschungen vor Betreten der Moschee diente.

*Kuppel der Maqsura vor der Gebetsnische Mihrab in der Mezquita von Córdoba*

Durch das Portal Puerta de las Palmas an der Nordwestseite treten wir in das Innere der Mezquita und werden vom mystischen Dunkel eines fast unübersehbaren Säulenwaldes aufgenommen.

Auf Hunderten zierlichen Säulen (es sollen 850 sein) aus Marmor und Granit ruhen rot-weiß gestreifte Doppelbögen, unten Hufeisenform oben rund, die das rund 10 m hohe Dach tragen.

Durch die verschiedenen Bauabschnitte und Erweiterungen sind die Art der Säulen, deren Kapitelle und auch die Bodenpflasterung unterschiedlich. Den letzten und größten zusammenhängenden Erweiterungsabschnitt mit elf Schiffen im Nordostteil (insgesamt besteht die Moschee aus 19 Schiffen), der ausgangs des 10. Jh. unter Al-Mansur entstand, erkennt man z. B. am Fußboden aus roten Ziegeln.

Eine Neuigkeit im Moscheenbau der damaligen Zeit waren die Doppelbögen auf den Säulen. Sie bewirkten, dass der so gut wie fensterlose Raum insgesamt wesentlich höher wurde und von mehr Luft durchflutet werden kann, was zu einem angenehmeren Raumklima beiträgt.

Wir gehen geradeaus weiter, an der Rückwand des Chores vorbei, zur Südostwand und stehen dort vor einem wahren Wunder arabischer Dekorationskunst – dem prächtigen **Mihrab** aus dem 10. Jh., der während der Zeit Al-Hakams II. entstand. Diese Gebetsnische der Moschee in der nach Osten orientierten Gebetswand Quibla, wird von einer herrlichen Kuppel gekrönt. Das Auge ist geblendet von den wunderbaren Goldmosaiken und wird gefangen von den einmalig schönen Wandverzierungen, kalligrafischen Ornamenten, Gliederungen der Kuppeln und Gewölben, Zacken- und Hufeisenbögen. Die Goldmosaiken stammen von einem byzantinischen Meister. Kaiser Nicéforo hatte Sie als Geschenk für den Kalifen Al-Hakam II. in Auftrag gegeben.

Vor der Gebetsnische Mihrab liegt die durch ein Gitter abgeschlossene Maqsura, der Teil der Moschee, der ausschließlich dem Kalifen vorbehalten war.

Links der Maqsura stößt man auf die **Capilla del Cardenal**. Die nach Plänen von Francisco Hurtado Izquierdo erbaute Barockkapelle beherbergt heute den Kirchenschatz (Tesoro). Zu den herausragenden Kostbarkeiten dort zählt eine Prunkmonstranz aus dem 16. .Jh. von Enrique de Arfe, Heinrich aus Harf bei Köln.

Nach der Eroberung durch die christlichen Heere wurde die Moschee in eine Kirche umgewandelt. Erste bauliche Veränderungen mitten in der riesigen Gebetshalle sollten Raum für die katholischen Liturgien schaffen. Im 16. Jh. wurde, nach Überstimmung des Stadtrates durch den Kirchenrat und mit Unterstützung Kaiser Karls V., mitten in den Säulenwald eine gotische Kathedrale gepflanzt. Ihr prächtiges Chorgestühl und ihre herrliche Kanzeln verdienen unbedingt Beachtung, doch wirkt die Kirche in ihrem Stilwirrwarr mitten in der klaren, schlichten Struktur der früheren Moschee reichlich deplaziert. Kaiser Karl V. äußerte sich über das nach 34-jähriger Bauzeit vollendete Resultat sinngemäß so: „Ihr habt etwas einmaliges zerstört, um etwas zu schaffen, das man überall findet".

Wir verlassen die Mezquita über den **Orangenhof** und treten durch die Puerta del Perdón auf die Calle Cardenal Herrero. Dort sieht man, fast schon am Ostende in der Außenmauer des Orangenhofes, eine kleine Kapellennische in der die Virgen de los Faroles aufbewahrt wird, eine von den Cordobesen hoch verehrte Madonnenfigur.

Gegenüber der Wandkapelle sollte man eine der Gassen wählen, die hinein in die verwinkelte Altstadt führen. Schon nach wenigen Metern zweigt rechts eine sehr schmale Gasse ab, die an einem winzigen, malerischen Platz mit Brunnen endet. Das reich mit Blumen geschmückte Gässchen trägt den Namen **Calleja de las Flores [WP084 / N37° 52′ 49.4" W4° 46′ 46.3"] (10)** und gilt als eine der hübschesten Altstadtgassen in Córdoba.

*Malerisch, die Gassen in Córdobas Altstadt*

Rund um die Mezquita breitet sich die Altstadt aus, das ehemalige Judenviertel **„Judería"**. Ein Spaziergang durch die engen Gassen zwischen den weißen, oft blumengeschmückten Häusern gehört mit zu den schönen Erlebnissen eines Besuches in Córdoba. Ab

**Der andalusische Patio**

Schattige Oase der Ruhe, in der köstliche Blütendüfte die Nase umschmeicheln, eine Freude für die Augen, ein Ort der Kühle und Erholung hinter hohen Mauern, die vor dem Lärm der Gassen abschirmen – so stellt man sich den idealen Patio vor, den Innenhof mit kleinem Hausgarten südspanischer Häuser.

Tatsächlich hat der Patio seinen Ursprung in der arabischen Kultur. Dort wiederum wurde er von den Vorhöfen der Moscheen in den Bereich des privaten Heimes übernommen.

Der duftende, wohlgestaltete Orangenhain, in dem leise Brunnen und kleine Wasserläufe angenehme Kühle spenden und wunderschöne Blüten fern von allem Lärm der profanen Welt das Auge erfreuen, ist für den Muslim ein Teil des Inbegriffs vom Paradies schlechthin. Einen kleinen Vorgeschmack auf Erden wollte man mit den Vorhöfen der Moscheen, wie dem Patio de los Naranjas der Mezquita in Córdoba, schaffen. Hohe Mauern um einen gepflegten Orangengarten sollten den Gläubigen vom Lärm der Gassen und der Neugierde der Nichtgläubigen abschirmen und zur Ruhe kommen lassen. Wichtiges Element der arabischen Gartenarchitektur ist das Wasser, das nicht nur Kühle verbreitet, sondern durch das leise Murmeln und Plätschern auch beruhigt. Schönheit und Harmonie des Gartens sollten die Sinne seines Besuchers erbauen.

Alle diese guten Absichten und Elemente der Gartenbaukunst wurden bald auch bei der Anlage der Innenhöfe privater Häuser übernommen und verfeinert. Und während der fast achthundertjährigen Anwesenheit der islamischen Mauren in Spanien wurde die Tradition des gepflegten, lauschigen Hausgartens und Innenhofs, des Patios, rasch Bestandteil der Häuser Andalusiens.

und zu gelingt ein Blick durch schön gearbeitete schmiedeeiserne Tore in einen der lauschigen und kühlen Patios, den Innenhöfen der Häuser.

Zurück zur Mezquita und auf der Calle Cardenal Herrero westwärts.

Am einfachsten geht man von der Nordwestecke der Mezquita durch die Calle Judería über die Plaza de Judá Levi und die Calle Abacassis (Haus Nr. 6 hat einen wunderschönen Patio) hinein in die Altstadt Judería. Kurz darauf kommt man zur Plaza Maimónides. Auf dem kleinen Platz neben der unscheinbaren **San Bartolomé Kapelle (9)** mit schönem Kreuzrippengewölbe sieht man das **Maimónides-Denkmal**, das zu Ehren des großen jüdischen Arztes und Philosophen, der Mitte des 12. Jh. hier in der Judería lebte, errichtet worden ist.

Neben dem einladenden und komfortablen Hotel Amistad Córdoba (83 Zi, Tel. 957 42 03 35) findet man an der Nordseite des Platzes den sehr versteckten Innenhof **Zoco**, den alten maurischen Souk (Markt), auf dem es im Sommer gelegentlich eine Flamencobühne gibt.

In der Casa de las Bulas (Haus der päpstlichen Bulle) aus dem 15. Jh. am Maimónides-Platz ist heute das **Museo Municipal Taurino (7)**, ein Muss für alle „aficionados" (Stierkampffans), eingerichtet *(geöffnet Sommer Di – Sa 10 - 14 + 17.30 – 19.30 Uhr, So 9.30 - 14.30 Uhr, freitags freier Eintritt; www.cordobaturismo.es/es/contents/1758/museo-municipal-taurino-de-cordoba/)*. Auch wenn Sie dem Spektakel eines Stierkampfes eher skeptisch gegenüberstehen, lohnt der Besuch des Museums für Stierkampf und Cordobeser Kunst. Neben Plakaten, Trophäen (u. a. die des Stieres Islero, der den legendären Manolete 1947 in Linares tötete) und Stierkämpferkostüme, sind Erinnerungsgegenstände berühmter Cordobeser Toreros wie Lagartijo, Machaco, Guerrita, Manolete, El Cordobés u. a. ausgestellt.

Nur unweit vom Zoco findet man in der Calle Judios und unmittelbar an der Stadtmauer beim Stadttor **Puerta de Almodóvar (11)** die alte **Synagoge [WP085 / N37° 52' 47.2" W4° 47' 00.0"] (8)** aus dem Jahre 1135 *(geöffnet Di – Sa 10 - 14, 15.30 - 17.30 Uhr, So10 – 14 Uhr, für EU-Bürger mit Ausweis frei; www.turismodecordoba.org)*. Es ist eines der wenigen jüdischen Bethäuser, die in Spanien erhalten blieben.

An der Außenseite der Puerta de Almodóvar sieht man eine Statue des römischen Philosophen Seneca, der in Córdoba einstmals das Licht der Welt erblickte.

Geht man von der Plaza Maimónides durch die Calle Tomá Conde südwärts, kommt man durch den kleinen Park **Campo Santo de los Mártires (24)**. Während der Maurenzeit lagen hier in der glanzvollen Blütezeit Córdobas eine ganze Reihe der insgesamt etwa 600 Badehäuser.

Auf dem Platz sieht man ein kleines Säulentempelchen mit der Bronzeskulptur zweier Hände. Sie erinnert an den arabischen Dichter Ibn Zaydun und seine geheime Liebe zu einer Prinzessin namens Dalía. Von Ibn Zaydun, der zwischen 994 und 1064 lebte, stammen die berühmt gewordenen Liebesverse „El collar de la paloma" („Das Halsband der Taube"). Eine Statue Ibn Zayduns, steht außerhalb der Puerta de Sevilla am Westrand der Altstadt.

Ein anderes Denkmal auf dem Campo Santo de los Mártires mit der sitzenden Gestalt eines arabischen Philosophen erinnert an Averrhoës, den in Córdoba geborenen Gelehrten, der als der Aristoteles der mittelalterlichen islamischen Kultur gilt.

Unweit südlich des Campo Santo de los Mártires trifft man auf den **Alcázar de los Reyes Cristianos [WP086 / N37° 52' 36.4" W4° 46' 54.3"] (6)** *(geöffnet 16. Juni - 15 Sept. Di - Sa 8.30 - 14.30 Uhr, 16. Sept. - 15 Juni Mo - Fr - 8.30 – 20.45 Uhr, Sa 8.30 - 16.30 Uhr, So 8.30 - 14.30 Uhr, letzter Einlass 30 Minuten vor Schließung; www.turismocordoba.org)*.

Der von wehrhaften Mauern umgebene Palast stammt aus dem 14. Jh. und wurde 1328 von Alfonso XI. als Residenz der christlichen Könige errichtet. Im schlichten Inneren sind römische Mosaiken zu sehen und ein Sarkophag aus dem 3. Jh. Vom Turm des Alcázar genießt man einen umfassenden Blick auf die schön angelegten Palastgärten mit ihren Wasserbecken, auf die Stadt an sich und über den Guadalquivir hinüber zum Turm La Calahorra am anderen Ende der Römerbrücke.

Man kann nun vom Alcázar die Calle Amador de los Ríos nach Westen gehen und erreicht nach etwa 200 m wieder die Mezquita. An der Südseite der Mezquita sieht man das Brückentor **Puerta del Puente (20)**. In der Maurenzeit war das Tor Teil der Verteidigungsanlagen der Stadt. Im 16. Jh. wurde es von Hernán Ruiz zu einem Triumphbogen im Renaissancestil zu Ehren König Philipps II. umgebaut.

Vor der Puerta del Puente erhebt sich ein Denkmal zu Ehren des Erzengels Raphael, dem Schutzpatron von Córdoba. Das überladene Barockdenkmal stammt von Verdiguir aus dem Jahre 1781.

Vom Tor aus sieht man zur nahen **Römerbrücke** und über den Fluss Guadalquivir zum Turm La Calahorra. Über die Brücke schrieb der arabische Geograph Al Idris „sie übertrifft alle anderen an Schönheit und Stärke". Allerdings hat die heutige Brücke mit der aus der Römerzeit nicht mehr viel gemein, zu oft musste sie restauriert werden. Seit Mitte des 17. Jh. steht auf der Mitte der Brücke eine Statue des heiligen Raffael, vor der immer Kerzen brennen. Und noch heute lüften viele Cordobesen ihre Kopfbedeckung, wenn Sie an dem Heiligen vorbei gehen.

Der Turm **Torre de la Calahorra [WP087 / N37° 52' 33.0" W4° 46' 35.3"] (21)**stammt aus maurischer Zeit

*Blick vom Turm des Alcázar von Córdoba zur Mezquita*

und diente als Brückenwachturm. Man kann das Innere besichtigen. Es beherbergt das **Museo Vivo de Al-Andalus** *(geöffnet Mai – Sept. tgl. 10 14 + 16.30 – 20.30 Uhr, sonst 10 – 18 Uhr, Multimediashow ab 10.30, 11.30, 12.30 + 17, 18, 19 Uhr, www.torrecalahorra.com)*. Das Museum bringt dem Besucher die Kultur von al-Andalus mit seiner Wissenschaft, Architektur, Musik und Weisheit seiner Persönlichkeiten näher. Information über Kopfhörer in französischer, englischer, deutscher und spanischer Sprache.

Etwas flussabwärts kann man auf winzigen Inseln Reste uralter **Mühlen (25)** aus arabischer Zeit (Molinos Arabes) erkennen.

Am rechten Guadalquivirufer sieht man (besser sah man, weil von Büschen und Sträuchern vollkommen überwuchert) La Albolafia, ein großes altes Wasserrad. Abd ar-Rahman II. hatte es bauen lassen, um damit Wasser aus dem Fluss in die Gärten des Alcázar fördern zu lassen. Die Katholische Königin Isabella aber ließ das Rad wieder stilllegen. Das Knirschen und Knarren störte offenbar die königliche Ruhe. Das jetzige Rad ist eine Reproduktion.

### Weitere Sehenswürdigkeiten in Córdoba

Eine Reihe weiterer Sehenswürdigkeiten liegen an oder ganz in der Nähe der malerischen **Plaza del Potro (16)** einige Straßenzüge weiter östlich der Mezquita.

An der Südwestseite des Platzes mit dem hübschen Fohlenbrunnen, der dem Platz seinen Namen gab, erhebt sich die Posada del Potro, die Cervantes im „Don Quijote" erwähnt. In der Nachbarschaft findet man das **Museum Julio Romero de Torres [WP088 / N37° 52' 51.9" W4° 46' 29.1"]**, das Arbeiten des Cordobeser Malers de Torres (1874 – 1930) zeigt, der vor dem Bürgerkrieg in der Stadt lebte und arbeitete.

Daneben liegt das **Museum der Schönen Künste (16)**, das Arbeiten spanischer Maler vom 14. bis ins 20. Jh. zeigt.

Verbinden kann man den Stadtbummel mit einem Besuch des **Museo Arqueológico Provincial [WP089 / N37° 52' 55.0" W4° 46" 40.9"] (13)** *(geöffnet Juni - 15. Sept. Di - Sa 9 - 15.30 Uhr, So 10 - 17 Uhr, übrige Zeit Di 14.30 – 20.30 Uhr, Mi - Sa 9 - 20.30 Uhr, So 9 – 14.30, freier Eintritt für EU-Bürger mit Ausweis; www.museosdeandalucia.com/losmuseos/cordo-*

*ba.htm)*. Das Archäologische Museum der Provinz Córdoba ist im Palacio de los Páez, einem stattlichen Palais mit blumengeschmücktem Innenhof an der Plaza Juan Páez einige Straßen weiter nordwestlich der Plaza del Potro untergebracht. Zu sehen sind u. a. Skulpturen aus der frühgeschichtlichen iberischen Kulturepoche, aus der Römer- und Westgotenzeit und natürlich aus der langen spanisch-maurischen Periode.

Weiter im Nordosten der Altstadt von Córdoba liegt zwischen Plaza Don Gome und Calle del Zarco der **Palacio de los Marqueses de Viana (17)** *(geöffnet Juli - Aug. Di - So 9 - 14 + 19 – 22 Uhr, übrige Zeit Di - Sa 10 - 19 Uhr, So 10 - 15 Uhr; www.palaciodeviana.com)*. In dem ehemaligen Palast der Grafen von Viana sind auf einstündigen Führungen neben der bemerkenswerten Haupttreppe und diversen, kostbar möblierten und mit erlesenen Wandteppichen ausgestatteten Salons nicht weniger als 14 wunderschöne, lauschige Innenhöfe zu sehen.

## PRAKTISCHE HINWEISE – CÓRDOBA

**Oficina de Turismo de Córdoba [WP082 / N37° 52′ 43.2“ W4° 46′ 48.8“]**, Calle Torrijos, 10, 14003 Córdoba, Tel. +34 902 20 17 74; www.turismodecordoba.org; www.cordobaturismo.es. *Geöffnet tgl. 9.30 - 14 Uhr + 16.30 – 19.30 Uhr.*
**Oficina Municipal de Turismo**, Plaza de las Tendillas, 14002 Córdoba, Tel. +34 902 20 17 74. *Geöffnet tgl. 9 - 14 Uhr + 17.30 - 20 Uhr.*
**Oficina de Turismo**, Estación AVE-RENFE, Ankunftshalle, Tel. +34 902 20 17 74. *Geöffnet tgl. 9 - 14 Uhr + 16.30 - 19 Uhr.*
**Córdobea – Feste, Folklore**
**Semana Santa** – Während der Karwoche finden in Córdoba nicht weniger als 32 feierliche **Prozessionen** statt. Von Nazarenern, Büßern und Laienbruderschaften werden während der Prozessionen, die teils schweigend, teils bei mystischem Fackelschein durch die nächtlichen Straßen ziehen, die sog. **pasos**, von den Gläubigen hoch verehrte Heiligen- oder Madonnenstatuen auf großen, reich geschmückten Holzpodesten, durch die Gassen getragen.
**Fest der Cordobesischen Innenhöfe**, Anfang Mai. Es umfasst eine Wallfahrt mit geschmückten Pferdewagen, einen Flamencowettbewerb und einen Wettbewerb um den schönsten Patio (Innenhof). Während dieser Zeit sind

*Die Römerbrücke über den Río Guadalquivir*

die Innenhöfe der Häuser besonders reich mit Blumen geschmückt und sie sind dann auch der Öffentlichkeit zugänglich. Besonders gepflegt wird die Tradition der geschmückten Patios in den Stadtvierteln Alcázar Viejo, San Lorenzo und San Agustín.

Der Mai ist auch der Monat der sog. **Maikreuze**. In vielen Stadtvierteln stellen die Bewohner auf den Plätzen schön dekorierte und mit Blumen verzierte Kreuze auf, um die dann getanzt und gesungen wird.

In den letzten Wochen des Monats Mai feiert man das große Maifest **Feria de Mayo de Nuestra Señora de la Salud**. Vereine und religiöse Bruderschaften, namhafte Familien und politische Parteien präsentieren sich in *casetas*, Festzelten ähnliche Hütten mit tablaos (Holzböden) für den Flamenco und andere Tänze. Man reitet durch die Straßen, die Herren in Trachten gekleidet, die Damen tragen die typischen *faralaes*, lange, schwingende, farbenfrohe Kleider. Während der Festtage finden in der Arena Plaza de los Califas Stierkämpfe statt.

Ein anderes bedeutendes religiöses Ereignis ist die Prozession anlässlich des **Fronleichnamsfestes**, bei der die berühmte Prunkmonstranz von Arfe, die das Jahr über in der Capilla de Cardenal in der Mezquita zu sehen ist, durch die Straßen getragen wird. Vor der Monstranz tanzen die *seises*, die Chorknaben der Kathedrale, mit Kastagnetten und in Kostümen im Stil des 16. Jh. gekleidet her.

Den Festkalender der Stadt beschließt in der Regel die **Fiesta de San Rafael**, das Fest des Schutzpatrons der Stadt am 24. Oktober. Nach alter Tradition fährt man an diesem Tag aufs Land und bereitet dort den sog. *perol* zu, ein Gericht aus Reis und Fleisch.

## RESTAURANTS

**El Blasón**, José Zorilla, 11, Tel. +34 957 48 06 25; www.elcaballorojo.com; beim Gran Teatro, elegant, teuer, gehört zu den Top-Restaurants der Stadt, Reservierung empfehlenswert.

**El Caballo Rojo**, Calle del Cardenal Herrero, 28, Tel. +34 957 47 53 75; www.elcaballorojo.com; an der Nordseite der Mezquita, schöner Patio, elegant, teuer, exquisite andalusische Küche, gehört zu den Top-Restaurants der Stadt.

**Tablao Flamenco Cardenal**, Calle de Torrijos, 10, Tel. +34 957 48 33 20, an der Nordseite der Mezquita, Touristenlokal mit Flamencokeller, gute Küche, mittlere Preisklasse.

**El Churrasco**, Calle del Romero, 16, Tel. +34 957 29 08 19; www.elchurrasco.com; mitten in der Judería, bekannte Bar für Tapas, schöner Patio, angenehmes Ambiente, Grillspezialitäten, eigene Weine, mittlere Preislage. Im August geschlossen.

**Mesón Bandolero**, Calle Torrijos, 6, Tel. +34 957 47 64 91; www.restaurante-bandolero; gegenüber, westlich der Mezquita, sehr schöner Innenhof.

**Federación de Peñas**, Calle del Conde y Luque, 8, Tel. +34 957 47 54 27; www.federaciondepenas.com; mitten in der Altstadt Nähe Plaza Tendillas, preiswert und gut.

**Mesón El Burlaero**, Calleja de la Hoguera, 5, Tel. +34 957 47 27 19; www.restauranteelburlaero.com; nördlich der Mezquita, preiswert, gute spanische Küche.

### Tapas-Bars

**Taberna Casa Salinas**, Puerta de Almodóvar, Tel 957 29 08 46, www.taberna-salinas.com; einladende Kneipe mit Terrasse an der alten Stadtmauer am Rande der Judería. Mittwochs geschlossen.

**Taberna Casa Pepe de la Judería**, Calle del Romero, 1, Tel. +34 957 20 07 44, www.casapepejuderia.com; zentral, an der Nordwestecke des Mezquitakomplexes am Eingang in die Judería.

## HOTELS

**Parador de Córdoba** ****, 94 Zi., Avenida de la Arruzafa, Tel. +34 957 27 59 00; www.parador.de/parador-de-cordoba.htm; rund 4 km nördlich der Stadt, Haus mit Firstclass-Komfort in ruhiger, ansprechender Lage, Hotelgarten mit Terrasse und Schwimmbad, Tennis, Restaurant, WLAN. Parkplatz.

**Amistad Córdoba NH Hotel** ***, 83 Zi., Plaza de Maimónides, 3, Tel. +34 957 42 03 35; www.nh-hotels.de/NH_Amistad_Cordoba; sehr komfortables Firstclass Hotel mitten im alten Judenviertel Córdobas, schöner Innenhof, Restaurant, Garage.

**Hesperia Córdoba** ****, 152 Zi., Fray Albino, 1, Tel. +34 957 42 10 42, www.hesperia-cordoba.com; in wunderbarer Lage am Südende der Puente Romano am Guadalquivir mit Blick über den Fluss zur Mezquita und den Alcázar liegt das relativ neue Firstclasshotel, zweckmäßig ausgestattete Zimmer, Restaurant-Bar „Al Punto", Dachterrasse, Schwimmbad, WLAN. Parkplatz.

**La Hospederia de El Churrasco** ***, 9 Zi., Calle Romero, 38, Tel. +34 957 29 48 08, www.elchurrasco.com; nettes, kleines Mittelklassehotel in der Altstadt nahe der Mezquita, jedes Zimmer ist sehr schön individuell eingerichtet und mit Namen versehen, Restaurant „El Churrasco" (siehe oben), Bar, Parkplatz.

**Eurostars Maimónides** ***, 84 Zi., Calle Torrijos, 4, Tel. +34 957 47 15 00; www.eurostarsmaimonides.com; ordentliches Mittelklassehotel, zentral, an der Westseite neben der Mezquita, schönes Restaurant „Azahara" und Patio „Andaluz", WLAN. Garage.

**Selu** ***, 104 Zi., Calle Eduardo Dato, 7, Tel. +34 957 47 65 00; www.hotelselu.com; gutes Mittelklassehotel garni, zentral an der hübschen Plaza del Potro, WLAN. Garage.

**Albucasis** **, 15 Zi., Calle Buen Pastor, 11, Tel. +34 957 47 86 25; www.hotelalbucasis.com; kleines, einfaches Familienhotel garni mitten in der Altstadt Judería gelegen, moderate Zimmerpreise, Cafeteria, hübsche Gartenterrasse, WLAN. Garage.

**Mezquita** **, 31 Zi., Plaza Santa Catalina, 1, Tel. +34 957 47 55 85; www.hotel-mezquita.com; Hotel garni, einfach, preiswert und ideal direkt an der Ostseite der Mezquita gelegen. WLAN. Öffentliche Parkplätze nahebei.

## CAMPING

**Camping Municipal El Brillante [WP090 / N 37° 54' 2.0" W 4° 47' 15.5"]**, Avda. del Brillante, 50, Tel. +34 957 40 38 36; www.campingbrillante.com; ganzjährig geöffnet; im nördlichen Stadtbereich im Stadtteil Brillante. Die Zufahrt ist in der Stadt sehr schlecht ausgeschildert, die gelbe Hotelbeschilderung zum „Parador de Arruzafa" hilft etwas weiter. Achtung! Die Platzeinfahrt an der Av. Brillante ist leicht zu übersehen und für breite Fahrzeuge etwas eng. Stark frequentierter Platz, dessen Rezeption bei unserem letzten Besuch einen überforderten Eindruck hinterließ. Eben, teils Baumschatten, teils Schattendächer, harter, grasloser Boden, im vorderen Platzteil ziemlich beengte Stellplatzverhältnisse, zweiter Platzteil jenseits der engen Kanalbrücke mit etwas größeren, teils schattenlosen Parzellen beiderseits eines Kanals; ca. 2 ha – 110 Stpl.; einfache, nicht mehr zeitgemäße Sanitärausstattung; Laden, Restaurant, Waschmaschine mit Trockner, Schwimmbad; relativ stadtnah, Bushaltestelle vor dem Eingang (Linie 10).

**Camping Los Villares [N 37° 57' 36.49" W4° 48' 41.39"]**, Tel. +34 957 33 01 45, ganzjährig geöffnet; nördlich der Stadt, auf der Landstraße CV-45 7 km Richtung Parque Los Villares, Zufahrtsstraße streckenweise mit 14% Steigung. Abfallendes Gelände mit hohen Pinien im Naturschutzgebiet Los Villares, ruhig und abgelegen; 3 ha – 170 Stpl.; einfache Standardsanitärausstattung. Zur Zeit unter Renovierung. Weiterbestand fraglich!

## WOHNMOBIL-STELLPLÄTZE

**Córdoba**

**Parking del Centro Historico, [WP081 / N37° 52' 28.4" W4° 47' 11.5"]**, Tel. +34 957 29 96 19; **Zufahrt:** An der Westseite der Altstadt, westl. der verkehrsreichen Avenida Conde de Vellellano. Einfahrt für Wohnmobile besser an der Avenida de Menéndez Pidal (Einbahnstraße! Zu erreichen über die Einbahnstraßen Avenida del Zoológico – Calle del Escritor Castilla Aguayo – Avenida de Menéndez Pidal). Großer, asphaltierter, schattenloser Parkplatz für ca. 300 Fahrzeuge, 24-Stunden-Parken gestattet. Der Platz wird deshalb auch als Wohnmobil-Stellplatz genutzt. **Ausstattung**: Bis auf kleine Abfallbehälter keinerlei Einrichtungen! Gebührenpflichtig (Automat). Der Parkplatz eignet sich bestens als Ausgangspunkt für eine Besichtigung der Altstadt (Alcázar, Mezquita etc.), die nur etwa 200 m östlich des Parkplatzes hinter der alten Stadtmauer beginnt. 17.95 + Strom 26 alles vorhanden

**Cabra**

**Wohnmobil-Stellplatz Parking de Autocaravanas [N37° 27' 58.16" W4° 25' 25.76"]**, Área de Cabra, Calle de Juanita la Larga; www.cabra.net. **Zufahrt:** Ca. 80 km! südöstlich von Córdoba gelegen! A-45 Ausfahrt Nr. 56 Lucena und weiter A-318 8 km Richtung Cabra. Weiter A-339 Richtung Priego de Córdoba. Nach 3,5 km nach Cabra abzweigen und noch ca. 1 km. 4 markierte Stellplätze beim Auditorio Municipal. Beschilderte Einfahrt. Zum Ortszentrum ca. 1 km. **Geöffnet:** Ganzjährig. **Ausstattung:** Wasserentnahmestelle, Entsorgungsmöglichkeit für Grauwasser und Chemikaltoiletten. Gebührenfei. Aufenthalt max. 48 Stunden.

**Priego de Córdoba**

**Wohnmobil-Stellplatz Parque Multiusos [N37° 26' 36.49" W4° 12' 42.39"]**, Calle del Carussel; www.turismodepriego.com. **Zufahrt**: Rund 100 km! südöstlich, etwa auf halbem Wege zwischen Córdoba und Granada gelegen! A-45 (Córdoba – Málaga) Ausfahrt Nr. 56 Lucena, weiter auf der A-318 nach Cabra, dort ostwärts und ca. 22 km auf der A-339 zum Ort Priego de Córdoba. Hier am westlichen Ortsrand auf der Ave. Niceto Alcalá Zamora bis Kreisverkehr, dann kurz darauf links ab zum Platz, in ruhiger Lage im Park Alcalá Zamora. Platz für 9 Wohnmobile. Beschilderte Einfahrt. **Geöffnet:** Ganzjährig. **Ausstattung:** Wasserentnahmestelle, Entsorgungsmöglichkeit für Grauwasser und Chemikaltoiletten. Öffentliche Toiletten. Gebührenfrei. Aufenthalt max. 48 Stunden.

### Ausflüge ab Córdoba

Sehr lohnend ist ein Abstecher nach **Medinat Al-Zahra [WP091 / N37° 52' 50.0" W4° 51' 07.9"]**, rund 10 km westlich von Córdoba, Zufahrt von der A-431 Richtung Almodóvar del Río. Ausführliche Beschreibung siehe nächste Etappe.

Außerdem lassen sich rund 10 km nördlich von Córdoba eine Reihe alter, verlassener Einsiedeleien, **Las Eremitas** *(geöffnet Sommer tgl. 10 – 13.30 + 17 – 19.45 Uhr, sonst 10 – 13.30 Uhr)* besichtigen. Ein Hügel östlich der Landstraße bei El Rosal war vom 4. Jh. bis hinein ins 19. Jh. Ziel von Asketen und Einsiedlern. Im Laufe der Jahrhunderte entstanden mehrere Kirchen, Klosterzellen und Einsiedeleien, die besichtigt werden können. Von der Terrasse vor den Eremitagen hat man an klaren Tagen einen schönen Blick ins Tal des Guadalquivir und bis nach Córdoba.

### Routenabkürzung

Falls Sie den in diesem Reiseführer beschriebenen weiteren Reiseweg über Sevilla, Cádiz, Ronda und Granada abkürzen möchten, können Sie ab Córdoba die Autovía A-4/E-5 und die N-322 nach Úbeda nehmen und ab dort mit Route 14 (Granada – Valencia) fortfahren.

## WEISSE DÖRFER, MAURISCHE PALÄSTE

## ROUTE 7: CÓRDOBA – SEVILLA

**Länge der Tour:** Rund 190 km.

**Die Route:** Über die A-431 und über **Almodóvar del Río** bis **Palma del Río** – A-453 bis **Écija** – N-IV/E-5 bis **Sevilla**.

**Reisedauer:** Mindestens ein Tag.

**Höhepunkte:** Die Reste des Kalifenpalastes **Medinat Al-Zahra** * – die Plaza Mayor in **Écija** – **Carmonas Altstadt** – **Sevillas Kathedrale** *** und **Alcázar** *** – das **Altstadtviertel Santa Cruz** * – die **Casa de Pilatos** ** – die **Plaza de España** * – die **Museen Sevillas** ** und das **Museum der Schönen Künste** ** – ein Besuch der Stadt während der **Karwoche** oder während der **Feria de Abril**.

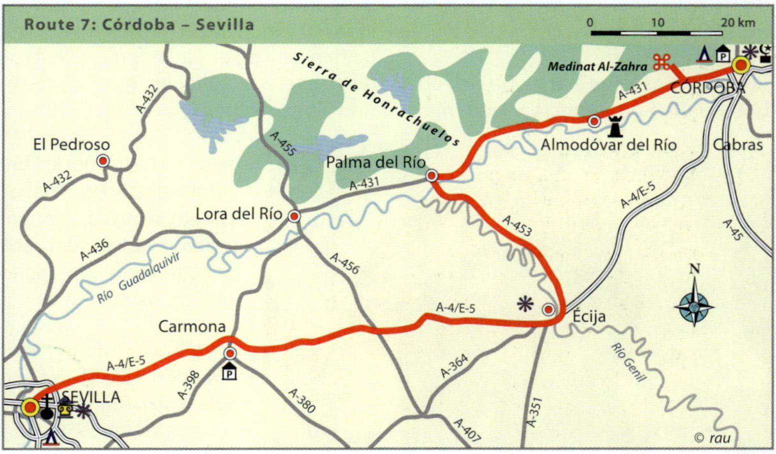


***ROUTE:** Der weitere Verlauf unserer Route durch Südspanien folgt ab Córdoba der Straße A-431 entlang des Flusses Guadalquivir nach Westen. Schon nach rund 8 km führt ein beschilderter Abzweig zum nahen Besucherzentrum von **Medinat Al-Zahra**, das wenige Hundert Meter abseits der Hauptstraße liegt.*

Das **Besucherzentrum Medinat Al-Zahra** bietet einen großen, kostenfreien **Parkplatz [WP091 / N37° 52′ 50.0″ W4° 51′ 07.9″]** und ein modernes unterirdisches **Museum**. Der Eintritt ist für Besucher aus EU-Ländern frei *(geöffnet 1. Mai – 15. Sept. Di – Sa 10 – 20.30 Uhr; 16. Sept. – 30. April Di – Sa 10 – 18.30 Uhr; So 10 – 14 Uhr; Mo geschlossen)*.

Im Museum sind die Grabungsfunde aus dem alten Medinat Al-Zahra zu bewundern. Sehr sehenswert und lohnend ist die Videopräsentation über die alte Kalifenresidenz Medinat Al-Zahra (Spanisch mit englischen Untertiteln), die eine gute Vorstellung über die damalige Zeit am Kalifenhof vermittelt, bevor man sich auf den Weg zur eigentlichen archäologischen Stätte begibt.

Pendelbusse bringen den Besucher hinauf zum etwa 2 km weiter oben an den kühleren Berghängen gelegenen maurischen Kalifenpalast von Medinat Al-Zahara. Die Busse verkehren zwischen 10 und 18 Uhr, im Sommer bis 20 Uhr, etwa alle 10 bis 15 Minuten, Fahrtdauer rund 5 Minuten, Fahrpreis p. P. 1,50 Euro hin und zurück (Preisänderung möglich).

In den Anfängen des 10. Jh. ließ Abd ar-Rahman III. die prunkvolle Stadt Medinat Al-Zahra (auch Medina Azahara) mit dem märchenhaften Kalifenpalast an den Hängen der Sierra Morena für seine Lieblingsfrau az-Zahara (die Blume) anlegen.

Aber nicht einmal hundert Jahre später, 1013, fiel die prächtige Sommerresidenz der Omaijaden den Horden der rivalisierenden berberischen Almoraviden-Dynastie zum Opfer und wurde gründlich zerstört.

Die Palastanlage erstreckte sich über drei weitläufige Terrassen und nahm eine Fläche von 100 Hektar ein. Erst 1910 konnte mit der wissenschaftlichen Erkundung und Ausgrabung begonnen werden. Obwohl die Ruinen Jahrhunderte lang als willkommener Steinbruch benutzt wurden, präsentiert sich Medina Azahara den Archäologen als eine maurische Palastanlage, die ohne spätere Einflüsse unverfälscht blieb.

Es wird mit Nachdruck versucht, die Moschee auf der untersten Plattform, die darüber liegenden Gärten mit dem zwischen 952 und 957 entstandenen prächtigen **Empfangs- oder Thronsaal** Abd ar-Rahmans III., sowie den Palast mit den Gemächern des Kalifen auf der obersten Terrasse zu restaurieren. Vor allem der Thronsaal (auch Salón Dorado oder Salón Rico) muss zur Kalifenzeit ein Kleinod gewesen sein, mit Reihen schlanker Säulen, mit kunstvoll gearbeiteten Kapitellen, mit Elfenbein- und Ebenholzbögen, Gold-, Edelstein- und Marmordekorationen. Ein mit Quecksilber gefülltes Becken davor, in dem sich die Sonnenstrahlen spiegelten, soll zur Erhellung des Saales gedient haben.

Im Kalifenpalast Medinat Al-Zahra

*ROUTE: Weiter über* ***Almodóvar del Río*** *bis* ***Palma del Río****. In Palma del Río verlassen wir die A-431, die streckenweise an der Trasse der AVE-Hochgeschwindigkeitsbahn Madrid – Sevilla entlang führt, und fahren südostwärts auf der A-453 entlang des Río Genil und durch ausgedehntes Agrarland nach* ***Écija****.*

Schon von weitem sieht man auf einer Anhöhe das imposante **Castillo von Almodóvar del Río** liegen. Die kunsthistorisch interessante Anlage ist eine der schönsten Ritterburgen

*Dominiert die Ebene am Río Guadalquivir, das Castillo von Almodóvar del Río*

Andalusiens in imposanter Lage. Von dort oben hat man einen weiten Blick hinab in die Ebene des Guadalquivir und zum Ort.

Im Inneren der gewaltigen Burganlage sind verschiedene Ausstellungen über das Ritterwesen im Mittelalter zu sehen.

Als Zufahrt hinauf zur Burg sollte man nicht den Weg durch das Ortszentrum (Centro Urbano) wählen. Sehr enge Durchfahrt! Einfacher ist die Zufahrt von der Umgehungsstraße A-431 [N37° 48' 36.75" W5° 1' 29.81"], von der man Richtung Palma del Río abzweigt. Von dieser Straße zweigt man am Ortsbeginn von Almodóvar del Río rechts ab, **Parkplatz für größere Fahrzeuge [N37° 48' 35.51" W5° 1' 28.69"]**. Von hier führt die Auffahrtsstraße (Fahrzeuge bis 3,5 t) in engen Serpentinen bis zu einem kleinen Parkplatz [N37° 48' 27.30" W5° 1' 23.82"] direkt unterhalb des Castillo de Almodóvar.

**Écija** hat eine sehr schöne Plaza Mayor (oder Plaza del Ayuntamiento) und in seiner verwinkelten, hübschen Altstadt diverse sehenswerte Kirchen, deren teils geradezu prächtigen Türme die Stadtsilhouette prägen. Bemerkenswert ist, dass manche der Kirchtürme schön mit farbigen Azulejos verziert sind.

*ROUTE: Ab Écija folgen wir der AutobahnA-4/E-5 über **Carmona** (Parador) und vorbei am Flughafen nach **Sevilla**.*

**Carmona**, das auf einem Hügel thront, ist eine uralte Stadt, die schon in vorgeschichtlicher Zeit besiedelt war und gelegentlich auch die „tausendjährige Stadt des Gottes Hammon" genannt wird. Die Karthager gründeten hier nämlich eine Handelsniederlassung, die dem Gott Ammon geweiht war und den Namen *Car Hammon* trug. Während der Römerzeit (eine bemerkenswerte **römische Nekropole** aus

### CAMPING – ALMODÓVAR DEL RÍO

**Camping La Breña [N37° 50' 24.47" W5° 3' 44.05"]**, Tel. +34 957 33 83 33; ganzjährig; westl. von Almodóvar del Río bei KM 26,2 von der A-431 (Córdoba – Palma del Rio) nordwärts Richtung Embalse de la Breña und noch 4 km. Fast ebenes, parzelliertes Gelände mit Baumschatten auf einer Halbinsel am Stausee de la Breña. 3 ha – 100 Stpl. + Dau.; einfache Ausstattung.

dem 1. Jh. mit rund 300 Gräbern liegt am Stadtrand) war der Ort dann als *Carmo* bekannt und die Mauren machten Carmona dann zur Hauptstadt eines ihrer Teilkönigreiche.

1247 war das Jahr, in dem endlich die christlichen Heere in Carmona einrücken konnten. Gut hundert Jahre später allerdings, ausgangs des 14. Jh., war der Ort Schauplatz grausamer Judenverfolgungen. 1630 endlich wurden Carmona von König Philipp IV. Stadtrechte verliehen.

Einer der Zugänge in die historische **Altstadt** führt durch das Sevilla-Tor, das, wie die in Resten noch vorhandene Stadtmauer, aus der Zeit der Almohaden stammt.

Zu den Sehenswürdigkeiten zählen in erster Linie die Kirchen der Stadt, wie die **Santiago-Kirche** aus dem 16. Jh., die gotische **Abteikirche Santa María** oder die barocke **San Pedro-Kirche** aus dem 15. Jh. mit schönem Mudéjarturm, der die Nähe der Giralda in Sevilla nicht leugnen kann.

Durch das Marchena-Tor gelangt man zur sog. **Oberen Burg**, ein imposanter, ursprünglich maurischer Bau, in dem heute der staatliche **Parador** (Details bei Sevilla im Info-Block) eingerichtet ist.

**Sevilla**, das antike Hispalis, liegt am linken Ufer des Guadalquivir, dem großen Wasserlauf Andalusiens. Sehr wahrscheinlich ist die Stadt phönizischen Ursprungs. Aber in der Frühgeschichte der Stadt vermischen sich Mythologie und Historie. So heißt es, Sevilla sei von Herakles gegründet worden, nachdem der Held auf dem Felde „Béticas", dem damaligen spanischen Süden, den dreiköpfigen Riesen Gerion besiegt habe.

Sicherer scheint die Erkenntnis, dass die Phönizier Waren aus Cádiz den Gudaliquivir heraufbeförderten, Handel mit der iberischen Tartessos-Kultur trieben und schließlich den Binnenhafen Hispalis gründeten.

Historisch verbürgt ist die Übernahme der Stadt durch die Römer im Jahre 204 v. Chr. Bedeutende Römersiedlungen waren damals Carmona und vor allem das wenige Kilometer nordwestlich von Sevilla gelegene **Itálica**, in dem zwei spätere römische Kaiser, Trajan und Hadrian, das Licht der Welt erblickten.

In der Westgotenzeit war Sevilla Sitz des Erzbischofs San Isidoro.

Ab 712 kamen die **Mauren** und mit ihnen der Islam nach Südspanien. Fünf Jahrhunderte lang blieben sie in Sevilla.

Wie so viele andere Städte Spaniens erlangte auch Sevilla unter den Arabern, die die Stadt *Isbilia* (oder Izvilia) nannten, Ansehen und Wohlstand. Es entwickelte sich zu einer der einflussreichsten Städte im Al-Andalus. In Beschreibungen der Stadt werden arabische Chronisten zitiert, die das damalige Sevilla für „die größte und bedeutendste Stadt Spaniens" hielten.

Nach dem Zerfall des Kalifats Córdoba errang Sevilla 1023 unter dem Abbasiden-Emir Al-Mutamid Ben Abbas seine Unabhängigkeit von Córdoba. Auch unter den folgenden Dynastien der Almoraviden und Almohaden erlebte Sevilla eine Blütezeit in Handel und Kultur.

Während der Maurenherrschaft entstanden z. B. der **Torre del Oro** und um 1186 das Wahrzeichen Sevillas, die **Giralda**, ursprünglich Minarett, später mit einem Glockenstuhl versehen und zum Turm der Kathedrale umfunktioniert.

Ferdinand III. eroberte 1248 Sevilla und verlegte seinen Hof dorthin. Alfonso X. errichtete die Werften (Atarazanas) am Guadalquivir, Pedro I., „der Grausame", ließ den **Alcázar** im Mudéjarstil erbauen. 1526 feierte Kaiser Karl V. hier seine Hochzeit mit Isabella von Portugal, der damals vielleicht besten Partie unter den europäischen Könighäusern. Der König von Portugal, Isabellas Vater, galt damals als reichster Mann des Abendlandes, der die neuen Seewege kontrollierte und für seine Tochter eine Mitgift von 900.000 Dukaten ausloben konnte. Es war die Zeit, in der Sevilla das Zentrum des Handels mit der neu entdeckten Welt war und die Verbindungen zu Portugal auch in jener Hinsicht vorteilhaft waren.

**Christoph Kolumbus** fand seine letzte Ruhestätte in der Kathedrale von

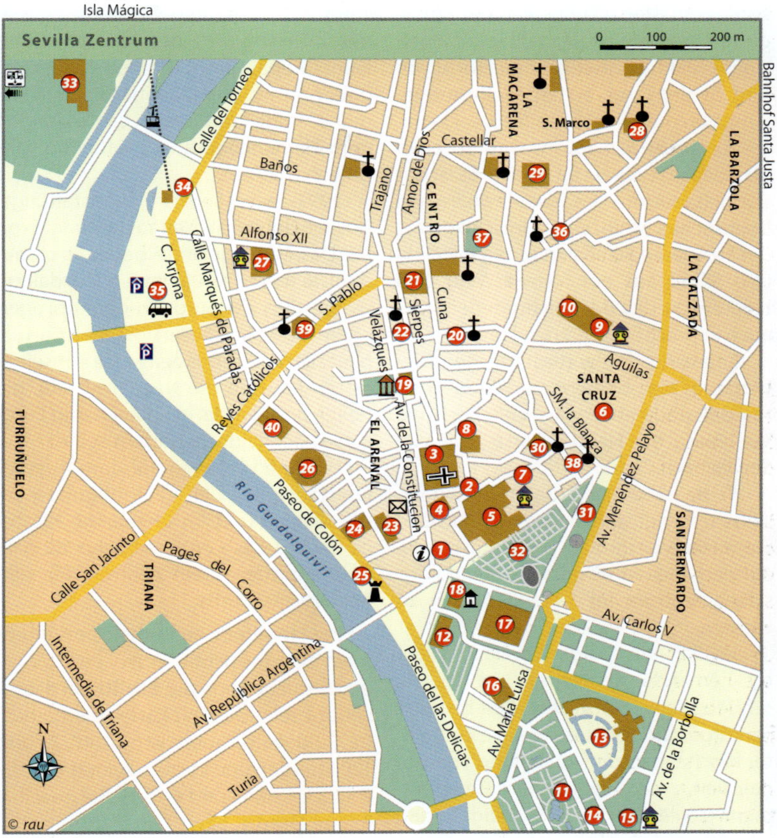


***Sevilla*** *–* ***1*** *Information –* ***2*** *Plaza del Triunfo –* ***3*** *Kathedrale und Giralda-Turm –* ***4*** *Archivo General de Indias, Casa de Lonja –* ***5*** *Alcázares Reales –* ***6*** *Barrio de Santa Cruz –* ***7*** *Hospital de los Vénérables –* ***8*** *Erzbischöfliches Palais –* ***9*** *Casa de Pilatos –* ***10*** *Kloster San Leandro –* ***11*** *Parque María Luisa –* ***12*** *Palacio de San Telmo –* ***13*** *Plaza de España –* ***14*** *Mudéjar-Pavillon –* ***15*** *Archäologisches Museum –* ***16*** *Theater Lope de Vega –* ***17*** *Tabakfabrik (Universität) –* ***18*** *Hotel Alfonso XIII. –* ***19*** *Rathaus, Plaza Nuevo –* ***20*** *Iglesia del Salvador –* ***21*** *Palacio de Lebrija –* ***22*** *Capilla de San José –* ***23*** *Hospital de la Caridad –* ***24*** *Teatro de la Maestranza –* ***25*** *Torre de Oro –* ***26*** *Stierkampfarena, Stierkampfmuseum –* ***27*** *Kunstmuseum –* ***28*** *Convento de Santa Paula –* ***29*** *Palacio Las Dueñas –* ***30*** *Kirche Santa Cruz –* ***31*** *Gärten von Murillo –* ***32*** *Palastgärten der Alcázares Reales, Pabellón de Carlos V –* ***33*** *Cartuja, Zentrum für zeitgenössische Kunst –* ***34*** *Seilbahn zur Isla Mágica –* ***35*** *Busbahnhof –* ***36*** *Pl. Ponce de León –* ***37*** *Pl. de la Encarnación, Espacio Metropol Parasol –* ***38*** *Sta. María la Blanca –* ***39*** *La Magdalena –* ***40*** *Markthalle*

Sevilla und auch Hernando (Hernán) Cortés zog es nach seiner bewegten Zeit in Mexiko wieder nach Sevilla. Er starb im nahen Castilleja de la Cuesta.

Im 15. und 16. Jh. war der Hafen von Sevilla Ausgangspunkt historischer Entdeckungsfahrten. Der aus Florenz stammende Amerigo Vespucci startete hier 1497 zu seiner Fahrt, auf der Amerika „richtig“ entdeckt wurde, nämlich in dem Bewusstsein, nicht Indien, sondern einen neuen Erdteil, eben Amerika zu entdecken. Und 1519 verließ der Portugiese Fernando de Magalhaes (Magellan) Sevilla mit einer kleinen Flotte von fünf Seglern zur ersten Weltumsegelung, von der nur ein Schiff zurückkam.

Vor allem das 16. Jh. wird zu einer glanzvollen Epoche für Sevilla. Es ist das Handelszentrum im südeuropäischen Raum schlechthin. Es ist Umschlagplatz der kostbaren Schiffsladungen mit Gold und Silber aus der Neuen Welt. Und bald drückt sich der Reichtum der Stadt auch in prächtigen Bauwerken aus.

Anlass für den wirtschaftlichen Niedergang der blühenden Hafen- und Handelsstadt aber war schließlich die Verlegung der Handelsbörse 1717 von Sevilla nach Cádiz.

Heute ist Sevilla Hauptstadt Andalusiens und mit annähernd 703.000 Einwohnern viertgrößte Stadt Spaniens, auf dem besten Wege, wieder ein Wirtschaftszentrum im Süden Spanien zu werden.

Sevilla, über das der Sevillaner Dichter Fernando de Herrera im 16. Jh. schrieb „Keine Stadt, eine Welt bist du", verkörpert noch heute für viele Betrachter klischeehaft die Vorstellung von Andalusien, vom spanischen Temperament schlechthin. Dazu beigetragen hat sicher auch, dass viele Autoren die charmante Stadt zum Schauplatz ihrer Werke erkoren. Bizets Oper „Carmen" und Rossinis „Barbier von Sevilla" zum Beispiel spielen in der Stadt am Guadalquivir.

Sevilla war die Heimat des späteren Hofmalers Diego Rodríguez de Silva Velázquez (1599 – 1660) und von Bartolomé Esteban Murillo, einem Maler des 17. Jh. In Sevilla lebten die Dichter José Zorilla (1817 – 1893), Gustavo Adolfo Bécquer (1836 – 1870) und Antonio Machado (1875 – 1939). Auch der Nobelpreisträger Vicente Aleixandre (1898 – 1984) stammte aus Sevilla. Und über Cervantes heißt es, dass er einen guten Teil seines „Don Quijote" in einem Sevillaner Schuldturm geschrieben haben soll.

Uns weniger bekannte, jedem Spanier aber geläufige, eng mit Sevilla verbundene Namen sind die der großen Toreros Joselito und Belmonte, die in der „Maestranza", der hiesigen Stierkampfarena, ihre Triumphe feierten, oder Antonio und Mairena, die dem Flamenco-Tanz und dem „canto jondo", dem Flamencogesang, große Popularität verschafften.

1992 war Sevilla Veranstaltungsort der Universal-Weltausstellung Expo 92. Das Messegelände befand sich auf der Isla de la Cartuja im Río Guadalquivir westlich der Stadt. In dem dortigen ehemaligen Kartäuserkloster La Cartuja hielt sich Kolumbus zeitweise vor seiner ersten Reise in die Neue Welt auf, die Politik und Handel in Spanien und Europa so nachhaltig verändern sollte.

Heute findet man auf dem Ausstellungsgelände den Vergnügungspark Isla Mágica und im ehemalige Kloster La Cartuja das Centro Andaluz de Arte Contemporáneo, ein Zentrum für zeitgenössische Kunst.

Bei längerem Aufenthalt und intensiven Stadtbesichtigungen und Museumsbesuche kann die **SevillaCard** interessant sein. Die Chipkarte ist erhältlich für Gültigkeitsdauern von 24, 48, 72 und 120 Stunden und kostete zuletzt € 31,35, € 50,35, € 67,45 und € 73,15. Sie gewährt freien Eintritt bzw. Ermäßigungen zu den wichtigsten Museen und Sehenswürdigkeiten, bei Stadtrundfahrten und im öffentlichen Nahverkehr, in Hotels, Restaurants, Läden und Shows.

Bestellt werden kann die SevillaCard unter www.sevillacard.es und in Bahnhöfen, Flughafen und Touristenbüros kann die Karte dann abgeholt werden. In manchen Fällen ist auch der Heimversand möglich.

Zur Karte gehört auch eine Begleitbroschüre in mehreren Sprachen mit Stadtplan, in der alle Nutzungsinformationen zu den angeschlossenen Einrichtungen mit Adressen, Öffnungszeiten, Telefonnummern etc. zu finden sind.

### Stadtbesichtigung

Wie für die meisten anderen spanischen Großstädte gilt auch für Sevilla, eine Stadtbesichtigung mit dem Auto ist eher Last als Lust. Zu Fuß, unter gelegentlicher Zuhilfenahme von Bus und Taxi, ist ein Stadtbummel wesentlich stressfreier.

Lassen Sie sich – falls Sie doch mit Ihrem Auto oder Wohnmobil hinein nach Sevilla fahren wollen – nicht schon auf dem Wege dahin von dem gelegentlich chaotischen Verkehrsgetümmel und von den weniger ansprechenden Außenbezirken entmutigen. Dem eigentlichen Charme der Stadt kommt man erst in den alten Vierteln im Herzen Sevillas auf die Spur.

Vermeiden Sie aber unbedingt, in eben diese Viertel wie Santa Cruz, El Arenal, Centro oder La Macarena mit dem Auto zu fahren! Steuern Sie am besten gleich den **Parkplatz** an der Ostseite (Av. de Kansas City) des **Hauptbahnhofs Estación Sevilla Santa Justa [WP094 / N37° 23' 30.8" W5° 58' 25.0"]** an. Größere Parkplätze findet man auch am Weststrand der Innenstadt auf dem ehemaligen Expo-Gelände am Guadalquivirufer an der Avenida Carlos III. etwa in Höhe von **La Cartuja [Parkmöglichkeit WP095 / N37° 23' 53.0" W6° 00' 43.1"]**.

### Kathedrale und Alcázar

Unser Rundgang zu den wichtigsten Sehenswürdigkeiten Sevillas beginnt an der **Plaza del Triunfo [096 / N37° 23' 06.5" W5° 59' 33.6"] (2)** zwischen Kathedrale und Alcázar.

An ihrer Nordseite wird die Plaza del Triunfo dominiert von der **Kathedrale [Eingang WP097 / N37° 23' 07.0" W5° 59' 35.1"] (3)** mit ihrem markanten, 98 m hohen Turm, der **Giralda** *(Kathedrale geöffnet Juli - Aug. Mo - Sa 9.30 - 16.30 Uhr, So 14.30 - 18.30 Uhr; übrige Zeit Mo - Sa 11 - 17.30 Uhr, So14.30 - 18.30 Uhr, letzter Einlass 30 Minuten vor Schließung; www.catedraldesevilla.es)*. Ein Hinweis darauf, dass der Turm einst Minarett einer Moschee (Mezquita) war, ist der schöne, typisch maurische Backsteindekor im oberen Teil.

Später, als die Moschee niedergerissen worden war und hier eine Kathedrale entstand, wurde die Giralda 1565 von Hernán Ruiz mit einem Glockenstuhl versehen und mit einer Turmhaube abgeschlossen.

Seinen volkstümlichen Kosenamen erhielt der Kirchturm nach der Figur mit der Wetterfahne auf der Turmspitze, der „Giraldillo", die den Glauben symbolisiert. Im Inneren der Kathedrale findet man den Zugang zum Turm. Der Blick auf die Dächer Sevillas von der Aussichtsplattform in 70 m Höhe ist sehr reizvoll und lohnt den Weg nach oben.

In den ersten Jahren des 15. Jh. begann man mit dem Bau der Kathedrale

*Die Giralda, der Turm der Kathedrale, ist Sevillas Wahrzeichen*

an der Stelle der abgerissenen Moschee. Nur der Orangenhof und besagter Turm sind von dem ehemaligen Moscheekomplex übriggeblieben. Es entstand das Gotteshaus, dem man das Bestreben des Domkapitels ansieht, „eine Kirche von einer Größe zu bauen, dass man uns für irrsinnig hält".

Die Pläne stammen vom Baumeister Isambret. Ergebnis des gigantischen Bauvorhabens war ein Gotteshaus, das heute das größte gotische Bauwerk der Welt, nach St. Peter in Rom und St. Paul in London, die drittgrößte Kirche der Welt und obendrein Spaniens größte und höchste Kathedrale ist.

Der **Besuchereingang (1)** in die Kathedrale von Sevilla befindet sich an deren Südseite, links in einem kleinen Innenhof vor der Puerta de San Cristóbal.

Nach den Ticketschaltern passiert man einen größeren Souvenir- und Buchladen. Wer ausführliche bebilderte Informationen über die vielen Sehenswürdigkeiten und Kunstwerke in der Kathedrale wünscht, wird hier sicher fündig.

Danach betritt man das Innere der gotischen Kathedrale und ist zunächst überwältigt von den gewaltigen Bündelsäulen, die den riesigen 116 mal 76 Meter weiten Kirchenraum in fünf Schiffe teilen.

Man kann nun rechts durch das südliche Seitenschiff gehen, vorbei an der **Capilla de San Hermenegildo (11)** mit einem prächtigen Alabastergrabmal des Cardinals Cervantes und der anschließenden **Capilla de la Virgen de la Antigua (10)** mit wunderschönem Gewölbe und einem Madonnenbildnis auf dem Altar, das aus dem 14. Jh. stammt und steht gleich drauf vor dem monumentalen **Christoph Kolumbus Grabdenkmal (9)** unmittelbar am Südportal Puerta de San Cristóbal.

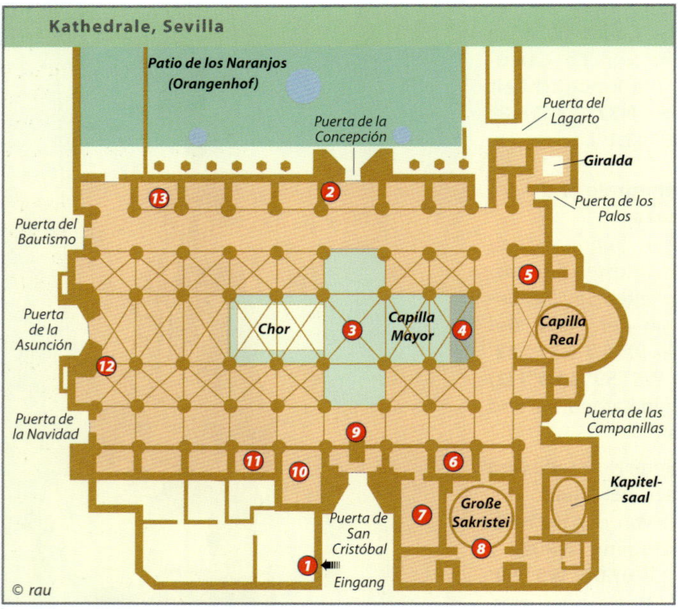


***Kathedrale Sevilla*** – ***1*** *Eingang* – ***2*** *Altar de Nuestra Señora de Belén, Mariengemälde von A. Cano* – ***3*** *Vierung, Spiegel* – ***4*** *Retabel Hochaltar* – ***5*** *Capilla de San Pedro* – ***6*** *Capilla de San Andres* – ***7*** *Sacristía de los Cálices* – ***8*** *Domschatz* – ***9*** *Kolumbus-Grabmal* – ***10*** *Capilla de la Virgen de la Antigua* – ***11*** *Capilla de San Hermenegildo, Alabastergrabmal* – ***12*** *Santo Ángel Altar, Murillo-Gemälde* – ***13*** *Capilla de San Antonio, Gemälde von Murillo und Valdés Leal*

*Die Kathedrale in Sevilla*

Kolumbus starb ja 1506, wenig verstanden und enttäuscht, in Valladolid. Später wurden seine Gebeine nach Santo Domingo, dann nach Havanna überführt. 1899 endlich kamen die sterblichen Überreste des Entdeckers nach Sevilla. Es wird aber bezweifelt ob die Gebeine im Grabmal hier tatsächlich die des großen Genuesen sind. Zu viele Ungereimtheiten passierten bei den diversen Umbettungen.

Die vier Figuren an den Ecken des Monuments, das im 19. Jh. von dem aus Sevilla stammenden Künstler und Bildhauer Arturo Mélida geschaffen wurde, symbolisieren die vier altspanischen Königreiche Kastilien, León, Aragón und Navarra.

Gehen Sie vom Kolumbus-Grabdenkmal geradeaus in die Kirchenmitte bis fast unter die 56 m hohe **Vierung (3).** Ein in den Boden eingelassener Spiegel ermöglicht es – falls es die Mauern aus Besucherrücken zulassen – das herrliche Rippenmaßwerk im Gewölbe zu bewundern.

Links (westlich) der Vierung liegt der **Chor** mit den 117 Sitzen des bewundernswerten Chorgestühls und einem kunstvoll gearbeiteten Chorgitter.

Rechts (östlich) der Vierung befindet sich die **Capilla Mayor,** der Altarraum. Hinter einem wunderschön gearbeiteten Gitter sieht man den mit Skulpturen üppig dekorierten **Hochaltar (4)**. Alleine die Ausmaße des riesigen, hochgotischen Altaraufsatzes, der 20 m hoch und 13 m breit ist, gibt eine vage Vorstellung von der Größe des Kircheninneren.

Über hundert Jahre wurde am Retabel, das 1482 vom flämischen Bildhauer Pieter Dancart begonnen wurde, gearbeitet. Dargestellt sind in 45 Bildern Szenen aus dem Leben Christi und der Mutter Maria, darüber die zwölf Apostel beiderseits einer Pietá. Das Sakramentshäuschen über dem Altar ist eine Arbeit von Alfaro aus dem 16. Jh.

Zum Fronleichnamsfest tanzen vor dem Altar „Los Seises" (Chorknaben) nach einem alten Brauch aus dem Jahre 1439 einen Tanz mit Kastagnettenbegleitung. Die tanzenden Knaben sind dabei in historische Kostüme gekleidet.

An der Ostseite hinter dem Altarraums schließt die **Capilla Real** (Königskapelle) mit schöner Apsis und Kuppel die Kathedrale ab. Die Königskapelle wurde von Perrín gestaltet. Sie weist gotische, vor allem aber Stilelemente der Renaissance auf, z. B. in der Kuppel. Die Capilla Real ist den Gottesdiensten vorbehalten und ist touristischen Besuchern nicht zugänglich. Eingang von außen durch die Puerta de los Palos nördlich der Chorapsis.

In einem silbernen Urnenschrein vor dem Hochaltar der Königskapelle sind die sterblichen Überreste des Befreiers von Sevilla, König Ferdinand III., beigesetzt. Ferdinand, der 1671 heiliggesprochen wurde, soll nach einer zu strengen Fastenzeit gestorben sein. An den Seiten sieht man die Sarkophage von Beatrix von Schwaben, der Gemahlin Ferdinands, und von Alfonso X. des Weisen, dem Sohn Ferdinands und Beatrixes.

Über dem Altar thront die „Virgen de los Reyes", Schutzpatronin Sevillas, gehüllt in Schleier und Gewänder. Es heißt, dass die Madonna ein Geschenk König Ludwig IX. von Frankreich, des Heiligen, an seinen Cousin Ferdinand gewesen sei.

Im Gewölbe unter der Kapelle ist Ferdinands Nachfolger Peter I., der Grausame, zusammen mit seiner illegitimen Frau María de Padilla beigesetzt.

Rechts vom Hochaltar findet man den Zugang zur **Sala Capitular**, dem ovalen Kapitelsaal, mit Gemälden von Murillo aus dem 17. Jh. und kostbaren Messgewändern.

Nebenan liegt die Sacristia Mayor, die Hauptsakristei, mit **Domschatz (8)** (Tesoro), Leuchtern, Reliquiensammlung und einer Prunkmonstranz von Enrique de Arfe. Weitere sakrale Kunstwerke – darunter Goyas „Santas Justa y Rufina", sowie „Cristo Crucificado" – beherbergt die benachbarte **Sacristía de los Cálices (7)**.

Sehenswert sind außerdem die vielen Seitenkapellen der Kathedrale mit schönen Kunstwerken und Grabmälern.

Der Zugang zur Giralda liegt in der Nordostecke des Kirchenraums.

Die Kathedrale verlässt man an deren Nordseite durch die **Puerta de la Concepción** (Tor der Empfängnis). Noch innerhalb des Kirchenraums sieht man links des Portals den **Altar de Nuestra Señora de Belén** mit einem Mariengemälde von A. Cano.

Und ganz am westlichen Ende des nördlichen Seitenschiffs liegt die **Capilla de San Antonio (13)** mit zwei bedeutenden Werken von Murillo, „Vision des Heiligen Antonius" und „Die Taufe Jesu".

Durch die Puerta de la Concepción tritt man schließlich hinaus in den **Patio de los Naranjos**, den weiten Orangenhof, den Vorhof der einstigen Moschee mit einem großen Wasserbecken in Form einer großen westgotischen Brunnenschale in der Mitte. Durch die gegenüberliegende Puerta de Perdón verlässt man das Kathedralengelände und befindet sich nun in der Calle Alemanes.

Man kann nun rechts um die Kathedrale herum gehen, vorbei an der Giralda, zurück zur Plaza del Triunfo.

Ebenfalls an der Plaza del Triunfo (Eingang an der Avenida de la Constitución) erhebt sich gegenüber der Südseite der Kathedrale die **Casa de la Lonja (4)**. Hier, im Gebäude der ehemaligen Handelsbörse, ist das interessante his-torische Archiv **„Archivo General de Indias"** untergebracht (*geöffnet 16. Juni - 15. Sept. Mo - Fr 8 - 14.30 Uhr, übrige Zeit Mo - Fr 8 - 15 Uhr, www.mcu.es/archivos/MC/AGI/index.html)*. Es enthält vor allem Handschriften, Landkarten, Pergamente, Schriftrollen und Dokumente, die mit der Eroberung Mittelamerikas in Verbindung stehen.

Nach der Entdeckung Amerikas war Sevilla bald ein turbulenter, betriebsamer Hafen und die Stadt voller Kaufleute und Händler. Um die Kathedrale entwickelte sich ein richtiggehendes Handelszentrum, ein Warenumschlagplatz. Und bei schlechtem Wetter zogen sich die Pfeffersäcke schon mal in die Kathedrale zurück, um einen Abschluss schnell noch perfekt zu machen. Empörung unter den Kirchenherren war die Folge.

Erzbischof Cristobal de Rojas y Sandobal endlich erreichte mit seiner Beschwerde bei Hofe in Madrid, dass

Philipp II. 1572 ein Stück Kronbesitz zur Verfügung stellte, auf dem ein Gebäude zu errichten sei, wo „alle Kaufleute und Händler zusammenkommen können, um ihre Geschäfte abzuschließen". Die Casa de la Lonja entstand.

Bis Ende des 18. Jh. waren sämtliche Dokumente, Verträge, See- und Landkarten, Geheimpapiere u. ä. im Zusammenhang mit Spaniens Kolonien in Amerika – den „Indias", wie der neue Kontinent anfangs nach Kolumbus' fälschlicher Meinung einen neuen Weg nach Indien entdeckt zu haben, genannt wurde – in der Burg von Simancas bei Valladolid aufbewahrt worden.

Bald wurden für den sich stürmisch entwickelnden Handel (oder sollte man eher Ausplünderung sagen?) mit der Neuen Welt größere Schiffe benötigt. Sevillas Hafen im Guadalquivir wurde zu klein und stand außerdem in der Gefahr zu versanden. Cádiz mit seinem geschützten Seehafen wurde neuer spanischer Handelshafen.

Die Lonja in Sevilla verlor nun ihre ursprüngliche Zweckbindung als Handelsbörse und 1785 traf die erste Sendung mit Archivdokumenten aus Simancas ein. Seit 1790 findet man nun im Archiv in der alten Lonja die komplette Dokumentationssammlung über sämtliche Handelstransaktionen mit den Kolonien in Amerika.

Archiviert sind zudem einmalige historische Dokumentationen über die Kolonisierung und die Reisen der Conquistadores zwischen Florida, Kalifornien und der Magellan-Straße. Darunter befinden sich die Originalschriften von Kolumbus, Magellan und Hernán Cortés.

Nicht weniger als 14 Millionen Blätter Papier sind registriert. Aneinandergereiht ergeben sie 4.000 Kilometer lückenloser Geschichte.

Das Archiv ist übrigens nicht nur ein Eldorado für Wissenschaftler, sondern auch eine geschätzte Fundgrube für moderne Schatzsucher die versunkenen, goldgefüllten spanischen Galeonen auf die Spur kommen wollen.

Sehr lohnend ist der Besuch der **Alcázares Reales [WP098 / N37° 23' 04.2" W5° 59' 32.2''] (5)** an der Südseite der Plaza del Triunfo *(geöffnet Apr. - Sept. tgl. 9.30 - 19 Uhr, übrige Zeit tgl. 9.30 - 17 Uhr, www.alcazarsevilla.org).*

Die Alcázares Reales waren ursprünglich Sitz der maurischen Herrscher, später Residenz der christlichen Könige in Sevilla. Das Gebäudeensem-

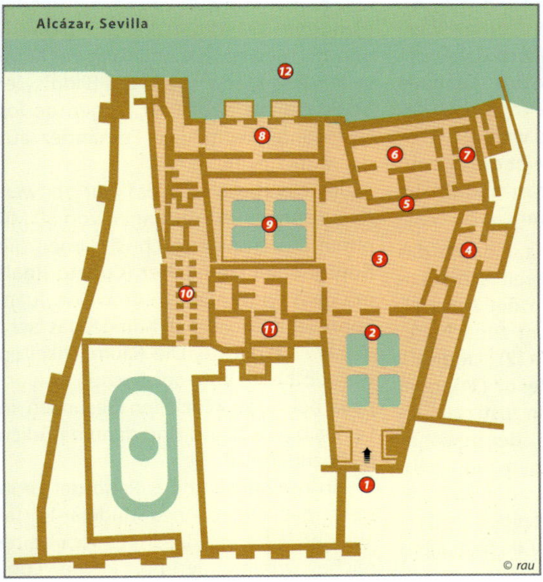


**Alcázar Svilla**

***1*** *Puerta del León, Löwentor*
***2*** *Patio de la Montería*
***3*** *Patio del León*
***4*** *Casa de la Contratación*
***5*** *Palast Pedros I.*
***6*** *Patio de las Doncellas*
***7*** *Salón de Embajadores*
***8*** *Salon der Wandteppiche, Räume Carlos I.*
***9*** *Patio María de Padilla*
***10*** *Patio de las Banderas*
***11*** *Patio del Yeso*
***12*** *Palastgärten*

*Alcàzar, der Innenhof Patio de las Doncellas*

ble vermittelt einen ausgezeichneten Eindruck einer Palastanlage im Mudéjarstil. Und tatsächlich ähnelt der Alcázar mit seinen wunderschönen Innenhöfen, schlanken Säulen, eleganten Bögen, Stuckornamenten und herrlichen Wanddekorationen ein wenig den Räumen der Alhambra. Trotz dieser Ähnlichkeit ist der Alcázar von Sevilla kein wirklich maurisches, sondern ein diesem Stil nachempfundenes Schloss. Der Alcázar, so wie wir ihn heute sehen, stammt zum größten Teil aus der Feder maurischer Architekten aus Granada und Toledo, die von den christlichen Königen beauftragt worden waren.

Das Wort Alcázar vereint die Bedeutung des arabischen al-qasr und des lateinischen castrum für Burg.

Man betritt den Alcázar durch das **Löwentor (1)** mit dem heraldischen Löwen über dem Portal an der Nordseite der Anlage und kommt zunächst in den **Patio de la Montería (2)** (Jagdhof). Außer dem **„Patio del Yeso" (11)**, dem Stuckhof, links hinter dem Justizsaal Alfonsos IX. aus dem 14. Jh., der gewöhnlich nicht besichtigt werden kann, zählen nur noch die Bögen an der Südseite des Jagdhofes zu den wenigen Resten, die vom Alcázar Al-Mubarak, dem alten Maurenpalast der Almohaden-Dynastie aus dem 12. Jh., übriggeblieben sind.

Als nächstes kommt man in den **Patio del León (3)**. Im Flügel rechts, dem sog. Cuarto del Almirante (Admiralsquartier), verordneten die Katholischen Könige 1503 den Bau der Börse **„Casa de la Contratación" (4)**.

Hier findet man auch den Audienzsaal (nicht immer zugänglich) mit schöner Kassettendecke, einer Sammlung flämischer Wandteppiche aus dem 17. und 18. Jh., einer Nachbildung der Karavelle Santa María, sowie das Bildnis der Madonna der Seefahrer, Virgen de los Navegantes, von Alejo Fernández aus der Mitte des 16. Jh.

Im Obergeschoss, das nur zeitweise auf separaten Führungen von 30 Minuten Dauer zugänglich ist, liegen die **Königlichen Gemächer (Cuarto Real)** mit dem Prinzensaal, in dem Don Juan, Sohn der Katholischen Könige, das Licht der Welt erblickte. Die Räumlichkeiten werden heute vom spanischen Königspaar bei ihren offiziellen Besuchen in Sevilla benutzt und sind dann natürlich nicht zugänglich!

An der Südseite des Patio del León sieht man ein schönes Mudéjar-Portal aus der Mitte des 14. Jh. Es weist eine reiche Ornamentierung, kleine Loggien rechts und links und Fenster mit Zackenbögen und Säulchen über dem Durchgang auf. Der Schriftzug über und unter dem blauen Fries über den Fenstern lautet sinngemäß: „Der allerhöchste, alleredelste, allermächtigste und allerliebste Don Pedro, König von Kastilien und León mit der Gnade Gottes, verordnete den Bau dieser Alkázaren und seiner Tore im Jahre 1464."

Durch dieses Portal und einige verwinkelte Gänge kommt man in den wunderschönen **Patio de las Doncellas (6)**, dem Jungfrauenhof. Er bildet den Mittelpunkt des prächtigen **Palastes Pedros I. (5)**, des Grausamen, und war Zentrum der offiziellen Residenz des Königs. Sehr wahrscheinlich wurde der Hof schon in maurischer Zeit angelegt und die christlichen Könige veränderten ihn lediglich. Ob der Hof aber tatsächlich seinen Namen nach dem Tribut in Form von 100 Jungfrauen erhielt, die dem Sultan jedes Jahr zugeführt werden mussten, ist allerdings nicht verbürgt.

Dieser helle Patio mit wohlproportionierten und überreich mit Stuckornamenten im Mudéjar- und Plateresk-Stil versehenen Zackenbögen, ist wirklich beeindruckend. Die Bögen ruhen auf schlanken Doppelsäulen.

An den Wandsockeln des lauschigen Patios mit dem kleinen Brunnen in der Mitte, kann man schönes Azulejo-Dekor bewundern. Oben wird der Innenhof von einer Säulenbalustrade abgeschlossen.

Gefesselt ist der Betrachter auch vom anschließenden **Salón de Embajadores (7),** dem Saal der Botschafter, mit der unvergleichlichen Kuppeldecke aus Zedernholz in einem Stalaktitengewölbe. Dieser herrliche Saal bildete den Rahmen für die Hochzeitsfeierlichkeiten Karls V. und Isabellas von Portugal 1526.

Man sieht die Königlichen Gemächer, die sich um den bezaubernden Patio de los Muñecas (Puppenhof) gruppieren. Hier war das Zentrum des höfischen Lebens zu Zeiten einer María de Padilla, der dominanten Mätresse König Pedros I. Über diese schillernde Figur erzählen Führer hinter vorgehaltener Hand, dass es ein Privileg besonders anhänglicher Höflinge gewesen sei, vom Badewasser der Padilla schlürfen zu dürfen.

Und hier war es wohl auch, wo Pedro I. seinen Beinamen „der Grausame" abbekam. Hier im Puppenhof meuchelte er 1358 seinen Halbbruder Don Fadrique und hier brachte er seinen Gast Abud Said von Granada wegen dessen berühmter Diamantenkollektion um. Ein großer Rubin soll auf verschlungenen Wegen im 14. Jh. an den eng-

*Innenhöfe und Salons im Alcázar sind überaus prächtig dekoriert*

lischen Hof gelangt sein und heute die englische Krone zieren.

Man besichtigt außerdem die später im 16. Jh. von Kaiser Karl V. angefügten **Gemächer Karls V. (8)** mit einer sehr schönen Serie von 12 riesigen Wandteppichen, die Schlachtenszenen aus dem Kriegszug Karls V. gegen Tunesien im Jahre 1535 zeigen. Die Gobelins wurden 1740 in der königlichen Teppichmanufaktur hergestellt. Sehr schöne Azulejos.

Nach der Palastbesichtigung kann man einen Spaziergang durch die weiten **Palastgärten (12)** mit Brunnen und Grotten bis zum Pavillon Karls V. anschließen.

Schließlich verlässt man den Komplex der Alcázares Reales durch den Patio de las Banderas (Fahnenhof) und gelangt wieder auf den Platz vor der Kathedrale.

**Barrio de Santa Cruz und Casa de Pilatos**

Reizvoll ist der anschließende Spaziergang durch die engen Gassen und Winkel des **Barrio de Santa Cruz (6)**, dem Altstadtviertel Sevillas. Suchen Sie in dem Gewirr der Altstadtgassen östlich der Giralda (z. B. durch die Gasse Don Remondo neben dem Erzbischöflichen Palais Palacio Arzobispals (8), dann rechts) nach der Gasse Guzman el Bueno. Der Blick durch die Gasse zur Kirche Santa Cruz (30) an der Mateos Gago ist reizvoll.

Das alte Judenviertel im Barrio de Santa Cruz ist sehr gut erhalten und weist einige der schönsten Herrschaftshäuser in Sevilla auf. Sehr hübsch sind die Plätze Alianza, Doña Elvira, de los Vénérables oder Santa Cruz östlich vom Alcázar. Ganz in der Nähe kann man in der Calle Santa Teresa die Casa de Murillo besichtigen.

*Innenhof der Casa de Pilatos*

Im **Hospital de los Vénérables (7)** *(geöffnet tgl. 10 - 14 + 16 - 20 Uhr)*, dem ehemaligen Hospiz der Verehrung an der gleichnamigen Plaza, einem Barockbau aus dem 17. Jh., ist ein sehr schöner Innenhof und das **Karwochen-Museum** zu sehen. In der Kapelle schönes Retabel.

Auf einem Bummel durch Santa Cruz finden Sie sicher ein gemütliches Lokal (z. B. Casa Román, Hostería Laurel, Restaurante Santa Cruz Nähe Vénérables) oder eine Tablada (Flamencolokal), in das Sie abends gerne zurückkehren wollen.

In der Calle Mateos Gago reiht sich ein Restaurant ans andere, eine Tapas-Bar an die andere. Haus Nr. 1. in der Calle Mateos Gago z. B. wartet gleich mit der Bierbar „La Giralda“ auf. Und die Calle de Betis, eine anderes Beispiel, ist voller abendlichen Rummels und Nachtlebens.

Einige Straßenzüge weiter nördlich des alten Viertels Santa Cruz liegt in der Calle Caballerizas die **Casa de Pilatos [WP099 / N37° 23' 22.6" W5° 59' 12.7"] (9)** *(geöffnet Apr. - Nov. tgl. 9 - 19 Uhr, übrige Zeit tgl. 9 - 18 Uhr, www.fundacionmedinaceli.org/monumentos/pilatos/)*, ein wunderschöner Adelssitz, der aus dem Ende des 15. Jh. stammt.

Besonders schön ist der **Innenhof** mit zierlichen Säulenbögen, Springbrunnen, Skulpturen und dem bewundernswerten Azulejodekor an den Wänden.

Sehr sehenswert sind auch die original möblierten Räumlichkeiten im Obergeschoss (separater Eintritt, Führungen).

Der erste Besitzer der Casa de Pilatos, Don Fadrique, Marquis von Tarifa, sah auf einer Reise 1519 nach Jerusalem den Palast des römischen Prätors Pilatus und ließ ihn nach seiner Rückkehr hier in Sevilla nachbauen. Daher der Name Casa de Pilatos.

Auf dem kleinen Platz vor dem Haus sieht man ein Cervantes-Denkmal.

**Rund um die Plaza de España**

Der Stadtpark **Parque de María Luisa (11)**, die nächste Station unserer Stadtbesichtigung, liegt südlich des Stadtzentrums. Macht man sich von der Casa de Pilatos aus auf den Weg dorthin, nimmt man besser ein Taxi und fährt ggf. gleich bis an den Südrand des Parks und spaziert von dort später zurück ins Zentrum.

Der Park wurde im 19. Jh. als Lustgarten des westlich des Parks hinter dem Hotel Alfonso XIII. (18) gelegenen Palastes San Telmo (12) angelegt und 1929 anlässlich der Ibero-amerikanischen Ausstellung erweitert und umgestaltet. Damals entstand auch der sehenswerte halbrunde Platz **Plaza de España [WP100 / N37° 22' 38.4" W5° 59' 14.4"] (13)**. Beachtung verdienen die Kachelmotive an den Wänden. Sie zeigen Szenen in Provinzen, die eine historische Verbindung zu den spanischen Kolonien in der Neuen Welt haben. Bootsverleih für eine Kahnpartie auf den Kanälen und Teichen der Plaza de España.

Gleich am Eingang zur Plaza de España liegt das auch bei Einheimischen gerne besuchte Restaurant „La Raza" mit schattigem Garten.

Am Südrand des Parque de María Luisa liegen zwei Museen.

Das **Museo de Arte y Costumbres Populares (14)** *(geöffnet 1. Juni – 15. Sept. Di - Sa 9 – 15.30 Uhr So 10 – 17 Uhr, übrige Zeit Di – Sa 10 – 20.30 Uhr, So 10 – 17 Uhr, www.museodeandalucia.es/cultura/museos/MACSE/)* zeigt Volkskunst und Sammlungen zum andalusischen Brauchtum, darunter Trachten, ländliches Kunsthandwerk, Werkstätten, Kutschen, Musikinstrumente u. a. Das Museum ist in einem interessanten Mudéjar-Pavillon untergebracht, der 1914 nach Plänen Aníbal González erbaut wurde.

Im **Museo Arqueológico Provincial (15)** *(geöffnet 1.Juni - 15. Sept. Di - Sa 9 - 15.30 Uhr, So 10 - 17 Uhr, übrige Zeit Di - Sa 10 - 20.30 Uhr, So 10 - 17 Uhr, www.juntadeandalucia.es/cultura/museos/MASE/)*, das in einem schönen Renaissancegebäude an der Plaza de América untergebracht ist, sind vornehmlich Ausgrabungsgegenstände aus dem römischen Itálica zu sehen, darunter Plastiken und Mosaiken. Glanzstück des Museums ist der tartessische Schatz von Carambolo. Er wurde 1958 in der Nähe von Carambolo gefunden und besteht aus 21 Schmuckstücken aus Gold, die aus dem 6. und 7. Jh. v. Chr. stammen.

Wenn Sie den Weg zurück Richtung Kathedrale wieder durch den Park nehmen, achten Sie am Nordrand der Plaza de España links im Park auf die mächtige Eibe und auf das interessant gestaltete Denkmal zu Ehren des Dichters Gustavo Adolfo Bécquer.

Auf dem Weg von der Plaza de España zurück in die Innenstadt Richtung Kathedrale überquert man an deren Nordwestseite den verkehrsreichen Platz

*Plaza de España, Sevilla*

Glorieta San Diego und folgt der Straße Palos de la Frontera weiter stadteinwärts. Links liegen das Casino de Exposición und das Teatro Lope de Vega (16).

Rechterhand sieht man die lange Fassade des Gebäudekomplexes der **Universität (17)**, die früher eine **Tabakfabrik** beherbergte. Der Bau weist so gewaltige Grundrisse auf, dass er lange Zeit das zweitgrößte Gebäude in ganz Spanien war, nach dem Escorial. Beachtenswert ist besonders die Fassade zur Calle San Fernando hin. Populär wurde der Bau aus dem 18. Jh. aber erst durch Bizets Oper „Carmen". Carmen, die hier – wie ihre 10.000 Cigarreras-Kolleginnen – fleißig Zigarren auf ihren Schenkeln rollte, traf vor der Fabrik zum erstenmal ihren Don José.

Ein Stück weiter liegt links der **Palacio de San Telmo (12)** aus dem 17. Jh. Er diente ehemals als Kadettenschule, dann als Priesterseminar und ist heute Hauptsitz der Junta de Andalucía. Beachtenswert ist das barocke Portal von Leonardo de Figueroa.

### Zwischen Rathaus und Guadalquivir

Zu den weiteren Sehenswürdigkeiten der Stadt zählen das Rathaus, **Ayuntamiento (19)** an der Plaza Nueva nördlich der Kathedrale, mit seiner reichgeschmückten Plateresk-Fassade aus dem 16. Jh. an der Ostseite.

In der Calle Sierpas, eine der Einkaufsstraßen und immer lebhaften Fußgängerzone an der Ostseite des Rathauses, stand früher das königliche Stadtgefängnis (Carcel Real). In einer der Zellen begann Cervantes mit seinem Roman „Don Quijote". Eine kleine Cervantesbüste erinnert daran.

Etwas nordöstlich des Rathauses erhebt sich die **Iglesia del Salvador (20)** *(geöffnet Mo - Sa 11 - 17.30 Uhr, So 15 - 19 Uhr, www.visitasevilla.es)*. Sie wurde auf den Resten der Moschee von Ibn Adabbas errichtet, von der noch Fragmente erhalten sind, wie z. B. Teile des Minaretts. In der Barockkirche aus dem 17. und 18. Jh., einer der schönsten der Stadt, wird die Statue „Jesús de la Pasión" von Martínez Montañas aus dem Jahre 1619 aufbewahrt. Sie wird bei der feierlichen Prozessionen in der Karwoche durch die Straßen getragen.

Zwei Straßenzüge weiter nördlich der Kirche trifft man auf den **Palacio de Lebrija (21)** *(geöffnet Sept. – Juni Mo - Fr 10.30 – 19.30 Uhr, Sa 10 – 14 + 16 – 18 Uhr, So 10 – 14 Uhr, Juli – Aug. Mo – Fr 9*

*– 15 Uhr, Sa 10 – 14 Uhr, www.palaciodelebrija.com)*. Dieses ehemalige Adelspalais der Gräfin von Lebrija lohnt wegen der schönen Fußböden mit aus Itálica stammenden römischen Mosaiken und den prächtigen Artesonadodecken und Azulejodekorationen der Salons einen Besuch.

Über die Calle Sierpas zurück zum Rathaus. Unterwegs liegt in der Seitenstraße Jovellanos rechts (westlich) die **Capilla de San José (22)**. Ihr Inneres gilt wegen des prächtigen Schmucks als ein Glanzstück der barocken Kirchenarchitektur in Sevilla. Leider ist die Kapelle gewöhnlich nur in den Abendstunden zwischen 19 und 21 Uhr und an Sonntagen nur vormittags von 11 bis 12 Uhr geöffnet.

Etwa auf halbem Wege zwischen Kathedrale und Guadalquivir liegt das **Hospital de la Caridad (23)** *(geöffnet Mo - Sa 9 - 13 + 15.30 - 18.30 Uhr, www.santa-caridad.es)*, Hospiz der Barmherzigkeit, ein Barockbau aus dem 17. Jh.

Miguel de Mañara stiftete den Bau, der heute noch karitativen Zwecken dient. Es heißt, der Stifter Mañara sei exzessiv Wein, Weib und Gesang zugeneigt gewesen. Als er eines Morgens voll des guten Weines nach Hause strebte, begegnete er einem Leichenzug und glaubte, in der Leiche sich selbst zu sehen, Anlass vielleicht zu seiner barmherzigen Hospitalstiftung.

Sehenswert ist die Kirche des Hospitals, in der mehrere Gemälde von Murillo zu sehen sind. Beachtung verdient vor allem auch die „Grablegung Christi", eine Skulptur von Pedro Roldán, die in der Altarmitte zu sehen ist. Eher zum Gruseln ist das Gemälde „Finis gloriae mundi" über dem Eingang. Es stammt von Juan de Valdés Leal und stellt in drastisch realistischer Weise die Vergänglichkeit alles Irdischen in Form des verwesenden Leichnams eines Bischofs dar.

Gegenüber des Hospital de la Caridad liegt das **Teatro de la Maestranza (24)**, das große neue Opern- und Konzerthaus von Sevilla.

Noch ein Stück weiter westlich sieht man am linken (diesseitigen) Guadalquivirufer, ganz in der Nähe der Puente San Telmo, den **Torre de Oro [WP101 / N37° 22' 58.2" W5° 59' 46.7"] (25)** *(geöffnet Di - Fr 9.30 – 18.45 Uhr, Sa + So 10.30 – 18.45 Uhr, www.visitasevilla.es)*. Der zwölfeckige Goldturm, seine Fliesen sollen in der Sonne wie Gold geglänzt haben, stammt aus der Maurenzeit um 1220 und war wichtiger Teil der Stadtbefestigung. Am Turm war eine

*Der Torre de Oro am Fluss Guadalquivir, Sevilla*

schwere Kette verankert, die über den Fluss gespannt werden konnte und feindlichen Schiffen den Zugang zur Stadt versperrte. 1248 gelang es Admiral Ramón de Bonifaz die Sperre zu durchbrechen und ermöglichte so den Heeren Ferdinands III. den Einfall in die Stadt. Pedro I. nutzte den Turm als Kerker. Später wurden hier die Goldtransporte aus der Neuen Welt gelagert. Insgesamt sollen 7.593 Tonnen Gold und Silber aus der Neuen Welt nach Sevilla geschafft worden sein.

Heute ist im Goldturm ein kleines Schifffahrtsmuseum eingerichtet, das mit Zeichnungen und anderen Ausstellungsobjekten die abwechslungsreiche Geschichte des Hafens von Sevilla dokumentiert.

Von der Anlegestelle ganz in der Nähe des Torre de Oro verkehren Boote den Río Guadalquivir aufwärts bis zur Ausstellungsinsel Isla de la Cartuja (Themenpark und Kunstmuseum, siehe weiter unten). Und zwischen Mai und Oktober verkehrt jeden Sonntag ein Ausflugsboot flussabwärts nach Sanlúcar de Barrameda an der Guadalquivirmündung.

Weiter flussaufwärts (man kann sich der Busse C3 oder C4 bedienen, die auf dem Paseo Colón verkehren) liegt Sevillas große Stierkampfarena, die legendäre **La Real Maestranza de Caballería (26)**. Die Arena, Spaniens zweitälteste und wichtigste im Lande, entstand Mitte des 18. Jh. und bietet auf den Rängen mit 118 Balkonen Platz für 13.950 Stierkampfbegeisterte. Gegenüber der Arena steht eine Carmen-Statue in Erinnerung an die vielbesungene Zigarrenarbeiterin, die in Bizets Oper am Ende von der Hand ihres Geliebten José stirbt.

An der Seite zum Paseo de Cristóbal Colón der Arena liegt der Eingang zum **Museo Taurino** *(geöffnet Mai + Okt. tgl. 9.30 - 20 Uhr, Juni – Sept. tgl. 9.30 – 23 Uhr, übrige Zeit tgl. 9.30 - 19 Uhr, www.realmaestranza.com)*. Das Stierkampfmuseum präsentiert interessante Exponate, welche die Geschichte des Stierkampfs illustrieren. U. a. sieht man ein von Picasso bemaltes Capote, einen Mantel, den die Stierkämpfer bei ihrem Einmarsch in die Arena tragen.

Das **Museo de Bellas Artes (27)** *(geöffnet 1. Juni – 15. Sept. Di - Sa 9 – 15.30 Uhr, So 10 – 17 Uhr, übrige Zeit Di – Sa 10 – 20.30 Uhr, So 10 – 17 Uhr, freier Eintritt für EU-Bürger mit Ausweis, www.museodeandalucia.es/culturaydeporte/museos/MBASE, www.museodebellasartesdesevilla.es)*, Plaza del Museo 9, das große Kunstmuseum der Schönen Künste, ist im ehemaligen Kloster La Merced untergebracht. Busse: C1, C2, C3, C4, 43).

Das Gebäude mit drei schönen Innenhöfen entstand im 18. Jh. nach Plänen von Juan de Oviedo.

Das Museum zeigt bekannte Werke spanischer Maler. Von El Greco z. B. ist das Porträt seines Sohnes Jorge Manuel, von José Ribera der „Santiago el Mayor", von Goya ein Bildnis des Kanonikers Duarco, von Zurbarán die „Virgen de las Cuevas", von Murillo u. a. das Madonnenbildnis „Die Schmerzensreiche" zu sehen. Von großer kunstgeschichtlicher Bedeutung sind auch die Wandgemälde von Domingo Martínez in der ehemaligen Kirche.

Weiter im Norden der Stadt liegt am Ende eines Teils der erhaltenen mittelalterlichen Stadtmauer die Basilika **La Macarena [N37° 24' 9.67" W5° 59' 21.66" ]**, Calle de Bècquer, 1 *(geöffnet tgl. 9 – 13 + 17 – 20 Uhr, www.hermandaddelamacarena.es)*. In ihr wird die weit über die Grenzen der Stadt hinaus bekannte tränenreiche Madonna „La Esperanza Macarena" verehrt. Die in einen überreich bestickten Umhang gehüllte Madonna verschwindet beinahe hinter einem Wald von Kerzen. Auf ihrem Antlitz sieht man Tränen aus Glas.

Die Madonna der Hoffnung ist traditionell die Beschützerin der spanischen Zigeuner und die Schutzpatronin aller Matadores. Es wird wohl kaum einen von ihnen geben, der ohne ein Stoßgebet zur Madonna der Hoffnung in die Arena tritt. Es heißt, dass der legendäre Stierkämpfer aus Sevilla, Joselito, gerne ein kleines Vermögen für vier Smaragde

*„Die Pilze" an der Plaza de la Encarnación, Sevilla*

aus dem Schmuck der Madonna gegeben hätte. Als er 1920 im Alter von erst 25 Jahren in der Arena tödlich verunglückte, wurde der Madonna La Esperanza wochenlang ein Trauerflor angelegt. Die Präsentation der Madonna ist einer der Höhepunkte bei den Karfreitagsprozessionen.

Wer sehr an der Kirchenarchitektur Sevillas interessiert ist, sollte einen Besuch des **Convento de Santa Paula (28)** *(geöffnet Di - So 10 - 13 Uhr, www.santapaula.es)* im Nordosten der Innenstadt im Stadtteil La Macarena nicht versäumen. Von Bedeutung sind u. a. das Kirchenportal aus dem frühen 16. Jh., das Kircheninnere mit Fresken in der Altarapsis sowie das angeschlossene Museum.

Eine Attraktion aus der jüngeren Geschichte Sevillas kann man an der **Plaza de la Encarnación [WP102 / N37° 23' 33.9" W5° 59' 30.5"] (37)** mit dem Espacio Metropol Parasol besichtigen. Hier wurde eine monumentale, futuristisch anmutende bis 30 m hohe und 150 lange Holzkonstruktion errichtet, der die Sevillanos den ebenso treffenden, wie etwas abfälligen Kosenamen „Las Setas", die Pilze, gegeben haben. Der etwas despektierliche Beiname lässt vermuten, dass die Bewohner des Viertels über dieses Kunstobjekt – übrigens von dem deutschen Architekten Jürgen Mayer konzipiert – nicht sonderlich glücklich sind. Auch wenn der von einigen stattlichen Stadthäusern umgebene Platz zu Beginn des 19. Jahrhunderts von napoleonischen Truppen demoliert wurde, und seitdem nicht gerade eine Perle im Stadtbild Sevillas war, finden viel Einwohner die „Pilze" ziemlich deplaziert. Besucher finden hier ein Einkaufszentrum, Restaurant, im Untergeschoss ein Museum mit römischen Fundamenten und Mosaiken und ganz oben auf den Pilzen einen Aussichtspunkt.

**Westlich des Guadalquivir**

Im **Conjunto Monumental de la Cartuja [WP103 / N37° 2' 54.9" W6° 00' 32.1"] (33)**, dem im Rahmen der Weltausstellung von 1992 aufwendig restaurierten Komplex eines ehemaligen Kartäuserkloster auf der Isla de la Cartuja, ist heute das **Centro Andaluz de Arte Contemporáneo,** das Andalusische Zentrum für Zeitgenössische Kunst, untergebracht *(geöffnet Di - Sa 11 - 21 Uhr, So 11 - 15 Uhr, www.juntadeandalucia.es/cultura/caac/inf/acc.htm)*. Ausgestellt ist eine schöne Sammlung von Werken spanischer Maler des 20.

Jh. wie Antoni Tàpis, Romero de Torres oder Carlos Saura u. a., Skulpturen des Bildhauers Eduardo Chillida, sowie wechselnde Ausstellungen andalusischer Künstler.

Ganz in der Nähe liegen Sevillas World Trade Center, der Pabellón de la Navegación (Pavillon der Navigationstechniken), der Pabellón de los Descubrimientos (Pavillon der Entdeckungen) und das Cine Especial Omnimax, ein Kino mit Großleinwand.

Weiter nördlich, auf Höhe der futuristischen Brücke Ponte de la Barqueta, findet man den Themen- und Freizeitpark **Isla Mágica**, der per Seilbahn (34) zu erreichen ist. Neben allerlei Zeitvertreib findet man hier Restaurants, Geschäfte, Szenen aus der Neuen Welt und ein Sevilla, wie es im 16. Jh. gewesen sein könnte.

**Mein Tipp!** Fahren Sie mit einem Bus der Linie C1 vom jenseitigen Gudalquivirufer zurück in die Stadt. Bei der Gelegenheit sehen Sie einige der modernen Brücken, die anlässlich der Weltausstellung von 1992 erbaut worden sind.

## PRAKTISCHE HINWEISE – SEVILLA

**Oficina de Turismo de la Junta de Andalucía [N37° 23′ 30.74″ W5° 58′ 29.25″]**, Estación de RENFE de Santa Justa, Ave. Kansas City, 41007 Sevilla, Tel. +34 954 78 20 02, www.andalucia.org.
**Oficina de Turismo de Sevilla [N37° 23′ 1.32″ W5° 59′ 36.43″]**, Fremdenverkehrsamt der Stadt, Ave. De la Constitución, 21, Tel. +34 954 22 14 04, www.andalucia.org.
In vielen Hotels liegt gewöhnlich einer der beiden monatlich in Englisch und Spanisch erscheinenden, kostenlosen Veranstaltungskalender „The Tourist" oder „Welcome Olé" aus, die auch über touristisch Interessantes berichten.

**Aeropuerto Sevilla-San Pablo**, ca. 12 km östlich der Stadt, zu erreichen über die N-IV Richtung Córdoba. Internationale Verbindungen und regelmäßige Flüge nach Madrid, Barcelona und València. Zubringerbusse in die Innenstadt und zum Bahnhof Santa Juste. Tel. +34 902 40 47 04; www.aena.es.

**Bahnhof Santa Juste**, Sevillas zentraler Hauptbahnhof liegt etwas östlich der Innenstadt. U. a. ist er Endstation des Hochgeschwindigkeitszuges AVE. Mit ihm ist Córdoba zum Beispiel in 45 Minuten und Madrid in zweieinhalb Stunden zu erreichen. Auskunft RENFE Tel. +34 902 32 03 20, Bahnreservierungen, Tickets, Reservierungsänderungen Tel. +34 902 24 05 05; www.adif.es.

**Busterminal Plaza de Armas**, am Westrand der Altstadt in Höhe der Puente del Cachorro. Sevilla Hauptterminal für den Busfernverkehr in die spanischen Provinzen und ins Ausland.

**Busterminal El Prado de San Sebastián**. Von diesem Busbahnhof nördlich der Plaza de España verkehren vornehmlich Busse in andere Städte und Regionen Andalusiens. Tel. +34 954 41 71 11.

Für den **innerstädtischen Busverkehr** ist die Plaza Nueva am Rathaus ein zentraler Knotenpunkt. Busse verkehren zwischen 6 Uhr und 23.30 Uhr; www.tussam.es.

**Feste, Folklore**
**Semana Santa**, die Karwoche bis Karfreitag, mit feierlichen Prozessionen, in denen Pasos, Madonnen, Kruzifixe und Figurengruppen mit Szenen aus der Leidensgeschichte Christi, begleitet von Büßern in Kutten und Spitzenkapuzen, durch die Straßen getragen werden.
Zwei Wochen später findet die **„Feria de Abril"** statt, ein rauschendes, lautes, buntes Fest mit stolzen Caballeros und ihren Damen hoch zu Ross. Mit viel Flamenco, Sevillana- und Bolerotänzen, Musik und Strömen von Manzanilla und Fino wird nächtelang gefeiert. Und natürlich gibt es in dieser Zeit große Stierkämpfe.

Wer keinen Vetter im Himmel hat oder mindestens ein halbes Jahr im voraus reserviert, bekommt dann kein Hotelbett, auch nicht im weiten Umkreis der Stadt. Wenn doch, dann zum doppelten Preis.
**Cruces de Mayo**, reichgeschmückte Kreuze und mit Blumen dekorierte Innenhöfe, im Mai.
Im Juni ist die **Verabschiedung der Wallfahrer** auf die berühmte Pilgerfahrt nach Rocio ein großes Fest, dessen Höhepunkt die feierliche Corpus-Christi-Prozession ist.
Jedes Jahr am 25. Juli feiert der Stadtteil Triana am Ufer des Guadalquivir das bunte, turbulente Volksfest **Velá de Santa Ana**.

## RESTAURANTS, TAPAS BARS

**Sollten Sie mal probieren!**
Neben **Gazpacho**, einer kalt servierten Suppe mit Weißbrot, Öl, Knoblauch, Tomaten, Gurken, gelegentlich auch Paprikaschoten, ein Lieblingsgericht im sommerlichen Südspanien überhaupt, gehört in Sevilla aber auch ein in feine Happen zerteilter und mit „adobo", einer würzigen Paste, verfeinerter Bratfisch zu den Spezialitäten der Stadt.

**Tapas-Bars**
In Sevilla sollen übrigens die Tapas, die variantenreichen Appetithappen, erfunden worden sein. Und Kenner sind denn auch der festen Überzeugung, dass Tapas nirgends in Spanien so lecker und einfallsreich gemacht werden wie in der andalusischen Metropole Sevilla. Allerdings: Feine Tapas sind kein billiges Vergnügen.
Unter den vielen, vielen Tapas-Bars ist vor allem das alteingesessene **El Cincocillo**, Calle Gerona 32, die älteste Bar in Sevilla, in der schon im 17. Jh. Tapas serviert worden sein sollen, zu erwähnen.
Einen Namen hat sich auch die **Taberna Coloniales** an der Plaza Cristo de Burgos gemacht, eine urige Taverne, in der man köstliche Tapas zu noch erschwinglichen Preisen bekommt. Einladende Terrasse.
**Bar Giralda**, Calle Mateos Gago, 1, im Stadtviertel Santa Cruz unweit östlich der Giralda, eingerichtet in einem maurischen Badehaus. Sonntag Ruhetag.
**Bodega Santa Cruz**, Calle Rodrigo Caro, 1, im Stadtviertel Santa Cruz hinter dem Hospital de los Venerables, urige, alteingesessene Kneipe.
**Hosteria del Laurel**, Plaza de los Venerables, im Stadtviertel Santa Cruz hinter dem Hospital de los Venerables, typisches Bodegaambiente, mit Kacheln an den Wänden und Schinkenkeulen an der Decke.
**Las Teresas**, Calle Santa Teresa, 2, traditionelle, einladende Kneipe mit viel „Stierkampf-Atmosphäre", fast so etwas wie eine Sevillaner Institution.

**Restaurants**
**La Albahaca**, Plaza de Santa Cruz 12, Tel. +34 954 22 07 14, www.restaurantelaalbahaca.com; mitten im Barrio Santa Cruz, schönes andalusisches Ambiente, festlich, elegant, teuer, Reservierung empfehlenswert, Sonntag Ruhetag.
**Egaña Oriza**, San Fernando 41, Tel. +34 954 22 72 54, www.restauranteoriza.com; Nähe Murillo Gärten, Sonntag Ruhetag, teuer.
**San Marco**, Calle Dr. Pedro de Castro, 1, Tel. +34 954 41 87 60, bekanntes italienisches Restaurant, schöner Patio, angenehme Umgebung, teuer, Sonntag Ruhetag, August geschlossen.
**Enrique Becerra**, Calle Gamazo 2, Tel. +34 954 21 30 49, www.enriquebecerra.com; Nähe Kathedrale, die Bar ist für ihre Tapas bekannt, sehr kleines Restaurant, mittlere Preislage, Sonntag Ruhetag.
**Modesto**, Calle Cano y Cueto 5, Tel. +34 954 41 68 11, www.modestorestaurantes.com; am Rand des Barrio Santa Cruz, gute Küche zu annehmbaren Preisen, stark frequentierte Tapas-Bar.

## HOTELS

**Meliá Lebreros** ****, 437 Zi., Luis de Morales 2, Tel. +34 902 14 44 40, www.melia.com/hotels/spanien/sevilla/melia-lebreros/index.html; östlich der Innenstadt, großes, etwas in die Jahre gekommenes, aber noch komfortables Hotel, verkehrsgünstig, mehrere Restaurants, Schwimmbad, Fitnesscenter, Terrasse, WLAN, Tiefgarage (max. Höhe 2,80 m!).

**Doña María** ****, 62 Zi., Calle Don Remondo, 19, Tel. +34 954 22 49 90, www.hdmaria.com; gutes, komfortables Mittelklassehotel garni, sehr zentral an der Giralda, Bar, Dachterrasse mit Pool. WLAN. Parkmöglichkeit.

**Inglaterra** ****, 86 Zi., Plaza Nueva, 7, Tel. +34 954 22 49 70, www.hotelinglaterra.es; gepflegtes, elegantes Firstclass Hotel, sehr zentral, Restaurant „La Galeria", Bar, Dachterrasse, WLAN. Garage.

**Alcázar** ***, 93 Zi., Av. de Menéndez Pelayo, 10, Tel. +34 954 41 20 11, www.hotelalcazar.com; zentral östlich der Murillo-Gärten gelegenes, komfortables Hotel garni, Bar, verkehrsgünstig an der Ausfallstraße Menéndez Pelayo gelegen, Garage.

**Becquer** ****, 134 Zi., Calle Reyes Católicos, 4, Tel. +34 954 22 89 00, www.hotelbecquer.com; komfortables Mittelklassehotel garni, noch zentral im westlichen Innenstadtbereich, Dachterrasse mit Pool, Wellnessbereich mit Whirlpool, Türkischem Bad und Sauna, Bar, WLAN. Garage.

**Puerta de Triana** ***, 68 Zi., Calle Reyes Católicos, 5, Tel. +34 954 21 54 04, www.confortpuertadetriana.com; preiswertes Garni-Stadthotel mit einfachem Komfort, zentral, Bar, WLAN. Kein Parkplatz.

**Abanico** ***, 22 Zi., Calle Águilas, 17, Tel. +34 954 21 32 07, www.hotelabanico.com; in einem sevillanischen Stadtpalast aus dem 18. Jh. eingerichtetes, komfortables Garni-Stadthotel, schöner Patio, Bar, WLAN. Kein Parkplatz.

**Carmona**

**Parador „Alcázar del Rey Don Pedro" ****,** 59 Zi., Tel. +34 954 14 10 10, www.parador.es/es/parador-de-carmona, in Carmona (Straße A-4) ca. 38 km östlich von Sevilla, in einer ehemaligen Königsresidenz, Restaurant, Schwimmbad. Öffentliche Parkmöglichkeit.

## CAMPING

**Dos Hermanas**

**Camping Villsom [WP105 / N37° 16' 38.6" W5° 56' 11.2"]**, N-IV KM 554,80, Tel. +34 954 72 08 28, www.campingvillsom.com; 10. Jan. – 24. Dez.; ca. 12 km südl. Sevilla, Zufahrt von der Autobahn A-4/E-5 (Sevilla – Cádiz) Ausfahrt KM 553 und weiter ca. 4 km auf der SE-3205 Richtung Dos Hermanas; unebenes, teils terrassiertes Gelände mit Bäumen; ca. 2 ha – 150 Stpl.; Standard-Sanitärausstattung; Laden, Waschmaschine mit Trockner, Schwimmbad, Minigolf, Internetecke an der Rezeption. Laut durch Schnellstraße AP-4/E-5. **V & E für Wohnmobile**.

## WOHNMOBIL-STELLPLATZ – SEVILLA

**Wohnmobil-Stellplatz Áera Autocaravanas Sevilla [WP105 / N 37° 21' 43.96" W 5° 59' 38.06"]**, Calle Quinto Centenario, Tel. +34 619 26 13 25. Am Südwestrand der Stadt in einem Gewerbe- und Hafengebiet zwischen Kanal und einem Tanklager. **Zufahrt**: Von der Ringstraße SE-30 Ronda de Circunvalación Ausfahrt 12 Richtung Los Remedios und auf der Calle Esclusa bis Abzweig zur Av. Garcia Morato rechts und noch ca. 400 m zum Platz, am südlichen Ortsrand am Rande der Hafenanlagen am Kanal Alfonso XIII. Asphaltierter Platz für 40 Wohnmobile, kleine Grünanlage angrenzend, videoüberwacht, beleuchtet. **Geöffnet**: Ganzjährig. **Ausstattung**: Frischwasserhahn, Grauwasser- und Chemikalausguss, Stromanschlüsse, Getränkeautomat, WLAN. Gebühren pro Mobil inkl. V + E plus Gebühr für Strom. Ca. 400 m entfernt liegt die Bushaltestelle Garcia Morato der Linie 41, die ins Zentrum bis Plaza Magdalena fährt.

## ROUTE 8: SEVILLA – ARACENA – MATALASCAÑAS

**Länge der Tour:** Rund 300 km.

**Die Route:** Über die N-630 bis **Las Nieves** – N-433 bis **Aracena** – A-470 über **Alajar** bis **Almonaster la Real** – N-435 und A-461 bis **Minas de Riotinto** – N-435 bis **San Juan del Puerto** – A-494 bis **Palos de la Frontera** – N-442 über **La Rábida** bis **Mazagón** – A-494 bis **Matalascañas**.

**Abstecher:** In den **Doñana Nationalpark**.

**Reisedauer:** Mindestens ein Tag.

**Höhepunkte:** Die römischen Ruinen von **Itálica** * – die **Tropfsteinhöhlen *** von Aracena** – ein kurzer Spaziergang durch **Almonaster la Rea**l hinauf zur **Mezquita** * – die Tagebaumine ** und das Bergbau- und Eisenbahnmuseum ** in **Minas de Riotinto** –– eine deftige Portion Bergschinken aus **Jabugo** * mit einem Gläschen Manzanilla geniessen – die Klosterkirche **La Rábida** ** – die Kolumbusflotte im Museumshafen **Muella de las Carabellas** * bei La Rábida – die **Strände ** der Costa le la Luz** bei Matalascañas – Tierbeobachtungen im **Doñana Nationalpark** *.

*Routenkarte siehe nächste Seite!*

**Abkürzende Alternativrouten**

Der Weg der beschriebenen Reise durch den Süden Spaniens lässt sich erheblich abkürzen, wenn man auf den südlichen Weg entlang der Küste verzichtet und von Sevilla auf der A-92 direkt nach Granada weiterreist (rund 255 km).

Der erste Teil unserer Hauptroute macht von Sevilla aus einen Umweg nach Nordwesten und führt hinein in die Sierra de Aracena. Auch hier lässt sich abkürzen, was m. E. aber nicht sehr empfehlenswert ist. Alternativ kann man den direkten Weg westwärts über die Autobahn A-49/E-1 nach Huelva wählen.

### HAUPTROUTE

*ROUTE: Wir verlassen Sevilla auf der Autobahn A-66/E-803 (Sevilla – Mérida) in nördlicher Richtung. Nach rund 12 km verlassen wir die Autobahn an der Ausfahrt 805 und fahren nach **Santiponce** zu den **Ruinas de Itálica**.*

Sehenswert in **Santiponce** ist die Kirche San Isidoro del Campo mit den Grabmälern der Familie Guzmán el Bueno und einer prachtvollen, geschnitzten Altarwand von Martínez Montañés.

Außerhalb des Ortes liegt das Ruinenfeld der **Römersiedlung Itálica [WP106 / N37° 26' 39.1" W6° 02' 40.0"]** *(geöffnet Apr. - Sept. Di - Sa 8.30 – 20.30 Uhr, So 9 - 15 Uhr, übrige Zeit Di - Sa 9 – 17.30, So 10 - 16 Uhr, www.turismosantiponce.es/opencms/opencms/santiponce/italica.html)*. In der 206 v. Chr. von Scipio Africanus gegründeten Stadt lebten einst bis zu 10.000 Menschen. Zu den größten Sehenswürdigkeiten zählt die mächtige Ruine des 160 m langen und 137 m breiten, ovalen **Amphitheaters**, das einstmals während spektakulärer Gladiatorenkämpfen 25.000 Zuschauern Platz bot.

Auf einem Fußweg links vom Amphitheater gelangt man zu den Ruinenresten ehemaliger Römerhäuser mit gut erhaltenen **Bodenmosaiken**.

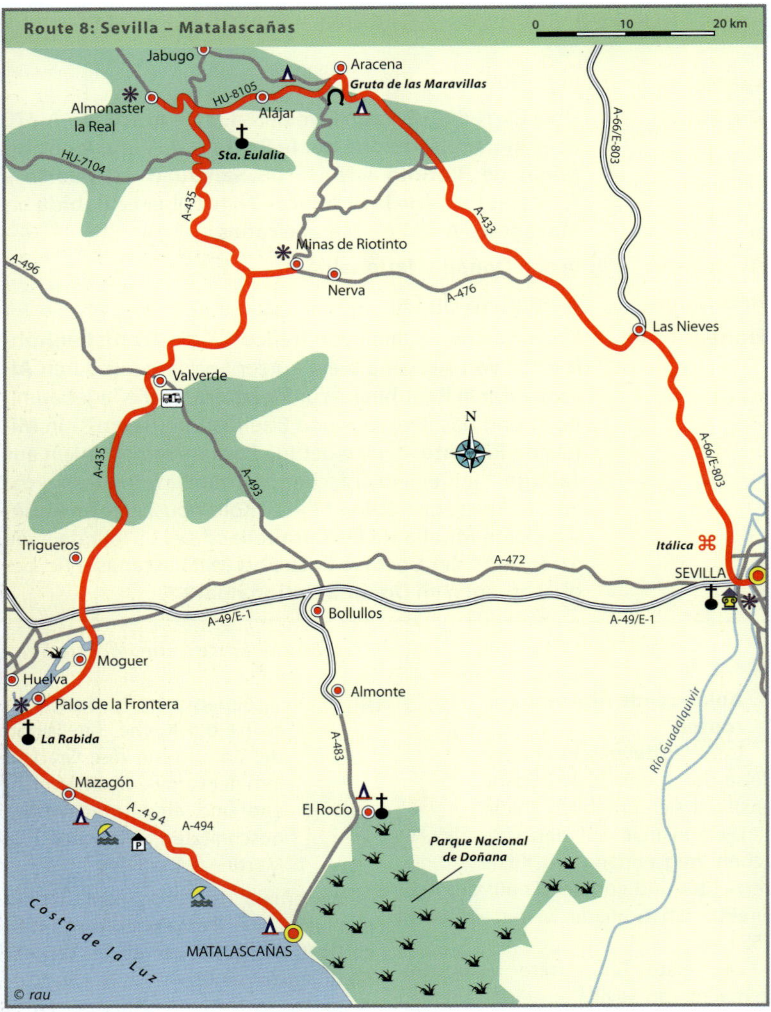


*ROUTE: Weitereise über die A-66/E-803 bis* ***Las Nieves*** *(Ausfahrt 782), 23 km. Dort verlassen wir die Autobahn und folgen der N-433 nordwestwärts zunächst bis* ***Aracena****, das nach 55 km erreicht wird.*

Das 732 m hoch gelegene Städtchen **Aracena** mit kaum 7.700 Einwohnern ist Hauptort der sanften Berglandschaft Sierra de Aracena, einem Ausläufer der Sierra Morena an der Grenze zur Nachbarprovinz Extremadura.

Die Altstadt von Aracena mit ihrer hübschen Plaza Mayor wird von einer **Burg der Tempelritter** überragt. Aracena, das vor allem im Mittelalter ein steter Zankapfel zwischen Portugal und Kastilien war, kam nach dem Vertrag von Badajoz 1267 endgültig an Kastilien. König Alfonso X. trat die Stadt an den Templerorden ab, unter dessen Herrschaft dann im 12./13. Jh. das Kastell auf den Mauern einer Burg aus der Zeit der Almohaden-Dynastie entstand. Zu den verbliebenen Resten in Form eines Turms, zweier Zisternen und Mauerfragmenten kann man hinaufsteigen und einen Blick über den Ort genießen.

Neben der Festung liegt die gotische **Kirche Nuestra Señora de los Dolores** mit Mudéjar-Turm, die ebenfalls aus der Zeit der Templer stammt.

**Mein Tipp!** Zur größten Sehenswürdigkeit von Aracana zählt die wirklich eindrucksvolle **Gruta de las Maravillas [WP107 / N37° 53' 27.9" W6° 33' 57.0"]** *(geöffnet tgl. 10 – 13.30 + 15 – 18 Uhr, www.aracena.es/index.php/gruta-de-las-maravillas)*. Die Höhlen mit ihren wunderschönen Tropfsteingebilden der unterschiedlichsten Art, Form und Farbe ist auf einstündigen Führungen (Erklärungen bislang nur in Spanisch) zu besichtigen. Eine der schönsten Tropfsteinhöhlen, die uns in Erinnerung ist.

Der gut gesicherte, rund einen Kilometer lange Weg führt in einem Auf und Ab und gelegentlich über Treppen durch die fantastische Höhlenwelt, vorbei an Galerien, Gängen und Domen und oft entlang eines glasklaren unterirdischen Wasserlaufs mit spiegelglatten, bis zu 15 m tiefen Seen. Das Höhlenklima ist bei 18° Innentemperatur und einer relativen Luftfeuchtigkeit von 90% nicht unangenehm.

Gegenüber vom Eingang zur Höhle befindet sich ein Informationszentrum. Und ganz in der Nähe wurde ein Museum für zeitgenössische Kunst Andalusiens eingerichtet.

Mehr noch als für seine Tropfsteinhöhle aber ist Aracena für seinen vorzüglichen luftgetrockneten Schinken von iberischen Landschweinen bekannt, dem berühmten **Jamón de Pata Negra**. Er gilt als bester seiner Art auf der Iberischen Halbinsel. Im Volksmund werden die iberischen Landschweine auch „pata negra" (Schwarzfüße) genannt.

Im **Museo del Jamon**, dem Schinkenmuseum, in der Gran Via *(geöffnet tgl. 11 – 13.45 + 15.30 –18.30 Uhr, Führungen um 11, 13.15, 16 und 18 Uhr, www.aracena.es/index.php/museo-del-jamon)*, dreht sich alles ums iberische Landschwein, über dessen Lebensraum und Aufzucht bis hin zur Schlachtung in traditionelles Weise. Vergessen Sie nicht, sich im Museumsshop eine Kostprobe des wunderbaren Schinkens zu besorgen. Er schmeckt unvergesslich!

*In der Tropfsteinhöhle Gruta de las Maravillas, Aracena*

**PRAKTISCHE HINWEISE – ARACENA**

**Oficina de Turismo [N37° 53' 28.22" W6° 33' 57.56"]**, Calle Pozo De La Nieve, Aracena, Tel. +34 663 93 78 77, www.aracena.es. *Geöffnet tgl. 10 - 14 + 16 - 18 Uhr.*

### RESTAURANT

**José Vicente**, Av. Andalucía, 53, Tel. +34 959 12 84 55, vorzügliche internationale und regionale Küche, mittlere Preislage, Dienstags Ruhetag.

### HOTELS

**Aracena Park Hotel & Spa** ****, 81 Zi., Carretera N-433 (Sevilla – Lissabon) KM 88, Tel. +34 959 12 79 59, www.aracenapark.es; modernes Mittelklassehotel in erhöhter Lage am nördl. Ortsrand von Aracena mit schönem Blick auf die Stadt; Restaurant (sonntagabends geschlossen), Fitness- und Wellnesscenter mit Whirlpool, Türkischem Dampfbad, Schwimmbad, WLAN im Receptionsbereich. Parkmöglichkeit.

**Sierra de Aracena** **, 42 Zi., Gran Via, 21, Tel. +34 959 12 61 75, www.hotelsierradearacena.com; ein einfaches, aber komfortables und preiswertes Haus, Bar, WLAN im Rezeptionsbereich. Kein Restaurant und keine Parkmöglichkeit.

### CAMPING

**Camping Aracena Sierra [WP108 / N37° 52' 53.50" W6° 31' 14.70"]**, Carretera N-433 KM 83, Tel. +34 959 501 005; ganzjährig geöffnet; rund 3 km östlich von Aracena Abzweig von der N-433 bei KM 83; kleines Terrassengelände mit Natursteinmäuerchen, Schattenbäume, abgeschiedene Lage, einfache Ausstattung, Bar/Restaurant ca. 300 m entfernt.

**Fuenteheridos**

**Camping El Madroñal [N37° 54' 12.42" W6° 40' 19.70"]**, El Corso, 1, Tel. +34 959 50 12 01; www.campingelmadronal.com; ganzjährig geöffnet; ca. 8 km westlich von Aracena, von der N-433 westwärts nach Fuenteheridos abzweigen und westwärts auf der HU-8114 ca. 1 km weiter Richtung Castaño del Robledo bis beschilderter Abzweig bei KM 6,5; überwiegend naturbelassenes, etwas schräges Gelände unter alten Laubbäumen; ca. 4 ha – 60 Stpl.; Standard-Sanitärausstattung; Laden, Restaurant.

*Jamón Serrano. Foto: Turespaña München*

***ROUTE:*** *Weiterreise von Aracena auf der HU-8105 westwärts über **Alájar** bis **Almonaster la Real**.*

Knapp 12 km westlich von Aracena liegt zu Füßen des Bergzuges Peña Arias Montano der hübsche Ort **Alájar**, der dominiert wird vom Turm der barocken San Marcos Kirche aus dem 18. Jh.

In den umliegenden Bergen findet man unzählige größere und kleinere Höhlen und Grotten. Um viele von ihnen ranken sich geheimnisvolle Geschichten und Legenden. In einer der Grotten fand man ein behauenes Wasserbecken, von dem es heißt, dass darin die ersten Christen der Gegend getauft worden sein sollen.

Oberhalb des Ortes liegt die Wallfahrtskirche **Ermita de Nuestra Señora de los Ángeles** mit einem gotischen Madonnenbildnis aus dem 13. Jh., das von den Pilgern verehrt wird.

Jedes Jahr am 8. September findet eine feierliche Prozession zur Madonna de los Ángeles statt. Das Ereignis, an dem nach alter Tradition alle Laienbrüderschaften der Region teilnehmen und das von einer großen Reiterparade in typischen Trachten begeleitet wird, ist das wichtigste Fest der Gegend. Von der Kirche aus hat man einen schönen Blick ins Land.

Nochmals 15 km weiter westlich passiert die Landstraße HU-8105 am westlichen Rand des Naturparks Sierra de Aracena den Ort **Almonaster la Real, [Parkplatz - WP109 / N37° 52' 24.9" W6° 47' 15.7"]** oberhalb des Ortes an der Straße nach Cortegana. Die Ursprünge des Dorfes können zwar bis in die Römerzeit zurückverfolgt werden, seinen Namen aber hat es in der Maurenzeit erhalten. Almonaster leitet sich angeblich ab vom arabischen Wort Al-munia, was soviel wie Festung bedeutet.

Vom Parkplatz geht man über einen Treppenweg hinab in die denkmalgeschützte Ortsmitte zur kleinen, hübschen **Plaza del Llano** an der eine anmutige Kirche und Gebäude im gotischen und im Mudéjar-Stil liegen.

Von der Plaza führt ein Weg hinauf zur alten Stadtfestung. Oben überrascht einen in herrlicher Lage gleich neben der verwitterten Festung eine **Mezquita** (Moschee) mit ihren von schlanken Säulchen getragenen Rundbögen. Ort in herrlicher Lage.

Die Mezquita von Almonaster, die auf den Fundamenten eines westgotischen Tempels aus dem 5. Jh. steht, zählt zu den wenigen erhaltenen Landmoscheen Andalusiens. Sie soll der – allerdings wesentlich größeren – Moschee von Córdoba nachempfunden sein.

Unterkunft in der Nähe von Almonaster findet man bei Cortegana, ca. 8 km nördlich von Almonaster la Real, in der La Posada de Cortegana [N37°56'1.72" W6°48'8.50"], einem hübschen Feriendorf mit 40 Holzhütten, Restaurant und Parkplatz, Tel. +34 959 50 33 17, www.posadadecortegana.es. Zufahrt von Cortegana 4 km nordwärts auf kleiner Straße

Aus der Gegend um **Jabugo** unweit nördlich von Almonaster la Real kommt übrigens einer der feinsten Schinken ganz Spaniens. In hauchdünne Scheiben geschnitten und mit einem Gläschen Manzanilla genossen ist er ein wahres Gedicht.

***ROUTE:*** *Weiterreise von Almonaster la Real ostwärts zurück zur N-435 auf der N-435 südwärts Richtung Huelva.*

Schon nach wenigen Kilometern passiert man bei KM 146 den Abzweig von der N-435 nach Osten zur Wallfahrtskirche **Eremita de Santa Eulalia [N37° 48' 34.37" W6° 40' 3.46"]** die jedes Jahr am dritten Maiwochenende Ziel einer bunten Wallfahrtsgesellschaft aus Almonaster la Real ist. Seit 1700 wird diese Tradition schon gepflegt. Im Morgengrauen setzt sich die berittene Prozession, bei der die Teilnehmer ihre Volkstrachten tragen, in Bewegung. Nach den religiösen Feiern wird das Fest auf dem Dorfplatz von Almonaster bei Stierhatz, Musik und Tanz die ganze Nacht fortgesetzt. Und bis zur Frühmesse werden die Fandangos von Santa Eulalia getanzt.

***ROUTE:*** *Man kehrt zurück zur N-435 und folgt ihr 22 km südwärts bis zum Abzweig der A-461 nach* ***Minas de Riotinto.*** *Der Ort liegt rund 5 km östlich des Abzweigs.*

**Minas de Riotinto**, ein kleines, sehr reizvoll in den mit Stein- und Korkeichen bestandenen Hügeln der südlichen Sierra de Aracena gelegenes Städtchen mit annähernd 5.500 Einwohnern, ist das Zentrum eines uralten Bergbaugebiets. Seit mehr als 5.000 Jahren werden in der Umgebung Gold, Silber- und vor allem Kupfererz abgebaut. Minas de Riotinto kann also mit Fug und Recht behaupten, weltweit das älteste noch aktive Bergbaugebiet der Welt zu sein. Bis ins 20. Jh. hinein wurden die Kupfermi-

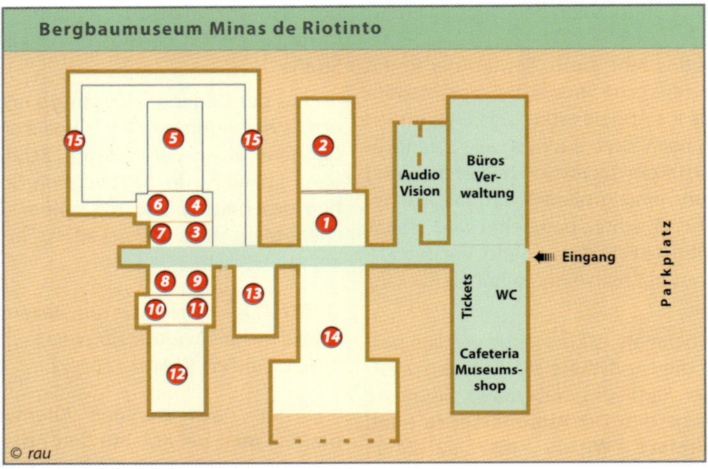


***Bergbaumuseum Minas de Riotinto*** – ***1*** *Umwelt und Geologie –* ***2*** *die Stadt Minas de Riotinto –* ***3*** *vom Kupfer-Zeitalter zur Mittleren Bronzezeit –* ***4*** *späte Bronzezeit und Eisenzeit –* ***5 + 6*** *Römerzeit –* ***7*** *Mittelalter –* ***8 + 9*** *Geschichte der Bergarbeiter –* ***11*** *Industrie-Archäologie –* ***12*** *die englische Epoche im Bergbau von Riotinto –* ***13*** *Minen und Stollen –* ***14*** *„Der Bahnhof" und wechselnde Ausstellungen –* ***15*** *römische Mine*

nen von der englischen Firma Rio Tinto Company Ltd. ausgebeutet.

Der Ort Minas de Riotinto liegt übrigens in einer der heißesten Gegenden ganz Spaniens. Im Sommer werden hier Temperaturen von bis zu 45 Grad im Schatten erreicht!

Der Río Tinto selbst, der dem Gebiet seinen Namen gab, ist durch die geologischen Gegebenheiten ein sehr saurer Fluss. Amerikanische Weltraumforscher der NASA behaupten, dass das Wasser des Río Tinto, dem des auf dem Mars vermuteten Wassers sehr ähnlich sein soll.

Im Parque Minero de Riotinto „Aventura Minaparque", einem Freizeit- und Industrieparkprojekt über das Thema Bergbau, sind alle Tagebauminen, Bergwerke, Bahn- und Transporteinrichtungen, Maschinen und Werkstätten in und um Riotinto zusammengefasst, die Besuchern zugänglich sind.

Zentrum und Ausgangspunkt für geführte Touren durch das Bergbaugebiet ist das sehr sehenswerte **Riotinto Museo Minero [Parkplatz – WP110 / N37° 41' 37.6" W6° 35' 46.5"]** *(geöffnet 16. Juli – 30. Sept. tgl. 10.30 – 15 + 16 – 19 Uhr, übrige Zeit tgl. 10.30 – 15 + 16 – 19 Uhr, www.parquemineroderiotinto.com).* Um zum Museum zu gelangen, fährt man von der Umgehungsstraße in den Ort und folgt der Beschilderung „Museo Minero". Das Museum liegt oben auf einem Hügel.

Dieses vor noch nicht allzu langer Zeit im ehemaligen englischen Krankenhaus eingerichtete Bergbau- und Eisenbahnmuseum gibt einen ausgezeichneten Einblick in die 5.000 jährige Bergbaugeschichte von Riotinto. In 14 Räumen sieht man Nachbildungen von Stollen und Minen, darunter eine nachempfundene Mine aus Römertagen oder eine Ausstellung über die Zeit der Engländer, die hier lange das Minengeschäft beherrschten. Weiter werden Dokumentationen und Sammlungen zu Umwelt und Geologie oder Exponate über die Arbeit und das Leben der Bergarbeiter gezeigt.

Einen der Höhepunkte des Museums aber findet man im großen Saal Nr. 14. Dort wurde mit vielen Museumsstücken ein alter Bahnhof aufgebaut.

*Das Bergbaumuseum in Riotinto*

Glanzstück dort ist der sog. Eisenbahnwaggon des Maharadjas. Dieser prächtige, mit kostbaren Materialien, edlen Hölzern und feinstem Leder ausgestattete Reisewaggon, wurde 1892 von der Railway Carriage & Wagon Company im britischen Birmingham für Königin Victorias Reise durch Indien gebaut. Später kam der Wagen nach Riotinto, um König Alfonso XIII. während seiner Visite zur Verfügung zu stehen. Heute zählt der „Waggon des Maharadjas" zu den wohl schönsten und luxuriösesten noch erhaltenen Schmalspurwaggons der Welt!

Des Weiteren sieht man u. a. eine 1930 in England gebaute Kranlokomotive Typ N und diverse Dampflokomotiven.

Etwa 2 km nordwestlich von Riotinto liegt eine weitere außergewöhnliche Sehenswürdigkeit, die Tagebaugrube Corte Atalaya. Dieser größte Übertage-Abbautrichter in Europa ist rund 1.200 m lang, 900 m breit und 335 m tief. Der Blick hinab auf die Terrassen und das bunte Gestein der Wände ist sehr eindrucksvoll.

Ganz in der Nähe liegen weitere Bergwerkseinrichtungen und ein Depot gigantisch großer Lkws, von denen jeder rund 200 t Transportkapazität hat. Ein Zubringer (Gebühr) nach Corte Atalaya fährt ab dem Bergbaumuseum täglich um 12, 13, 14, 17 und 18 Uhr. Näheres erfährt man im Museum.

Und nicht nur für Freunde dampfbetriebener Nostalgiebahnen ist der Ausflug mit der alten Erzbahn Ferrocarril Turistico-Minero aus dem 19. Jh. ein hübsches Erlebnis. Einstmals diente die Bahnlinie, die entlang des Río Tinto verläuft, dazu, das abgebaute Erz in den Hafen von Huelva zu transportieren, von wo es nach England verschifft wurde.

Heute können Besucher auf einem gut 10 km langen Teilstück mit der Erzbahn die alten Bahnhöfe und Brücken und die reizvolle Flusslandschaft genießen. Teilweise geht die Fahrt durch die Mondlandschaft der Abraumhalden, dann wieder fährt man durch unberührte Natur. Dauer etwa drei Stunden. Der Zug verkehrt vom Bergwerksbahnhof in Riotinto gewöhnlich von Mitte Juli bis Mitte September täglich um 13.30 Uhr, in der übrigen Zeit nur Samstag und Sonntag um 16 bzw. 17 Uhr. Ein Zubringer zum Bahnhof verkehrt ab Museum, dort sollte man sich auch nach den aktuellen Zeiten und Preise erkundigen.

## PRAKTISCHE HINWEISE – MINAS DE RIOTINTO

### RESTAURANT

**Época**, Paseo de los Caracoles, 6, 21660 Minas de Riotinto, Tel. +34 959 59 20 76; www.restaurante-epoca.com; gutes und relativ preiswertes Lokal, ca. 300 m vom Riotinto Museo Minero entfernt.

### HOTELS

**Hostal-Restaurante Atalaya** **, 22 Zi., Avda. La Esquila, 13, Tel. +34 959 59 28 54, www.hostalrestauranteatalaya.es; bescheidenes Hotel mit einfacherem Komfort, Restaurant, Parkplatz.

### WOHNMOBIL-STELLPLATZ – VALVERDE DEL CAMINO

**Wohnmobil-Stellplatz „Parking de Autocaravanas" [WP112 / N37° 34' 51.49" W6° 45' 6.16"]**, Crta. de Zalamea; www.valverdedelcamino.eu; **Zufahrt**: 20 km südlich Zalamea la Real von der Straße N-435 bei KM 187,5 südwärts Richtung Valverde del Camino abzweigen und noch ca. 700 m. Der Parkplatz/Stellplatz liegt am nördlichen Ortsrand links an der Straße. Zum Ortszentrum ca. 600 m. Stellplätze für 8 Fahrzeuge, auf Asphalt neben Pkw-Parkplatz, schattenlos, beleuchtet. **Geöffnet**: Ganzjährig, gebührenfrei, unbewacht. **Ausstattung**: 2x Wasserentnahmestelle (Druckwasserhähne), Entsorgungsmöglichkeit für Grauwasser (Bodenauslass) und Chemikaltoiletten. Kein Strom. Kein Müllbehälter.

Schließlich kann man in Riotinto noch das **Barrio de Bellavista [WP111 / N37° 41' 48.8" W6° 35' 51.9"]** besichtigen, das „englische Stadtviertel" mit zwischenzeitlich verlassenen Häusern aus dem 19. Jh. im viktorianischen Kolonialstil, in denen ehemals die vielen aus England und Wales nach Riotinto gekommenen Bergarbeiter und Ingenieure wohnten. Gut erhalten sind u.a. das englische Clubhaus und die anglikanische Kirche.

*ROUTE: Von Minas de Riotinto zurück auf die Hauptstraße N-435, der wird südwärts über **Valverde del Camino** und **Trigueros** bis **San Juan del Puerto** folgen (rund 65 km). Ab San Juan del Puerto nehmen wir die A-494 über Moguer nach **Palos de la Frontera**.*

Der kleine Ort **Palos de la Frontera** an der Mündung des Río Tinto war vor allem im ausgehenden 15. und im 16. Jh. von großer Bedeutung für die spanische Seefahrt und die Entdeckungsgeschichte Amerikas. Als Kolumbus ausgangs des 15. Jh. hierher kam, konnte der Hafenort mit damals schon über 2.000 Seelen auf eine lange Seefahrertradition zurückblicken, die auch eine überaus erfahrene und leistungsfähige Generation von Schiffsbauern hervorgebracht hatte.

Kolumbus rüstete in Palos de la Frontera seine kleine Flotte von drei Schiffen für die erste Entdeckungsreise in die Neue Welt aus. Und Hernán Cortés stach von hier aus 1528 zur Eroberung Mexikos in See.

Bemerkenswert ist die **San Jorge Kirche** aus dem 14. Jh. An ihrem Portal waren vor den großen Seereisen immer die königlichen Dekrete zur Anheuerung der Besatzungen und Ausrüstung der Karavellen angeschlagen. Und hier wurde die Königliche Verordnung verlesen, die Kolumbus die Befehlsgewalt über die Karavellen übertrug.

Vor der Kirche ist noch die Fontanilla, der Brunnen zu sehen, aus dem die Karavellen der Kolumbusflotte ihre Trinkwasservorräte bunkerten.

Außerdem ist im Ort die **Casa Pinzón**, das Geburtshaus (heute Museum) der Gebrüder Pinzón zu besichtigen, die, wie ihre Landsleute Cristóbal Quintero und Pedro de Velasco, durch ihre große seemännische Erfahrung sehr zum guten Gelingen der ersten Entdeckungsreise von Kolumubs beigetragen haben.

### La Rábida – Der „Geburtsort" Amerikas

**Christoph Kolumbus**, in Spanien als Cristóbal Colón bekannt, zog sich – nach den Enttäuschungen endloser Vorstöße und Ablehnungen seiner Idee, Indien auf einer Westroute zu erreichen – in das Kloster Santa María de la Rábida zurück, ratlos und entmutigt.

Kolumbus hatte die Klinken der einflussreichsten Adelshäuser Europas geputzt und an den Höfen in Frankreich und Portugal vorgesprochen. Aber seine revolutionäre Idee war lange nicht hoffähig. Die Erkenntnis, die Erde sei eine Kugel, galt als ketzerisch. Und wer wollte schon, wenn die Erde denn eine Kugel wäre, auf dem Rückweg von der Entdeckungsreise die Erdkrümmung wieder „aufwärts" segeln? Ein solches Tun hieße Gott versuchen.

Kolumbus wurde immer wieder abgewiesen, ja beinahe ausgewiesen. 1484 jedenfalls floh er aus Portugal, ließ sich 1485 mit seinem Sohn Diego in La Rábida nieder, um schließlich im nun mächtiger werdenden Kastilien erneut sein Glück zu versuchen. Aber auch hier dauerte es zwei Jahre bis Kolumbus, nach schier endlosem Antichambrieren, am 20. Januar 1486 endlich offiziell von den Katholischen Königen empfangen wurde.

*Kolumbus-Denkmal, La Rábida*

Begleitet wurde Kolumbus damals von seinen wenigen Beratern, dem Astronomen und Mönch von La Rábida, Fra Antonio de Marchena und Bruder Juan Pérez, mit denen er seine Pläne diskutieren konnte. Beide waren mit dem Segen des Abtes von La Rábida versehen und wohl in der Lage, das Vorhaben des Kolumbus mit theologischen Argumenten vor den Katholischen Königen und ihren einflussreichen Ratgebern zu rechtfertigen und zu untermauern. (Siehe auch bei Route 13 unter „Wo Kolumbus von der königlichen Zustimmung zu seiner Entdeckungsreise erfuhr").

Endlich, nach sechsjähriger Vorbereitungszeit, konnte Kolumbus mit seiner kleinen Flotte, bestehend aus den drei Karavellen „Santa Maria", „Niña" und „Pinta", am 3. August 1492 von Palos de la Frontera aus in See stechen. Am 12. Oktober 1492 landete er auf der Bahama-Insel Guanahani (Watlinginsel), früher San Salvador. Bis zu seinem Tode 1506 lebte Kolumbus in dem Glauben, an der Küste Indiens gelandet zu sein.

Die Klosterkirche, der älteste Teil des 1403 auf den Mauern einer almohadischen Moschee errichteten Franziskanerklosters von La Rábida kann besichtigt werden. Vor der Virgen de los Milagros, einem Madonnenbildnis aus dem 14. Jh., soll Kolumbus während seines Klosteraufenthalts gebetet haben.

Eine kleine Ausstellung im Kloster befasst sich mit den Entdeckungsreisen Kolumbus'. Man sieht u. a. Schiffsmodelle der Kolumbus-Flotte, historische Dokumente, Bücher und als besondere Kostbarkeit die sog. mapamundi, eine von Juan de la Cosa gezeichnete Navigationskarte, die als erste auch Teile der Küste Amerikas zeigt.

Als wirklicher Geburtsort Amerikas müsste eigentlich das **Kloster Santa María de la Rábida [WP113 / N37° 12' 26.0" W6° 55' 26.8"]** *(geöffnet im Sommer Di – So 10 – 13 + 16 – 19 Uhr, im Winter bis 18.15 Uhr, im Aug. tgl. 10 – 13 + 16.45 – 20 Uhr, www.monasteriodelarabida.com)*, nicht weit südwestlich von Palos am Ostufer des Mündungsdeltas der Flüsse Río Odiel und Río Tinto bei Huelva, gelten. Siehe auch Kasten vorherige Seite.

Auf einer Erhöhung in einem kleinen Orangenhain vor dem Kloster La Rábida erhebt sich die Columna de los Descubridores, die Säule der Entdecker. Sie stammt aus dem Ende des 19. Jh. und erinnert an den 400. Jahrestag der Entdeckung Amerikas.

Einen Besuch lohnt der Museumshafen **Muelle de las Carabelas [Parkplatz - WP114 / N37° 12' 35.9" W6° 55' 35.5"]** *(geöffnet Juni – Sept. Di – So 10 – 14 + 17 – 21 Uhr, übrige Zeit tgl. 10 – 19 Uhr, www.minube.com/rincon/muelle-de-las-carabelas-a637)* unweit unterhalb des Klosters La Rábida. Dort sieht man an einer angelegten Mole die originalgetreuen Nachbildungen der drei Karavellen, mit denen Kolumbus 1492 zu seiner ersten Entdeckungsreise aufbrach, das Flaggschiff „Santa María", die „Pinta" und die „Niña".

Gegenüber von den Schiffen symbolisieren einige einfache Hütten unter Palmen die „Neue Welt".

Auf dem Weg zu den Schiffen, die alle drei besichtigt werden können, kann man in einem nachempfundenen Dorf aus dem 15. Jh. haltmachen, das die „Alte Welt" symbolisch darstellt.

Sehenswert ist im **Besucherzentrum** (Informationen, Eintrittskarten, Souvenirs, Imbiss, Toiletten) die in regelmäßigen Abständen dargebotene audiovisuelle Präsentation, welche die Reisen des Kolumbus und ihre historischen Zusammenhänge mit eindrucksvollen Bildern in animierender Weise zeigt.

Ergänzend dazu lohnt ein Gang durch die Ausstellungen im Besucherzentrum mit Dokumentationen und Exponaten, die in Verbindung mit den Entdeckungsfahrten des Cristóbal Colón stehen.

Das Gebäude auf der dem Museumshafen gegenüberliegenden Seite der Zufahrtsstraße mit Parkplätzen, ist ein neuzeitliches Amphitheater für Freilichtveranstaltungen, Konzerte, etc.

Leider ist das historische Gebiet um das Freilichtmuseum und das Kloster von riesigen Raffinerien und petrochemischen Industrieanlagen umgeben.

*Nachbau der „Santa María", Muelle de las Carabelas*

*ROUTE: Nur etwa 5 km nördlich von La Rábida liegt jenseits des Río Tinto auf einer Landzunge die Stadt **Huelva**.*

Auf dem Weg von Süden in die Stadt Huelva, kommt man am Monumento a Colón vorbei. Das an der Punta del Sebo hoch aufragende Kolumbusdenkmal soll an die Rolle erinnern, die der Provinz Huelva bei der Entdeckung der Neuen Welt zufiel (siehe auch unter Palos de la Frontera und Kloster La Rábida).

Die Hafenstadt **Huelva** mit annähernd 149.000 Einwohnern liegt in einer weiten Marschenlandschaft (Marismas) an der Mündung des Río Odiel.

Zentrum der Altstadt mit ihren engen Gassen und den vielen kleinen Plätzen ist die **Plaza de las Monjas [WP115 / N37° 15' 27.0" W6° 57' 06.1"]**. An der Südseite des Platzes erhebt sich die Kirche La Concepción. Der Bau musste nach dem desaströsen Erdbeben von Lissabon im Jahre 1755, dessen Auswirkungen bis weit nach Spanien hinein zu spüren waren, komplett renoviert werden. Im Kircheninneren sind Gemälde von Zurbarán zu bewundern.

Ein gutes Stück weiter nördlich der Plaza de las Monjas liegt im Parque Mirador Alonso Sanchez der **Aussichtspunkt Conquero**. Von dort hat man einen schönen Blick auf die Stadt und auf die Marschen an der Mündung des Río Odiel.

Am Südrand der Stadt findet man in der Alameda Sundheim 13 das **Provinzmuseum von Huelva [WP116 / N37° 15' 16.4" W6° 56' 35.3"]** und das Viertel Reina Victoria, das durch seinen eigenwilligen englischen Stil seiner Häuser auffällt.

Im Provinzmuseum sind neben Fundstücken aus römischer Zeit zahlreiche Exponate zu sehen, welche die Verbindung der Provinz mit der Entdeckung Amerikas dokumentieren.

Eine andere Abteilung des Museums befasst sich mit der Geschichte des Bergbaus und der Eisen- und Kupferminen von Riotinto. Huelva war der Verschiffungshafen der in den Minen von Riotinto (siehe oben unter Minas de Riotinto) geförderten Kupfererze. Aus jener Zeit stammen auch die langen Verbindungen der Stadt zu England.

Weiter im Westen der Stadt liegen die **Kirche San Pedro**, die im 16. Jh. auf den Resten einer Mudéjar-Moschee entstand, sowie die **Kathedrale La Merced**. Sie stammt aus dem 18. Jh. und weist eine elegante Fassade und im Inneren sehenswerte Kapellen und Altäre auf.

*ROUTE: Weiterreise auf der N-442/A-494 entlang der Costa de la Luz nach Südosten und über **Mazagón** nach **Matalascañas**.*

An der **Costa de la Luz** findet man kilometerlange Sandstrände, die nahezu ununterbrochen von Mazagón über Matalascañas, dem größten und bedeutendsten touristischen Komplex an der Costa de la Luz in der Provinz Huelva bis

### PRAKTISCHE HINWEISE – HUELVA

**Punto de Información Turística de Huelva**, Avda. Federico Molina, 21006 Huelva, Tel. +34 959 25 12 18, www.visithuelva.com.
**Punto de Información Turística de Huelva [WP115 / N37° 15' 27.0" W6° 57' 06.1"]**, Plaza de las Monjas, 21001 Huelva, Tel. +34 959 25 12 18.

#### RESTAURANTS

**Portichuelo**, Vásquez López, 15, Tel. +34 959 24 57 68; www.restauranteportichuelo.com; eine einladende Tapas-Bar an der Südseite der zentralen Plaza de las Monjas.

#### HOTELS

**NH Luz Huelva** ****, 106 Zi., Alameda Sundheim, 26, Tel. +34 959 25 00 11; www.nh-hoteles.es/nh/es/hoteles/huelva/nh-luz-huelva.html; Hotel garni,

komfortables Haus der gehobenen Mittelklasse, Bar, Cafeteria, verkehrsgünstig am Südrand der Innenstadt gelegen, in Gehnähe zur Innenstadt, Garage.
**Familia Conde** **, 54 Zi., Alameda Sundheim, 14, Tel. +34 959 28 24 00; www.hotelfamiliaconde.com; ordentliches, preiswertes Mittelklassehotel in verkehrsgünstiger Lage am Südrand der Innenstadt, ca. 500 m zur zentralen Plaza de las Monjas, Restaurant, Bar, Garage.

### CAMPING

**Punta Umbria bei Huelva**
**Camping Playa la Bota [N 37°12'28.78" W 7°1'24.15"]**, Crta. Huelva–Punta Umbria, KM 11, Tel. +34 959 31 45 37; www.campingplayalabota.es; ganzjährig; Zufahrt von der Autobahn A-497 Huelva – Punta Umbria Ausfahrt 9 und noch knapp 1 km auf der A-5051 bis zur Platzzufahrt; unübersichtliches, gestuftes, teils sandiges Gelände mit Pinienwald; ca. 10 ha – 40 Stpl. + ca. 500 Dau; Standard-Sanitärausstattung; Laden, Restaurant, Imbiss; Mietbungalows, naher Strand. Für Wohnmobile und Caravans nur 7 Stellplätze!

zur Mündung des Guadalquivir bei Sanlúcar de Barrameda reichen. Im Hinterland dehnen sich lange Dünen und weite Pinienwälder aus.

### PRAKTISCHE HINWEISE – MAZAGÓN

**Oficina de Turismo,** Av. de los Conquistadores, 21130 Mazagón, Tel. +34 959 37 63 00; www.andalucia.org.

### HOTELS

**Parador de Mazagón „Cristóbal Colón" **** [N37° 6' 47.00" W6° 46' 9.73"]**, 62 Zi., Carretera A-494 bei km 31, Tel. +34 959 53 63 00, www.parador.es/es/parador-de-mazagon; rund 7 km südöstlich von Mazagón zwischen Staße A-494 und dem Strand in ansprechender, ruhiger Lage über dem Meer, schöner Hotelgarten, Schwimmbad, Tennis, Restaurant, Parkplatz. Treppen hinab zum Sandstrand an der Steilküste.

*Strand von Matalascañas*

**Albaida Nature** ***, 24 Zi., Ctra. Huelva-Matalascañas, KM 18,3, Tel. +34 959 37 60 29,, www.hotelalbaida.com; knapp 2 km südöstlich von Mazagón gelegen, Haus mit einfachem Komfort, mit Terrassenrestaurant, Parkplatz. .

**CAMPING**

**Camping Playa de Mazagón [WP117 / N37° 7' 30.11" W6° 47' 55.37"]**, Cuesta de la Barca s/n, Tel. +34 959 37 62 08; www.campingplayamazagon.com; ganzjährig; Zufahrt von der N-494 Richtung Matalascañas bei KM 28; innerhalb einer Dauercampersiedlung unter hohen Pinien und auf freiem, unebenen Gelände mit sandigem Untergrund (Vorsicht vor Einsandung!), dort im vorderen Bereich mit Meerblick und schattenlos; 8 ha – ca. 200 Stpl. + Dau.; einfache Standard-Sanitärausstattung, nicht sonderlich gepflegt; zum Strand rund 300 m über eine Treppe.

**Camping Doñana Playa [WP118 / N37° 5' 59.40" W6° 43' 32.9"]**, Tel. +34 959 53 62 81; www.campingdonana.com; 1. Feb. – 15. Dez.; Zufahrt von der N-494 Richtung Matalascañas bei KM 34,6; weitläufiges Gelände mit Pinienbestand, durch die Zufahrtsstraße zweigeteilt; 25 ha – ca. 1.000 Stpl. + zahlr Dau., die vornehmlich auf den strandnahen Parzellen stehen; einfache Standard-Sanitärausstattung. Supermarkt, Restaurant, Imbiss, Schwimmbad, Tennis. 130 Mietbungalows. Stranddiskothek.

## Abstecher in den Doñana Nationalpark

Südöstlich von El Rocío erstreckt sich im fast topfebenen Mündungsgebiet des Río Guadalquivir der Parque Nacional de Doñana, Spaniens größter Naturpark.

Dieses über 50.700 ha große Feuchtbiotop mit Sumpfgebieten, mäandernden Wasserläufen, Lagunen, weiten Marschen (Marismas), aber auch ausgedehnten Dünengürteln, ist eines der letzten Eldorados für selten gewordene Vogelarten, für Gänse, Reiher, Flamingos, Löffler, Störche, Falken, Adler u.v.a., die hier brüten, überwintern oder auf ihren Zügen nach Norden oder nach Afrika rasten. In den trockeneren Abschnitten, in denen Wildschweine, Damwild, Luchse, Dachse u. a. leben, stehen Korkeichen, die wiederum als Nistplätze dienen. Das ganze Gebiet ist

*Der Luchs ist im Doñana Nationalpark wieder heimisch. Foto: Turespaña München*

so gut wie eben. Die höchste Erhebung misst nur etwas mehr als 30 m.

Gelegentlich liest man, dass auf dem Gebiet des Nationalparks Doñana, das Jahrhunderte lang zu den Herzogtümern von Medina Sidonia und Alba gehörte, einstmals das mysthische Reich Tartessos gelegen haben soll. Bislang wurden aber noch keinerlei Anzeichen dafür entdeckt, die diese Annahme belegen würden. Allerdings wurden Ruinen aus der Römerzeit entdeckt und einige Wachtürme, die aus dem 16. Jh. stammen und damals als Seezeichen für die in die Mündung des Guadalquivier einlaufenden Schiffe gedient haben sollen.

Leider ist auch von Umweltkatastrophen zu berichten, die sich bei Aznalcóllar nordwestlich von Sevilla ereigneten und über die Wasser des Río Guadiamar und seine Nebenarme auch den Naturpark, zumindest aber dessen Umfeld, beeinträchtigten. Im Sommer 1998 entleerte sich der Inhalt eines Abwasserauffangbeckens eines Erzbergwerks, ein Schlammsee mit der stinkenden Brühe eines üblen Schwermetallcocktails in den Guadiamar.

Und kaum ein halbes Jahr später ereignete sich erneut ein ähnliches Unglück, als Anfang Januar 1999 die Dämme eines Staubeckens brachen und die dort abgelagerten blei- und arsenhaltigen Giftsäuren in den Fluss gelangen konnten. In beiden Fällen wurden zumindest Teile des empfindlichen Ökosystems des Parque Nacional de Doñana in Mitleidenschaft gezogen.

Damals, als rund 5.000 Hektar Land in den Randbezirken des Naturschutzgebietes von den giftigen Schlammmassen bedeckt wurden und damit vor allem auch für die Landwirtschaft ein immenser, langwieriger Schaden entstanden war, musste man um die Brutstätten von etwa 300 selten gewordener Tier- und Vogelarten fürchten. Nicht zu verhindern war z. B., dass Wasservögel die vergifteten Fische fraßen oder ihre Jungen damit fütterten. In Zeitungsartikeln wurden die Auswirkungen des Malheurs mit Umweltkatastrophen wie der der „Exxon Valdez“ 1989 verglichen. Umweltexperten hoffen nun auf die Selbstreinigungskräfte der Natur und rechnen damit, dass vielleicht in 25 bis 30 Jahren durch Regenfälle und Überschwemmungen die Gifte ins Meer gewaschen sein könnten. Für die leckeren Langusten aus der Bucht von Sanlúcar de Barrameda ist die Hoffnung der Umweltexperten aber keine gute Nachricht.

Das **Centro de Información de la Rocina [WP119 / N37° 07′ 25.3“ W6° 29′ 47.1“]**, eingerichtet in der Finca La Rocina, findet man in **La Rocina** westlich der A-483 bei KM 27,5, wenige Kilometer südlich von El Rocío *(geöffnet 16. Juni –15. Sept. tgl. 9 – 15 + 16 - 20 Uhr, 16. Sept. – 15. Juni tgl. 9 – 19 Uhr)*. U. a. Audiovisuelle Informationen über Flora und Fauna des Naturparks, Parkplatz.

Im Palacio de El Acebrón weiter westlich ist eine Ausstellung über das Ecosystem des Gebietes zu sehen.

Noch weiter südlich, in **El Acebuche**, etwa 2 km vor Matalascañas, findet man das **Centro de Recepción de El Acebuche**, das Informations- und Empfangszentrum des Nationalparks *(geöffnet im Sommer tgl. 8 - 21 Uhr, im Winter tgl. 8 - 19 Uhr)*. Besucher, die die unter Naturschutz stehenden Gebiete des Nationalparks sehen wollen, melden sich hier an, um sich Ausflügen unter der fachkundigen Leitung von geschulten Wildhütern anzuschließen.

Von dienstags bis sonntags werden zweimal täglich, um 8.30 und 13.30 Uhr, geführte Touren mit Geländefahrzeugen angeboten. Es empfiehlt sich, rechtzeitig Plätze zu reservieren. Die angegebenen Touren und Zeiten können sich ändern!

Ab dem Empfangszentrum führen ausgeschilderte Rundwege zu Vogelbeobachtungshütten.

**Mein Tipp!** Für Tierbeobachtungen Fernglas und langbrennweitiges Objektiv samt Stativ nicht vergessen!

## ROUTE 9: MATALASCAÑAS – SANLÚCAR DE BARRAMEDA

**Länge der Tour:** Rund 250 km.

**Die Route:** Über die A-483 und über **El Rocio** und **Almonte** bis **Bollullos** – Autobahn A-49/E-1 bis westl. von **Sevilla** – Autobahn AP-4/E-5 bis **Las Cabezas de San Juan** – A-371 und A-384 – A-480 bis **Sanlúcar de Barrameda**.

**Reisedauer:** Mindestens ein Tag, besser zwei Tage.

**Höhepunkte:** Der Kirche von **El Rocío** – die Lage von **Arcos de la Frontera** ** und der Blick vom Balcón de Arcos – die **Königlich Andalusische Schule für Reit- und Pferdekunst** *** in Jerez – das **Uhrenmuseum** ** – ein Bummel durch die Innenstadt von **Jerez** – **Sherry** probieren in einer der Bodegas – in Sanlúcar bei Langusten und einem Gläschen **Manzanilla** schwelgen – die **Strände** ** an der Costa de la Luz zwischen Chipiona und Rota.

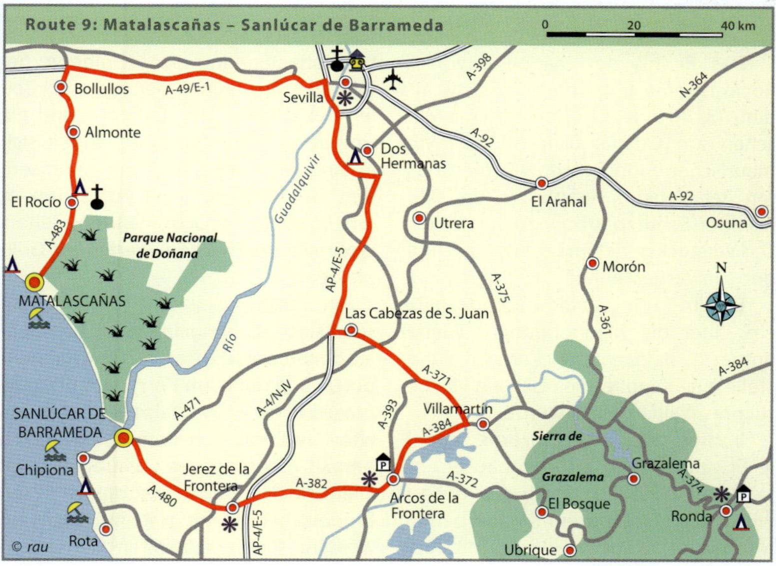


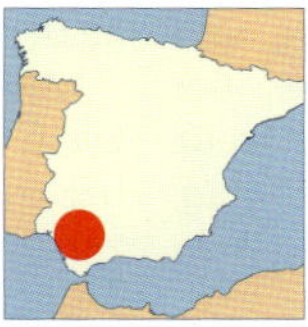

*ROUTE: Weiterreise auf der A-483 nordwärts ins knapp 20 km entfernte* ***El Rocío****.*

**El Rocío** ist zwar nur ein kleines Dorf mit annähernd 650 Einwohnern am Rande der Marismas del Guadalquivir, aber es ist ein Wallfahrtsort von unglaublicher Bedeutung für die religiösen Gemeinden Spaniens. Ziel der Pilger ist die **Kirche Nuestra Señora del Rocío**, traditionell die Wallfahrtskirche der Zigeuner. Sie erhebt sich schneeweiß und majestätisch aus den Ebenen des Marschlandes.

Mit tiefer Inbrunst verehren die Gläubigen hier die Virgen del Rocío, die Heilige Jungfrau von Rocío, im Volksmund liebevoll auch „Paloma Blanca", die „Weiße Taube", genannt **[Parkplatz - WP 119 / N37° 7' 52.7" W6° 29' 13.3"]**.

*Die Kirche Nuestra Señora del Rocío*

Das Bildnis der Madonna von El Rocío ist eine gotische Holzplastik aus dem 13. Jh. In jener Zeit waren die Marschen am Guadalquivir oft Ziel von maurischen Plünderern, was die Christen der Gegend veranlasste, das Bildnis ihrer Schutzpatronin zu verstecken. Das Versteck geriet im Lauf der Jahrhunderte in Vergessenheit.

Erst im 15. Jh., so die Legende, habe ein Jäger die Madonnenfigur wieder entdeckt. Bald entstand an der Fundstelle eine Kapelle, die rasch ein viel besuchtes Wallfahrtsziel wurde.

Immer wieder erfuhr die Kapelle Erweiterungen und Umbauten, bis sie 1963 schließlich völlig neu gebaut wurde. Es entstand ein Kirchenbau im Neobarock, schneeweiß und mit einer breiten Portalfassade mit großer Jakobsmuschel über dem Eingang und filigranem Glockenstuhl darüber, der wiederum von einem hohen Eisenkreuz gekrönt wird. Es vergeht kaum ein Tag, an dem nicht Pilger nach El Rocío wallfahren.

Das ganz große Ereignis aber ist die alljährliche Wallfahrt **Romeria del Rocío** am Pfingstwochenende, an der fast immer mehr als eine Million Pilger aus ganz Spanien teilnehmen, ein gigantisches, feierliches, aber auch farbenfrohes Ereignis. Schon Tage vorher kommen die Teilnehmer aus allen Teilen des Landes nach El Rocío. Und die Umgebung des Ortes verwandelt sich in ein riesiges Feldlager mit zigtausenden von Menschen, mit Autos, Traktoren, Pferde- und Ochsenkarren, Zelten, Wohnwagen, Biwaks, Lagerfeuern, Grillplätzen.

Ein großes folkloristisches Schauspiel sind am Pfingstsamstag das Defilee der Bruderschaften vor dem Kirchenportal und dann am Pfingstsonntag die Prozession zur Wallfahrtskirche. Nach alter Tradition und dem Rocío-Brauch gemäß nehmen die Gläubigen, vor allem die „Hermandades", die religiösen Bruderschaften, mit geschmückten und weißen Planen gedeckten Ochsenkarren oder zu Pferde und in ihren Trachten an dem Zug zur Jungfrau von Rocío teil.

Als gewöhnlicher Besucher werden Sie in jenen Tagen ihre Schwierigkeiten haben, bis zur Jungfrau von Rocío und zur Wallfahrtskirche vorzudringen, es sei denn, Sie können sich viel, viel Zeit nehmen und scheuen einen längeren Fußmarsch nicht.

Selbst noch am Pfingstmontag, wenn sich nach dem legendären „Salto de la Reja", dem sog. „Gittersprung", bei dem sich die jungen Männer aus dem

### CAMPING – EL ROCÍO

**Camping La Aldea [WP120 / N37° 8' 29.90" W6° 29' 27.71"]**, Carretera de El Rocio, Tel. +34 959 44 26 77, www.campinglaaldea.co; Jan. – Dez.; am nordwestlichen Ortsrand an der A-483 Richtung Almonte bei KM 25 gelegen; ebenes, gepflegtes, parzelliertes Gelände mit jungem Baumbestand; 5 ha – 150 Stpl. + Dau.; gute Standard-Sanitärausstattung. Laden, Restaurant, Imbiss, Schwimmbad, Waschmaschine, WLAN. Mietcaravans- und Bungalows. **V & E für Wohnmobile.**

nahen Almonte mit einem waghalsigen Sprung über das Chorgitter einen der begehrten Plätze am Tragegestell für die anschließende Madonnenprozession sichern, wenn sich danach also das Chaos aus Menschen, Tieren und Fahrzeugen langsam aufzulösen beginnt, ist in El Rocío Geduld angesagt. Bei unserem letzten Besuch, der zufälligerweise auf einen Pfingstmontag fiel, benötigten wir mit dem Auto für eine Strecke, die man sonst in Minuten zurücklegt, mehrere Stunden und mussten, um überhaupt vorwärts zu kommen, auf sandige Pisten rechts und links der zugeparkten Straße ausweichen.

*ROUTE: Ab El Rocío über die A-483 nordwärts über **Almonte** und **Bollullos del Condado** zur Autobahn A-49/E-1 und weiter bis **Sevilla**.*

*Bei ausreichend zur Verfügung stehender Zeit kann man ab El Rocío auch den Weg über Landstraßen nach Pilas und weiter über Bollullos de la Mitación bis westlich von Sevilla wählen.*

Eine sehr ausführliche Beschreibung von Sevilla finden Sie in der Etappe 7, Córdoba – Sevilla.

Sevilla umfährt man auf der Umgehungsautobahn im Südwesten und folgt später der Schnellstraße N-IV/A-4/E-5 Richtung Cádiz.

Hinter Dos Hermanas (Camping, siehe bei Sevilla) wird die Schnellstraße zur gebührenpflichtigen Autobahn AP-4/E-5. Ihr folgen wir bis zur Ausfahrt Nr. 44 **Las Cabezas de San Juan**.

Über Las Cabezas de San Juan zur A-371 südostwärts Richtung Villamartín und dort südwestwärts auf der A-384, die den Beinamen „Ruta de los Pueblos Blancos" (Straße der Weißen Dörfer) trägt, über Bornos nach **Arcos de la Frontera**.

*Hat eine lange Tradition, die Wallfahrt Romeria del Rocío. Foto: Turespaña München*

Längst haben wir das topfebene Deltagebiet des Río Guadalquivir verlassen. Die endlosen Ebenen werden von einem sanft hügeligen Agrarland mit Sonnenblumen- und Getreidefeldern abgelöst, das gelegentlich von ausgedehnten Olivenbaumplantagen unterbrochen wird. Ab und zu lockern weißgetünchte Gehöfte die Grau- und Brauntöne dieser Landschaft malerisch auf.

**Mein Tipp!** Wie überall im südlichen Spanien ist es auch hier am angenehmsten morgens zu fahren. Schon im April und noch im Oktober, geschweige denn in den Sommermonaten, erreichen die Temperaturen spätesten ab 11 Uhr hochsommerliche Werte.

aber keines der typischen „Weißen Dörfer", es liegt nicht an einem Berghang, sondern erstreckt sich auf eher ebenem Terrain am Seeufer. Dennoch lohnt sich ein kurzer Spaziergang zur zentralen Plaza Ayuntamiento mit dem sehenswerten **Castillo Palacio de los Ribera**. Eine Besichtigung empfiehlt sich wegen der hübschen Innenhöfe.

Sehenswert ist außerdem die **Kirche Santo Domingo de Guzmán [WP121 / N36° 48′ 52.7″ W5° 44′ 34.7″]**, die einen schönen Barockchor und ein Gemälde von Murillo aufweist.

**Arcos de la Frontera**, eines der schönsten „Weißen Dörfer" Andalusiens, erstreckt sich eindruckvoll hoch

*Agrarland im südlichen Andalusien*

Das Weiß der Häuser ist auch in **Villamartín** der vorherrschende Farbton. Überragt wird der Ort von der **Kirche Santa María de las Virtudes**. Sie stammt aus dem 16. Jh. und weist sehenswerte Gemälde und Skulpturen von Pedro Roldán aus dem 17 Jh. auf. Bemerkenswert unter der profanen Architektur der Stadt ist der **Palacio de los Ríos**.

**Bornos**, ein kleiner Ort am Ostufer des gleichnamigen Stausees, liegt zwar an der „Ruta de los Pueblos Blancos", ist

oben auf dem Felsrücken La Peña, der zum Río Guadalete hin fast senkrecht abfällt. Der 185 m hoch gelegene Ort mit annähernd 27.000 Einwohnern wird überragt von der Burg der Herzöge (heute Parador) von Arcos und dem Turm der weithin sichtbaren Kirche Santa María daneben, der die Silhouette von Arcos beherrscht.

Zu Römerzeit war die schon damals strategisch wichtige Siedlung unter dem Namen Arx-Arcis (hochgelegene Festung) bekannt. Während der Maurenzeit dann erlebte die Stadt eine Blütezeit und erhielt damals im wesentlichen seinen heutigen Charakter. Die Bedeutung von *Medina Arkos*, so der maurische Name, lässt sich auch daran ermessen, dass Arcos unter dem Berberfürsten Ben Jaszrum zu einem wohlhabenden Zentrum eines Kleinkönigreiches (taifa) avancierte.

1264 endete die Maurenherrschaft. König Alfons X., der Weise, eroberte Arcos für das katholische Kastilien. In der kommenden Zeit wird die Stadt als königliches Lehen diversen Adelshäusern übereignet, bis sie 1440 an Ponce de León kommt, der Herzog von Arcos wird. Bis 1770 bleibt Arcos im Besitz der Herzöge. Das 19. Jh. bringt große Veränderungen. 1810 kommt Joseph Bonaparte nach Arcos.

Nach dem Bürgerkrieg entwickelt sich die Stadt zu einem Zentrum der Land- und Viehwirtschaft. Und 1962 wird die Innenstadt von Arcos de la Frontera zum „historisch-künstlerischen Denkmal" erklärt.

**Parken** innerhalb der sehenswerten Oberstadt ist vor allem für größere Autos (Wohnmobile) problematisch. Es gibt wohl eine Parkmöglichkeit auf der Plaza del Cabildo ganz oben vor der Kirche Santa María und dem Parador, dort aber einen freien Platz zu ergattern ist schwierig.

Eine bessere, kostenlose **Parkmöglichkeit [WP122 / N36° 45′ 0.99″ W5° 48′ 55.1″]**, auch für Wohnmobile, findet man an der Umgehungsstraße CA-6104 am Südwestrand unterhalb der Altstadt. Von dort führt ein Fußgängersteg über die Straße und ein Treppenweg hinauf in die Altstadt, ca. 15 Min. Fußweg bis zur Plaza del Cabildo.

Sehenswert sind die **Plaza del Cabildo [WP124 / N36° 44′ 53.5″ W5° 48′ 23.3″]** und die Gebäude, die den Platz umgeben. Der Platz ist nach einer Seite offen. Von der Terrasse dort, dem hoch über dem Fluss gelegenen Balcón de Arcos mit dem Aussichtspunkt **‚Mirador de la Peña Nueva**' genießt man einen prächtigen Panoramablick über die steil abfallenden Felswände hinab ins grüne Tal des Río Guadalete mit seinen Feldern und Gärten.

Auf der dem Aussichtspunkt gegenüberliegenden Seite des Platzes erhebt sich die **Iglesia de Santa María de la Asunción** *(geöffnet Juni - Sept. Mo - Fr 10 - 13 + 16 - 19 Uhr, übrige Zeit Mo - Fr 10 - 13*

*Arcos de la Frontera*

*Iglesia de Santa María de la Asunción in Arcos de la Frontera*

*+ 15.30 - 18.30 Uhr, Sa 10 - 14 Uhr, www.arcosdelafrontera.es)* mit imposantem Turm, wunderschönem plateresken Westportal, einem schönen Renaissance-Retabel von Jerónimo Hernández und Barockchor aus dem 18. Jh. von Roldán. Die ältesten Teile der Kirche, die auf den Resten einer Moschee errichtet wurde, stammen aus dem 13. Jh.

Rechts neben der Kirche liegt der staatliche **Parador**.

Der Gebäudekomplex links der Kirche ist das **Castillo de los Duques**. Der ehemalige Stadtpalast des Berberfürsten Ben Jazrum stammt aus der Zeit des 11. Jh., als Arcos Teil eines Taifa-Teilkönigreichs war. Sein heutiges Aussehen erhielt der Bau im 15. Jh., als die Herzöge von Arcos hier Residenz nahmen.

In Teilen des Castillos ist das Rathaus der Stadt untergebracht und die städtische Touristeninformation hat hier ihr Büro. Ansonsten wird der Gebäudekomplex privat genutzt und kann nicht besichtigt werden.

Weiter im Süden der Stadt erhebt sich die **Kirche San Pedro**, ein gotischer Bau aus dem 14. Jh. Lange Zeit konkurrierte die Kirchengemeinde San Pedro mit der Gemeinde von Santa María de la Asunción um den höheren Rang ihrer Gotteshäuser. Der Streit nahm zeitweise kuriose Formen an und ging sogar so weit, dass die Gläubigen von San Pedro in ihren Gebeten und Gesängen die Worte „Santa María“ durch „San Pedro“ ersetzten. Letztendlich aber waren alle Bemühungen und Finten umsonst. 1764 entschied die Rota in Rom, das höchste kirchliche Appellationsgericht der katholischen Kirche, den Rechtsstreit zu Gunsten von Santa María de la Asunción.

Von Montag bis Freitag jeweils um 10.30 Uhr und 17 Uhr und samstags um 10.30 Uhr starten auf der Plaza del Cabildo vor dem Touristeninformationsbüro geführte Stadtrundgänge. Die Erklärungen waren bislang allerdings nur in Spanisch. Details, sowie die aktuellen Zeiten und Preise dazu erfährt man im Touristenbüro.

**Mein Tipp!** Den besten Blick auf Arcos de la Frontera hat man von Osten her. Um diese Stadtansicht genießen zu können empfiehlt es sich bis zum Stausee Embalse de Arcos hinunter und weiter über die niedere Staumauer zu fahren. Von dort hat man einen schönen Blick zurück auf die Stadt.

### PRAKTISCHE HINWEISE – ARCOS DE LA FRONTERA

**Oficina de Turismo [WP123 / N36° 44′ 56.2" W5° 48′ 28.3"]**, C/Cuesta de Belén, 5, 11630 Arcos de la Frontera, Tel. +34 956 70 22 64, www.arcosdelafrontera.es. *Geöffnet Mo - Sa 9.30 - 14 + 15 - 19.30 Uhr, So 10 - 14 Uhr.*

**Feste, Folklore:** Neben den **Prozessionen** während der Karwoche zählt vor allem das dreitägige Fest **Velada de la Virgen** mit seinem Umzug der Pappriesen vom 3. bis 5. August zu den buntesten Stadtfesten.

**HOTELS**

**Parador de Arcos de la Frontera „Casa del Corregidor" [N 36° 44′ 52.51" W 5° 48′ 23.23"]** ***, 24 Zi., Plaza del Cabildo, Tel. +34 956 70 05 00, www.parador.es/parador-de-arcos-de-la-frontera; in einem historischen Palast neben der Kirche Santa María in spektakulärer Lage hoch über dem Río de Guadalete mit herrlicher Aussicht, schöne Möblierung der Zimmer und des Restaurants und der Bar, schöner Patio, WLAN.

**Los Olivos** ***, 19 Zi., Paseo de Boliches, 30, Tel. +34 956 70 08 11, www.hotellosolivos.es, komfortables Mittelklassehotel garni, Bar, WLAN, Garage.

**El Convento** **, 11 Zi., Calle Maldonado, Tel. +34 956 70 23 33, www.hotelelconvento.es; kleines, einfaches, zentrales Haus garni, in ansprechender Lage mit Aussicht.

**Marqués de Torresoto** **, 15 Zi., Calle Marqués de Torresoto, 4, Tel. +34 956 70 07 17, www.hotelmarquesdetorresoto.com; gutes Mittelklassehotel im Zentrum der Altstadt. Restaurant, WLAN. Öffentliche Parkmöglichkeit.

**Abkürzende Alternativroute**

Wer auf den Weg über Jerez, Sanlúcar de Barrameda, Cádiz, Tarifa und Algeciras verzichtet, hat in Arcos de la Frontera Gelegenheit, direkt ostwärts nach **Ronda** und weiter zur Mittelmeerküste zu fahren, was eine erhebliche Abkürzung der im Weiteren geschilderten Reiseroute darstellt. Man steigt dann mit Route 12, Ronda – Málaga wieder in den beschriebenen Reiseweg ein.

## HAUPTROUTE

*ROUTE: Weiterreise von Arcos de la Frontera auf der Schnellstraße A-382 westwärts ins rund 32 km entfernte **Jerez de la Frontera**.*

**Jerez de la Frontera** ist Spaniens namhaftes Zentrum der Sherry-Wein-Produktion. Das Haus Domecq ist die älteste Weinkellerei in Jerez. Sie wurde 1730 gegründet. Weitere renommierte Firmen – viele sind übrigens englischen Ursprungs – sind u. a. Gonzáles Byass, John Harvey, Sandeman oder Williams & Humbert.

Die meisten der großen Bodegas (Kellereien) kann man besichtigen, wie z.B. die von Dios Baco (Parque Empresarial de Jerez, Mo – Fr 11 – 15 Uhr; Tel. +34 956 33 33 37, www.bodegasdiosbaco.com), Domecq (Calle Madre de Dios, Führungen Mo – Fr 10 Uhr, 11.30 Uhr + 13 Uhr; Tel. +34 956 33 96 34, www.alvarodomecq.com), Gonzáles Byass (Calle Manuel M. González, 12, Tel. +34 956 35 70 00, www.gonzalezbyass.com), Gran Mariscal (Cazón, 9, Tel. +34 956 34 14 28), John Harvey (Calle Pintor Muñoz Cebrián, Tel. +34 956 15 15 00), Maestro Sierra, (Plaza de Silos, 5, Tel. +34 956 34 24 33, www.maestrosierra.com), oder Sandeman (Calle Pizarro, 10, Tel. +34 956 15 17 00, www.sandeman.es).

Jerez ist aber nicht nur die spanische „Sherry-Metropole". Seit den siebziger Jahren des 20. Jahrhunderts ist es auch ein nicht minder renommiertes Zentrum der Pferdezucht und der Pferdedressur.

**Parken** in Jerez de la Frontera ist problematisch. Parkmöglichkeiten findet man am ehesten noch am westlichen Stadtrand im Bereiche eines weitläufigen und etwa 3 km von der Innenstadt entfernten Einkaufs- und Freizeitzentrums **[Parkmöglichkeiten –**

### Kleine Sherry-Kunde

Jerez-Wein ist eine weltweit beliebte Weinspezialität, deren verschiedene Ausbauvarianten besonders als Aperitif- bzw. Desertweine geschätzt werden. Wieder einmal sollen es Phönizier und Römer gewesen sein, die als erste auf den Geschmack des Weines kamen, ihn in großen Mengen anbauten und mit dem Weinexport gute Geschäfte machten. Richtig Schwung aber brachten erst die Engländer im 18. Jh. in das Geschäft. Sie importierten den Wein schiffsladungsweise. „Sherry" avancierte rasch zu einem unverzichtbaren Bestandteil in den Salons des British Empire. Sein weltweiter Siegeszug war vorgezeichnet.

*Weltberühmt, Weine aus der Kellerei Domecq. Foto. Turespaña München*

Sherry – das Wort ist übrigens eine englische Verballhornung des Ortsnamens Jerez – ist eine Mischung vieler Weine verschiedener Jahrgänge, die lange genug zusammen lagern, um zu einem harmonischen Ganzen zu verschmelzen.

Typische Rebsorten, aus denen Sherry gekeltert wird, sind Pedro Ximénez, Palomino und Muskateller. Bei der althergebrachten Herstellungsweise werden die Trauben (vorzugsweise die für die Ausbaustufen Oloroso vorgesehenen) nach der Lese ein bis zwei Tage auf Grastellern in der Sonne getrocknet, dann gekeltert, nach einwöchiger Gärung in Fässer gefüllt und in einer fünfjährigen Phase ausgebaut.

Beim Ausbau der Sherry-Weine wird nach einem besonderen Verfahren, dem sog. „Solera-System", vorgegangen. Dabei wird der Wein aus nur zu drei Vierteln gefüllten Fässern aus amerikanischer Eiche, die gewöhnlich in vier Reihen (soleras) übereinander gestapelt sind, langsam und schrittweise umgefüllt und zwar immer von den unteren, älteren Fässern in die darüber liegenden Fässer mit jüngerem Wein. Wichtig für die Entscheidung, wann Wein umgefüllt wird, ist der Zustand des „flor del vino", einem Edelschimmel, der auf dem jungen Wein in einem gewissen Stadium der Reife „blüht" und der für das Bukett des Weins verantwortlich ist. Dieses Umfüllen wird so lange fortgeführt, bis die Geschmacksrichtung der einzelnen Weine erreicht ist, die von dem jeweiligen Weinhaus gewünscht wird und für die es seine Liebhaber gewonnen hat.

Sherry-Arten sind der helle, trockene Fino, ein beliebter Aperitif-Wein, dann der goldene, würzige Oloroso, der Manzanilla, ein an der Küste gewachsener Fino und der Amontillado, ein alter, körperreicher, vollmundiger Wein, der gerne als Digestif genommen wird.

**WP125 / N36° 41' 41.8" W6° 09' 32.1"]** an der Caretera el Calvario (CA-), A-4, Ausfahrt 639, Ctra. El Calvario. Näher zum Zentrum liegt der Parkplatz nördlich der Bodega von Sandeman und der renommierten Reitschule.

Zur herausragenden Sehenswürdigkeit ist die erst seit wenigen Jahren der Öffentlichkeit zugängliche **Real Escuela Andaluza del Arte Ecuestre [WP127 / N36° 41' 30.34" W6° 8' 18.36"]**, Av. Duque de Abrantes, *(geöffnet März - Juli + Okt. - Dez. Mi + Fr 9.30 - 13, www.realescuela.org)*, die Königlich Andalusische Schule für Reit- und Pferdekunst, geworden.

Diese weit über Spanien hinaus hochangesehene Schule wurde 1970 von Don Álvaro Domecq (1917 – 2005), selbst Pferde- und Kampfstierzüchter, und zweifellos eine der besten Kunstreiterpersönlichkeiten seiner Zeit in Spanien, wiederbelebt. Zwischenzeitlich kann sich die Königliche Reitschule in Jerez gelassen mit der berühmten Spanischen Hofreitschule in Wien vergleichen lassen.

Besucher können mittwochs und freitags zwischen 9.30 Uhr und 13 Uhr die Stallungen besichtigen.

Von März bis Juli und von Okt. bis Dez. dienstags, donnerstags und freitags um 12 Uhr, sowie im Aug. und Sept freitags um 12 Uhr findet die große Dressurvorführung **Como Bailan los Caballos Andaluces** (Wie die andalusischen Pferde tanzen) statt, die von Reitern in Kostümen des 18. Jh. dargeboten wird. Einmal im Monat findet die Show auch samstags statt. Auskunft unter www.realescuela.org. Die Reitschule befindet sich im Recreo de las Cadenas, einem Gutshof aus dem 19. Jh. in der Avenida Duque de Abrantes, Tel. +34 956 31 96 35, hinter den Sandeman Bodegas, im nördlichen Stadtbereich. Kartenverkauf jeweils dienstags und donnerstags ab 11 Uhr; www.realescuela.org. Man kann nummerierte (teurere) und unnummerierte (etwas billigere) Plätze buchen. Reservierung sind dringend zu empfehlen!

Ebenfalls besichtigen kann man in der Königlich Andalusischen Reitschule ein Museum über Kunstobjekte zur Reitkunst sowie ein Kutschenmuseum.

**Sehenswertes in Jerez**

Jerez, eine stark expandierende Stadt mit fast 208.000 Einwohnern und Rennsportfans sicher wegen seiner Formel 1 Rennstrecke ein Begriff, bietet – über den Besuch einer der Bodegas und der berühmten Reitschule hinaus – im hübschen alten Stadtkern noch zahlreiche weitere Sehenswürdigkeiten.

Unweit westlich der Sandeman Bodegas z. B. findet man das sehenswerte **Museo de La Atalaya**, auch **Museo de los Relojes** genannt *(geöffnet Mo - Fr 9.30 - 13.15 Uhr, www.elmisteriodejerez.org)*. Dieses Uhrenmuseum ist im von einem Park umgebenen Palacio de la Atalay in der Calle Cervantes, einer Seitenstraße der Calle Leales, untergebracht. Die bemerkenswerte Sammlung besteht aus über 300 herrlichen Uhren, die aus dem 18. und 19. Jh. stammen und vornehmlich aus französischen und englischen, aber auch aus italienischen Werkstätten stammen, wie das Kleinod des Museums, ein Meisterwerk der Uhrmacherkunst aus dem 17. Jh.

Wir beginnen unseren Rundgang durch die Innenstadt von Jerez an der **Plaza Mamelón** an der Nordostseite der Altstadt. An der Südostseite des Platzes liegt die **Casa Domecq**, ein stattlicher Stadtpalast aus dem Jahre 1775 mit eindrucksvollem Marmorportal.

Etwas weiter südlich erhebt sich die **Kirche Santo Domingo [WP128 / N36° 41' 09.8" W6° 08' 13.9"]**. Der Bau stammt aus der Zeit um 1264, der Zeit der Rückeroberung der Stadt von den Mauren durch die Truppen König Alfonso des Weisen. Sehenswert sind die Portale der Kirche, die Renaissancekapellen im Inneren und der gotische Kreuzgang.

Schräg gegenüber der Santo Domingo Kirche, an der Südwestseite des Platzes Alameda Cristina, folgen wir der Calle Tornería hinein in die teilweise noch von den alten Stadtbefestigungen umgebene Altstadt. Schon nach einem kurzen Stück treffen wir auf die kleine Plaza Rivero. Rechts geht es zur nahen **Kirche San Marcos** an der gleich-

### „Andalusier", die spanischen Rassepferde

Als bedeutender Ort in der sevillanischen Campiña ist Écija seit Jahrhunderten eines der herausragenden Zentren der Pferdezucht in Spanien. In Écija haben viele Züchterverbände ihren Sitz, ebenso das Spanische Militärgestüt und das Staatliche Zentrum für Pferdezucht. Stolz der Züchter ist der bildschöne und perfekt proportionierte „Andalusier", das spanische Rassepferd schlechthin und die wichtigste Pferderasse Spaniens. Typisch für die Rasse sind unter anderem das helle Fell der Apfelschimmel. Kenner und Pferdeliebhaber schätzen am „Andalusier" u. a. seine eleganten, temperamentvollen Bewegungen und sein ruhiges und ausgeglichenes Temperament, Eigenschaften, die die Andalusier-Pferde zum idealen Pferd für die Hohe Schule machen.

*Dressurkünste bei der Feria del Cavallo in Jerez. Foto. Turespaña München*

Edle Pferde galten und gelten auch in arabischen Kreisen zum höchsten Luxus. Diese Wertschätzung edler Rassepferde stellte während der Maurenherrschaft in Spanien die Fortführung der Pferdezucht auf hohem Niveau sicher. Im Mittelalter wurden andalusische Rassevollblüter in den ganzen Mittelmeerraum exportiert. Später wurden sie auch auf Gestüten in Amerika, in England, bei den österreichischen Lipizzanern, bei den deutschen Hannoveranern oder bei den portugiesischen Lusitanern zur Zucht eingesetzt.

namigen Plaza. Falls geöffnet, lohnt ein Blick in die Hallenkirche aus dem 15. Jh. mit bemerkenswertem Gewölbe und einer Altarwand aus dem 16. Jh. mit 16 biblischen Motiven.

An der Südseite der Kirche folgen wir der Calle San Marcos und gelangen über die anschließende, reizende **Plaza de Plateros**, die in der Zeit der Mauren Zentrum des Goldschmiedeviertels war, bis zur **Plaza La Asunción**.

Der Platz wird außer vom Torre Atalaya mit seinen Zackenbögen an den Fenstern, von der **Kirche San Dionisio [WP129 / N36° 41' 00.2" W6° 08' 18.5"]** dominiert. Sie ist im Mudéjarstil errichtet, weist innen eine schöne Artesonado-Decke auf und ist dem Schutzpatron der Stadt geweiht.

Rechts daneben sieht man das **Alte Rathaus** von Jerez, das um 1575 im Renaissance- und Plateresk-Stil nach Plänen von Anderés de Ribera und Bartolomé Sánchez errichtet wurde.

Weiter südwärts gehend kommt man durch die Calle Consistorio und vorbei an der plateresken Fassade des Rathauses (19. Jh.), zur **Plaza del Arenal**, dem Zentrum der Altstadt. In der Mitte des hübschen kleinen Platzes mit Grünanlage sieht man das Reiterdenkmal, das Miguel Primo de Rivera hoch zu Ross zeigt. Das Monument ist eine Arbeit von Mariano Beinllure.

Wer sich sehr für die Kirchen von Jerez interessiert, sollte von der Plaza del Arenal durch die Calle San Miguel ein kurzes Stück nach Süden bis zur **Kirche**

**San Miguel [N36° 40′ 47.2“ W6° 08′ 15.1“]** gehen, einem im Mudéjarstil erbauten Gotteshaus mit harmonischem Inneren aus dem 16. Jh. Vor allem die Fassade, das Seitenportal und der Hochaltar von Martinez Montañas und José de Arce verdienen die Aufmerksamkeit des Besuchers.

An der Nordwestseite der Plaza del Arenal findet man das Hauptbüro der **Touristeninformation [WP130 / N36° 40′ 53.7“ W6° 08′ 17.8“]**.

Ein Stück westlich der Plaza del Arenal trifft man auf den mächtigen Komplex des alten **Alcázar [N36° 40′ 53.3“ W6° 08′ 25.3“]**, der Stadtfestung der Almohaden aus dem 12. Jh. *(geöffnet 1. Juli - 15 Sept. Mo - Fr 9.30 - 20 Uhr, Sa + So 9.30 - 15 Uhr, 16. Sept. - 31 Okt. Mo - Fr 9.30 - 18 Uhr,Sa + So 9.30 – 15 Uhr, übrige Zeit Mo - Fr 9.30 - 18 Uhr, Sa + So 9.30 – 15 Uhr, www.turismojerez.com)*. Bis zur Eroberung der Stadt durch Alfonso den Weisen im Jahre 1264 war sie Sitz des Kalifen von Sevilla. Eindrucksvoll sind die mächtigen Türme der Anlage wie der Ponce de León Turm, die Moschee und die arabischen Bäder aus der Maurenzeit und der Villavicencio Palast, der hier im 18. Jh. eingerichtet wurde. Hier kann man durch eine „Camera Obscura“, eine eigenwillige optische Konstruktion, Panoramabilder und Ansichten der Stadt sehen.

An der Südseite des Alcázar wurde der als Alameda Vieja bekannte einstige Burggraben der Stadtfestung in eine Promenade verwandelt.

Etwas weiter rechts davon, in der Calle Manuel M. González, liegt der Eingang in die Weinkellerei der Bodegas González Byass.

Im Weitergehen durch die Straße nach Norden hat man einen schönen Blick auf die Kathedrale.

Mitten in der Stadt erhebt sich ganz in der Nähe des Alcázar die barocke **Kathedrale [WP131 / N36° 40′ 57.4“ W6° 08′ 28.9“]** *(geöffnet Mo - Sa 10.30 - 18.30 Uh,r So 15 - 18 Uhr, www.turismojerez.com)*. Der monumentale Kirchenbau wurde im ausgehenden 17. Jh. auf den Mauern der ehemaligen Hauptmoschee der Stadt errichtet. Es sind Elemente mehrerer Stile zu erkennen. Eindrucksvoll ist die Fassade mit prächtigem Portal und imposanter Freitreppe sowie die achteckige Kuppel. Der freistehende Turm mit Mudéjarelementen stammt von einem früheren Gotteshaus. Im fünfschiffigen Kircheninneren ist u. a. „La Virgen Niña Dormida“ (die schlafende Jungfrau als Kind) von Zurbarán zu sehen. Von der Freitreppe der Kathedrale erfolgt jedes Jahr die Ausrufung des Beginns der Weinlese.

Einige Straßenzüge weiter nordwestlich, man kann über die Calle Espirito Santo und Calle San Ildefonso dorthin gelangen, liegt die hübsche **Plaza del Mercado**, der Zoco, der Souk, das Marktviertel zu Zeiten der Araber. Auf dem Wege dahin passiert man in der Calle San Ildefonso, den Zugang zu den Weinkellern der Bodega Domecq.

Rechts an der Ostseite der Plaza del Mercado liegt das **Archäologische Museum [WP132 / N36° 41′ 05.5“ W6° 08′ 40.9“]** *(geöffnet 15. Juni – 15. Sept. Di – Fr 9 – 14.30 Uhr, Sa + So 10 – 14.30 Uhr, www.museoarqueologico.jerez.es)*. Das Stadt- und Regionalmuseum dokumentiert mit seinen Ausstellungen die Geschichte der Stadt Jerez und seines Umlandes.

Gegenüber vom Museum sieht man unweit westlich die gotische Kirche San Mateo.

An der Nordseite des Platzes schließlich kann man die prächtige Fassade des **Palacio de Riquelme** bewundern, der zu den schönsten Stadtpalästen von Jerez gezählt wird.

Weitere Stadtpaläste sind die der Familien Domecq (siehe auch weiter oben), Ponce de León (Calle Lopez de Carrizosa), Perez Luna, Dávila oder der Palacio del Marqués de Bertemati (Plaza del Arroyo), die alle wunderschöne Fassen und Innenhöfe aufweisen. Zu besichtigen sind sie in aller Regel nur von außen!

Reste der alten Stadtmauer von Jerez sind im Nordwesten der Innenstadt zwischen den Kirchen De Santiago und La Merced noch gut zu sehen.

*Plaza del Arenal, Jerez de la Frontera*

Weitere Sehenswürdigkeiten sind das **Stierkampfmuseum Museo Taurino**, Pozo del Olivar, 6 *(geöffnet Mo - Sa 10 - 14 Uhr, www.portaltaurino.net)*, und das Flamenco Institut **Fundación Andaluza de Flamenco [WP133 / N36° 41' 12.4" W6° 08' 32.7"]** *(geöffnet Mo - Fr 9 - 14 Uhr, www.centroandaluzdeflamenco.es)*, das im Palacio Pamertín an der Plaza San Juan seinen Sitz hat. Hier oder im Touristenbüro erhalten Sie die Adressen und Veranstaltungstermine der namhaften peñas flamenco, der Flamenco-Clubs der Stadt.

Wer sich sehr für echten, urwüchsigen Flamenco interessiert, der kaum etwas mit dem Flamenco gemein hat, der dem breiten Publikumsgeschmack angepasst in den Touristenhochburgen zum Besten gegeben wird, sollte sich nach Flamenco-Abenden mit Konzerten und Darbietungen des „cante jondo" der namhaften Peña el Garbanzo oder der nicht minder renommierten Peña Tío José de Paula erkundigen.

Architektonisch interessant ist das **Monasterio de Nuestra Señora de la Defensión [WP134 / N36° 39' 17.9" W6° 05' 36.8"]**, auch „La Cartuja de Jerez de la Frontera" (die Kartause) genannt, die ein gutes Stück östlich der Stadt liegt *(geöffnet Mo - Sa 9.30 - 11.30 + 12.45 - 18 Uhr, www.turismojerez.com)*. Das ehemalige Kartäuserkloster aus der zweiten Hälfte des 15. Jh., mit schönem Renaissanceportal und gotischem Kreuzgang, liegt ca. 5 km östlich Jerez am Río Guadalete. Bei unserem letzten Besuch waren Restaurierungsarbeiten im Gange. Auf den nahen Ländereien der Kartause wurden bis ins 19. Jh. rassige Vollblutpferde gezüchtet.

Wer Anfang Mai oder Anfang September nach Jerez de la Frontera kommt, kann zwei bunte Feste miterleben, die traditionsreiche Pferdemesse und das Weinlesefest, s. u.

***ROUTE:*** *Weiterreise von Jerez auf der A-480 nordwestwärts ins 23 km entfernte Sanlúcar de Barrameda.*

**PRAKTISCHE HINWEISE – JEREZ DE LA FRONTERA**

i **Oficina de Turismo, Plaza Arenal [WP130 / N36° 40' 53.7" W6° 08' 17.8"]**, Edificio Los Arcos, 11403 Jerez de la Frontera, Tel. +34 956 34 17 11, www.turismojerez.com. *Geöffnet Juni - Sept. Mo - Fr 9 - 15 + 17 - 19 Uhr, Sa + So 9 - 14.30 Uh, im Aug. bis 8 – 16 Uhr; übrige Zeit Mo - Fr 8.30 - 15+ 16 - 18.30 Uhr, Sa + So 9 - 15 Uhr.*

**Feste, Märkte:** Meistens in der zweiten Mai-Woche findet die große Pferdemesse **Feria del Caballo** statt, eine in erster Linie landwirtschaftliche Ausstellung in deren Mittelpunkt natürlich der schon legendäre Pferdemarkt steht, der jahrhundertealte Tradition hat. Von touristischem Interesse sind folkloristische Veranstaltungen, die die Landwirtschaftsmesse begleiten. Es gibt Reitturniere, Dressurreiten, Wettbewerbe zwischen Pferdegespannen, Tänze und selbstverständlich Stierkämpfe; www.jerez.es/especiales/feria/.
In den ersten beiden Septemberwochen feiert man das Weinlesefest **Fiesta de la Vendimia**, mit Stierkämpfen, einem berühmten Flamenco-Festival, einem farbenprächtigen Umzug und vor allem mit der Segnung der Weintrauben und Ehrungen des Schutzpatrons der Winzer, San Ginés de la Jora; www.fiestadelavendimia.com.

**RESTAURANTS**

**Juanito**, Pescadería Vieja, 8, Tel. +34 956 34 12 18, www.bar-juanito.com; eine einladende, farbenfrohe andalusische Tapas-Bar mit angeschlossenem Restaurant. Im Sommer sonntags geschlossen.
**Tendido6**, Calle Circo, 12, Tel. +34 956 34 48 35, www.tendido6.com; neben seiner Tapas-Bar ist das Restaurant bekannt für seine Grillgerichte, rustikales, andalusisches Ambiente.

**HOTELS**

**Jerez** ****, 117 Zi., Alcalde Alvaro Domecq, 35, Tel. +34 956 30 06 00, www.jerezhotel.com; eines der besten Firstclasshotel mit allem Komfort, etwas außerhalb am nordöstlichen Stadtrand, Terrasse, Restaurant „El Cartujano", schönes Schwimmbad mit Café-Bar, Wellnesscenter mit Hallenbad und Sauna, Tennis, Hotelgarten. WLAN. Privatparkplatz.
**La Cueva Park** ****, 53 Zi., Autovia A-382 (Jerez – Arcos) Ausfahrt 3 bei KM 3,5 und weiter auf die A-382a Jerez– Cartagena, Tel. +34 956 18 91 20, www.hotellacueva.com; ca. 6 km östlich von Jerez verkehrsgünstig in der Nähe der Formel 1-Rennstrecke Circuito de Jerez gelegenes gutes Mittelklassehotel mit dem ausgezeichneten Restaurant „Mesón La Cueva", Bar, Garten mit Schwimmbad, Patio, WLAN. Privatparkplatz.
**Sherry Park** ****, 174 Zi., Alcalde Alvaro Domecq, 11, Tel. +34 956 31 76 14, www.hipotels.com; komfortables Firstclass Hotel im nordöstl. Stadtbereich, Schwimmbad, Restaurant „El Abaco", Parkplatz.
**Doña Blanca** ***, 30 Zi., Bodegas, 11, Tel. +34 956 34 87 61, www.hoteldonablanca.com; Hotel garni, zentral, komfortabel, preiswert, Garage.
**El Coloso** **, 20 Zi., Pedro Alonso, 13, Tel. +34 956 34 08 90, www.elcolosojerez.com; zentral gelegenes, kleines, einfaches Stadthotel, garni, mit gepflegten Zimmern und erschwinglichen Preisen. Garage.

**Sanlúcar de Barrameda** (ca. 50.000 Einw.), ein weiteres Zentrum der Sherry-Produktion, liegt umgeben von Weinfeldern an der Mündung des Río Guadalquivir. Kolumbus lief 1498 von hier zu seiner dritten Reise in die Neue Welt aus und Magellan rüstete hier Schiffe für die erste Weltumsegelung aus.

Nach der Rückeroberung von den Mauren erhielten die Herzöge von Medina Sidonia aus dem Hause Guzmán die Stadt als Dank für ihre Dienste bei der Verteidigung von Tarifa. Die Herrschaft der Guzmáns war für Sanlúcar eine Zeit des Wohlstands. Der Hafen entwickelte sich zu einem bedeutenden Handelszentrum an der andalusischen Atlantikküste. Die Blütezeit endete aber gründlich, als die Stadt 1645 an die Krone kam.

Etwas oberhalb der Stadt erhebt sich über der Guadalquivir-Mündung die **Santiago-Burg**. Die Herzöge von Medina Sidonia hatten sie Mitte des 15. Jh.

anlegen lassen. Und wie es heißt, soll Königin Isabella die Katholische von den Zinnen der Burg aus das Meer zum ersten mal gesehen haben. Noch heute ist die Aussicht von oben eindrucksvoll. Man hat einen schönen Blick über die Flussmündung bis hin zum Naturschutzgebiet Coto Doñana im Nordosten.

Der alte Ortskern von Sanlúcar de Barrameda liegt unterhalb um die zentrale **Plaza de San Roque [N36° 46' 40.78" W6° 21' 13.78"]**. Die bedeutendsten Gebäude der Stadt liegen rund um den Platz, das Rathaus, die Kirche Santa María de la O aus dem 14. Jh. mit ihrem sehenswerten Mudéjarportal und schöner Artesonadodecke im Inneren, der Palast der Herzöge von Medina Sidonia, der aber sein ursprüngliches Aussehen durch allzu viel Umbauten weitgehend eingebüßt hat und schließlich der im maurischen Stil gehaltene Palacio de Orléans, der Palast der Prinzen von Orléans und Bourbon, in dem sich heute die Büros der Stadtverwaltung befinden.

Berühmt aber ist Sanlúcar für seinen leichten, trockenen Sherry Manzanilla, der zusammen mit frischen Langostinos genossen für viele ein Stück Himmel auf Erden ist.

Einen sehr einladenden Eindruck macht auf den Besucher auch das 9 km südwestlich gelegene Seebad **Chipiona** mit seiner sehr schönen und gepflegten Strandpromenade an der Playa de la Regla nahe des markanten Leuchtturms.

Südlich von Sanlúcar erstrecken sich entlang der **Costa de la Luz** kilometerlange stark frequentierte Sandstrände.

### HOTELS – CHIPIONA

**Playa de Regla** ***, 28 Zi., Paseo Costa de la Luz, Tel. +34 956 37 00 00, www.hotelplaya.com; eingerichtet in einem aus der vorletzten Jahrhundertwende stammenden andalusischen Haus an der Strandpromenade, Restaurant, Bar, schöne Terrasse mit Meerblick, WLAN. Öffentliche Parkmöglichkeit.
**Brasilia** ***, 44 Zi., Av. del Faro 12, Tel. +34 956 37 10 54, www.brasiliahotel.net; ordentliches Haus mit einfacherem Komfort, Innenhof mit Schwimmbad, Restaurant, Bar, WLAN im Rezeptionsbereich. Privatparkplatz.

### WOHNMOBIL-STELLPLATZ – SANLÚCAR DE BARRAMEDA

**Wohnmobil-Stellplatz Sanlúcar Ac-Parking [WP135 / N36° 45' 41" W6° 23' 45"]**, Camino de la Reyerta s/n (La Jara), Tel. +34 956 97 04 09. **Zufahrt**: Von der Straße A-480 (Jerez de la Frontera – Sanlucar de Barrameda) am westlichen Ortsrand Richtung Chipiona nordwestwärts auf die Straße Camino de la Reyerta abzweigen und noch ca. 2,5 km bis zum Platz. Teils naturbelassener, teils begrünter, fast ebener, schattenloser Platz für 40 Wohnmobile. **Ausstattung**: Frischwasserhahn, Ausguss für Abwasser und Chemikaltoiletten, WLAN, Stromanschlüsse. Der Stellplatz sowie die Nutzung der Installationen sind gebührenpflichtig. Der Platz steht während der großen Stadtfeste in Sanlúcar de Barrameda wie der Semana Santa oder der Feria de la Manzanilla im Mai nicht zur Verfügung!

Weitere Hotels und Campingplätze findet man weiter südlich bei Rota, siehe nächste Etappe.

## ROUTE 10: SANLÚCAR DE BARRAMEDA – TARIFA

**Länge der Tour:** Rund 225 km.

**Die Route:** Über die A-491 und über **Rota** bis **El Puerto de Santa María** – CA-32/N-443 bis **Cádiz** – A-48/E-5 und Landstraße bis **Conil de la Frontera** – küstennahe Landstraße A-2233 über **Cabo de Trafalgar** und **Los Caños de Meca** bis **Barbate** – A-314 bis **Vejer** – N-340/E-5 bis **El Valle** – Landstraße CA-8202 bis **Bolonia/Baelo** (röm. Ruinen) und zurück bis **El Valle** – N-340/E-5 bis **Tarifa**.

**Reisedauer:** Mindestens ein Tag.

**Höhepunkte:** Die **Strände bei Rota** – ein Bummel durch **Cádiz** * – die **Strände bei Conil de la Frontera** * – die Altstadt von **Vejer** ** – die Strände am **Cabo de Trafalgar** * – die **Strände bei Tarifa** * – der Blick von der **Punta Marroquí** ** bei Tarifa über die Straße von Gibraltar bis zur afrikanischen Küste bei Tanger – für Surfer und Kitesurfer das **Windsurfrevier vor Tarifa** ***.

*Routenkarte siehe nächste Seite!*

*ROUTE: Weiterreise von Sanlúcar de Barrameda bzw. Chipiona auf der A-491 über **Rota** nach **El Puerto de Santa María**.*

Südlich von Sanlúcar entlang der Costa de la Luz über **Chipiona** mit seiner hübschen Promenade an der **Playa de Regla** (alter römischer Leuchtturm, schöne Strandhotels) und **Rota** (Playa de Costilla, schöne Strandhotels, Camping, Marinestützpunkt östlich der Stadt), einem ausschließlich dem Tourismus verpflichteter Küstenort, bis hinein in die Bucht von Cádiz erstrecken sich kilometerlange **Sandstrände**. Die Strandregionen werden im Sommer vor allem von spanischen Urlaubern überaus stark frequentiert.

Zwischen Chipiona und Rota ragt wie aus dem Nichts ein riesiges Neubaugebiet namens Costa Ballena auf. Hotelbauten, Feriensiedlungen und Golfplatzanlagen von enormer Ausdehnung und andere Einrichtungen machen es nicht einfacher, hier bis an den Strand vorzudringen.

Die sehr betriebsame Hafenstadt **El Puerto de Santa María** war lange wichtiger Exporthafen des in Jerez produzierten Sherrys. Aus El Puerto de Santa María stammt der Dichter Rafael Alberti. Sein ehemaliges Wohnhaus in der Calle de Santo Domingo ist heute als **Museo Fundación Rafael Alberti [N36° 35' 53.42" W6° 13' 41.55"]** eingerichtet und kann besichtigt werden.

Nicht weit davon entfernt liegt das Stadtmuseum **Museo Municipal de El Puerto de Santa María [N36° 35' 57.07" W6° 13' 43.46"]**. Hier sind vor allem die Grabungsfunde zu sehen, die in der phönizischen Siedlung Doña Blanca gemacht worden sind.

Die kahle Ebene zwischen Jerez und Puerto de Santa María war im Jahre 711 Schauplatz der historischen Schlacht, in der die christlichen Heere der Westgoten unter König Roderich von den sarazenischen Reiterscharen des maurischen Feldherrn Tarik vernichtend geschlagen wurden. Der Sieg war der Auftakt zur Eroberung des größten Teils der iberischen Halbinsel durch arabische Herrscher. Zwei Jahre nach der **Schlacht von Jerez de la Frontera** gehörte außer dem asturischen Bergland

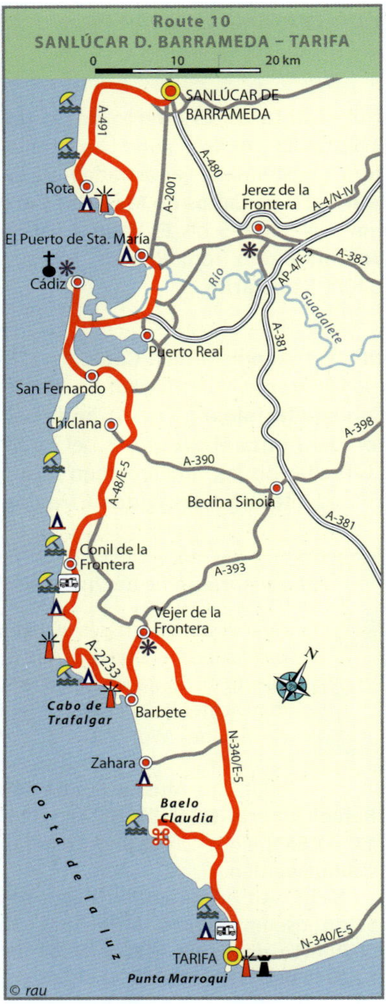


und der kantabrischen Küste nichts mehr den gotischen Herren.

Auf der Weiterfahrt Richtung Cádiz konnte man früher riesige, weiße Salzberge sehen, die auf die Meersalzsalinen hier hinweisen. Viele der Salinenfelder in dem weiten Marschland vor Cadiz sind heute aufgelassen und verfallen. Entsprechend selten wird in den Salinen noch die „Leguado de estros", eine Seezungenart, gezüchtet, die sich durch ihren einzigartigen Geschmack auszeichnet.

Noch vor Puerto Real zweigt die Straße N-433 ab, die über einen breiten Straßendamm durch die seichte Lagune mit nur noch teilweise betriebenen Salzgärten und vorbei an Werftanlagen nach Cádiz führt.

**Oficina de Turismo [N36° 35' 47.35" W6° 13' 34.11"]**, Plaza de Alfonso X El Sabio, 9, 11500 El Puerto de Santa María, Tel. +34 956 48 37 15; www.turismopuerto.com. *Geöffnet Mai - Okt. tgl. 10 - 14 + 18 - 20 Uhr, sonst 10 - 14 + 17.30 - 19.30 Uhr.*

## RESTAURANTS

**El Puerto de Santa María**

Die Straße Ribera del Marisco am Parque Calderon an den Ufern des Río Guadalete ist in El Puerto de Santa María so etwas wie die „Restaurantmeile" der Stadt. Hier findet man nebeneinander mehrere einladende Lokale wie z. B. das **Los Portales**, Ribera del Río, 13, Tel. +34 +34 956 54 21 16; mit vorzüglicher Küche der gehobenen Preislage.

Quasi nur eine Tür weiter liegt die Tapas-Bar **Casa Paco Ceballos**, Ribera del Marisco, Tel. +34 +34 956 54 29 08.

## HOTELS

**Rota**

**Playa de la Luz** ***, 235 Zi., Av. Diputación, Tel. +34 956 81 05 00; www.hotelplayadelaluz.com; rund 2 km westlich Richtung Chipiona, angenehmes, komfortables, relativ ruhig gelegenes Haus der gehobenen Mittelklasse am Strand, das auch zu einem längeren Aufenthalt einlädt, andalusisches Ambiente, Schwimmbad, Tennis, Fitnesseinrichtungen, Hotelgarten und Terrasse, Restaurants, WLAN. Garage, Parkplatz.

**El Puerto de Santa María**

**Santa María** ***, 100 Zi., Av. de la Bajamar, Tel. +34 +34 956 87 32 11; www.hotelsantamaria.es; verkehrsgünstig zwischen Río Guadalete und Innenstadt gelegenes Haus der gehobenen Mittelklasse, Restaurant, Cafeteria, Schwimmbad, Weinkellerei und öffentliches Hallenbad nebenan, öffentlicher Parkplatz in Gehnähe. Garage.

V&E

## CAMPING

**Rota**

**Camping Playa Aguadulce [WP136 / N36° 40' 15.62" W6° 24' 21.77"]**, Calle Pedro A. Alarcón, Tel. +34 956 84 70 78; www.playaaguadulce.com; ganzjährig; auf der A-491 (Chipiona – Rota) bis zum beschilderten Abzweig bei KM 6,5 und noch weiter ca. 1 km schmale Straße, vorbei an einer Urbanización, am Antennenturm scharf links abbiegen. Ebenes, im Zentrum parzelliertes Gelände unter teils niederen Laubbäumen, im Zentrum erdiger Untergrund, teils mit Mattendächern, fast vollständig mit Dauercampern belegt. Am Rande schmale Wiesenstreifen, hauptsächlich für Zelte oder kleine WoMos geeignet, dort keine Stromanschlüsse; ca. 4 ha – 60 Stpl. + zahlr. Dau.; einfache Standard-Sanitärausstattung, außer in den Duschen kein Warmwasser. Laden, Imbiss, Waschmaschine mit Trockner, Tennis, WLAN im Rezeptionsbereich. **V & E für Wohnmobile**. Mietbungalows.

**El Puerto de Santa María**

**Camping Playa Las Dunas [WP137 / N36° 35' 15.08" W6° 14' 27.93"]**, Paseo Maritimo La Puntilla s/n, Tel. +34 956 87 22 10; www.lasdunascamping.com; ganzjährig; westlich der Stadt an der Rotonda la Puntilla gelegen; Zufahrt von der A-4 über die A-491 zur Stadt, gut beschildert; weitläufiges, sandiges Pinienwaldgelände, einige Geländestufen, betriebsames Umfeld in Meeresnähe; ca. 13 ha – 350 Stpl. + zahlr. Dau.; gute Standard-Sanitärausstattung. Laden, Restaurant, Imbiss, Schwimmbad, Waschmaschine mit Trockner, WLAN, naher Strand. Separate Wohnmobilplätze außerhalb des Platzes. **V & E für Wohnmobile**.

**Cádiz** (ca. 128.000 Einw.), die große Industrie- und Hafenstadt an der Costa de la Luz, liegt am Ende einer langen Landzunge. Sehr einladend erscheint die Provinzhauptstadt und ihre Außenbezirke auf den ersten Blick nicht gerade. Höchstens die Altstadt am Ende der Halbinsel, mit schönen Parks und Uferpromenaden am Nordrand der Stadt, kann zu einem Abstecher verleiten.

Und ganz dem Charakter einer zum Meer hin orientierten Hafenstadt würdig, zeigt Cádiz seine Schokoladenseite erst, wenn man von See her auf die Stadt zusteuert.

Friedrich Wilhelm Hackländer, ein aufmerksamer Reisender des 19. Jh., schreibt z. B. in seinen Notizen „Ein Winter in Spanien": „Cádiz taucht glänzend und strahlend wie ein Brillant aus der blauen Flut hervor. Es ist ein Anblick von eigentümlichem Charakter". Auch wenn man als zu Lande Reisender diesen Eindruck nicht nachvollziehen kann, so sind die weiteren Notizen Hackländers auch heute noch augenfällig, wenn man im eigentümlich gleißenden Licht an der südlichen Uferstraße entlang um die Stadt fährt. So schreibt er: „Wir haben ein Bild vor uns ohne allen Schatten, ohne mildernde Zwischentöne, mit einer Fülle von Licht übergossen, welche das Auge blendet."

Gegründet wurde Cádiz von den Phöniziern um 1100 v. Chr. In alten Stadtwappen steht angeblich, Herkules, Sohn des Jupiter, habe Cádiz gegründet. Verbürgt ist, dass die Römer die Stadt *Gades* nannten und den Ort als Handelsniederlassung nutzten. Aber während der Maurenzeit und auch nach der Eroberung durch Alfonso X. machte Cádiz nicht sonderlich von sich reden. Das änderte sich allerdings zwischen dem 17. und 18. Jh., als Cádiz durch die Verbindungen in die Neue Welt zum bedeutendsten Seehandelshafen Spaniens aufstieg.

In Cádiz war es, wo die Flotte des Kolumbus bei ihrer Rückkehr aus der Neuen Welt landete. In der Glanzzeit der Stadt drängten sich in ihrem Hafen die goldbeladenen Galeonen und noch 1790, als sich schon der Niedergang abzeichnete, wurden hier noch 30 große Linienschiffe ausgerüstet. Aus jener Zeit stammen die meisten der großen Bauwerke der Stadt, darunter die Kathedrale.

Aber 100 Jahre später war Cádiz „eine Königin der Meere im Witwenschleier – aber eine sehr reiche Witwe", schreibt Hackländer. Leider hat sich Hackländers Eindruck „Cádiz hat keine besonderen Merkwürdigkeiten aufzuweisen" bis heute nicht sonderlich geändert.

Dass Cádiz in den Witwenstand kam, um den Vergleich Hackländers aufzugreifen, verdankt die Stadt u. a. der legendären Schlacht von Trafalgar. Hier im Hafen von Cádiz hatten sich die glorreiche spanische Armada und Verbände der französischen Flotte gesammelt, um am 21. Oktober 1805 unter dem Kommando des französischen Admirals de Villeneuve zur Schlacht vor dem Kap Trafalgar gegen die Engländer auszulaufen. Das Ende der Seeschlacht war auch das Ende der Seemacht Spanien.

Die **Parkmöglichkeiten** in den Straßen oder an der Umfahrungsstraße der Altstadt sind – zumindest während des Tages und vor allem für größere Fahrzeuge, die keine Tiefgaragen aufsuchen können – extrem schlecht.

Mit etwas Glück findet man vielleicht entlang der Uferstraße nahe der Kathedrale einen Platz [N36° 31′ 42.99″ W6° 17′ 45.52″].

Zu den **Sehenswürdigkeiten** der Stadt zählen z. B. die Parks an den Uferpromenaden, wie der **Parque Genovés** am Nordrand der Altstadt neben dem Parador. Südöstlich davon erstreckt sich der kleine **Strand La Caleta**, der von den Festungen Santa Catalina im Norden und San Sebastian im Süden begrenzt wird.

Vom Parque Genovés kann man noch ein Stück noch Osten weitergehen und kommt dann zur Geschützstellung **Bateria La Candelaria**. Von dort hat man einen schönen Blick auf die Bucht von Cádiz.

Von der Geschützbastion geht man südwärts, vorbei an der Kirche El Carmen und über die Promenade Alameda Marqués de Comillas und durch die weiterführende Calderón de la Barca durch die hübschen **Gassen der Altstadt** bis zur lebhaften **Plaza de la Mina** mit schöner Grünanlage und Palmen.

An der Südostseite der Plaza de la Mina findet man das **Museo de Cádiz [WP139 / N36° 32′ 06.9″ W6° 17′ 47.2″]** *(geöffnet 1. Juni – 15. Sept. Di – Sa 9 – 15.30 Uhr, So 10 – 17 Uhr, übrige Zeit Di – Sa 10 – 20.30 Uhr, So 10 – 17 Uhr; www.juntadeandalucia.es/cultura/)*, ein Museum für Kunst und Archäologie mit interessanter Gemäldesammlung und großer archäologischer Abteilung.

Ein Straßenzug weiter östlich liegt an der Plaza de San Francisco die barocke **Kirche San Francisco**. Sehenswert im Inneren sind Werke von Martínez Montañés und Pedro Roldán.

Geht man an der Kirche rechts vorbei und noch ein paar Straßen weiter nach Osten, gelangt man zur imposanten **Plaza de España [WP140 / N36° 32′ 06.6″ W6° 17′ 33.3″]**. Mitten auf dem Platz erhebt sich in einem Halbrund um einen kleinen See das Denkmal an die Liberale Verfassungsgebende Versammlung. 1812 hatte sich Cádiz mit der Belagerung durch französische Truppen auseinander zu setzen. Dieser Umstand entfachte aber den Unabhängigkeitswillen der patriotisch gesinnten Bürger Spaniens erst recht und man entschloss sich, in Cádiz eine Ratsversammlung der Cortes einzuberufen. Ergebnis der Tagung war die Verabschiedung der „Verfassung von Cádiz", der ersten liberalen Verfassung Spaniens.

Der dominante neoklassizistische Gebäudekomplex an der Südseite des Platzes beherbergt die Ämter der Deputación Provincial, des Provinzialrates von Cádiz.

Ein gutes Stück weiter westlich von der Plaza de la Mina, in der Calle Santa

*Cádiz, Playa de la Caleta*

Inés 9, liegt mitten in der Altstadt das **Historische Museum der Cortes und der Belagerung von Cádiz** *(geöffnet Di - Fr 9 - 18 Uhr, Sa + So 9 - 14 Uhr)* Zu sehen ist hier ein bemerkenswertes Modell der Stadt. Archäologische Funde, wie präkolumbische Keramiken, und eine schöne Galionsfigur aus dem 17.Jh., sind im Erdgeschoss ausgestellt.

Unmittelbar neben dem Museumsgebäude erhebt sich das **Oratorio de San Felipe Neri**, San José 38. In diesem früheren Bethaus mit einem Altargemälde von Murillo wurde 1812 Spaniens erste liberale Verfassung verkündet.

Bei ausreichend zur Verfügung stehender Zeit bietet es sich an, vom Oratorio de San Pelipe Neri durch die Av. Sacramento weiter nach Osten zu gehen. Dabei passiert man den **Torre Tavira** mit gotischer Fassade, den höchsten Punkt der Stadt. Weiter südwärts, vorbei an der Markthalle und dem Hauptpostamt an der Plaza Topète, geht man schließlich durch die Calle Campaña zur Kathedrale.

Die **Kathedrale [WP141 / N36° 31' 45.9" W6° 17' 42.6"]** von Cádiz *(geöffnet Mo – Sa 10 – 18.30, So 13.30 – 18.30; www.catedraldecadiz.com)*, mit ihrer gelben Kachelkuppel eines der markantesten Gebäude in der Stadtsilhouette, liegt ganz am Südrand der Stadt in unmittelbarer Nähe der stark befahrenen Uferstraße Campo del Sur (Straßenparkplätze).

Der Kirchenbau entstand ab 1722, konnte aber erst über hundert Jahre später 1838 eingeweiht werden. Beindruckend ist z. B. die von zwei stattlichen Türmen flankierte **Barockfassade**. In der **Krypta** findet man das Grab des aus Cádiz stammenden Komponisten Manuel de Falla (1876 – 1946).

An der Südostseite der Kathedrale liegt vor der Iglesia de Santa Curz, der sog. „Alten Kathedrale" aus dem 16. Jh., das **Museo Catedralicio** *(geöffnet Mo - Sa 10 – 18.30 Uhr, So 13 - 18 Uhr, www.turismo.cadiz.es/rutas-y-visits-en-cadiz/museo-y-archivos-catedralicios)*. Das Museum, das in der Casa de la Contaduría, einem ehemaligen Stadtpalast aus dem 16. Jh. mit schönem Innenhof, untergebracht ist, beherbergt heute den Kirchenschatz der Kathedrale mit beeindruckenden Kunstwerken, darunter ein Prozessionskreuz und eine Prunkmonstranz von Enrique de Arfe.

Noch ein Stück weiter östlich findet man die Reste eines römischen Theaters.

Von der Nordostfassade der Kathedrale kann man am rechterhand gelegenen Arco de la Rosa vorbei über die Calle Pelota zur zentralen **Plaza de San Juan de Dios** gehen. Dort findet man gegenüber vom Arco del Pópulo ein Büro der **Touristeninformation**, weiter rechts das Rathaus und an der Nordseite des Platzes ist ein Haupthaltepunkt der Stadtbusse.

Schließlich empfiehlt sich ein Spaziergang von der Plaza de San Juan de Dios durch die Calle Sopranis mit ihren repräsentativen barocken Gebäudefassaden zur Klosterkirche Santo Domingo und zur Fábrica de Tabacos, dem heutigen Kongresspalast.

Weit über die Stadt hinaus bekannt sind im Frühjahr die **Karnevalsfeste** in Cádiz.

**Sollten Sie mal probieren**

Eine der Spezialitäten der vielfältigen Küche der Gegend ist der **„pescaito frito"**, ein auf dem Holzkohlengrill gegarter Bratfisch.

Eine hiesige Besonderheit sind auch **„riñones al jerez"**, Nierchen in Jerez-Wein oder **„pastel de pichones"**, eine Pastete aus jungen Täubchen.

*ROUTE: Auf der CA-33 über* ***San Fernando*** *nach* ***Chiclana de la Frontera.***

**Chiclana de la Frontera** am Südostrand der „Salinas", den ausgedehnten Salzgärten, ist ein viel besuchter Sommerferienort mit sehenswerter Barockkirche Jesús Nazareno, hübscher Promenade, netten Straßenzeilen, einer guten Markthalle und dem ein gutes Stück weiter südwestlich gelegenen 8 km langen Sandstrand Playa de la Barrosa.

21 km östlich von Chiclana de la Frontera liegt auf einer Anhöhe **Medina Sidonia**. Der Ort, eine phönizische Gründung, den Römern als *Assido Caesarina* bekannt, erlebte unter den Mauren eine Zeit der Blüte und des Wohlstandes. Und noch heute kann das Städtchen mit seinen engen Gassen, den weiß gekalkten Häusern und den alten Stadttoren seine maurische Vergangenheit nicht verleugnen.

Nach der Vertreibung der Mauren war Medina Sidonia eine Zeitlang eine Bastion des Ordens der Santiago-Ritter, bis es Mitte des 15. Jh. an das Haus Guzmán ging, deren Oberhäupter sich den Titel Grafen von Medina Sidonia zulegten.

Überragt wird Medina Sidonia von der **Kirche Santa María la Mayor**. Die

### PRAKTISCHE HINWEISE – CÁDIZ

**Oficina de Turismo [WP138 / N36° 31' 49.9" W6° 17' 32.7"]**, Av. Ramón de Carranza, 11006 Cádiz, Tel. +34 956 20 31 91; www.visitcadiz.es.

**Oficina de Turismo**, Paseo de Canalejas s/n, 11, 11005 Cádiz, Tel. +34 956 24 10 01; www.visitcadiz.es.

**Feste, Folklore: Karnevalsfeste** im Frühjahr. Man feiert mit fröhlichen Umzügen, Feuerwerk, Kostümfesten und der Wahl der Karnevalskönigin. Große Tradition hat das Hauptereignis, der Umzug am Sonntag nach Aschermittwoch. www.andalucia.com/festival/carnival-cadiz.htm.

**RESTAURANT**

**El Faro de Cádiz**, San Félix, 15, Tel. +34 902 21 10 68, www.elfarodecadiz.com; Restaurant-Tapas Bar vom Feinsten, seit Jahren eines der Besten der Stadt, schönes Ambiente, die Küche serviert neben leckeren Tapas, eine reiche Auswahl an Gerichten aus Ställen und Meer der Region, Garage.

**HOTELS**

**Parador „Atlántico" ******, 124 Zi., Av. Duque de Nájera, 9, Tel. +34 956 22 69 05; www.parador.es/es/parador-de-cadiz; neuzeitliches Gebäude, ansprechend gelegenes Haus mit dem Komfort eines Luxushotels, am Nordrand der Stadt neben dem schönen Stadtpark Parque Genovés, bislang das einzige Hotel dieser Klasse im Bereich des alten Stadtkerns, Fitnesseinrichtungen, Schwimmbad, Restaurant, Bar, Garage, Parkplatz.

*Cádiz, Blick von der Promenade zur Kathedrale*

**Barceló Cádiz** ****, 96 Zi., Avenida de Andalucia, 89, Tel. +34 956 24 26 00, www.barcelo.com/BarceloHotels; modernes Firstclasshotel 100 m entfernt vom Strand, 15 Minuten zur Altstadt von Cádiz, Restaurant, Terrassenbar, WLAN, Privatparkplatz.

**Hotels im südlichen Neustadtbereich entlang der Zufahrtsstraße A-4**

**Tryp Cádiz La Caleta** ****, 143 Zi., Av. Amilcar Barca, 47, Tel. +34 956 27 94 11; www.tryphotels.com/en/tryp-la-caleta-hotel-cadiz-spain.html; sehr komfortables Haus, gehobene Mittelklasse, ansprechende Lage an der Playa de la Victoria am Westrand der Landzunge ca. 3 km vom Zentrum entfernt, Bushaltestelle nahebei. Restaurant, WLAN, öffentliche Parkmöglichkeit.

**Regio,** ***, 50 Zi., Av. Ana de Viya, 11, Tel. +34 956 27 93 31; www.hotelregio-cadiz.com; Hotel garni, ordentliches Mittelklassehotel mit einfacherem Komfort im südl. Neustadtbereich, 2 km vom Zentrum entfernt. Bar, Garage, Parkplatz.

Sehenswürdigkeit der Kirche ist ihre kostbare Altarwand. Bei ausreichend zur Verfügung stehender Zeit lohnt ein Spaziergang hinauf zur maurischen Burgruine (Aussicht) und durch die Altstadt.

*ROUTE: Der weitere Verlauf unserer Route führt von Chiclana de la Frontera auf der A-48/E-5 südwärts Richtung **Vejer de la Frontera**.*

16 km südlich von Chiclana de la Frontera zweigt die Landstraße A-2232 westwärts nach Conil de la Frontera ab. Westlich des Ortes findet man an der Play de Fontanilla und an der Playa de Bateles lange Sandstrände.

Auf Landstraßen kann man in Küstennähe weiterreisen, über El Palmar und durch ausgedehnte Pinienwälder zum legendären **Cabo de Trafalgar** mit schönem Sandstrand. Der hohe, weiße Leuchtturm am Kap Trafalgar ist nur zu Fuß zu erreichen. Am einfachsten parkt man in **Los Caños de Meca [WP142 / N36° 11' 20.7" W6° 01' 32.0"]** gebührenpflichtiger Privatparkplatz, geöffnet tgl. 10.30 – 20 Uhr. Von dort geht man über einen Sandweg einen guten Kilometer bis zum Leuchtturm.

Der 166 m hohe Landvorsprung des Cabo de Trafalgar ging durch die legendäre Seeschlacht von Trafalgar 1805 in die Geschichtsbücher ein. Damals besiegten die Engländer unter Admiral Nelson die spanisch-französische Flotte. Der Admiral starb dabei den Heldentod.

Die Gegend um das Kap Trafalgar ist bis auf die Strände eigentlich wenig interessant. Das turbulente Hafenstädtchen **Barbate** allerdings wartet mit zahlreichen Hostals der einfacheren Art, mit Restaurants, Pizzerien u. ä. auf. Es gibt kaum Parkmöglichkeiten, und wenn doch, sind sie mit Einfahrtshöhenbeschränkungen (ca. 1,90 m) versehen.

***ROUTE:*** *Von Barbate geht es, vorbei an den Salzmarschen Marismas de Barbate, nach **Vejer de la Frontera** oberhalb der Hauptstraße N-340/E-5.*

Das schneeweiße Städtchen **Vejer de la Frontera** thront wie ein Adlerhorst auf einer Anhöhe. Der Ort gehört mit zu den schönsten „Pueblos Blancos" in Andalusien. Schöne Ausblicke ins Umland und zur Küste.

Ein Spaziergang durch die sehenswerte Altstadt, die seit 1976 unter Denkmalschutz steht, lohnt bei ausreichend

## PRAKTISCHE HINWEISE

**Oficina de Turismo**, Avenida de Los Remedios, 2, 11150 Vejer de la Frontera, Tel. +34 956 45 17 36; www.turismovejer.es. *Geöffnet tgl. 10 – 15 Uhr + 17 – 21 Uhr.*
**Oficina de Turismo, Calle Carretera**, 1, 11140 Conil de la Frontera, Tel. +34 956 44 05 01; www.turismo.conil.org.

### HOTEL

**Vejer de la Frontera**
**Casa del Califa** **, 17 Zi., Plaza de España, 16, Tel. +34 956 44 77 30, www.lacasadelcalifa.com; Mittelklassehotel im Zentrum von Vejer im andalusisch/marokkanischen Stil, Dachterrasse mit schöner Aussicht, preisgekröntes Restaurant „El Jardin del Califa" mit lauschigem Innenhof, originelle Gewölbebar, Dachterrasse, WLAN, Parkmöglichkeit.
**El Paso** ***, 25 Zi., La Barca de Vejer, Ctra. N-340 KM 36,6, Tel. +34 956 45 11 63, www.hotelelpaso.es; ca. 1 km nördlich von Vejer an der N-340 (Conil – Tarifa) bei KM 36,6 gelegen, gutes Mittelklassehotel im andalusischen Stil, Garten mit Schwimmbad, Bar, WLAN, Privatparkplatz. Restaurant nahebei.

### CAMPING

**Conil de la Frontera**
**Camping La Rosaleda [WP144 / N36° 17' 36.20" W6° 5' 43.04"]**, Ctra. del Pradillo, KM 1,3, Tel. +34 956 44 33 27; www.campinglarosaleda.com; Ende März – Mitte Sept.; Zufahrt von der Landstraße C-2131 (Conil – Cabo Roche), 1 km nördlich von Conil, beschildert; geneigtes Gelände, teils gestuft, mit Schattenbäumen; ca. 6 ha –300 Stpl.; gute Standard-Sanitärausstattung, Laden, Imbiss, Waschmaschine mit Trockner, Restaurant, Schwimmbad, WLAN, Mietbungalows. **V & E für Wohnmobile**.

**Zufahrt zu den nachfolgenden vier Campingplätzen:**
Rund 6 km nördlich des Ortes Conil de la Frontera Abzweig von der N-340 an der Beschilderung „Camping Roche" und weiter den einzelnen Campingbeschilderungen folgen. Oder im Ort Conil de la Frontera meerwärts und am Kreisverkehr rechts ab zu den nachstehenden Campings.

**Camping Roche [N36° 18' 39.28" W6° 6' 45.68"]**, Carril de Pilahito s/n, Tel. +34 956 44 22 16; www.campingroche.com; ganzjährig geöffnet; ca. 6 km nördl. Conil Abzweig von der N-340 und noch rund 1,5 km, ebenes, teils erdiges Gelände in einem Eukalyptushain, eingezäunt, in der Mitte des Platzes Mietbungalows und Schwimmbad; 4 ha – 250 Stpl.; Standard-Sanitärausstattung; Laden Restaurant, Waschmaschine mit Trockner, Schwimmbad, Tennis. WLAN. Zahlreiche Mietbungalows.

**Camping Fuente del Gallo [N36° 17' 47.06" W6° 6' 35.14"]**, Carril el Palillero, s/n, Fuente del Gallo, Tel. +34 956 44 01 37; www.campingfuentedelgallo.com; 15. März – 30. Sept.; fast ebenes Gelände, auf einigen durch Hecken unterteilten Platzteilen Schatten durch Laubbäume; 2,5 ha – 180 Stpl.; Standardausstattung; Laden, Restaurant, Schwimmbad, Tennis, in Strandnähe. **V & E für Wohnmobile**.

**Camping Cala del Aceite [N 36°18'0.12" W 6°7'41.01"]**, Rocheviejo, s/n, Tel. +34 956 44 29 50; www.caladelaceite.com; Ostern + 1. Juli – 15. Sept.; von der N-340 Richtung Conil abzweigen und über die CA-2131 und CA-2135 ca. 5 km bis beschilderter Abzweig, ebener, teils gut schattiger, parzellierter Platz; 6 ha – 350 Stpl.; Standard-Sanitärausstattung. Laden, Restaurant, Schwimmbad, Sauna, Waschmaschine mit Trockner, WLAN. **V & E für Wohnmobile**.

**Barbate**

**Camping Caños de Meca [N36° 12' 5.88" W6° 2' 8.54"]**, Tel. +34 956 43 71 20, www.campingcm.com; Ostern – 15. Okt.; an der Straße Vejer – Los Caños bei KM 10; eingefriedetes, fast ebenes Gelände unter dichten Pinien; ca. 2,5 ha – 120 Stpl.; gute Standard-Sanitärausstattung; Laden, Restaurant, Schwimmbad, Restaurant, Waschmaschine mit Trockner; Mietbungalows. **V & E für Wohnmobile**.

**Camping Pinar San José [N36° 12' 2.61" W6° 2' 5.08"]**, Ctra. de Vejer-Caños de Meca, KM 10,2, Tel. +34 956 43 70 30, www.campingpinarsanjose.com; ganzjährig; von der Straße A-48 Cádiz– Vejer de la Frontera südwestwärts Richtung Caños de Meca abzweigen und noch ca. 10 km bis zur Platzeinfahrt; ebenes, teils gestuftes Wiesengelände mit hohen Pinien; 3,5 ha – 130 Stpl.; Standard-Sanitärausstattung. Laden, Restaurant, Waschmaschine mit Trockner, Schwimmbad, Tennis, WLAN.

**Los Caños de Meca**

**Camping Faro de Trafalgar [N 36° 11' 25.08" W 6°1'35.46"]**, Av. Acacias, 3, Tel. +34 956 43 70 17; www.campingfarodetrafalgar.com; Anf. Apr. – 15. Sept.; ebenes, teils Gelände an der Küstenstraße am Abzweig zum Faro de Trafalgar. Einfache Sanitärausstattung. Laden, Restaurant.

**Vejer de la Frontera**

**Camping Vejer [N36° 15' 12.49" W5° 56' 15.30"]**, Tel. +34 956 45 00 98; www.campingvejer.es; Ostern – 30. Sept.; an der Straße N-340 bei KM 39,5; kleines, naturbelassenes Gelände mit Pinien, in relativ ruhiger Lage; ca. 1 ha – 40 Stpl.; einfache Standard-Sanitärausstattung. Laden, Imbiss, nahes Restaurant, Schwimmbad.

**Zahara de los Atunes**

Zahara de los Atunes liegt an der Küstenstraße A-2231 rund 10 km südöstlich von Barbate an den Stränden von Ensenada de Zahara.

**Camping Bahia de la Plata [N36° 7' 23.53" W5° 50' 8.46"]**, Avda. de las Palmeras, s/n, Tel. +34 956 43 90 40; www.campingbahiadelaplata.com; ganzjährig geöffnet; in Zahara de los Atunes ca. 1 km auf der SA-2216 südwärts, Platz zwischen Straße und Strand; schattiges, ebenes Grasgelände; 1 ha – 60 Stpl.; Standard-Sanitärausstattung. Laden, Restaurant, WLAN. Mietbungalows.

## WOHNMOBIL-STELLPLATZ

**Conil de la Frontera**

**Wohnmobil-Stellplatz Autocaravanas Conil de la Frontera, [N36° 18' 23" W6° 4' 49"]**, Crta. La Florida. **Zufahrt:** Von der N-340 Richtung Conil abzweigen und 2 km weiter bis zu einer Straßengabelung, hier rechts ab und am 2. Kreisverkehr links ab. Platz einer Wohnmobil-Werkstatt mit Platz für 6 Wohnmobile. **Ausstattung:** Frischwasser, Abwasser- und Chemikaltoilettenentsorgung, Strom. **Gebühr:** Für Strom, V & E, WLAN. **Öffnungszeit:** Ganzjährig geöffnet. Tel. +34 627 34 38 50, www.autocaravanasconil.com.

zur Verfügung stehender Zeit allemal. Eine der wenigen **Parkmöglichkeiten [N36° 15' 22.0" W5° 58' 04.4"]** findet man am Nordrand der Altstadt.

Zu den Sehenswürdigkeiten zählen die alten Stadttore wie die **Puerta de la Segur**, die zentrale **Plaza de España** mit schönem Brunnen mit Azulejodekor, die Festung aus dem 11. Jh., die später den Herzögen von Medina Sidonia, die auch Herren von Vejer waren, als befestigte Residenz dienten und die **Iglesia del Salvador** an der Plaza del Padre Ángel, eine umgebaute Moschee, deren Minarett heute als Kirchturm dient.

Vejer de la Frontera, ein Städtchen mit langer Vergangenheit und noch sehr lebendigem Brauchtum, feiert im Laufe eines Jahres viele bunte **Feste**. Es beginnt z. B. in der Karnevalszeit mit dem **„Cabalgata del Humor"** einem lustigen Reiterumzug der mit der sog. „Schwanzverbrennung" endet.

Nach den Feierlichkeiten der Karwoche wird am Ostersonntag zur allgemeinen Gaudi ein Stier, der „Toro embolado", dessen Hörner präpariert und damit etwas „entschärft" wurden, durch die Straßen der Altstadt getrieben.

Ein großes Fest zur Sonnwende findet in der Nacht des 24. Juni statt. Dann wird die **Candelá de San Juan**, ein großes Johannisfeuer entzündet, bei dem mit zwei Lumpenfiguren, Juanillo y Juanilla, symbolisch das Böse verbrannt wird.

Ein anderes großes Fest findet im August zwischen dem 10. und 24. des Monats statt. In dieser Zeit wird die **Virgen de la Oliva** verehrt. Bei den Umzügen verschleiern sich die jungen Mädchen nach uraltem Brauch mit der traditionellen „Cobijá".

Wohnen kann man in Vejer de la Frontera im Convento de San Francisco, La Plazuela, Tel. +34 956 45 10 01, einem alten Kloster, in dem heute 25 Zimmer mit einfachem Komfort eingerichtet sind, Doppelzimmer um 70 Euro. Vorzüglich essen kann man dort im allerdings nicht gerade preiswerten Klosterrestaurant „El Refectorio". Leider gestaltet sich das Parken beim Kloster problematisch.

Ausgezeichnet essen kann man auch im Restaurant „Trafalgar" an der Plaza de España, mit Terrasse, gute regionale Küche zu erschwinglichen Preisen, im Juli und August am Montag geschlossen.

*ROUTE: Auf der Weiterfahrt über die N-340/E-5 von Vejer de la Frontera nach Tarifa erstreckt sich etwa auf halbem Wege auf den Anhöhen bei Tahivilla ein riesiger Wald von Windenergiegeneratoren so weit das Auge reicht.*

### Abstecher zur Römersiedlung Baelo Claudia

Wer der Vergangenheit des Römischen Imperiums auf der spanischen Halbinsel nachspüren will, sollte bei El Valle bei KM 70,2, etwa 15 km nordwestlich von Tarifa, meerwärts nach **Bolonia** abzweigen.

Nach knapp 8 km gelangt man zur antiken **Ciudad Romana Baelo Claudia [Parkplatz – WP145 / N36° 05' 24.6" W5° 46' 14.5"]** *(geöffnet Juni - Sept. Di - Sa 9 - 20 Uhr, So 9 - 14 Uhr, März - Mai + Okt. Di - Sa 9 - 19 Uhr, Sa 9 - 14 Uhr, übrige Zeit Di - Sa 9 - 18 Uhr, So 9 - 14 Uhr). Der Eintritt ist für EU-Bürger frei.*

Die römischen Ruinen von Baelo Claudia sind die Reste einer Ansiedlung, die wohl schon im 2. Jh. v. Chr. ihren Höhepunkt erlebte. Damals wurde hier vor allem das begehrte „Garum" produziert, ein in der römischen Küche der damaligen Zeit unverzichtbares Würzmittel. Man legte Fisch, vorzugsweise Thunfisch, in ein Salzbett und gewann dann aus dem Pökelfisch die beliebte Würze.

Zu besichtigen sind in den **Ruinas de Baelo** die stattlichen Überreste des mit Säulen bestandenen Forums, eines Theaters und die zum Meer hin gelegenen, in die Erde eingelassenen, gemauerten, runden und eckigen Tanks, Becken und Anlagen in denen das beliebte „Garum" hergestellt wurde. Offenbar war die Geruchsentwicklung, die beim Einlegen, Pökeln und Vergären des Thunfischs entstanden sein muss, und vom Wind vom Meer her in den Ort getragen worden sein muss, keineswegs unangenehm.

*Die antike Ciudad Romana Baelo Claudia*

Sehr interessant sind auch die Ausstellungen im modern gestalten **Museum** der archäologischen Stätte.

Die Ausgrabungsstätte liegt ganz in der Nähe des Dorfes **Bolonia** an einer weiten Sandbucht mit herrlichem Strand (Parkplatz, Restaurant).

*ROUTE: Von der antiken Ciudad Romana Baelo Claudia zurück zur N-340/E-5 und weiter bis* ***Tarifa****.*

**Tarifa** ist ein kleines, historisches Städtchen am Kap Punta Marroquí, dem südlichsten Punkt des europäischen Festlandes. Die Straße von Gibraltar, die Meerenge zwischen Europa und Afrika, ist hier nur ganze 13,5 km breit. An klaren Tagen kann man von hier aus leicht bis zur Küste Marokkos sehen.

Das Gebiet um Tarifa war spätestens seit den Phöniziern nachweislich besiedelt. Römer gründeten hier im 1. Jh. die Siedlung *Julia Traducta*, auf deren Mauern sich im Laufe der Zeit der Ursprung der heutigen Stadt entwickelte.

710 begann mit der Eroberung durch den Berberfürsten Tarif ibn Malluk, der dem Städtchen seinen Namen verlieh, die Herrschaft der Mauren in Tarifa.

Erst nach fast 700 jähriger Dauer endete die islamische Herrschaft Ende des 13. Jh. mit der Eroberung durch die christlichen Heere von Sancho „El Bravo", dem Mutigen. Sancho übertrug Alonzo Pérez de Guzmán die weitere Verteidigung der Stadt, die immer wieder von den Mauern belagert wurde.

Und natürlich hat auch das lang umkämpfte Tarifa eine Burg mit Vergangenheit, das **Castillo de Guzmán el Bueno** (Guzmán der Gute) **[WP146 / N36° 00' 41.6" W5° 36' 13.7"]** *(geöffnet Di - Sa 10 - 14 + 17 - 19 Uhr, So 10 - 14 Uhr + 17 - 18 Uhr; www.tarifalquiler.com.es/monumentos-en-tarifa.htm).*

Um die Burg rankt sich eine bekannte spanische Legende über die Tapferkeit.

Nach der Rückeroberung Tarifas durch die christlichen Heere im Jahre 1292 belagerten die Mauren erneut die Stadt. Bei einem der Scharmützel fiel der Sohn des Hauptmanns, der die Stadt hielt, Don Alonzo Pérez Guzmán, in die Hände der Belagerer. Die Mauren forderten die Übergabe Tarifas gegen das Leben des jungen Mannes. Guzmán aber schleuderte, anstatt aufzugeben, den Arabern sein eigenes Schwert vor die Füße mit der Antwort, man soll doch damit den Kopf seines Sohnes abschlagen. Ob dieses heldenmütigen Verhaltens sollen die Mauren die Belagerung abgebrochen haben und Guzmán, der Held von Tarifa, erhielt von König Ferdinand III. den Beinamen „el Bueno".

Sehenswert im alten Stadtkern mit seinen engen Gassen und gepflasterten Straßen sind die Reste der Stadtbefestigung, die mittelalterlichen Stadttore wie das eindrucksvolle Jerez-Tor, der arabische Alcázar und die gotische Kirche Santa María.

Die Gewässer vor Tarifa gelten unter Könnern als die besten Windsurfreviere in Südeuropa. Vor allem nordwestlich der Stadt findet man kilometerlange Sandstrände wie die Playa de los Lances.

Von Tarifa aus verkehren schnelle Tragflügelboote nach Tanger in Marokko, Fahrzeit ca. 30 Minuten, keine Autobeförderung.

Autofähren verkehren zwischen Algeciras und Ceuta, der spanischen Enclave an der nordafrikanischen Küste.

## PRAKTISCHE HINWEISE – TARIFA

**Oficina de Turismo**, Paseo de la Alameda, 11380 Tarifa, Tel. +34 956 68 09 93; www.aytotarifa.com/turismo/index.htm.

### HOTELS

**Balcón de España** ***, 38 Zi., La Peña 2, Tel. +34 956 68 43 26, geöffnet von Anf. April bis Ende Okt.; ca. 8 km nordwestlich an der N-340 bei KM 77; komfortables Mittelklassehotel in ansprechender Lage, Bar, Cafeteria, Garten, Terrasse, Schwimmbad, Tennis, Tennis, Parkplatz.

**La Codorniz** ***, 37 Zi., Tel. +34 956 68 47 44; www.lacodorniz.com; ca. 7 km nordwestlich an der N-340 bei KM 79, Terrasse, Hotelgarten, Schwimmbad, Restaurant, Parkplatz.

**San José del Valle** *, 17 Zi., Ctra. N-340, KM 70,1, Tel. +34 956 68 71 22; www.hotelsanjosedelvalle.com; ca. 14 km nordwestlich von Tarifa an der N-340 am Abzweig nach Bolonia, geöffnet von Anfang März bis Ende Dezember, Haus mit einfachem Komfort, moderate Zimmerpreise, Restaurant, Cafeteria mit Terrasse, Parkplatz.

### CAMPING

Nordwestlich von Tarifa liegen zwischen der N-340 und den herrlichen Sandstränden der Costa de la Luz mehrere Campinganlagen:

**Camping Río Jara [WP147 / N36° 2' 34.02" W5° 37' 42.13"]**, Tel. +34 956 68 05 70; www.campingriojara.com; ganzjährig geöffnet; Zufahrt bei KM 81,2 der N-340 westl. Tarifa; von einer Mauer umgebenes, durch Hecken und Bäume unterteiltes, ebenes Wiesengelände, teils Baumschatten, zwischen Straße und Sandstrand; ca. 3 ha – 200 Stpl.; Standard-Sanitärausstattung; Laden, Imbiss, Restaurant, Waschmaschine mit Trockner, WLAN, Windsurfschule, naher Sandstrand. **V & E für Wohnmobile.**

**Camping Tarifa [N36° 3' 16.59" W5° 38' 58.83"]**, Tel. +34 956 68 47 78; www.campingtarifa.es; ganzjährig geöffnet; bei KM 79 der N-340 westl. Tarifa; Pinienwaldgelände mit Sandboden zwischen Straße und Strand; ca. 5 ha – 250 Stpl.; Standard-Sanitärausstattung; Laden, Restaurant, Schwimmbad, naher Strand. Mietbungalows. **V & E für Wohnmobile**.

**Camping Torre de la Peña [N36° 3' 23.75" W5° 39' 32.63"]**, Tel. +34 956 68 49 03; www.campingtp.com; ganzjährig geöffnet; bei KM 78 der N-340 westl. von Tarifa; Terrassen mit Baumbestand beiderseits der Straße; ca. 3 ha – 200 Stpl.; Standard-Sanitärausstattung; Laden, Imbiss, Restaurant, Waschmaschine mit Trockner, Schwimmbad, Bootsslipanlage, Sandstrand unterhalb der Steilküste.

**Camping Valdevaqueros [WP148 / N36° 4' 9.23" W5° 40' 50.50"]**, Tel. +34 956 68 41 74; www.campingvaldevaqueros.com; ganzjährig geöffnet; bei KM 75,5 westl. Tarifa der Straße N-340; ebenes, teils terrassiertes, gepflegtes Gelände durch Hecken unterteilt, an der Straße, ca. 4 ha – 250 Stpl. + Dau.; gute Standard-Sanitärausstattung; Laden, Restaurant, Imbiss, Waschmaschine mit Trockner, Schwimmbad, Tennis, WLAN, Internetecke, Mietbungalows. **V & E für Wohnmobile.**

**Punta Paloma bei Tarifa**

**Camping El Jardín de las Dunas [N 36° 4' 12" W 5° 41' 35"]**, Playa Valdevaqueros, Tel. +34 956 68 91 01,ganzjährig geöffnet; von der N-340 bei KM 74 nach Punta Paloma abzweigen, ca. 800 m weiter Richtung Playa, guter Surfstrand. 2 ha – 70 Stpl.; Standard-Sanitärausstattung. Laden, Restaurant, Imbiss, Waschmaschine mit Trockner, Internetecke. Mietbungalows.

**Camping Paloma [N36° 4' 34.08" W5° 41' 35.69"]**, Tel. +34 956 68 42 03; www.campingpaloma.com; März – 31. Okt.; bei KM 75 der N-340 westl. Tarifa beschilderter Abzweig; meist ebenes Wiesengelände mit Baumbestand; ca. 3 ha – 150 Stpl.; gute Standardausstattung; Laden, Restaurant, Schwimmbad, Internetecke, Mietbungalows. **V & E für Wohnmobile**.

## WOHNMOBIL-STELLPLATZ – PUNTA PALOMA BEI TARIFA

**Wohnmobil-Stellplatz Playa de Valdevaqueros [N36° 4' 5.70" W5° 41' 9.15"]**, Stellmöglichkeit im Dünengelände. Von der N-340 bei KM 75 meerwärts abzweigen zur Sandbucht. Wird vor allem von Surfern und Kitesurfern genutzt.

*Kitesurfer am Strand bei Baelo Claudia*

## ROUTE 11: TARIFA – RONDA

**Länge der Tour:** Rund 135 km, ohne Abstecher nach Gibraltar und ohne Sierra de Grazalema Rundfahrt.

**Die Route:** Über die N-340/E-5 und über **Algeciras** und **San Roque** bis **San Luis de Sabinillas** – A-377 über **Manilva** bis **Gaucin** – A-369 über **Algatocín** bis **Atajeta** – Landstraßen über **Benaoján** bis zur A-374 – A-374 bis **Ronda**.

**Abstecher:** Nach **Gibraltar**. Fahrt in die **Sierra de Grazalema**.

**Reisedauer:** Mindestens ein Tag und möglichst ein weiterer Tag für die Grazalema Rundfahrt.

**Höhepunkte:** Die Fahrt durch die **Sierra Bermeja** ** – die **Höhlen von Pileta** * – die **Puente Nuevo** ** in Ronda – ein Spaziergang durch **Ronda** ** – die „Weißen Dörfer" ** in der **Sierra de Grazalema**.

Auf dem Wege Richtung **Algeciras,** dem wichtigsten spanischen Fährhafen im Verkehr mit Marokko und heute offenbar ganz der Industrie verschriebenen, vollbebauten Hafenort mit einem fast abschreckenden Stadtbild, zumindest in den Außenbereichen, trifft man häufig auf Dunst, ja gar Nebel, der von der Meerenge der Straße von Gibraltar herauf in die Sierra de Luna zieht. Die unterschiedlichen Luft- und Wassertemperaturen von Mittelmeer und Atlantik führen dazu. Viel rauchstarke Industrie um das unschön ausufernde Häusermeer der Großstadt Algeciras macht das Ganze nicht besser.

Ein Nebeneffekt der Klimagrenze in der Sierra de Luna, ein fast unablässig kräftig wehender Wind, wird durch einen weitläufigen Windgeneratorenpark ausgenützt und in Strom umgewandelt.

Bei klarer Wetterlage bietet sich vom Aussichtspunkt **Mirador El Estrecho [Parkplatz, Kiosk – WP149 / N36° 03' 14.76" W5° 33' 00.90"]** an der Straße N-340 am Alto El Cabrito (340 m) nahe der mit Windgeneratoren gespickten Anhöhe Puerto del Bujeo (657 m) ein weiter Blick über die Straße von Gibraltar mit ihrem starken Schiffsverkehr zur gebirgigen Küstenlinie von Marokko. In luftiger Höhe sind hier nicht selten Adler hoch am Himmel zu sehen.

*ROUTE: Auf der autobahnähnlich ausgebauten A-7/E-5 weiter Richtung **Málaga**. Bei **San Roque** (Ausfahrt Nr. 118) zweigt die Straße A-7 nach **La Línea de la Concepcion** ab, die nach 7 km im nahen **Gibraltar** endet.*

### Abstecher nach Gibraltar

Außer den bei Reisen innerhalb der EU-Staaten üblichen Personaldokumenten und Autopapieren sind keine weiteren, besonderen Ausweise notwendig.

**CAMPING BEI ALGECIRAS**

**San Roque**

**Camping La Casita [N 36° 15' 2.26" W 5° 20' 17.95"]**, Crta. N-340 KM 126, Tel. +34 +34 956 78 00 31; www.lacasitacamping.com; ganzjährig; Zufahrt von der A-7/E-15 Ausfahrt 127 und auf der N-340 südwärts bis KM 126,2; ca. 5 ha – 150 Stpl.; 3 ha – 100 Stpl.; einfache Standardausstattung; Laden, Imbiss, Schwimmbad. Mietbungalows.

Am Grenzübergang [WP150 / N36° 09' 12.4" W5° 20' 53.8"] können bei Ein- und Ausreise längere Wartezeiten entstehen. Wappnen Sie sich also mit viel Zeit! Die Grenzkontrollen treffen aber offensichtlich vornehmlich die einheimischen Pendler, weniger den ausländischen Touristen und dienen wohl mehr der Demonstration spanischer Präsenz vor dem Felsen von Gibraltar.

Hinter der Zollkontrolle quert die Zufahrtsstraße das Rollfeld des Flughafens und führt dann hinein in die Stadt unterhalb des gewaltigen Felsens, die überall Befestigungsanlagen aufweist.

Stellenweise sehr enge Ortsdurchfahrt! Schlechte Parkplatzverhältnisse! Ein größerer Parkplatz befindet sich an der Talstation der Kabinenseilbahn, die hinauf zum oberen Felsen oberhalb der auffallenden Regenwassersammelflächen an der Ostseite führt.

Mit dem Taxi oder auf eigene Faust kann man hinauf zum oberen Felsen und zu den Sehenswürdigkeiten dort fahren.

An der Nordseite des **Gibraltarfelsens** liegen in der Oberen Galerie die legendären **Geschützbastionen**, die man besichtigen kann.

Hält man sich an der Auffahrt dagegen rechts und fährt Richtung Michaelshöhle, passiert man beim Kasino eine der Aufenthaltsorte der berühmten **Affen von Gibraltar**. Von ihnen heißt es, dass die Briten so lange Gibraltar regieren würden, wie es die Affen gäbe.

Als die Spezies des Macacus Sylvanus, eine schwanzlose Berberaffenart aus Nordafrika, vor dem zweiten Weltkrieg auszusterben drohte, ordnete Winston Churchill an, die Affenkolonie durch Importe aus Afrika aufzufrischen, um den Fortbestand der Tiere zu sichern. Die Burschen sind höllisch schnell, ganz schön frech und diebisch wie Elstern. Achten Sie auf Kamera, Handtasche, Hut oder andere Dinge im offenen Auto, denn sie sind verschwunden ehe Sie es sich versehen.

Besichtigen kann man außerdem die **Michaelshöhle** (schöne Tropfsteinhöhle) und die Aussichtsterrasse im Südteil des Felsens.

Wer sehr gut zu Fuß, sehr trittsicher und nicht von Höhenangst geplagt ist, kann über die steilen, etwas halsbrecherischen Treppen des Mittelmeerweges in der Nähe der Michaelshöhle zur Küste an der Ostseite des Felsens wandern.

## HAUPTROUTE

*ROUTE: Der weitere Verlauf unserer Route führt über die A-7 entlang der Costa del Sol nach Nordosten.*

*Der Felsen von Gibraltar*

Die **Costa del Sol**, der südlichste Teil der spanischen Mittelmeerküste und einer der meistbesuchten Küstenstriche des Landes, reicht bis in die Höhe von Motril. Namen wie Marbella, Torremolinos oder Málaga sind vielen Urlaubern so geläufig wie heimatliche Ortsnamen.

Jährlich ist die Region – wenn auch mit stagnierender oder gar rückläufiger Tendenz, nicht zuletzt der oft in keinem Verhältnis zur gebotenen Leistung stehenden hohen Preise wegen – Ziel von Tausenden von Erholungssuchenden aus Mittel- und Nordeuropa. Kein Wunder auch. Das Klima ist einladend, die Strände sind es streckenweise auch.

Wem Sonne und Meer über alles gehen, wird sich hier durchaus wohlfühlen. Bis in den Oktober hinein kann man sich bei hochsommerlichen Temperaturen an den flachen Stränden dieser Region tummeln.

Die Landschaft ist hier etwas abwechslungsreicher als an den Küsten weiter nördlich, denn im Hinterland erheben sich Gebirgszüge wie die Sierra Bermeja zwischen Estepona und Marbella und weiter im Osten dann die Sierra Nevada bei Granada.

Ab der Urbanicacion Sotogrande bis über Marbella hinaus sind die Küste und weite Bereiche des Hinterlandes zugepflastert mit Neubauten von Ferienhausanlagen und Reihenbungalowsiedlungen. Wenigstens hat man endlich vom Betonhochhaus Abschied genommen und versucht, heimische Stilelemente bei den niedriggeschossigen Bauten zu verwenden.

Eine der Ursache des Baubooms waren nicht steigende Touristenzahlen, sondern die Öffnung Gibraltars und die damit verbundene zunehmende Bedeutung des dortigen Flughafens, vor allem aber auch neue Gesetzte, die es den Gemeinden erlaubten, ohne Einschränkungen neues Bauland auszuweisen.

Etwa ab Sotogrande hat man die Wahl, entweder auf der etwas weiter landeinwärts zunächst an den Hängen der Sierra de Bermeja entlangführende Autobahn AP-7/E-15 weiterzureisen oder der küstennahen A-7, die an den vielen Küstenorten vorbeiführt, zu folgen.

**Estepona** mit seinen derzeit annähernd 65.000 Einwohnern ist trotz der Bauwut ringsum im Kern ein Fischerstädtchen geblieben mit überraschend ursprünglichen Winkeln abseits der Hauptstraße Avenida de España, am Gemüsemarkt etwa, an der Plaza de las Flores oder an der Plaza de San Francisco mit der gleichnamigen Kirche.

## CAMPING

### Estepona

**Camping Parque Tropical [N36° 27′ 14.48″ W5° 4′ 50.59″]**, Tel. +34 952 79 36 18; www.campingparquetropical.com; ganzjährig; bei KM 162,2 der A-7 (N-340), am Meer, gut schattiges, ebenes, teils erdiges Gelände; ca. 2 ha – 100 Stpl.; einfache Standard-Sanitärausstattung, Laden, Imbiss.

### Manilva

Manilva liegt rund 10 km südwestlich von Estepona, der Platz selbst liegt zwischen den Küstenorten La Duquesa und San Luis de Sabinillas.

**Camping La Bella Vista [N36° 20′ 46.51″ W5° 14′ 11.35″]**, Puerto de la Duques, Crta. Nacional A-7/N-340 KM 142,2, Tel. +34 952 89 00 20; www.campinglabellavista.com; ganzjährig geöffnet; Einfahrt von der N-340 (Algeciras – Estepona), aus Süden kommend 300 m nach dem Möbelhauses „Ornatus" (Einfahrt rechts meerwärts), aus Norden kommend auf der A-7/N-340 bei KM 140,8 am Kreisverkehr wenden und 1,5 km zurück bis KM 142,2 zur Platzeinfahrt rechts. Campinganlage neueren Datums zwischen Straße und Meer gelegen. Zum Meer hin leicht geneigtes Gelände, parzelliert, mit feingekiesten Stellplätzen, noch wenig Schatten, jeder Stellplatz mit Strom, Wasser, Abwasserauslass und Fernsehantennenanschluss; auch Zelte müssen mit den gekiesten Parzellen vorliebnehmen. 3 ha – 144 Stpl.; im Untergeschoss des Rezeptions-/Restaurantgebäudes moderne, komfortable Sanitäranlagen, Behindertensanitärräume, Familienbäder, Waschmaschinen, Trockner, aber nur drei Geschirrspülstationen im Freien auf dem Platz. Laden, Restaurant, Schwimmbad. WiFi auf allen Stellplätzen. **V & E für Wohnmobile**. Feiner Kiesstrand unmittelbar angrenzend. Laut durch Straße, zumindest auf den oberen Stellplätzen. Supermarkt ca. 500 m entfernt.

*ROUTE: In San Luis de Sabinillas Abzweig auf die A-377 Richtung **Manilva**. Achtung! Der Abzweig von der Hauptstraße ist leicht zu übersehen! Der weitere Verlauf der Route führt an **Casares** vorbei nordwärt. Ab **Gaucin** folgt man der A-369 über **Cueva de la Pileta** nach **Ronda**.*

**Mein Tipp!** Der Reiseweg über Casares und Gaucin sei all denen empfohlen, die Zeit mitbringen, da die Straße keine hohen Geschwindigkeiten zulässt. Sollte die Straße A-377 Richtung Casares inzwischen nicht ausgebaut worden sein, erwartet Sie zwischen Manilva und Gaucin auf 24 km ein ziemlich miserabler Straßenzustand mit schlechter, ausgefahrener und welliger Fahrbahn.

Landschaftlich ist die Fahrt allerdings sehr reizvoll! Und für die streckenweise etwas holprige Straße wird man durch herrliche Ausblicke in die Berglandschaft der Sierra Bermeja entschädigt. Für Caravangespanne scheint uns diese Route aber nicht empfehlenswert!

Schneller und auch einfacher zu bewältigen ist der Weg auf der Schnellstraße A-7 über Estepona nach San Pedro de Alcántara und von dort auf der landschaftlich auch sehr schönen A-397 nordwärts nach Ronda.

Auf dem Weg von San Luis de Sabinillas Richtung Manilva dauert es einige Zeit, bis man das stark bebaute Ferienhausgebiet hinter sich hat. Leider hat die Landschaft im Hinterland durch eine ausufernde Bebauung ihren ursprünglichen Reiz fast vollständig verloren.

Die Ortsdurchfahrt durch Manilva ist etwas eng! Große Fahrzeuge (etwa über Kastenwagengröße) nehmen besser die Umgehungsstraße Richtung AP-7!

**Casares**, ein malerisch gelegenes Dorf mit weißen Häusern, das von einem mächtigen Burgberg mit einer arabischen Festung aus dem 13. Jh. überragt wird, thront hoch oben auf einem Bergkamm auf der anderen Talseite, einige Kilometer östlich der A-377.

Der malerische Ortskern um die Plaza de España mit der barocken Kirche San Sebastián steht seit 1978 unter Denkmalschutz. Besonders schön ist

*Algatocín in der Serranía de Ronda*

die Szenerie der Gassen in der Callejón del Rey und der Calle Mazmorrilla. Ganz in der Nähe liegt in der Carrera 51 das Geburtshaus von Blas Infante, der als Begründer des andalusischen Nationalismus gilt.

Auch in die Geschichtsbücher ging Casares ein. Im „Pakt von Casares" zwischen Pedro dem Grausamen und Mohamed V. wird 1361 der Feldzug beschlossen, der Mohamed V. wieder auf den Thron des Kalifats von Granada bringt.

In Casares werden schöne Handwerksarbeiten aus Palmenstroh, Stickereien und kunsthandwerkliche Keramiken hergestellt. Nicht zu verachten sind aber auch die köstlichen Würste aus Schweine- und Ziegenfleisch, für die der Ort bekannt ist.

**Gaucin [WP152 / N36° 31′ 11.7" W5° 19′ 29.8"]**, das man nach weiteren 18 km an der Einmündung in die A-369 passiert, ist ein anderes dieser herrlich in den Bergen der Sierra Bermeja gelegenen weißen Dörfer.

Die Straße A-369 (sehr guter Zustand) erklimmt den 780 m hohen Puerto del Espiño. Vom Aussichtspunkt **Mirador del Gurdiaro [N36° 33′ 52.50" W5° 16′ 57.63"]** genießt man herrliche Ausblicke in die Bergwelt der Serranía de Ronda und hinab auf das Bergdorf Benarrabá.

Etwa 2 km weiter passiert man das wunderschön unterhalb der kurvenreichen Straße gelege Dorf **Algatocín**, das durch seinen Kirchturm mit blauer Azulejospitze auffällt.

Nach weiteren 5 km taucht an der Straße A-369 **Benadalid** auf, ein weiteres hübsches weißes Dorf mit Festungsruine. Der nächste Ort ist **Atajate**. Ronda ist noch rund 20 km entfernt.

### Umweg über die Höhle Cueva de la Pileta

Wer gerne Höhlen besichtigt, zweigt kurz vor Atajate links (westwärts) ab und gelangt auf der MA-8301 (stellenweise nur 4 m breit) in einer kurvenreichen, zeitraubenden, aber herrlichen Fahrt durch die Serranía de Ronda über **Jimera de Líbar** hinab ins Tal des Río Guadiaro. An dessen westlichen Ufern geht es nach Nordosten flussaufwärts Richtung Benaoján bis zum Abzweig zur Cueva de la Pilatea.

Die Höhle **Cueva de la Pileta [WP155 / N36° 41′ 29.11" W5° 16′ 5.76"]** *(geöffnet Apr. – Sept. tgl. 10 - 13 + 16 - 18 Uhr, Okt. - März bis 17 Uhr; www.cuevadelapi-*

### CAMPING

**Algatocin**

**Camping Salitre [N36° 34′ 44.64″ W5° 17′ 55.99″]**, Lugar Salitre, Serrania de Ronda, Tel. +34 952 11 70 05; ganzjährig geöffnet; ca. 5,5 km nordöstlich von Gaucin von der A-369 (Ronda – Algatocin) auf die A-373 Richtung Cortes de la Frontera abzweigen und noch ca. 3,5 km auf der kurvenreichen A-373 weiter bis zur Platzzufahrt bei KM 67; fast ebenes, schattiges Gelände unterhalb der Straße, etwas steile Zufahrt hinab zum Platz in abgeschiedener Lage; ca. 2 ha – 80 Stpl.; Standard-Sanitärausstattung. Laden, Imbiss, Schwimmbad, Miethütten.

**Jimera de Líbar**

**Camping Jimera [N36° 39′ 20.19″ W5° 17′ 19.61″]**, Ctra. De Cortes A Jimera, Tel. +34 952 18 01 02, www.rural-jimera.com; Mai – Sept.; in einem bewaldeten Flusstal westlich von Jimera an der schmalen Landstraße MA-549 nach Cortes de la Frontera gelegen, erdiger Geländestreifen unterhalb der Straße; 1,5 ha – 80 Stpl.; einfache Standard-Sanitärausstattung. Schwimmbad, Miethütten.

*leta.org)* liegt rund 30 km südwestlich von Ronda nahe der Straße MA-561 an den Talhängen des Río Guadiaro. Vom kleinen Parkplatz gelangt man über einen Treppenweg bergwärts in etwa fünf Minuten zum Höhleneingang.

Durch uralte, frühgeschichtliche Felszeichnungen in der Höhle, die mit denen von Altamira vergleichbar sind, ist die Cueva de la Pileta von großer wissenschaftlicher Bedeutung. In der Höhle sind schöne Kalkformationen und urzeitliche, kostbare Wandmalereien zu sehen. Um die unersetzlichen Strichzeichnungen möglichst zu bewahren, ist die Besucherzahl pro Führung auf max. 25 Personen limitiert, was zu Wartezeiten führen kann!

*ROUTE: Über **Benaoján** (Camping) erreicht man auf der MA-7401 entlang der Bahnlinie nach 10 km die Hauptstraße A-374. Ihr folgen wir in südöstlicher Richtung nach **Ronda**, das nach weiteren 5 km erreicht wird.*

**Ronda**, eine sehr gepflegte Stadt mit stattlichen Häusern, von denen viele durch ihre wunderschönen Fenster- und Balkongitter auffallen, liegt 723 m hoch an den nördlichen Ausläufern der Serranía de Ronda.

Die **Parkplatzsituation** ist in der gesamten Altstadt (Ciudad) während der Geschäftszeit vor allem für größere Fahrzeuge, die keine Tiefgarage aufsuchen können, sehr schlecht. Den bislang einzigen, wenn auch relativ kleinen, gebührenpflichtigen, öffentlichen Parkplatz ohne Einfahrts-Höhenbeschränkung, **Parking Poeta Rilke [WP156 / N36° 44′ 42.30″ W5° 10′ 04.40″]** findet man in der Avenida del Poeta, nur wenige Gehminuten von der berühmten Stierkampfarena von Ronda und der eindrucksvollen Puente Nuevo entfernt.

Die große Sehenswürdigkeit der Stadt ist ihre **Puente Nuevo [WP157 / N36° 44′ 26.8″ W5″ 09′ 57.2″]** aus dem Jahre 1788 an der Plaza de España. Sie ist zum Wahrzeichen der Stadt geworden. Dieses kühne Brückenbauwerk überspannt die über 150 m steil abfallende Schlucht El Tajo in einem hohen, schmalen Bogen.

Die vom Río Guadalevín geschaffene enge, tiefe Felsklamm trennt die südliche Altstadt „Ciudad“ mit ihren romantischen Gassen und alten Palästen von der Neustadt „Mercadillo“ nördlich davon. Wie viele Lebensmüde sich schon von der Brücke gestürzt haben und wie viele Opfer während der Wirren des Bürgerkrieges von der Puente Nuevo gestürzt wurden, wird allerdings nie bekannt werden.

Der Blick von der Brücke hinab in die Schlucht Tajo de Ronda ist atemberaubend.

*Die imposante Puente Nuevo in Ronda*

Um einen guten Blick auf die Brücke zu bekommen, geht man am besten an der Ostseite der **Plaza de España**, dem weiten Platz mit dem Parador am Südende der Brücke unmittelbar am 3-Sterne-Hotel-Restaurant Don Miguel in die Calle Rosario etwa 200 m bis zur Calle Virgen de los Remidios, in die wir an der Bar „Casa Moreno" rechts einbiegen. Wir gehen bis zum Haus Nr. 53. Gegenüber führt das kleine, leicht zu übersehnende Seitengässchen Calle de la Mina zu den schön angelegten Aussichtsterrassen **Vista Panoramic [N36° 44′ 26.14" W5° 9′ 51.32"]** in den Cuenca-Gärten, die man durch ein Tor betritt. Von dort hat man den berühmten „Postkartenblick" durch die schwindelerregend tiefe Schlucht zur erwähnten Brücke Puente Nuevo, die wie ein Triumphbogen aufragt. Bis unmittelbar an den Rand der senkrecht abfallenden Felsen stehen die Häuser der Stadt.

**Mein Tipp!** zum Fotografieren: Diese Seite der Brücke ist nur vormittags gut im Licht.

Gegenüber den Aussichtsterrassen liegt auf der anderen Seite der Schlucht die **Casa del Rey Moro**. Bei genauem Hinsehen erkennt man unterhalb am Fluss ein kleines Tor und Treppen. Von dort mussten in alten Tagen Sklaven durch einen unterirdischen Gang Wasserkrüge hinauf in den Palast schleppen, eine gefürchtete Strafe, heißt es. Ob Legende oder Tatsache ist nicht mehr nachzuvollziehen. Sicher ist, dass die jetzige Casa del Rey Moro aus dem 17. Jh. nur noch dem Namen nach in Verbindung mit den früher hier residierenden maurischen Herren gebracht werden kann.

Nach Osten hin wird die Schlucht immer enger. Dort schafft die **Puente Viejo** (auch Puente Romano) einen Übergang. Eine noch ältere Brücke, die Puente Arabe, überspannt den Guadalevín noch etwas weiter unten, schon außerhalb der alten Stadtmauer.

Bei ausreichend zur Verfügung stehender Zeit sollte man den Stadtrundgang von den erwähnten Aussichtsterrassen aus fortsetzen und über die Puente Viejo (Puente Romano) hinübergehen in die Altstadt.

Links der Brücke liegt die **Puerta de Felipe V** aus dem Jahre 1742, Rest der alten Stadtmauer, die einst bis hierher reichte und heute noch am Südrand der Stadt in stattlichen Dimensionen erhalten ist.

Man kann links am Tor vorbei bis zu den nahen **Baños Árabes [N36° 44′**

**20.49" W5° 9' 46.26"]** *(geöffnet Mo - Fr 10 - 18 Uhr, Sa + So 10 - 15 Uhr; www.serraniaronda.org/html/body_ba_os_arabes.html)* gehen. Die sehenswerten Maurischen Bäder mit ihren vorzüglich erhaltenen Säulenhallen und Gewölben aus dem 13. Jh. erinnern an die Zeit, als Ronda Hauptstadt eines maurischen Teilkönigreiches war.

Nach der Puente Viejo wenden wir uns durch ein Tor rechts und gehen über die Straße Marqués de Salvatierra hinauf zur Hauptstraße Armiñán.

Gleich am Anfang der Straße Marqués de Salvatierra passiert man den **Palacio del Marqués de Salvatierra**, ein Renaissancepalais mit interessanter Fassade und eindrucksvollem Portal und schmiedeeisernem Balkon. Eine Besichtigung ist nicht möglich.

Geht man vor dem Palais ein paar Schritte durch die Calle Santo Domingo nach rechts, gelangt man zur Casa del Rey Moro, deren Gärten man besichtigen kann und die man schon von der anderen Seite der Schlucht gesehen hat.

Etwas weiter oben führt die Marqués de Salvatierra am **Minarete de San Sebastián**, vorbei, letzter Rest einer Nasriden-Moschee aus dem 14. Jh., bevor man an der Plaza de la Duquesa de Parcent das Zentrum von Rondas Altstadt erreicht.

Rechts erhebt sich die **Kirche Santa María la Mayor**. Der Bau fällt durch die Arkadenreihe auf, die das Pfarrhaus rechts davon abschließen. Die Kirche wurde im 15. Jh. auf Geheiß von König Ferdinand dem Katholischen auf den Mauern der einstigen Hauptmoschee errichtet, von der Reste lediglich im Kirchturm erhalten blieben. Im Inneren sehenswertes Chorgestühl.

Links sieht man das **Rathaus** (Ayuntamiento) liegen. Daneben findet man das **Museo de Bandolero [N36° 44' 14.74" W5° 9' 52.05"]** *(geöffnet Frühjahr und Sommer tgl. 10.30 - 20.30 Uhr, Herbst und Winter 10.45 - 19 Uhr; www.museobandolero.com)*. In fünf Ausstellungsräumen kann man hier der Geschichte der Bandoleros, Banden von Räubern, Beutelschneidern und Wegelagerern mit eigenwilligen Sozialvorstellungen auf die Spur kommen, die mehrere Generationen lang in den Bergen der Serranía de Ronda hausten und die Gegend unsicher machten.

An der Westseite des kleinen Parks vor der Kirche führt eine Gasse zum besuchenswerten **Palacio de Mondragón [N36° 44' 15.63" W5° 9' 58.52"]**. Abomelic, Herrscher des Kleinkönigreiches von Ronda, hatte sich die Residenz um 1314 errichten lassen. Das Gebäude mit seinen beiden markanten Fassadentürmen und dem sehenswerten Portal im Renaissancestil weist schöne Innenhöfe, maurische Stuckornamentik und Artesonado-Decken auf. Das Palais beherbergt heute das **Museo de la Ciudad**, ein Stadt- und Heimatmuseum.

Ein paar Schritte weiter liegt die **Plaza de Campillo**. Von dort kann man weite Ausblicke ins Land genießen. Ein Fußweg führt ganz in der Nähe den Hang hinunter ins Tal der Mühlen und zum Aussichtspunkt Arco de Crista. Besonders am Nachmittag ist der Blick von dort auf die Puente Nuevo lohnend.

Unser Rundgang durch Ronda führt von der Plaza de Campillo ostwärts über die Plaza del Gigante (maurischer Palast aus dem 14. Jh.) zurück zur Hauptstraße Armiñán und vorbei am **Museo Lara [N36° 44' 21.59" W5° 9' 54.33"]** und über die Puente Nuevo zurück zur Plaza de España.

Kaum 200 m nördlich der Plaza de España liegt linkerhand und durch ihr strahlendes Weiß der Mauern nicht zu übersehen, die **Plaza de Toros [WP158 / N36° 44' 31.2" W5° 10' 02.7"]**, auch Real Maestranza genannt. Die beiden Bronzedenkmäler vor dem Portal an der Hauptstraße Virgen de la Paz erinnern an zwei der legendärsten Toreros in Spanien, Vater und Sohn Ordoñez.

Ronda ist die Wiege des Stierkampfs neuerer Prägung schlechthin. Und Rondas Stierkampfarena ist das Mekka aller Toreros, Matadores und Aficionados, den Stierkampfenthusiasten.

Schon 1572 ließ König Philipp II. in Ronda die Real Maestranza de Caballería einrichten, eine Arena, die damals aber vornehmlich zur Ausbildung der königlichen Reiterei diente.

Der heutige Rundbau entstand 1785. Zur Eröffnung traten Pedro Romero und Pepelllo auf. Und die Bürger von Ronda sind der festen Überzeugung, dass ihre Plaza de Toros die älteste, bestimmt aber die größte und schönste in Spanien ist. Die Arena hat einen Durchmesser

*Cayetano Ordoñez-Denkmal vor der Stierkampfarena in Ronda*

von 66 m. Die Ränge hinter einem Arkadenrund mit 136 Säulen sind in zwei Etagen mit je fünf Sitzreihen angeordnet und bieten Platz für 6.000 Zuschauer.

Man ist stolz auf die große Tradition, die der Stierkampf in Ronda zweifellos hat. Ernest Hemingway (1898 – 1961), der amerikanische Schriftsteller und Literaturnobelpreisträger, der sich durch seine Romane „Fiesta" und „Tod am Nachmittag" selbst als begeisterter Aficionado ausweist, schreibt in seinem Roman „Tod am Nachmittag": „... In Spanien gibt es einen Ort, welcher der ideale Platz ist, um zum ersten mal einen Stierkampf zu sehen ... ich meine damit Ronda ...".

Die **Corrida**, der im Laufe der Zeit mit viel Symbolik befrachtete Kampf des Menschen gegen die Urgewalt der Natur, wurde bis ausgangs des 18. Jh. – wie heute noch in Portugal – vom Pferde aus geführt und anfangs wohl eher ein Zeitvertreib des gelangweilten Adels, der im riskanten Spiel mit dem Stier seine Reitkünste perfektionieren wollte. Schließlich fiel das Spektakel, das nun auch zur allgemeinen Volksbelustigung in Dörfern und Städten dargeboten wurde, bei Hofe in Ungnade.

Das Aussterben dieses „Sports" schien besiegelt, wäre nicht ein beherzter Herr namens Pedro Romero, Spross einer ruhmreichen Matadoren-Familie, dem Stier erstmals zu Fuß entgegengetreten. Sein Auftritt wurde mit frenetischen Ovationen gefeiert. Die Corrida, so wie man sie heute noch kennt, war geboren – in Ronda. Pedro Romero (1754 – 1839) verfeinerte diese Art des Stierkampfs sehr stilvoll. Er war es, der mit Mut, Geschicklichkeit und Grazie aus seinen Kämpfen erstmals eine eindruckvolle Show mit Niveau machte. Dass er ein Könner und Enthusiast war beweist die Tatsache, dass er mit achtzig Jahren seinen letzten Stierkampf führte. Man sagt, Pedro Romero habe in seiner Zeit als Matador mehr als 5.600 Bullen in den Sand der Arenen gestreckt, ohne selbst je einen Kratzer davongetragen zu haben.

Mit Beginn des 20. Jh. wurde die lange Tradition in Ronda durch eine neue Stierkämpferdynastie, die Familie Ordóñez, fortgesetzt. Legenden sind z. B. Cayetano Ordóñez (1904 – 1961) und Antonio Ordóñez (1932 – 1998). Antonio Ordóñez rief 1954 die „Corridas Goyescas" ins Leben, in denen Kostüme, Geräte und Dekorationen wie zu Zeiten Goyas verwendet werden. Diese besonderen Corridas bilden den glanzvollen Höhepunkt der Stierkampfsaison in Ronda.

Die Arena und das angeschlossene **Stierkampfmuseum**, in dem Sie viele prächtige Stierkampfkostüme sehen und eine Menge über die großen Toreros erfahren, kann besichtigt werden *(geöff-*

*net Apr. - Sept. 10 - 20 Uhr, März + Okt. 10 - 19 Uhr, übrige Zeit 10 - 18 Uhr, www.rmcr.org).* Mehr über den Stierkampf können Sie weiter hinten unter „Feste und Folklore – Corrida de Toros" lesen.

Etwas vor der Plaza de Toros zweigt die Carrera de Espinel (Fußgängerzone) ab. Nach wenigen Schritten kann man linkerhand ein wunderschönes, großes, schmiedeeisernes Fenstergitter bewundern.

## PRAKTISCHE HINWEISE – RONDA

**Oficina de Turismo [WP159 / N36° 44' 30.1" W5° 10' 01.1"]**, Paseo Blas Infante s/n, 29400 Ronda, Tel. +34 952 18 71 19; www.turismoderonda.es; www.rondatoday.com. *Geöffnet Mo - Fr 10 - 18 Uhr, Sa 10 - 14 + 15 - 17 Uhr, So 10 - 17 Uhr.*

**Feste, Folklore:** Die bedeutendste Feria der Stadt, das **Pedro Romero Fest**, ist eine bunte, laute Kirmes, natürlich mit Stierkämpfen, die jedes Jahr vom 30. August bis 10. September stattfindet.

### RESTAURANTS

**Tragatapas**, Calle Nueva, 4, Tel. +34 952 87 72 09, in der Nähe der Plaza España, beliebte Tapas-Bar mit den besten Tapas der Stadt, wird behauptet. Montag geschlossen.

**Mirador de la Espinela**, Paseo de Blas Infante, 1, Tel. +34 952 87 13 67; www.delescudero.com; hinter der Stierkampfarena, gepflegtes Lokal der gehobenen Preisklasse, schön sitzt man auf der Terrasse, von der aus weite Ausblicke ins Land möglich sind.

**Jerez**, Paseo de Blas Infante 2, Tel. +34 +34 952 87 20 98; www.restaurantejerez.com; links neben der Stierkampfarena, gute Küche mittlere bis gehobene Preislage, Terrasse.

### HOTELS

**Parador de Ronda** ****, 70 Zi., Plaza de España, Tel. +34 952 87 75 00; www.parador.es/parador-de-ronda; Haus mit Firstclass Komfort, direkt neben der Puente Nuevo und oberhalb der Tajo-Schlucht gelegen, Schwimmbad, Hotelgarten, Restaurant, WLAN, Garage.

**Maestranza** ****, 54 Zi., Virgen de la Paz, 26, Tel. +34 952 18 70 72; www.hotelmaestranzaronda.com; sehr komfortables Stadthotel in zentraler Lage schräg gegenüber der Plaza de Toros, renommiertes Restaurant „Sol y Sombre", WLAN, Garage.

**Don Miguel** ***, 30 Zi., Plaza de España ,4 –5 , Tel. +34 952 87 77 22; www.dmiguel.com; komfortables Mittelklassehotel mit verhältnismäßig moderaten Zimmerpreisen, direkt an der Brücke Puente Nuevo und über der tiefen Tajo-Schlucht gegenüber vom Parador gelegen, gutes Restaurant mit Terrasse über der Tajo-Schlucht, WLAN, Parkgarage mit Einfahrtshöhe 4m!

**Reina Victoria** ****, 95 Zi., Calle Jerez, 25, Tel. +34 952 87 12 40; www.hotelescatalonia.com/es/nuestros_hoteles/europa/espanya/andalucia/ronda/; sehr komfortables Haus der gehobenen Mittelklasse, etwas nördlich der Stadt in ansprechender Lage, Schwimmbad, Restaurant, Parkplatz.

**Colón** *, 10 Zi., Calle del Pozo, 1, Tel. +34 +34 952 87 02 18; www.hcolon.es; kleines Hotel mit einfachem Komfort, zentral an der Plaza del la Merced, Cafeteria. WLAN. Parkplatz.

### CAMPING

**Camping El Sur [N36° 43' 16.38" W5° 10' 18.03"]**, Ctra. Ronda-Algeciras A-369 KM 1,5, Tel. +34 952 87 59 39; www.campingelsur.com; ganzjährig geöffnet; Zufahrt bei KM 1,5 der Straße A-369 Richtung Algeciras, die Zufahrt über die Umgehungsstraße (Curcunvalacion) ist der Anfahrt durch den Ort Ronda (nur für Fahrzeuge bis 5,5 t und stellenweise enge Ortsdurchfahrt!)

vorzuziehen; gestuftes Gelände, durch niedere Mäuerchen begrenzte, nummerierte Stellplätze unterschiedlicher Größe, einige Stellplätze etwas geneigt und mit erdigem Untergrund, teils Schatten durch Bäume; ca. 3 ha – 90 Stpl.; Komfortausstattung mit funktionellen, aber etwas beengten Sanitäranlagen; Laden, Restaurant, Waschmaschine mit Trockner, Schwimmbad, WLAN, Internetecke. Miethütten; **V & E für Wohnmobile**.

### Abstecher in die Sierra de Grazalema

Der fast 52.000 ha große **Naturschutzpark Sierra de Grazalema** am Nordwestrand der Sierra de Ronda besticht durch sein überaus ansprechendes Landschaftsbild. Tiefe Schluchten wechseln mit karstigen Höhen, steilen Kalksteingipfeln, weiten Kiefernwäldern und Steineichenhainen ab. Und immer wieder zieren die Berghänge und Höhen malerisch gelegene, weiße Dörfer.

Bemerkenswert ist, dass dieser grüne Landstrich im Süden Spaniens zu den niederschlagsreichsten auf der Iberischen Halbinsel zählt. Die ergiebigen Niederschläge und das relativ weiche Kalkgestein ermöglichten die Bildung zahlreicher Höhlen (Cueva de la Pileta mit Höhlenmalereien) und Grotten.

In der Sierra de Grazalema findet man die höchste Erhebung der Provinz Cádiz, den 1.654 m hohen **El Torreón**, ebenso wie eine der tiefsten Schluchten des Landes, **La Verde**, mit fast 400 m hohen, senkrechten Felswänden.

Die Sierra de Grazalema ist darüber hinaus ein Eldorado für alle Liebhaber einer artenreichen Tier- und Pflanzenwelt. Geradezu berühmt wurde die Gegend wegen der **„Spanischen Kiefer“** (Abies pinsapo), die in Spanien nur noch hier und in den benachbarten Höhen der Sierra de las Nievas und Sierra Bermeja vorkommt. Die Kiefer (auch als „Spanische Tanne“ bekannt), einst auf der ganzen Iberischen Halbinsel verbreitet, wächst vorzugsweise in Höhen zwischen 1.000 und 1.200 m. Näheres dazu weiter unten.

GRAZALEMA-RUNDFAHRT: *Von Ronda auf der A-374 nordwestwärts Richtung **Villamartín**. Nach 37 km bei **Algodonales** Abzweig südwärts und auf der recht engen Landstraße CA-9104 vorbei an der Staumauer des Zahara Stausees nach **Zahara de la Sierra**.*

**Mein Tipp!** Für sehr große Wohnmobile, vor allem aber für Caravangespanne, scheint uns diese Rundfahrt wegen der oft engen, kurvenreichen Landstraßen, nicht geeignet!

Das weiße Dorf **Zahara de la Sierra**, gekrönt von den Mauern einer Burgruine, lehnt sich sehr malerisch an einen Berghang der Sierra Margarita oberhalb des Stausees Embalse de Zahara.

Bei ausreichend zur Verfügung stehender Zeit lohnt es sich durchaus, durch die schmalen Gassen hinauf zur markanten Barockkirche Santa María de Mesa zu spazieren, [Parkplatz am nördlichen Ortsrand N36° 50′ 32.42″ W5° 23′ 24.14″].

Neben der Kirche führt ein Weg weiter aufwärts zu den gut 510 m hoch gelegenen Resten des **Castillo**. Die Ursprünge der beherrschend auf einem Felsen thronenden Festung gehen zurück bis ins 7. Jh. Die heute sichtbare Burg stammt aber im wesentlichen aus dem 12. Jh. und war lange ein wichtiges Bollwerk im Verteidigungssystem der maurischen Nasriden und später der christlichen Truppen des Herzogs von Arcos, Rodrigo Ponce de León. Er hatte Zahara 1483 von den Mauren zurückerobert. Von der Anhöhe hat man einen sehr schönen Blick ins Umland.

GRAZALEMA-RUNDFAHRT: *Weiterreise von Zahara de la Sierra auf der recht schmalen CA-9104 südwärts über den Pass Puerto de las Palomas ins rund 17 km entfernte **Grazalema**.*

Die Fahrt nach Süden, zunächst oberhalb des türkisgrünen Embalse de Zahara entlang, ist wunderschön.

*Zahara de la Sierra in der Sierra de Grazalema*

Ca. 5 km südlich von Zahara de la Sierra liegt rechts unterhalb der Straße ein Parkplatz. Von dort startet ein Wanderweg durch die **Garganta Verde**, die Grüne Schlucht, mit bis zu 400 m hohen, steil abfallenden Bergflanken. In herrlicher Landschaft findet man dort die sog. Eremita de la Garganta, eine Grotte mit Tropfsteinen. Eine Gehzeit von drei Stunden sollte man für die Wanderung einplanen.

Bei unserem letzten Besuch war die Grotte aber nur auf Voranmeldung oder in von Naturschützern begleiteten Gruppen zugänglich. Erkundigen Sie sich ggf. an Ihrem Ausgangspunkt (Ronda oder Zahara de la Sierra) nach dem neuesten Stand der Dinge!

Auf der Weiterfahrt führt die CA-9104 in weiten Kurven und Serpentinen auf atemberaubender Trasse, die bewundernswert am Hang klebt, hinauf zur Passhöhe **Puerto de las Palomas** (1.337 m). Dieser Streckenabschnitt kann guten Gewissens als schönster auf der Grazalema-Rundfahrt bezeichnet werden.

Man sieht hier vereinzelte Exemplare der seltenen Spanischen Kiefer (siehe auch weiter unten).

Vom Parkplatz auf der Passhöhe hat man bei klarem Wetter eine herrliche Aussicht, im Norden auf die Höhen der Sierra Margarita, im Westen auf das Massiv des 1.654 m hohen El Torreón, der höchsten Erhebung in der Provinz Cádiz und im Südosten bis zur Serranía de Ronda.

Rund 2 km südlich dieses Parkplatzes startet ein Wanderweg, der durch die schönsten Gebiete der Sierra de Grazalema mit dem „Wald der Spanischen Tannen“ und dem Tal des Flüsschens El Bosque führt und nach 30 km weiter im Westen beim Ort El Bosque endet. Es scheint allerdings empfehlenswerter, falls man die gut 8 Stunden dauernde Fußtour vorhat, besser in El Bosque zu starten. Grund: In El Bosque gibt es ein Informationsbüro des Naturschutzparks Sierra de Grazalema, Tel. +34 956 72 70 29, wo man am ehesten Auskünfte über den genauen Verlauf des Weges und über dessen aktuellen Zustand erhält.

Die beste Wanderzeit sind Frühling und Herbst. Die Anforderungen, welche die Tour an den Wanderer stellt, werden zwar vom örtlichen Wanderverein als „leicht“ eingestuft, aber etwas geübt und mit ordentlicher Ausrüstung versehen sollte man schon sein. Getränke nicht vergessen! Acht Stunden können lang sein, vor allem wenn man in der wärmeren Jahreszeit unterwegs ist. Der vielleicht interessanteste Abschnitt des Weges liegt etwa auf halbem Wege und führt nordöstlich unterhalb des über 1.600 m hohen Pico de El Pinar durch die Sierra del Pinar. Dies ist die Zone der seltenen Spanischen Kiefer (Abies pinsapo). Spanische Kiefern werden bis zu 30 m hoch und erreichen einen Stammdurchmesser von einem Meter und mehr. Und sie können bis zu 500 Jahre alt werden! Besondere Merkmale der Kiefer sind ihre waagerecht vom Stamm abstehenden Äste und ihre schraubenförmigen Nadeln.

Auf der Weiterfahrt liegt wenig weiter unterhalb und hübsch eingebetet zwischen den Berghängen der Ort **Grazalema. [Parkplatz am östlichen Ortsrand N36° 45‘ 29.66“ W5° 21‘ 48.99“]**.

Sehenswert in dem sehr gepflegt wirkenden Bergstädtchen, das die Mauren schon als *Gran Zulema* kannten und das mit zu den schönsten seiner Art in Andalusien gezählt werden darf, ist die Kirche Nuestra Señora de la Aurora an der zentralen Plaza de España.

Auch wenn Grazalema die Statistik der Wetterfrösche über die niederschlagsreichsten Orte in Spanien anführt, ein Spaziergang durch die winkeligen Gassen zwischen den weiß gekalkten Häusern mit ihren blumengeschmückten Innenhöfen und Balkonen lohnt allemal.

In den vergangenen Jahrhunderten hatte die Herstellung von Tüchern und Decken große Bedeutung für das Auskommen der Einwohner von Grazalema.

***Grazalema-Rundfahrt:*** *Weiterfahrt von Grazalema auf der A-372 westwärts quer durch den Grazalema Naturschutzpark über* ***Benamahoma*** *nach* ***El Bosque****.*

Wer nicht die Zeit für eine ausgedehnte Wanderung hat kann von Benamahoma aus einen Spaziergang durch die Sierra del Pinar unternehmen.

## PRAKTISCHE HINWEISE – GRAZALEMA

**Oficina de Turismo**, Plaza Asomaderos, 3, 11610 Grazalema, Tel. +34 956 13 20 52; www.grazalema.es.

### RESTAURANT

**Cádiz el Chico**, Plaza de España, 8, Tel. +34 956 13 20 27; man sagt es sei das beste in der Stadt und liegt mitten im Ort am Stadtplatz, gute, auch regionale Küche, mittlere Preislage. Montags geschlossen.

### HOTELS

**Puerta de la Villa** **** 28 Zi., Plaza Pequeña, 8, Tel. +34 956 13 23 76; www.hotelpuertadelavilla.com; sehr komfortables Haus der gehobenen Mittelklasse, bestes Haus am Platz, Schwimmbad, gutes Restaurant „La Garrocha“, Sonntagabends und montags geschlossen. Garage.

**Villa Turística de Grazalema** ***, 24 Zi., Finca El Olivar, Tel. +34 956 13 21 36, www.villasdeandalucia.com; etwas außerhalb, mit schönem Blick auf den Ort und die Berggipfel, Schwimmbad, Restaurant, Gartenterrasse, WLAN, Parkplatz.

**Casa de las Piedras** *, Calle de las Piedras, 32, Tel. +34 956 13 20 14, www.casadelaspiedras.net, einfacher, gut bürgerlicher Gasthof mit 26 preiswerten Zimmern, schöner Terrasse und Restaurant (geschlossen 15 Tage im Juli).

### CAMPING

**Camping Tajo Rodilo [N36° 45’ 32.82” W5° 22’ 26.48”]**, Ctra. Grazalema – El Bosque KM 47, Tel. +34 956 13 24 18, www.campingtajorodillo.com; Apr. – Sept.; an der A-372 (Grazalema – El Bosque) bei KM 47 gelegen am westlichen Ortsrand, kleines, steiniges, durch Mäuerchen gestuftes Grasgelände; 1,4 ha – 50 Stpl.; einfache Sanitärausstattung. Schwimmbad.

**CAMPING**

**El Bosque**

**Camping La Torrecilla [N 36° 44‘ 59.10“ W 5° 30‘ 18.53“]**, Tel. +34 956 71 60 95, www.campinglatorrecilla; Juni – Aug.; ca. 500 m südl. des Ortes Zufahrt von der alten Straße CA-524 (El Bosque – Ubrique) bei km 1; ebenes Grasgelände mit Schattenbäumen; ca. 1,5 ha – 50 Stpl.; Standardausstattung. Miethütten.

**Benamahoma**

**Camping Los Linares [N36° 45‘ 56.20“ W5° 27‘ 57.87“]**, Calle Nacimento, s/n, Tel. +34 956 71 62 75, www.campingloslinares.com; 1. Juni – 30. Sept.; ca. 10 km westlich von Grazalema, oberhalb des Ortszentrums von Benamahoma, erreichbar von der Straße A-372 nach El Bosque; ca. 1,5 ha – 40 Stpl.; einfache Standard-Sanitärausstattung.

**WOHNMOBIL-STELLPLATZ – EL BOSQUE**

**Wohnmobil-Stellplatz Parking de Autocaravanas El Bosque [N36° 45‘ 25.86“ W5° 30‘ 40.26“]**; Calle de Juan Ramón Jiménez. **Zufahrt:** Von Grazalema auf der A-372 ca. 20 km westwärts, am Kreisverkehr 1. Ausfahrt zum Gelände um die ehemalige Stierkampfarena. **Geöffnet:** Ganzjährig. **Ausstattung:** Parkstreifen mit 5 markierten Stellplätzen auf Asphalt, beleuchtet. Keinerlei Einrichtungen. Gebührenfrei. Max. Aufenthalt 48 Stunden.

**El Bosque**, das in einem von Steineichen, Kiefern und Pappeln bestandenen Tal des Río Majaceite liegt, ist nicht nur ein beliebter Standort für Drachenflieger, die vom El Albarracín aus starten, sondern auch ein beliebter Ausgangspunkt für Wanderungen im Grazalema Naturschutzpark.

Informationsbüro des Naturschutzparks Sierra de Grazalema, El Bosque, Tel. +34 956 72 70 29.

Rund 7 km nordwestlich von El Bosque liegt etwas abseits der Straße A-373 das hübsche Bergdorf **Prado del Rey**, das sich an den Hängen des Cerro Verdugo hinzieht. Der Ort wurde im 18. Jh. von König Karl III. gegründet. Zu den bescheidenen Sehenswürdigkeiten zählt die Altarwand von Felipe Rivas in der 1830 eingeweihten **Kirche Nuestra Señora del Carmen**. Außerhalb des Ortes gibt es die einfache Campinggelegenheit „La Jaima“, ganzjährig geöffnet, Tel. +34 956 72 32 35.

*GRAZALEMA-RUNDFAHRT: Ab El Bosque auf der A-373 südwärts bis **Ubrique**, ca. 13 km.*

In dem 979 m hoch gelegenen Bergstädtchen **Ubrique [WP163 / N36° 40‘ 39.7“ W5° 26‘ 51.3“]** hat die Lederverarbeitung eine lange Tradition. Besonders schön sind die Hirtentaschen, die hier gemacht werden.

Zu den bescheidenen Sehenswürdigkeiten zählt die Kirche Nuestra Señora de la O aus dem 18. Jh.

*GRAZALEMA-RUNDFAHRT: Von Ubrique fährt man auf der A-2302 nordostwärts über **Villaluenga del Rosario** zurück Richtung **Grazalema**. Östlich von Grazalema stößt man auf die A-372, die ostwärts zur A-374 führt. Ihr folgen wir zurück nach **Ronda**.*

Vorbei am Abzweig zum Bergdorf **Benaocaz** (Aussicht, Reste eines Römerweges) geht es nach **Villaluenga del Rosario [WP164 / N36° 41‘ 45.8“ W5° 23‘ 02.4“]**, dem höchstgelegenen Dorf der Provinz Cádiz mit einer ungewöhnlichen Stierkampfarena und einem unterirdisch rauschenden Fluss.

Später passiert man das Hochtal Manga de Villaluenga. Im Frühsommer sind die Hochflächen hier überzogen von einem Blumenmeer und herrlich duftenden Wildkräutern.

## SONNIGE KÜSTEN

## ROUTE 12: RONDA – MÁLAGA

**Länge der Tour:** Rund 265 km.

**Die Route:** Über die A-397 bis **San Pedro del Alcántara** – A-7/N-340 bis **Marbella** – A-355 über **Coín** bis **Cartama** – A-357 bis **Zalea** – A-343 bis **Álora** – Landstraße bis **El Chorro** und zurück bis Álora – A-343 bis **Antequera** – A-7075 bis zum **Naturpark Torcal de Antequera** – A-7075 bis **Málaga**.

**Reisedauer:** Mindestens ein Tag.

**Höhepunkte:** Die Schlucht **Garganta del Chorro** ** – ein Spaziergang durch **Antequera** * – die **Dolmen von Menga** ** – der Naturpark **Torcal de Antequera** *** und die Aussicht dort vom **Mirador de Las Ventanillas** *** – ein Spaziergang durch **Málaga** *.

Die gut ausgebaute Straße A-397 führt von Ronda durch die felsige Bergregion der Serranía de Ronda nach Südosten.

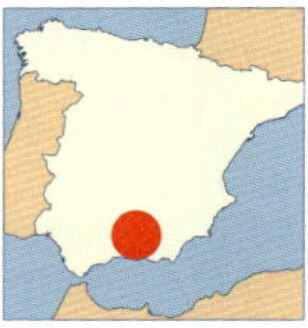

In vielen weiten Kurven geht es an den Südosthängen der Sierra Bermeja hinab nach San Pedro de Alcántara.

Herrlich ist die Fahrt durch diese Berglandschaft, die mit Fug und Recht zu einer der landschaftlich schönsten auf der hier beschriebenen Spanienrundreise gezählt werden darf. Immer wieder hat man von der Passstraße schöne, weite Ausblicke auf das Hügelland und bis zur Küste.

**Marbella** mit annähernd 135.000 Einwohnern, in seinen Ursprüngen eigentlich einmal ein maurisches Städtchen, ist zu einem Getto des Nobeltourismus der oberen Zehntausend geworden.

Alles was in sog. Jetsetkreisen Rang und Namen hat, ob königlichen Geblüts oder aus den Nebenlinien irgendwelcher Adelshäuser, ob arabische Ölmagnaten, russische Milliardäre, Rockstars, Film- und Showgrößen, vergnügen sich hier auf illustren Partys, wie uns die Yellow-Press weismacht.

Allerdings wird der Reichtum offensichtlich eifersüchtig hinter hohen Mauern versteckt, bewacht von Bodyguards, scharfen Bullterriers und viel Elektronik. Wen's interessiert, schaut in den einschlägigen Blätterwald der Klatschpresse und ist dann schnell informiert.

Der Besucher aber, der Marbella unvoreingenommen besichtigt, über die Durchgangsstraße Avenida Ricardo Soriano oder die Strandpromenade Paseo Marítimo schlendert, wird sich bald fragen, warum gerade Marbella zum Spielplatz des Jetset werden konnte.

Recht hübsch ist der alte Stadtkern nördlich der Durchgangsstraße um die Plaza de los Naranjos, mit weißen Hausfassaden in engen Straßen.

Allerdings bietet die Stadt eine ganz ausgezeichnete touristische Infrastruktur, lange Strände, drei Yachthäfen, mehrere Meisterschafts-Golfplätze, ein Kasino und natürlich Hotels, Restaurants, Bars, Unterhaltung, Vergnügungsetablissements und Geschäfte für jeden Geschmack und für jeden Geldbeutel.

## PRAKTISCHE HINWEISE – MARBELLA

**Oficina de Turismo**, Gloriata de la Fontanilla, 29600 Marbella, Tel. +34 952 77 14 42, www.marbellaexclusive.com.

### RESTAURANT

**La Taberna del Pinxta**, Av. Miguel Cano, 7, Tel. +34 952 82 93 21; www.latabernadelpinxto.com; eine der besten Tapasbars im Zentrum von Marbella.
**La Taverna de Santiago**, Av. Duque de Ahumada, 5, 20, Tel. 952 77 00 78, www.restaurantesantiago.com; Tapas-Bar und Restaurant von Santiago Dominguez, dem großen Meister der Küche des Hauses, das zum Besten in Marbella zählt, gediegenes Ambiente, schöne Terrasse. Man kann Promis begegnen. Im November geschlossen.
**Marbella Patio**, Calle de Virgen de los Dolores, 4, Tel. +34 952 77 54 29; www.marbellapatio.com; die andalusische Kochkunst der Küche wird seit 1980 gepflegt, sonntags geschlossen.

### HOTELS

**Fuerte Marbella** ****, 263 Zi., Avda. del Fuerte, Tel. +34 952 86 15 00; www.fuertehoteles.com/hotel/fuerte-marbella/; ein Firstclasshotel in unmittelbarer Nähe der Playa de el Fuerte, einladende Gartenterrasse, schöner Hotelgarten, Fitnesseinrichtungen, Schwimmbad, Hallenbad, Strand, Restaurant, WLAN. Garage, Parkplatz.
**Lima** **, 64 Zi., Av. Antonio Belón, 2, Tel. +34 952 77 05 00; www.hotellimamarbealla.com; Hotel garni mit einfachem Komfort, in Gehnähe zur Playa de el Fuerte. Dachterrasse. WLAN. Kein Parkplatz.

### CAMPING

V&E

**Camping Caravaning Marbella Playa [WP165 / N36° 29' 33.60" W4° 45' 41.63"]**, Tel. +34 952 83 39 98; www.campingmarbella.com; ganzjährig geöffnet; 12 km östl. Marbella, bei KM 192,8 der A-7 (N-340) (Cádiz – Málaga) meerwärts; ebenes, teils schattiges, zum nahen Strand hin langgestrecktes Gelände, nicht unmittelbar am Meer; ca. 6 ha – 400 Stpl; Standard- Sanitärausstattung; Laden, Restaurant, Schwimmbad, Waschmaschine mit Trockner, WLAN, Internetecke. **V & E für Wohnmobile**. Mietbungalows. Einfahrtshöhe 3,2 m.

**Camping La Buganvilla [N36° 30′ 12.00″ W4° 48′ 11.34″]**, Tel. +34 952 83 19 73; www.campingbuganvilla.com; ganzjährig geöffnet; bei KM 188,8 der AP-7 (N-340) (Cádiz – Málaga), in Strandnähe; ca. 5 ha – 300 Stpl.; Standardausstattung; Laden, Restaurant, Schwimmbad, Waschmaschine mit Trockner. Mietbungalows. **V & E für Wohnmobile**. Mietbungalows.

V&E

**Camping Cabopino [N36° 29′ 19.66″ W4° 44′ 34.79″]**, Tel. +34 952 83 43 73; www.campingcabopino.com; ganzjährig geöffnet; Abzweig von der AP-7 (N-340) (Cádiz – Málaga) bei KM 194,7, ca. 10 km östlich von Marbella; parzelliertes, fast ebenes Pinienwaldgelände, laut durch nahe Straße; 9 ha – 180 Stpl.; gute Standard-Sanitärausstattung. Restaurant, Kiosk, Waschmaschine mit Trockner, Schwimmbad, Beachvolleyballplatz, WLAN, Internetecke, zum Meer 300 m. **V & E für Wohnmobile**. Mietbungalows.

### Abkürzende Alternativroute

Bei knappem Zeitplan wird man auf den nachfolgend geschilderten Umweg über Antequera verzichten und auf der küstennahen Schnellstraße A-7/N-340 oder auf der Autobahn AP-7/E-15 über Fuengirola, Torremolinos und Málaga nach Torre del Mar und weiter nach Nerja und Almuñécar streben.

Sehr schön und abwechslungsreich ist der Weg landeinwärts über die hübschen Städtchen Ojén, Coín und Alhaurín el Grande nach Málaga.

Auch zwischen Marbella und Málaga, vor allem bei Fuengirola, Benalmádena und Torremolinos (lohnender Abstecher nach Mijas) ist eine starke Bebauung mit Feriensiedlungen, Villen und Hotels festzustellen.

Fuengirola, Torremolinos und Málaga können auf Umgehungsstraßen umfahren werden.

### CAMPING – ZWISCHEN MARBELLA UND MÁLAGA

Bei Fuengirola und Torremolinos findet man mehrere Campingplätze, darunter folgende:

**Mijas**

**Camping Calazul**, Tel. +34 952 49 32 19; ganzjährig geöffnet; von der Autobahn AP-7 Ausfahrt 213 und nordwärts weiter nach Mijas, geneigtes Hügelgelände oberhalb der Straße mit Baumbestand, im Ortsbereich zwischen Häusern; ca. 5 ha – 300 Stpl. + Dau.; Standardausstattung; Laden, Restaurant, Schwimmbad, in Strandnähe. **V & E für Wohnmobile**.

**Camping Los Jarales**, Tel. +34 952 93 00 03; www.campinglosjarales.com; ganzjährig geöffnet; bei KM 197 der N-340; ca. 3,5 ha – ca. 150 Stpl.; Standardausstattung.

**Torremolinos**

**Camping Torremolinos [N 36° 38′ 47.11 W 4° 29′]**, Calle Loma del Paraiso, 2, Tel. +34 952 38 26 02, www.campingtorremolinos.com; ganzjährig geöffnet; bei KM 228 der N-340, kleiner, ebener, fast schattenloser Platz zwischen Häusern; ca. 1 ha – 100 Stpl.; Standard-Sanitärausstattung. Laden, Imbiss, Waschmaschine mit Trockner, WLAN, Miethütten.

### HAUPTROUTE

Der nachfolgend geschilderte Reiseweg führt ein gutes Stück hinein ins Hinterland der Costa del Sol. Die Fahrt empfiehlt sich bei ausreichend zur Verfügung stehender Zeit durchaus. Allerdings fährt es sich auf den teils kleinen Landstraßen mit einem nicht allzu großen Wohnmobil wesentlich entspannter. Für Caravaner erscheint der Abstecher zur Garganta del Chorro nur für geübte Gespannfahrer empfehlenswert.

*ROUTE: Wir verlassen Marbella zunächst in nördlicher Richtung und folgen der A-355 über* ***Coín*** *bis* ***Cartama****. Dort nehmen wir die A-357 in westlicher Rich-*

*tung. Ab **Zalea** folgen wir der A-343, die weiter durch das Tal der Río Guadalhorce nach Norden führt, bis **Álora**. In Álora endlich zweigt die relativ schmale Straße nach **El Chorro** und zur Schlucht **Garganta del Chorro** ab.*

Westlich von Álora, das schon von weitem durch seinen Festungshügel auffällt, liegt übrigens der ziemlich betagte, im 19. Jh. in Kreisen der besseren Gesellschaft aber sehr beliebte Kurort Carratraca. Kaiserin Marie Eugenie, Gattin Napoleons III., z. B. schätzte die schwefelhaltigen Heilquellen, die das schöne Marmorbad immer noch speisen.

Der eigentliche Grund für diesen Umweg ist ein Blick in die spektakuläre Schlucht **Garganta del Chorro de los Gaitanes**, durch die sich der Río Guadalhorce etwa 200 m tief mühsam seinen Weg gebahnt hat. Über Galerien und durch Tunnels führt die Eisenbahnlinie Madrid – Málaga durch die imposante Klamm. Nordwestlich der Schlucht werden die Wasser des Guadalhorce zum weitverzweigten Embalse del Guadalteba-Guadalhorce gestaut. Parkplatz [WP166 / N36° 54′ 44.3″ W4° 46′ 13.3″], Restaurant, Imbiss. Fährt man die enge Straße noch rund einen Kilometer weiter bis „Peña de Escaladores), kommt man zur kleinen Kirche „La Ermita“ und dem daneben liegenden Restaurant.

Man kann über die Staumauer auf die andere Seite des Flusses fahren und an der Haarnadelkurve dem schmalen Fahrweg vorbei am Zeltplatz El Chorro [WP167 / N 36° 54′ 31.8″ W 4° 45′ 37.2″] (Steilhanglage, nur für Zelte) folgen. Der Weg endet am Gittertor des Elektrizitätswerkes unterhalb des Bahnviadukts. Von dort kann man links auf einem steilen, steinigen, ungesicherten Weg über dem Fluss und entlang der Felswand bis in die Nähe der imposanten Schlucht gehen. Versuchen Sie aber keinesfalls weiter zu gehen oder evtl. schon vorherigen Absperrungen zu umgehen! Der sog. Camino del Rey, ein halsbrecherischer Hängesteg, dessen Reste man an der glatten Wand sehen kann, ist nicht mehr zu begehen! Das Betreten wäre lebensgefährlich!

*Die spektakuläre Klamm Garganta del Chorro*

***ROUTE:** Man fährt zurück bis **Álora** und folgt ab dort der mitunter sehr kurvenreichen A-343 nordwärts bis **Antequera**.*

Nicht empfehlenswert ist der kürzere Weg von El Chorro ostwärts auf der Straße MA-4401 nach Valle de Abdalajís an der A-343. Die Straße MA-3301 ist sehr schmal, steil und schlecht! Zudem ist die Ortsdurchfahrt durch Valle de Abdalajís, die man passieren muss, um zur A-343 zu gelangen, sehr eng und m. E. nur für Fahrzeuge bis höchstens Kastenwagengröße geeignet!

**Antequera**, Zentrum der Agraraktivitäten dieser Region, war während der Maurenzeit bis 1410 eine der letzten Bastionen des Islam in Andalusien.

Während der Reconquista spielte Antequera eine wichtige strategische Rolle bei der Rückeroberung spanischer Gebiete und bei der Vertreibung des letzten Maurenherrschers aus Granada. Danach fiel die Stadt an die christlichen Könige.

Vor allem unter König Ferdinand I., dem Katholischen, erlebte Antequera eine rasante wirtschaftliche Entwicklung, die bis weit ins 16. Jh. hinein anhielt. Aus jener Epoche stammen auch die meisten der sehenswerten Bauwerke der Stadt.

Die Gegend um Antequera war aber schon weit vor der Maurenzeit Siedlungsgebiet, wie Funde aus der Bronzezeit und die frühgeschichtlichen Dolmen und Ganggräber belegen. Später ließen sich Karthager und Römer hier nieder, die die Stadt *„Antikaria“*, *„alte Stadt“*, nannten.

Folgende hübsche Anekdote rankt sich um Antequera. Wie es heißt, führte Ferdiand I., damals noch Prinz von Kastilien, eines Abends im September des Jahres 1410 eine lebhafte Diskussion mit seinen Heerführern, wie denn nun endlich Antequera eingenommen werden könne. Über fünf Monate lang lagen die christlichen Truppen schon vor der Stadt und jeder Angriff war von den Mauren erfolgreich abgewehrt worden.

Die Nachrichten vom Hofe Kastiliens wurden immer drängender und der ehrgeizige Prinz sah sich gezwungen, nun endlich einen Durchbruch zu erzielen, wollte er nicht seine politische Karriere aufs Spiel setzen. Man beschloss, in einer der dunkelsten Nächte einen neuerlichen Angriff zu führen. Mit den Worten „Vorwärts und dass wir die Sonne in Antequera aufgehen sehen“, so die Legende, spornte der Prinz seine Recken an. Und tatsächlich gelang es Ferdinands Truppen in der nächsten Nacht, dem 10. September 1410, Antequera zurückzuerobern.

Diese Begebenheit soll den Spruch „dass wir die Sonne in Antequera aufgehen sehen“ in der spanischen Umgangssprache zum Synonym für das entschlossene und mutige Angehen einer schwierigen Aufgabe geprägt haben.

Größere **Parkmöglichkeiten [N37° 1‘ 33.38“ W4° 34‘ 26.72“]** findet man am Nordwestrand der Stadt östlich des Verteilers A-343/A-7282 beim Einkaufszentrum Centro Comercial La Verónica-Eroski, das allerdings rund 2 km außerhalb des Stadtzentrums liegt.

Zu den **Sehenswürdigkeiten** von Antequera zählen der schöne alte Stadtkern, der von der **Alcazaba**, einem gewaltigen maurischen Kastell (schöne Aussicht von den Festungstürmen, tgl. a. Mo. 10 – 14 Uhr) überragt wird, weiter die **Königliche Stiftskirche Santa María la Mayor** aus dem 16. Jh. mit sehenswerter Renaissancefassade und wunderschönem Gewölbe in der Hauptkapelle, dann der **Arco de los Gigantes** (Torbogen der Riesen) an der **Plaza de los Escribanos** neben der Marienkirche, sowie die unterhalb des Kastells gelegene **Kirche San Sebastián [N37° 0‘ 58.85“ W4° 33‘ 33.71“]** mit Mudéjar-Turm am gleichnamigen zentralen Platz.

Um den Platz, an dem auch ein Büro der **Touristeninformation** und das Städtische Museum zu finden sind, erstreckt sich das Viertel **Barrio del Coso Viejo**. Bei ausreichend zur Verfügung stehender Zeit lohnt ein Bummel durch die Gassen des Altstadtviertels mit seinen typischen, höchstens zwei- oder dreigeschossigen Häusern.

Im **Museo Municipal [WP168 / N37° 00‘ 58.2“ W4° 33‘ 28.0“]** *(geöffnet Di - Fr 9.30 - 14 + 16.30 – 18.30 Uhr, Sa 9.30 - 14 + 16 - 19 Uhr, So 10 - 14 Uhr;*

*www.turismo.antequera.es/place/museo-municipal/)*, dem archäologischen Museum der Stadt, das im Palacio de Nájera eingerichtet ist, kann u. a. ein bronzener „Efebo" bestaunt werden. Die Figur eines Jünglings stammt aus dem 1. Jh. und gilt als einer der schönsten Funde aus der Römerzeit in Andalusien.

Erwähnt werden müssen auch die Cuevas oder auch **Dólmenes de Antequera** genannten prähistorischen Ganggräber, die Dolmen **Menga** und **Viera [Parkplatz, Informationszentrum – WP169 / N37° 01' 26.1" W4° 32' 44.4"]**, Avda. De Málaga 1, *(geöffnet Di – Sa 9 – 18.30 Uhr, So 10 – 17 Uhr)*, am Ostrand der Stadt (Kreisverkehr) an der A-354 Richtung Archidona und Granada gelegen, sowie **El Romeral [N37° 2' 2.51" W4° 32' 5.74"]**, Cerro Romeral s/n, (geöffnet wie Menga und Viera), wenige Kilometer weiter östlich gelegen.

## PRAKTISCHE HINWEISE – ANTEQUERA

**Oficina de Turismo**, Plaza de San Sebastián, 7 [N37° 0' 58.85" W4° 33' 33.71"], 29200 Antequera, Tel. +34 952 70 25 05; www.turismo.antequera.es. *Geöffnet Mo - Sa 9.30 - 19 Uhr, So 10 - 14 Uhr.*

### RESTAURANT

Das **Noelia** in der Calle Alameda de Andalucía, 12, Tel. +34 952 84 54 07, in der Nähe der Stierkampfarena, ist bekannt dafür, dass auf seiner Karte oft auch vorzügliche regionale Gerichte der deftigeren Art zu finden sind, wie z. B. „Papandujas de Bacalao", in Öl gebackener Stockfisch.

### HOTEL

**Parador de Antequera **** [N37° 1' 30.30" W4° 33' 48.56"]**, 55 Zi., Paseo García del Olmo, 2, Tel. +34 952 84 02 61; www.parador.es/es/parador-de-antequera; sehr komfortables, modernes Haus in ansprechender, ruhiger Lage im Park María Cristina am Nordwestrand der Stadt, Hotelgarten, Schwimmbad, Restaurant, WLAN. Parkplatz.

### CAMPING

**Camping El Torcal [WP170 / N36° 59' 8.83" W4° 31' 55.41"]**, Ctra. MA-7075, Tel. +34 952 11 16 08, www.campingtorcal.com; Apr. – Okt.; von Antequera ca. 5 km südwärts Richtung Torcal de Antequera an der Straße MA-7075 (Antequera – Málaga) bei KM 51; steiniges, fast schattenloses Gelände in schöner Lage unterhalb des Bergmassivs El Torcal, Dauercamper prägen das Bild; 4 ha – 80 Stpl. + zahlr. Dau.; Standard-Sanitärausstattung. Restaurant, Laden, WLAN, Mietbungalows.

### WOHNMOBIL-STELLPLÄTZE

**Archidona**

**Wohnmobil-Stellplatz Área de Autocaravanas Archidona [N37° 5' 26.59" W4° 23' 20.31"]**, Calle de la Capilla; www.archidona.es. Neben dem Sportgelände am südlichen Ortsrand von Archidona gelegen. **Zufahrt**: Über die A-92 (Sevilla – Granada) Ausfahrt 163 Archidona-Oeste, ca. 18 km nördlich von Antequera. Platz für 12 Wohnmobile am südlichen Ortsrand, schattenlose Wiese. Beschilderte Einfahrt. **Geöffnet**: Ganzjährig. **Ausstattung**: Wasserentnahmestelle, Entsorgungsmöglichkeit für Grauwasser und Chemikaltoiletten. Nahebei Restaurant, Cafeteria, Supermarkt. Gebührenfei. Beleuchtet. Aufenthalt max. 48 Stunden.

**Villanueva de Alaidas**

**Wohnmobil-Stellplatz Área de Autocaravanas Villanueva de Algaidas [N 37° 11' 11" W 4° 27' 12"]**, Lugar del Barruchillo; www.villanuevadealgaidas.com. Neben dem Sportgelände mit Freibad gelegen, über die Straße Calle Severo Ochoa und Berrocal zu erreichen. Schotterplatz ohne Schatten. **Zufahrt**: Von der Straße A-45 (N-331) Richtung Málaga Ausfahrt 86 ca. 35 km nördl. Antequera Abzweig zum Ort. Platz für 20 Wohnmobile. Beschilderte Einfahrt. **Geöffnet**: Ganzjährig. **Ausstattung**: Wasserentnahmestelle, Entsorgungsmöglichkeit für Grauwasser und Chemikaltoiletten. Öffentliche Toiletten. Picknicktische, beleuchtet, schattenlos. In der Nähe Restaurant, Supermarkt. Gebührenfei. Aufenthalt max. 48 Stunden.

**Cuevas de San Marcos**
**Wohnmobil-Stellplatz Áreas de Servicio Cuevas de San Marcos**. Neben dem öffentlichen Freibad gelegen. **Zufahrt**: Von der A-45 (N-331) Richtung Málaga Ausfahrt 72 ca. 52 km nördlich von Antequera Abzweig zum Ort. Platz für 20 Wohnmobile. Beschilderte Einfahrt. **Geöffnet**: Ganzjährig. **Ausstattung**: Wasserentnahmestelle, Entsorgungsmöglichkeit für Grauwasser und Chemikaltoiletten. Öffentliche Toiletten. Nahebei Restaurant, Cafeteria. Gebührenfei. Aufenthalt max. 48 Stunden.

### Abkürzende Alternativroute

Man kann den Reiseweg erheblich abkürzen, wenn man von Antequera nicht wieder zurück an die Küste, sondern auf der Schnellstraße A-92 direkt über Loja (mächtige Alcazaba, die größtenteils noch aus der Maurenzeit stammt) nach Granada fährt. Granada liegt knapp 110 km östlich von Antequera.

### HAUPTROUTE

*ROUTE: Ab Antequera lässt sich die Küste bei **Málaga** rasch und bequem über die Schnellstraße A-45 erreichen, ca. 50 km.*

Wesentlich interessanter aber ist der Weg über die Landstraße MA-7075 mit einem Abstecher in den Naturpark El Torcal de Antequera, der rund 15 km südlich von Antequera liegt.

Auf dem Weg in den Naturpark El Torcal de Antequera passiert man die Zufahrt zu Camping El Torcal (siehe weiter oben unter Praktische Informationen, Camping) und erreicht auf 1.195 m die Passhöhe El Torcal. Dort zweigt die Zufahrtsstraße in das Karstgebiet El Torcal ab. Auf der Fahrt (4 km) hinauf in den Naturpark hat man des öfteren weite Ausblicke bis hinab zur Küste bei Málaga. Schließlich endet die Straße am Parkplatz vor dem **Informationszentrum** von Torcal Alto *(geöffnet Mo – So 10 – 19 Uhr, www.torcaldeantequera.com)*, dem interessantesten Teil des **Naturparks El Torcal de Antequera [Parkplatz – WP171 / N36° 57' 11.70" W4° 32' 39.70"]**. Im Informationszentrum gibt es eine Ausstellung über die geologischen, natürlichen und kulturellen Hintergründe des Parks. Interessant ist auch die Videopräsentation von 10 Minuten Dauer.

El Torcal de Antequera ist ein fast 12 qkm umfassendes Karstgebiet, dessen Schichten aus drei unterschiedlich harten Kalksteinarten durch Erosion im Laufe der Jahrmillionen zu den eigenwilligsten Formationen geschliffen worden sind. El Torcal, vor 150 Millionen Jahren noch tief unter dem Meer verborgen, zählt zu den größten und interessantesten Karstlandschaften in Europa, die den Abstecher hierher durchaus lohnt.

Irgendwann vor Urzeiten begannen sich die Sedimentschichten zu heben und wurden bis über 1.000 m über den Meeresspiegel gedrückt. Dabei bildeten sich Falten, die sich interessanterweise rechwinklig überschneiden. Das weichere Gestein dazwischen wurde ausgewaschen. Es entstanden lange, tiefeingeschnittene Korridore, deren Wände im Laufe der Zeit von den Witterungseinflüssen zu den Säulen, Kegeln, Scheiben, Aushöhlungen, pagodenähnlichen Gebilden u. s. w. geformt wurden, die man heute bestaunen kann.

**Mein Tipp!** Machen Sie sich möglichst nur mit festen Schuhen mit griffiger Gummisohle auf den Weg. Und vermeiden Sie es, auf nasse Steine zu

*Das zerklüftete Karstgebiet im Naturpark El Torcal de Antequera.*

steigen, sie können sich als sehr glatt erweisen!

Von Seiten der Parkverwaltung wird dringend darum gebeten, unbedingt auf den angelegten Wegen zu bleiben. Vor allem bei schlechter Sicht – in bestimmten Jahreszeiten können überraschend dichte Nebel auftreten – verlieren Sie in dem Felsengewirr nicht so leicht die Orientierung, wenn Sie den Wegen folgen.

Ganz in der Nähe des Informationszentrums z. B. liegt der **Mirador de Las Ventanillas**, von dem aus unvergleichliche Ausblicke in die Sierra de Málaga und bis zum Meer möglich sind.

Die Ruta Verde, der Grüne Weg, ein markierter Fußpfad startet am Parkplatz und führt durch das Felsenlabyrinth des Torcal Alto zu den schönsten von Wind und Wetter bizarr zernagten Steinformationen. Der Schwierigkeitsgrad des Weges, für den Sie rund eine Stunde Zeit haben sollten, wird mit „niedrig bis mittel" angegeben. Falls vorhanden, Fernglas nicht vergessen! Und wie gesagt, Vorsicht auf dem Weg bei Nässe und Regen!

*ROUTE: Vom Naturpark Torcal de Antequera fährt man zurück zur MA-7075, der man südwärts hinab nach **Málaga** folgt. Unterwegs genießt man mitunter schöne Ausblicke.*

**Málaga**, Provinzhauptstadt mit ca. 568.000 Einwohnern, bedeutender Mittelmeerhafen und Metropole der Costa del Sol, liegt an der Mündung des Río Guadalmedina an der weiten Bahía de Málaga. Im Hinterland erheben sich die Höhen der bis auf 1.000 m ansteigenden Montes de Málaga.

Málaga ist eine phönizische Gründung, die später von den Karthagern, die eine erste Festung anlegten, und danach von den Römern ausgebaut wurde. Westgoten und Araber ließen sich hier nieder. 1478 schließlich wurde Málaga für die christlichen Könige erobert. Málaga ist bekannt für seinen tiefroten, schweren, Süßwein gleichen Namens.

### Sehenswertes in Málaga

Neben einer hübschen Uferpromenade in Höhe der schön angelegten Parkanlage am **Paseo del Parque [WP173 / N36° 43′ 09.7″ W4° 24′ 59.2″]** vor der **Alcazaba de Málaga [WP177 / N36° 43′ 12.8″ W4° 25′ 00.2″]**, sind vor allem sehenswert:

Die majestätische, trotz über 200jähriger Bauzeit unvollendet gebliebene

**Kathedrale [WP174 / N36° 43' 12.5" W4° 25' 12.2"]** aus dem 16. bis 18. Jh., mit einer gotischen Altarwand aus dem 15. Jh., wunderschön gearbeitetem Chorgestühl und beachtenswerter Marmorkanzel. In zwei Räumen des Kapitelsaals der Kathedrale ist das **Kathedralenmuseum** *(geöffnet Mo – Fr 10 – 18, Sa 10 – 17 Uhr, So 14 – 18 Uhr, sonntags Eintritt frei)* untergebracht und zeigt verschiedene Kunstwerke der Kathedrale.

Das Bischofspalais mit barocker Fassade und prächtigem Portal liegt links neben der Westfassade der Kathedrale.

**El Sagaraio**, ein eigenwilliger Kirchenbau mit den Elementen unterschiedlicher Baustile (Gotik, Mudéjar, Barock), findet mna an der Nordseite der Kathedrale. Die große Sehenswürdigkeit in der Kirche, eine herrliche Altarwand mit Kreuzigungsgruppe, kann gegen Eintritt besichtigt werden *(9.30 – 12.30, 18 – 19.30 Uhr)*.

Das **Museo de Artes y Costumbres Populares [WP175 / N36° 43' 12.7" W4° 25' 30.3"]** *(geöffnet Mo - Fr 10 - 17 Uhr, Sa 10 - 14 Uhr; www.museoartespopulares.com)* liegt an der Pasillo de Santa Isabell, 10, am Río Guadalmedina ein gutes Stück westlich der Kathedrale. Das volkskundliche Museum zeigt vor allem Gegenstände aus dem Leben der Fischer, Bauern und Winzer sowie eine schöne Sammlung von Kostümen und Volkstrachten.

**Museo Picasso Málaga [WP176 / N36° 43' 18.2" W4° 25' 06.5"]**, San Agustín, 8, *(geöffnet Di - Do 10 - 20 Uhr, Fr + Sa 10 - 21 Uhr, So 10 - 20 Uhr; www.museopicassomalaga.org)*. Das Museum der Stiftung Pablo Ruiz Picasso ist im ehemaligen Museum der Schönen Künste im einstigen Palast der Grafen von Buenavista eingerichtet. Ausgestellt sind über 150 Werke von Picasso, die das Museum als Schenkung von Christine und Bernard Ruiz-Picasso erhielt. Pablo Picasso erblickte 1881 in Málaga das Licht der Welt. Phönizische Reste sind im Museum ebenfalls zu sehen, die bei der Restaurierung des Gebäudes gefunden wurden.

Picassos Geburtshaus, das Haus Nr. 15 an der Plaza de Merced, heute **Museo-Casa Natal Picasso [N36° 43' 25.78" W4° 25' 2.89"]** *(geöffnet im Sommer tgl. 9 - 20.15 Uhr, im Winter tgl.a. Mo 8.30 – 19.30 Uhr, Mo 9 – 18 Uhr; www.fundacionpicasso.malaga.eu)* und Sitz der Picasso Stiftung Fundación Pablo Ruiz Picasso, kann besichtigt werden.

**Museo de Málaga [N36° 43' 11.1" W4° 25' 02.8"]** *(Wegen Umbauarbeiten zum Zeitpunkt der Recherchen geschlossen, www.malagatuirsmo.com/jsp/quever/ciudadMuseos.jsp)*, Aduana-Palast, Plaza de la Aduana, 1. Das Museum beherbergt die Abteilungen Schöne Künste und Archäologie mit über 1.500 Ausstellungsstücken und Kunstwerken.

Nicht versäumen sollte man einen Besuch der **Alcazaba [WP177 / N36° 43' 12.8" W4° 25' 00.2"]** *(geöffnet im Sommer 9 - 20.15 Uhr, im Winter 8.30 - 19.30 Uhr, Mo 9 - 18 Uhr; www.malagaturismo.com)*, die im 8. Jh. von den Mauren angelegte Burg und Residenz der Emire im 11. Jh. Damals entstand auch der Palastteil im inneren Festungsring. Von den Mau-

*Blick von der Festung Gibralfaro auf den Hafen von Málaga*

ern der Stadtfestung hat man einen schönen Blick auf den Park davor und auf den Hafen.

In der Burganlage ist das **Archäologische Museum der Provinz Málaga** untergebracht. Der Eingang befindet sich in der Calle de Alcazabilla an der Westseite.

*Málagas Promenade vor den Mauern der Alcazaba*

Vor den Mauern der Alcazaba wurde ein römisches Amphitheater ausgegraben.

Eine Fahrt hinauf zum **Castillo Gibralfaro [WP178 / N36° 43' 23.8" W4° 24' 37.6"]** (Parador) lohnt wegen des schönen Blicks auf die Stadt und den Hafen. Zur Maurenzeit stand hier ein Leuchtfeuer, um den Schiffen den Weg in den Hafen zu weisen. Die Araber nannten den Leuchtturm *Jebel Faro*. Die Zufahrt findet man ab Stadtmitte am einfachsten, wenn man der Beschilderung „Parador" folgt.

In der ehemaligen Pulverkammer der Burg hat man das **Informationszentrum Gibralfaro** *(geöffnet im Sommer tgl. 9 - 20 Uhr, im Winter 9 – 18 Uhr)* eingerichtet. Es zeigt eine Ausstellung über das Leben in der Burg, die von 1487 bis 1925 als militärische Garnison und als Küstenwachtpunkt diente. Zu sehen sind Waffen, Uniformen, Gegenstände zu Navigationszwecken und zur Kartografie etc.

### Sollten Sie mal probieren!

In Málaga bereitet man eine delikate Variante des Gazpacho zu, die als **„ajo blanco"** bekannt ist. Viel Knoblauch wird mit Mandeln und Öl im Mörser zerkleinert und gut vermengt in kaltem Wasser angesetzt. Zum Schluss kommen Weintrauben hinzu, die dem Ganzen eine originelle Note geben.

## PRAKTISCHE HINWEISE – MÁLAGA

**Oficina Municipal de Turismo [WP172 / N36° 43' 2.81" W4° 25' 14.11"]**, Plaza de la Marina, 11, 29001 Málaga, Tel. +34 951 92 66 20; www.malagaturismo.com.

**Oficina de Turismo de Málaga** (Junta de Andalucia) **[N36° 43' 10.8" W4° 24' 59.3"]**, Av. Cervantes, 1, , 29016 Málaga, Tel. +34 951 92 72 05; www.malagaturismo.com.

**Oficina de Turismo del Aeropuerto,** Llegadas del T3, Flughafen Málaga, Tel. +34 951 29 40 03.

### RESTAURANTS

Zwei nette, einladende **Tapas-Bars** liegen unweit nördlich der Kathedrale in der Calle Granada, 35, **La Campana**, Tel. +34 952 21 92 02 und **El Pimpio**, Calle Granada, 62, Tel. +34 952 22 54 03.

### HOTELS

**Parador de Málaga Gibralfaro **** [N36° 43' 23.75" W4° 24' 37.11"]**, 38 Zi., Castillo de Gibralfaro, Tel. +34 952 22 19 02; www.parador.es/es/parador-

de-malaga-gibralfaro; sehr komfortables Haus in ruhiger Lage über der Stadt mit Blick auf Málaga und das Meer, Schwimmbad, Restaurant, Parkplatz.
**Don Curro** **, 118 Zi., Sancha de Lara, 9, Tel. +34 952 22 72 00; www.hoteldoncurro.com; sehr komfortables Haus der gehobenen Mittelklasse, zentral, Nähe Kathedrale, Restaurant. WLAN. Parkplatz, Garage.

## CAMPING

**Almayate Bajo**
**Camping Almayate Costa [WP180 / N36° 43' 30.87" W4° 8' 6.99"]**, Tel. +34 952 55 62 89; www.campingalmayatecosta.com; 15. März – 30. Sept.; bei KM 267 der N-340a, ca. 26 km östlich von Málaga; ebenes Viereck unter Laubbäumen zwischen Straße und Meer; 3 ha – 200 Stpl.; gute Standard-Sanitärausstattung. Laden Restaurant, Waschmaschine mit Trockner, Schwimmbad, Internetecke. **V & E für Wohnmobile**.
**Camping Naturista Almanat [N36° 43' 36.31" W4° 6' 47.62"]**, Crta. de la Torre Alta, Tel. +34 952 55 64 62; www.almanat.de; ganzjährig geöffnet; Zufahrt von der N-340a bei KM 269 ca. 28 km östlich von Málaga; von einer Mauer umfasster FKK-Platz, am Meer gelegen, gut schattig durch Bäume und Mattendächer; 2 ha – 150 Stpl.; gute Standard-Sanitärausstattung; Laden, Restaurant, Kiosk, Schwimmbad, Tennis, Minigolf, Fitnessraum, Sauna, Fahrradverleih, Internetecke, WLAN, Miethütten.

**Torre del Mar** liegt rund 35 km östlich von Málaga.
**Camping Caravaning Laguna Playa [WP181 / N36° 43' 46.20" W4° 6' 8.76"]**, Prolongación Paseo Maritimo, s/n, Tel. +34 952 54 06 31; www.lagunaplaya.com; ganzjährig geöffnet; westlich von Torre del Mar beschilderter Abzweig von der N-340a meerwärts; rund 500 m vom Ortsrand; ebener, erdig-kiesiger Platz unter Laubbäumen, teils mit Mattendächern. Von hoher Betonmauer einerseits und Zaun andererseits umgeben, parzellierte, nummerierte Stellplätze; ca. 2 ha – 120 Stpl.; Standard-Sanitärausstattung. Laden, Restaurant, Schwimmbad, Waschmaschine mit Trockner. Miethütten. **V & E für Wohnmobile.** Zum Meer rund 200 m.
**Camping Torre del Mar [N36° 44' 0.47" W4° 5' 55.34"]**, Paseo Maritimo, s/n, Tel. +34 952 54 02 24; www.campingtorredelmar.com; ganzjährig geöffnet; Zufahrt von der N-340a, beschildert; am westlichen Stadtrand von Torre del Mar; von Feldern und hohem Wohnblock umgebenes, längliches, ebenes Gelände, schattig durch Bäume; 2,5 ha – 180 Stpl.; Standard-Sanitärausstattung. Laden, Imbiss, Schwimmbad, Waschmaschine mit Trockner. **V & E für Wohnmobile**.

## WOHNMOBIL-STELLPLÄTZE

**Alhaucín de la Torre bei Málaga**
**Wohnmobil-Stellplatz Area de Autocaravanas Sol [WP179 / N36° 40' 51.26" W4° 32' 10.44" ]**, Tel. +34 952 41 19 11. **Zufahrt**: Von der AP-7 Ausfahrt 230, A-404 bis zum ersten Kreisverkehr nordwärts MA-417 Richtung El Peñón, nach 500 m rechts abzweigen. Westlich des Flughafens von Málaga gelegen. Asphaltierter und naturbelassener Platz für 150 Wohnmobile. **Ausstattung**: Wasserentnahmestelle, Entsorgungsmöglichkeit für Grauwasser und Chemikaltoilette. WC, Strom. Gebührenpflichtig. Haltestelle für Bus M-135 nach Málaga.
**Wohnmobil-Stellplatz Area de AMG Almayate [N36° 43' 25.84" W4° 8' 23.77"]**, www.caravanasautostar.com; **Zufahrt**: bei KM 266,6 der Ctra. Nacional N-340, ca. 20 km östlich von Málaga an der N-340 (Málaga – Torre del Mar) bei KM 266,6; ebener, schattenloser, bewachter Platz mit 14 Stellplätzen bei einem großen Caravanhändler. **Ausstattung**: Wasserentnahmestelle, Entsorgungsmöglichkeit für Grauwasser und Chamikaltoiletten, Strom. Gebührenpflichtig.

## ROUTE 13: MÁLAGA – GRANADA

**Länge der Tour:** Rund 160 km, ohne Abstecher.

**Die Route:** Über die N-340 und über **Nerja**, **Almuñécar** und **Salobreña** bis kurz vor **Motril** – A-44/E-902 über **Béznar** und **Dúrcal** bis **Granada**.

**Abstecher:** In die **Alpujarras**, ca. 140 km.

**Reisedauer:** Mindestens ein Tag, möglichst ein weiterer ganzer Tag für den Abstecher in die Alpujarras, plus mindestens noch ein weiterer ganzer Tag für die Besichtigungen in Granada.

**Höhepunkte:** Der Panoramablick vom **„Balkon Europas"** * in Nerja –die **Tropfsteinhöhle * bei Nerja** – die Fahrt durch die Berglandschaft der **Alpujarras** ** – der Blick auf **Granada** *** und die Sierra Nevada – die **Alhambra** *** und der **Generalife** *** – **Granadas Kathedrale** **, die Kirchen und Museen – ein Ausflug in die **Sierra Nevada** **.

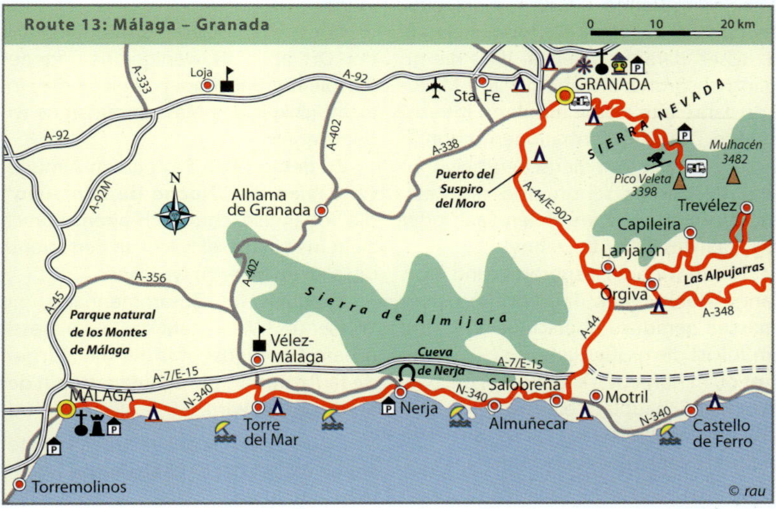


*ROUTE: Weiterreise ab Málaga oder ab Torre del Mar über die in Küstennähe verlaufende N-340 über **Nerja**, **Almuñécar** und **Salo-breña** bis kurz vor **Motril**.*

Recht schön ist die Fahrt zwischen Nerja und Motril entlang der Steilküste, die noch unbebaut ist, eine Rarität. Viele andere Küstenstriche in dieser Region Spaniens sind zwischenzeitlich völlig zugebaut oder bis weit ins Hinterland hinein übersät mit ganzen Ozeanen aus hellen Plastikplanen von Gewächshäusern und Gemüseplantagen, die überhaupt nicht dazu einladen, hinaus an die Küste zu fahren.

**Nerja** zählt zu den beliebtesten Seebädern östlich von Malaga. Die bezaubernde Lage des Städtchens mit seinem hübschen Ortskern um die Plaza Mayor (zahllose Kneipen, Restaurants, Souvenirläden und Bars) an der Steilküste der Costa del Sol und die einladenden Sandstrände in den benachbarten herrlichen Buchten haben viel zum positiven Image von Nerja beigetragen.

Prächtig ist der Panoramablick, den man vom **Balcón de Europa**, einer Aussichtsterrasse oberhalb der Küste, genießen kann. Bei guter Fernsicht ist es durchaus möglich, am Horizont die Küste Nordafrikas zu erkennen.

Wenige Kilometer nach Nerja zweigt kurz vor Maro die Straße zur sehenswerten **Cueva de Nerja** landeinwärts ab **[gebührenpflichtiger Parkplatz – WP182 / N36° 45' 41.9" W3° 50' 49.3"]** *(geöffnet Juli - Aug. 10 - 19.30 Uhr, übrige Zeit 10 - 14 + 16 - 18.30 Uhr; www.cuevadenerja.es)*.

Die Höhle von Nerja wurde erst 1959 durch Zufall entdeckt, als Kinder aus Maro hier spielten. Funde von prähistorischen Werkzeugen, Wandmalereien u. ä. lassen darauf schließen, dass die gigantisch große, annähernd 200 Millionen Jahre alte Höhle mit ihren interessanten Tropfsteinformationen schon in grauer Vorzeit von Menschen bewohnt war. Besonders schön sind die Kalksteinformationen im „Belén-Saal" oder im „Saal des Elefantenzahns".

Heute wird die insgesamt rund 4 km lange Höhle jeden Tag von Besuchermassen geradezu überschwemmt. Und im Juli ist die große Halle der Höhle, der fast 60 m hohe „Kaskadensaal", für zwei Wochen Schauplatz eines großen Musik- und Tanzfestivals. Dauer der Führungen knapp eine Stunde.

Nur wenige Kilometer nördlich von Nerja liegt an den Südhängen des Bergzuges der Sierra de Almijara, der unmittelbar hinter der Küste fast 2.000 m hoch aufragt, das Bergdorf **Frigiliana**. Der Ort, der für sein vielfältiges Kunsthandwerk (Keramik, Korbflechterei) bekannt ist, zählt sich selbst mit zu den schönsten Pueblos Blancos im Süden Spaniens.

Östlich von Nerja wird die Küstenregion bergiger, buchtenreicher und landschaftlich reizvoller, als alles was man bislang an diesem Küstenstrich gesehen hat.

**Almuñécar** wartet mit einem schönen maurischen Alcázar auf, in dem die Sultane von Granada früher ihren Kronschatz aufbewahrt haben sollen. Den Arabern war das Städtchen als „Hins al-Monacar", als „Festungsstadt", bekannt, woraus später der heutige Ortsname wurde.

Abgesehen davon präsentiert sich der Ort aber als weniger gelungenes Beispiel für Bausünden, welche die Unersättlichkeit des Massentourismus widerspiegeln.

Zu den großen Festen von Almuñécar zählen die **„Noche de San Juan"**, die Johannisnacht. Nach altem Brauch zieht man in dieser Nacht an den Strand, um sich im Meer zu waschen.

Ebenfalls im Zusammenhang mit Wasser und Meer steht die Seeprozession am 15. August, mit der die **„Virgen de la Antigua"**, die Schutzpatronin der Stadt, geehrt wird.

Einen sehr reizvollen Anblick bietet weiter östlich der Ort **Salobreña** – oben liegt der Alcázar, darunter die weißen Häuser der malerischen Altstadt.

## PRAKTISCHE HINWEISE – NERJA, ALMUÑÉCAR

**Oficina de Turismo [N36° 44' 42.36" W3° 52' 36.54"]**, Calle Carmen, 1, Planta Baja del Ayuntamiento, 29780 Nerja, Tel. +34 952 52 15 31; www.nerja.es. *Geöffnet Mo -Sa 10 – 14 + 18 – 22 Uhr, So 18 – 22 Uhr.*

**Oficina de Turismo [N36° 43' 51.38" W3° 41' 42.97"]**, Av. de Europa, Palacete La Najarra, 18690 Almuñécar, Tel. +34 985 63 11 25; www.turismoalmunecar.com.

### RESTAURANT

**Nerja**

**El Niño**, Calle del Almirante Ferrándiz, 83, Tel. +34 952 52 42 26; urige Kneipe mit guter Tapasbar in der Altstadt von Nerja gelegen.

### HOTELS

**Nerja**

**Parador Nacional de Nerja** ****, 96 Zi., Calle de Almuñécar, 8, Tel. +34 952 52 00 50; www.parador.es/parador-de-nerja; sehr komfortables Haus in schöner Lage über dem Meer, Hotelterrasse, Schwimmbad, Tennis, Restaurant, Parkplatz.

**Balcón de Europa** ****, 110 Zi., Paseo Balcón de Europa, 1, Tel. +34 952 52 08 00; www.hotelbalconeuropa.com; relativ teures Mittelklassehotel in ansprechender Lage am Meer, Hotelterrasse, Schwimmbad, Strand, Restaurant.

**Almuñecar**

**Aparthotel Apal Chinasol** ***, 60 App., Playa de San Cristóbal, Av. Del Mediterráneo, 51, Tel. +34 958 63 33 44; www.chinasol.com; komfortables Mittelklassehotel in ansprechender Lage, Hotelterrasse, Schwimmbad, Restaurant, Garage.

### CAMPING – ZWISCHEN NERJA UND MOTRIL

**Nerja**

**Camping Nerja [N36° 45' 37.56" W3° 50' 5.47"]**, Ctra. N-340 KM 296, Tel. +34 952 52 97 14; www.nerjacamping.com; März – 30. Sept.; A-7 (Málaga – Motril) Ausfahrt 295, bei KM 296 der alten N-340a; steiniges, sandiges Gelände am Hang unterhalb der A-7 und oberhalb der N-340a gelegen; ca. 1,5 ha – ca. 40 Stpl.; einfache Standardausstattung.

**Motril**

**Camping Playa de Poniente [N36° 43' 5.90" W3° 32' 46.27"]**; Playa de Poniente, s/n, Tel. +34 958 82 03 03; www.campingplayadeponiente.com; ganzjährig geöffnet; Zufahrt vom Hafen Puerto de Motril, ebenes Gelände mit Baumschatten; ca. 5 ha – 150 Stpl.; Standardausstattung. Laden, Restaurant.

**Camping Don Cactus [WP183 / N 36° 41' 44.6" W 3°26' 36.4"]**, Playa de Carchuna, s/n, Tel. +34 958 62 31 09; www.doncactus.com; ganzjährig geöffnet; bei Carchuna beschilderter Abzweig bei KM 343 der N-340; ebenes, langgestrecktes Gelände unter Laubbäumen, teils von übermannshohen Mauern, teils von Zaun und plastikverhüllten Gewächshäusern begrenzt, durch Hecken unterteilte, parzellierte Stellplätze mit sandig-erdigem Untergrund, die meisten davon mit Strom-, Frischwasser- und Abwasseranschlussmöglichkeit;; in wenig ansprechender Umgebung; ca. 3,5 ha – 220 Stpl.; funktionelle, aber nicht mehr ganz zeitgemäße Sanitäranlagen; Laden, Imbiss, Restaurant, Waschmaschine mit Trockner, Schwimmbad, Boots- und Fahrradverleih, Tauchschule, Tennis. WLAN, Internetecke. Schalldichte Diskothek. Mietbungalows. **V & E für Wohnmobile**. Zum Meer über die Zufahrtsstraße; Stein- und Kiesstrand.

*ROUTE: Kurz vor Motril verlassen wir die Küstenstraße N-340 und wenden uns nordwärts auf die A-44/E-902, der wir über **Béznar** und **Dúrcal** bis ins 60 km entfernte **Granada** folgen.*

### Abstecher in die Alpujarras

Bei ausreichend zur Verfügung stehender Zeit, oder wenn Sie Wandertouren in der Sierra Nevada vorhaben, lohnt ab **Béznar** ein Abstecher nach Osten auf der A-348 über **Lanjarón** nach **Órgiva** und weiter hinein ins Tal des Río Guadalfeo und in die noch sehr ursprünglich gebliebenen **Las Alpujarras** bei Trevélez.

Obwohl die Straßen des hier beschriebenen Abstechers auch von großen Reisebussen befahren werden, machen es sich Caravangespannfahrer doch viel einfacher, wenn Sie den Abstecher in die Alpujarras ohne Anhänger befahren. Vor allem der erste Teil des beschriebenen Weges auf der A-4132 von Órgiva über Trevélz bis Narila ist besonders kurvenreich und streckenweise recht schmal.

**Las Alpujarras,** eine landschaftlich ebenso reizvolle, wie geologisch und ethnologisch interessante Berglandschaft, erstreckt sich an den Südausläufern der Sierra Nevada. Durch archäologische Funde konnte nachgewiesen werden, dass diese reizvolle Gegend Andalusiens bereits in keltischer und iberischer Zeit besiedelt war. Während der Maurenzeit waren die Bergdörfer des Al Busarrat (Alpujarra) Zentren der Raupenzucht und der Seidenspinnerei, Basis eines ansehnlichen Wohlstands in der Bevölkerung.

Nach dem Ende der Rückeroberung Spaniens von den Mauren, der Reconquista, waren die Alpujarras das Rückzugsgebiet der „Morisken". So wurden die moslemischen Mauren genannt, die zwangsweise zum Christentum konvertieren mussten, wenn sie nicht das Land verlassen wollten.

Diese Zwangsmaßnahme ging nicht ohne Aufstände ab. Eine der Rebellionen fand unter dem Anführer Aben-Humeya in den Jahren 1568 bis 1570 statt. Schließlich entschloss sich Philipp III. im Jahre 1609 dazu, alle Morisken ohne Ansehen der Person oder ihres Standes des Landes zu verweisen. Ein Kardinalfehler erster Güte, wie sich bald herausstellte. Unter den Morisken befanden sich nämlich die besten Landwirte, Handwerker, Baumeister, Gelehrten, Kaufleute etc., die bei der Entwicklung des Landes bald schmerzlich vermisst wurden!

Lange Zeit hatten die Lebensweisen der Landbevölkerung in den abgelegenen Bergdörfern eher archaische Züge. Die Produkte allerdings, die man erzeugte, waren von vorzüglicher Qualität. Der berühmte Bergschinken **jamon serrano**, muss hier ebenso erwähnt werden, wie die seit Generationen mit Hingabe produzierten Schweinswürste, oder die Weine, welche die Gegend hervorbringt. In Cádiar feiert man jedes Jahr eines der größten Weinfest in den Alpujarras.

Fröhliche Schweineschlachtfeste, die in einigen Regionen noch heute lebendig sind, gehörten früher zu den beliebtesten Dorffesten. Das Schlachtfest in Pampaneira ist z. B. nach wie vor ein großes Ereignis.

Heute versuchen einige „Zivilisationsflüchtlinge" aus den verschiedensten Ecken Europas, alte, verlassene Gehöfte wieder zu aktivieren und unter ökologischen Gesichtspunkten zu bewirtschaften.

*In den Alpujarras bei Pitres*

Sollten Sie sich länger in der Gegend aufhalten können, bietet sich bestimmt auch Gelegenheit, der rustikalen, deftigen **Küche der Alpujarreños** auf die Spur zu kommen. Forellen (truchas) aus den Gebirgsbächen, serviert mit feinem Schinken z. B. gehören dazu, aber auch der „Romanjón", ein Gericht aus Stockfisch mit Zwiebeln und Orangen. Hasen-, Kastanien- oder Fencheleintöpfe sind ebenso Bestandteil der handfesten Hausmannskost, wie der Zigeuner-Kartoffeleintopf oder gebratener Schweinskopf.

**Lanjarón**, ein Städtchen mit kaum mehr als 4.000 Einwohner, wird gelegentlich auch „Tor zur Alpujarra" genannt. Durch seine Mineral- und Heilquellen hat der Ort einen guten Ruf als Kurort. Gleich am Ortseingang liegt das hübsche Kurhaus mit kleinem Park. Weiter oberhalb thronen die Reste einer lange als uneinnehmbar geltenden maurischen Festung, die erst nach der Eroberung von Lanjarón durch die Truppen König Ferdinands im Jahre 1490 geschleift wurde.

Jedes Jahr am 20. Januar wird dem Heiligen Sebastian, dem Schutzpatron der Stadt ein großes Fest gegeben.

Zu einer wesentlich einladenderen Jahreszeit, nämlich zwischen dem 10. und dem 24. Juni eines jeden Jahres, feiert Lanjarón die feucht-fröhlichen **Fiestas del agua y del jamón**. Bei diesem großen Stadtfest stehen das Mineralwasser, aber auch der Wein und vor allem der Bergschinken im Mittelpunkt. Und wenn Sie zufälligerweise in der Nacht vom 23. auf den 24. Juni in den Straßen von Lanjarón unterwegs sein sollten, dürfen Sie sich über einen eventuellen kräftigen Wasserguss nicht wundern. Dann nämlich ist das Wasserrennen „carrera del agua" angesagt, bei dem man sich einen Spaß daraus macht, Passanten mit Wasser zu begießen.

**Órgiva**, am Río Guadalfeo in herrlicher Berglandschaft gelegen, ist

### HOTELS – ÓRGIVA

**Taray Botánico *** [N 36° 53' 22.92" W 3° 25' 5.92"]**, 15 Zi., Tel. +34 958 78 45 25; www.hoteltaray.com; etwa 1 km südlich des Ortes an der A-348 (Órgiva – Lanjarón), schön ruhig gelegenes, recht komfortables Mittelklassehotel in rustikalem Stil mit gutem Restaurant mit Terrasse, großem, einladendem Hotelgarten, Schwimmbad, WLAN, Parkplatz.

**Mirasol ****, 15 Zi., Av. González Robles 5, Tel. +34 958 78 51 59; www.orgiva.org/hotels.html; Haus mit einfacherem Komfort, aber recht preiswerten Zimmern, Restaurant. WLAN. Parkplatz.

### CAMPING

**Órgiva**

**Camping Puerta de la Alpujarra [N36° 54' 14.81" W3° 26' 20.59"]**, Ctra. A-348 (Órgiva – Lanjarón), Tel. +34 958 78 44 50; www.campingpuertadelaalpujarra.com; ganzjährig geöffnet; ca. 1,2 km westlich von Órgiva; am Hang gelegenes, terrassiertes Gelände mit Baumschatten; 2 ha – 80 Stpl.; Standard-Sanitärausstattung. Restaurant, Schwimmbad, Mietbungalows.

**Camping Órgiva [WP184 / N36° 53' 13.67" W3° 25' 4.14"]**, Ctra. A-348 KM 18,9, Tel. +34 958 78 43 07; www.campingorgiva.com; ganzjährig geöffnet; kleiner Platz 1,4 km südlich von Órgiva; schattiges, fast ebenes Gelände; ca. 1,5 ha – ca. 40 Stpl.; Standardausstattung; Cafeteria, Schwimmbad. Mietbungalows.

**Pitres** liegt an der A-4132 rund 18 km östlich von Órgiva.

**Camping Balcon de Pitres [WP186 / N36° 55' 54.66" W3° 19' 57.71"]**, Ctra. A-4132 (Órgiva – Trevéles) KM 51, Tel. +34 958 76 61 11, www.balcondepitres.com; Apr. – Okt.; von Órgiva auf der A-4143 Richtung Trevélez, Platzzufahrt bei KM 51; gärtnerisch gestalteter, schattiger Terrassenplatz in 1.200 m Höhenlage; ca. 5 ha – 150 Stpl.; Standard-Sanitärausstattung. Schwimmbad, Restaurant, Bar.

Haupt-ort und Handelszentrum des Gebietes. Ins Auge fällt die Kirche Nuestra Señora de la Expectación aus dem 16. Jh. mit ihren markanten Zwillingstürmen.

Nehmen Sie etwa 8 km östlich von Lanjarón und kurz vor Órgiva das schmale, die Aufmerksamkeit des Fahrers fordernde, kurvenreiche Bergsträßchen (A-4132), das links (nordwärts) abzweigt. Es führt vorbei an hübschen Bergdörfern, die an den steilen Hängen zu kleben scheinen.

*La Solera, Trevélez, Eldorado für Schinkenliebhaber*

Man passiert den Abzweig zu dem Bergdorf **Cañar**, das bereits über 1.000 m hoch liegt, dann **Carataunas** (Barockkirche aus dem 16. Jh.) und **Soportújar** und kurz darauf das alte Moriskenstädtchen **Pampaneira**. Das von weiten Hängen mit Steineichen und Edelkastanien umgebene hübsche Bergdorf am Rande der Poqeira-Schlucht liegt 1.060 m hoch und weist ein Besucherzentrum der Sierra Nevada auf, Tel. +34 958 76 31 27.

In den recht abgelegenen Bergdörfern der Alpujarras haben sich viele alte Bräuche erhalten. In Pampaneira z. B. ist es die „Quema de la Zorra", das „Verbrennen der Füchsin". Die Zeremonie, die wohl heidnischen Ursprungs ist und später einfach in die kirchlichen Feste übernommen wurde, bildet heute den Höhepunkt der **Fiestas de la Santa Cruz**, die jedes Jahr am 3. und 4. Mai gefeiert werden. Bei der Verbrennung der Füchsin wird eine mit Feuerwerkskörpern gefüllte Puppe in Form eines Fuchses unter dem lauten Hallo der Bevölkerung auf der Plaza Mayor verbrannt.

Schon am Tag zuvor ziehen zwei als Teufel verkleidete Dorfbewohner durch die Straßen und verfolgen mit ihren Lederriemen Passanten, die sich nur mit einem Scherflein für das Fest von den „Teufeln" freikaufen können.

Kurz hinter Pampaneira zweigt eine Stichstraße (Wintersperre gewöhnlich von November bis Juli) nordwärts über Bubión ins nahe **Capileira** ab. Von Capileira, das in fast 1.500 m Höhe am oberen Rand der Poqueira-Schlucht mitten in den grünen Bergen der Barranco de Poqueira liegt, führt ein Waldweg weiter aufwärts über den 2.579 m hohen Prado Llano bis hinauf zum Pico Veleta (3.398 m). Ein Weg für gut ausgerüstete Wanderer mit guter Kondition.

Zurück in Pampaneira geht es auf einer atemberaubenden Fahrt – vorbei an Kastanienwäldern, Maulbeerbäumen und Steineichenhainen – über **Pitres** (Camping Balcon de Pitres, Details siehe weiter vorne bei Órgiva) und **Pórtugos** (Fuente Agria, Brunnen mit stark eisenhaltigem Wasser, das aus fünf Rohren strömt) bis **Busquístar** und dort schließlich nordwärts nach Trevélez.

**Trevélez [WP187 / N36° 59' 55.7" W3° 15' 52.1"]** ist nicht nur eines der höchst gelegenen Dörfer in Südspanien (1.476 m), es ist auch, und das schon seit isabellinischen Zeiten, die Hochburg für feinste, in der würzigen Bergluft getrocknete Schinken, dem leckeren Jamón serrano, einer weit über die Grenzen des Landes hinaus beliebten Spezialität. Nicht weniger populär und lecker sind die hier produzierten Schweinswürste.

Der Ortsname „Trevélez" soll sich ableiten von „tres barrios" (drei Ortsteile). Tatsächlich wird damit die Charakteristik des Bergdorfes treffend beschrieben, das sich in drei gestuften Ortsteilen Bajo, Medio und Alto die Hänge des Mulhacén hinauf erstreckt. Es lohnt, sich der Mühe zu unterziehen und durch die schmalen Gassen zwischen weißgetünchten, mit großen Schieferplatten gedeckten Häusern hinauf ins Oberdorf Barrio Alto zu gehen. Von dort hat man einen guten Blick auf den 3.482 m hohen Mulhacén, die höchste Erhebung nicht nur in der Sierra Nevada sondern auf der gesamten Iberischen Halbinsel.

Der Heilige Antonius ist der Schutzpatron von Trevélez. Ihm zu Ehren feiert man im Juni ein großes Fest. Teil des Festes ist ein folkloristisches Schauspiel, das Geschichten über das Zusammenleben von Mauren und Christen in früheren Zeiten zum Hintergrund hat. Auch in Trevélez spielt eine Füchsin eine wichtige Rolle während des Stadtfestes. Anders aber als in Pampaneira wird hier die berühmte „Beerdigung der Füchsin" begangen. Der Endeffekt aber ist derselbe. Nach der feierlichen Verlesung der Gründe für das „Todesurteil" der Füchsin geht die Fuchspuppe auch hier in den sprühenden Flammen von Feuerwerkskörpern auf.

So wie sich das „Verbrennen der Füchsin" in Trevélez und Pampaneira ähnelt, dürfte auch der historische Hintergrund vergleichbar sein. Nichts anderes steckt nämlich dahinter, als der abergläubische Versuch früherer Tage, den Fuchs symbolisch zu verbannen, der das Jahr über in den Ställen, Hühnerkäfigen und auf den Wiesen und Feldern sein räuberisches Unwesen trieb.

*ROUTE: Von Trevélez fährt man entweder den bekannten Weg zurück bis **Lanjarón** oder man folgt der A-4130 weiter über **Juviles** und **Bérchules** ostwärts. Bei **Narila** trifft man dann auf die A-348, auf der man westwärts zurück nach **Órgiva** und **Lanjarón** reisen kann.*

## HAUPTROUTE NACH GRANADA

Die Autobahn A-44/E-902 Richtung Granada führt zunächst durch Obstplantagen in einem tiefen Canyon entlang des Río Guadalfeo. Es folgt eine schöne Fahrt über die Ausläufer der Sierra Nevada hinauf zur legendären Anhöhe (860 m) Puerto del Suspiro del Moro.

### HOTEL – TREVÉLEZ

**La Alcazaba de Busquístar **** [N36° 58' 22.07" W3° 16' 5.58"]**, 43 Zi., Ctra. A-4130 (Orgiva – Láujar) KM 37; Tel. +34 958 85 86 87; www.hotelalcazaba.com; rund 4 km südlich von Trevélez an der Straße GR-421/A-4130 nach Juviles, ansprechend und ruhig am Hang gelegenes, komfortables Mittelklassehotel in Terrassenbauweise , Hallenbad, Restaurant, Parkplatz.

### CAMPING – TREVÉLEZ

**Camping Trevélez [N36° 59' 30.75" W3° 16' 14.47"]**, Tel. +34 958 85 87 35; www.campingtrevelez.net; ganzjährig geöffnet.; ca. 1 km südlich von Treveléz an der A-4132 Richtung Órgiva gelegen; Wiesengelände an einem Hang mit Laubbäumen; ca. 1,3 ha – 120 Stpl.; einfache Standard-Sanitärausstattung; Restaurant, Laden, Schwimmbad.

### CAMPING – OTURA

**Camping Suspiro del Moro [N37° 4′ 7.80″ W3° 39′ 6.54″]**, Tel. +34 958 55 54 11; www.campingsuspirodelmoro.com; ganzjährig geöffnet; von der A-44 (Granada – Motril) Ausfahrt 139 Otura und weiter auf die N-323a südwärts ca. 1,5 km bis KM 145; ebenes, teils geschottertes Gelände mit Baumbestand, bei einem Motel mit Restaurant auf der Passhöhe bei KM 145 der N-323a (alte Passstraße); ca. 1 ha – 60 Stpl.; Standard-Sanitärausstattung. Laden , Restaurant, Imbiss, Schwimmbad, Waschmaschine mit Trockner, WLAN, Internetecke.

Der Name des Bergübergangs P**uerto del Suspiro del Moro** (Seufzer des Mauren) soll auf eine Legende aus der zu Ende gehenden maurischen Ära in Spanien zurückgehen. Die Legende berichtet vom letzten Kalifen Granadas, dem noch jungen Boabdil, der, auf dem Wege ins Exil, auf der Passhöhe einen letzten Blick zurück auf sein geliebtes Granada warf und seinen Abschied seufzend beweinte. Überliefert ist aber auch der Kommentar seiner Mutter, die die Dinge wohl etwas realistischer einschätzte: „Weibisch beweinst du, was du nicht wie ein Mann verteidigt hast“, warf sie ihrem Sohn vor. Mit dem Abzug des letzten Kalifen endete 1492 die fast 800 Jahre währende Präsenz der Muslime in Spanien.

**Granada** – „Es gibt im Leben nichts Schlimmeres, als die Strafe, in Granada blind zu sein“ (Übersetzung einer Torinschrift in der Alhambra).

Granada liegt sehr schön am Fuße der Gebirgskette Sierra Nevada, deren Gipfel bis weit ins Jahr hinein mit Schnee bedeckt sind.

Ihre große Zeit erlebte die Stadt Granada zwischen dem 11. und 15. Jh., als sie das glanzvolle Zentrum maurischer Dynastien war, die sich von Córdoba distanziert hatten.

Zunächst herrschten die Almoraviden, im 12. Jh. dann die Almohaden in Granada. Vor allem aber die nachfolgende mächtige Dynastie der Nasriden entfaltete in Granada ab dem 13. Jh. eine prächtige Hofhaltung, die mit ihrem Luxus den legendären Serails arabischer und osmanischer Sultane gleichkam.

Rivalitäten um die Macht, Mord und Intrigen schwächten die herrschenden Familien aber zunehmend. Und eine immer deutlicher werdende Dekadenz und Laszivität der Mächtigen schlug sich in einer lascher werdenden maurischen Politik gegenüber den vordringenden Katholischen Königen nieder.

Ende des 15. Jh. waren einstige maurische Bastionen wie Córdoba oder Sevilla längst von der Reconquista zurückerobert worden. Granada war die letzte Machtinsel des Islam in Spanien, die zuletzt von einem mehr der Muse als dem Kriegshandwerk zugetanen Sultan, dem „Knabenkönig“ Boabdil (El Rey Chico) regiert wurde. Sein Vater hatte sich mit einer Christin eingelassen und war daraufhin auf Betreiben seiner Gemahlin Aicha vom Hofe vertrieben worden.

1491 begannen die Heere der Katholischen Könige Granada zu belagern. Nach sieben Monaten schließlich musste Boabdil am 2. Januar 1492 die Schlüssel der Stadt den triumphal nach Granada eingezogenen Katholischen Königen Isabella und Ferdinand übergeben. Das Ziel der Reconquista war erreicht, die nahezu 800 Jahre dauernde arabische Präsenz auf der Iberischen Halbinsel beendet. Als äußeres Zeichen des Triumphes wurde verfügt, dass Granada die Grabstätte der Katholischen Könige werden sollte.

#### Die Alhambra

Ein architektonisches Juwel aus der Maurenzeit, der **Alhambra-Palast (15)**, zeugt noch heute eindrucksvoll von der Prachtentfaltung am Hofe der Sultane und Kalifen.

Um mit dem Auto zur Alhambra zu gelangen, verlässt man an der südlichen Peripherie Granadas die Autovia A-44/E-902 an der mit „Alhambra“ beschilderten Ausfahrt und folgt der weiterführenden neuen Schnellstraße zur Alhambra.

Die bald nur noch zweispurige Zufahrtsstraße führt hinauf bis zu einem Kreisverkehr, dem Verteiler zu den Alhambra-Parkplätzen oberhalb des Alhambrakomplexes – links geht es zu den **Parkplätzen P1 bis P4 [Zufahrt – WP188 / N37° 10' 18.0" W3° 34' 50.2"]** und geradeaus zum **Bus- und Wohnmobilparkplatz P5 [WP189 / N37° 10' 18.9" W3° 34' 46.9"].**

Die Parkplätze sind gebührenpflichtig und sollen viedeoüberwacht sein, haben etwas Baumschatten und sind für Fahrzeuge bis etwa 5,5 m Länge und etwa 2 m Breite geeignet (P1 bis P4).

Wohnmobile, auch Caravangespanne, parken auf dem Parkplatz P5, gleich hinter dem Kreisverkehr. Dort parken auch Touristenbusse. Dieser Parkplatz wird auch als Wohnmobil-Stellplatz genutzt (siehe auch unter „Praktische Hinweise" weiter unten).

Etwa 100 m unterhalb der Parkplätze liegen das **Informationszentrum [WP190 / N37° 10' 27.3" W3° 35' 03.6"]** (Auskunft, Souvenirs, Literatur, Toiletten) und die Ticketschalter bzw. die Ticketautomaten.

*Öffnungszeiten: 15. März - 14. Okt. Tagesbesichtigung: Tgl. 8.30 - 20 Uhr, Ticketschalter 8 - 20 Uhr. Abendbesichtigung: Fr + Sa 22 - 23.30 Uhr, Ticketschalter 21 - 22.30 Uhr. 15. Okt. - 14. März Tagesbesichtigung: Tgl. 8.30 - 18 Uhr, Ticketschalter 8 - 17 Uhr, Abendbesichtigung: Fr + Sa 20 - 21.30 Uhr, Ticketschalter 19 - 20.30 Uhr; letzter Einlass 1 Std. vor Schließung; www.alhambradegranada.org).*

**Eintrittskarten für die Alhambra**

Um dem gewaltigen Besucherandrang, der jeden Tag an der Alhambra herrscht, Herr zu werden, musste man sich offenbar dazu entschließen, die Besucherströme zeitlich zu steuern und immer nur eine begrenzte Personenanzahl gleichzeitig durch den Nasridenpalast zu schleusen.

Planen Sie für den Kauf der Eintrittskarten vor Ort – vor allem in den Vormittagsstunden – etwas Zeit ein. Der Andrang kann enorm sein.

An den Ticketschaltern des Besucherpavillons an der Alhambra werden nur Tickets für den selben Tag verkauft. Wobei es durchaus sein kann, dass, wenn Sie z. B. Ihre Eintrittskarte um 12 Uhr kaufen, die Besichtigungszeit (des Nasridenpalastes der Alhambra) erst um 18 Uhr möglich ist, oder dass das Kontingent für diesen Tag bereits ausverkauft ist. Es wird eine Bearbeitungsgebühr von 1,30 Euro pro Ticket berechnet und es ist nur Barzahlung möglich. Gegen Vorlage des Personalausweises können Senioren ab 65 ermäßigte Tickets bekommen.

Wenn Sie mit Kreditkarte bezahlen wollen, müssen Sie einen der dafür vorgesehenen automatischen Verkaufsschalter im Besucherpavillon benutzen. Auch hier wird eine Bearbeitungsgebühr von 1,30 Euro erhoben.

Beim Kauf der Eintrittskarten wird auf Ihre Tickets die Besuchsuhrzeit aufgedruckt, die für Ihren Besuch des Nasridenpalastes verbindlich ist!

Wichtig dabei ist zu wissen, dass die auf der Eintrittskarte aufgedruckte Besuchszeit nur für die Besichtigung des Nasridenpalastes verbindlich ist. Alle anderen Teile der Alhambra, wie die Palastgärten, der Generalife oder der Palast Karls V. sind von dieser Einschränkung nicht betroffen. Man kann also gemütlich durch den weiten Park und die Palastgärten hin zum herrlichen Generalife und dann weiter zum Palast Karls V. und zur Alcazaba spazieren, wenn die Zeit bis zur vorgegebenen Besuchszeit im Nasridenpalast überbrückt werden soll. Nimmt man die auf der Eintrittskarte angegebene Uhrzeit für den Besuch des Nasridenpalastes nicht wahr, verfällt das Ticket, ein Erstattung des Preises ist nicht möglich!

Wer sich aufs Schlangestehen und auf Wartezeiten nicht einlassen will, kann Eintrittskarten schon weit im voraus reservieren und zwar im Internet unter **www.alhambra-tickets.es** (in spanischer und englischer Sprache) oder unter Tel. +34 902 888 001.

Über das Internet bestellte und im voraus bezahlte Tickets werden per E-Mail bestätigt. Die eigentlichen Eintrittskarten bekommt man vor Ort an den Automaten des Ticketmaster im Eingangsbereich rechts hinter dem Souvenirshop. An dem Ticketautomaten dort geben Sie die Kreditkartennummer ein, mit der Sie das Ticket über das Internet gekauft haben. Sie sollten die Tickets hier spätesten ein Stunde vor der Eintrittszeit in die Nasridenpaläste abholen.

Außerdem kann man Eintrittskarten für die Alhambra bei den Filialen der Bank „La Caixa" in ganz Spanien erwerben. Vorbestellte Karten können in den Filialen von „La Caixa" an einem separaten Schalter abgeholt werden.

Und allgemeine Infos über die Alhambra gibt es auch im Internet unter www.alhambra-patronato.es.

Für eine Extragebühr (zuletzt drei Euro) kann man sich am Informationsschalter einen „Audioführer" ausleihen. Mit diesem, einem etwas zu groß geratenen Mobiltelefon gleichenden Gerät können Sie während des Besichtigungsrundgangs Erklärungen in Ihrer Sprache abhören.

Für einen **Besuch der Alhambra** mit Parks, Generalife, Nasridenpalast etc. sollten Sie sich mindestens zwei bis drei Stunden Zeit nehmen, davon wird alleine der Gang durch die Räumlichkeiten und Innenhöfe des Nasridenpalasts gut eine Stunde in Anspruch nehmen.

Auch wenn Sie schon im Besitz einer Eintrittskarte sind, sollten Sie daran denken, wenn Sie nur knapp vor der Zeit eintreffen, die auf dem Ticket als Besuchszeit des Nasridenpalastes aufgedruckt ist, dass vom Eingang in die Alhambra-Anlage, dort wo die Ticketschalter sind, bis zum Nasridenpalast ein gutes Wegstück zu Fuß zurückzulegen ist!

Im wesentlichen besteht die sehr weitläufige **Anlage der Alhambra** aus vier Komplexen, die **Alcazaba**, die **Nasridenpaläste** und der **Palast Karls V.**, sowie die Medina und der **Generalife** inmitten der herrlichen Palastgärten. Wenn möglich, sollte man das Ganze auch in dieser Reihenfolge besichtigen. Bitte beachten Sie aber, dass es sich der maßgebende Stiftungsrat der Alhambra ausdrücklich vorbehält, aus Organisations- und/oder Instandhaltungsgründen den Besichtigungsweg zu

*Die Alhambra vor dem Hintergrund der schneebedeckten Sierra Nevada, Blick vom Mirador de San Nicolás im Stadtteil Albaicín aus.*

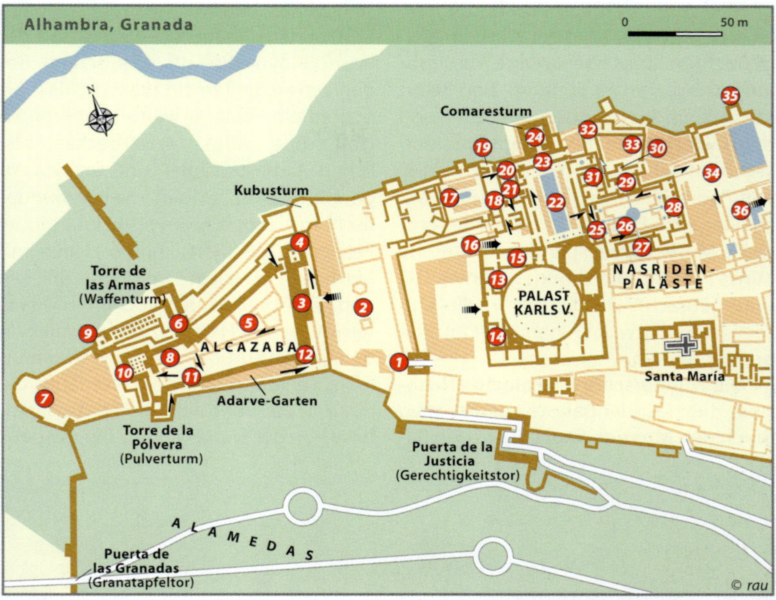


***Alhambra*** *–* ***1*** *Puerto del Vino (Weintor) –* ***2*** *Plaza de los Aljibes (Platz der Zisternen) –* ***3*** *Torre Quebrada (Gebrochener Turm) –* ***4*** *Torre del Homenaje (Ehrenturm) –* ***5*** *Militärviertel –* ***6*** *Puerta de las Armas (Terrasse des Waffentors) –* ***7*** *Bastion –* ***8*** *Alcazaba-Bäder –* ***9*** *Turm der Edelleute –* ***10*** *Torre de la Vela (Wachtturm), Aussicht –* ***11*** *Turm der Sultanin –* ***12*** *Turm der Schildknappen –* ***13*** *Museo de Bellas Artes –* ***14*** *Museo de la Alhambra –* ***15*** *Präsentationssaal –* ***16*** *Eingang zu den Nasriden-Palästen –* ***17*** *Hof des Machuca –* ***18*** *Mexuar, Audienzsaal –* ***19*** *Oratorium –* ***20*** *Goldenes Zimmer –* ***21*** *Comares-Fassade –* ***22*** *Myrtenhof –* ***23*** *Saal der Barke –* ***24*** *Saal der Gesandten –* ***25*** *Mozaraber-Saal –* ***26*** *Löwenhof –* ***27*** *Saal der Abencerrajes –* ***28*** *Königssaal –* ***29*** *Saal der Zwei Schwestern –* ***30*** *Erker der Lindaraja –* ***31*** *Comares-Bäder –* ***32*** *Gemächer Karls V., Washington Irving Zimmer –* ***33*** *Lindaraja-Hof –* ***34*** *Partal-Gärten –* ***35*** *Turm der Damen –* ***36*** *zum Generalife, zum Eingang mit Info-Center, zu den Parkplätzen*

ändern und für die Besichtigung freigegebene Räume zu sperren!

Die **Palastburg Alhambra** (Al-Hamra – die Rote) entstand ab 1238 unter Ibn el-Ahmar, dem ersten Nasridenkönig, und war damals zweifellos als Festung konzipiert.

Der ältere Teil des Komplexes, die mauerbewehrte Alcazaba, die man durch die schöne Puerta del Vino (1) (Weintor) betritt, lässt daran keinen Zweifel. Dieser älteste Teil der Alhambra erhebt sich am Westende des Komplexes und wird überragt vom mächtigen, weithin sichtbaren Torre de la Vela (10). Am 3. Januar 1492 wehte hier erstmals das Banner der spanischen Könige.

Von den Mauern und Türmen hat man einen herrlich weiten Blick auf Granada nach Westen zur Kathedrale und nach Norden zum Stadtteil Albaycín und den Sacromonte weiter östlich, sowie auf die Palaststadt der Alhambra mit dem Generalife.

Im Vorhof der eigentlichen Alhambra-Paläste sieht man rechts die wuchtigen Mauern des **Palacio de Carlos V.** (Palast Karls V.). Er passt mit seiner vergleichsweise groben Architektur, was durch die mächtigen Bossenquader am unteren Teil der Fassaden noch unterstrichen wird, zur Alhambra wie die Faust aufs Auge, wie die Kathedrale von Córdoba in die dortige Mezquita.

Man muss den Bau im Stil der italienischen Renaissance als Werk für sich betrachten, um seine strenge Ausstrahlung würdigen zu können. Der Palast mit seinem kreisrunden Innenhof und den säulengetragenen Umgängen entstand im Jahre 1526 nach den Plänen von Pedro Machuca, einem Schüler Michelangelos. Es sind dort zwei sehenswerte Museen über spanisch-maurische Kunst (14) und die Schönen Künste (13) untergebracht. Der Eintritt in die Museen ist frei, bzw. im Alhambra-Eintrittspreis enthalten.

Die wunderschönen **Palacios Nazaríes**, die Nasridenpaläste, betritt man durch den **Mexuar-Saal (18)**. In den Kacheln an den Wänden kann man den Wahlspruch Karls V. lesen: „Plus Ultra“. Dieser Teil des Palastes war quasi der Verwaltungstrakt für die offiziellen Regierungsgeschäfte des Kalifats.

*Alhambra, Nasridenpalast, im Hintergrund die Mauern und Zinnen der Alcazaba*

An der Stirnseite dieses Saales liegt das sog. **Oratorium**. In dem kleinen Betsaal sieht man den nach Osten ausgerichteten Mihrab (Gebetsnische). Durch die Fenster hat man einen schönen Blick ins Darro-Tal und zum Albaycín.

Als wollten die Sultane Yusuf I. (1334 – 1394) und sein Sohn und Thronfolger Mohammed V. (1354 – 1391) den langsam verlöschenden Glanz des letzten Stützpunktes maurischer Herrschaft der Nasridendynastie auf spanischem Boden retten, ließen sie diesen Palast errichten, eine Wunderwelt aus lauschigen Höfen und Patios, Wasserbecken, zierlichen Alabastersäulen und arabeskengeschmückten Bögen, verschwenderisch mit Stuckornamentik (ataurique) verzierten Wänden, kühlen Hallen mit herrlichen Decken und Wandfliesen und kunstvoll durchbrochenen Fenstergittern im Harem zum Beispiel. In den Gärten sprudeln Brunnen und murmeln Kühle spendende Wasserläufe, die noch heute über eine uralte Wasserleitung von der Sierra Nevada her gespeist werden und die in Terrassen angelegten Gärten bewässern.

Auf dem Rundgang kommt man nun durch den **Patio del Mexuar (18)** mit der Sala Dorada, dem Goldenen Saal links und der prächtig dekorierten Comares-Fassadenfront (21) rechts, in den **Patio de los Arrayanes**, den **Myrtenhof (22)**. Dieser Innenhof mit dem langen Wasserbecken wird von duftenden Hecken und zierlichen Säulenhallen an den Stirnseiten flankiert.

Man befindet sich hier im **Serello**, dem Teil des Palastes, in dem mit Prunk und Pomp Hof gehalten wurde. An der nördlichen (linken) Stirnseite, die vom zinnenbewehrten **Comares-Turm** überragt wird, findet man die **Sala de Embajadores (24)**, den Gesandtensaal, den man durch die breite Barca-Galerie (Galerie der Segnungen) betritt. Der Gesandtensaal, der Thronsaal der Sultane, ist wohl der schönste Saal der Alhambra. Die sehr dicken Wände mit neun tiefen Fensternischen sind reich mit Azulejos und Stuckornamenten verziert und die herrliche Deckenkuppel ist sternförmig mit geschnitztem Zedernholz versehen.

Bei romantischen Naturen wird vielleicht die Fantasie wach, die sie vor ihrem geistigen Auge Kalifen, hohen Hofbeamte und Botschafter auf prächtigen Diwanen voller kostbarer Seidenkissen vor teppichbehangenen Wänden, von devoten Dienern umschmeichelt, an sich vor lauter kulinarischer Köstlichkeiten biegenden Tischen lagernd, die Staatsprobleme diskutierend sehen lässt.

Bewundernswert sind auch die kaligraphischen, arabischen Schriftzeichen, die kunstvoll zu Friesen gefügt sind. Der Inhalt der Schriftzüge sind gewöhnlich Koranzitate. Boabdil soll hier seine Kapitulation vor den Katholischen Königen unterzeichnet haben.

An der Südseite des Myrtenhofes lagen ehemals die Privatgemächer des Kalifen, die aber dem Palast Karls V. weichen mussten.

Übrigens war der gesamte Palastkomplex der Alhambra vom 17. bis ins frühe 19. Jh. verlassen, verwahrlost, dem Verfall preisgegeben und das Refugium von Vagabunden und zwielichtigem Gesindel. Um ein Haar wäre das Gemäuer 1812 von französischen Truppen in die Luft gejagt worden. 1829 kam der amerikanische, romantische Schriftsteller Washington Irving (1783 – 1859, „Geschichten der Alahambra", 1832) in die Alhambra, war von dem Maurenpalast sofort fasziniert und begann ihn wieder in das Gedächtnis von Granada's Stadtväter zu rufen mit dem Resultat, dass 1862 mit einem Restaurierungsprogramm begonnen wurde.

*Alhambra, Myrtenhof und Comares-Turm im Hintergrund*

Vom Myrtenhof gelangt man durch die **Galerie der Mocárabes (25)** (Saal der Stalaktitendecke) in den zauberhaften **Patio de los Leones (26)**, den Löwenhof, mit einer großen, von 12 Marmorlöwen getragenen Brunnenschale in der Mitte. Dieser Hof war Teil des Harems, der nur vom Sultan und seiner Familie betreten werden durfte.

*Alhambra, Torre de las Damas*

Die zwölf Löwen symbolisieren wahrscheinlich die zwölf Monate des Jahres und die vier kleinen Wasserläufe die vier Himmelsrichtungen.

Wunderschön sind die mit Stuckornamenten versehenen Arkadenbögen auf 124 schlanken Alabastersäulen mit wunderschönen, feinziselierten Kapitellen. Hier fällt es nicht schwer, die Worte nachzuempfinden, die an einem Turm des Alcazar stehen: „Es gibt im Leben nichts Schlimmeres, als die Strafe, in Granada blind zu sein".

Rechts liegt der **Saal der Abencerrajes (27)**, einstmals Schauplatz eines blutigen Massakers an den Widersachern des Sultans.

Der Vater Boabdils ließ hier angeblich 16 Mitglieder der Familie der Abencerrajes köpfen und die Häupter auf dem Löwenbrunnen aufstellen. Ob diese Untat aus machtpolitischen Gründen geschah ist unklar, denn das Familienoberhaupt der Abencerrajes war der Lieblingsfrau des Sultans, Zoraya, wohl etwas zu sehr zugetan.

Herrliche, sternförmige, reich mit Stalaktitengewölben versehene Deckenkuppel.

Links, an der Nordseite des Löwenhofes, liegt die **Sala de las dos Hermanas (29)**, Saal der zwei Schwestern, das Gemach der Lieblingsfrau des Sultans.

Anschließend befindet sich der Erker **Mirador de Daraxa (30)** (auch Balkon der Lindaraja). Auch hier überschwängliche Wand- und Deckendekorationen. Der Name „Lindaraja" leitet sich ab vom arabischen „al-ain dar aixa" für „Auge des Zimmers der Aixa".

An der Ostseite das Löwenhofes und hinter den zierlichen Marmorsäulen befindet sich die **Sala de los Reyes (28)**, der Saal der Könige, mit Deckenmalereien aus späterer als der maurischen Zeit.

Im Untergeschoss besichtigt man die **Baños Arabes (31)**, die schön mit Kacheln dekorierten und durch sternförmige Lichteinlässe erhellten maurischen Bäder, dann den lauschigen **Patio Lindaraja (33)** mit Marmorbrunnen und kommt schließlich zum Park **Jardines del Partal (34)** mit einem großen, einst von zwei Löwenplastiken bewachten Wasserbecken vor dem **Torre de las Damas (35)**, dem Damenturm.

Durch die Gärten der sog. Medina kann man z. B. über den an der nördlichen Palastmauer verlaufenden Weg weiter zum **Generalife (16/36)** gehen. Der maurische Sommerpalast und Lustgarten liegt einige Gehminuten weiter östlich. Schöner Ausblick vom luftigen Alkoven.

In dem lauschigen Innenhof **Patio de la Acequia** mit großem, langgestreckten Wasserbecken, Wasserspielen und Pavillons rechts und links könnte man die Zeit vergessen, wenn, ja wenn die Alleen, gepflegten Terrassengärten, Heckenlabyrinthe und Patios nicht vom babylonischen Stimmengewirr der drängenden Reisegruppen aus aller Herren Länder widerhallten. Im Park des Generalife findet man ein kleines Amphitheater, das im Sommer Schauplatz von Musik- und Tanzfestspielen ist. Von hier geht man zurück zu den Parkplätzen am Ostende der Palastanlage. Nicht weit davon entfernt findet man übrigens mehrere Hotels wie das Hotel Guadalupe. Und im Palastgelände der Alhambra selbst liegen der teure Parador San Francisco und das kleine, rustikale, praktisch ständig ausgebuchte Hotel América, siehe weiter unten.

**Mein Tipp!** Nicht versäumen sollte man nachmittags oder am frühen Abend einen Abstecher in den sich an den Nordosthängen erstreckenden Stadtteil **Albaycín** und dort zur **Kirche San Nicolás**. Von der Terrasse **Mirador de San Nicolás [WP191 / N37° 10′ 52.4“ W3° 35′ 33.5“]** vor der Kirche hat man einen prächtigen Blick hinüber zur Alhambra, die sich gewöhnlich am Nachmittag im schönsten Licht präsentiert. Von hier aus lassen die Mauern, Türme und Zinnen der Palastanlage nicht vermuten, dass sich dort ein Märchenschloss verbirgt, das der Phantasie eines Dichters von Geschichten aus Tausendundeiner Nacht entsprungen sein könnte.

Weiter im Hintergrund sieht man die bis weit in den Sommer hinein schneebedeckten Gipfel der Sierra Nevada. Und weiter links leuchten die schneeweißen Mauern des Generalife mitten im dichten Grün der Palastgärten der Alhambra.

Nicht zu empfehlen ist es, sich mit dem eigenen Auto auf den Weg nach Albaycín zu machen! Die Straßen und Gassen dort sind verwirrend und sehr, sehr eng. Außerdem wird man keinen

*Alhambra, Blick in den säulenumgebenen Löwenhof mit dem markanten Brunnen*

*Generalife, Patio de la Acequia*

Parkplatz finden! Leisten Sie sich ein Taxi, das von der Alhambra bis Albaycín mit kaum 10,- Euro zu Buche schlägt, oder bedienen Sie sich der laufend verkehrenden Stadtbusse. Ab Alhambra verkehren die Buslinien 30 und 34 bis Gran Vía 1 in der Stadtmitte. Dort steigt man um in Busse der Linie 31. Sie verkehren ab Plaza Nueva über Gran Vía (genauer Gran Vía de Colón) und vorbei an der Kathedrale hinauf in den Stadtteil Albaycín und zur Kirche San Nicolás. Die Busse verkehren von 7 Uhr bis 23 Uhr alle 7 bis 10 Minuten. Fahrpreis zuletzt 1,20 Euro pro Person.

**Granadas weitere Sehenswürdigkeiten**

In der Stadt selbst verdienen vor allem die **Kathedrale [WP192 / N37° 10' 33.7" W3° 35' 55.1"] (2)** *(geöffnet März - Aug. Mo - Sa 10.45 - 13.30 + 16 - 20 Uhr, So 16 - 20 Uhr, übrige Zeit Mo - Sa 10.45 - 13.30 + 16 - 19 Uhr, So 16 - 19 Uhr; www.lovegranada.com/monuments/cathedral/)* und die angrenzende **Capilla Real** *(geöffnet März - Aug. Mo - Sa 10.15 - 13.30 + 16 - 19.30 Uhr, So 11 - 13.30 + 16 - 19.30 Uhr, übrige Zeit Mo - Sa 10.15 - 13.30 + 15.30 - 18.30, So 11 - 13.30 + 15.30 - 18.30 Uhr; Mittwoch nachmittags freier Eintritt; www.capillarealgranada.com)* einen Besuch.

Die Capilla Real beherbergt zwei bedeutende Grabmäler, das Grabmal der Katholischen Könige Isabella von Kastilien und Ferdinand von Aragonien (links, vom Fußende aus gesehen) und das Grabmal von Johanna der Wahnsinnigen (Tochter der Katholischen Könige) und deren Gemahl Philipp des Schönen (rechts). Johanna und Philipp waren die Eltern Kaiser Karls V.

Das Grabmal der Katholischen Könige ist eine Arbeit des Bildhauers Dómenico Fancelli aus dem frühen 16. Jh., das Grabmal von Johanna und Philipp stammt von Bartolomé Ordoñez.

Die Grabkapelle selbst wurde nach Plänen des Architekten Enrique Egas zwischen 1505 und 1521 im gotisch-isabellinischen Stil errichtet. Felipe de Vigarny schuf die reich mit Skulpturen geschmückte Altarwand.

In der Sakristei der Königskapelle kann man die historischen Reichsinsignien der Katholischen Könige, den Begründern des Spanischen Königreichs, besichtigen – Isabellas Krone und Szepter und Ferdinands Schwert. Zu bewundern sind außerdem einige kostbare Gemälde darunter Werke von Memling, Berruguete, Botticelli u. a.

Unmittelbar neben der Kathedrale befindet sich der alte maurische Seidenbazar Alcaicería (4) mit allerlei Souvenirläden und Restaurants in den engen Gassen.

Zu den weiteren Sehenswürdigkeiten der Stadt zählt u. a. der **Palacio La Madraza [WP193 / N37° 10' 33.2" W3° 35' 53.0"] (3)** an der Calle Zacatín Nr. 23 etwas südwestlich der Hauptstraße Gran Vía de Colón. In der Zeit Yusufs I. diente dieses Stadtpalais als arabische Universität. Im Inneren sind ein herrlicher, achteckiger Saal, sowie die einstige Moschee mit wunderbarer Artesonado-Decke, Stalaktitenbögen und Arabeskenschmuck erhalten. Der Palast wurde später umgebaut und mit einer sehenswerten barocken Fassade versehen.

Zwei Straßenzüge weiter südlich findet man den **Corral del Carbón [WP194 / N37° 10' 29.3" W3° 35' 54.1"] (5)**, das sog. Kohlenhaus, jenseits der Kathedrale, unweit östlich der Hauptstraße Reyes Católicos. Das Gebäude ist maurischen Ursprungs und diente bis ins 15. Jh. als Handelskontor, Karawanserei und Gasthof für reisende arabische Kaufleute. Es war das einzige Haus dieser Art in Spanien. Das Gebäude, das man lange als Kohlebunker benutzte, wurde stilvoll restauriert. Das Haus war bislang zu besichtigen (Änderung möglich!). Zu sehen ist u. a. eine Ausstellung von Möbeln und Kunsthandwerk.

Nicht weit nordöstlich des Corral del Carbón sieht man auf der **Plaza Isabel la Católica [N37° 10' 33.0" W3° 35' 51.3"]** an der Hauptstraße Reyes Católicos ein Denkmal, das Kolumbus zeigt, wie er der Königin eine Karte der Neuen Welt präsentiert. Ab der Plaza verkehren Busse zur Alhambra.

Ein gutes Stück weiter nordwestlich der Kathedrale, am Ende der Calle San Jerónimo, findet man links in der Gran Capitán die Kirche des **Klosters San Jerónimo [N37° 10' 43.6" W3° 36' 13.3"] (9)**, ein sehenswertes Gotteshaus im Renaissancestil mit einem Portal von Diego de Siloé. Noch ein Stückchen weiter nordöstlich (rechts) liegt die **Basilika San Juan de Dios [N37 10' 48.3" W3° 36' 10.2"] (8)**, die schönste Barockkirche Granadas.

Im nordöstlichen Stadtbereich, im Taleinschnitt des Río Darro unterhalb

*Fassade der Capilla Real, Granada*

***Ganada*** *– **1** Touristeninformation – **2** Kathedrale und Capilla Real – **3** Palacio La Madraza – **4** Alcaicería – **5** Corral del Carbón – **6** Plaza de Santa Ana, Kirche Santa Ana y San Gil, Touristeninformation – **7** Santos Justo y Pastor – **8** San Juan de Dios – **9** San Jerónimo – **10** Casa de los Tiros – **11** Puerta de las Granadas – **12** Casa Castril, Archäologisches Museum – **13** San Pedro y San Pablo – **14** Casa de Chapiz – **15** Alhambra – **16** Generalife – **17** „El Bañuelo", arabische Bäder – **18** Hauptpost – **19** Casa-Museo Manuel de Falla – **20** Carmen de los Mártires – **21** San Nicolás (Albaycín), Aussichtspunkt – **22** Zugang zur Alhambra, Info-Center, Parkplätze, Hotels*

des Albaycín und unter den Mauern der Alhambra, findet man in der Carrera del Darro, 31, die ehemaligen maurischen Bäder **Baños Arabes oder El Bañuelo [WP195 / N37° 10' 42.6" W3° 35' 34.3"] (17)** *(geöffnet tgl. Sa 10 – 13.30 Uhr)*, die besterhaltenen ihrer Art in ganz Spanien, und etwas weiter in der **Casa Castril (12)** das **Archäologische Museum [WP197 / N37° 10' 43.1" W3° 35' 30.0"]** der Stadt (wegen Renovierungsarbeiten vorübergehend geschlossen). Sehenswert ist alleine schon der Cast-ril Palast mit schönem Portal und plateresker Fassade von Siloé. Das stattliche Anwesen war einst im Besitz von Bernardo Zafra, dem Privatsekretär von Königin Isabella.

Noch ein gutes Stück weiter flussaufwärts und die Cuesta del Chapiz nach links (nordwärts) liegt die **Casa de Chapiz (14)**, das Haus eines reichen, zum Christentum konvertierten Mauren aus dem 16. Jh. mit wunderschönem Garten *(geöffnet Mo - Fr 9 - 18 Uhr; www.eea.csis.es)*.

Südlich der Alhambra an den Hängen am Ostrand der Innenstadt liegt an der Straße Antequeruela Baja die **Casa-Museo Manuel de Falla [WP198 / N37°**

**10' 23.6" W3° 35' 20.1"] (19)** *(geöffnet Juli - Aug. Mi - So 9 - 14 Uhr, übrige Zeit Di - Fr 9 - 14.30 + 15.30 - 19 Uhr, Sa + So 9 - 14.30 Uhr, letzter Einlass 30 Minuten vor Schließung; www.museomanueldefalla.com)*. Das Museum in der ehemaligen Residenz Fallas, einer jener lauschigen Cármenes von Granada, erinnert mit seinen Exponaten und Dokumentationen an das Leben und Werk des grossen andalusischen Komponisten.

In den umliegenden Gärten findet man auch den **Carmen de los Mártires, auch Mirador de Melisendra [N37° 10' 23.5" W3° 35' 17.0"] (20)** *(geöffnet Apr. –Sept. Mo - Fr 10 - 14 + 18 - 20 Uhr. Sa + So 10 - 20 Uhr, übrige Zeit Mo - Fr 10 - 14 + 16 - 18 Uhr, Sa + So 10 - 18 Uhr; www.granadadirect.com/rincones/carmen-martires-granada/)*, eine weitere jener prächtigen Villen auf den Hügeln der Alhambra. Sehenswert sind hier vor allem die Terrassengärten mit Brunnen und Skulpturen. Von den Terrassen hat man zudem einen schönen Blick auf die Stadt.

Carmen, in Granada die Bezeichnung für eine herrschaftliche Villa oder eine repräsentative Sommerresidenz der wohlhabenden Oberschicht, bedeutet im arabischen Sprachgebrauch, aus dem der Begriff stammt, eigentlich soviel wie „Weinberg" (karm). Typisch für die Cármenes in Granada sind ihre üppigen Gärten und lauschigen Innenhöfe, in denen sich der meiste Teil des Alltagslebens der Bewohner abspielte, und die sich in aller Regel hinter hohen Mauern verbergen. Vor allem an den Hängen der Alahambra und des Albaycín-Viertels finden sich noch einige dieser ehemaligen Herrenhäuser.

### Albaycín

Eher amüsant als interessant ist ein Bummel durch den Stadtteil Albaycín, das alte Maurenviertel aus dem 13. Jh., mit verwinkelten Gassen und gepflasterten Treppenwegen am Hang über dem Darro und strahlendweißen Cármenes, den hinter hohen Mauern verborgenen Privatvillen.

Lassen Sie Ihr Auto beim Hotel, auf dem Stellplatz oder auf dem Campingplatz stehen! Parken ist in den engen Gassen des Albicín so gut wie unmöglich! Nehmen Sie ein Taxi oder die laufend verkehrenden Stadtbusse der Linie 31 (verkehren ab der zentralen Plaza Nueva nordöstlich der Kathedrale, Fahrpreis zuletzt 1,20 Euro pro Person) bis zur **Kirche San Nicolás [WP191 / N37° 10' 52.4" W3° 35' 33.4"] (21)**. Von der Terrasse vor der Kirche (Mirador de San Nicolas) hat man einen wunderschönen Blick zur Alhambra und zur Sierra Nevada (siehe auch weiter vorne).

### Sacromonte

Einen Ausflug zum **Sacromonte [WP199 / N37° 11' 01.9" W3° 35' 34.8"]**, dem alten Zigeunerviertel nordöstlich der Stadt, unternimmt man tunlichst mit dem Taxi oder schließt sich einer Bustour an, denn die Gassen hier oben sind so verwinkelt und eng, dass man mit dem eigenen Auto kaum sein Ziel erreicht.

Heute scheint der Sacromonte weniger das Viertel der Gitanos, als vielmehr das Viertel der Stadt zu sein, in dem gutgläubige Touristen über den Löffel balbiert werden. Man findet hier viele Restaurants, Bars und Flamencodielen, die in den typischen Cuevas, ehemaligen Höhlenwohnungen, eingerichtet sind. Aber die Flamencodarbietungen sind reine Touristenshows, laut, spektakulär, amüsant, aber wenig authentisch. Die Restaurants sind überteuert, der Wein verwässert und die Gassen nachts nicht die sichersten.

Rund 2 km nördlich der Stadt liegt an der Straße nach Alfacar **La Cartuja [WP200 / N37° 11' 32.5" W3° 36' 02.2"]**, ein Kartäuserkloster aus dem frühen 16. Jh. Sehenswert ist vor allem die Klosterkirche, die zu den schönsten Barockkirchen das Landes gezählt wird, und die Sakristei.

Am Südrand der Innenstadt von Granada, in der Nähe der Ausfallstraße A-44 Richtung Motril (Ausfahrt 132) liegt der **Parque de los Ciencias** *(geöffnet Di - Sa 10 - 19 Uhr, So 10 - 15 Uhr; www.parqueciencas.com)*, der Park der Wissenschaften. In diesem Erlebnispark, der in erster

Linie naturwissenschaftliche Themen zum Gegenstand hat, findet man außerdem ein Planetarium und einen interessanten Schmetterlingsgarten.

## PRAKTISCHE HINWEISE – GRANADA

**Oficina de Turismo de Granada Patronato Provincial de Turismo [WP201 / N37° 10' 19.6" W3° 35' 50.1"]**, Calle Mariana Pineda, 10-Bajo, 18009 Granada, Tel. +34 958 24 71 28; www.granadadirect.com. *Geöffnet Mo - Fr 9 - 20 Ur, Sa 10 - 19 Uhr, So 10 - 15 Uhr.*

**Oficina de Turismo de Granada Turismo Andaluz [WP202 / N37° 10' 38.85" W3° 35' 39.81"]**, Calle Santa Ana, 4-Bajo, 18009 Granada, Tel. +34 958 22 59 90; www.turgranada.es. *Geöffnet: März – Okt. Mo – Fr 9 – 20 Uhr, Nov. – Feb. Mo – Fr 9 – 19.30 Uhr, Sa 10 – 19 Uhr, so 10 – 14 Uhr.*

**Oficina de Información de la Alhambra y Generalife**, Av. del Generalife, Alhambra, 18009 Granada, Tel. +34 958 22 95 75, www.alhambradegranada.org. *Geöffnet: März – Okt. Mo – Fr 8 – 19.30 Uhr, Nov. – Feb. Mo – Fr 8 – 18 Uhr, Sa 9 – 18 Uhr, So 10 – 14 Uhr.*

**Oficina de Turismo Information Point**, Plaza Bib-Rambla, 18071 Granada, Tel. +34 902 40 50 45, www.lovegranada. *Geöffnet: März – Okt. Mo – Fr 9 – 19 Uhr, Nov. – Feb. Mo – Fr 9 – 18 Uhr, Sa 10 – 19 Uhr, So 10 – 14 Uhr.*

**Feste, Folklore**: **2. Januar**, Gedenktag an die Eroberung Granadas durch die Katholischen Könige.

**San Cecilio**, Fest zu Ehren des Schutzpatrons der Stadt, am ersten Sonntag im Februar.

**Semana Santa**, Karwoche mit Prozessionen in der Altstadt von Granada.

**Día de la Cruz**, Heiligkreuzfest am 3. Mai, aus dessen Anlass man die Innenhöfe, die Straßen und Häuser mit Blumen schmückt.

**Fronleichnamsfest**, das bedeutendste Fest in Granada, mit prächtiger Prozession, folkloristischen Feierlichkeiten und Stierkämpfen.

**Internationales Musik- und Tanzfestival,** Ende Juni, Anfang Juli. Als Kulisse dienen der Palast Karls V., der Alcázar der Alhambra und die Gärten dort.

**Virgen de las Angustias**, Fest zu Ehren der Schutzpatronen von Granada, am letzten Sonntag im September.

## RESTAURANTS

**Alacena de las Monjas**, Plaza del Padre Suárez, 5, Tel. +34 958 22 95 19, www.alacenadelasmonjas.com; gutes Restaurant in einem Gewölbekeller aus dem 15. Jh., mit gutem Preis-Leistungsverhältnis.

**Los Manueles**, Calle Reyes Católicos, 52, Tel. +34 958 22 46 31; www.losmanueles.es; Nähe Plaza Nueva, alteingesessenes Lokal, 1917 gegründet, einfach, preiswert, aber gute Küche.

**Sevilla**, Calle Oficios, 12, Tel. +34 958 22 12 23; www.restaurantesevilla.es; traditionsreiches Restaurant, neben der Capilla Real im Zentrum, ehemals Stammlokal von García Lorca, gute andalusische Küche, mittlere Preisklasse. Terrasse. Sonntag Ruhetag.

**Marisqueria Cunini**, Plaza Pescadería, 14, Tel. +34 958 26 75 87; www.marisqueriacunini.es; nördlich der Kathedrale, eines der besten Fischlokale der Stadt, teuer. Sonntagabends und montags geschlossen.

**Mirador de Morayma**, Calle Pianista Garcia Carrillo, 2, Tel. +34 958 22 82 90; www.miradordemorayma.com; einladendes, rustikales Restaurant im Alabaicín-Viertel, von der Terrasse schöner Blick zur Alhambra. Sonntag Ruhetag.

## HOTELS NÄHE ALHAMBRA:

**Mein Tipp! Parador de Granada „San Francisco“ ******, 36 Zi., Calle Real de la Alhambra, Tel. +34 958 22 14 40; www.parador.es/es/parador-de-granada;

komfortables Haus mit wunderschönem Ambiente in den ehrwürdigen Mauern eines ehemaligen Franziskanerklosters aus dem 16. Jh., in den Gärten der Alhambra, eine rechtzeitige Zimmerreservierung ist allerdings unerlässlich! Von den meisten Zimmern sieht man zum Generalife und bis zur Sierra Nevada. Für das zweifellos große Vergnügen innerhalb der romantischen Mauern der Alhambragärten zu wohnen, muss man aber ziemlich tief in die Tasche greifen. Restaurant, Hotelterrasse, Parkplatz.

**Alhambra Palace** *****, 126 Zi., Plaza Arquitecto Garcia de Paredes, 1, Tel. +34 958 22 14 68; www.h-alhambrapalace.es; Luxusherberge mit großem Komfort, das ockergelbe Haus ist im beeindruckenden maurischen Stil eingerichtet und liegt sehr schön am Westhang des Alhambrahügels, von einigen Zimmer wunderbarer Stadtblick, Restaurant. Keine hoteleigene Parkmöglichkeit.

**Guadalupe** ***, 58 Zi., Paseo de la Sabica, 30, Tel. +34 958 22 57 30; www.hotelguadalupe.es; komfortables Mittelklassehotel, unmittelbar am Informationszentrum und an den Parkplätzen am Eingang zur Alhambra gelegen, Restaurant, WLAN. Keine hoteleigene Parkmöglichkeit. Man parkt auf den Alhambra-Parkplätzen am Haupteingang der Alhambra.

**Alixares** ****, 198 Zi., Paseo de la Sabica, 40, Tel. +34 958 22 55 75; www.hotelalixares.com; modernes Firstclasshotel in schöner Lage nahe des Eingangs zum Alhambra-Areals, 2 Restaurants, schöne aussichtsreiche Terrasse, Schwimmbad, WLAN. Parkplatz.

**Mein Tipp! América** *, 17 Zi., Real de la Alhambra, 53, Tel. +34 958 22 74 71; www.hotelamericagranada.com; fast ein Geheimtipp, dieses kleine, einfache Haus liegt im Palastgelände der Alhambra, von der Lage her vergleichbar mit dem Parador, aber etwas billiger, aber leider fast permanent ausgebucht, rechtzeitige Reservierung (Monate im voraus) sind also unerlässlich! Hotelterrasse. Restaurant (Samstag und Sonntag Ruhetage). Das Hotel ist im Dezember, Januar und Februar geschlossen. Keine hoteleigene Parkmöglichkeit. Man parkt auf den Alhambra-Parkplätzen am Haupteingang der Alhambra.

**Hotels im Stadtzentrum**

**Meliá Granada [N37° 10′ 23.13″ / W -3° 35′ 54.41″]** ****, 232 Zi., Calle Ángel Ganivet, 7, Tel. +34 958 22 74 00; www.melia.com/hotels/spanien/granada/melia-granada/index.html; komfortables Firstclass Hotel, sehr zentral, nahe der Plaza Puerta Real; die nicht eben billige Suite 629 hat eine große Dachterrasse, von dort prächtiger Blick über die Dächer der Stadt bis zur Alhambra und bis zur Sierra Nevada. Ansonsten möglichst Zimmer 627 buchen, vom Balkon ähnlich schöner Blick über die Stadt, Restaurant, Fitnessbereich. WLAN.

**Casa Morisca** ***, 14 Zi., Cuesta de la Victoria, 9, Tel. +34 958 22 11 00; www.hotelcasamorisca.com; kleines, komfortables, aber verhältnismäßig teures Stadthotel der Mittelklasse in einem schönen, ehemaligen Moriskenpalais aus dem 16. Jh., nordöstlich der Innenstadt einige Straßenzüge östlich des Archäologischen Museums zwischen dem Albaycín-Viertel und der Alhambra gelegen. Bar, WLAN. Parkmöglichkeiten nahebei.

**Carmen** ****, 222 Zi., Calle Acera de Darro, 62, Tel. +34 958 25 83 00; www.hotelcarmen.com; komfortables Haus der gehobenen Mittelklasse, im südlichen Innenstadtbereich, Schwimmbad, Restaurant, Garage. Terrasse mit Pool und schönem Panoramablick.

**Rallye** ****, 79 Zi., Camino de Ronda, 107, Tel. +34 958 27 28 00; www.hotelrallye.com; komfortables Haus der gehobenen Mittelklasse in verkehrsgünstiger Lage am Westrand der Innenstadt, nahe der Ausfahrt 128 (Calle Méndez Núñez) der Umgehungsautobahn A-44; Restaurant, WLAN, Parkplatz, Garage.

**Motel Sierra Nevada** ** **[N37° 11′ 53.14″ W3° 36′ 42.51″]**, 33 Zi., Av. Juan Pablo II, 23, Tel. +34 958 15 00 62; www.motelsierranevadagranada.com; einfaches, recht preiswertes Motel beim gleichnamigen Campinglatz, etwa 3 km nördlich außerhalb der Stadt an der Straße Ctra. de Madrid zur A-44 Richtung Jaen/Madrid, bietet sich vor allem wegen seines Parkplatzes für Reisende mit Auto oder Wohnmobil an, Terrasse, Schwimmbad, Tennis, Restaurant, Parkplatz.

## CAMPING

**Camping Sierra Nevada [WP203 / N37° 11′ 53.7″ W3° 36′ 41.8″]**, Calle Juan Pablo II, 23, Tel. +34 958 15 00 62; www.campingsierranevada.com; ganzjährig geöffnet; im nordwestlichen Vorstadtbereich, von der A-44 Richtung (Granada – Jaen) Ausfahrt 123 und auf der Avenida de Juan Pablo II noch ca. 1,5 km südostwärts; stadtnächster Platz; ebenes, schattiges Gelände mit hohen Bäumen, beim gleichnamigen Motel; ca. 3 ha – 150 Stpl.; gute Standard-Sanitärausstattung; Restaurant, Kiosk, Waschmaschine mit Trockner, Schwimmbad, Fahrradverleih, WLAN, Internetecke. **V & E für Wohnmobile**.

**Camping María Eugenia [N37° 11′ 31.51″ W3° 39′ 16.10″]**, Ctra. de Málaga, 198, Tel. +34 958 20 06 06; www.campingmariaeugenia.com; ganzjährig geöffnet; ca. 3 km westl. Granada an der A-92G (Granada – Santa Fe); ca. 60 Stpl.; Standard-Sanitärausstattung; Laden, Restaurant, Schwimmbad, Mietbungalows.

**Peligros**

**Camping Granada [N37° 14′ 24.98″ W3° 37′ 52.69″]**, Cerro de la Cruz, Tel. +34 958 34 05 48; www.campinggranada.es; 1. Juli – 30. Sept.; rund 3 km nördlich von Granada Zufahrt von der A-44 (alte N-323) über Ausfahrt 121 und weiter Richtung Peligros; bietet sich durch seine Lage auch als Ausgangspunkt für Stadtbesuche Granadas an; gestuftes Gelände mit wenig Schatten, in aussichtsreicher Lage; ca. 2 ha – 60 Stpl.; Standard-Sanitärausstattung. Restaurant, Schwimmbad.

**La Zubía**

**Camping Reina Isabel [N37° 7′ 29.09″ W3° 35′ 9.34″]**, Laurel de la Reina, 15, Tel. +34 958 59 00 41; www.campingreinaisabel.com; ganzjährig geöffnet; südlich von Granada über die A-44 (Granada – Motril) Ausfahrt 132 und auf der Stadtumgehungsstraße „Ronda Sur" bis Ausfahrt 2, weiter der Beschilderung folgen; ein recht kleiner, überschaubarer Platz, ebenes Gelände mit Baumschatten, beim gleichnamigen Motel; ca. 0,5 ha – 40 Stpl.; Standard-Sanitärausstattung; Laden, Restaurant, Waschmaschine mit Trockner, Schwimmbad. **V & E für Wohnmobile**.

**Güéjar-Sierra**

**Camping Las Lomas [N37° 9′ 38.05″ W3° 27′ 13.83″]**, Ctra. de Güéjar-Sierra, KM 6,5, Tel. +34 958 48 47 42; www.campinglaslomas.com; ganzjährig geöffnet; vom Stadtzentrum Granada auf der Ctra. de la Sierra GR-420 Richtung Cenes de la Vega und weiter auf der SE-53 nach Pinos Genil und noch ca. 6 km bis zur Platzeinfahrt ca. 1 km westlich von Güéjar-Sierra; parzelliertes, terrassiertes Hanggelände mit Olivenbäumen; 3 ha – 80 Stpl.; gute Standard-Sanitärausstattung. Laden, Restaurant, Waschmaschine mit Trockner, Schwimmbad, Sauna, WLAN, Internetecke, Mietbungalows. **V & E für Wohnmobile**.

**Albolote**

**Camping Cubillas [N37° 16′ 42.57″ W3° 40′ 45.34″]**, Tel. +34 958 45 32 65, ca. 11 km nördl. Granada an der N-323 bei KM 418; schattiges Gelände am Cubillas Stausee; ca. 150 Stpl.; Standard-Sanitärausstattung; Laden, Restaurant.

## WOHNMOBIL-STELLPLÄTZE

**Granada**

**Park- und Wohnmobil-Stellplatz auf dem Alhambra-Parkplatz P5 [WP189 / N37° 10′ 18.9″ W3° 34′ 46.9″]**, **Zufahrt** wie zur Alhambra und am Verteilerkreisel zu den Alhambra-Parkplätzen geradeaus zum Parkplatz P5. P5 ist der

Parkplatz für Busse, Wohnmobile, Caravans, auch Pkws. Ein- und Ausfahrt videoüberwacht. **Geöffnet**: Ganzjährig. Gebührenpflichtig, Ticket- und Bezahlautomat. Jüngst wurden 15,- Euro für 24 Stunden berechnet. Falls es Schwierigkeiten mit dem Bezahlautomaten geben sollte, kann man am Schalter bei P1 bezahlen. Leicht geneigte, schattenlose Kiesfläche unterhalb des Friedhofs und eines Olivenhains, Platz für 20-30 Wohnmobile, je nach Belegung mit Bussen. **Ausstattung**: Keinerlei Einrichtungen außer Mülltonnen.

**Sierra Nevada**
**Wohnmobil-Stellplatz Los Peñones de San Francisco/Área de Sierra Nevada [WP204 / N37° 5′ 54.6″ W3° 23′ 35.6″]**, Tel. +34 902 70 80 90; Gelände der Betreiberfirma CETURSA. **Zufahrt**: Ca. 32 km südöstlich von Granada, oberhalb der Urbanizacion „Los Peñones" am Ende der Sierra Nevada-Passstraße der Beschilderung „Parking Los Peñones" folgen. Nahe der Sesselliftstation. Platz für 60 Wohnmobile. Bus zum Ortszentrum. **Geöffnet**: Ganzjährig. **Ausstattung**: Wasserentnahmestelle, Entsorgungsmöglichkeit für Grauwasser und Chemikaltoiletten. Stromanschluss. In der Nähe Restaurants. **Gebühr**: Gebührenpflichtig in der Skisaison. Zuletzt EUR 15,- pro Tag. www.sierranevada.es/estacion/la-estacion/servicios/area-auto-caravans.aspx.

## AUSFLÜGE

### Ausflug in die Sierra Nevada

Interessant und abwechslungsreich ist die Fahrt von Granada (südliche Autobahnumfahrung Ronda Sur) nach Südosten hinauf in das imposante Bergmassiv des fast 170.000 ha umfassenden **Naturschutzparks Sierra Nevada** und zum Gipfel Pico Veleta. Der Weg ist beschildert.

Von 685 m über NN, der Höhe Granadas, steigt die gut ausgebaute Passstraße A-395, die höchste Straße Europas, ins Gebirge und endet nach rund 45 km kurvenreicher Bergfahrt in 3.398 m Höhe im Sommer auf dem Gipfelplateau des **Pico Veleta**. Viel Platz zum Parken und Rangieren bleibt dort oben nicht. Der Rundblick vom Berggipfel ist herrlich! Im Osten erhebt sich unübersehbar der 3.482 m hohe **Mulhacén**, der höchste Berg Festlandspaniens. An klaren Tagen sieht man bis zum Mittelmeer im Süden und in die Ebenen des Río Genil und des Río Guadalquivir im Norden und Westen.

Auf der Fahrt passiert man das Wintersportgebiet **Sierra Nevada Prado Llano** (Ski-Weltcup 1996, Saison von November bis Mai, insgesamt 62 km Piste für Alpinskilauf) in 2.500 m Höhe, mit Liftanlagen und der Urbanizacion „Los Peñones" mit mehreren Hotels und Appartementhäusern. Hier endet die Bergstraße in der Zeit des Winterhalbjahres, in der der Rest der Straße auf den Gipfel noch verschneit ist (Wintersperre Oktober bis Juli). Weiter oben liegen Herbergen und Schutzhütten.

In Prado Llano findet man einen großen, betonierten, gebührenpflichtigen **Parkplatz [WP204 / N37°5′54.6″ W3°23′35.6″]**. Ein Teil des Parkplatzes mit ca. 60 Stellplätzen ist als Wohnmobil-Stellplatz ausgewiesen (Wasserhahn, Auslass für Abwässer inkl. Chemikalausguss, Stromaschlussmöglichkeit).

Der Ausflug von Granada in die Sierra Nevada nimmt ohne Wanderungen mindestens einen halben Tag in Anspruch.

Busse in die Sierra Nevada verkehren ab dem Busterminal südöstlich der Innenstadt am großen Kreisverkehr (Paseo del Violon) vor dem Palacio de Congresos am jenseitigen Ufer des Río Genil.

### Abstecher in den Geburtsort Federico García Lorcas

**Santa Fé**, liegt wenige Kilometer westlich von Granada. Hier erhielt Kolumbus im 17. April 1492 von den Katholischen Königen die offizielle Bestätigung über die Finanzierung seiner ersten Entdeckungsreise.

Die Majestäten hielten sich damals nach der Kapitulation Granadas im Jagdpalais „Soto de Roma" in den Wäldern der Königlichen Jagdgründe in der Nähe von Santa Fé auf. Davor, als *Goxo* (Santa Fé) die Hauptstadt eines nasridischen Teilkönigreiches war, befand sich auf dem Anwesen Soto de Roma die Sommerresidenz der maurischen Könige von Granada.

1491 waren die Katholischen Könige nach Granada gekommen, um mit einer Belagerung die letzte maurische Bastion in Spanien endgültig zu Fall zu bringen.

Eines unglücklichen Tages aber stand das gesamte Heerlager der christlichen Truppen samt dem königlichen Hauptquartier in hellen Flammen. Daraufhin befahl Königin Isabella in ihrem unverbrüchlichen Glauben an einen Sieg, im nahen Goxo ein neues, festes Lager zu errichten. Damals erhielt der Ort seinen neuen Namen „Santa Fé", was soviel wie „Heiliger Glaube" bedeutet.

Zu den Sehenswürdigkeiten des Ortes zählen seine Stadttore, wie die **Puerta de Loja** aus dem Jahre 1623 an der Westseite und an der zentralen Plaza de España die Pfarrkirche La Encarnación aus dem 18. Jh.

Weiter nordwestlich von Santa Fé liegt **Fuente Vaqueros**. In dem kleinen andalusischen Landstädtchen mit kaum 4.000 Einwohnern erblickte *Federico García Lorca*, der große lyrische Dichter, am 5. Juni 1898 das Licht der Welt.

Lorca, von dem Werke wie „Zigeunerromanze" (1928), „Bluthochzeit" (1933) oder „Bernarda Albas Haus" (1936) stammen, wurde während des Bürgerkrieges im August 1936 von einem faschistischen Kommando von Franco-Anhängern in der Nähe des Dorfes Viznar (nördlich von Granada) erschossen und wahrscheinlich auch dort begraben. Heute ist ca. 9 km nordöstlich von Granada (zwischen Alfacar und Viznar) eine Federico García Lorca Gedächtnisstätte eingerichtet.

Die **Casa-Museo de Federico García Lorca [WP206 / N37° 13' 14.8" W3° 47' 08.5")** *(geöffnet Apr. – 14. Juni Di - So 9.15 – 14.15 + 17 - 20 Uhr, 15. Juni – 15. Sept. Di - So 9.15 - 14.15 Uhr, übrige Zeit Di - So 9.15 – 14.15 + 17 - 19 Uhr; www.huertadesanvicente.com)*, das schlichte Geburtshaus Lorcas in der Calle Manuel de Falla, einer Nebenstraße der Paseo de la Reina unweit nördlich des zentralen Rathausplatzes Plaza Dr. Pareja, kann besichtigt werden. Die Wohnräume im Erdgeschoss sind stilvoll mit Möbeln und Einrichtungsgegenständen aus der Zeit des ausgehenden 19. Jh., der Kindheit und Jugendzeit Lorcas, ausgestattet. Im ersten Stock, der zu Lorcas Zeiten als Heuboden diente, ist ein Ausstellungs- und Lesesaal eingerichtet.

### Wo Kolumbus von der königlichen Zustimmung zu seiner Entdeckungsreise erfuhr

Einige Kilometer nördlich von Fuente Vaqueros und rund 17 km nordwestlich von Granada liegt an der Hauptstrasse N-432 das Städtchen **Pinos Puente [WP207 / N37° 15' 06.2" W3° 45' 07.8"]**. Mitten im Ort spannt sich die Puente de Pinos (von ihr hat der Ort seinen Namen) in drei mächtigen Bögen und mit einem stattlichen Torturm obenauf über den Río Cubillas. Oben über dem Tor thront ein zierliches, achteckiges Türmchen aus dem 18. Jh. Es beherbergt die Kapelle der Madonna Nuestra Señora de la Angustias, die als Schutzpatronin der Stadt verehrt wird.

Die Brücke selbst ist uralt. In ihren Ursprüngen stammt sie aus westgotischer Zeit, wurde aber erst in der Kalifenzeit zu dem mächtigen Bauwerk umgestaltet.

In die Geschichtsbücher Spaniens gingen der Ort und seine legendäre Brücke durch folgende Begebenheit ein: Im Frühling des Jahres 1492 antichambrierte Kolumbus am Hofe der Katholischen Könige, um wieder einmal für sein Unternehmen zu werben, einen westlichen Seeweg nach Indien zu finden. Im Zuge der Rückeroberung Granadas war der königliche Hof damals in das nahe Santa Fé verlegt worden. Alle Argumente Kolumbus' und seiner wohlmeinenden Berater aber konnten die Katholische Königin Isabella nicht überzeugen. Enttäuscht und entmu-tigt machte sich Kolumbus auf den Weg nach Córdoba, wild entschlossen, nun nach Frankreich zu gehen und dort bei Hofe erneut sein Glück zu versuchen.

Am Hofe von Santa Fé aber gingen die Diskussionen über das Vorhaben von Kolumbus weiter. Und das beharrliche Zureden des königlichen Ratgebers Luis de Santángel, von Juan Cabrero, seines Zeichens Sekretär des Katholischen Königs und nicht zuletzt von Fra Diego de Dazas stimmte die Königin schließlich um. Ein Reiter wurde losgeschickt, um Kolumbus zurück nach Santa Fé zu bringen. Und wie es heißt, holten die königlichen Boten Kolumbus mitten auf der Pinos-Brücke ein und konnten ihm dort die zustimmende Botschaft der Königin übermitteln, die letztendlich das Bild der Welt grundlegend verändern sollte. (Siehe auch Kastentext „La Rábida – der ‚Geburtsort' Amerikas", Route 8).

### Washington Irving und die Reisenden der Romantik

*Washington Irving* (1783 – 1859), der amerikanische Schriftsteller, Diplomat und Romancier notierte auf seiner Reise nach Granada im Jahre 1829 während einer Rast auf den Latifundien des Soto de Roma bei Fuente Vaqueros, der Duke of Wellington habe den Soto de Roma 1813 als Anerkennung für seine Dienste während des Unabhängigkeitskrieges gegen Napoleon erhalten.

Vor allem in der ersten Hälfte des 19. Jh. war eine „Grand Tour", eine ausgedehnte Reise zu den maurisch geprägten Städten Andalusiens, in Kreisen von Malern, Dichtern und wohlhabenden Bürgern sehr in Mode. Sie alle waren fest entschlossen, ein „romantisches Andalusien" zu entdecken.

Das Zeitalter der Romantik in Europa, aber auch die Ereignisse des Unabhängigkeitskrieges der Spanier gegen Napoleon, hatten in den Zirkeln und Salons der gutbürgerlichen Bildungstouristen das Interesse an Andalusien wach werden lassen. Generationen von Reisenden der Romantik, darunter so klingende Namen wie Delacroix, Gautier, Dumas, Richard Ford, George Barrow und natürlich Lord Byron, einer ihrer renommiertesten Vertreter, schufen die Basis für ein Image, von dem Andalusien heute noch zehrt. Sie alle waren auf der Suche nach dem „exotischen Ambiente" dieses spanischen Landstriches, nach den wilden Landschaften, nach alten Bräuchen und maurischen Kunstschätzen.

### Abstecher nach Úbeda

Für alle, die mit Ihren Urlaubstagen nicht zu geizen brauchen, sei dieser Abstecher über Jaén nach Úbeda erwähnt. Man sollte dafür mindestens einen ganzen Tag Zeit haben. Näheres über Jaén und Úbeda finden Sie in der nächsten Route 14 (Granada – València, abkürzende Alternativroute).

Man kann den Weg über Jaén und Úbeda aber auch dazu benutzen, falls einem die Route in Küstennähe nicht so wichtig erscheint, um über Albacete nach Alicante oder direkt nach València weiter zu reisen.

## ROUTE 14: GRANADA – VALENCIA

**Länge der Tour:** Rund 605 km, ohne Abstecher.

**Die Route:** Über die A-44/E-902 bis **Jaén** – A-316 über **Baeza** und **Úbeda** bis **Torreperogil** – A-315 bis **Peal de Becerro** – A-319 über **Cazorla**, **Coto Ríos** und **Tranco** bis **Cortijos Nuevos** – A-317 über **La Puerta de Segura** bis **Puente de Génave** – N-322 bis **Albacete** – A-31/A-35 bis **Valencia**.

**Reisedauer:** Etwa zwei Tage, mit dem Weg durch die Sierra de Cazorla/ Segura besser drei Tage.

**Höhepunkte:** Der Stadtblick von der **Festung ** in Jaén** – die **Plaza del Pópulo ** in Baeza** – die **Stadtpaläste ** in Úbeda** – die Berglandschaft der **Sierra de Segura** und ihre Bergdörfer.

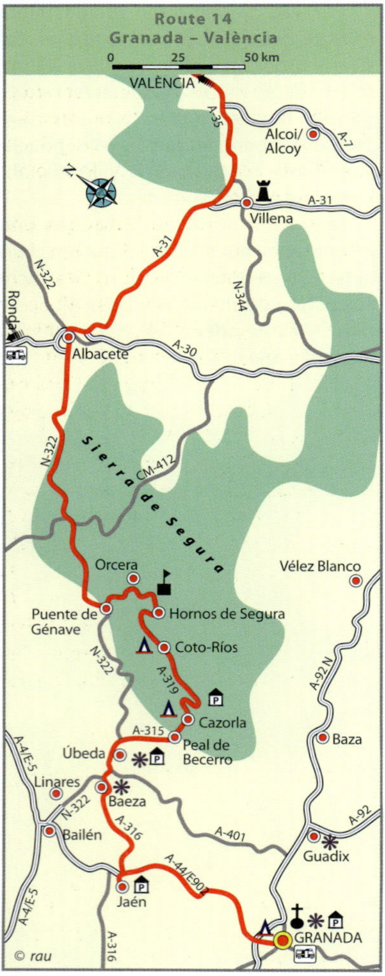


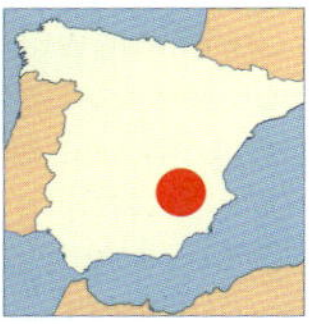

Diese Route stellt eine Abkürzung des Reiseweges gegenüber den Routen 15 (Granada – Elx/Elche) und 16 (Elx/Elche – València) dar!

***ROUTE:** Man verlässt Granada auf der A-44/E-902 in nördlicher Richtung und erreicht auf der stark befahrenen Fernstraße nach rund 90 km den Abzweig nach **Jaén**.*

**Jaén** mit annähernd 117.000 Einwohnern ist Hauptstadt der gleichnamigen Provinz, deren Landschaftsbild von weiten Olivenhainen geprägt ist.

Die maurische Burg **Castillo de Santa Catalina [WP211 / N37° 46' 05.1" W3° 48' 00.2"]** mit arabischen Bädern liegt beherrschend auf einem Hügel am Westrand der Stadt.

An der zentralen Plaza de Santa María im **Altstadtviertel La Merced** erhebt sich unübersehbar die **Kathedrale [WP208 / N37° 45' 53.8" W3° 47' 26.7"]** *(geöffnet Juli – Sept. Mo - Sa 8.30 - 14 + 17 – 20 Uhr, übrige Zeit Mo – Fr 9 – 19 Uhr, Sa 9 – 19 Uhr, So 9 – 13 Uhr; www.catedraldejaen.org)*. Der Renaissancebau aus dem 16. Jh. mit eindrucksvoller Fassade entstand nach Plänen des Architekten Andrés de Vandelvira.

Sehenswert im Inneren sind der Chorumgang und die Seitenkapellen Virgen de la Cabeza und Nuestra Padre Jesús.

Nördlich der Kathedrale hat im historischen Palacio de San Francisco heute der Provinzialrat seinen Sitz. Von dort führt die Calle Álamos nach Nordwesten zur **Plaza de la Audiencia** mit dem **Teatro Darymelia**. Unweit westlich davon markiert der Torbogen von San Lorenzo, Überrest einer gotischen Kirche, den Beginn des Altstadtviertel San Juan.

Ein gutes Stück weiter nördlich liegt an der Plaza Luisa de Marillac der **Palacio de Villardompardo [WP210 / N37° 46' 15.6" W3° 47' 38.8"]** *(geöffnet im Sommer Di - So 9 – 14.30 + 16 – 21.30 Uhr, im Winter 9 – 14.30 + 16 – 20 Uhr)*. Der Palast mit seinen bemerkenswerten Arabischen Bädern beherbergt heute ein **Museum für Naive Kuns**t sowie ein **Museum über Brauchtum und Volkskunst**.

Mittelpunkt des neueren Teils von Jaén mit dem Hauptboulevard der Stadt **Paseo de La Estacion**, der sich nordöstlich des Villardompardo Palastes erstreckt, ist die **Plaza de las Batallas [N37° 46' 22.4" W3° 47' 19.0"]**, mit dem östlich angrenzenden Stadtpark Parque de la Concordia (auch Parque de la Victoria). Ein Denkmal erinnert an die Schlacht von Navas de Tolosa gegen die Araber und die Schlacht von Bailén gegen die Truppen Napoleons.

Nordwestlich des Platzes findet man das **Museo Provincial [N37° 46' 25.8" W3° 47' 20.4"]**.

Bei längerem Aufenthalt lohnt eine Fahrt hinauf zum westlich über der Stadt gelegenen **Castillo de Santa Catalina [WP211 / N37° 46' 05.1" W3° 48' 00.2"]** *(geöffnet Juli - Sept. Di - So 10 - 14 + 17 - 21 Uhr, übrige Zeit Di - So 10 - 14 + 15.30 - 19.30 Uhr)*. Der Blick von dort oben auf die Stadt ist bezaubernd. In Teilen der Burg ist heute der **Parador** eingerichtet. Am einfachsten findet man den Weg hinauf zum Castillo also, wenn man der Parador-Beschilderung folgt.

*ROUTE: Weiterreise auf der A-316 nach Nordosten und über **Baeza** nach **Úbeda.***

**Baeza** wartet mit einer sehenswerten **Renaissance-Altstadt** auf, deren Zentrum die harmonische und wunderschöne **Plaza del Pópulo [WP212 / N37°59'30.1" W3°28'13.7"]** (auch Plaza de los Leones) mit dem hübschen Brunnen Fuente de los Leones in ihrer Mitte ist. In der Mitte des Brunnens steht auf einer niederen Säule die Figur der Imilce. Sie soll die Frau Hannibals darstellen, die aus Linares, dem damaligen Cástulo, stammt.

An der Westseite führen der **Arco de Villalar** an der Puerta de Jaén auf den Platz. Er erinnert an den Sieg Kaiser Karls V. über die oppositionellen Comonidades de Castilla.

Das stattliche Gebäude **Antigua Carnicería** gegenüber dem Torbogen, die sog. Alte Fleischerei, fällt durch seine Balkone und das riesige kaiserliche Wappen daneben auf. Das Gebäude mit der hübschen Fensterfassade an der Ostseite des Platzes ist das alte Zivilgericht **Casa del Pópulo**, mit dem Büro der **Touristeninformation**, Tel. 953 77 99 82.

Überragt wird die Altstadt vom Turm der **Kathedrale [N37° 59' 24.15" W3° 28' 9.51"]** *(geöffnet Apr. – Okt. Mo - Fr 10.30 - 14 + 16 - 19 Uhr, Sa 10.30 - 19 Uhr, So 10 – 18 Uhr, ‚übrige Zeit Mo – Fr 10 – 14 + 16 – 18 Uhr, Sa 10 – 18 Uhr, So 10 – 17 Uhr; www.baeza.net)*. In ihrem Umfeld findet man weitere sehenswerte Gebäude wie das alte **Seminario**, Sitz der

## PRAKTISCHE HINWEISE – JAÉN

**Oficina de Turismo [WP209 / N37° 45' 58.4" W3° 47' 29.2"]**, Calle Maestra, 13, 23001 Jaén, Tel. +34 953 19 04 55; www.turjaen.org.

### HOTEL

**Parador de Jaén** ****, 45 Zi., Castillo Santa Catalina, s/n, Tel. +34 953 23 00 00; www.paradores-spain.com/spain/pjaen.html; etwa 4 km westlich über der Stadt gelegen, im mittelalterlichen Castillo de Santa Catalina eingerichtet, prächtiger Blick auf Jaén, Schwimmbad, Restaurant, Parkplatz.

Internationalen Universität von Andalusien, oder den **Palacio de Jabalquinto** mit einer Fassade im isabellinischen Stil.

Zwischen den Städten Baeza und Úbeda besteht, wie es heißt, schon immer eine gewisse Rivalität. Úbeda ist die wirtschaftlich und industriell weiter entwickelte Stadt und blickt auf das der Landwirtschaft verbunden gebliebene, kleinere Baeza etwas herab.

Der Heimatdichter *Antonio Machado (1875 – 1939)*, im Hauptberuf einst Gymnasiallehrer in Baeza, fasst die Rivalität der beiden Städte in folgenden Vers: „Zwischen Úbeda und Baeza – der Hügel der zwei Schwestern: Baeza, Bettlerin und Herrin; Úbeda, Königin und Zigeunerin." Und über die weiten Olivenhaine um Baeza schreibt Machado: „Nah bei Úbeda, der grossen, deren Hügel niemand sehen wird, folgt mir der Mond über dem Olivenhain."

**Úbeda** gilt wegen seiner hervorragend erhaltenen **Renaissance-Innenstadt** als eine der schönsten Städte in Spanien. In ihren Straßen reihen sich die Paläste aus dem 15. und 16. Jh., der großen Epoche der Stadt. Vor allem die Gebäudeensembles rund um die zentrale **Plaza Vázquez de Molina** sind bemerkenswert.

Erwähnung verdient hier vor allem die **Sacra Capilla de El Salvador del Mundo [WP213 / N38° 00' 28.2" W3° 22' 01.2"]** an der Ostseite des Platzes. Das Bethaus mit herrlicher Westfassade wurde nach Plänen Diego de Siloé auf Geheiß von Francisco de Cobos, Sekretär und Vertrauter von Kaiser Karl V., vom Baumeister Andrés de Vandelvira errichtet.

Links davor ist im stattlichen **Palacio del Deán Ortega** der **Parador „Condestable Dávalos"** eingerichtet. Weitere Palais, die den Platz vor der El Salvador-Kapelle umgeben, sind der **Antiguo Pósito [WP214 / N38° 00' 27.9" W3° 22' 04.9"]**, ein ehemaliger Kornspeicher, sowie der **Palacio del Marqués de Mancera** dahinter, der ehemalige Palast des Vizekönigs von Peru.

Aufmerksamkeit verdient auch der **Palacio de las Cadenas** an der Nordwestseite des Platzes, in dem heute das Rathaus untergebracht ist.

Gegenüber liegt die gotische Stiftskirche **Colegiata Santa María de los Reales Alcázares**, die ehemals als Moschee diente. Der sehenswerte gotische Kreuzgang war einst der Vorhof der Moschee.

Unweit westlich der Plaza del 1 de Mayo ist im Palais Casa Mudéjar in der Calle Cervantes heute das **Archäologische Museum [WP215 / N38° 00' 37.4" W3° 22' 04.5"]** untergebracht *(geöffnet Mi - Sa 9 - 20.30 Uhr, di 14.30 - 20.30 Uhr, So 9 - 14.30 Uhr; www.juntadeandalucia.es/cultura/museos/MAUB/)*.

***ROUTE:*** *Bei ausreichend zur Verfügung stehender Zeit ist für die Weiterreise der allerdings etwas langwierigere Weg durch die Sierra de Cazorla und die Sierra de Segura dem wesentlich schnelleren Weg über die N-322 vorzuziehen. Der Weg über die N-322 ist auch für Caravanfahrer und*

**PRAKTISCHE HINWEISE – ÚBEDA**

**Oficina de Turismo [N38° 0' 29.84" W3° 22' 10.25"]**, Plaza Baja del Marqués, 4, Palacio del Marqués de Contadero, 23400 Úbeda, Tel. +34 953 77 92 04; www.guiacompleta.com/ubeda/.

**HOTELS**

**Parador de Úbeda „Condestable Dávalos"** ****, 35 Zi., Plaza Vázquez de Molina, Tel. +34 953 75 03 45; www.parador.es/de/parador-de-ubeda.htm; sehr komfortables Hotel in einem historischen Stadtpalast aus dem 16. Jh., schöner Innenhof, Zimmer teils mit „Himmelbetten", Restaurant.

**Rosaleda Don Pedro** ***, 53 Zi., Calle Obispo Toral, 2, Tel. +34 953 79 61 11; www.hotelrosaledadonpedro.com; kleines, zentral gelegenes komfortables Mittelklassehotel nähe Plaza del 1 de Mayo; Terrasse, Schwimmbad, Restaurant, WLAN, Garage.

*Reisende mit großen Wohnmobilen weniger beschwerlich.*

Man verlässt Úbeda zunächst auf der N-322 in östlicher Richtung, zweigt aber schon nach rund 8 km vor **Torreperogil** südwärts ab auf die A-315. In **Peal de Becerro** verlassen wir die A-315 wieder und folgen nun der A-319, die zwischen den Höhenzügen der Siera de Cazorla im Westen und der Sierra de Segura im Osten und durch das Tal des jungen Río Guadalquivir über **Cazorla**, **Coto-Ríos**, vorbei am **Embalse del Tranco** und über **Hornos de Segura** nach Nordosten führt. Dieser landschaftlich zwar sehr reizvolle Weg ist aber wegen der streckenweise etwas engen Straßenverhältnissen, die keine hohe Geschwindigkeiten zulassen, ziemlich zeitaufwendig.

Das von waldreichen Höhen umgebenene **Cazorla [N37° 54' 47.3" W3° 00' 09.7"]** ist Hauptort und südliches „Tor" des ausgedehnten Natur- und Waldparks **Parque natural de las Sierras de Cazorla**, Segura y las Villas, der sich über ein Gebiet von 240 ha im Nordosten der Provinz Jaén um das Quellgebiet des Río Guadalquivir erstreckt. In dieser abgelegenen Gegend sind noch Königsadler, Bartgeier, Steinböcke und andere Wildarten heimisch. Die höchste Erhebung, der 2.028 m hohe Cabañas, liegt südöstlich von Cazorla.

Im Weiterfahren sieht man schon von weitem die Mauern einer uralten **Templerburg** hoch über dem Ort La Iruela.

Die Straße führt hinauf auf den 1.290 hohen Bergsattel Puerta de las Palomas. Von dort sind weite Ausblicke möglich.

Nach längerer Fahrt durch das Tal des Río Guadalquivir und vorbei an der Zufahrtsstraße zum 8 km entfernten **Parador „El Adelantado" [N37° 54' 06.2" W2° 57' 40.5"]** kommt man nach **Coto Ríos [N38° 02' 47.8" W2° 50' 59.3"].** In der Nähe liegt das Besucher- und Naturkundezentrum Torre del Vinagre mit Jagdmuseum, botanischem Garten und Forellenzuchtanlage.

Entlang den Westufern des Stausees Embalse del Tranco kommt man rund 12 km nördlich des Ortes **Tranco** zum Abzweig in den rund 900 m hoch gelegenen Ort **Hornos de Segura**, der wie das gut 15 km weiter nördlich, sehr hübsch auf annähernd 1.100 m Höhe gelegene Städtchen **Segura de la Sierra** von einer gewaltigen Burg überragt wird und auf den Besucher noch heute einen recht maurischen Eindruck macht.

Bitte beachten: Die Straße A-317 nördlich von Hornos hat gewöhnlich von Januar bis Ende März Wintersperre!

*ROUTE: Über **Orcera**, nördlich von Segura de la Sierra, und **Siles [N38° 23' 20.3" W2° 35' 04.3"]** (Camping Fuente de la Canalica, 1. Kat., ganzjährig geöffnet) erreicht man bei **Fábricas de Riópar** schließlich die Hauptstraße CM-412. Ihr folgen wir nordwestwärts bis **Reolid** an der N-322, die uns endlich nach **Albacete** (Parador) bringt.*

Weniger beschwerlich ist der Weg, wenn man nordwestlich von Hornos auf der A-317 bleibt und über **La Puerta de Segura [WP220 / N38° 21' 00.0" W2° 44' 13.1"]** westwärts zur Hauptstraße N-322 und auf der weiter nach **Albacete [Umgehungsautobahn A-31 – WP221 / N38° 59' 43.0" W1° 50' 24.9"]** fährt.

Ab Albacete bedient man sich am einfachsten der Autobahnen A-31, A-35 und A-7 und erreicht nach 185 km schließlich **Valencia** (Valencia West, Autobahnkreuz A-3/A-7) **[WP222 / N39° 28' 22.9" W0° 33' 08.2"]** (siehe auch Route 1, Valencia – Cuenca).

**PRAKTISCHE HINWEISE**

**Oficina de Turismo**, Paseo del Santo Cristo, 17, 23470 Cazorla, Tel. +34 953 71 01 02; www.cazorla.es.

**RESTAURANT**

**La Sagra**, Plaza de Andalucia, 13/Plaza del Mercado, 11, Tel. +34 953 72 15 07; www.hotelescazorla.com/sagra/index.htm; in ansprechender Lage, gute Küche, auch regionale Spezialitäten.

## HOTELS:

**Cazorla**

**Parador de Cazorla „El Atelandato" *** [N37° 54' 06.2" W2° 57' 40.5"]**, 34 Zi., Sierra Cazorla, s/n, Tel. +34 953 72 70 75; www.parador.es/de/parador-de-carzorla; am Ende einer Stichstraße rund 25 km südöstlich von Cazorla in den Bergen der Sierra de Cazorla auf etwa 1.400 m, sehr komfortables Haus in schöner, abgeschiedener Lage mit Bergblick, Schwimmbad, Restaurant, Parkplatz.

**Villa Turística de Cazorla** ***, 38 Zi., Ladera de San Isicio, Tel. +34 953 72 40 90; www.villasdeandalucia.com/es/node/53; ein Dorf mit 32 Villen der Mittelklasse, in schöner, ruhiger Berglandschaft, Schwimmbad, Restaurant, Parkplatz.

**Coto-Ríos**

**Hotel Noguera de la Sierpe** ***, 47 Zi., Ctra. de la Sierra (A-319) KM 44,5, Tel. +34 953 71 30 21; www.turismoencazorla.com/nogueradelasierpe.php; Zufahrt von der Straße A-319 rund 30 km nördlich von Cazorla bei Coto-Ríos, ruhig gelegenes, komfortables Mittelklassehotel, Hotelterrasse, Schwimmbad, Restaurant, Parkplatz.

## CAMPING

**Cazorla**

**Camping-Cortijo „San Isicio" [WP216 / N37° 54' 17.71" W3° 0' 49.22"]**, Camino San Isicio, s/n, Apartado 33, Tel. +34 953 72 12 80; www.campingcortijo.com; 1. März – 31. Okt.; rund 2 km außerhalb von Cazorla am Weg San Isicio, „Camping auf dem Bauernhof", kleine, einfache Übernachtungsmöglichkeit.

**Coto-Ríos**

**Camping Llanos de Arance [N38° 2' 46.77" W2° 51' 13.16"]**, Tel. +34 953 71 31 39; www.llanosdearance.com; ganzjährig geöffnet; Zufahrt von der A-319 bei KM 53,8, ebenes Grasgelände mit Pappeln; ca. 150 Stpl.; Standard-Sanitärausstattung; Laden, Imbiss, Schwimmbad, Mietbungalows.

**Hornos de la Segura**

**Camping Montillana [N38° 11' 12" W2° 46' 22"]**, Tel. +34 953 12 61 94, www.campingmontillana.com; Ende März – 30. Sept.; Zufahrt von der Straße A-319 (Tranco – Hornos de Segura) bei KM 78,5; leicht schräges Wiesengelände mit Büschen und Bäumen; 2 ha – ca. 120 Stpl.; Standard-Sanitärausstattung; Laden, Imbiss, Schwimmbad, Fahrradverleih.

**Segura de la Sierra**

**Camping El Robledo [WP219 / N38° 15' 9.08" W2° 41' 8.23"]**, Ctra. del Yelmo, Tel. +34 953 49 63 15; www.campingelrobledo.com; ganzjährig geöffnet; unterhalb des 1.809 m hohen Yelmo; Zufahrt von der A-317 nördlich von Hornos; 2,5 ha – ca. 100 Stpl.; einfache Standard-Sanitärausstattung. Laden, Imbiss, Schwimmbad, Fahrradverleih.

## WOHNMOBIL-STELLPLATZ – LA RODA

**Wohnmobil-Stellplatz Area de Autocaravanas de Tamoil La Roda/Albecete [N39°13'28.77" W2°11'9.72"]. Zufahrt**: An der Autobahn A-31 (Albacete – Madrid) Ausfahrt 34 bei der Tamoil-Tankstelle bei KM 34,5 gelegen. Platz für 5 Wohnmobile. **Geöffnet**: Ganzjährig. **Ausstattung**: Wasserentnahmestelle, Entsorgungsmöglichkeit für Grauwasser und Chemikaltoiletten. Öffentliche Toiletten. Cafeteria in der Tankstelle. Supermarkt im Ort La Roda 2 km südöstlich entfernt. Gebührenfei. www.itxaspe.com/Autocaravanas/Izquierda/AreasAutocaravanas/AreaAutocaravanas.

## ROUTE 15: GRANADA – ELX/ELCHE

| | |
|---|---|
| **Länge der Tour:** | Rund 500 km, ohne Abstecher. |
| **Die Route:** | Über die A-92 bis **Almería** – A-7/E-15 über **Murcia** bis **Elx/Elche**. |
| **Alternative:** | **„Inlandroute“** über **Baza** nach **Lorca**. |
| **Alternative:** | **„Küstenroute“** über **Almería** und **Cartagena**. |
| **Reisedauer:** | Mindestens zwei Tage. |
| **Höhepunkte:** | Die **Burg von La Calahorra** und ihre Lage ** – **„Mini-Hollywood“** bei Tabernas – die **Altstadt von Almería** – die Küste und ihre Strände am **Cabo de Gata** * – das Städtchen **Mojácar** * und die nahen Strände – **Murcias Kathedrale** ** – der Palmengarten **„Huerto del Cura“** ** in Elx/Elche. |

*ROUTE: Anfangs recht kurvenreich später zur Schnellstraße ausgebaut führt die Straße A-4002/A-92 über die Sierra Harana und den 1.390 m hohen Pass Puerto de la Mora nach **Guadix**, 59 km östlich von Granada.*

Die Gegend um Guadix ist bekannt für die **„Cavernas“**, die in den weichen Tuffstein getriebene Höhlenwohnungen.

Bereits in Purullena sieht man an den braunen Tuffsteinhügeln die weißgetünchten Türen und Kamine, die auf Wohnungen im Berg hinweisen.

Diese Wohnstätten im Erdinneren sind keineswegs Zeichen von Armut oder niederem Lebensstandard. Vielmehr zog man es vor, so der glühenden Sommerhitze zu entgehen. Denn die Höhlenwohnungen bleiben im Sommer überraschend kühl und sind im Winter leichter zu erwärmen.

Das einfache Landstädtchen **Guadix [WP223 / N37° 18′ 13.9“ W3° 08′ 03.9“]**, das die Mauren als *Guad-Haix* (Fluss des Lebens) kannten, wartet mit einer recht imposanten, von Häusern mit Säulenarkaden umstandenen Plaza Mayor (auch Plaza de las Palomas oder Plaza de la Constitución) und einer **Kathedrale [N37° 18′ 3.71“ W3° 8′ 9.59“]** *(geöffnet Juni – Sept. Mo – Sa 10.30 – 14 +*

*17 – 19.30 Uhr, So 17 – 20 Uhr, Okt. - Mai Mo- Sa 10.30 – 14 + 16.30 – 18.30 Uhr, www.catedraldeguadix.es)* aus dem 18. Jh. mit schöner Barockfassade auf.

Durch den Ortsteil Barrio Santiago, der sich um die Santiago-Kirche (sehenswertes Portal) mit einigen bemerkenswerten Palacios ausdehnt, kann man hinauf zur **Alcazaba [N37° 17' 55.97" W3° 8' 17.99"]**, einer Festung aus der Maurenzeit, gehen. Hier findet man die meisten der einstmals über 200 Höhlenwohnungen, von denen viele noch heute bewohnt sind. Die Bewohner schätzen vor allem das über das ganze Jahr angenehme Klima in den Wohnräumen, das ohne technisches Zutun im Sommer nicht zu heiß und im Winter nicht zu kalt wird. Besichtigen kann man eine Museumshöhle (Cueva museo).

### Alternativrouten zur Weiterreise

Zur Weiterreise bieten sich ab Guadix zwei Möglichkeiten an – quasi eine **„Inlandroute"** auf der A-92N und der A-91 über Baza bis Puerto Lumbreras und weiter auf der A-7/E-15 über Lorca und Murcia nach Elx/Elche, die schnellere der beiden Alternativen, sowie eine **„Küstenroute"** über die A-92 bis Almería, dort auf der A-7/E-15 bis Ausfahrt 494 und weiter über N-341, AL-7107, AP-7 und N-332 über Carboneras, Mojácar, Águilas, Cartagena, Torrevieja und Santa Pola nach Elx/Elche.

### Die „Inlandroute"

*„INLANDROUTE": Folgt man der „Inlandroute" über die gut ausgebaute A-92N nach Osten, durchquert man zunächst eine recht karge, einsame Landschaft mit Ausblicken auf Bergketten und erreicht nach 36 km die Zufahrt ins 7 km weiter südlich gelegene **Baza**.*

In **Baza** gibt es die sehenswerte Stiftskirche Santa María, Reste einer maurischen Burg und arabische Bäder zu besichtigen. Außerdem findet man in Baza noch Höhlenwohnungen.

*„INLANDROUTE": Die A-92N führt nun durch karges Hügelland hinauf zum 1.130 m hohen Puerto de el Contador. Der Blick fällt auf weite Mandelbaumplantagen. 77 km östlich von Baza passiert man die Abfahrt nach **Vélez Rubio**.*

In Vélez Rubio lohnt ein kurzer Abstecher nach **Vélez Blanco**, das nur wenige Kilometer weiter nördlich liegt. Zu sehen gibt es dort die imposante Burg **Castillo de los Fajardos [Zufahrt Calle Castillo - N37° 41' 24.63" W2° 5' 54.84"]**, die das weiße Städtchen überragt. Nahe beim Ort liegt die Höhle Cueva de los Letreros, in der noch prähistorische Felszeichnungen aus der Jungsteinzeit erhalten sind. Ob die Höhlen nun der Öffentlichkeit zugänglich sind, war bis Drucklegung leider nicht in Erfahrung zu bringen.

*„INLANDROUTE": Nach weiteren 24 km trifft man in **Puerto Lumbreras** auf die Fernstraße A-7/E-15, der wir nordostwärts über **Lorca** Richtung **Murcia** folgen.*

Die Fahrt über Puerto Lumbreras und Lorca nach Murcia ist wegen der nichtssagenden Landschaft und wenig einladend anmutender Ortschaften recht triste.

Schnurgerade führt die Straße nach **Lorca**, eine großflächige Stadt in der Ebene des Río Sangonera. Schöne **Plaza España**, umgeben von Barockbauten und der sehenswerten **Collegiata Kirche San Patricio**. Oberhalb liegt eine mittelalterliche **Burg**. Lorca ist bekannt

**WOHNMOBIL-STELLPLATZ – CÚLLAR BAZA**

**Wohnmobil-Stellplatz Venta del Peral/Área de Cullar [WP224 /N37° 33' 19" W2° 36' 31"]. Zufahrt**: Platz für 20 Wohnmobile an der Raststätte der A-92 bei KM 354, Zufahrt aus beiden Fahrtrichtungen. **Geöffnet**: Ganzjährig. **Ausstattung**: Wasserentnahmestelle, Entsorgungsmöglichkeit für Grauwasser und Chemikaltoiletten. Öffentliche Toiletten. Cafeteria in der Raststätte. Gebührenfrei. Max. Aufenthalt 48 Stunden. www.ventadelperal.es.

### HOTELS – PUERTO LUMBRERAS

**Parador de Puerto Lumbreras** ***, 60 Zi., Av. Juan Carlos I., 77, Tel. +34 968 40 20 25; www.parador.es/en/parador-de-puerto-lumbreras; ein sehr komfortabler, dennoch relativ preiswerter Parador in einem neuzeitlichen Gebäude, an der N-340 am nordöstlichen Ortsrand, Hotelgarten, Schwimmbad, Restaurant, Garage, Parkplatz.

**Riscal** ***, 48 Zi., Autovia A-7, Ausfahrt 649, Tel. +34 968 40 20 50; www.hotelriscal.com; komfortables Mittelklassehotel, Terrasse, Restaurant, Parkplatz.

### CAMPING – PUERTO LUMBRERAS

**Camping Los Angeles [N37° 34' 28.92" W1° 47' 42.036"]**, Tel. +34 968 40 27 82; ganzjährig geöffnet; am nordöstl. Ortsrand bei KM 256 der alten N-340, hinter einem Restaurant. Einfacher Übernachtungsplatz, ca. 20 Stpl.

für seine besonders farbenprächtige Prozession am Karfreitag.

**Murcia** (ca. 430.000 Einw.), die Hauptstadt der gleichnamigen Provinz in der Küstenregion Levante, kann auf einer gut ausgebauten Schnellstraße umfahren werden. Bei ausreichend zur Verfügung stehender Zeit lohnt aber ein Besuch der Innenstadt durchaus. Die Stadt liegt beiderseits des Segura-Flusses mitten im Herzen eines der reichsten Anbaugebiete für Obst und Gemüse ganz Spaniens.

Murcia ist eine maurische Gründung, die 831 unter Abd ar-Rahman II. entstand und damals als „Mursiya" bekannt war. Nach der Einnahme durch spanische Truppen im Jahre 1266 wurde die Stadt bald wichtiger Bischofssitz und erlebte in den folgenden Jahrhunderten durch die Produktion von Seidenstoffen eine Blütezeit. Murcia ist Universitätsstadt.

Bedeutende Söhne der Stadt sind der Bildhauer Francisco Salzillo, der im 18. Jh. lebte und berühmt wurde für seine Pasos (bemalte Prozessions-Figuren), sowie der im gleichen Jahrhundert wirkende königliche Minister Floridablanca, der die wirtschaftliche Entwicklung seiner Heimatstadt förderte.

Sehenswert ist in erster Linie die **Kathedrale [WP226 / N37° 59' 02.2" W1° 07' 44.9"]** *(geöffnet tgl. 10 – 13 + 17 – 20 Uhr)*, mit grandioser Barockfassade, prächtigem Glockenturm aus dem 18. Jh. und gotischem Inneren. Sehr schön ist die Vélez Kapelle mit einem eindrucksvoll gerippten Gewölbe und Bildhauerarbeiten von Francisco Salzillo.

Durch das nördliche Querschiff der Kathedrale gelangt man in das **Kirchenmuseum** *(geöffnet Juli - Aug. Di - Sa 10 - 13 + 18 - 20 Uhr, So 10 - 13 Uhr, übrige Zeit Di - Sa 10 - 13 + 17 - 20 Uhr, So 10 -- 13 Uhr; www.museosdemurcia.com/catedral/)*, dessen berühmtestes Exponat eine Figur des hl. Hieronymus (San Jerónimo) von Salzillo ist.

*Murcias Kathedrale*

Schließlich kann man den Turm der Kathedrale besteigen (Eintritt). Schöner Blick auf die Stadt.

Unweit nördlich der Kathedrale findet man an der hübschen Fußgängerzone und Geschäftsstraße Calle de la Trapería mit ihren vielen Straßencafés das sehr schöne **Kasino [N37° 59' 07.4" W1° 07' 44.8"]**, das heute einen exklusiven Herrenclub beherbergt, in dem aber schon seit Jahrzehnten nicht mehr gespielt wird.

Zu den besuchenswerten Museen Murcias gehört das **Salzillo-Museum [WP227 / N37° 59' 12.7" W1° 8' 17.6"]** *(geöffnet 15. Juni - 15. Sept. Mo - Fr 10 - 14 Uhr, übrige Zeit Mo - Sa 10 - 17 Uhr, So 11 - 14 Uhr; www.museosalzillo.es)* im westlichen Stadtbereich an der Calle San Andrés 4 (Plaza San Agustin), ganz in der Nähe des Busbahnhofs. Zu sehen ist eine umfangreiche Sammlung von Skulpturen und Pasos von Salzillo, die heute noch bei den traditionellen Karfreitagsprozessionen durch die Straßen der Stadt getragen werden.

In der Gegend um Murcia sieht man gelegentlich noch große Wasserschöpfräder. Sie dienten zur Bewässerung der Orangen- und Zitronenbaumplantagen in der **Huerta**, dem fruchtbaren Gebiet in der Ebene des Mündungsdeltas des Río Guadalentin.

*„INLANDROUTE": Weiterreise auf der A-7/E-15 nach **Elx/Elche**, rund 60 km.*

Die detaillierte Beschreibung von Elx/Elche mit Angaben zu Campingplätzen etc. finden Sie weiter hinten am Ende der nachfolgend beschriebenen „Küstenroute".

### Die „Küstenroute"

*„KÜSTENROUTE": Entscheidet man sich für den küstennahen Weg, nimmt man ab **Guadix** zunächst die Landstraße A-4101, die nach wenigen Kilometern die Fernstraße A-92 erreicht, der wir in südöstlicher Richtung nach **Almería** folgen. Die Küstenstadt wird nach 109 km erreicht.*

Nur wenige Kilometern hinter Guadix kommt man durch Alcudia de Guadix. Dort sind noch eine ganze Reihe

#### PRAKTISCHE HINWEISE – MURCIA

**Oficina de Turismo [WP226 / N37° 59' 01.3" W1° 07' 47.9"]**, Plaza del Cardenal Belluga, 30004 Murcia, Tel. +34 968 35 86 00; www.turismodemurcia.es.

**Feste, Folklore:** Feierliche Feste in der **Karwoche**. Am Gründonnerstag Abend singen die „Auroros" vor der Jesuskirche den traditionsreichen, fünfstimmigen Gesang „Correlativas". Am Karfreitag beginnt um 6 Uhr morgens die große **Prozession**.
In der Osterwoche findet ein heiterer, volkstümlicher **Bauernumzug der „Bando de la Huerta"** mit vielen Trachten aus der Huerta und geschmückten Karossen statt. Den Abschluss des Frühlingsfestes bietet das **„Begräbnis der Sardine"**, die am Abend verbrannt wird. Feuerwerk, Musik, Fackelumzüge.

**RESTAURANTS**

Eine ganze Reihe einladender Tapas-Bars und Restaurants findet man an der Calle General Margallo, wie **La Pequeña Taberna** (Plaza San Juan, 7, Tel. +34 968 21 98 40; www.lapequenataberna.com, Sonntag abends geschlossen, im Sommer sonntags geschlossen) oder das Restaurant **La Reunión** (Plaza de San Juan, 2, Tel. +34 968 21 94 95, Sonntag abends und montags geschlossen). – Viele Restaurants in der Stadt sind im August geschlossen!

**HOTELS**

**Silken Siete Coronas** ****, 155 Zi., Paseo de Garay, 5, Tel. +34 968 21 77 74; www.hoteles-silken.com; zentral gelegenes, sehr komfortables Firstclasshotel, renommiertes Restaurant „Las Coronas", WLAN, Garage.

**Catalonia Conde de Floridablanca** ***, 85 Zi., Calle Princesa, 18, Tel. +34 968 21 46 26; www.hoteles-catalonia.com; verkehrsgünstig im südlichen Stadtbereich gelegenes Mittelklassehotel, Restaurant, WLAN, Garage.
**Arco de San Juan** ***, 97 Zi., Plaza de Ceballos, 10, Tel. +34 968 21 04 55; www.arcosanjuan.com; komfortables Haus der gehobenen Mittelklasse, verkehrsgünstig, zentral, unweit der Kathedrale, renommiertes Restaurant „Del Arco", WLAN, Garage.
**NH Rincón de Pepe** ****, 144 Zi., Plaza Apóstoles, 34, Tel. +34 968 21 22 39; www.nh-hoteles.es/nh/es/hoteles/espana/murcia/nh-rincon-de-pepe.html; zentral, unweit östlich der Kathedrale, renommiertes Restaurant „Rincón de Pepe", WLAN, Garage.

von Höhlenwohnungen erhalten geblieben. Man wechselt auf die A-92.

Zwei Ausfahrten weiter (Ausfahrt 312) hat man Gelegenheit einen Abstecher südwärts in den nahe gelegenen Ort **La Calahorra [N37° 10' 57.6" W3° 03' 36.0"]** zu unternehmen. Man parkt im Ort und geht hinauf zur sehenswerten **Burg** *(geöffnet nur Mi 10 - 13 + 16 - 18 Uhr)*.

Dieses viereckige Kastell, das mit seinen vier mächtigen, runden Ecktürmen wie die Bilderbuchburg aus einem Ritterroman aussieht, liegt sehr schön auf einer kahlen Anhöhe vor den bis weit in den Frühsommer hinein schneebedeckten Gipfeln der Sierra Nevada.

**Abstecher nach Tabernas**

**Tabernas [WP228 / N37° 02' 58.9" W2° 23' 32.4"]** liegt an der Straße N-340, rund 7 km nordöstlich der Ausfahrt Nr. 376 der A-92 und rund 34 km nördlich von Almería.

Auf dem Weg nach Tabernas passiert man den Abzweig zu sog. „Filmstädten" wie **Fort Bravo** oder **Mini Hollywood** *(geöffnet Juni - Sept. tgl. 10 - 21 Uhr, Mai – Juni tgl. 10 – 19 Uhr, übrige Zeit 10 - 18 Uhr; www.oasysparquetematico.com)* am Rande der Sierra Alhamilla. In den oft schon ziemlich verfallenen Originalkulissen in der Nähe dieses nachempfundenen, aber eher bescheidenen Westernstädtchens wurden zahlreiche sog. Italo-Western gedreht. Große Teile von

*Fort Bravo bei Tabernas*

Sergio Leones „Für eine Handvoll Dollar" entstanden hier. Szenen für „Zwei glorreiche Halunken" und für den schon legendären Streifen „Spiel mir das Lied vom Tod" und viele andere wurden hier gedreht. Man kann die Kulissenstädte gegen Eintritt besichtigen.

Außerdem liegt in der Nähe von Tabernas ein Versuchsfeld zur Gewinnung von Solarenergie. Die „Plataforma de Solar" gilt als größte europäische solarthermische Forschungsstation.

Die karge, dürre Landschaft der Wüste von Tabernas, mit ihren wasserlosen, bergigen Weiten und steilen Schluchten, ist eine der bemerkenswertesten Landstriche in Spanien und einzig in ihrer Art in Europa.

Zwei Bergketten, die Sierra de los Filabres im Norden und die Sierra Alhamilla im Süden, verhindern, dass feuchte Winde oder gar Regenwolken bis in diese Gegend vordringen können. Als Folge leidet die Region im Regenschatten unter einer extremen Trockenheit. Im Sommer erreichen die Temperaturen nicht selten mehr als 40 Grad.

Vor **Gádor** quert die Straße den Río Ardarax. Wenig später zweigt die Straße A-348 nach Westen ab, die landschaftlich sehr schön an den Südausläufern der Sierra Nevada entlang führt.

**Almería** die alte Hafenstadt, deren maurische Vergangenheit man im hübschen Stadtkern noch ansieht, wird im Westen überragt von einer mächtigen Alcazaba. Abd er-Rahman hatte die Zitadelle einstmals zum Schutz des Hafens errichten lassen.

Schon im 8. Jh. war Almería einer der bedeutendsten Handelshäfen der Araber in Al-Andalus. Die Araber nannten ihren Hafen *Mariyat*, der im 11. Jh., als Almería Hauptstadt eines Kleinkönigreichs war, gelegentlich auch als Seeräubernest diente.

Später im 16. Jh. aber wurde die Festung stark zerstört. Nun ist innerhalb ihrer Umfassungsmauern, die nach wie vor von einem mächtigen Bergfried (Homenaje) überragt werden, ein schöner Park angelegt. Außerdem kann man die Türme, Ruinen und Reste einer Moschee besichtigen.

Heute ist Almería mit annähernd 189.000 Einwohnern Provinzhauptstadt, Fährhafen mit Verbindungen nach Málaga und Melilla, Exporthafen des im Hinterland abgebauten Eisen- und Kupfererzes und wirtschaftliches Zentrum des Weinbaugebietes der Region.

Neben einem Bummel durch die Altstadt hinauf zur **Alcazaba [Zugang – WP229 / N36° 50' 23.8" W2° 28' 12.9"]** *(geöffnet Apr. – Mai Di – Sa 9 – 20 Uhr, So 10 – 17 Uhr, 16. Juni – 15. Sept. Di – Sa 9 – 15.30 + 18.30 22 Uhr, So 10 – 17 Uhr, 1 . – 15. Juni nur 9 – 15.30 Uhr, sonst Di – Sa 9 – 18.30 Uhr, So 10 – 17 Uhr; freier Eintritt für EU-Bürger mit Ausweis)* lohnt eine Besichtigung der **Kathedrale [WP230 / N36° 50' 18.1" W2° 28' 01.9"]**, die mit ihren vier Türmen und nur winzigen Fenstern beim Besucher einen sehr wehrhaften Eindruck hinterlässt.

Der martialische Charakter des Kirchenbaus ist sicher zum Teil darauf zurückzuführen, dass Almería bis ins 16. Jh. immer wieder Ziel von Plünderungen durch Piraten und Freibeuter war. Im Inneren sieht man einen Marmoraltar aus dem 18. Jh. und schönes Chorgestühl.

Andere bedeutende Kirchenbauten sind die **Basilika Virgen del Mar [WP231 / N36° 50' 13.3" W2° 27' 53.7"]** an der zentralen Plaza Virgen del Mar, in der der Schutzpatron der Stadt verehrt wird, sowie die auf den Resten einer Moschee errichtete **Kirche San Juan [N36° 50' 17.63" W2° 28' 16.98"],** weiter im Westen der Stadt, in der noch deutlich der „Mihrab", die Gebetsnische aus islamischer Zeit, zu erkennen ist.

Gleich nördlich neben der Kathedrale sieht man die repräsentativen Gebäude des Klosters Las Puras und des Bischofspalais, während ein Straßenzug südlich der Kathedrale die neoklassizistische Fassade des Hospital Real aus dem 18. Jh. auffällt.

Bemerkenswert sind schließlich die hübsche Hafenpromenade am **Parque de Nicolás Salmerón [WP232 / N36° 50' 09.3" W2° 28' 00.7"]** und die

*Playa de Zapillo, Almería. Foto: Turespaña München*

Hauptstraße **Paseo de Almería** mit Cafés, Restaurants, Tapas-Bars und dem Teatro Cervantes. Einen deutlichen Schnitt zwischen historischer Altstadt und Neustadt stellt der breite, begrünte Boulevard Rambla de Belén dar, der von der Erzverladestelle am Hafen, einer eigenwilligen Eisenskonstruktion aus der frühen Industrieepoche der Stadt, nach Nordosten verläuft.

Einen sehr schönen Stadtblick hat man übrigens vom weiter nördlich der Zitadelle gelegenen Hügel Cerro de San Cristóbal

Vor den östlichen Vorstädten von Almería dehnt sich der weite Sandstrand Zapillo aus.

Eine Reihe langer, recht abgeschiedener **Sandstrände** findet man etwa auf halbem Wege zwischen Adra und Almería und südlich von Roquetas de Mar. Dort dehnen sich zwischen Punta Entinas bei Almerimar und Punta Sabinar hohe Dünengürtel, die weite Salinen und Lagunen vom offenen Meer abschirmen. Diese Feuchtgebiete sind ein wahres Eldorado für Watvögel und Flamingos.

## PRAKTISCHE HINWEISE – ALMERÍA

**Oficina de Turismo [WP233 / N36° 50′ 06.0" W2° 27′ 54.2"]**, Parque Nicolás Salmerón (esquina Martínez Campos), 04002 Almería, Tel. +34 950 17 52 20; www.turismodealmeria.org.

### RESTAURANT

**Casa Puga**, Calle Jovellanos, 7, Tel. +34 950 23 15 30, www.barcasapuga.es; gegründet wurde die Tapasbar bereits 1870 und ist bis heute eine Art Institution der Tapaskultur in der Stadt, ein Muss in Almeria, sonntags geschlossen.

### HOTELS

**Gran Hotel Almería** ****, 105 Zi., Av. Reina Regente, 8, Tel. +34 950 23 80 11; www.granhotelalmeriacitymar.com; sehr komfortables Haus der gehobenen Mittelklasse in verkehrsgünstiger Lage am Hafen am Südrand der Innenstadt, Schwimmbad, Cafeteria, Garage.

**Nuevo Torreluz** ****, 105 Zi., Plaza Flores, 10, Tel. +34 950 23 43 99; www.torreluz.com; sehr komfortables Haus der gehobenen Mittelklasse; zentral, mit-

ten in der Innenstadt, Schwimmbad, 2 Restaurants, Garage. In der Nahbarschaft liegt das Hotel Torreluz Centro (Mittelklasse).
**Costasol** ***, 55 Zi., Paseo de Almería, 58, Tel. +34 950 23 40 11; www.hotel-costasol.com; gutes Mittelklassehotel, zentral neben dem Theater und recht verkehrsgünstig im südlichen Innenstadtbereich an einem der Hauptboulevards der Stadt, Cafeteria.

**CAMPING**

**Almería**
**Camping La Garoffa [N 36° 49' 34.28" W 2° 30' 58.2"]**, Ctra. N-340a, KM 435,4, Tel. +34 950 23 57 70, www.lagarrofa.com; ganzjährig geöffnet; an der Küstenstraße N-340a Via Littoral bei KM 435, westlich der Stadt; steile Zufahrt; zweigeteiltes Terrain in einem engen Taleinschnitt unterhalb der Straße und der steilen Felsküste, teils in Terrassen, teils geneigtes Gelände; ca. 2 ha – 90 Stpl.; Standard-Sanitärausstattung. Laden, Restaurant, Mietbungalows, Strand.

**Aguadulce/Roquetas de Mar**
**Camping Roquetas [N36° 47' 51.67» W2° 35' 27.30" ]**, Ctra. Los Parrales, Tel. +34 950 34 38 09; www.campingroquetas.com; ganzjährig geöffnet; ca. 10 km westlich von Almeria gelegen, Zufahrt von der A-7 Ausfahrt 429, weiter 2 km südwärts Richtung Roquetas de Mar, dann Beschilderung folgen , noch ca. 1,5 km; Gelände mit drei flachen Terrassen, von hoher Hecke eingefriedet mit gutem Baumschatten; 7 ha – 650 Stpl.; Standard-Sanitärausstattung. Laden, Imbiss, Restaurant, Schwimmbad, Tennis, Fahrradverleih. Mietbungalows. **V & E für Wohnmobile**.

**Balerma**
**Camping Mar Azul [N36° 43' 20.30" W2° 52' 43.04"]**, Crta. De Juardias Viejas s/n, Tel. +34 950 497 241, www.campingbalerma.com; ganzjährig geöffnet; ca. 40 km westlich von Almeria gelegen, Zufahrt von der A-7 (Almería – Motril) Ausfahrt 403 und südwärts weiter Richtung Balerma, hier südostwärts noch ca. 1,5 km auf derAL-9036 bis zur Platzeinfahrt. Ebenes, noch schattenloses Gelände; ca. 4 ha – 120 Stpl.; gute Standard-Sanitärausstattung. Über die Straße zum breiten Strand. **V & E für Wohnmobile**. Neueröffnung Frühjahr 2014.

**WOHNMOBIL-STELLPLATZ – URBANIZACIÓN ALMERIMAR**

**Wohnmobil-Stellplatz „Caravanas Parking" Marina Almerimar [WP234 / N36° 41' 37.30" W2° 47' 26.20"]**, Calle Mar de Alborán, Tel. +34 950 60 77 55. **Zufahrt**: A-7 Ausfahrt 409 und weiter auf der A-389 bis Almerimar und weiter der Beschilderung „Puerto Deportivo" folgen. Langgestreckter, asphaltierter, schattenloser Parkplatz zwischen hoher Mauer am Sportboothafen und einer hohen Kaimauer mit Platz für etwa 20 Wohnmobile, in Sichtweite des Leuchtturms. Max. Aufenthalt 72 Stunden. **Gebühren** sind im Hafenbüro im „Control Tower" zu entrichten (geöffnet tgl. 9 – 14 Uhr + 16 – 21 Uhr). **Ausstattung**: Wasserentnahmestelle, Entsorgungsmöglichkeit für Grauwasser und Chemikaltoilette, Dusche und Strom gegen Gebühr. Geschäfte und Restaurant ca. 200 m entfernt.

Die Küste westlich von Almería bis hin nach Motril ist zumindest aus touristischer Sicht alles andere als schön oder einladend. Bis weit ins Hinterland hinein ist die Gegend vollgepflastert mit von Plastikfolien überzogenen Gewächshäusern.

*„KÜSTENROUTE": Weiterreise ab Almería auf der A-7/E-15, vorbei an **Níjar** (hübsches Dorf, bekannt für seine bunten Kermamikkrüge) bis Ausfahrt Nr. 494. Hier ostwärts auf die N347 nach **Carboneras** an der Küste.*

### Abstecher zu den Kaps Cabo de Gata und Cabo de Palos

Auf der Weiterreise von Almería auf der A-7/E-15 ostwärts lohnt an der Ausfahrt Nr. 460 ein Abstecher nach Südosten und auf der Straße AL-3215 hinaus ans Kap Cabo de Gata.

Die 45 km lange Küste östlich und westlich des **Cabo de Gata [WP236 / N36° 43' 19.8" W2° 11' 31.3"]** und die vulkanische Landschaft des Hinterlandes wurden zum **Naturpark Cabo de Gata-Níjar** erklärt. Der überaus regenarme Landstrich macht einen wüstenartigen Eindruck. Hinter Wanderdünen erstrecken sich schon lange nicht mehr genutzte Salinenfelder, z. B. um das Küstendorf Almadraba de Monteleva (Observatorium zur Vogelbeobachtung), das früher durch seine weißen Salzberge schon von weitem auf sich aufmerksam machte.

Am Kap Cabo de Gata selbst findet man einen **Leuchtturm** und den Aussichtspunkt **Mirador de las Sirenas** mit prächtigem Blick auf die zerklüftete Felsküste hier.

An der Küste nordöstlich vom Cabo de Gata, die aber vom Kap aus nicht direkt, sondern über einen weiten Umweg zu erreichen ist, liegen am Rande des Parque Natural de Cabo de Gata-Níjar bei dem abgeschieden und hübsch in einer Bucht gelegenen Ferienort San José und bei Las Negras schöne **Sandstrände**, wie die in der Bucht von Morrón de los Genoveses, bei Los Escullos oder bei Las Negras und nördlich davon.

*Die bizarre Klippenküste am Cabo de Gata*

**CAMPING**

V&E

**Cabo de Gata**

**Camping Cabo de Gata [WP235 / N36° 48' 7.25" W2° 14' 40.35"]**, Ctra. Cabo de Gata, s/n, Tel. +34 950 16 04 43, www.campingcabodegata.com; ganzjährig geöffnet; Zufahrt von der A-7 Ausfahrt 460 oder 467 nach Cabo de Gata und noch ca. 15 km; ebenes, parzelliertes, durch Bäume leicht schattiges Gelände, zusätzlich Mattendächer, von Obst- und Gemüseplantagen umgeben; 3 ha – 220 Stpl.; Standard-Sanitärausstattung. Laden, Restaurant, Waschmaschine mit Trockner, Schwimmbad, Tennis, Sauna, Internetecke. **V & E für Wohnmobile**.

V&E

**San José**

**Camping Los Escullos [N36° 48′ 10.48″ W2° 4′ 39.04″]**, Paraje Los Escullos, s/n, Tel. +34 950 38 98 11, www.losescullossanjose.com; ganzjährig geöffnet; 8 km nördlich von San José über die Landstraße AL-4200 Richtung Las Negras; leicht geneigtes Gelände mit Baumschatten; 4 ha – 150 Stpl. + Dau.; gute Standard-Sanitärausstattung. Laden, Imbiss, Restaurant, Waschmaschine mit Trockner, Schwimmbad, Tennis, Volleyballfeld, Segel- und Tauchschule, Fahrradverleih, Sauna, Internetecke. Mietbungalows. **V & E für Wohnmobile**.

**Las Negras**

**Camping Nautico La Caleta [N 36° 52′ 21.25″ W 2° 0′ 23.56″]**, Cala del Cuervo, Tel. +34 950 52 52 37; www.campinglacaleta; ganzjährig geöffnet; von Las Negras auf der teils schmalen Landstraße Paraje Torrehoyo ca. 1 km südwärts, in einem Taleinschnitt gelegenes, geneigtes Gelände, Schatten durch Mattendächer; 5 ha – 180 Stpl.; Standard-Sanitärausstattung. Laden, Imbiss, Restaurant, Schwimmbad, Sauna, Mietbungalows. **V & E für Wohnmobile**. Schöne, noch unverbaute Steilküste mit Wanderwegen.

*„KÜSTENROUTE“: Vom Cabo de Gata oder von den Stränden kehrt man zurück zur Schnellstraße A-7/E-15 Richtung **Lorca**. Die Fahrt geht lange durch eine nicht sonderlich reizvolle, wüstenartige Gegend, die durch die riesigen, mit Plastikplanen gedeckten Gewächshäuser auch nicht hübscher wird. Angebaut werden in erster Linie Zitrus- und Südfrüchte, aber auch Blumen und Gemüse.*

*An der Ausfahrt Nr. 494 bietet sich Gelegenheit, die Schnellstraße A-7/E-15 zu verlassen und auf der N-341 ostwärts hinaus zur Küste bei **Carboneras** zu fahren. Von dort folgt man der küstennahen AL-5105/AL-7107 über **Mojácar, Garrucha, Palomares** und **Villaricos** bis **Águilas**.*

Der malerische Ort **Mojácar**, der mit seinen weißen, kubischen Häusern einen eher maurischen Eindruck macht, stuft sich am Fusse der Sierra Cabrera hinunter bis fast ans Meer zu einem kilometerlangen Sandstrand.

Hübsche Plätze sind die Plaza Nueva, die Plaza del Castillo oder die Plaza Picacho. Mittwochs, wenn Wochenmarkt ist, wird das Städtchen noch bunter und lebhafter.

Das große Stadtfest von Mojácar, die Fiesta Moros y Cristianos, findet jedes Jahr im Sommer vom 22. bis 24. Juli statt. Mehr als tausend kostümierte Teilnehmer erinnern an die Rückeroberung der Stadt von den Mauren. Heute soll das Spektakel aber auch ein Fest der friedlichen Koexistenz verschiedener Kulturen sein.

Zwischen Mojácar und dem angenehmen, noch nicht so sehr verbauten Ferienort Garrucha mit gepflegter Promenade am breiten Sandstrand, erstreckt sich ein langer, grobsandiger, teils auch felsiger Strand.

Ab Villaricos ist die Felsküste noch wenig bebaut und bietet mit ihren kleinen Buchten einen sehr schönen Anblick.

Bei El Pozo del Esparto nützen Wohnmobilfahrer die Strandgestade gerne als Stellplätze.

## PRAKTISCHE HINWEISE – MOJÁCAR

**Oficina de Turismo**, Plaza del Frontón, 04638 Mojácar, Tel. +34 90s 57 51 30, www.mojacar.es. *Geöffnet: Mo – Fr 10 – 14 + 17 – 19 Uhr, Sa + So 10 – 13 Uhr.*

**RESTAURANT**

**L'Incanto**, Paseo del Mediterraneo, 14, Tel. +34 950 47 22 24, www.lincanto.es; zwischen Straße und Meer gelegenes gutbürgerliches Restaurant mit italienischer Küche. Schöne Terrasse am Meer.

### HOTELS

**Parador de Mojácar „Reyes Católicos“** ****, 98 Zi., Paseo del Mediterráneo, 339, Tel. +34 950 47 82 50; www.parador.es/de/parador-de-mojacar; rund 3 km südöstlich des Ortes; neuzeitliches Gebäude, sehr komfortables Haus in schöner Lage am Meer, Schwimmbad, Hotelgarten, Tennis, Restaurant, Spezialitäten sind z. B. Reis- und Fischgerichte. WLAN. Parkplatz.

Einige Kilometer südöstlich von Mojácar findet man am **Paseo del Mediterráneo**, der „Hotelmeile“ des Ortes, noch eine Reihe weiterer Hotels wie das **El Puntazo** ***, Paseo del Mediterráneo, 257, Tel. +34 950 47 82 65, ein komfortables Mittelklassehotel in schöner Lage mit 21 Zimmer, (die Zimmer im Anex sind etwas einfacher), Schwimmbad, Restaurant und Parkplatz.

### CAMPING – ZWISCHEN MAJÁCAR UND CARTAGENA

**Mojácar**

**Camping El Cantal de Mojácar [N37° 7′ 33.48″ W1° 49′ 56.89″]**, Tel. +34 950 47 82 04; www.campingelcantal.es.; ganzjährig geöffnet; an der Küstenstraße AL-7107 (Carboneras – Garrucha) ca. 3,5 km südöstlich von Mojacar; ca. 4 ha – ca. 100 Stpl.; einfache Standardausstattung.

**Camping El Quinto [N37° 8′ 27.66″ W1° 51′ 33.60″]**, Camino El Quinto, Tel. +34 950 47 87 04; www.campingelquinto.com; ganzjährig geöffnet; Zufahrt von der Straße AL-151 (Mojácar – Turre) ca. 1,5 km westlich von Mojacar; ebenes Kiesgelände mit jungen Bäumen, liegt im bäuerlichen Hinterland von Mojácar, ca. 4 km von der Küste entfernt; ca. 1 ha – 40 Stpl.; gute Standardausstattung; Laden, Imbiss, Waschmaschine mit Trockner, WLAN, Schwimmbad, Schwimmbad. **V & E für Wohnmobile**.

*Playa de Villazar, Mojácar. Foto: Turespaña*

**Camping Cueva Negra [N37° 5′20.13″ W1° 51′ 23.46″]**, Camino Lotaza, 2, Tel. +34 950 47 58 55; www.campingcuevanegra.es; ganzjährig geöffnet; von der A-7/E-15 (Vera – Almeria) Ausfahrt 525 bis Mojácar und weiter auf der Küstenstraße AL-7107 ca. 7 km südwärts Richtung Carboneras, beschildert; gestuftes Gelände um einen Hügel gruppiert mit mediterraner Vegetation, zusätzlich Schatten durch Mattendächer. Teilweise recht steile Platzstraßen. Schöne Ausblicke. 12 ha – 60 Stpl.; Standard-Sanitärausstattung. Restaurant, Waschmaschine mit Trockner, WLAN, Schwimmbad, Tennis, Sauna. Mietbungalows.

**Los Gallardos**

**Camping Los Gallardos [N37° 11′ 4.13″ W1° 55′ 25.60″]**, Tel. +34 950 52 83 24; www.campinglosgallardos.com; ganzjährig geöffnet; Von der A-7/E-15 (Vera – Almeria) Ausfahrt 525 und weiter Richtung Los Gallardos und hier nach ca. 700 m Brückenunterführung, noch 1 km schmaler Weg; Geländestufen mit Bäumen und Büschen; 3 ha – 90 Stpl.; Standard-Sanitärausstattung. Laden, Restaurant, Waschmaschine mit Trockner, Schwimmbad, Internetecke. **V & E für Wohnmobile**.

**Palomares bei Vera**
**Camping Cuevas Mar [WP237 / N37° 14' 16.26" W1° 47' 57.80"]**, Ctra. Villaricos a Garrucha, Tel. +34 950 46 73 82; www.campingcuevasmar.com; ganzjährig geöffnet; beschilderte Zufahrt von der Küstenstraße AL-7107 (Garrucha – Águilas) bei KM 5,5 im Kreisverkehr an der Repsol-Tankstelle nach Palomares abzweigen und noch ca. 400 m zur Platzeinfahrt rechts, am südöstlichen Ortsrand von Palomares gelegen; gekiestes, so gut wie ebenes Terrain mit einigen Laubbäumen, an einer Seite von Gewächshäusern begrenzt; parzellierte, durch Hecken eingefasste Stellplätze; ca. 5 ha – 180 Stpl.; einfache Standard-Sanitärausstattung. Kiosk, Waschmaschine mit Trockner, Schwimmbad. WLAN. **V & E für Wohnmobile**. Naturistenplatz angrenzend. Zum Meer gut 500 m.

**Camping de Águilas [N37° 25' 34.99" W1° 33' 3.28"]**, Ctra. Cabo Cope, Tel. +34 968 41 92 05; www.campingaguilas.es; ganzjährig geöffnet; Zufahrt von der A-7 (Almeria – Vera) Ausfahrt 578 Águilas und auf der N-332 weiter bis kurz vor Águilas, hier ca. 5 km nordostwärts weiter Richtung Calabardina bis zum beschilderten Abzweig; ebenes, durch Pinien teils schattiges Gelände in erhöhter Lage. 2 ha – 50 Stpl.; Standard-Sanitärausstattung. Imbiss, Waschmaschine mit Trockner, Schwimmbad, Tennis. WLAN.

**Bolnuevo-Mazarrón**
**Camping Playa de Mazarrón [N37° 33' 47.29" W1° 18' 13.76"]**, Pobledo de Bolnuevo, Tel. +34 968 15 06 60; www.playamazarron.com; ganzjährig geöffnet; Zufahrt von Mazarrón auf der Landstraße D-6 ca. 3 km südostwärts bis zum ersten Kreisverkehr in Bolnuevo, hier noch ca. 300 m bis zur Platzeinfahrt; ebenes, parzelliertes Gelände mit Schattendächern am Ortsrand von Bolnuevo; 7 ha – 350 Stpl.; gute Standard-Sanitärausstattung. Laden, Restaurant, Waschmaschine mit Trockner, Schwimmbad, WLAN, Frisch- und Abwasseranschluss auf fast allen Stellplätzen, Tennis, Sauna. **V & E für Wohnmobile**.

**Puerto de Mazarrón**
**Camping Las Torres [N37° 35' 23.49" W1° 13' 45.05"]**, Tel. +34 968 59 52 25; www.campinglastorres.com; ganzjährig geöffnet; von der N-332 (Mazarrón – Cartagena) bei KM 29 beschilderter Abzweig; ebenes, parzelliertes, ebenes Gelände mit Schattendächer und einigen Bäumen; 9 ha – 100 Stpl. + Dau.; Standard-Sanitärausstattung. Restaurant, Schwimmbad, Tennis, WLAN, Internetecke, Gasflaschendepot. Mietcaravans und -bungalows.

**Isla Plana/Puerto de Mazarrón**
**Camping Los Madriles [N37° 33' 47.29" W1° 18' 13.76"]**, Ctra. a la Azohia, KM 4,5, Tel. +34 968 15 21 51; www.campinglosmadriles.com; ganzjährig geöffnet; Zufahrt von N-332 (Mazarrón – Cartagena) ca. 2 km nordöstlich von Puerto de Mazarrón nach Isla Plana/La Azohia abzweigen und noch ca. 1 km ostwärts zum Platz; zwischen einer Hügelkette und Obst- und Gemüseplantagen gelegen, parzellierter, leicht terrassierter Platz mit gekiesten Stellflächen, Palmen-, Maulbeer- und Kakteenbepflanzung, wenig Schatten; schöner Blick auf Meer und Berge; 6,5 ha – 300 Stpl.; gute Standard-Sanitärausstattung. Laden, Imbiss, Restaurant, Waschmaschine mit Trockner, Schwimmbad, WLAN, Internetecke, jeder Platz mit Frisch- und Abwasseranschluss. **V & E für Wohnmobile**.

## WOHNMOBIL-STELLPLÄTZE

**Vera**
**Wohnmobil-Stellplatz Camper Parc Oasis al Mar [N37° 13' 38.33" W1° 49' 41.50"]**, Avenida El Salar; www.oasis-al-mar.com; **Zufahrt**: Von Vera ca. 2 km auf der Ctra. Garrucha, dann nordwärts abzweigen und noch ca. 1 km. Gepflegtes, gekiestes Gelände mit eingeebneten Terrassen mit Platz für 50 Wohnmobile bei der Finca Oasis al Mar, wenig Schatten durch Pinien. **Ausstattung**: Frischwasser, Ausguss für Grauwasser und Chemikaltoiletten,

Strom, WLAN. Keine Wohnmobile über 8 m. **Geöffnet**: Ganzjährig. **Gebühr** pro Wohnmobil inkl. V & E und WLAN. Strom Extragebühr. Radweg zum 2 km entfernten Meer. Unter deutscher Leitung.

**Wohnmobil-Stellplatz Area Autocaravanas Acvera Vera [N37° 15' 36.96" W1° 51' 11.53"]**, Camino de los Pescadores, s/n, Tel. +34 950 59 28 77, www.acvera.com. **Zufahrt**: Ca. 1,5 km nordöstlich von Vera gelegen. Im Ort zur Calle de la Ribina am östl. Ortsrand, unter der Umgehungsstraße AL-P-116 (A-352) hindurch, danach links halten und nordwärts zum Platz. Asphaltierter, schattenloser Platz für ca. 30 Wohnmobile, in hügeliger, ländlicher Umgebung. **Ausstattung**: Frischwasser, Ausguss für Grauwasser und Chemikaltoiletten, Strom, Picknicktische, WLAN, Toiletten, Waschmaschine, Bar-Restaurant, Grillplatz, mehrere Tennisplätze. **Geöffnet**: Ganzjährig. **Gebührenpflichtig**.

**Jaravia bei Pulpi/Aguilas**

**Wohnmobil-Stellplatz Campo Monika [N37° 23' 15.70" W1° 41' 34.14"]**, Virgen del Jaravia, 39-41, Tel. +34 968 95 96 47; www.campo-monika.de.tl. **Zufahrt**: AP-7 Ausfahrt 890 und ostwärts weiter auf der A-350/A-1205 Richtung Pilar de Jaravia /San Juan de los Terreros, ca. 300 m südlich außerhalb von Jaravia gelegen; begrünter Platz beim Gelände der Finca der Familie Meyer, mit Platz für 8 Wohnmobile. **Ausstattung**: Wasserentnahmestelle, Entsorgungsmöglichkeit für Grauwasser und Chemikaltoilette, Strom, Waschmaschine, Internetecke. **Geöffnet:** Ganzjährig. **Gebührenpflichtig**. 2013 war der Platz wegen Umbauarbeiten geschlossen. Weiterbestand fraglich!

**Puntas de Calnegre**

**Wohnmobil-Stellplatz Taray Camper Park [N37° 30' 51.68" W1° 23' 56.85"]**, Ctra. Lorca Ramonete, Tel. +34 636 47 78 92; **Zufahrt**: AP-7/E-15 (Almeria – Cartagena) Ausfahrt 857 und weiter auf der N-332 westwärts und auf die D-21 ca. 3,5 km südwärts Richtung Puntas de Calnegre, ca. 600 m nördlich von Puntas de Calnegre mit Restaurants und Geschäften. **Ausstattung**: Naturbelassenes Gelände mit Platz für 40 Wohnmobile zwischen Zufahrtsstraße und Meer. Wasserentnahmestelle, Entsorgungsmöglichkeit für Grauwasser und Chemikaltoiletten. **Geöffnet**: Ganzjährig. **Gebührenpflichtig**.

**Ramonete-Los Curas**

**Wohnmobil-Stellplatz Wo-Mo Puerto „Villa Brisa", Familie Sprem [WP238 / N37° 30' 43.30" W1° 24' 44.60"]**, Ctra. Puntas de Calnegre, KM 3,5; 30876 Ramoneta/Los Curas; Tel. +34 968 15 80 48. **Zufahrt**: AP-7/E-15 (Almeria – Cartagena) Ausfahrt 857 und weiter auf der N-332 westwärts und auf die D-21 ca. 3,5 km südwärts Richtung Puntas de Calnegre. Langgestrecktes, geschottertes, eingezäuntes Gelände mit hohen Laubbäumen. In einem agrartechnisch genutzten Gebiet. Platz für 45 Wohnmobile. **Ausstattung:** Wasserentnahmestelle, Entsorgungsmöglichkeit für Grauwasser und Chemikaltoiletten, Duschen, Waschmaschine mit Trockner, WLAN, Bar, Stromanschlüsse. Zum Meer in Puntas de Calnegre ca. 1 km. **Geöffnet**: Ganzjährig. **Gebührenpflichtig**.

**Cartagena [WP239 / N37° 36' 25.3" W0° 58' 41.5"]** (ca. 212.000 Einw.), im 3. vorchristlichen Jahrhundert von den Karthagern als Handelsstützpunkt gegründet, ist Spaniens wichtigste Marinebasis. 1888 wurde hier von Isaac Peral das erste U-Boot konstruiert. In der Nähe des Rathauses kann man es besichtigen.

Touristisch Interessantes bietet Cartagena – außer einem Besuch in der Stadtfestung Castillo de la Concepción mit Blick auf den Hafen oder der Zona Arqueológica – nicht.

Auf der Fahrt ostwärts auf der Straße RM-12 hinaus zum Cabo de Palos passiert man zwischen den Ausfahrten 2 und 3 das **Museo de Carruajes y Motos Zamar [N37° 38' 18.23" W0° 52' 30.31"]** *(geöffnet Di – So 10 – 14 + 16 – 21 Uhr, www.museodecarruajeszamar.com).* Auf einer Fläche von rund 4.000

qm ist hier eine prächtige Sammlung – eine der größten in Spanien – von historischen Reisekutschen, Jagdwagen, Transportkarren, Karossen etc., die teils aus dem 17. Jh. stammen und perfekt restauriert sind, zu sehen. Darüber hinaus sind zahlreiche schöne, alte Motorräder und Motorroller ausgestellt, von einer Vespa mit Beiwagen (alleine schon eine Rarität) bis hin zu einer Moto Guzzi airone 500 u. v. a.

Schöne Strände findet man am **Cabo de Palos [Parkplatz beim Leuchtturm – WP240 / N37° 38′ 01.2“ W0° 41′ 28.8“]** weiter östlich und an der fast 22 km nach Norden ragenden Landzunge La Manga del Mar Menor. Allerdings wird die Küstenlandschaft an der Lagune und dem schmalen Landstreifen durch die an Miami Beach erinnernde Bebauung durch himmelhohe Appartementblocks stark beeinträchtigt. Eines der vielen abstoßenden Beispiele, wie Landschaften an der spanischen Mittelmeerküste in weiten Bereichen durch ausufernde Urbanisationen, aber auch durch gigantisch große Areale, die von mit Plastikfolie überzogenen Gewächshäusern übersäht sind, so weit das Auge reicht, regelrecht vergewaltigt werden. Dennoch ist diese Gegend Spaniens jedes Jahr aufs Neue Ziel eines nicht abebbenden Stroms von Urlaubern aus ganz Europa.

*„KÜSTENROUTE“: Weiterreise von Cartagena bzw. vom Cabo de Palos auf der zunächst in Küstennähe verlaufenden Autobahn AP-7 nordwärts direkt nach **Elx/Elche** (ca. 115 km).*

*Oder ab Ausfahrt Nr. 768 auf der N-322, die weiter der Küstenlinie folgt, über **Torrevieja** und **Santa Pola** (Naturpark Salinas de Santa Pola, Informationszentrum im Museo de la Sal de Santa Pola, Tel. +34 966 69 35 46) nach **Elx/Elche**.*

**Elx/Elche** ist mit annähernd 230.000 Einwohnern die drittgrößte Stadt in der Autonomen Region Murcia. Sie ist berühmt für ihren riesigen Palmenhain. Mehr als hunderttausend Dattelpalmen bilden diesen einzigartigen und in Europa größten exotischen Wald **„Palmeral de Elche“**. Zigtausend weitere, unter Naturschutz stehende Palmen prägen das Umfeld der Stadt. Elx/Elche versorgte einst das ganze Land mit Palmzweigen, die am Palmsonntag in den Kirchen der jeweiligen Gemeinden gesegnet und danach an den Balkongittern der Häuser befestigt wurden, um bis zum nächsten Palmsonntag alles

**CAMPING**

V&E

**El Portús/Cartagena**

**Camping Naturista El Portús [N37° 35′ 9.39″ W1° 4′ 3.53″]**, Ctra. del Portús, Tel. +34 968 55 30 52; www.elportus.com; ganzjährig geöffnet; ca. 8 km von Cartagena (E-22) über Canteras nach El Portús (E-21); terrassiertes, weitläufiges, parzelliertes FKK-Gelände, von Felsen eingerahmt, Ausblick auf die Felsbucht und Berge; 9 ha – 210 Stpl. + Dau.; gute Standard-Sanitärausstattung. Laden, Imbiss, Restaurant, Waschmaschine mit Trockner, Schwimmbad, WLAN, Internetecke, Tennis, Tauchschule, Volleyballfeld, Sauna, Mietcaravans- und -bungalows. **V & E für Wohnmobile**.

**La Manga del Mar Menor/Cartagena**

**Caravaning La Manga [WP241 / N37° 37′ 28.89″ W0° 44′ 37.63″]**, Ctra. Cartagena-La Manga, Salida 11, Tel. +34 968 56 30 14; www.caravaning.es; ganzjährig geöffnet; Zufahrt von Cartagena auf der RM-12 Richtung La Manga del Mar Menor, Ausfahrt 11, und kurz weiter Richtung Cabo de Palos, Campingbeschilderung folgen; riesiger, parzellierter Platz mit gekiesten Stellplätzen, Schatten durch Mattendächer und Bäume; ca. 30 ha – 1.000 Stpl., von Dauercampern geprägter Platz.; gute Standard-Sanitärausstattung. Laden, Imbiss, Restaurant, Waschmaschine mit Trockner, Schwimmbad, WLAN, Internetecke, Fahrrad- und Bootsverleih, Minigolf, Segel- und Windsurfschule, Tennis, Mietbungalows. **V & E für Wohnmobile**.

Böse von Haus und Hof fernzuhalten. Heute steht der Palmenwald von Elche auf der Liste des UNESCO Weltkulturerbes.

Besonders schön ist ein Spaziergang durch den schattigen Garten **„Huerto del Cura" [WP242 / N38° 15' 50.60" W0° 41' 25.20"]** am Ostrand der Innenstadt mit über 100 Jahre alten Palmen *(geöffnet Mai - Juni Mo - Sa 10 - 20 Uhr, So 10 – 18 Uhr, Juli - Aug. Mo - So 10 - 20.30 Uhr, Sept. Mo - So 10 - 19.30 Uhr, Okt Mo - Sa 10 - 19 Uhr, So 10 - 18 Uhr, übrige Zeit Mo - Sa 10 - 18.30, So 10 - 17 Uhr; www.jardin.huerto-delcura.com)*. Parkplatz nebenan.

Gegenüber den Gärten liegt in einem ausgedehnten Palmenhain das alleine schon durch seine Lage sehr einladende Firstclasshotel Huerto del Cura.

*Im Palmengarten „Huerto del Cura" in Elx/Elche*

Wer mehr über den historischen Palmenwald von Elx/Elche erfahren möchte, sollte im **Museo del Palmeral** vorbeischauen. Das Museum ist in einem typischen Stadthaus aus dem 19. Jh. in der Calle Porta de la Morera, 12 eingerichtet und es liegt nur unweit westlich des „Huerto del Cura" liegt *(geöffnet Di – Sa 10 – 14 Uhr + 15 – 18 Uhr, So 10 – 14 Uhr)*.

In der Stadt gibt es die **Basilika Santa María [WP243 / N38° 16' 01.9" W0° 41' 52.2"]** aus dem 17. Jh. mit Barockportal zu besichtigen. Der Kirchenbau erhebt sich an der zentralen Stelle in der Stadt, an der einst, als Araber das Sagen in Elche hatten, die Hauptmoschee stand. Ab Mitte des 14. Jh. aber wurde die Moschee in eine christliche Kirche umgebaut, die dies 1492 Bestand hatte. Mit dem Kirchenbau, den man heute sieht wurde 1672 begonnen und erst mehr als hundert Jahre später fertiggestellt. Besuchern ist die Basilika Santa María *Mo – Fr 7 – 13 Uhr + 17.30 – 21 Uhr geöffnet*.

Sehenswert ist das **Museo de la Virgen** in der Basilika, in dem u. a. eine Madonna aufbewahrt wird, die von den Einwohnern von Elche sehr verehrt wird und die 1370 an einem Strand bei Elche gefunden worden sein soll.

In der Basilika wird jedes Jahr im August das berühmte Mysterienspiel **„Misteri d'Elx"** aufgeführt, dessen Ursprünge ins 15. Jh. zurückreichen.

Die Mühe des Aufstiegs auf den Turm der Basilika lohnt *(geöffnet Juli, Aug. + Sept. tgl. 11 – 19 Uhr; übrige Zeit tgl. 11 – 17 Uhr)*. Der Blick von oben auf die Stadt und die Palmenhaine beeindruckt.

An der Ostseite der Basilika sieht man den trutzigen, zinnenbewehrten

**Torre de la Calahorra**, Calle Uberna, 14 **[N38° 16′ 02.5″ W0° 41′ 48.4″]** *(geöffnet Di – Sa 10 – 14 Uhr + 15 – 18 Uhr, So 10 – 14 Uhr)*. Das mächtige Gebäude entstand bereits im 13. Jh. im maurischen Stil, war Teil der damaligen Stadtbefestigung und wichtigstes Stadttor. Ursprünglich hatte das unten breiter werdende Turmhaus die stattliche Höhe von 25 Metern. Fast die Hälfte davon stürzte allerdings bei einem heftigen Erdbeben 1825 ein.

Zu den bedeutenden Museen von Elche zählt das **Museo Arqueológico y de Historia de Elche (MAHE)**, Calle Diagonal del Palau, 7 **[WP244 / N38° 16′ 04.3″ W0° 41′ 53.0″]** *(geöffnet Mo – Sa 10 – 18 Uhr, So 10 – 15 Uhr. Sa + So kostenlose Führungen )*. Das Museum, das zu großen Teilen im ehemaligen Altamira-Adelspalast oder Alcazar de la Señoría (der später auch als Textilfabrik und vom 18. Jh. bis 1959 als Gefängnis diente) am Südrand des Parque Municipal untergebracht ist, gibt Einblick in die archäologische und geschichtliche Vergangenheit von Elche. Die berühmte Steinbüste der **„Dame von Elche“**, die 1985 im nahen L’Alcudia gefunden wurde und auf eine frühe, blühende iberische Kultur hinweist, ist allerdings nicht hier, sondern im Madrider Archäologischen Museum zu sehen.

Weiter östlich am Südostrand des Parque Municipal liegt das **Touristeninformationsbüro** von Elche **[WP245 / N38° 16′ 06.2″ W0° 41′ 49.9″]**.

Abwechslung verspricht ein Spaziergang durch den palmenreichen Stadtpark **Parque Municipal** zum **Centro Visitantes, Paseo de la Estación [N38° 16′ 13.84″ W0° 41′ 49.54″]**. Der 1946 anlässlich einer Landesausstellung im orientalischen Stil errichtete Pavillon dient heute als Besucherzentrum mit audiovisuellen und interaktiven Infos. Sonntags freier Eintritt. Wegen seiner vielen runden Formen und Kuppeln wird der Pavillon gerne auch „el huevo“, das Ei, genannt.

## PRAKTISCHE HINWEISE – ELX/ELCHE

**Oficina de Turismo Central [WP245 / N38° 16′ 06.2″ W0° 41′ 49.9″]**, Plaza del Parque, 3, 03202 Elx/Elche, Tel. +34 966 65 81 96; www.visitelche.com. *Geöffnet: Mo – Fr 9 – 19 Uhr, Sa 10 – 19 Uhr, So 10 – 14 Uhr.*

**Feste, Folklore**: **Mysterium von Elx/Elche**, Mitte August. Religiöses Trauerspiel in zwei Akten (Tod der von Aposteln und Engeln umgebenen Jungfrau Maria im ersten, Mariä Himmelfahrt im zweiten Akt) aus dem 13. Jh., mit mittelalterlicher Musik, wird aufgeführt in der Basilica de Santa María. Wurde 2001 als Weltkulturerbe anerkannt.

### RESTAURANT

**Mesón El Granaino**, Calle de Josep Maria Buck, Tel. +34 966 66 40 80, www.mesongranaino.com; ein Traditionslokal erster Güte der Familie Martinez, mit typischem Ambiente und ausgezeichneter Küche, erlesenem Keller und uriger Bar.

### HOTELS

**Huerto del Cura** ****, 71 Zi., Porta de la Morera, 14, Tel. +34 966 61 00 11; www.huertodelcura.com; gegenüber dem gleichnamigen Palmengarten am Rande des östlichen Stadtbereichs inmitten eines ausgedehnten Palmenhains, elegantes Firstclasshotel, ein Hauch von Tropenluxus, Hotelterrasse, Schwimmbad, Tennis, sehr gutes Restaurant „Els Capellans“ (teuer), Parkplatz.
**Jardín Milenio** ****, 72 Zi.; Prolongación de Curtidores, Tel. +34 966 61 20 33; www.hotelmilenio.com; komfortables Haus der gehobenen Mittelklasse, ruhige Lage in einem ausgedehnten Palmenhain am Südostrand der Stadt, Schwimmbad, Restaurant, Parkplatz.

V&E

## CAMPING

**La Marina**

**Camping Internacional La Marina [N38° 7' 46.72" W0° 38' 57.96"]**, Ctra. N-332, KM 76, Tel. +34 965 41 92 00; www.campinglamarina.com; ganzjährig geöffnet; Zufahrt bei KM 76 der N-332 (Cartagena – Alicante) bei La Marina ca. 14 km südl. von Elx/Elche; Terrassengelände mit Baumbestand in Strandnähe (ca. 500 m); ca. 5 ha – 300 Stpl. + 100 Dau.; gute Standard-Sanitärausstattung. Laden, Restaurant, großzügiges Schwimmbad, Hallenbad, Wellnesseinrichtungen, Tennis. Mietbungalows. **V & E für Wohnmobile**. Über Dünengürtel zum Strand.

**Crevillente**

**Camping Internacional Las Palmeras [WP246 / N38° 14' 26.00" E0° 48' 42.40"]**, Partida D'Eula, 75, Ctra. N-340 KM 45, Tel. +34 965 40 01 88; www.laspalmeras-sl.com; ganzjährig geöffnet; A-7/E-15 von Elx/Elche Richtung Murcia Ausfahrt 719 Richtung Crevillente, weiter Richtung Catral; am südwestlichen Ortsrand von Crevillente gelegen; ebenes Gelände mit schattigem Baumbewuchs, hinter einem viel besuchten Restaurant; ca. 1,5 ha – 70 Stpl.; Standard-Sanitärausstattung; Restaurant, Waschmaschine mit Trockner, Schwimmbad, Internetecke. Mietbungalows. **V & E für Wohnmobile**.

**Catral bei Crevillente**

Catral liegt an der AP-7 rund 20 km südwestlich von Elx/Elche

**Camping Marjal Costa Blanca Eco Camping Resort [WP247 / N38° 10' 40.6" W0° 48' 34.00"]**, Partida de las Casicas, 5, Tel. +34 965 48 49 45; www.marjalcostablanca.com; ganzjährig geöffnet; Zufahrt von der Autobahn AP-7 (Elx/Elche – Cartagena) Ausfahrt 730 (Catral), dann beschildert, noch 800 m. Gepflegte Campinganlage neueren Datums mit sehr nüchternem, wenig ansprechendem Ambiente. Kommerzielles Platzmanagement. Weitläufiges, ganz leicht geneigtes Platzgelände, durch Platzstraßen in Stellplatzquartiere unterteilt; einige noch junge Laubbäume, entsprechend noch wenig Schatten. Ein Platzteil mit Schattendächern. Autobahn deutlich hörbar. Die Platzstraßen sind nachts stellenweise mit extrem hellen Lampen beleuchtet, was bei entsprechender Platzierung des Wohnmobils/Caravans nachts störend sein kann. Parzellierte, nummerierte Stellplätze mit festem, kiesig-erdigem Untergrund. Jeder Stellplatz mit Strom- Wasser- und TV-Anschluss sowie mit Abwasseranschlussmöglichkeit. Für Zelte keine Grasfläche, offenbar wird mit Zeltcampern nicht gerechnet. Ca. 25 ha – 1.300 Stpl.; Komfortausstattung; Laden, Imbiss, Restaurant, Waschmaschine mit Trockner, Schwimmbad, Hallenbad, Tropenbadelandschaft und Wellnesszentrum mit Sauna, Tennis, Internetecke, WiFi kostenlos. Fahrradverleih. Mietbungalows; Sport- und Wellnesseinrichtungen sind auch Nicht-Campern zugänglich. **V & E für Wohnmobile** im Eingangsbereich rechts am Ende des Besucherparkplatzes.

**Santa Pola**

**Camping Bahía de Santa Pola [WP248 / N38° 12' 6.6" W0° 34' 10.3"]**, Ctra. N-332 Cartagena – Alicante, KM 88, Tel. +34 965 41 10 12, www.campingbahia.com; ganzjährig geöffnet; Zufahrt bei KM 88 der Küstenstraße N-332 (Cartagena – Alicante) landeinwärts zur Straße CV-865 Richtung Elche; Terrassenplatz, teils Baumschatten, teils Schattendächer; ca. 5 ha – 350 Stpl., davon etwa zur Hälfte Dauercamper; gute Standard-Sanitärausstattung; Laden, Imbiss, Schwimmbad, WLAN. **V & E für Wohnmobile**.

**Guardamar del Segura**

**Camping Marjal Guardamar & Bungalows Resort [N38° 6' 32.91" W0° 39' 18.14"]**, Ctra. N-332, KM 73,4, Tel. +34 966 72 70 70; www.campingmarjal.com; ganzjährig geöffnet; Zufahrt bei KM 73,4 der Küstenstraße N-332 (Cartagena – Alicante); gepflegte Anlage, ebenes Gelände mit gekiesten Stellplatzparzel-

V&E

len, noch wenig Schatten durch Bäume, jeder Stellplatz mit Stromanschluss, Frisch- und Abwasseranschluss; ca. 4 ha – 210 Stpl.; Komfortausstattung; Laden, Restaurant, Waschmaschine mit Trockner, Schwimmbad, Hallenbad, Wellnesseinrichtungen, Tennis, Fahrradverleih. WLAN, Internetecke. Mietbungalows; zum Meer knapp 1 km. **V & E für Wohnmobile.**

**Camping Palm Mar [N38° 4′ 22.73″ W0° 39′ 10.53″]**, Ctra. N-332, KM 70,5, Tel. +34 965 72 88 56; www.campingpalmmar.es; 1. Mai – 30. Sept.; am südlichen Ortsrand von Guardamar del Segura von der Küstenstraße N-332 (Torrevieja – Alicante) abzweigen; zwischen Straße und Meer gelegenes, fast ebenes, langgestrecktes Gelände; 1,5 ha – 150 Stpl.; Standard-Sanitärausstattung. Laden, Imbiss, Restaurant, Waschmaschine mit Trockner, Internetecke. **V & E für Wohnmobile.**

## WOHNMOBIL-STELLPLÄTZE

**Elche/Elx**

**Wohnmobil-Stellplatz Área Camper Park Illice [N38° 16′ 56.16″ W0° 41′ 32.17″]**, Camino del Alboraya, Tel. +34 965 42 50 26; www.areadeautocaravanasenelchealicante.blogspot.de/. **Zufahrt**: Von der AP-7/E-15 (Alicante – Cartagena) Ausfahrt 30 und auf der CV-8501 Richtung Elx/Elche, nach ca. 1,5 km am 2. Kreisverkehr nordwärts in den Stadtteil La Gaia und nach weiteren 500 m rechts ab. **Ausstattung**: Geschotterter Platz für 9 Wohnmobile, parzelliert, eingezäunt bei einem privaten Anwesen, beleuchtet, Picknickplatz. Mo - Sa Brötchenservice. Frischwasserhahn und Entsorgung für Grauwasser und Chemikaltoiletten, Strom, WLAN. **Geöffne**t April – Mitte Okt. **Gebühr** für Wohnmobil inkl. Strom und V & E. Für Durchreisende für V & E separate Gebühr.

**San Fulgencio/La Marina**

**Wohnmobil-Stellplatz Mini-Camp Oasiso [N38° 7′ 13.6″ W0° 39′ 34.56″]**, Calle Mar Adriatico 1, La Marina, Tel. +34 694 40 44 77; www.minicamping-oasis.com. **Zufahrt**: Von der N-332 (Alicante – Cartagena) Ausfahrt San Fulgencio Norte, weiter nordwestwärts, vorbei am Lidl, neben Iceland; sandiger, geschotterter Platz ohne Schatten, Platz für 141 Wohnmobile. **Ausstattung**: Wasserentnahmestelle, Entsorgungsmöglichkeit für Grauwasser und Chemikaltoilette, Dusche, Strom, WLAN. **Geöffnet**: Ganzjährig. **Gebührenpflichtig.**

**Wohnmobil-Stellplatz Camper Park San Fulgencio [N38° 7′ 15.06″ W0° 39′ 36.27″]**, Calle Mar Cantabrico, 7, Crta. N-332 KM 74,5, Tel. +34 966 72 53 17; www.camperparksanfulgencio.com. **Zufahrt**: Von der N-332 (Alicante – Torrevieja) ca. 800 südlich von La Marina bei KM 74,5 westwärts abzweigen und noch ca. 400 m. **Ausstattung**: Parzellierter, ebener, eingezäunter Schotterplatz mit Platz für ca. 38 Wohnmobile. Wasserentnahmestelle, Entsorgungsmöglichkeit für Grauwasser und Chemikaltoilette, Waschmaschine, Duschen, Picknickplatz, WLAN, Strom. **Geöffnet**: Ganzjährig. **Gebührenpflichtig**.

**Santa Pola**

**Wohnmobil-Stellplatz Camper Park Europa [WP249 / N38° 12′ 29.60″ W0° 34′ 27.50″]**, Poligono IN-2, Calle los Electricistas, 14, Tel. +34 622 00 15 99; www.europa-areacamperpark.com. **Zufahrt**: Von der N-332 (Alicante – Cartagena) auf die CV-865 Richtung Elx/Elche, nach 700 m nordwärts abzweigen und noch 500 m, am Rande eines Gewerbegebiets gelegen; kleine Hinweisschilder in Santa Pola und an der Zufahrtsstraße; geschottertes, schattenloses Areal mit Platz für etwa 25 Wohnmobile. **Ausstattung**: Mattenzäune, Beleuchtung, videoüberwacht; Wasserentnahmestelle, Entsorgung für Grauwasser und Chemikaltoilette, Dusche, Strom, WLAN, Waschmaschine. **Geöffnet**: Ganzjährig. **Gebührenpflichtig**.

## ROUTE 16: ELX/ELCHE – VALENCIA

**Länge der Tour:** Rund 220 km.

**Die Route:** Über die N-332 und über **Alacant/Alicante**, **Benidorm** und **Calp** bis **Gata** – Küstenstraße und N-332 über **Xábia/Jávia** bis **Oliva** – N-332 bis **Valencia**.

**Alternative:** Über **Alcoi/Alcoy**.

**Reisedauer:** Mindestens ein Tag.

**Höhepunkte:** Die Promenade und der Blick vom **Kastell ** in Alacant/Alicante** – das Seebad **Benidorm** – der Felsen **Penyal d'Ifac** bei Calp – Strände und Küste um **Xábia/Jávia**,

*ROUTE: Das rund 30 km entfernte **Alacant/Alicante** ist mit Elx/Elche durch mehrere Schnellstraßen verbunden. Man kann aber auch den Weg über das Seebad **Santa Pola** wählen, passiert dabei die Salinas von Elx/Elche und erreicht Alacant/Alicante dann auf der gut ausgebauten Küstenstraße N-332.*

**Alacant/Alicante**, eine Großstadt mit schöner palmenbestandener Strandpromenade „Explanada de España" am Jachthafen, ist Provinzhauptstadt mit etwa 335.000 Einwohnern.

Die Stadt wird überragt vom uralten **Castillo de Santa Bárbara [WP250 / N38° 20' 59.0" W0° 28' 41.2"]**, das besichtigt werden kann *(geöffnet Apr. - Sept. tgl. 10 - 22 Uhr, übrige Zeit tgl. 10 - 20 Uh, Führungen Mo – Fr um 11, 12.3 + 18 Uhr, Sa um 11 + 12.30 Uhr, www.castillodesantabarbara.com)*. Sehr schöner Blick auf die Stadt von der Aussichtsterrasse.

Von der Durchgangsstraße Avenida de Juan Bautista Lafora führt ein Aufzug hinauf zur Burg. Der letzte Aufzug bergwärts fährt um 19.20 Uhr, der letzte Aufzug talwärts fährt um 19.40 Uhr.

Man kann auch zu Fuß zurück in die Stadt gehen und erreicht den Stadtbereich wieder an der **Kirche Santa María [N38° 20' 45.93" W0° 28' 45.96"]** mit schöner Barockfassade und reichem Rokokodekor im Inneren. Erbaut wurde die Kirche im 14. Jh. auf den Mauern einer alten Moschee.

Besichtigen kann man das Stadtmuseum **Museo de la Ciudad de Alicante (MUSA)**, Calle Vázquez de Mella *(geöffnet tgl. 10 – 14.30 Uhr + 16 – 20 Uhr; http://museodelaciudaddealicante.tumblr.com/)*, sowie das **Museo de Arte Contemporáneo de Alicante (MACA) [WP251 / N38 20 46.7 W0 28 46.5]** *(geöffnet Di - Sa 10 - 20 Uhr, So 11 - 14 Uhr,* *www.maca-alicante.es)*, am Plaza de Santa Maria, 3, nördlich gegenüber der Kirche Santa María. Das Museum für abstrakte Kunst des 20. Jh. ist in einem ehemaligen Speicherhaus aus dem 17. Jh. eingerichtet und zeigt Werke von Picasso, Tapiès, Miró, Dalí u. a.

Erwähnung verdienen zudem die Barockfassade des **Rathauses** und schließlich die **Kathedrale San Nicolás de Bari [N38° 20' 43.7" W0° 28' 57.8"]** aus der Mitte des 17. Jh., die aber nur während der Gottesdienste zugänglich ist.

Schließlich zählt zu den Sehenswürdigkeiten von Alacant das nördlich des Castillo de Santa Bárbara jenseits der Schnellstraße gelegene **Museo Arqueológico Provincial de Alicante (MARQ) [WP252 / N38° 21' 11.8" W0° 28' 35.5"]**, Plaza del Doctor Gómez Ulla, 3, das u. a. Ausgrabungsfunde aus der Gegend um Alacant sowie frühgeschichtliche Exponate zeigt. Weitere Ausstellungsschwerpunkte sind Iberische Kultur, Römische Kultur, Mittelalter und Moderne *(geöffnet Juli + Aug. Di – Sa 11 – 14 + 18 – 24 Uhr, So 11 – 14 Uhr, übrige Zeit Di – Sa 10 – 19 Uhr, So 10 – 14 Uhr, www.marqalicante.com/)*.

Weitere interessante Museen in Alacant: **Museu Belles Artes (MUBAG) [N38° 20' 43.91" W0° 28' 46.05"]**, Museum für Schöne Künste, Calle Gravina 13 – 15, eingerichtet im Gravinapalast, im 18. Jh. Residenz des Grafen von Lumiares. Ausgestellt ist Kunst vom Mittelalter bis zum frühen 20. Jh. *(geöffnet Juli + Aug. Di – Sa 11 –21 Uhr, So 11 – 15 Uhr; übrige Zeit Di – Sa 10 – 20 Uhr, So 10 – 14 Uhr; Eintritt frei)*.

**Museo las Hogueras [N38° 20' 45.00" W0° 29' 3.59"]**, Calle Teniente Álvarez Soto *(geöffnet Juni – Sept Di – Sa 11 – 14 Uhr + 18 – 21 Uhr; übrige Zeit Di – Sa 10 – 14 + 17 - 20 Uhr, So 10 – 14 Uhr; Eintritt frei)*. Zu sehen sind im Hogueras Museum sog. „Ninots", das sind Figuren aus Pappmaché, die beim größten Stadtfest „Hogueras de San Juan" im Juni durch die Straßen der Altstadt getragen werden.

Darüber hinaus gibt es ein **Weihnachtskrippenmuseum**, Calle San Agustín 3 *(geöffnet Juli + Aug Mo 18 – 21 Uhr, Di – Fr 11 –14 Uhr + 18 – 21 Uhr, Sa 11 – 14 Uhr; übrige Zeit Mo 17 – 20 Uhr, Di – Fr 10 – 14 Uhr + 17 – 20 Uhr, Sa 10 – 14 Uhr; Eintritt frei)*.

## PRAKTISCHE HINWEISE – ALACANT/ALICANTE

**Oficina de Turismo [WP253 / N38° 20' 44.3'' W0° 29' 01.8'']**, Rambla de Méndez Núñez, 23, 03002 Alacant/Alicante, Tel. +34 965 20 00 00; www.alicanteturismo.com. *Geöffnet Mo – Fr 10 – 18 Uhr, Sa 10 – 14 Uhr.*

**Feste, Folklore**: Ende Juni großes **Johannisfeuer-Fest** mit dem Feuerumzug „Cabalgata del Foc" am 24. Juni, dem Verbrennen der „Hogueras", Figuren, die gewisse Begebenheiten im Stadtleben aufs Korn nehmen, mit volkstümlichen Umzügen, Feuerwerk und Stierkämpfen.

### RESTAURANTS

**Nou Manolin**, Calle Villegas, 3, Tel. +34 965 20 03 68, www.noumanolin.com; schöne Tapasbar in typischem spanischen Stil mit angeschlossenem Restaurant, das eher modern gestaltet wurde, hervorragende Küche. Zentral gelegen.

**La Goleta**, Explanada de España, 6, Tel. +34 965 21 43 92, ein gutes, nicht eben billiges Fischlokal mit hübscher Terrasse an der Stadtpromenade, Mittwoch Ruhetag.

### HOTELS

**Abba Centrum Alicante Hotel** ****, 148 Zi., Pintor Lorenzo Casanova, 31, Tel. +34 965 13 04 40, www.centrumalicantehotel.com; komfortables, teures Haus der gehobenen Mittelklasse, Restaurant (sonntags geschlossen), Fitnesscenter, WLAN, Parkmöglichkeit.

**Meliá Alicante** ****, 426 Zi., Plaza del Puerto, Tel. +34 965 20 50 00; www.melia.com/hotels/espana/alicante/melia-alicante/index.html; sehr komfortables, großes, teures Firstclasshotel, zentral, verkehrsgünstig am Hafen gelegen, die meisten Zimmer mit Meerblick, Schwimmbad, Restaurant mit Blick auf die Bucht, Loungebar, WLAN, Parkplatz. Naher Strand.

**Almirante** ***, 66 Zi., Avenida Niza, Tel. +34 965 65 01 12, www.hotelalmirante.com; Haus mit Komfort und direktem Strandzugang, Schwimmbad, Hotelgarten, Restaurant, Parkplatz.

Ab Alacant/Alicante verkehren regelmäßig Autofähren nach Palma de Mallorca.

ROUTE: *Auf der Weiterfahrt bedient man sich am einfachsten der gebührenpflichtigen Autobahn Autopista del Mediterráneo AP-7/E-15, es sei denn, man bevorzugt den Weg über die parallel verlaufende küstennahe N-332.*

**Benidorm** ist zweifellos eines der bekanntesten Seebäder an der Costa Blanca, ja vielleicht ganz Spaniens. In einem Labyrinth von Hochhäusern, die wie eine Wand unmittelbar hinter dem Strand aufragen, verbringen Jahr für Jahr Tausende und Abertausende von Engländern, Skandinaviern, Holländern und Deutschen ihre Ferien.

Ab Oktober füllen sich die unzähligen Appartements und Hotels mit Pensionären, die hier überwintern. Das Durchschnittsalter der Einwohner Benidorms steigt dann auf über 60 Jahre.

Spanisches findet man in Benidorm schon lange nicht mehr. Geschäfte, Hotels, Restaurants, Hunderte von Cafés, Bars und Nachtlokale haben sich längst auf den Geschmack des nordeuropäischen Durchschnittsurlaubers eingestellt. Wer's Tag und Nacht turbulent mag, anonymen Massenbetrieb und Enge liebt und wem es eigentlich egal ist, in welchem Lande er Urlaub macht, Hauptsache er hat Sonne, Meer, seine gewohnte Biersorte und sein geliebtes Boulevardblatt wie zu Hause, ist hier richtig. Benidorm ist heute wenig mehr als ein internationaler Touristenmoloch.

Die Strände sind sauber, zumindest optisch, schön breit und über 3 km lang, aber selbst im Oktober noch brechend voll.

**Benidorms Altstadt** mit ihrer Pfarrkirche San Jaime aus dem 18. Jh., die man an ihrer blauen Kuppel erkennt, erstreckt sich auf einem Felsvorsprung, der weit ins Meer vorspringt und an seinem Südende durch das Kap Promontorio del Castillo abgeschlossen wird. Dort an der Landspitze findet man den **„Balcón del Mediterraneo"**, einen schönen Aussichtspunkt mit blendendweißer Balustrade und blauen Kacheln. Von dort aus hat man einen recht schönen Blick auf die Buchten rechts und links.

Wenige Kilometer östlich von Benidorm liegt der Vergnügungs- und Themenpark **Terra Mítica** *(geöffnet Mitte Juli - Anf. Sept. 10.30 - 24 Uhr, Ende März – Mitte Juli 10.30 - 20 Uhr, übrige Zeit an Wochenenden 10.30 - 20 Uhr; www.terramiticapark.com)*. Um einen zentralen See, der das Mittelmeer symbolisiert, kann man zwischen nachempfundenen „Wundern" aus der antiken Welt der Iberer, Ägypter, Griechen und Römer seinen Spaß auf spektakulären Fahrgeschäften haben. Im Park gibt es zudem viele Restaurants, Boutiquen und Souvenirgeschäfte.

**Calp/Calpe** liegt rund 20 km nordöstlich von Benidorm. Markant ist der **„Peñon d'Ifach/Penyal d'Ifac"**, der 332 m hohe Felsen von Calp, an dessen Fuß sich schöne Strände mit feinem Sand ausbreiten. Ein Fußweg führt hinauf auf den Felsen, dessen Anhöhe in ungefähr einer Stunde zu erreichen ist.

Sehr lohnend ist der Umweg über **Xábia/Jávea** (Parador s. u.). Zwischen der Landspitze Cap de la Nau und dem Cap de Sant Antoni erstrecken sich **Buchten mit schönen Stränden**, teils felsig, teils Sandstrand.

*Calpes markanter Felsen Peñon d'Ifach*

PRAKTISCHE HINWEISE

### HOTELS

**Moraira**

**Hotel La Sort** ****, 22 Zi., Av. De la Paz, 24, www.lasort.com; schickes Designerhotel am Strand von Moraira gelegen, einige Zimmer mit Meerblick, sie sind ruhiger als die zur Rückseite. Sehr gutes Restaurant mit Terrasse, Bar. WLAN. Parkmöglichkeit.

**Calp/Calpe**

**Hotel AR Diamante Beach** ****, 2835 Zi., Av. Juan Carlos I, Tel. +34 902 99 65 69, www.ar-hoteles-calpe.com/en/hotels/diamante-calpe-hotel-spain; Firstclasshotel mit mehreren Restaurants, Bar und Poollandschaft, Wellnesscenter, WLAN. Parkmöglichkeit.

**Xábia/Jávea**

**Parador de Jávea „Costa Blanca"** ****, 70 Zi., Av. del Mediterráneo, 233, Tel. +34 965 79 02 00; www.parador.es/es/parador-de-javea; rund 4 km südöstlich des Ortes, neuzeitliches Haus mit Firstclasskomfort in ansprechender Lage, mit schönem Palmengarten am Meer, Schwimmbad, Fitnesseinrichtungen, Restaurant, Parkplatz.

**Hotel El Rodat** ****, 48 Zi., Carrer la Murciana, 9, Tel. +34 966 47 07 10; www.elrodat.com; knapp 6 km südöstlich von Jávea, schön gestaltete, geräumige Zimmer, Hotelgarten, Schwimmbad, Hallenbad, Wellnesseinrichtungen, Tennis, Restaurant „El Rodat", Terrasse. Parkplatz.

### CAMPING – ZWISCHEN ALACANT/ALICANTE UND DÉNIA

Die Auflistung der folgenden Campinganlagen zwischen Alicante und Dénia ist bei weitem nicht vollständig. Es ist eine Auflistung von Plätzen, die möglichst strandnah liegen (max. 1 km), mindestens zwischen Anfang April und Ende Oktober geöffnet sind und nicht von Dauercampern dominiert werden. Plätze mit kürzerer Öffnungszeit werden erwähnt, wenn Sie besonders gut eingerichtet sind. Diese Einschränkung gilt auch für die abschließende Strecke von Dénia nach València.

**El Campello**

**Camping Costa Blanca [N38° 26′ 9.98″ W0° 23′ 17.00″]**, Calle Convento, 143, Tel. +34 965 63 06 70; www.campingcostablanca.com; ganzjährig geöffnet; bei KM 120,5 der N-332 (Alicante – Valencia) beschildert; ebenes Gelände im Olivenhain mit Schattendächer zwischen Bahnlinie und Meer; ca. 1 ha – 60 Stpl:, Standard-Sanitärausstattung. Laden, Restaurant, Waschmaschine mit Trockner, Schwimmbad, WLAN. Mietbungalows, nahe dem Meer. **V & E für Wohnmobile**.

**Benidorm**

**Camping Benidorm [N38° 33′ 12.68″ W0° 5′ 51.21″]**, Avda. Dr. Severo Ochoa, 50, Tel. +34 965 86 00 11; www.campingbenidorm.net; ganzjährig geöffnet; AP-7/E-15 (Valencia – Alicante) Ausfahrt 65 und weiter auf der N-332 nordostwärts und weiter Richtung Almafra; 5 ha – 200 Stpl.; Laden und Imbiss im Sommer, Schwimmbad. WLAN.

**Camping La Torreta [N38° 32′ 39.20″ W0° 6′ 12.06″]**, Avda. Dr. Severo Ochoa, 11, Tel. +34 965 85 46 68; www.campinglatorreta.com; ganzjährig geöffnet; AP-7/E-15 (Valencia – Alicante) Ausfahrt 65, weiter N-332 und weiter Richtung Playa Levante; Geländestufen beiderseits der Straße zum Strand, teils Baumschatten; ca. 2,5 ha – 100 Stpl.; Standard-Sanitärausstattung; Laden, Imbiss, Restaurant, Waschmaschine mit Trockner, WLAN, Schwimmbad. **V & E für Wohnmobile**.

**Camping Villasol [N38° 32′ 41.2″ W0° 6′ 24.3″]**, Av. Bernat de Sarria, 13, Tel. +34 965 85 04 22; www.camping-villasol.com; ganzjährig geöffnet; AP-7/E-15 (Valencia – Alicante) Ausfahrt 65 und auf N-332 weiter Richtung Playa Levante; ebenes und gestuftes, weitläufiges, gepflegtes, fast schattenloses Gelände, umgeben von Hochhäusern; ca. 6 ha – 300 Stpl. + zahlr. Dau.; Standard-Sanitärausstattung; Laden, Restaurant, Waschmaschine mit Trockner, Schwimmbad, Hallenbad, WLAN, Internetecke. Mietbungalows. **V & E für Wohnmobile**.

**L'Alfàs del Pi**

**Camping Aqua Magic Excalibur [N38° 33′ 54.75″ W0° 5′ 16.25″]**, Camino Viejo de Altea; Tel. +34 966 86 69 28, www.magicexcalibur.com; ganzjährig geöffnet; AP-7/E-15 (Valencia – Alicante) Ausfahrt 65, weiter N-332 Richtung Albir, nordöstlich von Benidorm am Camino Viejo del Albir; weitläufiges Gelände neben gleichnamigem Freizeit- und Themenpark; überwiegend ebenes Gelände mit noch jungem Bewuchs, durch Mäuerchen vielfach unterteilt, noch wenig Schatten; ca. 12 ha – 220 Stpl.; Standard-Sanitärausstattung; Laden, Restaurant, Schwimmbad, Hallenbad. Mietbungalows.

**Altea**

**Camping Cap Blanch [N38° 34′ 39.28″ W0° 3′ 52.11″]**, Playa de Cap-Blanch, Tel. +34 965 84 59 46; www.camping-capblanch.com; ganzjährig geöffnet; AP-7/E-15 (Valencia – Alicante) Ausfahrt 65 und auf N-332 bis Abzweig Richtung Hafen, südlich des Ortes, beschildert; überwiegend eben, teils im Olivenhain, jenseits der vielbefahrenen Küstenstraße; ca. 4 ha – 250 Stpl.; Standard-Sanitärausstattung; Imbiss, Restaurant, Waschmaschine mit Trockner, Tennis, Internetecke. Mietbungalows. In unmittelbarer Strandnähe. **V & E für Wohnmobile**.

**Moraira/Teulada**

**Camping Moraira [N38° 41′ 9.13″ E0° 7′ 9.25″]**, Camino del Paellero, 50, Tel. +34 965 74 52 49; www.campingmoraira.com; ganzjährig geöffnet; AP-7/E-15 (Valencia – Alicante) Ausfahrt 63 und über Teulada und südlich von Moraira bergwärts; Geländestufen im Pinienwald; ca. 2 ha – 100 Stpl.; Standard-Sanitärausstattung; Kiosk, Restaurant, Waschmaschine mit Trockner, Schwimmbad, WLAN, Internetecke, Tauchschule. In Meeresnähe. **V & E für Wohnmobile**.

**Calp/Calpe**
**Camping Calpe Mar [N38° 38′ 40.91″ E0° 3′ 24.55″]**, Calle Eslovenia, 3, Tel. +34 965 87 55 76; www.campingcalpemar.com; ganzjährig geöffnet; von der N-332 (Alicante – Valencia) Richtung Calpe Norte abzweigen und noch 2,5 km zum Platz, beschildert; ebenes, schattenloses Gelände mit Kiesflächen, von Mauer umgeben; 1 ha – 80 Stpl.; einfache Standard-Sanitärausstattung. Imbiss, Schwimmbad, Waschmaschine mit Trockner, WLAN, Internetecke.

**Xábia/Jávea**
**Camping Jávea [WP255 / N38° 47′ 1.85″ E0° 10′ 19.00″]**, Tel. +34 965 79 10 70; ganzjährig geöffnet; AP-7/E-15 (Valencia – Alicante) Ausfahrt 62 und in Gata de Gorgos von der N-332 meerwärts, im Ort beschildert; ebenes Gelände in einem Wein- und Obstanbaugebiet, in Meeresnähe; ca. 4 ha – 190 Stpl. + zahlr. Dau.; Standard-Sanitärausstattung; Restaurant, Waschmaschine mit Trockner, Tennis, WLAN, Schwimmbad. **V & E für Wohnmobile**.

**Vergel/Dénia**
**Camping Los Llanos [N38° 52′ 3.03″ W0° 0′ 58.17″]**, Partida Deveses, 32, Tel. +34 965 75 51 88; www.losllanos.net; ganzjährig geöffnet; AP-7/E-15 (Valencia – Alicante) Ausfahrt 62 und auf der N-332 Richtung Vergel und bei km 203 meerwärts abzweigen; ebener Platz durch Bäume gut schattig; ca. 2 ha – 70 Stpl. + Dau.; Standard-Sanitärausstattung; Laden, Waschmaschine mit Trockner, WLAN, Schwimmbad, Internetecke. **V & E für Wohnmobile**. Langer Sandstrand.

## WOHNMOBIL-STELLPLÄTZE – ZWISCHEN BENIDORM UND DÉNIA

**Benidorm**
**Wohnmobil-Stellplatz Camperpark Los Limbos [N38° 33′ 44.06″ W0° 5′ 9.88″]**, Sendero de la Barrina, Tel. +34 966 86 84 70; www.camperparkloslimbos.com. **Zufahrt**: Von der N-332 (Alicante – Valencia) Richtung Platja, noch ca. 600 m. Eingezäunter Schotterplatz für 50 Wohnmobile. **Ausstattung**: Wasserversorgung, Entsorgung für Grauwasser und Chemikaltoilette, Strom, Dusche, WC. **Geöffnet**: Ganzjährig. **Gebührenpflichtig.** Schwimmbad nahebei, Tennisplatz in 100 m Entfernung.

**Playa Albir bei Alfàs del Pi**
**Wohnmobil-Stellplatz Camperpark Costa Blanca [N38° 35′ 0.52″ W0° 4′ 54.14″]**, Camino dels Alguers, 79, Tel. +34 966 86 86 68; www.camperparkcostablanca.com. **Zufahrt**: Von der N-332 (Alicante – Valencia) Richtung Limoneros westwärts in die Cami dels Alguers abzweigen. ca. 1 km östlich von L'Alfàs del Pi gelegener, parzellierter Schotterplatz für 40 Wohnmobile, in ländlicher Umgebung mit Orangenplantagen. **Ausstattung**: Wasserversorgung, Entsorgung für Grauwasser und Chemikaltoilette, Strom, Dusche, WC, bewacht und beleuchtet, WLAN. **Geöffnet**: Ganzjährig. **Gebührenpflichtig**.

**Wohnmobil-Stellplatz Camper Park Orange Grove [N38° 35′ 7″ W0° 5′ 2″]**, Cami dels Alguers, 65, Tel. +34 965 88 75 34; www.orangegrovecamperpark.com. **Zufahrt**: Von der N-332 (Alicante – Valencia) Richtung Limoneros westwärts in die Cami dels Alguers abzweigen und noch ca. 800 m. **Ausstattung**: Ebener, eingezäunter Platz um eine begrünte Insel, mit Schwimmbad, ohne Schatten, Platz für 35 Wohnmobile. Wasserversorgung, Entsorgung für Grauwasser und Chemikaltoilette, Strom, Toiletten, Dusche, Waschmaschine mit Trockner, WLAN, Schwimmbad. Picknickplatz. **Geöffnet**: Ganzjährig. **Gebührenpflichtig**.

**Altea**
**Wohnmobil-Stellplatz San Antonio Camper Park [N38° 35′ 7.83″ W0° 3′ 35.90″]**, Ctra. de Albir, 5/6, Tel. +34 966 88 36 50; www.sanantonioaltea.com; **Zufahrt**: Von der N-332 (Alicante – Valencia) nach Altea abzweigen und weiter Richtung Port und noch ca. 300 m zum Platz an der Küstenstraße Ctra. de Albir. **Ausstattung**: Leicht abschüssiger, sandiger Platz mit leichtem Schatten,

mit Platz für 50 Wohnmobile, durch eine Straße vom Strand getrennt, Supermarkt in 300 m Entfernung. Wasserversorgung, Entsorgung für Grauwasser und Chemikaltoilette, Strom, Toiletten, Dusche, Waschmaschine, WLAN. **Geöffnet**: Ganzjährig. **Gebührenpflichtig**.

**Calp/Calpe**

**Wohnmobil-Stellplatz Odissea Camper Area Calpe [N38° 38' 56.10" E0° 03' 59.70"]**, Avenida de Bulgaria, Tel. +34 965 87 53 48; www.odisseacamperarea.com; **Zufahrt**: Von der N-332 (Alicante – Valencia) nach Calpe, in Calpe Richtung Ifach, dann Aldi- u. Lidl-Beschilderung folgen, ca. 100 m vom Aldi-Markt entfernt. Geschottertes, sandiges, ebenes Gelände zwischen Wohnhäusern oberhalb der Ave. de Bulgaria, Blick auf Brachland, Hochhäuser und den Felsen Penyal d'Ifac. **Ausstattung**: Wasserversorgung, Entsorgung für Grauwasser und Chemikaltoilette, Dusche, WC, Strom, Waschmaschine mit Trockner, WLAN. Beleuchtet. **Geöffnet**: Ganzjährig. **Gebührenpflichtig**. Relativ zentrumsnah.

**Wohnmobil-Stellplatz Euronautica Calpe S.L. [N38° 39' 19.17" E0° 2' 13.58"]**, Ctra. N-332, KM 169, Tel. +34 96583 41 47; www.euronautica.com. **Zufahrt**: An der N-332 (Alicante – Valencia) bei KM 169 gelegen. Asphaltierter Platz der Bootsbauerfirma Euronautica, Platz für 20 Wohnmobile. **Ausstattung**: Wasserentnahmestelle, Entsorgung für Grauwasser und Chemikaltoilette, Strom. Späteste Ankunft bis 19 Uhr, spätere Ankunft nach Absprache, man spricht deutsch. **Geöffnet**: Ganzjährig. **Gebührenpflichtig**. Laut durch angrenzende Straße N-332.

**Dénia**

**Wohnmobil-Stellplatz Odissea Camper Area [N38° 52' 13.26" W0° 0' 52.74"]**, Crta. Les Marines, KM 11,6, Tel. +34 965 75 53 97; www.odisseacamperarea.com. **Zufahrt**: Von der N-332 (Alicante – Valencia) Ausfahrt Denia Beach, nordwestlich von El Verger meerwärts in die Küstenstraße Partida Deveses D abzweigen und noch ca. 600 m zum Platz. Parzellierter, schattenloser Platz teils befestigt, teils geschottert, Platz für 70 Wohnmobile. **Ausstattung**: Wasserentnahmestelle, Entsorgungsmöglichkeit für Grauwasser und Chemikaltoilette, Strom, WC, Dusche, Waschmaschine mit Trockner, WLAN. Frühstücksservice. Restaurants nahebei. **Geöffnet**: Ganzjährig. **Gebührenpflichtig**. Wegen Renovierungsarbeiten bis auf weiteres geschlossen!

*ROUTE: Das Gebiet zwischen **Calpe** und **Moraira** ist eine Hochburg der Ferienindustrie mit Ferienbungalows, Hotels und Appartementhochhäusern. Die CV-746 schlängelt sich entlang der teils schönen Felsküste, die allerdings größtenteils mit Ferienhäusern verbaut ist. In **Teulada** trifft man wieder auf die N-332, der wir Richtung Valencia folgen. Bei **Gata de Gorgos** bietet sich ein Umweg über **Xàbia/Jávea** und **Dénia** an.*

Der nördlich von Dénia anschließende Küstenstrich, die **Costa del Azahar**, reicht ungefähr bis Benicarlo. Erwähnenswert sind die langen **Sandstrände** zwischen Oliva und Gandía sowie die **Playa de Tavernes** südlich von Cullera bei La Goleta.

**Gandía**, das etwas weiter landeinwärts liegt, war einst Hauptort der Grafschaft der berühmt-berüchtigten Familie der *Borgias*.

Papst Alexander VI. ging aus der Adelsfamilie hervor. Diese schillernde Persönlichkeit, mehr Renaissancefürst als Kirchenvater, mit einem sehr irdischen Privatleben – er war der Vater von Cesare und Lucrezia Borgia – unterzeichnete 1493 die Bulle, die „Las Indias" in der Neuen Welt den Katholischen Königen und damit Spanien zusprach. Das Schriftstück wurde natürlich fürstlich belohnt. Die Borgias erhielten dafür die reiche Grafschaft Gandía. 1510 wurde der im 17. Jh. heiliggesprochene General des Jesuitenordens Franziskus Borgia in Gandía geboren.

Einen großen öffentlichen **Parkplatz [WP258 / N38° 57' 47.54" W0° 10' 42.30"]** findet man am Ostrand der Innenstadt an der Carrer Oliva, zwischen dem Wasserlauf Riu Serpis und N-332 und in Gehnähe zum Palacio Ducal de Gandía.

Besichtigen kann man den prächtigen **Palacio Ducal de Gandía [WP257 / N38° 57' 57.4" W0° 10' 49.0"]**, Calle Duc Alfons El Vell 1, *(geöffnet Apr. - Sept. Mo - Sa 10 – 13.30 Uhr + 15.00 - 18.30 Uhr; Okt. - März Mo – Sa 10 – 13.30 + 16.00 - 19.30 Uhr; So 10 – 13.30 Uhr; www.palauducal.com)*, ein von Franziskus Borgia als Jesuitenkolleg gegründetes Palais, das über Generationen Residenz der Borgias, Herzöge von Gandía, war. Auf Führungen sieht man u. a. den Kronsaal **Saló de Corones** und die **Galería Daurada**.

Interessant ist auch ein Besuch im **Museu Arqueològic**, Carrer de l'Hospital, das in einem historischen, gotischen Bau, der einst als Hospital diente, eingerichtet wurde *(geöffnet Sept. – Juni Di – Sa 10 – 14 Uhr, 15 – 19 Uhr, So 10 – 14 Uhr; Juli + Aug. Di – Sa 10 – 14 Uhr, 16 – 20 Uhr; So 10 – 14 Uhr; www.magamuseu.org)*.

*ROUTE: Der schnelle Weg nach Valencia ist der über die Schnellstraße AP-7/E-15. Von Gandía ist Valencia knapp 50 km entfernt.*

**Alternativroute**

Eine interessante Routenalternative gegenüber der Küstenroute stellt der Weg weiter landeinwärts ab Alacant/Alicante über Alcoi/Alcoy und Jàtiva/Xàtiva nach Valencia dar.

*ALTERNATIVROUTE: Man verlässt **Alacant/Alicante** zunächst in nordöstlicher Richtung und fährt auf der N-332 bis **San Joan d'Alacant.** Dort folgt man der N-340 über **Mutxamel** und durch das Tal des Río Torremanzanas nordwärts bis **Xixona/Jijona**.*

Nach etwa 30 km kommt man durch **Xixona/Jijona [N38° 32' 31.6" W0° 30' 24.3"]**, das bekannt ist für sein „turrón", eine Köstlichkeit aus Honig und Mandeln, die traditionell auf den spanischen Weihnachtstisch gehört. Einige der Produktionsstätten kann man besichtigen.

Weiter südöstlich der Stadt liegen bei **Busot** die **Cuevas de Canalobre** mit sehr schönen Tropfsteinbildungen. Täglich Führungen.

*ALTERNATIVROUTE: Hinter Xixona/Jijona führt die N-340 in Kurven hinauf auf die Anhöhe Port de la Carrasqueta (1.024 m), von der man schöne Ausblicke genießen kann. Rund 10 km weiter erreicht man schließlich **Alcoi/Alcoy**.*

**PRAKTISCHE HINWEISE**

### CAMPING – ZWISCHEN PLAYA DE OLIVA UND GRAU DE GANDÍA

V&E

**Playa de Oliva**

**Camping Olé [N38° 53' 40.6" W0° 3' 15.2"]**, Tel. +34 962 85 75 17; www.camping-ole.com; ganzjährig geöffnet; bei KM 209,8 der N-332 (Alicante – Valencia) meerwärts; ebenes, teils schattiges, durch Bewuchs vielfach unterteiltes Gelände am Meer; ca. 4 ha – 300 Stpl.; Standard-Sanitärausstattung; Laden, Imbiss, Restaurant, Waschmaschine mit Trockner, Schwimmbad. Mietbungalows. Sandstrand. **V & E für Wohnmobile**.

**Camping Rio-Mar [N38° 53' 8" W0° 2' 22.5"]**, Partida Devesa, Tel. +34 962 85 40 97; www.campingriomar.com; beschilderter Abzweig von der N-332 (Alicante – Valencia) bei KM 207; parzelliertes, gut schattiges Gelände, teils mit Kiesflächen; Standard-Sanitärausstattung. Laden, Imbiss, Restaurant, Waschmaschine mit Trockner, WLAN an einigen Plätzen, Internetecke, Fahrradverleih, Volleyballfeld. Mietbungalows. **V & E für Wohnmobile**. Separates Stellplatzareal für Wohnmobile.

**Euro-Camping Playa de Oliva [N38° 54' 21.3" W0° 3' 57"]**, Partida Rabdells, s/n, Tel. +34 962 85 40 98, www.eurocamping-es.com; ganzjährig geöffnet;

*Viele Restaurants servieren leckere Krustentiere*

V&E

beschilderte Zufahrt von der N-332 bei KM 209,8; ebenes Campinggelände, teils mit hohen Schattenbäumen, zum Meer hin schattenloser Dünengürtel; ca. 4 ha – 300 Stpl.; Standard-Sanitärausstattung; Laden, Imbiss, Restaurant, Waschmaschine mit Trockner, WLAN, Internetecke. Mietbungalows. Langer Sandstrand. **V & E für Wohnmobile.**

**Camping Azul [N38° 54' 25" W0° 4' 7"]**, Oliva, Calle Camping Azul, 1 Tel. +34 962 85 41 06; www.campingazul.com; 1. März – 1. Nov.; beschilderte Zufahrt von der N-332 (Alicante – Valencia) bei KM 209,8 meerwärts; überschaubares, ebenes Gelände, lichter Baumbestand, auch sandiger Untergrund; 2 ha – 100 Stpl.; Standard-Sanitärausstattung; Laden, Imbiss, Waschmaschine mit Trockner, Windsurfschule, Volleyballfeld, WLAN, Internetecke. Mietbungalows. Sandstrand. **V & E für Wohnmobile**.

**Camping Kiko Park [WP256 / N38° 55' 57.00" W0° 5' 52.00"]**, Oliva, Assagador de Carro, 2, Tel. +34 962 85 09 05; www.kikopark.com; ganzjährig geöffnet; an der Strandstraße beschildert; ebenes Gelände mit Baumbestand, durch Bewuchs unterteilt, meist geschotterte Stellplätze; ca. 4 ha – 180 Stpl.; Komfortausstattung. Laden, Restaurant. Laden, Imbiss, Restaurant, Waschmaschine mit Trockner, Sauna, Schwimmbad, Fahrradverleih, Windsurf- und Tauchschule, WLAN, Internetecke. Mietbungalows. Langer Sandstrand. **V & E für Wohnmobile** sowie separates Stellplatzareal für Wohnmobile.

**Grao/Grau de Gandía**

**Camping L'Alqueria [N38° 59' 9.85" 0° 9' 48.52"]**, Avda. del Grau, 142, Tel. +34 962 84 04 70; www.lalqueria.com; ganzjährig geöffnet; in Gandía meerwärts; eben, teils Baumschatten; ca. 4 ha – 110 Stpl. + Dau.; Standard-Sanitärausstattung; Imbiss, Restaurant, Waschmaschine mit Trockner, Schwimmbad, WLAN, Sauna. Mietbungalows. Nicht direkt am Meer. **V & E für Wohnmobile**.

**Alcoi/Alcoy**, ein Zentrum der Textil-, Papier- und Obstkonservenindustrie liegt am Zusammenfluss dreier Flüsse, die von teils recht spektakulären Brücken überspannt werden.

Zu den Sehenswürdigkeiten der Stadt zählt – neben der barocken **Kirche Santa María [WP259 / N38° 41' 54.25" W0° 28' 23.29"]** an der Placa d'Espanya – das **Archäologische Mu-**

**seum**, Placeta del Carbó *(geöffnet Mo- Fr 9 – 14 Uhr, Sa + So 10.30 – 13.30 Uhr, www. alcoi.org/museu)*. Ausgestellt sind Funde aus der Jungsteinzeit bis zum Mittelalter. Interessante Keramiksammlung aus der Jungsteinzeit.

Jedes Jahr am 23. April, dem St. Georgs Tag, ist Alcoi/Alcoy Schauplatz des berühmten Festes **Moros y Cristianos**, das an die Schlacht von Alcoy im Jahre 1275 erinnert, in der mit Hilfe des heiligen Georg (Sant Jordi), so die Legende, die Christen über die Moslems siegten. Im Museum **MAF Museo Alcoyano de la Fiesta [N38° 42′ 2.07″ W0° 28′ 22.96″]**, C/ Sant Miquel 60 – 62, erfährt man mehr über das traditionsreiche Volksfest Moros y Christianos *(geöffnet Di – Sa 10 – 14 Uhr, 16 – 19 Uh, So 11 – 14 Uhr)*.

*ALTERNATIVROUTE: Knapp 50 km nördlich von **Alcoi/Alcoy** erreicht man auf der N-340 **Jàtiva/Xàtiva**.*

**Jàtiva/Xàtiva** liegt schön an den Hängen der Sierra Alcoy. Die schon zur Maurenzeit gegründete Stadt ist der Geburtsort von zwei Borgia-Päpsten, Calixtus III. (1455 – 1458) und Alexander VI. (siehe auch oben unter Gandía). Und Jàtiva/Xàtiva ist Heimatstadt des großen Malers *José Ribera* (1591 – 1652), der im Lande auch als „El Españoleto" bekannt ist.

Sehenswert ist die **Colegiata Santa María**, die gewaltige Stiftskirche aus dem 16. Jh. an der Plaza del Seo (auch Plaza Calixto III) und die platereske Fassade gegenüber am Hospital.

Im **Museu de l'Almodí [WP260 / N38° 59′ 15.8″ W0° 31′ 17.9″]**, dem Stadtmuseum *(geöffnet 15. Juni – 15. Sept. Di – Fr 9.30 – 14.30 Uhr, Sa + So 10 – 14 Uhr, 16. Sept. – 14. Juni Di – Fr 10 – 14 + 16 – 18 Uhr, Sa + So 10 – 14 Uhr, www. xatired.com)* in der Calle Corretgeria, sind neben archäologischen Exponaten Werke von José Ribera zu sehen.

Bemerkenswert im Museum ist u. a. ein Porträt von König Phlilipp V., das verkehrt herum aufgehängt ist. Der Grund: König Philipp V. ließ nach seinem Sieg in der Schlacht von Almansa während des Spanischen Erbfolgekrieges, die Stadt schleifen. Zur Erinnerung an dieses Ereignis hängt das Königsporträt verkehrt herum im Museum, so jedenfalls liest man in einer Stadtbeschreibung.

Schließlich kann man von der Plaza del Españoleto hinaufgehen zum **Castillo [WP261 / N38° 58′ 58.8″ W0° 31′ 02.7″]** (montags geschlossen). Die Festung ist stark zerstört, aber der Blick von oben auf die Stadt und die fruchtbare Huerta lohnt die Mühen des Aufstiegs. Im Sommer kann man auch mit einem Touristenbähnchen vom Touristenbüro aus hinauf zur Burg fahren.

Auf dem Weg zur Burg kommt man an der gotischen **San Félix Kapelle** aus dem 13. Jh. vorbei. Im Inneren sehenswerte Gemäldesammlung der sog. „Primitiven" der Valencianer Schule.

Das **Touristeninformationsbüro [WP262 / N38° 59′ 23.9″ W0° 31′ 15.3″]** in Jàtiva/Xàtiva liegt an der Alameda Jaume 1.

*ALTERNATIVROUTE: Valencia erreicht man von Jàtiva/Xàtiva aus am einfachsten über die Schnellstraße A-7, 68 km.*

**Valencia** [südlicher Verteiler Schnellstraßen V-31/V-30 – WP 263 / N39° 25′ 40.6″ W0° 22′ 19.3″] ist Hauptstadt der gleichnamigen Provinz und mit rund 814.000 Einwohnern drittgrößte Stadt Spaniens, mit viel Industrie (Chemie, Metallverarbeitung, Werften, Textil).

In Valencia schließt sich der Kreis der in diesem Reiseführer beschriebenen Rundreise durch das südliche Spanien.

Eine ausführliche Beschreibung von Valencia, mit Angaben zu Sehenswürdigkeiten, Hotels, Campingplätzen etc. finden Sie am Beginn der Route 1, Valencia – Cuenca.

Ergänzend zu diesem Reiseführer durch das südliche Spanien finden Sie eine sehr detaillierte Beschreibung des nördlichen Spanien in unserem Reiseführer **„Mobil Reisen: Spanien Nord"**, der ebenfalls in dieser Reihe erschienen ist.

# PRAKTISCHE UND NÜTZLICHE INFORMATIONEN VON A BIS Z

## ANSCHRIFTEN

**Automobilclub**

**RACE Real Automóvil Club de España**, Calle Alcalá, 195, 28009 Madrid, +34 914 44 86 42, Info Tel. +34 900 100 992, Assistenz Tel. +34 900 112 222, www.race.es.

**ADAC Notrufnummer** in München: +49 (0)89 22 22 22.

ADAC Notrufnummern in Spanien: +34 935 08 28 28.

**Fremdenverkehrsämter**

**Spanisches Fremdenverkehrsamt/Turespaña**:

**- Berlin**, Kurfürstendamm 63, 10707 Berlin, Tel. 030-882 65 43, Fax 030-882 66 61. E-Mail: berlin@tourspain.es. *Geöffnet für Besucher: Mo – Do 10 – 15 Uhr, Fr 9 – 13 Uhr.*

**- Düsseldorf**, Grafenberger Allee 100, „Kutscherhaus", 40237 Düsseldorf, Tel. 0211-680 39 81, Fax 0211-680 39 85. E-Mail: duesseldorf@tourspain.es. *Geöffnet für Besucher: Mo – Fr 9 – 13 Uhr.*

**- Frankfurt/Main**, Myliusstraße 14, 60323 Frankfurt/M., Tel. 069-72 50 33 - 38, Fax 069-72 53 13. E-Mail: frankfurt@tourspain.es. *Geöffnet für Besucher: Mo – Do 9 – 17 Uhr, Fr 9 – 14 Uhr.*

**- München**, Postfach 15 19 40, 80051 München, Tel. 089-530 74 60, Fax 089-53 07 46 20. E-Mail: munich@tourspain.es. *Telefonische Auskünfte: Mo – Fr 9 – 13 Uhr.*

**- Wien**, Walfischgasse 8, Tür 14, Mezzanin, A-1010 Wien 1, Tel. +43-1-512 95 80, Fax +43-1-512 95 81. E-Mail: vienna@tourspain.es. *Geöffnet für Besucher: Mo – Fr 10 – 12 Uhr.*

**- Zürich**, Seefeldstrasse 19, CH-8008 Zürich, Tel. +41-44 253 60 50, Fax +41-44 252 62 04. E-Mail: zurich@tourspain.es. *Geöffnet Mo – Fr 9 – 17 Uhr.*

**- Instituto de Turismo de España - Turespaña**, Fremdenverkehrsauskunft in Spanien, Calle José Galdiano, 6, 28071 Madrid, Tel. 91 34 33 500, www.tourspain.es

**Internetlinks**

www.spain.info, generelle Webseite über Spanien. Ein vorzügliches Internetportal zu Reiseinformationen der unterschiedlichsten Art über Spanien.

**Andalusien**

www.andalucia.org
www.almeria-turismo.org (Almería)
www.cadizturismo.com (Cádiz)
www.turiscordoba.es (Córdoba)
www.visitacostadelsol.com (Costa del Sol).
www.promojaen.es (Jaén)
www.turgranada.es (Granada)
www.turismohuelva.org (Huelva)
www.turismosevilla.org (Sevilla)

**Extremadura**

www.turismoextremadura.com

**Kastilien-La Mancha**

www.turismocastillalamancha.com
Madrid
www.turismomadrid.es (Madrid Region)
www.esmadrid.com (Madrid Stadt)

**Murcia**

www.murciaturistica.es

**Valencia**

www.comunitatvalenciana.com (Region Valencia)
www.turisvalencia.es (Stadt Valencia)

**Konsularische Vertretungen**

**Botschaft des Königreichs Spanien, Embajada de España**, Lichtensteinallee 1, 10787 Berlin, Tel. 030-25 40 070, www.spanischebotschaft.de.

**Botschaft der Bundesrepublik Deutschland, Embajada de la Republica Federal Alemana**, Calle de Fortuny, 8, 28010 Madrid, Tel. +34 915 57 90 95, www.spanien.diplo.de.

**Deutsches Generalkonsulat in Barcelona**, Torre Mapfre, Calle de la Marina 16-18, 30. Stock, 08005 Barcelona, Tel. +34 932 92 10 00, www.spanien.diplo.de.

**Deutsches Konsulat in Málaga**, Calle Mauricio Moro Pareto, 2 - 5, Edificio Eurocom - Bloque Sure, 29006 Málaga, Tel. +34 952 36 35 91, www.malaga.diplo.de.

**Paradores**

**Paradores España** c/o Ibero tours GmbH, Immermannstr. 33, 40210 Düsseldorf, Tel. 0211-864 15 20, www.ibero.com.

**Paradores de Turismo de España**, Central de Reservas (zentrale Reservierungsstelle), Calle José Abascal, 2-4, 28003 Madrid, Tel. +34-902 54 79 79. E-Mail: reservas@parador.es, www.parador.es.

## CAMPING

Spanien wartet mit weit über 1.000 Campingplätzen auf. Mindestens 80 Prozent davon liegen an den Stränden des Mittelmeeres. Zwischen der französischen Grenze und Alicante stolpert man von einem Platz zum anderen.

Im Landesinneren, in Kastilien, der Mancha und der Extremadura sind Campingplätze spärlich gesät. Die Ausstattung vieler Plätze dort entspricht nicht immer gehobenen Ansprüchen, besonders im sanitären Bereich. Lediglich um Madrid, am Südrand der Pyrenäen und an der Atlantikküste in Nordspanien trifft man wieder auf ein relativ engmaschiges Campingplatznetz.

Die **Öffnungszeit** der größten Zahl der Campingplätze ist von Ende April, Anfang Mai bis Mitte, Ende September. Aber auch ganzjährig zur Verfügung stehende Anlagen – besonders im Bereich der Badeküsten des Mittelmeeres – findet man in zunehmendem Maße.

Spanische Campingplätze sind in **vier amtliche Kategorien** eingeteilt – de lujo (Luxus), 1ª, 2ª und 3ª Categoría. Die Bandbreite der Kriterien zur Festlegung der einzelnen Kategorien ist undurchsichtig. Zwar kann man auf einem „1. Kategorie-Platz" mit einem gewissen Komfort und relativ hohem Ausstattungsstandard rechnen, den man aber erstaunlicherweise auch auf einem Platz der 2. Kategorie vorfinden kann. Als grobe Richtschnur ist diese Einteilung aber tauglich.

Die Übernachtungspreise werden frei kalkuliert. Dabei kann es von Platz zu Platz zu erheblichen Unterschieden kommen, auch zwischen Plätzen der gleichen amtlichen Kategorie. Preisunterschiede bestehen oft zwischen Haupt- und Nebensaison.

Ausgesprochen preiswert sind Campingübernachtungen in Spanien schon lange nicht mehr. Für zwei Personen und ein Wohnmobil wird der Übernachtungspreis in der Vor- oder Nachsaison kaum einmal unter EUR 20,- liegen. Und auf manchem Platz an der Mittelmeerküste sind Hochsaisonpreise von EUR 40.- (pro Nacht) und darüber keine Ausnahme mehr. Dazu kommen gewöhnlich noch die Gebühren für einen Stromanschluss.

Angesichts solcher Preise wird mancher Gast die Einrichtungen eines Platzes etwas kritischer betrachten.

Wer Anlass zu wirklich begründeten Klagen hat, kann diese auf behördlichen Beschwerdeblättern, den „Hojas de Reclamaciones", zu Papier bringen. Sie bestehen aus Original und zwei Kopien. Jeder Beherbergungsbetrieb, auch Campingplätze und natürlich auch Hotels, muss das Blatt vorrätig haben und auf Verlangen ausgeben. Gelegentlich wird das mit windigen Begründungen verweigert. Lassen Sie sich nicht darauf ein. Denn, verweigert man die Herausgabe der Blätter, hat der Betreiber des Unternehmens bei Anzeige mit empfindlichen Strafen zu rechnen. Die zuständigen Stellen zur Bearbeitung der Beschwerdeblätter oder Anzeigen sind entweder die Behörden in den Hauptstädten der jeweiligen Provinz oder das Staatliche Ministerium für Tourismus Secretaria de Estado de Turismo, Calle Maria Molina 50, Edificio Eurocis, Madrid 6.

Die auf vielen Campingplätzen in Europa bei der Anmeldung verlangte, oder als Ausweisersatz akzeptierte Karte **Camping Key Europe** (früher Camping Carnet International, CCI) wird auf Campingplätzen in Spanien weder verlangt, noch als Ausweisersatz anerkannt. Es wird immer der Reisepass oder der Personalausweis von allen Mitreisenden verlangt!

Auf vielen spanischen Campingplätzen bemüht man sich in zunehmendem Maße, dem Touristen ein immer besseres Angebot im **sanitären Bereich** zu bieten. Warmwasserduschen sind üblich und deren Benutzungsgebühr ist meist im Übernachtungspreis inbegriffen. Ob sie aber auch zu jeder Tages- und Nachtzeit Warmwasser spenden ist eine andere Geschichte.

Relativ häufig findet man auf den Plätzen einen **Lebensmittelladen** und ein **Restaurant**. Außer in touristischen Ballungszentren kann aber nur zwischen Juni und etwa Mitte September mit deren vollen Betrieb gerechnet werden.

**Stromanschlüsse für Caravans** (gewöhnlich gebührenpflichtig) sind auf jedem Platz (zumindest für einen Teil der Stellplätze) zu finden. Und immer häufiger sind Stromanschlüsse mit Sicherheitssteckern der Europa-Norm versehen.

Viele, viele Spanier haben Geschmack am **Dauercamping** gefunden. Wer als Tourist geruhsame Nächte verbringen will, stellt sich besser nicht mitten unter Dauercamper, es sei denn, man will lautstark nächtlichen Spanischunterricht nehmen und ungewollt bis weit nach Mitternacht das spanische Fernsehprogramm verfolgen.

Der jährlichen Gästeflut, die im Sommer über die strandnahen Campingplätze hereinbricht, versuchte man dadurch Herr zu werden, dass man die **Stellplätze** auf manchen Anlagen oft recht klein hielt und somit die Aufnahmekapazität des Platzes erhöhte. Die Bemessung und Anlage der Stellplätze auf manchen Campinganlagen geschah vor Jahrzehnten, als Autos, Caravans und Wohnmobile noch kleinere Abmessungen hatten. Neuere Campinganlagen bieten Stellplatzparzellen, die auch großen Campingeinheiten gerecht werden.

**Mein Tipp! für Zelturlauber**: Nehmen Sie unbedingt Stahlheringe und ein kräftiges Schlagwerkzeug mit. Ein Gummihammer taugt hier nicht. Der nicht selten graslose Boden ist auf vielen Campingplätzen oft hart wie Beton. Aluminiumheringe verbiegen sich da sehr leicht.

Übrigens: Die blauen Campinggaz-Flaschen sind auf vielen Plätzen und auch in Geschäften außerhalb erhältlich.

**Wildes Campen** im freien Gelände ist in Spanien offiziell nicht erlaubt. Dagegen wird in den allermeisten Provinzen toleriert, dass Camper auf öffentlichen Park- und Rastplätzen einmal nächtigen. Es kann aber durchaus passieren, dass Sie bei einer Polizeikontrolle unmissverständlich aufgefordert werden, den Standort (Park- oder Rastplatz) zu wechseln und einen Campingplatz aufzusuchen. Solche Aktionen liegen ganz im Ermessen der örtlichen Polizeibehörden. Wer aber bei einer Übernachtung aus dem Parkplatz einen Campingplatz macht, mit Tischen, Stühlen und Sonnenschirm vor dem Caravan oder dem Wohnmobil und vielleicht noch mit einem kleinen Abwassersee darunter, wird bestimmt Anstoß erregen, nicht nur bei der Polizei.

### Hinweis über Angaben zu Campingplätzen

Die in diesem Reiseführer erwähnten Campingplätze wurden in erster Linie danach ausgesucht, ob sie an oder in der Nähe der beschriebenen Route liegen. Unsere Beschreibungen und Einstufungen von Campingplätzen können gar nicht anders als subjektiv ausfallen. Zu viele Faktoren, die auf Grund individueller Vorstellungen jedes einzelnen Reisenden die unterschiedlichsten Stellenwerte haben können, spielen eine Rolle.

Bei der Auflistung der Campinganlagen in den durch Einrücken und Farbunterlegung kenntlich gemachten **Info-Blocks „Praktische Hinweise"** folgen dem **Platznamen** die **GPS-Koordinaten** in eckigen Klammern, dann die **Telefonnummer** mit integrierter Vorwahl, die **Webadresse** (soweit verfügbar), die **Öffnungszeit** sowie Lokalisierung oder **Zufahrt**.

Bei der **Beschaffenheit des Platzgeländes** wir die Form angegeben, die überwiegt, z. B. ebenes Wiesengelände etc. Die **Größe des Platzgeländes** wird in Hektar (ha), die **Aufnahmekapazität** in Stellplätzen (Stpl.), wenn möglich unter Berücksichtigung des Dauercamperanteils (Dau.), angegeben.

Es wird versucht, die **Platzeinrichtungen**, so wie sie beim Besuch des Campingplatzes vorgefunden wurden, in etwa zu charakterisieren, wobei der Zustand und die Pflege der Gebäude und Installationen für unsere Beurteilung auch von Bedeutung waren.

Die Übergänge zwischen den vier von uns für unsere Campingplatzbeschreibungen als grobe Anhaltspunkte geschaffenen Kategorien – Mindestausstattung, Standardausstattung, Komfortausstattung und umfangreiche Komfortausstattung – sind natürlich fließend.

**Mindestausstattung**: Einfacher Platz mit bescheidenen, veralteten oder vernachlässigten Einrichtungen, die außer WC's, Kaltwasserwaschbecken und evtl. einigen Kaltduschen keine, oder völlig unzeitgemäße Einrichtungen für Hygiene und Körperpflege aufweisen. Keiner der von uns aufgelisteten Campinganlagen musste mit dieser Einstufung versehen werden.

**Standard-Sanitärausstattung** (mit den Varianten „einfache Standardausstattung" und „gehobene" oder „gute Standardausstattung"): Der Durchschnittscampingplatz mit WC's, Kaltwasserwaschbecken und Duschkabinen innerhalb der Waschräume, evtl. einige davon mit Warmwasser. Ordentlicher Gesamteindruck. Außer Sanitäranlagen, werden auch Geschirr- und Wäschewaschbecken (oder Waschmaschine mit Trockner) erwartet, ebenso Ausgüsse für Chemikaltoiletten und Stromanschlüsse. Die Plätze weisen oft auch Einkaufsmöglichkeit und/oder Restaurant, Imbiss, etc. auf.

**Komfortausstattung:** Außer ausreichend WC's, komplette Warmwasserausstattung in allen Waschbecken und Duschen in zeitgemäßen, gepflegten Sanitäranlagen, werden auch Geschirr- und Wäschewaschbecken mit Warmwasserversorgung (oder Waschmaschine mit Trockner) erwartet, ebenso Ausgüsse für Chemikaltoiletten, Stromanschlüsse für Caravans in ausreichender Zahl. Das Terrain soll gepflegt und durch Wege erschlossen sein und im Gelände verteilte Müllbehälter und Wasserzapfstellen, ein oder mehrere Restaurants, Supermarkt, WLAN, Internetecke und ein Ver- & Entsorgungsstation für Wohnmobile (Frisch-/Abwasser) aufweisen. Zusätzlich zu den vorgenannten Merkmalen wird erwartet, dass die Anlage und Pflege des Platzes und seiner Einrichtungen, seine Führung sowie die Ausstattung, Bauweise und Pflege der Sanitäranlagen mit zahlenmäßig reichhaltigen, modernen Installationen, gehobenen Ansprüchen genügen. Sportmöglichkeiten (Tennis, Schwimmbad, Tauch-, Windsurf- oder Segelschule etc.), Freizeit- und Unterhaltungsmöglichkeiten, Kinderspielplätze u. ä. sollte eine so eingestufte Campinganlage aufweisen.

### Wohnmobil-Stellplätze

Stellplätze für Wohnmobile – offizielle, z. B. von Privatpersonen oder von Gemeinden ausgewiesene Stellplatz-Flächen oder Parkplätze, auf denen Wohnmobile auch nachts stehen dürfen – werden in ganz Spanien immer zahlreicher, mit zunehmender Tendenz.

Wir haben auf unseren letzten Recherchenreisen durch Südspanien vor allem nach Stellplätzen Ausschau gehalten. Fazit: Besonders zahlreich ist das Angebot an Wohnmobilstellplätzen entlang der Mittelmeerküste, von der Costa Brava bis hinab an die Costa del Sol. Ein weiterer Schwerpunkt ist in Nordspanien zwischen Pyrenäen und Galicien (Jakobsweg) ganz im Westen zu beobachten. Im Landesinneren dagegen ist das Netz an Wohnmobil-Stellplätzen noch recht dünn.

Wir haben uns bemüht, möglichst alle Wohnmobil-Stellplätze entlang der in diesem Reiseführer beschriebenen Route ausfindig zu machen und zu beschreiben. Allerdings kann keine Gewähr dafür übernommen werden, dass die Auflistung vollständig ist. Zu veränderlich ist da noch die Stellplatzsituation.

Viele der Stellplätze sind im Grunde Stationen zur Entsorgung von Wohnmobilabwässern bzw. Aufnahme von Frischwasser, die nicht nur von spanischen Wohnmobilfahrern eben auch als Übernachtungsstellplatz genutzt werden. Mitunter wird auch nur ein Teilstück eines öffentlichen Parkplatzes (oft in der Sektion für Reisebusse) als Stellplatz für Wohnmobile vorgesehen (u. a. z. B. in der Innenstadt von Valencia oder bei der Alhambra in Granada).

Neuere Stellplätze dagegen bieten neben V & E Möglichkeiten oft auch sanitäre Einrichtungen, Waschmaschine, Cafeteria etc., sind bewacht oder videoüberwacht und ähneln dann schon mehr einem Campingplatz.

Auf machen Stellplätzen ist der Aufenthalt begrenzt, oft auf 48 oder 72 Stunden. Und viele Stellplätze sind zwischenzeitlich gebührenpflichtig!

Vor allem die Existenz der von Gemeinden eingerichteten Wohnmobil-Stellplätze ist sehr vom Wohlwollen der Gemeindeverwaltung oder den Bedürfnissen der Kommune abhängig. Was vorher noch Stellplatzgelände war, wird nun z. B. Bauland, Wertstoffhof, Gewerbegebiet etc. Es ist also durchaus möglich, dass so mancher in diesem Reiseführer aufgelistete Platz bis zu Ihrer Ankunft wieder aufgehoben ist! Umgekehrt ist es genauso möglich, dass zwischenzeitlich neue Stellplätze geschaffen wurden.

## EINREISEBESTIMMUNGEN

### Persönliche Dokumente

Staatsangehörige der Bundesrepublik Deutschland und anderer EU-Länder, sowie der Schweiz, Norwegens, Islands und Liechtensteins benötigen bei einem Aufenthalt bis zu drei Monaten als Tourist oder Besucher zur Einreise nach Spanien einen gültigen Personalausweis oder einen Reisepass. Die Personaldokumente dürfen maximal ein Jahr abgelaufen sein. Jugendliche unter 16 Jahren benötigen einen Kinderausweis, Kinderpass oder Personalausweis. Kinder, die mit Personen reisen, die nicht ihre Eltern sind, benötigen zusätzlich eine Vollmacht der Erziehungsberechtigten.

Bei Aufenthalten, die länger als drei Monate dauern werden (z. B. Überwinterung, Studium), ist zur Einreise nach wie vor ein Visum notwendig.

### Einreise per Auto

Kraftfahrzeuge dürfen bis zu einem Aufenthalt von sechs Monaten zollfrei eingeführt werden.

Sind Sie nicht Eigentümer des Fahrzeugs mit dem Sie reisen, müssen Sie eine notariell beglaubigte Vollmacht des Besitzers mitführen.

Nationaler (deutscher, schweizer, österreichischer etc.) Führerschein und nationale Zulassung sind ausreichend.

Das Nationalitätskennzeichen „D“ etc. muss am Auto angebracht sein.

Das Mitführen einer internationalen „Grünen Versicherungskarte“ (carta verde) ist zwar nicht zwingend vorgeschrieben, ihre Mitnahme ist aber zu empfehlen. Sie wird bei Polizeikontrollen oder bei Unfällen fast immer verlangt.

Sehr zu empfehlen ist der Abschluss einer (zumindest für die Reisedauer gültigen) Vollkasko- und Insassen-Unfallversicherung, da die von spanischen Autohaftpflichtversicherungen abgedeckten Summen wesentlich unter denen bei uns liegen.

Es können 10 Liter Reservekraftstoff zollfrei eingeführt werden.

### Haustiere

Hunde und Katzen dürfen eingeführt werden, wenn ein EU-Heimtierausweis vorgewiesen werden kann. In diesem muss die Bezeichnung des Mikrochips oder der Tätowierung des Tieres sowie die vorgeschriebene Tollwutimpfung (Erstimpfung mindestens 21 Tage vor Einreise) eingetragen sein. Aus dem EU-Heimtierausweis müssen die Herkunft des Tieres, Anschrift des Halters und Art der verwendeten Impfstoffe hervorgehen.

Die Tiere können bei der Einreise ggf. vom Amtstierarzt an der Grenze untersucht werden.

Maulkorb- und Leinenzwang gelten für als gefährliche geltende Hunde, wie Rottweiler, Pitbull-Terrier u.a.

### Zollbestimmungen (Auszug)

Auf der Reise benötigte persönliche Gegenstände, die zum eigenen Gebrauch bestimmt sind, können im privaten Reiseverkehr innerhalb der EU zollfrei eingeführt werden.

Die Einfuhr von Waffen ist verboten.

Zollfrei im privaten Reiseverkehr sind zum eigenen Verbrauch bestimmte Waren bis zu folgenden Höchstmengen (für Reisende aus EU-Ländern über 17 Jahre): 800 Zigaretten, 400 Zigarillos, 200 Zigarren, 1000 g Rauchtabak, 90 Liter nicht schäumender Wein, davon max. 60 Liter Schaumwein, 110 Liter Bier, 10 Liter Spirituosen über 22 Volumenprozent, 20 Liter Spirituosen unter 22 Volumenprozent.

## ESSEN UND TRINKEN

Die spanische Küche ist eine geradlinige, nicht unbedingt einfache, aber auch nicht raffinierte Küche. Und sie kennt natürlich ihre regionalen Spezialitäten und Besonderheiten. Ausklammern muss man dabei allerdings die touristischen Ballungszentren an der Mittelmeerküste. Die Gastronomen dort haben sich längst den eisernen Essgewohnheiten ihrer ausländischen Gäste angepasst und servieren eine Speisenfolge, die sich mit der in Touristenhotels anderer Länder ohne weiteres austauschen ließe.

Zur spanischen Küche gehören Knoblauch (ajo) und Olivenöl (aceite de oliva) wie das Amen in die Kirche. Und zu einem spanischen Normalmenü gehören drei Gänge, wobei der erste Gang, die Appetithappen **Tapas** (Oliven, Wurstscheibchen, dünne Schinkenstreifen, Sardinen, manchmal auch Tintenfisch gebacken oder Krabben u.v.a.), meist schon mit dem Aperitif genommen wird. Manche Lokale sind für ihre ideenreichen Tapas bekannter als für ihre Speisekarte.

Eine wunderbare aus Katalonien stammende Tapasvariante ist „pan con tomate". So einfach das klingt, so herrlich schmeckt es. Man nimmt eine Scheibe frisches Weißbrot, beträufelt sie mit gutem, feinen Olivenöl, reibt darauf das Fleisch einer reifen Tomate und belegt das Ganze je nach Lust und Laune mit Wurstscheiben oder feinen Schinkenstreifen.

Mit Tapas und vielleicht einem Gläschen Wein zwischendurch kann man auch gut die für uns ungewöhnlich späten Essenszeiten leichter erwarten.

Man nimmt an, dass alles, was mit der „Tapaskultur" zusammenhängt, seinen Ursprung im 19. Jh. in Andalusien hatte. Dort war es in den Schenken, Weinstuben und Tavernen Brauch, auf das Weingläschen als Deckel eine Scheibe gesalzener Wurst zu legen. Niemand weiß, ob man damit Fliegen abhalten, den Trinkgenuss anregen oder die Wirkung des Weins reduzieren wollte.

Sicher ist, dass sich diese Gewohnheit weiterentwickelte. Manche Wirte stellten auf das Weinglas als Deckel ein kleines Tellerchen mit Oliven, mit pikanten Wurstscheibchen, mit sauer eingelegten Gürkchen und mit allerlei Appetithappen, die in der Kneipe zu finden waren.

Längst hat sich der Brauch im ganzen Land verbreitet und sich zu einer ideenreichen eigenen Sparte der spanischen Gastronomie entwickelt. Da gibt es Tapas Fritas, Tapas en Pan (auf Brot), Tapas Curadas (eingesalzen), Tapas Embutidos (mit Wurst verschiedenster Sorten), Tapas en Salzón (mit Salzfisch) etc., eine schier endlose Reihe von Variationen.

Wenn das Hauptgericht nicht gerade ein **Eintopfgericht** ist, die in Spanien übrigens sehr geschätzt werden, und als „el cocido" auf der Basis von Fleisch, Kartoffeln und Gemüse in vielen Varianten auftauchen, folgt in der Regel nach den appetitanregenden Tapas eine **Suppe**.

Besonders beliebt sind klare Brühen (el caldo) und gebundene Suppen (la sopa), wobei die „sopa de ajo" (Brotsuppe mit viel Knoblauch, Zwiebeln und Ei) und „el gazpacho" aus Andalusien (geeiste Brühe aus pürierten Tomaten, Gurken, Paprika mit Essig, Öl und Knoblauch) herausragende Stellen einnehmen. In den Küstengebieten wird dagegen sehr gerne eine „sopa de pescado", eine Fischsuppe also, serviert.

Sehr gehaltvolle Suppen, die „potajes", kennt man z. B. auch im Hinterland der Mittelmeerküste von Valencia.

Bei den **Hauptgerichten** kommen die regionalen Unterschiede besonders zum Ausdruck.

Sehr bekannt ist die aus der reisreichen Levante stammende **„paella Valenciana"**, ein Reisgericht aus der Pfanne, mit Meerestieren, Garnelen, Muscheln, Hühner- und Schweinefleisch, Oliven, Erbsen und viel Safran, der dem Reis die für das Gericht typische gelbe Farbe gibt.

In Kastilien sind Lammbraten (cordero asado), gegrilltes Spanferkel (cochinillo tostado) oder Kutteln nach Madrider Art (callos a la madrileña) Spezialitäten.

Knoblauch gehört, wie eingangs schon erwähnt, zu den beliebtesten und meistverwendeten Zutaten und Gewürzen. Viel Knoblauch gehört auch in die Suppen, die vorzugsweise aus der abgeschöpften Brühe der cocidos, den Eintopfgerichten, zubereitet werden.

Ein Gedicht ist in der Tonkasserolle gebratenes Lammfleisch, das zuvor mit Schmalz eingerieben wurde und dann während des Bratens immer wieder mit gesalzenem Wasser übergossen wird, bis es schön knusprig ist.

Große Tradition hat fast überall in der spanischen Küche die Kichererbse (garbanzos). Über Jahrhunderte hinweg war sie wichtigster Bestandteil der Alltagskost. Entsprechend vielfältig sind die Rezepte, die noch heute gerne angewandt werden.

Ein Pfeiler deftiger Hausmannskost ist seit vielen Generationen der „cocido", ein Eintopfgericht aus Blutwurst, Fleisch oder Paprikawurst und natürlich Kichererbsen.

Verbreitet hat sich eine einfache, bodenständige Küche entwickelt, in der gerne herzhafte Gerichte aus Bohnen und Linsen zubereitet werden, die, verfeinert mit Blutwürsten aus der Gegend von Burgos oder einer Paprikawurst aus Segovia, eine wunderbare Mahlzeit ergeben.

Viele regionale Spezialitäten aus Kastilien und León, aus der Extremadura und auch aus Andalusien verwenden Spanferkel, Lamm, Zicklein und natürlich Schweinefleisch in der vielfältigsten Art und Weise. Die iberischen Schweine werden oft noch nach uralter Sitte mit Eicheln und Kastanien gefüttert, was ihrem Fleisch ein raffiniertes Aroma verleiht. Vor allem aus der Extremadura kommen handfeste Fleischeintöpfe, die „calderates". Ein Gedicht sind „conchifritos", das sind schön scharf angebratene Fleischstückchen.

Und die heute noch betriebene Rinder-, Schaf- und Ziegenwirtschaft bietet beste Voraussetzungen bzw. den Rohstoff für eine Vielzahl von erstklassigen Käsen.

Seien Sie ruhig etwas mutig bei der Bestellung und Sie werden feststellen, dass auch die Liebe zu einem Land durch den Magen gehen kann.

Übrigens: Die im europäischen Kulturkreis übliche Gepflogenheit, eine Speisenfolge mit einer Suppe zu beginnen und mit einer Süßspeise abzuschließen, soll sich von Spanien aus verbreitet haben. Dorthin hatten im 10. Jh. arabische Köche diese schon damals an den Höfen der nahöstlichen Kalifen schicke Sitte nach Córdoba, Sevilla und Granada gebracht.

### Und was trinkt man?

Das beliebteste Tischgetränk ist neben Bier vor allem Wein. Die Römer brachten die Kultur des Weinanbaus nach Spanien. Heute gibt es in Spanien rund 60 teils sehr bedeutende Weinanbaugebiete, die sich auf fast alle Landesteile verteilen.

Vom Oberlauf des Ebro kommt der **Rioja-Wein**. Er hat sich im Laufe der Zeit internationale Anerkennung erworben.

Aus Katalonien ist der **Tarragona** bekannt. In Katalonien wird auch sektähnlicher weißer Schaumwein produziert. Einer der bekanntesten ist der „Codorniu".

In der **Mancha** wachsen hervorragende Tischweine (eines der wichtigsten Anbauzentren dort ist Valdepeñas) und unter den Weinen Andalusiens ist neben dem **Málaga** vor allem der **Sherry** (Jerez) bekannt. Er kommt aus dem Jerez-Anbaugebiet um Cádiz.

Sherry wird vornehmlich aus den Traubensorten Pedro Ximenez und Muskateller gewonnen. Die Reifung ist langwierig. Erst nach fünf Jahren ist der Wein „ausgebaut".

Eine andere spanische Weinspezialität und auch ein Aperitifwein, der **Manzanilla**, stammt aus dem Küstenstädtchen Sanlúcar de Barrameda an der Mündung des Rio Guadalquivir nördlich von Cádiz. Es heißt, dieser Wein schmecke an Ort und Stelle am allerbesten, weil er Reisen nun einmal gar nicht vertrage. Versuchen Sie einmal schön in Butter gedämpfte Gambas oder Camarones (Garnelen), dazu ein Stückchen Weißbrot und ein gehöriges Glas Manzanilla und Sie werden, wie viele Spanier sagen, den Himmel auf Erden erleben – wirklich.

Feine Spezialitäten auf dem Gebiet der Spirituosen sind z. B. der Schlehenlikör „pacharán" aus Navarra, oder der „queimadas", ein Schnaps aus Galicien.

An die **Essenszeiten in Spanien** muss man sich erst gewöhnen. Selten isst man vor 15 Uhr zu Mittag. Das Abendessen wird kaum einmal vor 21 Uhr, eher später serviert. Höchstens in den vom Tourismus stark heimgesuchten Küstenstädten haben einige Wirte ein Einsehen mit den Gewohnheiten ihrer nordischen Gäste.

Mit diesen späten Essenszeiten kommt man nur zurecht, wenn man am späten Vormittag oder am späten Nachmittag eine kleine Zwischenmahlzeit in Form eines Imbisses einlegt. Am besten macht man aus der Not eine Tugend und vertreibt sich die Zeit bis zum Abendessen in einer Bar mit dem Versuch, endlich hinter die vielen Varianten der spanischen Tapas zu kommen.

**Übrigens**: Wenn Sie mit Bekannten zum Essen in ein Restaurant gehen, denken Sie daran, dass getrennte Rechnungen in Spanien unüblich sind. Eine Person der Tischgesellschaft übernimmt und bezahlt die gesamte Rechnung. Und erst später wird die Rechnung ggf. aufgeteilt. Unüblich ist auch, den Rechnungsbetrag mit einem gutgemeinten „stimmt so" aufzurunden. In Spanien lässt man sich das ganze Wechselgeld zurückgeben und hinterlässt dann auf dem Tisch sein Trinkgeld, das sich auf etwa 10 Prozent des Rechnungsbetrages belaufen sollte.

**Mein Tipp!** Das Frühstück übrigens, in aller Regel zwischen 8 Uhr und 10 Uhr serviert, nimmt der Spanier gewöhnlich quasi im Vorbeigehen ein. Kein Wunder also, dass es in vielen Hotels recht spartanisch ausfällt, der Preis dafür aber mitunter in keinem Verhältnis zum Gebotenen steht. Nächtigt man in einem größeren Ort, hat es nicht allzu eilig und verfügt zumindest über rudimentäre Sprachkenntnisse, ist es oft vernünftiger aus dem Hotel und um die Ecke in die nächste Bar zu gehen und dort seinen Frühstückskaffee für einen Bruchteil des Hotelpreises einzunehmen.

Wer Spanien auf einer Campingreise besucht und sich dann und wann mal selbst verköstigen will, braucht um sein leibliches Wohl nicht zu bangen. Das Angebot in den Lebensmittelgeschäften ist ausgezeichnet.

**Mein Tipp!** Wenn Sie einkaufen gehen, tun Sie es vormittags und, wo immer möglich, auf dem Markt (mercado) oder in der Markthalle. Außer, dass Sie dort alles an einem Ort vorfinden, hat es den Vorteil, sehr frische Ware zu erhalten. Und wenn Sie dann noch bereit sind, Ihren von zu Hause gewohnten Speisezettel mit den lokalen Spezialitäten zu variieren, können Sie sich ausgezeichnet selbst versorgen.

## FEIERTAGE

**1. Januar** – Neujahrstag (Año Nuevo)
**6. Januar** – Dreikönigsfest (Epifania)
**28. Februar** – Regionaler Feiertag in Andalusien
**19. März** – San José, regionaler Feiertag in Castilla-La Mancha, Castilla y León, Valencia, Extremadura, Galicien, Madrid, Murcia, Navarra, Baskenland und Melilla
**Palmsonntag** (Beginn der Semana Santa)
**Gründonnerstag** (Jueves Santo) – Nicht in Katalonien und Kantabrien
**Karfreitag** (Viernes Santo)
**Ostersonntag** (Domingo de Pascua)
**Ostermontag**
**1. Mai** – Tag der Arbeit (Primero de Mayo)
**2. Mai** – Erinnerung an den Aufstand im Jahre 1808 gegen die Franzosen
**15. Mai** – San Isidro, regionaler Feiertag in der Hauptstadt Madrid
**Pfingstmontag**
**9. Juni** – Regionaler Feiertag in La Rioja und Murcia
**Fronleichnam** – regional
**15. August** – Mariä Himmelfahrt (Fiesta de la Asunción)
**8. September** – Regionaler Feiertag in Asturien und Extremadura
**9. Oktober** – Regionaler Feiertag in Valencia
**12. Oktober** – Nationalfeiertag (Dia de la Hispanidad/ El Pinar)
**1. November** – Allerheiligen (Todos los Santos)
**2. November** – Regionaler Feiertag in Andalusien, Aragon, Asturien, Castilla-La Mancha, Ceuta, Melilla
**9. November** – Regionaler Feiertag in der Hauptstadt Madrid
**6. Dezember** – Tag der spanischen Verfassung von 1978 (Dia de la Constitución)
**7. Dezember** – Regionaler Feiertag in Andalusien, Aragon, Asturien, Balearen, Kanarische Inseln, Kantabrien, Castilla-La Mancha, Castilla y León, Extremadura, Galicien, Murcia, Ceuta, Melilla
**8. Dezember** – Unbefleckte Empfängnis (Immaculada Concepción)
**25. Dezember** – Weihnachtsfeiertag (Navidad)
**26. Dezember** – Weihnachtsfeiertag

Außerdem gibt es noch viele regionale oder örtliche Feiertage, meist in Verbindung mit den Namensfesten der Kirchenpatrone oder Schutzheiligen der Stadt.

## FESTE UND FOLKLORE

Der Ursprung vieler Feste in Spanien liegt in der religiösen Tradition des Landes begründet. Jede Stadt, jede Gemeinde hat natürlich ihren Schutzpatron, dessen Namens- oder Festtag es gebührend zu feiern gilt. Und die **„fiestas mayores"**, die großen Feste zu Ehren des Schutzheiligen der jeweiligen Städte und Gemeinden, sind für jeden Spanier ein wichtiger Höhepunkt im Laufe des Jahres.

Viele dieser Feiern finden in der Zeit zwischen August und Oktober statt.

Überregionale Bedeutung hat z. B. das **Mysterienspiel** zu Mariä Himmelfahrt am 15. August in Elche in der Provinz Alicante erlangt.

Andere Feste wiederum haben ihren Ursprung in alten Ernteriten und Hirtenbräuchen. Landesweit bekannt ist z. B. „boda vaqueira", die asturische Hirtenhochzeit.

Der bunte Reigen der jährlich wiederkehrenden spanischen Feste beginnt mit den **Karnevalsumzügen**. Viele davon haben uralte Tradition wie z. B. der Karneval von Lanz in der Region Navarra, in dessen Mittelpunkt zwei mythologische Gestalten stehen, nämlich Ziripot und Zaldico.

Besonders in der **Karwoche** (Semana Santa) vor Ostern finden prunkvolle, feierliche **Prozessionen** statt (Sevilla, Granada, Murcia, Zamora, Cuenca, Valladolid u. a.). Bei diesen sehr beeindruckenden Umzügen, die oft begleitet werden von kostümierten oder auch vermummten Mitgliedern von Bruderschaften, werden fast immer sog. „pasos" auf riesigen, prächtig geschmückten Podesten mitgeführt. Pasos sind Heiligenfiguren, Christus- und Marienstatuen oder auch Passionsszenen, die von den Gemeindemitgliedern tief verehrt und oft auch als wundertätig angesehen werden und das Jahr über die Altäre in den Kirchen schmücken. Manche der Prozessionen finden zu nächtlicher Stunde bei Fackelschein statt, was sie noch geheimnisvoller erscheinen lässt.

In Toledo ist besonders die Prozession zum Fronleichnamsfest (corpus christi) ein eindrucksvolles Ereignis.

Vor allem in Galicien, an der Kantabrischen Küste und in Andalusien finden alljährlich Wallfahrten, **Romerías**, zu Kirchen oder Kapellen auf dem Lande statt. Bei diesen volkstümlichen Prozessionen werden Trachten getragen und Volkslieder gesungen. Nicht selten sind die Wallfahrer nachts unterwegs und ziehen in einer langen Fackelprozession zur Gedächtnisstätte. In Galicien wiederum fahren die Gläubigen mit geschmückten Booten aufs Meer und in die Meeresarme, den Rías, hinaus.

Die bekannteste dieser Romerías ist die **„Wallfahrt der Zigeuner"**, die am Pfingstsonntag mit geschmückten Pferden und Wagen zum berühmtesten spanischen Wallfahrtsort **Nuestra Señora del Rocío** (zwischen Huelva und Sevilla an der Straße nach Matalascañas) pilgern.

Zu diesen regionalen kirchlichen Festen kommen weltliche Feste und weitere überregionale Kirchenfeiertage. Breiten Raum nehmen im ganzen Lande die **Ferias** ein, bunte, turbulente Jahrmärkte und Volksfeste, die fast immer mit viel Folklore, Musik und volkstümlichen Umzügen verbunden sind. Und wenn die offiziellen Feierlichkeiten vorbei sind, dann legt man den gebotenen Ernst ab und vergnügt sich beim Essen, Tanzen, beim Feuerwerk oder beim Stierkampf.

Weit über das Land hinaus bekannt sind die farbenprächtige **„Feria de Abril"** von Sevilla oder das **Frühjahrsfest in Murcia**. Ein großes Volkfest wird jedes Jahr auch in Alcoy (Levante) gefeiert, wenn das Spektakel einer historischen Schlacht zwischen Mauren und Christen nachgespielt wird.

Und natürlich muss in diesem Zusammenhang **Los Sanfermines**, das Fest zu Ehren des Heiligen Fermín in Pamplona, erwähnt werden. Dieses Fest, das jedes Jahr im Juli begangen wird, ist berühmt, ja weltberühmt, kann man sagen. Ernest Hemingway z. B. schildert in seinem Roman „Fiesta" Situationen, Erlebnisse und Eindrücke rund um die Festtage. Spektakulärer Höhepunkt des Sanfermin-Festes ist die Stierhatz durch die Gassen der Altstadt zur Arena.

### Corrida de Toros

Was wäre ein spanisches Fest, eine Feria, ohne **Stierkampf**, ohne Corrida de Toros?

Die Mauren sollen den Stierkampf nach Spanien gebracht haben. Dort blieb das Duell zwischen Mensch und Tier bis ins 18. Jh. ein privilegiertes Schauspiel für den Adel und die Feudalherren.

Später war der „Sport" nicht mehr ganz so hoffähig und so wurde der Besuch eines Stierkampfes zum beliebtesten Zeitvertreib aller Bevölkerungsschichten. Allerdings strebt in letzter Zeit König Fußball mehr und mehr an die Tabellenspitze der beliebtesten Sportart. Und es werden Stimmen der Tierschützer gegen den Stierkampf laut.

Ursprünglich kämpfte der Torero als „rejoneador" vom Pferd aus gegen den Stier, so wie es heute in Portugal der „cavaleiro" noch tut und es in Spanien gelegentlich noch als Demonstration perfekter Reitkunst geschieht. Erst ab dem 18. Jh. trat der Torero oder Matador (vom spanischen mater = töten) dem Stier (el toro) zu Fuß gegenüber.

Die Regeln sind bis ins Detail festgelegt. Jede Figur, jede Geste, die Kleidungsstücke der Stierkampfmannschaft (la cuadrilla), jedes Utensil hat einen traditionsreichen Namen. Selbst das Alter und das Gewicht der Stiere ist festgesetzt. Sie dürfen nicht älter als vier Jahre und nicht schwerer als 450 kg sein.

Zartbesaiteten Naturen wird das Zuschauen beim Stierkampf kein großes Vergnügen bereiten. Immerhin fließt

Blut, und wer nicht wenigstens versucht, sich die Einstellung der Spanier über den Stierkampf zu eigen zu machen, dem wird das Schauspiel eher als Tierquälerei erscheinen.

Aber wenigstens einmal sollte man einen Stierkampf schon gesehen haben. Die Atmosphäre ist unvergleichlich. Wenn möglich, besucht man beim ersten Mal nicht eine „Novillada“. Denn dort geben oft noch wenig geübte Stierkämpfer ihr Können zum Besten.

Stierkämpfe finden am Nachmittag zwischen 17 und 19 Uhr statt. Und nichts beginnt in Spanien so pünktlich wie die Corrida. Scheuen Sie nicht die Mehrausgabe für einen Sitzplatz auf der Schattenseite (sombre) der Tribüne. Auf der billigeren Sonnenseite (sol) wird es auch am Nachmittag noch ganz schön heiß.

Bei jeder Veranstaltung wird nacheinander gegen sechs Stiere gekämpft. Jeder Kampf (la lidia) ist seit altersher in drei Phasen (el tercio oder la suerte) eingeteilt. Zunächst aber beginnt die Veranstaltung mit dem Einzug (paseo) der Stierkampfmannschaft in die Arena, begleitet von den feurigen Trompetenklängen eines Pasadobles.

Die erste Phase (tercio de varas) beginnt mit der „suerte de capa“. Helfer zu Fuß (peones) beginnen, den Stier mit roten Tüchern (capas) zu reizen. Danach beginnt der Matador ebenfalls mit der capa und durch verschiedene Bewegungen die Geschicklichkeit und Kampfeslust des Stieres zu erproben. Jede gelungene Figur, die natürlich auch alle Namen haben, bei der der Torero dem Stier nur unmerklich ausweicht, wird vom Publikum mit einem brausenden „Olé“ gefeiert.

Danach erscheint der „picador“ zu Pferde. Wenn der Stier den Picador angreift, stößt dieser ihm mit einer Lanze in den Nacken. So wird der Stier zwar geschwächt, aber verständlicherweise noch mehr gereizt. Ist das Tier dann noch nicht wütend genug, wird es mit kleinen schwarzen Banderillas noch mehr gereizt.

In der zweiten Phase (tercio de banderillas) kommt der „banderillero“ in die Arena. Dreimal stößt er dem Stier zwei mit bunten Bändern und Widerhaken versehene Stäbe (banderillas) in den Nacken. Dabei muss er möglichst von vorne auf den Stier zugehen.

Die dritte und letzte Phase (último tercio) beginnt mit der „suerte de muleta“. Der Matador in seiner enganliegenden Tracht (trajeda luces) tritt mit einem dunkelroten Tuch (la muleta), das an einem Stab befestigt ist und so ausgefaltet beleibt, auf. In der anderen Hand hält er den Degen (el estoque). Mit einer eleganten Geste widmet er den Stier einer schönen Dame, einer anderen Person oder dem Publikum. Und dann beginnt der Todestanz mit dem Stier. Je gefährlicher und gekonnter er mit dem Stier umgeht, je beherzter die Muleta-Figuren (el pase) sind, desto donnernder fällt der Applaus aus und umso frenetischer sind die Olé-Rufe der Zuschauer.

Schließlich versucht der Matador den Stier in eine gewisse Position zu bekommen. Dabei muss das Tier mit gesenktem Kopf stillstehen, die Vorderbeine parallel zusammen. Jetzt versetzt ihm der Matador mit dem Degen den Todesstoß (estocada). Der Degen muss mit einem Stoß zwischen den Schulterblättern hindurch das Herz des Stieres treffen.

Bei einer schwierigeren Variante lässt der Matador den Stier auf sich zukommen und muss dann den Todesstoß (estocada a recibir) bei dem in Bewegung befindlichen Tier ausführen. Der Stier ist in der Regel sofort tot. Ist das nicht der Fall, erhält er mit einem Dolch den Gnadenstoß. Pferde ziehen den Kadaver aus der Arena. War die Menge mit dem Matador sehr zufrieden, erhält er ein oder gar beide Ohren des Stieres als Siegestrophäe. Der Präsident auf der Tribüne entscheidet, ob der Stier tapfer oder der Torero schlecht war.

Ernest Hemingways Roman „Fiesta“ schildert eindrucksvoll die Zeit der Stierkampfsaison in Spanien.

### Flamenco

Ein anderes, aus Spanien nicht wegzudenkendes Folkloreelement ist der Flamenco.

Der Ursprung des Wortes „Flamenco" ist noch nicht nachgewiesen. Eine Theorie besagt, es leite sich von einer Wortentsprechung für „flämisch" ab, weil Zigeuner das Wort auf einen ihrer Tänze angewandt haben sollen, in Anlehnung an die bunten Söldnertrachten, die Soldaten aus Flandern mitgebracht hatten. Eine andere Theorie konstruiert eine Verbindung zum Wort Flamingo und legt dieser Ansicht zugrunde, dass sich Flamencotänzer grazil wie Flamingos bewegen.

Erstaunlicher erscheint schon eher die Theorie, der Name könnte vom arabischen *felagmengu* stammen, was angeblich soviel wie „flüchtender" Bauer bedeuten soll.

Nicht eindeutig geklärt ist nicht nur der Name, sondern auch die Herkunft des Tanzes. Wahrscheinlich stammt er von den Mädchen aus dem Cádiz der Römerzeit, die ihn dort als Ausdruck ihrer Leidenschaften und Sehnsüchte gerne vorgetragen haben sollen.

Die Wurzeln des Flamencogesanges wiederum werden einerseits im Byzantinischen Reich gesucht, aus dem er durch die Westgoten nach Spanien gekommen sein soll, andererseits aber auch im arabisch-maurischen oder gar im jüdischen Kulturkreis.

Die Kunst des Flamenco liegt vor allem in den melancholischen, sehnsuchtsvollen Melodien und Texten, die aus tiefstem Herzen kommen und nicht zuletzt in der Improvisationskunst des oder der Vortragenden. Zu diesem Gesang, in seiner ursprünglichsten Form als „cante jondo", als tiefer oder tiefgehender Gesang bekannt, fällt uns der gefühlsmäßige Zugang schwer, zumal dann, wenn Sprachbarrieren bestehen.

Der Flamencotanz mit Gesang, Kastagnetten- und Gitarrenbegleitung ist wohl das Folkloreelement in Andalusien schlechthin. Dazu ist zu erwähnen, dass gewöhnlich die großen Interpreten des Flamenco völlig auf Kastagnetten verzichten.

Kastagnetten sind für den echten Flamenco gänzlich untypisch. Charakteristisch ist Gitarrenbegleitung (oft schon ein Genuss für sich), dann die als *jaleo* bekannten stakkatohaften, wirbelnden, vom Klang der Absätze akzentuierten, steppähnlichen Stampfschritte und schließlich das rhythmische Händeklatschen. Leider wird von vielen Touristen, die drosselgassenlaunig in das Klatschen einfallen, völlig verkannt, dass es sich um eine Kunst- und Rhythmusform ganz eigener Art handelt.

Andere Folkloregesänge oder Tänze sind der **Fandango**, die **Sevillana**, die **Alegrías**, **Malageñas** oder die **Seguirilla**.

Es sei aber vor dem Trugschluss gewarnt, in Lokalen zur Touristenunterhaltung dargebotene Flamencos seien unverfälschte Volkstänze. Auch die auf dem Sacromonte am Rande von Granada meist von Gitanos, die man als die virtuosesten Flamencotänzer, Gitarristen und Sänger bezeichnet, aufgeführten Tänze sind leider schon dem oberflächlichen Touristengeschmack angeglichen worden.

Unverfälschte Folklore erlebt man am ehesten noch, wenn man das Glück hat, auf dem Lande einem Fest oder einem andalusischen Flamencofestival beiwohnen zu können.

## HOTELS, PARADORES UND ANDERE UNTERKÜNFTE

Offiziell sind spanische Hotels in fünf Kategorien eingeteilt. Diese Kategorien sind mit Sternchensymbolen deutlich gemacht. Luxuriösen Komfort findet man in vielen der 5-Sterne-Hotels die unter dem Begriff „gran lujo" geführt werden.

Einfachere und preiswertere Unterkünfte findet man in **Hostales (H)** oder in **Hostales-Residencias (HR)**. Sie sind in drei Kategorien eingeteilt. Mahlzeiten werden dort in aller Regel nicht serviert. Sie können mit unseren Pensionen oder Hotels garni verglichen werden. Die Zimmerpreise liegen selbst in einem 3-Sterne Hostal nicht selten unter denen eines teuren Campingstellplatzes.

Die billigsten, dafür aber auch recht spartanischen Zimmer bieten **Fondas (F)** oder Gästehäuser **Casas de Huespedes (CH)** an. Sanitärer Komfort oder irgendwelcher Service darf hier nicht erwartet werden.

Staatliche Rasthäuser **Albergues Nacionales** und **Motels** findet man an Landstraßen vor allem in Gebieten, in denen Unterkünfte seltener sind.

Andere staatliche Beherbergungsbetriebe sind die sog. **Paradores Nacionales**. Sie sind meist in alten, stilvoll restaurierten Burgen, Schlössern, Klöstern oder Herrensitzen eingerichtet, liegen landschaftlich sehr schön oder befinden sich an kunstgeschichtlich interessanten Punkten.

Man achtet bei Paradores sehr darauf, dass das Äußere und die Innenarchitektur dem Charakter des Gebäudes, in dem sie eingerichtet sind und den Besonderheiten der jeweiligen Provinz entsprechen. Auch die gepflegte Speisekarte weist Spezialitäten der Region auf.

Eine Übernachtung im historischen Ambiente eines Paradors ist ein kleines Reiseerlebnis für sich, wenn auch nicht gerade ein billiges. Die Aufenthaltsdauer ist in der Hauptreisezeit manchmal begrenzt.

Die Zimmerpreise der Hotels müssen im jeweiligen Zimmer ausgelegt oder anderweitig angegeben sein.

In der Hochsaison ist eine Vorausreservierung empfehlenswert.

Entfernt vergleichbar mit den staatlich geführten Paradores sind die **Estancias de España**. Auch hier werden dem Gast Zimmer in historischen Gebäuden wie eleganten alten Stadtpalais, ehemaligen Klöstern, herrschaftlichen Landgütern oder in Anwesen von besonderem architektonischen oder landschaftlichen Reiz geboten. In den Restaurants der Estancias wird in aller Regel die lokale Küche gepflegt.

Einer der Unterschiede zu den Paradores ist der, dass Estancias privat geführt werden.

Wir haben fünf Kategorien zur Groborientierung im Preisgefüge der Hotels geschaffen. Die Kategorien werden mit ein bis fünf Sternchen (*) symbolisiert. Als „Gradmesser" wurden die von den Hotels angegebenen Höchstpreise für ein Doppelzimmer ohne Steuern und Frühstück angesetzt. Es bedeuten:

* = bis 70,- Euro
** = bis 110,- Euro
*** = bis 150,- Euro
**** = bis 200,- Euro
***** = über 200,- Euro

## KLIMA, REISEZEIT, KLEIDUNG

Klimatisch lässt sich die Iberische Halbinsel in drei sich stark unterscheidende Gebiete einteilen.

Der **Norden Spaniens**, von Galicien bis zu den Pyrenäen, mit der Costa Verde und dem Golf von Biscaya, hat **atlantisches Seeklima**, das zwar mild, aber niederschlagsreich ist. Nebel, Dunst und Nieselregen sind hier fast an der Tagesordnung. Dafür ist das Land hier überall grün und vegetationsreich.

Ganz anders sind die klimatischen Gegebenheiten in **Zentralspanien**. Vor allem die Meseta, die raue Hochebene, etwa zwischen dem Kantabrischen Gebirge im Norden und der Sierra Morena im Süden, mit den Landschaften Extremadura, Kastilien und La Mancha, weist ein ausgesprochen **kontinentales Klima** auf. Die Winter dort sind ungewöhnlich kalt und die Sommer sehr trocken und heiß. Dieser Landstrich ist überaus arm an Niederschlägen, was kaum Landwirtschaft zulässt.

Angenehm ist das Klima das ganze Jahr über in der dritten Zone mit **Andalusien** im Süden und an der gesamten **Mittelmeerküste**. Das **mediterrane** Klima dort sorgt für milde Winter mit nicht übermäßigen Niederschlägen. Auch Herbst und Frühling sind sehr angenehm, wobei im Herbst mit gelegentlich sintflutartigen Regenfällen gerechnet werden muss, wie zurückliegende Jahre gezeigt haben.

Die Sommer dagegen sind tagsüber ausgesprochen heiß, erfahren aber nachts oft angenehme Abkühlung.

**Durchschnittstemperaturen – Luft**

| Ort | Jan. | Feb. | Mrz. | Apr. | Mai | Jun. | Jul. | Aug. | Sep. | Okt. | Nov. | Dez. |
|---|---|---|---|---|---|---|---|---|---|---|---|---|
| Barcelona | 9 | 10 | 12 | 15 | 18 | 21 | 25 | 25 | 22 | 18 | 13 | 10 |
| Madrid | 6 | 7 | 10 | 12 | 15 | 21 | 26 | 24 | 20 | 15 | 9 | 5 |
| Málaga | 13 | 14 | 15 | 17 | 19 | 23 | 25 | 27 | 24 | 20 | 16 | 14 |
| Sevilla | 10 | 12 | 15 | 18 | 20 | 26 | 29 | 30 | 25 | 20 | 16 | 12 |
| Santiago | 10 | 10 | 12 | 13 | 15 | 17 | 18 | 20 | 18 | 16 | 13 | 11 |

**Durchschnittstemperaturen – Wasser**

| Ort | Jan. | Feb. | Mrz. | Apr. | Mai | Jun. | Jul. | Aug. | Sep. | Okt. | Nov. | Dez. |
|---|---|---|---|---|---|---|---|---|---|---|---|---|
| Barcelona | 13 | 12 | 13 | 14 | 16 | 19 | 22 | 24 | 22 | 20 | 16 | 14 |
| Málaga | 15 | 14 | 14 | 15 | 17 | 18 | 21 | 22 | 21 | 19 | 17 | 16 |
| Pontevedra | 12 | 12 | 12 | 12 | 14 | 15 | 17 | 17 | 17 | 16 | 14 | 13 |
| Tarifa | 15 | 15 | 15 | 16 | 17 | 19 | 20 | 21 | 21 | 19 | 17 | 16 |

Als **beste Reisezeit** für eine Rundreise durch Spanien sind die Zeitabschnitte von Ende März bis Mitte Juni und dann wieder von Anfang September bis Ende Oktober zu bezeichnen. Neben den angenehmen Lufttemperaturen genießt man dann auch die Vorzüge der Vor- und Nachsaison, wie leere Strände, nicht mehr ganz so stark belegte Campingplätze und weniger Hektik in den Touristenzentren.

Andererseits sind aber gerade in der ersten Frühlingszeit und etwa ab Ende September manche Campingplätze (vor allem in Nord- und Zentralspanien) noch oder schon wieder geschlossen.

Als **Kleidung** genügt für eine Reise nach Spanien im Sommer legere leichte Sommerkleidung. Bereist man im Frühjahr, Herbst oder gar Winter die zentral- und nordspanischen Regionen, sind warme Wintersachen notwendig. Gerade in der zentralspanischen Hochebene und im über 600 m hoch gelegenen Madrid, kann es im Winter empfindlich kalt werden.

Obwohl man sich natürlich auch in Spanien längst an die leichte Strandbekleidung an den stark von Touristen frequentierten Stränden der Mittelmeerküste gewöhnt hat und sie zwangsläufig toleriert, sollte man daran denken, dass sich diese Toleranz in anderen Landesteilen vielleicht noch nicht durchgesetzt hat.

Wer Anstoß, Aufsehen und eine Beleidigung der Gefühle von Anstand und Sitte der breiten Bevölkerungsschichten vermeiden will, sollte sich bei Reisen durchs Land, bei Stadtbesichtigungen und vor allem bei Kirchenbesuchen nicht allzu luftig kleiden. Herren in Shorts, Feinrippunterhemd und mit Strandlatschen gelten im Stadtbild auch heute noch als unseriös. Und wer glaubt, nur mit Bikinioberteil und knappen Shorts bekleidet eine Kathedrale oder irgendein Provinzstädtchen besuchen zu müssen, provoziert geradezu Unmut und Anmache. Schultern und Oberarme sollten Damen bei einem Kirchenbesuch immer bedecken. Und ein leichter Wickelrock, den man rasch umlegen kann, wird kaum belasten.

## MINIWORTSCHATZ – KLEIN, ABER NÜTZLICH

### Allgemeines

Apotheke – farmacia
Arzt – médico
Auf Wiedersehen – adiós, hasta luego, hasta la vista
Ausgang – salida
Bank – banco
bezahlen – pagar
Bitte – por favor
Bitte sehr! – de nada! (Antwort auf Danke)
Brief – carta
Briefkasten – buzón
Briefmarke – sello
Danke (sehr) – (muchas) gracias
Eingang – entrada

Frau, Fräulein – señora, señorita
geöffnet – abierto
Geld – dinero
geschlossen – cerrado
Gibt es ... – hay ...
Guten Abend /Guten Tag (nachmittags) – buenas tardes
Guten Morgen / Guten Tag (vormittags) – buenos días
Gute Nacht – buenas noches
Herr – señor
Ich verstehe nicht – no entiendo
Ja, nein – si, no
Postamt – oficina de correos
Postkarte – trajeta (postal)
Reisescheck – cheque de viajero
Sprechen Sie deutsch? – habla usted aléman?
Telefonanruf – conferencia
Toilette – el lavabo
Verzeihung – perdón
Was ist das? – Qué es esto?
Wie heißt ... – Cómo se llama ...?
Wie sagt man das auf spanisch? – Cómo se dice esto en español?
Wie viel kostet das? – cuánto cuesta (vale) esto?
Wo ist ...? – Dónde está ...
Zahnarzt – dentista
Zimmer – habitación
– Einzel- – - individual
– Doppel- – - doble

**Auto**

Abschmieren – el engrase
abschleppen – remolcar
Anlasser – el arranque
Auspuff – el escape
Batterie – la bateria
Benzin – gasolina
Bremse – freno
Dieselkraftstoff – gasoleo
Fahrzeugschein, Autopapiere – documentación del vehículo
Führerschein – carnet de conducir
Gangschaltung – el cambio de marcha
Getriebe – la caja de cambios
Getriebeöl – aceite lubrificante
Grüne Versicherungskarte – tarjeta verde
Keilriemen – la correa del ventilador
Kühler – radiator
Kupplung – embrague
Licht – la luz
Lichtmaschine – la dínamo
Motor – el motor
Öl – aceite
Ölwechsel – cambio de aceite
Parkplatz – aparcamiento
Reifen – neumático
Scheinwerfer – el faro
Sicherheitsgurt – el cinturón de seguridad
Stoßdämpfer – el amortiguador
Stoßstange – el parachoques
Tankstelle – tomar gasonlina
Vergaser – carburado
Wagenheber – gato
Werkstatt – taller
Windschutzscheibe – parabrisas
Wohnwagen – remolque, caravana
Wohnmobil – coche cama, autocaravana
Zündung – encendido
Zündkerze – bujia

**Essen und Trinken**

Abendessen – cena
Besteck – el cubierto
Bier – cerveza
Brot – pan
Butter – mantequilla
Eier – los huevos
Eiscreme – el helado
Flasche – la botella
Fleisch – la carne
– Schweine- – - de cerdo
– Rind- – - de vaca
– Kalb- – - de ternera
– Hammel- – de cordero
– Lamm- – - de lechal
Forelle – la trucha
Frühstück – desayuno
Gabel – el tenedorGarnelen – los camarones
Gemüse – verdura
Glas (Trink-) – el vaso
Huhn, Hähnchen – la gallina, el pollo
Kartoffeln – patatas
Käse – queso
Kotelett – la chuleta
Krabben – las gambas
Kuchen – el pastel, la torta
Löffel – la cuchara
Messer – el cuchillo
Milch – la leche

Mittagessen – almuerzo
Nachtisch – postre
Paprikaschoten – los pimientos
Rotwein – el vino tinto
Saft – zumo
Sahne – la nata, la crema
Salat – ensalada
Schnecken – los caracoles
Schnitzel – la escalope
Seezunge – el lenguado
Speisesaal – el comedor
Teller – el plato
Thunfisch – el atún, el bonito
Tintenfisch – el pulpo
Tomaten – los tomates
Trinkgeld – propina
Vorspeise – entrada
Wasser – el agua
Weißwein – el vino blanco
Zahnstocher – el palillo
Die Speisekarte bitte. – La carta, por favor.
Die Rechnung bitte. – La cuenta, por favor.

**Im Lande unterwegs**

alcazaba – maurische Burg
alcázar – maurischer Palast
ayuntamiento – Rathaus
balneario – Badeort
barrio – Stadtviertel
bodega – Weinkeller, Ausschank
calle mayor – Hauptstraße
casa – Haus
castillo – Burg
cerrado – geschlossen
ciudad – Stadt
convento, monestario – Kloster
cueva – Höhle
desfiladero – Schlucht
embalse – Stausee
finca – Gut, Gehöft
fuente – Brunnen, Quelle
iglesia – Kirche
mezquita – Moschee
mirador – Aussichtspunkt, -turm
museo – Museum
palacio real – Kgl. Palast
paisaje – Landschaft
panaderia – Bäckerei
playa – Strand
plaza mayor – Stadt-, Marktplatz
plaza de toros – Stierkampfarena
pueblo – Dorf
puerta – Tor, Tür
tapices – (Wand-) Teppiche
techo (artesonado) – (Kassetten-) Decke
tesoro – Schatz, Schatzkammer
torre – Turm
valle – Tal
vega – fruchtbare Ebene
vista – Aussicht

**Spanische Spezialitäten**

calamares fritos – gebackener Tintenfisch
cochinillo tostado (Kastilien) – gegrilltes Spanferkel
cocido (Kastilien) – Eintopf mit Kichererbsen
cordero asado (Altkastilien) – Lammbraten
el bacalao a la vizcaina – Stockfisch mit Tomatensoße
el lacón con grelos – Schweineschulter mit Weißkohl
gambas al la plancha – geröstete Krabben
la paella valenciana – Reisgericht mit div. Einlagen
la tortilla a la española – Eierkuchen mit Kartoffeln
ternasco (Aragonien) – Ziegenbraten
vieiras, mejillones (Galicien) – Jakobs-, Miesmuscheln

**Verkehr**

a la derecha – rechts
a la izquierda – links
alto – Halt
alto, collado – Pass
asistencia en carretera – Pannendienst
atención – Achtung
avería – Panne
calle – Straße
ceda el paso – Vorfahrt achten
centro ciudad/urbano – Stadtzentrum
cruce – Kreuzung
cuidado – Vorsicht
desviación – Umleitung
dirección única – Einbahnstraße
estación – Bahnhof
estación de servicio – Tankstelle
girar a la derecha – rechts fahren
obras – Bauarbeiten
parada – Haltestelle
paso a nivel – Bahnübergang

paso prohibido – Durchgang /-fahrt verboten
peligroso – gefährlich
prohibido adelantar – Überholverbot
prohibido aparcar – Parken verboten
puente – Brücke
río – Fluss
salida ciudad – Orts-, Stadtausfahrt
semáforo – Ampel
velocidad maxima – Höchstgeschwindigkeit
viraje peligroso – gefährliche Kurve

### Zahlen

eins – uno
zwei – dos
drei – tres
vier – cuatro
fünf – cinco
sechs – seis
sieben – siete
acht – ocho
neun – nueve
zehn – diéz
elf – once
zwölf – doze
dreizehn – treize
vierzehn – quatorze
fünfzehn –quinze
sechzehn – diez y seis
fünfzig – cincuenta
hundert – cien/ciento
tausend – mil

### Zeit

Montag – lunes
Dienstag – martes
Mittwoch – miércoles
Donnerstag – jueves
Freitag – viernes
Samstag – sábado
Sonntag – domingo
Tag – día
Woche – semana
Monat –mes
Jahr – año
heute – hoy
morgen – mañana
Abend – tarde
Nacht – noche
Stunde – hora
Wann? – cuándo?
Wie spät ist es? – qué hora es?

## MIT DEM AUTO DURCH SPANIEN

### Straßennetz und Maut

Ganz Spanien wird von einem dichten, gut instand gehaltenen Straßennetz von insgesamt über 340.000 km Länge durchzogen.

Viele der Fernverbindungsstraßen wurden sehr verbessert und zu autobahnähnlichen Fernstraßen (Autovías) ausgebaut.

Der Anteil an Autobahnen (Autopistas) wurde in den vergangenen Jahren ganz erheblich erweitert, was die Überwindung größerer Distanzen wesentlich erleichtert und beschleunigt.

Die Benutzung der spanischen Autobahnen ist in den meisten Fällen gebührenpflichtig, z. B. auf den Strecken Sevilla – Cádiz, auf der Autopista del Sol zwischen Málaga und Estepona, sowie Teilstücke der Umgehungsautobahn um Madrid.

Die Gebührenkarten für den jeweiligen Autobahnabschnitt erhält man an den Einfahrtsboxen zur Autobahn per Knopfdruck oder automatisch aus Automaten. Bezahlt wird an den Mautstellen am Ende des mautpflichtigen Teilstücks oder an der Ausfahrt.

Die Bezahlstationen sind automatisiert. Nur noch in wenigen Fällen sind die Durchfahrtsfurten mit Angestellten besetzt. Auf welche Weise an den einzelnen Stationen bezahlt werden kann, wird auf großen, schon von weitem erkennbaren Leuchttafeln über der jeweiligen Durchfahrtsfurt angezeigt. Gelegentlich sind einige Durchfahrtsfurten durch Höhenbeschränkungen nur für Pkws passierbar!

Bezahlt werden kann mit Bargeld und mit Kreditkarten. Bankkarten wie Maestro werden aber nicht akzeptiert!

An den Bezahlautomaten zuerst Mautkarte in den ersten Schlitz, der durch Blinken auf sich aufmerksam macht, einschieben. Der geforderte Betrag wird auf einer Leuchttafel an der Zahlbox angezeigt. Dann Kreditkarte (gewöhnlich Chip voraus und Magnetstreifen Unterseite rechts) oder Bargeld in den jeweiligen dafür vorgesehenen, blinkenden Schlitz einschieben. Kreditkarte wird wieder ausgegeben. Die Schranke öffnet sich, grünes Licht. Kreditkarte entnehmen! Nun kann über einem Druckknopf noch eine Quittung angefordert werden.

Beim Bezahlen mit Bargeld öffnet sich die Schranke, sobald der geforderte Betrag beglichen ist. Wechselgeld fällt in eine Schale, die oft nur sehr umständlich erreicht werden kann, zumal wenn man wie in einem Wohnmobil etwas höher sitzt.

Die mit „T", „Télépéaje" oder „VIA-T" gekennzeichneten und oft schön leeren Durchfahrten an den Mautstationen dürfen Sie nicht benutzen. Sie sind Besitzern einer T-Box vorbehalten. Diese Box können nur Autofahrer erwerben, die in Spanien ein Bankkonto haben.

Das **Tankstellennetz** im Lande ist recht dicht, dennoch sollte auf die Mitnahme eines gefüllten 10- oder 20-Liter-Reservekanisters nicht verzichtet werden.

Benzin ist unter den Begriffen *Gasolina* oder *Gasolina sin plomo* (bleifreies Benzin) und Diesel unter *Gasóleo* oder *Diesel* bekannt.

An Tankstellen mit Personal werden Kreditkarten zur Bezahlung meist angenommen. An Tankautomaten kann es vorkommen, dass in Deutschland ausgestellte Kreditkarten nicht akzeptiert werden.

Die gewöhnliche Öffnungszeit an Tankstellen ist werktags von 7 Uhr bis 22 Uhr, an vielbefahrenen Fernstraßen gelegentlich auch von 6 Uhr bis 24 Uhr. Tankstellen an Autobahnen sind 24 Stunden durchgehend geöffnet. Auf dem Lande dagegen sind Tankstellen nachts und an Wochenenden gewöhnlich geschlossen, bzw. es stehen nur Tankautomaten zur Verfügung, die aber oft deutsche Kreditkarten nicht akzeptieren.

### Parken in Innenstädten

Manche Städte machen es den Besuchern, die mit dem Auto unterwegs sind, recht schwer, ihr Herz für die jeweilige Stadt zu erwärmen. Die Verkehrs- und Parkplatzsituation, zusammen mit einer oft sporadischen Beschilderung bereiten so ihre Schwierigkeiten.

Fast immer liegen die Sehenswürdigkeiten im alten Stadtkern. Ihn mit dem Auto oder gar mit einem Wohnmobil, geschweige denn mit einem Caravangespann erreichen zu wollen, ist oft mit so vielen Schwierigkeiten gepflastert, dass man liebend gerne Sehenswürdigkeit Sehenswürdigkeit sein lassen möchte und sein Heil in der Weiterfahrt sucht.

Und wenn Sie dann doch bis ins Stadtinnere vorgedrungen sind, beginnt die große Parkplatzlotterie.

Wir haben versucht, zumindest in den größeren Städten geeignete Parkplätze zu finden und **Angaben zu Parkplätzen mit GPS-Koordinaten** zu machen. Es kann allerdings keine Gewähr dafür übernommen werden, dass sich die Situation zum Zeitpunkt Ihrer Reise nicht verändert hat, der Parkplatz also nicht zwischenzeitlich mit einer höhenbegrenzten Einfahrtsbarriere versehen oder evtl. ganz aufgelöst wurde!

Vor der Angabe von Navigationskoordinaten in eckigen Klammern steht gelegentlich das Wort „Parkplatz". Dies besagt, dass sich die Koordinaten auf einen Parkplatz beziehen, der bei oder ganz in der Nähe des angegebenen Ortes, Hauses, Schlosses, Museums o. ä. liegt.

Generell ist das Parken in den Innenstädten während der Geschäftszeiten ein Problem. Vor allem in den alten, besuchenswerten Stadtvierteln sind die Gassen und Straßen oft recht schmal und verwinkelt. Mit einem großen Wohnmobil oder Caravan parkt man da besser am Rande der Altstadt. Das ist auch deshalb ratsam, weil in den alten Stadtkernen meist erhebliche Parkplatzprobleme bestehen.

Achten Sie auf evtl. Parkverbotsbeschilderungen, die man nicht ignorieren sollte. Bei Missachtung droht auch dem ausländischen Besucher das Abschleppen.

**Mein Tipp!** Vielfach hat man gute Chancen zu einem zentrumsnahen Parkplatz zu kommen, wenn man frühmorgens vor 9 Uhr oder in der Zeit der allgemeinen Siesta zwischen 13.30 und 16 Uhr in der Stadt ist.

Es empfiehlt sich in Städten, in denen man auch übernachtet, Auto oder Wohnmobil auf dem Campingplatz bzw. beim Hotel zu lassen und ggf. zu Fuß oder mit Bus oder Taxi zur Besichtigung aufzubrechen.

**Verkehrsregeln**

Die allgemeinen Verkehrs- und Vorfahrtsregelungen sind denen in Westeuropa üblichen angeglichen.

Die **Höchstgeschwindigkeiten** – falls durch entsprechende Beschilderung nicht abgeändert – betragen:

– Innerhalb geschlossener Ortschaften 50 km/h.

– Außerhalb geschlossener Ortschaften und auf Landstraßen mit zwei Fahrspuren für Pkw und Motorräder 90 km/h, für Wohnmobile 80 km/h und für Pkw mit Anhänger 70 km/h.

– Auf Schnellstraßen und Straßen mit drei und mehr Fahrspuren für Pkw und Motorräder 100 km/h, für Wohnmobile 90 km/h, für Pkw mit Anhänger 80 km/h.

– Auf Autobahnen für Pkw und Motorräder 120 km/h, für Wohnmobile 100 km/h, für Pkw mit Anhänger 80 km/h.

Wer mehr als 20 km/h über die erlaubte Geschwindigkeit fährt, muss mit einer Strafe von bis zu 300,- Euro rechnen.

Ein auf der Spitze stehendes Dreieck mit rotem Rand auf gelbem Grund und der Aufschrift „Ceda el Paso“ bedeutet „Vorfahrt achten“.

Vor Kuppen und auf nicht mindestens auf 200 m übersehbaren Straßen besteht Überholverbot!

**Gelbe Linien** am Fahrbahnrand weisen auf ein Parkverbot hin.

Es besteht **Anschnallpflicht!** Kinder müssen auf dem Rücksitz des Autos untergebracht werden.

Es ist Pflicht, einen **Verbandskasten** und ein **Warndreieck** mitzuführen.

Bei Panne oder Unfall ist beim Verlassen des Fahrzeugs eine **Warnweste** (Euronorm EN 471) zu tragen. Die Warnweste ist im Bedarfsfall bereits beim Verlassen des Fahrzeugs zu tragen.

Gegenstände, die nach hinten über das Fahrzeugende hinausragen, müssen mit einer 50 x 50 cm großen, diagonal rot-weiß gestreiften Tafel markiert werden.

Die **Promillegrenze** liegt bei 0,5. Für Führerscheinneulinge, die den Führerschein erst weniger als zwei Jahre besitzen liegt die Promillegrenze bei 0,3.

Privatfahrzeuge dürfen nicht abschleppen!

Es müssen Ersatzglühbirnen mitgeführt werden.

**Telefonieren im Auto** während der Fahrt ist nur mit einer Freisprecheinrichtung erlaubt! Offiziell sollen Verstöße gegen das Verbot während der Fahrt mit dem Handy ohne Freisprechanlage zu telefonieren, angeblich mit einer Geldbuße von 90,- Euro bestraft werden. Den Autofahrern in Spanien scheint das aber ziemlich egal zu sein. Nirgendwo sonst konnten wir so viele Autofahrer während der Fahrt telefonieren sehen, egal ob auf dem Moped, im Lkw, im Lieferwagen oder im Pkw.

Auch das Bedienen von Navigationsgeräten durch den Fahrer während der Fahrt ist verboten.

Bei einem Unfall, ob schuldhaft oder ohne Schuld beteiligt, muss der Fahrer damit rechnen, dass er bis zur gerichtlichen Klärung des Falles inhaftiert und das Auto beschlagnahmt werden kann.

Im Falle eines Unfalls mit solchen Folgen also die Versicherungsgesellschaft zu Hause anrufen, die u. U. eine Kautionszahlung veranlasst oder den ADAC-Notruf wählen.

Fotografieren Sie wenn möglich den Schaden und die Unfallstelle von allen Seiten. Die Anschrift von Zeugen kann später nützlich sein.

Unterschreiben Sie nichts, auch kein Polizeiprotokoll, das Sie nicht lesen und verstehen können. Verlangen Sie einen deutschsprechenden Anwalt und im äußersten Fall Kontakt mit einem deutschen Konsulat.

**Kraftstoffpreise**
Super (95)– ca. Euro 1,15
SuperPlus (98) – ca. Euro 1,45
Diesel – ca. Euro 1,02
(Stand März 2017)

## ÖFFNUNGSZEITEN

**Apotheken**

9.30 Uhr – 13.30 Uhr, 16.30 Uhr – 20 Uhr. In Großstädten bleiben viele Apotheken rund um die Uhr geöffnet.

Ansonsten gibt es einen Apotheken-Nachtdienst, den die Apotheken abwechselnd übernehmen. Ein Verzeichnis über Nacht- und Wochenenddienst hängt in den Apotheken aus.

**Banken**

Mo – Fr 8.30 Uhr – 14.00 Uhr. Einige Banken in Großstädten öffnen im Winterhalbjahr (Oktober bis April) auch nachmittags von 17 Uhr bis 19.30 Uhr. Sa + So geschlossen.

**Geschäfte**

Mo – Sa 9.30 Uhr – 13.30 Uhr + 16.30 Uhr –20.00 Uhr.

Große Supermärkte, Kaufhäuser und Einkaufzentren haben in aller Regeln von 10 Uhr bis 21.00, manche bis 22.00 Uhr durchgehend geöffnet.

Kaufhäuser in großen Städten öffnen an einigen Sonntagen im Jahr. Und in touristischen Ballungszentren, vor allem an der Küste, sind Geschäfte oft bis weit nach 22 Uhr und auch sonntags geöffnet.

**Postämter**

Mo – Fr 9.00–14.00+16.00–19.00 Uhr.
Sa 9 – 13 Uhr. So geschlossen.

Die Postämter in der Madrider Innenstadt sind von 8.30 Uhr bis 21.30 Uhr geöffnet.

**Bars und Discos**

Pubs, Bars und Discos sind vor allem von Donnerstag bis Sonntag bis nach Mitternacht geöffnet, Discos auch bis 3 oder 4 Uhr früh. In Großstädten und Touristenhochburgen an der Küste haben viele Lokale bis in die frühen Morgenstunden geöffnet.

**Tankstellen**

Werktags 7 – 22 Uhr, an Sonn- und Feiertagen auf dem Lande in aller Regel geschlossen. Tankstellen an Autobahnen sind rund um die Uhr geöffnet.

**Sehenswürdigkeiten**

Die Öffnungszeiten vieler Sehenswürdigkeiten sind zumindest für den Durchreisenden recht ungünstig. Normalerweise sind sie zwischen 10 und 13 Uhr und dann erst wieder zwischen 16 und 19 oder 20 Uhr geöffnet.

Montags sind vor allem Museen in aller Regel geschlossen!

**Mein Tipp!** Reisende, die das Rentenalter erreicht haben (65 plus), sollten in Museen, Klöstern, Schlössern etc. beim Kauf der Eintrittskarte ruhig nach Ermäßigungen für „Pensionistas" fragen. Nicht selten werden (gegen Vorlage des Ausweises) z. B. bei staatlichen Einrichtungen reduzierte Eintrittspreise gewährt.

## POST UND TELEFON

Briefmarken (los sellos) gibt es außer auf Postämtern (Correos) auch in Tabacaleros, den Zigaretten- und Tabakwarenkiosken, die *„estancos"* genannt werden. Ein Normalbrief in EU-Länder kostete zuletzt ca. 0,80 Euro. Das Porto für eine Postkarte betrug zuletzt 0,75 Euro.

Auf Postämtern kann man auch Geldüberweisungen tätigen, Pakete aufgeben und man kann sich gegen Gebühr der Fax-Einrichtungen bedienen, die viele Postämter anbieten.

Übrigens: Von offizieller Stelle wird davon abgeraten, Brief- und Postdienste in Anspruch zu nehmen, die an der spanischen Küste operierende Unternehmen anbieten. Wer Wert darauf legt, dass seine Urlaubskarten die Lieben zu Hause auch erreicht, bedient sich besser der offiziellen gelben Briefkästen, die mit „Correos y Telégrafos" und dem Posthorn mit Krone gekennzeichnet sind. Auch Beherbergungsbetriebe, die dieses Logo führen sind berechtigt, Postkarten etc. weiterzuleiten.

In der Regel kann man von Post-ämtern aus nicht telefonieren! Dafür gibt es eigene Telefonämter und öffentliche Telefonbüros (locutorios). Dort kann man sich ein Gespräch vermitteln lassen, das anschließend bezahlt wird. Im Zeitalter der Handys verliert dieser Service aber an Bedeutung.

Verbreitet gibt es natürlich auch öffentliche Telefonzellen (cabinas).

Ferngespräche ins Ausland können auch aus den mit der grünen Aufschrift „Llamadas internacionales" gekennzeichneten Telefonzellen im Selbstwählverfahren geführt werden. Dazu benötigt man 5, 10 oder 50 Cent-Münzen sowie 1 oder 2 EURO-Münzen.

Immer häufiger findet man auch in Spanien öffentliche Telefone, die nur noch mit Telefonkarten betrieben werden können. Man benötigt dazu sog. „trajetas telefónicas", die man in den estancos oder bei Sparkassen kaufen kann.

Mobiltelefone funktionieren in den Netzen D1 und D2, sog. Dual-Band-Mobiltelefone auch im E-Netz.

Seit in Spanien die Ortsvorwahl bereits in die jeweilige Telefonnummer des Teilnehmers integriert ist, sind Telefonnummern neunstellig und beginnen immer mit einer 9.

**Telefon-Vorwahlnummern (prefijo):**

Für **Spanien: +34 (0034**).

Für **Deutschland:+49 (00 49**).

Für **Österreich: +43 (00 43)**.

Für die **Schweiz: +41 (00 41).**

Die allgemeine Telefonauskunft in Spanien erreicht man unter 1003.

Bei Telefonaten ins Ausland wählt man zunächst 00 zur Herstellung einer internationalen Verbindung und danach die Landeskennzahl, für Deutschland also 49, für Österreich 43 etc.

Bei Gesprächen nach Deutschland lässt man bei der deutschen Ortsvorwahlnummer die erste Null weg, z. B. für Stuttgart nicht 0711, sondern nur 711 und wählt dann die Teilnehmernummer.

R-Gespräche heißen übrigens „cobro revertido" und Gespräche mit Voranmeldung kennt man unter „persona a persona".

## STROMSPANNUNG, STECKDOSEN

In Spanien ist eine Stromspannung von 230 V (in sehr selten gewordenen Fällen auch noch 125 V) Wechselstrom üblich. Auf Campingplätzen und in neuen oder modernisierten Hotels trifft man aber durchweg auf 230 V Wechselstrom.

Mehr und mehr sind auf Campingplätzen bei den Stromanschlüssen für Caravans und Wohnmobile die Europastecker zu finden. Seltener findet man aber auch noch Steckdosen für Stromanschlüsse für Caravans, die mit unseren Sicherheitssteckern nicht kompatibel sind. Dann sind Zwischenstecker notwendig.

In Hotelzimmern oder in den Sanitärräumen der Campingplätze findet man mitunter Steckdosen, die Stecker mit dünnen Steckkontakten verlangen. Oft sind unsere Föhns, Ladegeräte oder Rasierapparate schon mit solchen Steckern versehen. Falls nicht, hilft hier in aller Regel der sog. Südeuropa-Zwischenstecker weiter.

## THEMA SICHERHEIT AUF REISEN

Die allerbeste Vorsorgemaßnahme ist die, wirklich sämtliche Gegenstände, sei es Schmuck, hochwertige Kleidung, elektronische Geräte etc. etc., die Sie auf der Urlaubsreise nicht tatsächlich und unbedingt benötigen, zu Hause zu lassen! Das mindert nebenbei nicht nur das Diebstahlrisiko, sondern auch Umfang und Gewicht des Gepäcks.

Vor allem in den Ballungsräumen der Großstädte und in den stark frequentierten Touristenhochburgen sollten Sie Ihr beladenes Auto nicht unbeaufsichtigt lassen.

Und mit dem vollgepackten Wagen mal schnell am Strand halten um kurz zu baden, kann mit einer bösen Überraschung enden.

Sämtliche Gegenstände von einigem Wert, natürlich auch Autoradios, Navigationsgeräte, Handys, Fotoapparate und Videokameras, aber auch wertvolle Kleidungsstücke, selbstverständlich alle Personal- oder Reisedokumente, sowie alles was irgendwie nach Geld, Reiseschecks oder Kreditkarte aussieht, sollten Sie immer aus dem Auto entfernen und niemals sichtbar im Innenraum liegen lassen! Autoscheiben wurden schon wegen attraktiv aussehender, aber minderwertiger Gegenstände eingeschlagen.

Sperren Sie die Sachen notfalls in den Kofferraum, was zwar auch keine Sicherheitsgewähr ist, das Entwenden aber doch etwas erschwert.

Parken Sie, wenn immer möglich, auf bewachten Parkplätzen! Übernachten Sie mit Wohnmobilen auf Campingplätzen oder offiziellen Stellplätzen!

Allerdings ist es kaum möglich, „nichts" in einem Wohnmobil zu haben. Und einen bewachten, zentrumsnahen Parkplatz in den Großstädten zu finden, der für Wohnmobile zugänglich wäre, ist auch nach unseren jüngsten Erfahrungen so gut wie nicht möglich. Hier kann der Rat nur lauten, das Wohnmobil auf einem stadtnahen Campingplatz zurückzulassen und mit öffentlichen Verkehrsmitteln, so umständlich das auch sein mag, zur Stadtbesichtigung aufzubrechen.

Lassen Sie auch keine Wertgegenstände, Tickets, Bargeld oder Schecks, im Hotelzimmer zurück. Nutzen Sie die Hotelsafes, bzw. das safeähnliche Wertschließfach im Zimmer, die in immer mehr Hotelzimmern zu finden sind!

Auch Campingplätze sind gehalten, Ihren Gästen den Service von Wertschließfächern oder Gästesafes in der Rezeption anzubieten. Nutzen Sie das Angebot.

Fertigen Sie Fotokopien Ihrer Ausweise, Kreditkarten o. ä. an und deponieren Sie diese an einem hoffentlich sicheren Ort im Wohnmobil. Im Notfall helfen die Kopien wenigsten ein wenig bei der Wiederbeschaffung der Dokumente.

Leider kann auch nicht verschwiegen werden, dass Taschendiebstähle oder Handtaschenraub in Großstädten und Touristenhochburgen vorkommen. Tragen Sie Halsketten, Schmuck, Foto- oder Videoapparate nicht allzu offen und unbesorgt. Verteilen Sie Geld etc. auf mehrere körpernahe Taschen. Wenn dann aus einer gezogen wird, hält sich der Schaden hoffentlich in Grenzen.

Oft sind Situationen mit Gedränge und Geschiebe z. B. beim Einsteigen in einen Bus oder in einen Zug, in denen der Reisende meist abgelenkt ist und seine Aufmerksamkeit darauf richtet, ist das auch der richtige Zug, fährt der Bus auch in die richtige Richtung etc., gern genutzte Momente für Langfinger.

Und wenn Sie sich müde vom Stadtrundgang endlich gemütlich in den Stuhl eines Straßencafés fallen lassen und sich auf ein kühles Blondes freuen, in dessen Gesellschaft Sie dann Ihre Urlaubspost erledigen wollen, lassen Sie trotzdem ihre Habseligkeiten nicht aus dem Auge. Eine nur rasch auf den Nachbarstuhl gelegte Handtasche oder Kamera kann, eh man es sich versieht, verschwunden sein.

Und wer glaubt, bei Glückspielen oder bei den berüchtigten Hütchenspielen, die fliegende Händler am Strand, in Fußgängerzonen oder sonst wo immer wieder anbieten, seine Kasse aufbessern zu müssen, ist selber schuld.

## TRINKGELD

Im Restaurant sind rund 10 % des Rechnungsbetrages für den Kellner/die Kellnerin und in Hotels 5 % Trinkgeld (propina) für das Zimmermädchen üblich. Taxifahrer erwarten ein Trinkgeld in Höhe von 10 %.

## WÄHRUNG

Auch die altehrwürdige spanische Peseta ist seit dem 1. Januar 2002 durch EURO und Cent ersetzt worden.

Verbreitet sind **Geldautomaten**, an denen man mit Kreditkarte, Bankkarte (Maestro etc.) mit persönlicher Geheimnummer Geld von seinem Bankkonto abheben kann.

**Kreditkarten** der international operierenden Unternehmen werden von allen größeren Hotels und Geschäften, an Tankstellen, bei Autovermietungen oder an den Mautstationen der Autobahnen akzeptiert.

**Mein Tipp**, der nicht nur in Spanien, sondern auf Reisen immer beachtet werden sollte: Geben Sie Ihre Kreditkarte nicht allzu unbesorgt aus der Hand. Gehen Sie z. B. an einer Tankstelle mit dem Tankwart ins Kassenhäuschen und schauen Sie, was dort mit Ihrer Kreditkarte geschieht. Kontrollieren Sie den Abdruck oder den Kassenausdruck ganz genau, ob Sie auch wirklich einen Beleg unterschreiben, der tatsächlich Ihren Rechnungsbetrag enthält. Es wäre nicht das erste Mal, dass aus 50 Euro Rechnungsbetrag auf dem zu unterschreibenden Beleg plötzlich auf unerklärliche Weise und durch ein zutiefst bedauertes Versehen 150 Euro geworden sind.

**Reiseschecks** (Gebühr ca. 1 % des Wertes, wird beim Kauf erhoben, dafür wird bei Verlust Ersatz der Schecks geleistet) werden von den Filialen der Banken in größeren Orten eingelöst und von großen Geschäften, vor allem in Touristikzentren, als Zahlungsmittel akzeptiert.

## WICHTIGE RUFNUMMERN

**Notruf: 112**, allgemeine Notrufnummer (EU-Notruf) Festnetz und Mobilnetz

**Notarzt, Unfallrettung: 061**

**RACE-Pannendienst: 915 94 93 47**, landesweit.

**Autopista Notruf: 902 20 03 20.**

**Zentraler Kreditkarten-Sperr-Notruf +49 11 61 16.**

**ADAC-Notrufzentralen:**
München: +49 (0) 89 22 22 22,
mit Handy ohne Vorwahl: 22 22 22.
In Spanien: +34 935 08 28 28.

## ZEITUNTERSCHIED

Zwischen Deutschland und Spanien gibt es keinen Zeitunterschied. Wie bei uns gilt auch dort die mitteleuropäische Zeit (MEZ) mit der Sommerzeitperiode.

### Haftungsausschluss

Alle in diesem Reiseführer gemachten Angaben, sowie Reise- und Sicherheitshinweise sind nach den aktuell erreichbaren und dem Verlag zugänglichen Informationen mit Sorgfalt und nach bestem Wissen zusammengestellt. Eine Gewähr für die Richtigkeit und die Vollständigkeit der Angaben sowie eine Haftung für eventuell eintretende oder daraus entstehende Schäden kann nicht übernommen werden. Gesetze und Vorschriften können sich jederzeit ändern, ohne dass der Verlag davon erfährt. Die Entscheidung über die Durchführung einer Reise liegt in der Verantwortlichkeit des Lesers.

Verlag und Autor empfehlen, sich rechtzeitig vor Antritt der Reise nach den neuesten reiserelevanten Vorschriften zu erkundigen.

## ZEICHENERKLÄRUNG

| | | | |
|---|---|---|---|
| | Hauptstadt | | Campingplatz |
| | Etappen-Start-/Endpunkt | | Womo-Stellplatz |
| | Orte | | V & E Station |
| | Sehenswürdigkeit | | Kirche, Kathedrale |
| | Touristeninformation | | Burg, Kastell |
| | Museum, Schloss | | Wandermöglichkeit |
| | Rathaus, öffentl. Gebäude | | archäol. Stätte |
| | Busbahnhof, Bahnhof | | Berg, Gipfel |
| | Parkplatz | | Rast-, Picknickplatz |
| | Tiefgarage | | Grenzübergang |
| | Flughafen | | Pass |
| | Postamt | | Strand, Badeküste |
| | Restaurant | | Höhle |
| | Hotel | | |
| | Reiseweg, Route | | |

**V & E für Wohnmobile** – Einrichtungen für Versorgung mit Trinkwasser sowie Entsorgung für Wohnmobilabwässer sind auf dem Platz vorhanden.

**Wegpunkt-Koordinaten** sind im Text in eckigen Klammern nach Orten, Campingplatznamen o. ä. wie folgt dargestellt, z. B.: **[WP 103 / N 38° 53' 53.8" E 22° 39' 18.6"]**.

**„WP XXX"** steht für die laufende **Wegpunkt-Nummer**, unter der der Wegpunkt in den Routen auf der **Roadbook-CD** abgelegt ist. Die Wegpunkt-Nummer ist durch einen Schrägstrich von den **Koordinaten** getrennt.

**Minuten/Sekunden ändern in Dezimalkoordinaten:**

Falls Sie Navigationskoordinaten in Ihr Autonavigationsgerät evtl. nur als **Dezimalkoordinaten**, nicht aber im üblichen (und wie auf der Roadbook CD gespeicherten) **Grad/Minuten/Sekunden Format** eingeben können, ist das kein größeres Problem.

Koordinaten lassen sich von Grad/Minuten/Sekunden – so wie bei uns dargestellt – relativ einfach „per Hand" in Dezimalkoordinaten umrechnen und müssen dann gewöhnlich auch von Hand in das Navigationsgerät im Auto eingegeben werden.

Da das Minuten/Sekunden-System in 60er Schritten geht, darf man die Minuten- und Sekunden-Markierungen nicht einfach ignorieren und daraus Dezimalkoordinaten machen, sondern man muss die Daten durch 60 teilen. Umgekehrt ist das auch von Dezimalwerten in Minuten/Sekunden möglich (multiplizieren).

**Beispiel: Grad/Minuten/Sekunden-Format: N 39° 29' 12.6"** wird so zum Dezimalformat: 29 : 60 = 0,48, 12.6 : 60 = 0,21. Das wieder zusammengesetzte Format zeigt nun die **Dezimalkoordinate: N 39,4821°**.

Oder: E 20° 15' 34.2" – entspricht dann E 20,2557° (alle Angaben ohne Gewähr).

Wichtige, am Anfang zu jeder Tour vermerkte Sehenswürdigkeiten sind ihrer Bedeutung entsprechend mit einem, zwei oder drei Sternchen versehen.

* = sehenswert
** = sehr sehenswert
*** = ein „Muss" auf der Reise

# REGISTER

*Personennamen in kursiver Schrift.*

(CP), (ST) bzw. (CP, ST) hinter dem Ortsnamen weist darauf hin, dass in oder ganz in der Nähe des Ortes ein im Reiseführer beschriebener Campingplatz und/oder ein Wohnmobil-Stellplatz zu finden ist.

**D**



**E**

## GPS-ROADBOOK-CD

**Alle Touren dieses Reiseführers können Sie als Roadbook-CD mit GPS-Navigationsdaten beim Verlag erwerben.**

**Die Navigations-Koordinaten sind im System WGS 84 („World Geodetic System 1984“) entsprechend dem Verlauf der in diesem Reiseführer beschriebenen Routen und Touren angelegt. Sie berücksichtigen alle wichtigen Orte, Sehenswürdigkeiten, Campings und andere Points of Interest (POI's).**

Unsere „Roadbook-CD“ stellt Ihnen vor Ort erfasste Original-Navigationsdaten im **Garmin-Format *.GPD** (garmin database) sowie im **Garmin-Format POI *.gpi** zur Verfügung.

Darüberhinaus finden Sie auf der „Roadbook-CD“ alternative Dateiformate wie **GPX** (global positioning exchange), **GoPal** (GoPal GPS track log (*.trk), **Magellan MapSend, Navigon Mobile Navigator – *.rte files, TomTom *.ov2 poi files.**

Zudem sind die Daten im **Microsoft® Excel® Format** abgelegt. Damit können Sie alle Koordinaten **ganz einfach ausdrucken**!

Sehr hilfreich kann für Sie auch die ebenfalls auf der CD abgelegte MS-Word-Datei **Info-Doc** sein. Dort wird Schritt für Schritt erklärt, wie GPS-Koordinaten von der CD auf ein Garmin-Nüvi gebracht werden können. Es werden Weblinks zu Koordinaten-Konvertierungsprogrammen angegeben und Sie können erfahren, wie Sie Routen vorab in Google Earth ™ ansehen können u. v. m.

Die tatsächliche Lage der Wegpunkte (Ziele/Zwischenziele) kann von den angegebenen Koordinaten ggf. bis zu ca. 300 m abweichen!

Mit entsprechender Software „MapSource®, City Select Europe“® oder „BaseCamp“® des Anbieters Garmin® können die Daten im Garmin-Format oder im GPX-Format über einen PC oder über ein Notebook direkt in viele Garmingeräte eingelesen werden.

**NEU! Wissen wo's lang geht!** Mit den auf der Roadbook-CD abgelegten Dateien im GPX-Format können Sie in Verbindung mit Google Earth® (kostenloser Download) die Reiseroute, sowie alle als Wegpunkt markierten Stationen der Reise schon vorab aus der Vogelperspektive auf Ihrem PC ansehen, oder sich einzelne Abschnitte der Route im Google Earth Routenplaner berechnen lassen. Wie's geht und vieles mehr steht auf der CD.

Für die Richtigkeit der Koordinaten und deren Transformierung in andere Dateiformate kann keine Gewähr übernommen werden! Weitere Details finden Sie auf der jeweiligen CD und auf unserer Webseite www.rau-verlag.de.

**Unsere Roadbook-CD's können Sie gegen eine Schutzgebühr von EUR 9,90 nur direkt über den Verlag beziehen!**

Bestellungen bitte über unseren Webshop:
**www.rau-verlag.de**/onlineshop.

**Oder per Post** an: Werner Rau Verlag, Feldbergstr. 54, D-70569 Stuttgart,
Tel. +49-(0)711-687 21 43, Fax +49-(0)711-68 22 47, E-Mail: info@rau-verlag.de.

# REISEFÜHRER MOBIL REISEN

## Mobile Touring Highlights

## Unterwegs auf den schönsten Reiserouten

## Erlebnisreiche Reisen mit
## Auto, Caravan, Van-Camper oder Reisemobil.

**Mobil Reisen: BRETAGNE**
Ein individueller Reiseführer mit Routenvorschlägen, ausgesuchten Touren für eine Reise von Nantes bis ans „Ende der Welt", der Finistère an die bretonische Atlantikküste. Historisches, Amüsantes, Kulinarisches und natürlich viele praktische Reisetipps. Jetzt mit noch mehr Wohnmobil-Stellplätzen.
Mit vor Ort erfassten GPS-Koordinaten.
336 S., zahlr. Farbfotos, Karten, Stadtpläne, Hotels, Campingplätze sowie viele Infos und Reisetipps.
ISBN 978-3-926145-49-9. € 19,90.
GPS-Roadbook-CD mit Navigationskoordinaten verfügbar!

**Mobil Reisen: DÄNEMARK – Mit Insel Bornholm**
Handlich und praktisch für erlebnisreiches Auto-, Motorrad-, Caravan- oder Wohnmobil-Touring. Auf 15 handverlesenen Urlaubsrouten zu den schönsten Städten und Küsten in Jütland, Fünen, Seeland und Bornholm. Ausführlicher Teil über "wonderful, wonderful Copenhagen".
Mit vor Ort erfassten GPS-Koordinaten.
312 S., zahlr. Farbfotos, Karten, Stadtpläne, Hotels, sowie viele Infos, die schönsten Camping- u. Stellplätze.
ISBN 978-3-926145-54-3. € 19,90.
GPS-Roadbook-CD mit Navigationskoordinaten verfügbar!

**Mobil Reisen: ENGLAND SÜD**
Von den weißen Felsen von Dover über lebhafte Seebäder bis hinaus an die abgeschiedene, wilde Küste von Cornwall. Wandern auf den herrlichen Küstenwegen und Klippenpfaden, den Schauplätzen aus Pilcher-Filmen nachspüren, in prächtigen Gärten schwelgen oder lieber gemütlich in einem uralten Pub verweilen, in dem sich schon die Schmuggler früherer Tage die Klinke in die Hand gaben? Dieser Reiseführer sagt Ihnen, wo's lang geht.
Mit vor Ort erfassten GPS-Koordinaten.
348 S., zahlr. Farb-Abb., Karten, Stadtpläne, Hotels, Pubs sowie viele Infos und die schönsten Campingplätze.
ISBN 978-3-926145-68-0. € 22,90.
GPS-Roadbook-CD mit Navigationskoordinaten verfügbar!

**Mobil Reisen: FINNLAND – Mit Åland-Inseln**

Das „Land der tausend Seen" von Helsinki über das Labyrinth des Saimaa-Seengebiets, weiter über Karelien, die einsamen Weiten Lapplands und zurück über den finnischen Schärengarten auf eigene Faust erleben. Anschließend ein Abstecher auf die Åland-Inseln.
Mit einem ausführlich geschilderten **Abstecher zum Nordkap**. Und das Ganze mit vor Ort erfassten GPS-Koordinaten.
264 S., zahlreiche Farbfotos, Karten, Stadtpläne, Hotels, Campingplätze sowie viele praktische Informationen über Land und Leute.
ISBN 978-3-926145-50-5. € 19,90.
GPS-Roadbook-CD mit Navigationskoordinaten verfügbar!

**Mobil Reisen: GRIECHENLAND**

Aus der Reisepraxis für die Reisepraxis geschrieben. Ein Reisehandbuch mit Routen, Touren und Reisetipps fürs Auto-, Motorrad-, Caravan- oder Reisemobil-Touring. Eine Fülle von Routenvorschlägen führt Sie durch alle Regionen Festlandgriechenlands, von den Badestränden der Chalkidiki-Halbinsel bis in den Süden des Peloponnes und natürlich zu allen archäologischen Stätten.
Mit vor Ort erfassten GPS-Navigationskoordinaten!
264 S., zahlr. Farbfotos; Karten, Stadt- u. Lagepläne, Stadtspaziergänge, Hotels und die schönsten Campingplätze.
ISBN 978-3-926145-36-9. € 18,90.
GPS-Roadbook-CD mit Navigationskoordinaten verfügbar!

**Mobil Reisen: IRLAND – Mit Nordirland**

Der ideale Urlaubsführer für alle, die den Charme der "Grünen Insel" auf eigene Faust entdecken wollen. Ausgesuchte Routenvorschläge fürs Auto-Touring von den südlichen Counties über die imposante Westküste bis hinauf ins abgeschiedene Donegal und durch Nordirland. Ausführlicher Dublin-Teil mit detaillierten Rundgängen. Kultur, Folklore, Tipps zu Pubs, Wandermöglichkeiten.
Mit vor Ort erfassten GPS-Navigationskoordinaten!
336 S., zahlr. Farbfotos, Karten, Stadtpläne, Hotels, viele Infos und die schönsten Campingplätze.
ISBN 978-3-926145-58-1. € 22,90.
GPS-Roadbook-CD mit Navigationskoordinaten verfügbar!

**Mobil Reisen: KORSIKA**

Korsika, „Ile de Beauté", die „Insel der Schönheit" besticht durch ihre wunderbare Berglandschaft und ihre herrliche, oft atemberaubende Küstenszenerie. Eine Herausforderung für alle unternehmungslustigen Wohnmobilisten und Caravaner und ein Eldorado für anspruchsvolle Wandertouren.
Hotels, Restaurants, Campingplätze und Menge Tipps und Infos.
Mit vor Ort erfassten GPS-Koordinaten.
228 S., zahlreiche Farbfotos., Karten, Stadtpläne.
ISBN 978-3-926145-41-3. € 18,90.
GPS-Roadbook-CD mit Navigationskoordinaten verfügbar!

**Mobil Reisen: KROATIEN**
Istrien, die Dalmatinische Küste und Kroatiens herrliche Adriainseln auf den schönsten Reisewegen erleben. Dieses praktische Reisehandbuch sagt Ihnen, wo's lang geht. U. a. mit Dubrovnik, Plitvicer Seen, Zagreb und einer Fülle an Reisetipps, Infos zu Hotels und Campings.
Mit vor Ort erfassten GPS-Koordinaten.
257 S., zahlreiche Farbfotos, Karten, Stadtpläne, Stadtspaziergänge.
ISBN 978-3-926145-61-1. € 18,90.
GPS-Roadbook-CD mit Navigationskoordinaten verfügbar!

**Mobil Reisen: LOIRETAL**
Komplett überarbeitet, aktualisiert! Noch mehr Womo-Stellplätze! Die schönsten Reisewege durch das Herz Frankreichs, der Landschaft, in der es sich leben lässt „wie Gott in Frankreich". Nicht umsonst entstanden hier die prächtigsten Schlösser Frankreichs. Aber auch wer weniger das Historische als viel mehr kulinarische Erlebnisse sucht, wird in der Gegend um das Loiretal auf seine Kosten kommen. Und dieser Reiseführer sagt Ihnen wo's lang geht. Mit vielen Wohnmobil-Stellplätzen und mit vor Ort erfassten GPS-Navigationskoordinaten!
282 S., zahlr. Farbfotos, Karten, Stadtpläne, Hotels, sowie viele Infos und die schönsten Campingplätze.
ISBN 978-3-926145-67-3. € 19,90.
GPS-Roadbook-CD mit Navigationskoordinaten verfügbar!

**Mobil Reisen: NORWEGEN – Reisewege zum Nordkap**
Komplett überarbeitet! Aktualisiert! Noch mehr Womo-Stellplätze!
Neue Touren und zusätzliche Routen! Noch übersichtlicher!
Jetzt mit praktischen „Tourenpaketen" zum Kombinieren, wie z. B. „Südnorwegen", „Gletscher, Fjells und Fjorde" oder „Finnmark und Nordkap".
Durchgehend farbig und noch mehr Fotos und Karten!
Verlässliche Kompetenz aus langjähriger Reiseerfahrung.
Mit vor Ort erfassten GPS-Koordinaten.
408 S., Stadtrundgänge, Wandervorschläge, viele Farbfotos, Karten, Stadtpläne, Hotels, sowie Reise-Infos in Fülle, dazu über 200 Campingplätze und zahlr. Stellplätze.
ISBN 978-3-926145-65-9. € 22,90.
GPS-Roadbook-CD mit Navigationskoordinaten verfügbar!

**Mobil Reisen: OSTSEE-RUNDE**
Auf überlegt ausgesuchten Routen und Touren die schönsten Gegenden Pommerns und Masurens, wunderschöne baltische Städte wie Vilnius, Riga und Tallinn, sowie die russische Perle Sankt Petersburg erleben. Reisen Sie über Finnland, Schweden und die dänische Insel Seeland zurück. Dieser Reiseführer hilft – ob Wohnmobil-Tourer, Caravaner, Autourlauber oder Motorbiker – sowohl bei der Vorbereitung als auch auf der Reise unterwegs. Ein unvergessliches Reiseerlebnis!
396 S., Stadtrundgänge, zahlr. Farbfotos, Karten, Stadtpläne, Hotels, sowie viele Infos und die schönsten Camping- und Wohnmobil-Stellplätze.
ISBN 978-3-926145-59-8. € 22,90.
GPS-Roadbook-CD mit Navigationskoordinaten verfügbar!

**Mobil Reisen: POLEN**

Polen bequem auf eigene Faust kennen lernen. Über die Sudeten und über Schlesien, weiter durch die Karpaten, Zentral- und Ostpolen mit einem ausführlichen Teil über die Hauptstadt Warschau, durch Ermland, die Masurische Seenplatte, durchs Lebuser Land und über Pommern schließlich bis zur Ostseeküste. Alles in bequem nachvollziehbaren Reiserouten beschrieben.

Von Michael Moll, 240 S., viele Farbfotos; Karten, Stadt- u. Lagepläne, Stadtspaziergänge, Hotels und die schönsten Campingplätze.

ISBN 978-3-926145-28-4. € 18,90.

**Mobil Reisen: PORTUGAL**

Gesamt Portugal, vom grünen Norden bis zur sonnigen Algarveküste, vom kargen, ursprünglichen Alto Alentejo bis zu den Seebädern am Atlantik beschreibt dieser Band auf leicht nachvollziehbaren Touren, die einen kompletten Eindruck von diesem überaus interessanten Reiseland vermitteln. Besonders ausführlich die Weinstadt Porto und natürlich Lissabon, eine der schönsten Hauptstädte Europas.

Mit vor Ort erfassten GPS-Koordinaten.

300 S., zahlr. Farbfotos, Karten, Stadtpläne, Hotels, sowie viele Infos und die schönsten Campingplätze.

ISBN 978-3-926145-64-2. € 19,90.

GPS-Roadbook-CD mit Navigationskoordinaten verfügbar!

**Mobil Reisen: SARDINIEN**

Ein Reiseziel mit ganz unerwarteten Attraktionen – zauberhafte Küstenszenerien, das größte Dünengebiet ganz Italiens, wunderschöne Seegrotten, mystische Nuraghen, geisterhafte alte Minenstädte und einer der spektakulärsten Canyons in Europa.

Dieses Tourenbuch, gespickt mit jeder Menge Reisetipps, führt auf den schönsten Routen und Wohnmobil-Touren durch Sardinien. Mit Wohnmobil-Stellplätzen, Tipps zu Hotels und Restaurants, Campingplätzen. Mit vor Ort erfassten GPS-Navigationskoordinaten!

240 S., zahlr. Farbfotos, Karten, Stadtpläne.

ISBN 978-3-926145-62-8. € 18,90.

GPS-Roadbook-CD mit Navigationskoordinaten verfügbar!

**Mobil Reisen: SCHOTTLAND**

Schottland auf neuen Wegen erleben. Eine variantenreiche Rundreise – von den Borders bis zu den Highlands, von den Western Isles bis zu den Orkneys. Detaillierte Beschreibung von Edinburgh, Glasgow, allen wichtigen Städten, Schlössern und Landschaften.

Außerdem Essen und Trinken, Whisky, Clans, Tartans und Dudelsäcke, Wandern u.v.m.

276 S., zahlr. Farbfotos., Karten, Stadtpläne, Hotels, sowie viele Infos und die schönsten Campingplätze mit GPS-Koordinaten.

ISBN 978-3-926145-57-4. € 19,90.

**Mobil Reisen: SCHWEDEN**

**Mit Inseln Öland und Gotland**

Komplett überarbeitet, aktualisiert! Noch mehr Wohnmobil-Stellplätze! 22 sorgfältig ausgewählte, vor Ort getestete Reise(mobil)routen und Autotouren durch die schönsten Landschaften, Städte und Regionen. Mit vielen Reisetipps und Informationen über Sehenswertes vom südlichen Schonen bis Lappland. Mit ausführlichem Stockholm-Teil, Stadtrundgänge u. a. durch Helsingborg, Göteborg, Uppsala, Kalmar, sowie die Inseln Öland und Gotland. Mit vor Ort erfassten GPS-Koordinaten.
336 S., zahlr. Farbfotos, Karten, Stadtpläne, Hotels, sowie viele Infos und die schönsten Campingplätze. Mit Wohnmobil-Stellplätzen.
ISBN 978-3-926145-66-6. € 22,90.
GPS-Roadbook-CD mit Navigationskoordinaten verfügbar!

**Mobil Reisen: SIZILIEN**

Auch ein klassisches Reiseziel lässt sich immer wieder neu entdecken. Dieses neue Tourenbuch schildert kompetent und ausführlich die schönsten Reisewege durch Sizilien.
Mit Wohnmobil-Stellplätzen und mit vor Ort erfassten GPS-Koordinaten.
252 S., zahlr. s/w.- u. Farb-Abb., Karten, Stadtpläne, Hotels, sowie viele Infos und die schönsten Campingplätze.
ISBN 978-3-926145-55-0. € 18,90.
GPS-Roadbook-CD mit Navigationskoordinaten verfügbar!

**Mobil Reisen: SKANDINAVIEN**

**Reiseziel Nordkap**

Die große Tour zum Nordkap in bequem zu kombinierenden Reiserouten. Mit neuen Touren und vielen Streckenvarianten durch alle vier nordischen Länder – Dänemark, Norwegen, Schweden und Finnland. Ausführliche Beschreibung der Hauptstädte. Übersichtlich, informativ, kompetent. Mit vor Ort erfassten GPS-Koordinaten.
348 S., zahlr. Farbfotos, Karten, Stadtpläne, Hotels, sowie viele Infos und die schönsten Campingplätze.
ISBN 978-3-926145-56-7. € 22,90.
GPS-Roadbook-CD mit Navigationskoordinaten verfügbar!

**Mobil Reisen: SPANIEN NORD**

Spaniens Norden von den Stränden der Costa Brava über die Pyrenäen, durch das grüne Galicien mit dem Pilgerziel Santiago de Compostela bis ins Herz Kastiliens mit den Hochburgen von Kunst, Kultur und Geschichte wie Salamanca oder Segovia.
Ausführlich: **Der Jakobsweg**. Hotels, Restaurants und die schönsten Campingplätze. Mit vor Ort erfassten GPS-Koordinaten.
276 S., zahlr. Farbfotos; Karten und Stadtpläne.
ISBN 978-3-926145-63-5. € 19,90.
GPS-Roadbook-CD mit Navigationskoordinaten verfügbar!

**Mobil Reisen: SPANIEN SÜD**
Eine gelungene Mischung aus Kunst, Kultur, Information und Reisetipps. Ein kompletter Reiseführer, der mehr als nur Routen und Touren bietet. Vom Mittelmeer ins Herz Kastiliens, auf den Spuren der Conquistadores, weiße Dörfer, maurische Paläste und der sonnige Süden Andalusiens.
PLUS: Madrid City Guide.
Mit vor Ort erfassten GPS-Koordinaten.
312 S., zahlreiche Farbfotos, Karten und Stadtpläne. Stadtspaziergänge, Hotels, Paradores, Campings, Wohnmobil-Stellplätze u. v. m.
ISBN 978-3-926145-69-7. € 22,90.
GPS-Roadbook-CD mit Navigationskoordinaten verfügbar.

**Weitere Titel sind in Vorbereitung!**

Fragen Sie im Buchhandel nach unseren aktuellen Neuerscheinungen.

Oder besuchen Sie uns im Internet:

**http://www.rau-verlag.de**

**http://www.mobil-reisen.eu**

VERLAG
RAU
MOBIL
REISEN

WERNER RAU VERLAG, Feldbergstraße 54, D - 70569 Stuttgart
e-mail: info@rau-verlag.de

Mobil Reisen: SPANIEN SÜD

**Vorliegend: 4. Auflage 2017/2018**